BVT

China 1900: aufgeteilt unter den Mächten
TANU-TUWA
Balchassee
MONGOLEI
Alma Ata
Kashi
Aksu
Shache
Hotan
CHINESISCHES
TIBET
Lahore
Delhi
Jaipur
NEPAL
Katmandu
Lhasa
BHUTAN
BRIT.-INDIEN
Tengchong
(Tengjüe)
SIAM
0 100 200 300 400 500 600 km
Einflussbereiche in China
russisch
japanisch
britisch
französisch
deutsch
Vertragshäfen geöffnet von
USA
Japan
Großbritannien
Frankreich
Deutschland
Grenze des Mandschu-Reiches um 1850
Gebiet des Boxer-Aufstandes um 1900

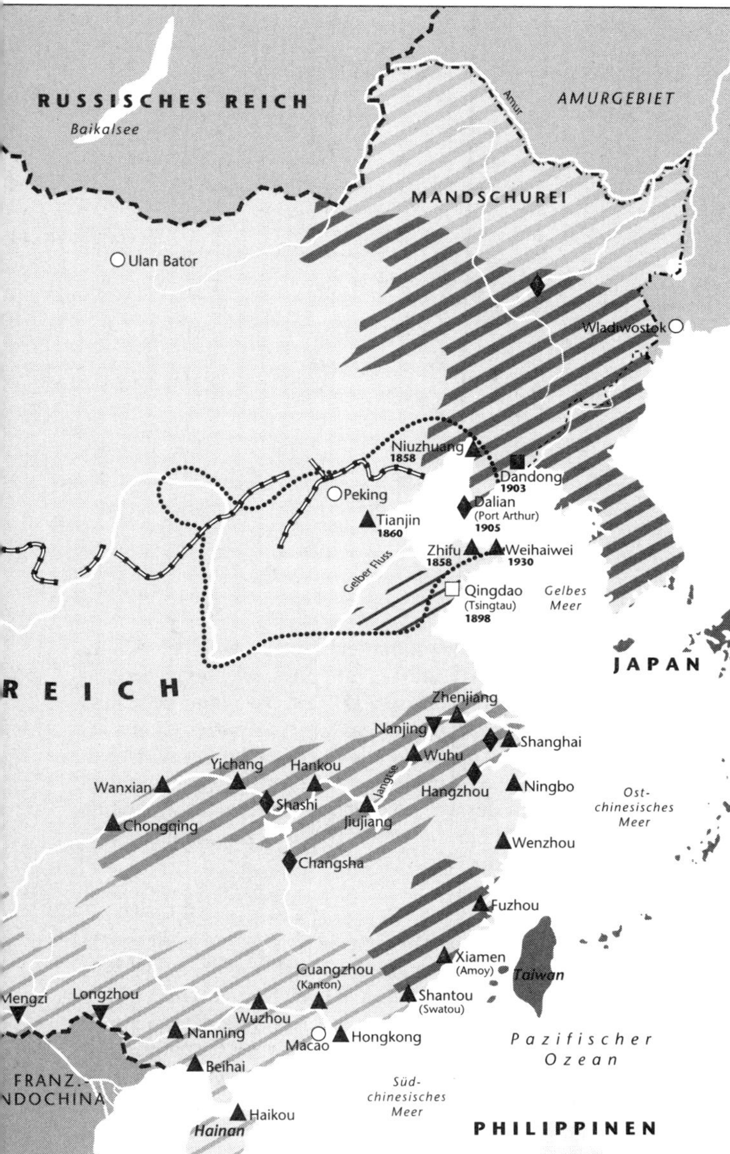

RUSSISCHES REICH
Baikalsee
AMURGEBIET
Amur
MANDSCHUREI
Ulan Bator
Wladiwostok
Niuzhuang
1858
Dandong
1903
Peking
Dalian
(Port Arthur)
1905
Tianjin
1860
Zhifu
1858
Weihaiwei
1930
Gelber Fluss
Qingdao
(Tsingtau)
1898
Gelbes
Meer
JAPAN
REICH
Zhenjiang
Nanjing
Shanghai
Wuhu
Yichang
Hankou
Wanxian
Hangzhou
Ningbo
Shashi
Jangtse
Jiujiang
Chongqing
Ost-
chinesisches
Meer
Wenzhou
Changsha
Fuzhou
Xiamen
(Amoy)
Taiwan
Guangzhou
(Kanton)
Shantou
(Swatou)
Mengzi
Longzhou
Wuzhou
Nanning
Macao
Hongkong
Pazifischer
Ozean
Beihai
FRANZ.-
INDOCHINA
Süd-
chinesisches
Meer
Haikou
Hainan
PHILIPPINEN

Konrad Seitz erzählt von der jahrtausendealten Geschichte Chinas und seiner »vollendeten Zivilisation«, vom Zusammenbruch der konfuzianischen Welt im 19. Jahrhundert und der Verzweiflung der Chinesen an ihrer eigenen Kultur, und von der Geburt des neuen Chinas seit 1949. Derzeit konzentriert das Land alle Energien auf die Wirtschaft, mit der es die Grundlage der künftigen Größe legt. In zwanzig Jahren wird China den Status einer wirtschaftlichen Supermacht erreicht haben. Wird China dann in seine imperiale Tradition zurückfallen? Wird China Partner oder Hegemon in Asien sein?

Konrad Seitz, 1934 geboren, studierte klassische Philologie, Geschichte und Philosophie in Deutschland und internationale Wirtschaft und Politik an der Fletcher School (Tufts/Harvard) in den USA. Er war über zwölf Jahre Redenschreiber von Außenminister Genscher und politischer Planungschef des Auswärtigen Amtes. Es folgten Botschafterposten in Indien, Italien und von 1995 bis 1999 in China. Konrad Seitz ist seit 1990, als er die deutsche Wirtschaft und Politik mit seinem Buch *Die japanisch-amerikanische Herausforderung* aus dem Schlummer aufweckte, ein Bestsellerautor.

Konrad Seitz

China

Eine Weltmacht
kehrt zurück

Berliner Taschenbuch Verlag

Aktualisierte 1. Taschenbuchauflage
Oktober 2002
BvT Berliner Taschenbuch Verlags GmbH, Berlin,
ein Unternehmen der Verlagsgruppe Random House GmbH

Redaktion und Satz: Ditta Ahmadi, Berlin
Karten und Grafiken: Ditta Ahmadi und Peter Palm, Berlin
Umschlaggestaltung: Nina Rothfos und Patrick Gabler, Hamburg,
unter Verwendung je einer Fotografie von Eduard N. Fiegel und
Ulrich Baumgarten/© Vario-Press (beide mit freundlicher Genehmigung
des Bilderdienstes Süddeutscher Verlag)
Gesetzt aus der Times durch Ditta Ahmadi, Berlin
Druck und Bindung: Elsnerdruck, Berlin
Printed in Germany · ISBN 3-442-76076-3

Für meine Frau
in Liebe und Dankbarkeit

INHALT

TEIL I

Die vollendete Zivilisation

China bis zum Ende des 18. Jahrhunderts

KAPITEL 1

Ausfahrt von Liujia

Versetzen wir uns an die Mündung des Jangtse, in den Spätsommer des Jahres 1405. Es ist das dritte Regierungsjahr des Ming-Kaisers Zhu Di. In der Hafenstadt Liujia entrollt sich vor unseren Augen ein wahrlich erstaunliches Schauspiel. Eine Flotte, wie sie die Welt noch nie gesehen hat, läuft in das Südchinesische Meer aus, um von dort in den Ozean des Westens, wie die Chinesen den Indischen Ozean nennen, vorzustoßen. So weit das Auge reicht sind die Wasser des Jangtse von den roten Segeln der Dschunken bedeckt, die Luft ist erfüllt vom ohrenbetäubenden Lärm der Trommeln und Gongs.

Die Flotte steht unter dem Befehl des »Drei-Juwelen«-Eunuchen Zheng He. Sie umfasst 317 Schiffe – 183 Jahre später wird die Spanische Armada gerade 132 Schiffe zählen. In der Mitte der Flotte segeln 62 neunmastige »Schatzschiffe«. Es sind die größten jemals aus Holz gebauten Schiffe der Welt. Sie sind bis zu 135 Meter lang und 55 Meter breit; die drei »Nuss-Schalen«, mit denen Kolumbus 1492 nach China-Indien aufbrechen und in Amerika landen sollte, maßen dagegen zusammen gerade 66 Meter und hätten zweimal in ein einziges dieser Schiffe hineingepasst. Die mehrstöckigen Schatzschiffe tragen Geschenke für ausländische Fürsten, die man zu besuchen gedenkt: Seiden, Brokate, Porzellan, Lackkunstwerke und andere Kostbarkeiten. Auf der Rückfahrt werden die Schiffe exotische Raritäten für den Kaiser an Bord haben. Sie werden ferner Botschafter der besuchten Herrscher oder die Herrscher selbst mit in die Hauptstadt Nanjing zurücknehmen, damit diese dort dem Kaiser mit dem zeremoniellen Kotau huldigen und ihre Tributgeschenke überreichen. Um die hohen Gäste würdig unterbringen zu können, sind die Schatzschiffe mit Luxuskabinen und Empfangshallen ausgestattet.

Um die Schatzschiffe scharen sich über 250 Begleitschiffe: achtmastige »Pferdeschiffe« für den Transport von Pferden nach Südostasien und den Rücktransport exotischer Tiere; fünfmastige Kriegsschiffe sowie schnellere Kriegsboote für die Verfolgung von Piraten. Insgesamt trägt die Flotte 28 000 Mann an Schiffsbesatzung und Kampftruppen.

Die Flotte fährt mit dem Auftrag aus, die Thronbesteigung des Kaisers Zhu Di, der sich den Dynastienamen Yongle – »Immerwährende Freude« – gab, in aller Welt zu verkünden und Reichtum und Macht des

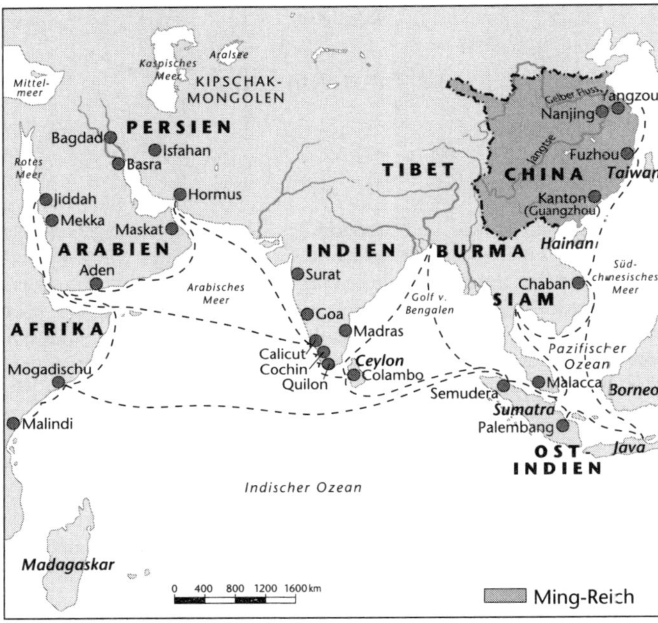

Die See-Expeditionen unter Zheng He (1405–1433)

Universalherrschers zu demonstrieren. Sie segelt zunächst vierhundert Meilen die chinesische Küste hinab und wirft Anker an der Mündung des Min-Flusses südlich von Fuzhou. Dort wartet sie mehrere Monate auf den Nordost-Monsun, um dann Ende Dezember ihr erstes Ziel anzusteuern: Chaban in Champa (Südvietnam). Sie überquert von da aus das Südchinesische Meer, segelt nach Java, weiter nach Malacca, der Hauptstadt der malaiischen Halbinsel, und nach Semudera auf Nordsumatra. Nachdem sie den östlichen Teil des Indischen Ozeans durchquert hat, legt die Flotte in Ceylon an, segelt weiter nach Quilon an der Malabarküste Indiens und macht schließlich von Dezember 1406 bis April 1407 Station in dem großen Handelszentrum Calicut. Mit dem Südwest-Frühjahrsmonsun kehrt sie nach Liujia und Nanjing zurück. An Bord befinden sich die Botschafter der besuchten Staaten, um in der Hauptstadt dem Kaiser ihre Huldigung darzubringen und um Aufnahme in das Tributhandelssystem des Reiches der Mitte zu bitten. Auf der Durchfahrt durch die Straße von Malacca vernichtet Zheng He eine mächtige Piratenflotte, die die Seestraße beherrschte, tötet mehr als fünftausend Piraten und bringt ihren Anführer nach Nanjing, wo ihn der Kaiser exekutieren läßt.

Es folgten in der Regierungszeit des Yongle-Kaisers noch fünf weitere See-Expeditionen: in den Jahren 1407, 1409, 1413, 1417 und 1421. Alle standen unter dem Kommando von Zheng He.

Die zweite Expedition machte Station in Siam (Thailand) und brachte den Botschafter zurück, den der König von Siam aus eigenem Antrieb an den Ming-Hof geschickt hatte. In Calicut installierte Zheng He den neuen König, den Zamurin, und übergab ihm das kaiserliche Siegel.

Zum dritten Mal fuhr die Flotte im Herbst 1409 aus. Eine ihrer wichtigsten Aufgaben war, dem König von Malacca ein neues kaiserliches Siegel zu überbringen, da ihm das erste von dem Siamesen geraubt worden war. Zheng He errichtete eine Gedenktafel, auf der der Yongle-Kaiser Malaccas Wunsch anerkennt, »als Untertan des Reiches der Mitte behandelt zu werden, um so herauszuragen und sich von den Barbaren zu unterscheiden«. Der Vasallenstatus wird also nicht als Unterwerfung, sondern als Erhöhung gesehen. Er stellt den jungen Staat zugleich unter den Schutz des Kaisers gegen seine mächtigen Rivalen Siam und Java. Neben Quilon und Calicut besuchte die Flotte diesmal auch Cochin, die mit Calicut rivalisierende Handelsstadt. Während der Rückfahrt kam es auf Ceylon zu Kämpfen. Zheng He besiegte die singhalesischen Truppen, nahm den König gefangen und brachte ihn nach Nanjing. Im Juli 1411 traf die Flotte wieder zu Hause ein. Der Kaiser entließ den ceylonesischen König in Gnaden, betrachtete jedoch von nun an Ceylon als Vasallenstaat und forderte regelmäßige Tributbesuche. Die übrigen mit der Flotte eingetroffenen ausländischen Herrscher und Botschafter präsentierten dem Kaiser ihre Tributgeschenke und empfingen großzügige Gegengeschenke. Die mitreisenden Kaufleute durften dann in den Gästehäusern einen Markt für ihre Waren eröffnen. Tributbeziehungen zu China etablierten das heiß begehrte Recht, mit China Handel zu treiben. Der Austausch von kaiserlichen Geschenken gegen Tributgeschenke der Vasallenstaaten stellte dabei bereits selbst eine Art von Handel dar.

Die drei folgenden Expeditionen führten noch weiter.

Die vierte Flotte (Herbst 1413–August 1415) fuhr über Calicut nach Hormus am Persischen Golf, einem berühmten Handelsplatz für Saphire und Rubine, Perlen und Korallen. Auf dem Rückweg stellten Zheng Hes Truppen in Semudera auf Nordsumatra die innere Ordnung wieder her und brachten den Aufrührer zur Exekution nach Nanjing.

Die fünfte Expedition (1417–1419) hatte die Aufgabe, die ausländischen Botschafter, die mit der vierten Reise der Flotte nach China gekommen waren und nun schon zwei Jahre in Nanjing weilten, nach

Hause zu bringen. Die Flotte setzte von Hormus aus ihre Fahrt fort, besuchte zum ersten Mal Aden am Eingang des Roten Meeres und segelte dann weiter die ostafrikanische Küste hinab bis Malindi (in der Nähe des heutigen Mombasa). Von Ostafrika brachte sie spektakuläre Tributfracht mit: Löwen, Leoparden, Dromedare, Strauße, Zebras, Rhinozerosse und – als größte Kostbarkeit – Giraffen.

Auch die Flotte, die 1421 in See stach, fuhr wieder bis nach Ostafrika, um die mit der vorausgegangenen Expedition nach Nanjing gereisten Botschafter in ihre Heimatländer zurückzubringen.

Während der vierten Expedition von 1413 bis 1415 hatten sich auf dem Weg von Nordsumatra nach Ceylon einige Schiffe von der Hauptflotte getrennt und waren nordwärts nach Bengalen (Bangladesh) gefahren. Auf der Rückfahrt hatten sie den dortigen König nach Nanjing gebracht, der dem Kaiser ein ganz außergewöhnliches Tributgeschenk anbot: eine Giraffe, die er selber aus Ostafrika erhalten hatte. Die nachfolgenden Expeditionen, die zum ersten Mal auch nach Ostafrika führten, hatten dann weitere Giraffen mitgebracht. Die Chinesen identifizierten die Giraffe mit dem *qilin,* dem mythischen Einhorn, das nur in Zeiten erscheint, in denen ein Kaiser von vollkommener Tugend auf dem Thron sitzt und das Reich im »Großen Frieden« lebt.

In der Tat, China stand auf einem Höhepunkt seiner Macht. Der Glanz des Kaisers strahlte über ganz Asien: Von Japan und Korea im Nordosten über Südostasien bis hin nach Südindien, den Persischen Golf und die ostafrikanische Küste hatten sich die Staaten und Handelsstädte, zumindest nominell, unter die Oberhoheit des Universalkaisers gestellt. Ein von China organisiertes Handelsreich war entstanden, das die asiatischen Meere umspannte: das Japanische und Ostchinesische Meer im Norden, das Südchinesische Meer und den gesamten Indischen Ozean.

Die Anerkennung der Oberhoheit des Universalkaisers war der Preis für den Zugang zum lukrativen Handel mit China und zur Teilnahme an seiner überlegenen Kultur. Viele Herrscher zahlten diesen Preis gerne, brachte er doch – über die Vorteile des Handels hinaus – eine Statuserhöhung und einen gewissen Schutz gegen innere Rebellen und förderte dadurch Harmonie und Frieden in der Region. Wo freilich die Ausstrahlung der konfuzianischen Tugendkraft des Kaisers und die Anreize des Handels nicht ausreichten, lokale Herrscher von den Vorteilen einer Anerkennung der kaiserlichen Oberhoheit zu überzeugen, halfen Zheng Hes Kampftruppen nach. Doch selbst in diesen Fällen begnügten sich die Chinesen damit, den unfreundlichen Herrscher gegen einen freundlich gesinnten auszuwechseln, und machten sich nicht selbst zu Kolonialherren.

Das Handelsreich des Yongle-Kaisers war so ein ungleich moderneres »internationales System« als die Kolonialreiche, die – hundert

Jahre später – die Europäer über die Welt zu spannen sollten. Die Chinesen unterjochten die Völker in Übersee nicht oder rotteten sie gar aus – wie die spanischen Konquistadoren die Azteken in Mexiko und die Inkas in Südamerika oder die britischen Siedler die Indianer in Nordamerika. Sie errichteten keine Überseekolonien, die man besetzen und verwalten musste, sondern begnügten sich damit, dass die Mitglieder des chinesischen Handelsreiches die Oberhoheit des Universalkaisers formell anerkannten und den Handel mit China nach chinesischen Regeln führten. Dieses Handelssystem, bei dem der Suzerain die Regeln aufstellte, war ein ungleich rationaleres, kostengünstigeres System als die europäische Kolonialherrschaft – von den moralischen Fragen ganz abgesehen. Die Europäer kamen zu dieser Erkenntnis erst viereinhalb Jahrhunderte später – nach der Katastrophe des Zweiten Weltkriegs.

China beherrschte in der ersten Hälfte des 15. Jahrhunderts die Meere. Wann würden seine Flotten das Kap der Guten Hoffnung umfahren und in europäischen Häfen auftauchen? Die Welthegemonie schien zum Greifen nahe. Doch da geschah das – für europäisches Denken – Unfassbare: China brach die Hochseeschifffahrt ab und zog sich auf sich selbst zurück.

Im Mai 1421 schlug der Blitz in die neu erbaute Palaststadt in Peking ein, wohin der Kaiser die Hauptstadt verlegt hatte. Die drei großen, prächtigen Hallen brannten ab. Verzweifelt fragte der Kaiser in einem Edikt an seine Beamten, was er denn falsch gemacht habe, dass ihm der Himmel so sehr zürne. Im August 1424 starb er. Sein Nachfolger stoppte den Bau aller Hochseeschiffe. Als er nach kurzer Regierungszeit ebenfalls starb, ordnete der auf ihn folgende Xuande-Kaiser 1430 nochmals eine große See-Expedition an. Sie sollte die Tribut- und Handelsbeziehungen mit neuem Leben erfüllen. Mit dem Tod des Xuande-Kaisers 1435 kam jedoch das endgültige und radikale Aus. Der Bau von Hochseeschiffen wurde eingestellt, die Baupläne wurden vernichtet; mit dem Tod der letzten Schiffbaumeister der Expeditionszeit starb das Wissen, wie man Schatzschiffe konstruiert. Als 1477 ein Eunuch die Logbücher Zheng Hes aus dem Archiv anforderte, vernichtete ein konfuzianischer Beamter auch diese: Nie wieder sollte eine künftige Generation in Versuchung geführt werden. Die private Hochseeschifffahrt wurde untersagt, und 1525 wurden die Hafenbehörden angewiesen, alle hochseefähigen Schiffe zu zerstören und ihre Eigentümer zu verhaften.

Was ging hier vor? Gewiss, unter dem Yongle-Kaiser war der Staat durch die Gleichzeitigkeit dreier kostspieliger Unternehmungen – der See-Expeditionen, den Bau des Kaiserpalastes in Peking und den Krieg in Annam (Nordvietnam) – in eine schwere Finanzkrise geraten. Im Norden wurden zudem die wiedererstarkten Mongolen erneut zur

Gefahr, und die Verlagerung der Hauptstadt nach Peking zeigte bereits an, dass in der Sicherheitspolitik dem Schutz der Nordgrenzen wieder der Vorrang vor allem anderen zukam. Aber dies alles erklärt nur, warum die Regierung neue staatlich finanzierte See-Expeditionen und den Bau neuer Schiffe unterband. Es erklärt nicht, warum die vorhandenen Schiffe zerstört und auch die private Hochseeschifffahrt verboten wurden.

Der eigentliche Grund für das kategorische Nein gegen jegliche weitere Hochseeschifffahrt war denn auch ein anderer: China kehrte zur konfuzianischen Tradition zurück, von der der Yongle-Kaiser mit seiner Seepolitik »abgeirrt« war. China war ein Agrarstaat. Nach der konfuzianischen Lehre – die hierin derjenigen der späteren französischen Physiokraten glich – war die Landwirtschaft die einzige Quelle des Reichtums. Händler produzierten nicht, sie waren Parasiten, standen auf der untersten Stufe der Gesellschaft. Und gar Außenhandel! Was hatten die kostspieligen See-Expeditionen denn gebracht? Exotische Tiere für den Kaiser, Edelsteine und Perlen, medizinische Pflanzen- und Tiersubstanzen. Von den medizinischen Substanzen vielleicht abgesehen, war das alles unnütz. China brauchte es nicht. Die teuren See-Expeditionen waren reine Prestigeunternehmen. Sie brachten keinen Gewinn, sie kosteten nur.

Hier bewahrheitete sich: Eine lange Küstenlinie, wie China sie im Osten und Süden hat, reicht allein nicht aus, um Hochseeschifffahrt entstehen zu lassen. Vielmehr bedarf es als Anreiz eines auf der anderen Meeresseite liegenden reichen Landes, das – in Berichten märchenhaft verklärt – mit Gütern lockt, die man selbst nicht hat. Kolumbus, Vasco da Gama begaben sich auf ihre gefährlichen Seefahrten, um das fabulös reiche Asien zu erreichen: Indien, China, die Gewürzinseln. Aber im Bewusstsein Chinas gab es keine andere reiche Zivilisation. Das Reich der Mitte sah sich selbst als die einzige Hochkultur der Welt, und es glaubte alles Nötige selbst in Überfülle zu haben.

Und noch ein Zweites: Außenhandel verdarb die Sitten und untergrub die Macht der Mandarine. Er brachte fremde Ideen ins Land, die die soziale Harmonie störten. Er machte Kaufleute und Abenteurer reich. Und er stärkte die Macht der Eunuchen, der verhassten und verachteten Rivalen der konfuzianischen Beamten. So setzten denn die Konfuzianer bei den auf Xuande folgenden Kaisern eine radikale Abkehr von der Hochseeschifffahrt und die Rückkehr zu Tradition und Orthodoxie durch. Statt Hochseeschiffe bauten die Ming-Kaiser nun die »Große Mauer«. China schloss sich von der Welt ab. Die Hochseeflotte blieb Episode. Die kontinentale Binnenlandzivilisation des »Gelben Flusses« setzte sich gegen die maritime, weltoffene Kultur der »Blauen Küste« durch.

Der Abbruch der chinesischen Hochseeschifffahrt Mitte des 15. Jahr-

Portugiesen in Macao,
Lackarbeit auf einem chinesischen Wandschirm

hunderts war ein Wendepunkt nicht nur der chinesischen Geschichte, sondern der Weltgeschichte. Die Chinesen gaben die Hochseeschifffahrt in dem Moment auf, als die Europäer sich anschickten, die Meere zu erkunden und den Seeweg nach Asien zu finden. Ende des Jahrhunderts war es dann so weit: 1492 entdeckte Kolumbus Amerika für die spanische Krone; 1498 umsegelte Vasco da Gama das Kap der Guten Hoffnung und landete in Calicut; 1511 eroberten die Portugiesen Malacca, das nominell unter dem Schutz des Ming-Kaisers stand; 1557 schließlich gründeten sie auf der Halbinsel Macao die erste Handelsniederlassung auf chinesischem Boden. Das 17. Jahrhundert sah dann Holländer, Spanier und Engländer in den Indischen und Pazifischen Ozean vordringen und Kolonien errichten. Macao, Batavia (Jakarta), Kalkutta und Manila wurden die Zentren, von denen aus Portugiesen, Holländer, Engländer und Spanier nicht nur den Handel Asiens mit Europa organisierten, sondern immer mehr auch den innerasiatischen Handel. Hätte es die chinesische Hochseeflotte noch gegeben, und wäre sie weiter entwickelt worden, hätte die Weltgeschichte einen anderen Verlauf genommen. Aber so, wie es war, gab China den aufsteigenden europäischen Großmächten freie Fahrt auf den asiatischen Meeren, bis es dann im 19. Jahrhundert selbst von den Europäern angegriffen wurde – von der Seeküste her, die es nun nicht mehr zu verteidigen im Stande war.

KAPITEL 2

Die mächtigste und fortgeschrittenste Zivilisation der Erde

China war über den größeren Teil der letzten zweitausend Jahre nicht nur das menschenreichste Land und die größte Volkswirtschaft der Erde, sondern die – technologisch wie organisatorisch – fortgeschrittenste Zivilisation.

China, Europa, Indien, Welt
Geschätzte Bevölkerung 50 bis 1820 n. Chr. (in Millionen)

Jahr	China	Europa	Indien*	Welt
50	40	34	70	250
960	55	40	—	300
1280	100	68	—	380
1500	103	72	110	425
1700	138	96	153	592
1820	381	167	209	1049

* Indischer Subkontinent (Indien, Pakistan, Bangladesh); die indischen Großreiche (Maurya, Gupta, Moghul) umfassten nie den ganzen Subkontinent.

Quelle: Angus Maddison, »Chinese Economic Performance in the Long Run«, Paris 1998, S. 20.

China, Europa, Welt
Geschätztes Prokopfeinkommen 50 bis 1820 n. Chr.
(in Internationalen Dollar von 1990)

Jahr	China	Europa	Welt
50	450	450	—
960	450	400	—
1280	600	500	—
1700	600	870	359
1820	600	1129	706

Quelle: Angus Maddison, »Chinese Economic Performance in the Long Run«, Paris 1998, S. 25 und 40.

Der Aufstieg
(221 v. Chr. bis 906 n. Chr.)

Qin-Dynastie und Han-Dynastie (221 v. Chr. bis 220 n. Chr.): das andere Großreich neben Rom

In den 440 Jahren von 221 v. Chr. bis 220 n. Chr. stand China unter dem Ersten Kaiser Qin Shi Huangdi und der ihm folgenden Han-Dynastie dem Römischen Reich als zweites Großreich am anderen Ende Eurasiens gegenüber. Beide Reiche waren nach Bevölkerungszahl, Fläche und Länge des Straßennetzes einander gleich. Das Römische Reich, eine Föderation von Stadtstaaten rund um das Mittelmeer, war weit höher urbanisiert. Es übertraf das Han-Reich durch die Pracht und Monumentalität seiner öffentlichen Bauten: Amphitheater (wie das Kolosseum in Rom), Badeanlagen, Basiliken; nur die Kaiserpaläste waren einander gleichwertig, und zu den unterirdischen Grabpalästen der chinesischen Kaiser gab es umgekehrt im Römischen Reich nichts Vergleichbares. Weit voraus war das Han-Reich Rom andererseits in der Agrartechnik sowie in der Eisentechnologie – es hatte insgesamt die produktivere Wirtschaft. Zwischen den beiden Reichen bestanden keine direkten Beziehungen; es waren getrennte Welten. Rom importierte über Zwischenhändler Seide aus China, die es mit Gold bezahlen musste, weshalb Plinius der Ältere im ersten Jahrhundert n. Chr. klagte, alles Gold fließe nach Asien ab.

Beide Reiche brachen zusammen unter dem Ansturm von Barbarenhorden aus dem Norden. Beide übernahmen in den Zeiten des Zerfalls eine fremde Erlösungsreligion: die Römer das Christentum, die Chinesen den Buddhismus. Doch dann endete die Parallelität. Westeuropa sank im 6. Jahrhundert für zweihundert Jahre in ein dunkles Zeitalter, in dem die griechisch-römische Kultur unterging; Ostrom wurde im 7. Jahrhundert durch das Vordringen der Araber auf den Balkan und in die Türkei reduziert. Das Chinesische Reich dagegen erstand unter den Sui-Tang-Dynastien (589–906) aufs Neue und in größerem Glanz als jemals zuvor. Es war nun ohne Rivalen und blieb über tausend Jahre die am höchsten entwickelte Zivilisation der Welt – bis dann mit Beginn des 17. Jahrhunderts Europa nach vorne rückte.

Tang-Dynastie (618–906): Zentrum der Weltkultur

Das Tang-Zeitalter war eine Zeit ungeheurer Expansion. Die Kaiser dehnten im Nordosten Chinas ihren Herrschaftsbereich in die Mandschurei und nach Korea aus und eroberten im Süden Annam (Nordvietnam). Der wichtigste Expansionsstoß aber ging nach Nordwesten. Über Wüsten und Steppen stürmend und fünftausend Meter hohe

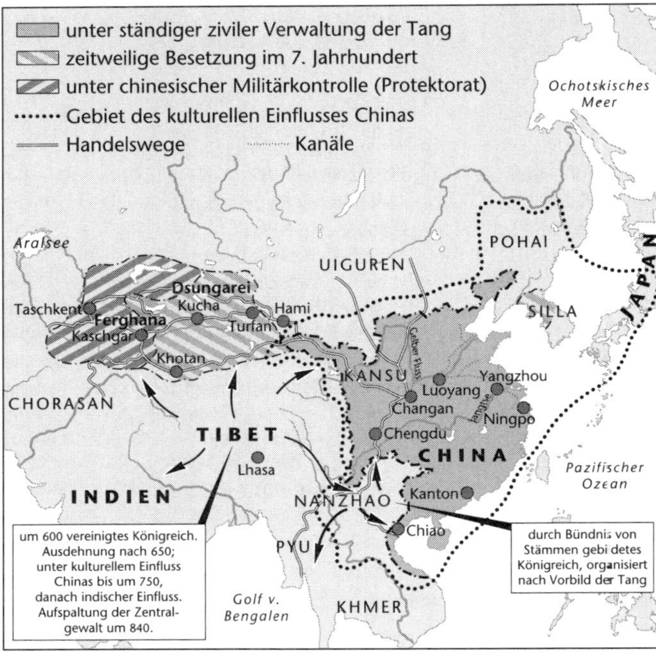

Das Tang-Reich zur Zeit seiner größten Ausdehnung im 8. Jahrhundert.

Bergpässe überwindend, drangen die Reiterheere der Tang den zentralasiatischen Korridor entlang bis über den Oxus (Syrdarja) hinaus vor und errichteten in den weiten Gebieten Zentralasiens Militärprotektorate.

Die Wiedereröffnung der »Seidenstraße« nach Westen brachte China in Verbindung mit Westasien und der arabisch-europäischen Welt des Mittelmeers sowie, nach Süden, mit Indien. Die Tang-Hauptstadt Changan (an der Stelle des heutigen Xian) wurde zur Metropole der Welt. Die Millionenstadt beherbergte Kolonien von Türken, Uiguren, Persern, Arabern, Kaschmiri, Indern, Singhalesen, Tibetanern, Koreanern. Bagdad wie Byzanz schickten Botschafter. Innerhalb der Mauern Changans lebten mehr als 100 000 ausländische Kaufleute und Missionare. Ebenso hatten auch die anderen städtischen Zentren des Reiches große ausländische Gemeinschaften. Alle Religionen warben für ihren Glauben: Buddhisten, Moslems, Manichäer, Zarathustra-Anhänger, Juden, nestorianische Christen. Das Tang-Reich wurde das

Zentrum einer kosmopolitischen Kultur. Die Buddhisten schufen für ihre Tempel und Felsgrotten imposante Statuen aus Stein und Bronze und großartige Wandmalereien. Ebenso erlebte die rein chinesische Kultur ein erstes goldenes Zeitalter der Architektur, Malerei, Musik und vor allem der Lyrik. Eine Anfang des 18. Jahrhunderts zusammengestellte Sammlung von Tang-Gedichten enthält 49 000 Dichtungen von nicht weniger als 2300 Dichtern. Die Tang-Kultur strahlte weit über die Grenzen des Reiches hinaus; Korea, Japan und Vietnam übernahmen in dieser Zeit die chinesische Kultur.

Das Tang-Reich war von einer Weltoffenheit, wie sie das geographisch isolierte China noch nie gekannt hatte und wie es sie bis zum Ende der Kaiserzeit (1912) nie mehr kennen sollte. Um das Jahr 800 jedoch setzte eine fremdenfeindliche Reaktion ein. Sie kulminierte in den Jahren 842 bis 845 in der Zerstörung von 4600 buddhistischen Klöstern und im völligen Verbot aller anderen ausländischen Religionen. Der Buddhismus war von da an politisch und wirtschaftlich ausgeschaltet, auch wenn er als Religion bald wieder erstarkte – nun jedoch als völlig sinisierte Religion. Im Jahre 906 zerfiel das Tang-Reich. Der Glanz der Tang-Dynastie und der Glanz des Buddhismus erloschen zusammen.

Höhepunkt der konfuzianischen Kultur

Song-Dynastie (960–1279)

Mit dem Untergang des Tang-Reiches zerfiel China für ein halbes Jahrhundert in einzelne Territorien unter militärischen Machthabern, bis der erste Song-Kaiser 960 China erneut einigte. Die Tang-Eroberungen in Zentralasien aber waren verloren, und die Liao- und Xixia-Reiche im Norden besetzten altes chinesisches Land diesseits der Mauer. Song-China war ein wesentlich kleineres Reich, und es war ein Reich, das nach innen blickte.

Die Rückbesinnung auf die Tradition führte die konfuzianische Kultur, Chinas ureigene Schöpfung, auf einen strahlenden, nie wieder erreichten Höhepunkt. Die neokonfuzianische Bewegung weitete die konfuzianische Morallehre zu einer umfassenden Philosophie aus, die die Sicht auf das Universum öffnete und den Platz des Menschen in ihm bestimmte. Die neue Philosophie, rational und human, wird zur Glaubensüberzeugung der Elite. Sie wird von nun an ihr Denken und Leben für ein ganzes Jahrtausend bestimmen und Staat und Gesellschaft bis zum Ende des 19. Jahrhunderts tragen. Sie wird aber auch, beginnend mit der Ming-Zeit, die einst in der Tang-Zeit so offene Gesellschaft Chinas in eine geschlossene, ideologische Gesellschaft verwandeln, in der der Konfuzianismus zum Dogma erstarrt. In der Song-

Zeit selbst jedoch ist die konfuzianische Renaissance eine Bewegung voller Kraft und Leben. Wie in der Philosophie entstehen auch in der Kunst unvergängliche Werke. Das Celadon-Porzellan mit seinem magischen Schimmer und die Tuschbilder von Berg- und Flusslandschaften, in die sich der Mensch als kleines, unauffälliges Element harmonisch einfügt, gehören zum Schönsten und Geistigsten, was Menschen jemals geschaffen haben.

Die Song-Kaiser, hochgebildete Konfuzianer, sind umgeben von fähigen und loyalen konfuzianischen Beamten, die die Regierung führen. Viele von ihnen sind in kompetitiven Staatsexamina ausgewählt worden. Diese Examina nehmen bald einen zentralen Platz im Leben der Oberschicht ein. Die Verbreitung der konfuzianischen Bildung erhält einen gewaltigen Schub durch den Buchdruck. Die Song-Ära macht sich diese Tang-Erfindung zum ersten Mal in großem Stil zu Nutze. Die Regierung gibt die klassischen konfuzianischen Schriften in 130 Bänden heraus. Die Ausgabe ist 953 abgeschlossen und wird von der Nationalakademie zum Verkauf angeboten. Private Drucker bringen Almanache, Gedichtsammlungen, buddhistische Schriften und vieles mehr heraus. Manche Schriften erscheinen in Millionenauflage. Eine riesige Druckindustrie entsteht. Die Song-Gesellschaft ist die erste Gesellschaft der Welt, in der das gedruckte Buch im geistigen und politischen Leben eine zentrale Rolle spielt.

Technologie:
Europa um Jahrhunderte voraus

In der Song-Zeit erreichen der Stand des technischen Wissens und die Anwendung dieses Wissens einen Höhepunkt. Im Jahre 1620 veröffentlicht der englische Philosoph und Staatsmann Francis Bacon sein Epoche machendes Werk »Novum Organum«, mit dem er das europäische Streben nach systematischer Naturbeherrschung durch die Wissenschaft einleitet. Darin heißt es: »Man tut gut daran, die Kraft, die Wirkung und die Folgen von Erfindungen zu beobachten. Diese sind nirgends deutlicher zu sehen als in jenen drei Erfindungen, die dem Altertum unbekannt waren: Buchdruck, Schießpulver und Magnet. Diese drei Erfindungen haben das Gesicht der Welt verwandelt: die erste in der Schriftstellerei, die zweite in der Kriegführung, die dritte in der Navigation. Aus ihnen gingen unzählige Veränderungen hervor. Kein Reich, keine Religion oder Philosophie, kein Stern hat größere Macht und größeren Einfluss auf die Entwicklung der Menschheit ausgeübt als diese Entdeckungen.«[1]

Francis Bacon wusste nicht, dass diese drei Erfindungen sowie die für den Buchdruck unentbehrliche Erfindung des Papiers aus China kamen. *Papier* wurde in China bereits in der frühen Han-Zeit, im ersten und zweiten Jahrhundert v. Chr., erfunden. Die Chinesen verwandten es als Schreibunterlage und für vielerlei andere Zwecke: als Einwickelpapier, Toilettenpapier, Grundlage für Lackarbeiten, sie stellten aus Papier Fenster und Tapeten her sowie warme Winterkleidung und Rüstungen, die wegen ihrer Leichtigkeit Eisenrüstungen überlegen waren. Als Schreibunterlage ist Papier zum ersten Mal für das Jahr 110 n. Chr. bezeugt. Der Aufbau des chinesischen Beamtenstaats wäre ohne Papier nicht möglich gewesen. Die chinesische Technik der Papiererzeugung erreichte die Araber im 8. Jahrhundert. Diese vermochten das Geheimnis des Papiermachens lange Zeit zu bewahren und exportierten Papier nach Europa mit hohem Gewinn. Erst im 13. Jahrhundert entwickelte sich die europäische Papierherstellung in Italien – anderthalb Jahrtausende, nachdem die Chinesen sie erfunden hatten.

Der *Buchdruck* wurde in der ersten Hälfte des 8. Jahrhunderts während der Tang-Zeit erfunden. Er entstand aus dem Bedürfnis, buddhistische Texte in riesiger Zahl zu vervielfältigen. Das erste Verfahren war der Blockdruck, bei dem jede einzelne Buchseite mit allen Schriftzeichen und Illustrationen in eine Holzplatte eingeschnitten wird. Der Druck mit beweglichen Lettern wird zwischen 1041 und 1048 von dem Chinesen Bi Sheng erfunden. Angesichts der chinesischen Schrift mit ihren Zehntausenden von Zeichen blieb jedoch der Blockdruck das bevorzugte Verfahren. Die Chinesen entwickelten darin eine außerordentliche Meisterschaft. Sie stellten Drucke in bis zu fünf Farben her und schufen illustrierte Bücher von höchster künstlerischer Qualität. Nach Europa kam die Technik des Buchdrucks erst in der Mongolenzeit. 1283 eroberten die Heere Dschingis Khans Ungarn und standen an der Grenze zu Deutschland. Bald darauf tauchten in Deutschland die ersten Blockdrucke auf. 1440 erfand dann Gutenberg den Druck mit beweglichen Lettern; auch seine Erfindung wurde möglicherweise durch das chinesische Vorbild angeregt. Es dauerte also nicht weniger als siebenhundert Jahre, bis der Buchdruck Europa erreichte. Während Song-China bereits Bücher in Millionenauflage druckte, kopierten im mittelalterlichen Europa Mönche noch immer Manuskripte in monate- und jahrelanger Handarbeit.

Der *Magnetkompass* ist in China zum ersten Mal für das 4. Jahrhundert v. Chr. bezeugt. Seine Hauptverwendung fand er damals wie heute in der Geomantik, einer magischen Technik, Häuser und Städte harmonisch auf das Atmen und die Strömungen der Erdkräfte auszurichten. Für die Navigation auf dem Meer dürfte der Kompass zum ersten Mal in der späten Tang- oder frühen Song-Zeit verwendet worden sein. Europa übernahm den Kompass von den Chinesen. Er wird hier erstmals 1190 erwähnt – also wie im Falle des Papiers anderthalb Jahrtausende nach seiner Erfindung in China.

Das *Schießpulver* wurde in China in der späten Tang-Zeit gegen 850 erfunden. Es waren Alchimisten, die auf der Suche nach dem Unsterblichkeit verleihenden Lebenselixier zum ersten Mal Salpeter, Schwefel und Holzkohle mischten und – welch grausame Ironie – einen Stoff erzeugten, der im weiteren Verlauf der Geschichte zum Mittel der Massenvernichtung menschlichen Lebens werden sollte. In einem europäischen Text taucht die Formel des chinesischen Schießpulvers zum ersten Mal im Jahre 1285 auf. Bis dahin hatte die Entwicklung des Pulvers in China bereits alle Stadien durchlaufen – vom Brandstoff zum Explosivstoff und schließlich zum Schießstoff.

Zu den vier erörterten Ausgangstechnologien der Moderne kommen Dutzende weiterer wichtiger Erfindungen, die das Song-China zu einer Welt machten, die dem mittelalterlichen Europa technologisch und wirtschaftlich um Jahrhunderte voraus war.

Am größten und dauerhaftesten war der chinesische Vorsprung in der *Agrartechnik*. Bereits seit dem 6. Jahrhundert v. Chr. streuten die Chinesen das Saatgut in exakt ausgerichteten Reihen, was das Wachstum wesentlich beschleunigte. Seit dem 4. Jahrhundert v. Chr. benutzten sie bereits einfache Sämaschinen, die sie im 2. Jahrhundert v. Chr. zu Viel-Röhren-Maschinen weiterentwickelten. Die größte Überlegenheit aber gab den Chinesen der eiserne Pflug und die raffinierte Konstruktion des Streichblechs (seit dem 6. beziehunsgweise 2. Jahrhundert v. Chr.). Dank dieser und anderer Techniken hatte die chinesische Landwirtschaft einen ungeheuren Produktivitätsvorsprung vor der europäischen. Während in Europa bis weit in die Neuzeit hinein das Verhältnis von Ernte zu Saatgut bei 4 : 1 lag, erreichten die Chinesen ein Verhältnis von 10 : 1. Als die Europäer schließlich im 17. und 18. Jahrhundert die chinesischen Agrartechniken übernahmen, lösten sie eine landwirtschaftliche Revolution aus.

Die Chinesen entwickelten darüber hinaus schneller reifende Getreidesorten. Zu Beginn des 11. Jahrhunderts führte der Song-Kaiser Zhen-zong (998–1022) eine früh reifende Reissorte aus Champa (Südvietnam) ein, bei welcher die Zeit von der Umpflanzung bis zur Reife von 150 auf 100 Tage verkürzt worden war, so dass zwei Ernten im Jahr möglich wurden. Bis zum 15. Jahrhundert gelang es den Chinesen, die Reifezeit auf sechzig Tage herabzusetzen, und bis zum frühen 19. Jahrhundert wurde diese Zeit noch einmal um die Hälfte reduziert. In Europa dagegen waren periodische Brachen die Regel; der Entwicklungsstand Chinas im 12. Jahrhundert wurde hier erst im 20. Jahrhundert erreicht.[2]

Kaum weniger weit voraus war China in der *Eisentechnologie*. Im 4. Jahrhundert v. Chr. erreichten die Chinesen in ihren Hochöfen Temperaturen, bei denen sie Gusseisen erzeugen konnten. Sie fanden darüber hinaus eine Methode, Gusseisen seine Brüchigkeit zu nehmen.

Mit dem verbesserten Eisen ließen sich Millionen von Pflugscharen gießen. Europa dagegen produzierte Gusseisen in nennenswerten Mengen erst gegen Ende des 13. Jahrhunderts – fast zweitausend Jahre später. Im 5. Jahrhundert n. Chr. entwickelten die Chinesen ein Verfahren zur Stahlherstellung, mit dem sie das Siemens-Martin-Verfahren von 1864 vorwegnahmen. Song-China produzierte im Jahre 1078 bereits 114 000 Tonnen Roheisen – ein solches Produktionsvolumen sollte England erst zu Beginn der industriellen Revolution Ende des 18. Jahrhunderts erreichen.

Die ungeheure Überlegenheit der Chinesen im Schiffbau und in der Navigation wurde bereits deutlich. Von Beginn der Song-Zeit bis zur letzten See-Expedition des Ming-Kaisers Xuande im Jahre 1433 war China fast ein halbes Jahrtausend lang die größte Seemacht der Welt. Diese Macht war verbunden mit einer kaum minder großen Überlegenheit in der *Militärtechnologie*. Die Chinesen verwendeten das Schießpulver keineswegs nur für Feuerwerke, wie bei uns manchmal geglaubt wird, sondern entwickelten auf seiner Grundlage eine kaum übersehbare Fülle von Feuerwaffen: Flammenwerfer, Bomben, die mit Katapulten in die Reihen der Feinde geschleudert wurden, Land- und Seeminen, Raketen, Sprenggranaten und Kanonen. Die neuen Waffen trugen Namen, die ihre Funktionsweise und Wirkung fantasievoll beschrieben. So gab es etwa den »herzdurchbohrenden, zauberkräftig giftsprühenden Neunpfeil Feuerdonnerer«, den »Blitz, der den Himmel erschüttert« (ein Sprenggeschoss mit Metallhülle) oder den »aus dem Wasser hervorschießenden Feuerdrachen« (eine zweistufige Antischiffrakete). Die ersten voll entwickelten Kanonen dürften um das Jahr 1250 verfügbar gewesen sein. Die Munition bestand aus Stein- und Eisenkugeln, aber auch aus »Donnerkrachgranaten«, die bei der Explosion todbringende Eisensplitter verstreuten. Im Unterschied zum Schießpulver übernahm Europa die Kanone mit sehr kurzem Zeitabstand, die erste Abbildung einer kleinen Kanone findet sich bereits im Jahre 1327. Anders als die Chinesen werden die Europäer sie nun mit aller Energie weiterentwickeln.

Europa gründet sein Selbstverständnis und Überlegenheitsgefühl auf die Überzeugung, durch seine Erfindungen die moderne Welt heraufgeführt zu haben. Noch heute erscheinen im Westen Bücher, deren Autoren nicht wissen, dass die Erfindungen, die sie als europäisch schildern, in Wahrheit chinesisch sind. Europa hat sie von China übernommen, und diese Übernahme gab Europa überhaupt erst die Möglichkeit und den Antrieb, aus dem Mittelalter in eine neue Zeit vorzustoßen. Dass sich die Erkenntnis dieses Zusammenhangs heute ausbreitet, ist das Verdienst vor allem eines Mannes: des britischen Biochemikers und Sinologen Joseph Needham, der – unterstützt von einem Team chinesischer und westlicher Mitarbeiter – seit Anfang der fünfziger Jahre die Geschichte der Wissenschaft und Technologie des alten China erforschte. Sein monumentales, vielbändiges Werk »Science and Civilisation of China«, das noch nicht abgeschlossen ist, hat wie kein anderes dazu beigetragen, von einer europazentrischen Sicht der Geschichte zu einer wirklichen Weltgeschichte zu gelangen.

Wirtschaft: Warum entstand die industrielle Revolution nicht in China?

War die Song-Zeit eine Blütezeit des geistigen und künstlerischen Lebens und der technischen Innovation, so war sie zugleich eine Zeit ungeheurer wirtschaftlicher Entfaltung. Manche Beobachter sprechen geradezu von einer wirtschaftlichen Revolution. Ihren Ausgang nahm diese Revolution mit der Einführung des Reisanbaus im Jangtse-Becken, der sich rasch über ganz Südchina ausbreitete. Diese Entwicklung begann schon in der Tang-Zeit und wurde von den Song-Kaisern mit aller Kraft vorangetrieben, indem sie aus Südvietnam frühreifende Reissorten einführten und so die jährliche Ernte nahezu verdoppelten. Mit Reis lassen sich ungleich höhere Hektarerträge erzielen als mit den im Norden Chinas angebauten Getreidesorten Weizen und Hirse. Der einst unterentwickelte Süden, der weithin eine primitive Landwirtschaft der Brandrodung betrieben hatte, stieg nun zur »Kornkammer« des Reiches auf. Ein Spruch aus der Song-Zeit lautet: *Suchangshu tianxiazu* (Wenn die Ernte in Suzhou und Changzhou reif ist, wird alles unter dem Himmel satt).

Der gewaltige Aufschwung der Landwirtschaft löste einen steilen Aufschwung von Handwerk, Manufaktur und Handel aus. Der Jangtse und seine Nebenflüsse und die nach Norden führenden Kanäle stellten für den Handel ein einzigartiges Schifffahrtnetz von 50 000 Kilometern Länge bereit. Auf ihm fuhr die größte und vielfältigste Flotte der damaligen Welt. Überall im Reich entstanden große Handelsstädte. Der Handel wurde zudem angetrieben vom Vordringen der Geldwirtschaft. Das Papiergeld, schon unter den Tang-Kaisern erfunden, erlebte nun seine große Zeit. Offiziell vom Staat ausgegeben, kursierten die sorgfältig in drei Farben gedruckten Geldscheine in riesigen Mengen. Das Bankwesen entfaltete sich, es gab Schecks, Banküberweisungen und Wechsel. Wie der Binnenhandel expandierte auch der Außenhandel. Chinesische Seiden und Porzellane wurden in riesigen Mengen nach Korea und Japan, nach Südostasien und in die Länder des Indischen Ozeans bis hin zu den Küsten Ostafrikas exportiert. Die Bevölkerung wuchs von fünfzig Millionen in der Tang-Zeit auf hundert Millionen am Ende der Song-Zeit. Dennoch stieg der durchschnittliche individuelle Lebensstandard um schätzungsweise ein

Straßenszene in Kaifeng, der Residenz der Song-Kaiser, unter denen die chinesische Zivilisation ihren Höhepunkt erreichte. Ausschnitt aus der Bildrolle »Fahrt flussaufwärts zum Qing-Ming-Fest«, chinesische Seidenmalerei um 1100 (Song-Dynastie)

Drittel. Der Übergang zum Reisanbau, der Aufschwung von Handwerk und Manufaktur, die Ausbreitung des Handels brachten zusammen mit den technischen Fortschritten einen massiven Produktivitätsschub. Das Wirtschaftswachstum der Song-Zeit ist – um die ökonomischen Fachausdrücke zu gebrauchen – nicht nur extensives Wachstum (beruhend auf vermehrtem Einsatz von Arbeitskräften und anderen Ressourcen), sondern auch intensives Wachstum (beruhend auf effizienterem Einsatz der Ressourcen).

In der Song-Dynastie erreichte die chinesische Zivilisation ihren Höhepunkt. Keine der späteren Dynastien sollte ihre geistige Kreativität und ihren materiellen Reichtum erreichen. Wirtschaftlich und technologisch schienen damals alle Bedingungen gegeben zu sein, aus denen in Europa siebenhundert Jahre später die industrielle Revolution hervorgehen sollte. Die Song-Wirtschaft war kommerzialisiert und monetisiert. Die Technik bot die Voraussetzung für den Übergang zu einer mechanisierten Industrieproduktion und zu einer globalen maritimen Expansion. Warum, so fragen sich moderne Historiker, startete China damals nicht durch? Warum schaffte es den Durchbruch von der Agrar- in die Industriegesellschaft nicht?

Wir kennen die Antwort bereits aus der Erzählung vom Abbruch der Hochseeschifffahrt Mitte des 15. Jahrhunderts: Eine Marktwirtschaft und Industriegesellschaft waren mit dem Moral- und Herrschaftssystem des Konfuzianismus unvereinbar. Sie hätten China zu etwas völlig anderem gemacht, als es war. Die konfuzianischen Regierungseliten strebten die Stabilität von Staat und Gesellschaft an. Die Respektierung der hierarchischen Ordnung sollte sich mit einem maßvollen Wohlstand vereinen. Alles, was dieses Gleichgewicht zu verändern drohte, stieß auf den erbitterten Widerstand der konfuzianischen Beamtenschaft und der landbesitzenden Gentry-Klasse, aus der die Beamten stammten. Die Konfuzianer verachteten die Kaufleute moralisch und bezeichneten sie als Parasiten, vor allem aber waren sie nicht bereit, die Macht im Staate mit diesen »Parasiten« zunächst zu teilen und dann am Ende abzudanken – wie der europäische Adel in der industriellen Revolution des 19. Jahrhunderts. Die konfuzianischen Regierungseliten im Song-China standen vor derselben Frage wie die kommunistischen Regierungseliten des heutigen China: Sollten sie Chinas Weg in die Zukunft öffnen, indem sie das private Unternehmertum hochkommen ließen, und damit riskieren, auf Dauer die eigene Macht zu verlieren? Sie entschieden sich damals dagegen

Ausklang: das Südliche Song-Reich (1127–1279)

Von außen kommende Katastrophen, die die chinesische Entwicklung unterbrachen, kamen beim Untergang des Song-Reiches hinzu. Im Jahre 1126 brach der tungusische Stamm der Dschurdschen aus der Mandschurei in Nordchina ein, eroberte die Song-Hauptstadt Kaifeng und führte Kaiser Hui-zong, einen Patron der Künste und bedeutenden Tuschmaler, in die Gefangenschaft. Es scheint ein Paradox, dass sechs Millionen Dschurdschen das so ungleich höher entwickelte Song-Reich mit seinen hundert Millionen Einwohnern überwältigen konnten. Aber hier offenbart sich die zweite große Schwäche des konfuzianischen Moral- und Regierungssystems: der Widerwille gegen alles Militärische und eine pazifistische Gesinnung, die die eigene moralische Überlegenheit als ausreichende Verteidigung gegen alle Feinde betrachtet.

Die Dschurdschen gründeten in Nordchina eine neue Dynastie, die Jin(Gold)-Dynastie, und behielten im Übrigen das konfuzianische Regierungssystem bei. Was sich vom Song-Hof retten konnte, floh nach Südchina. Dort gründete ein Neffe des Kaisers das Südliche

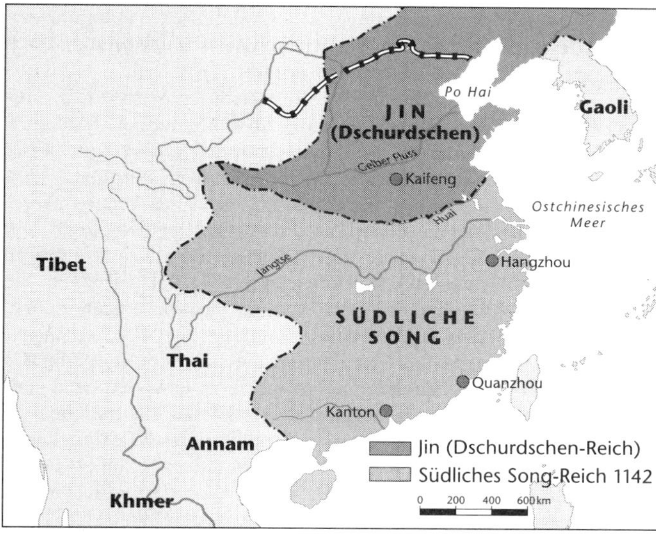

Das Südliche Song-Reich 1142

Song-Reich, dessen Grenze gegen das Jin-Nordreich der Huai-Fluss bildete.

Es ist bemerkenswert, wie wenig der Verlust des Nordens, des einstigen Kernlands der chinesischen Kultur am Gelben Fluss, die Song-Blüte unterbrach. Inzwischen hatte sich jedoch der Süden zum Wirtschafts- und Bevölkerungszentrum Chinas entwickelt. Als die Song das neue Südreich errichteten, lebten dort – vermehrt durch Flüchtlinge aus dem Norden – rund sechzig Prozent der Gesamtbevölkerung Chinas. Bis zum Ende der Südlichen Song-Dynastie im Jahre 1279 stieg dieser Anteil auf 85 Prozent.[3]

In dieser Entvölkerung des Nordens zeigte sich die Auswirkung einer zweiten, die chinesische Entwicklung noch ungleich tiefer unterbrechenden Katastrophe: die Eroberung des Nordreichs der Jin durch die mongolischen Reiterheere Dschingis Khans im Jahre 1234. Ganze Städte wurden dem Erdboden gleichgemacht, die Einwohner massakriert. Dschingis Khan und sein Sohn Ögödei errichteten die erste wirkliche Fremdherrschaft in China. Es war eine Herrschaft brutalen Terrors und erbarmungsloser Ausbeutung. Fruchtbares Ackerland verwandelten die Mongolen in Weideland für ihre Pferde. Mitte des 14. Jahrhunderts verbreiteten sie überdies – wie in Europa – die

Pest. Chinas Bevölkerung verringerte sich während der Mongolenzeit um ein Drittel. Nordchina, die Wiege der chinesischen Kultur, hat sich von dieser Katastrophe nie mehr ganz erholt.

Der mongolischen Eroberung des Jin-Reichs im Norden folgte für fast ein halbes Jahrhundert ein erbitterter Abwehrkampf der Südlichen Song. Dieser lange Kampf – verglichen mit der kurzen Zeit, in der die Mongolen über Russland und Osteuropa hinwegstürmten – lässt nochmals erkennen, wie sehr die Chinesen – bei aller Abneigung gegen Militärisches – den Europäern in der Kriegstechnologie und Kriegführung überlegen waren. Der Krieg spielte sich vor allem in großen Flussschlachten auf dem Jangtse ab. 1276 fiel Hangzhou, die Hauptstadt der Südlichen Song, 1277 wurde Kanton eingenommen, 1279 endete die Herrschaft der Song-Dynastie.

Die Mongolenherrschaft über China hatte sich zum Zeitpunkt des Sieges über die Südlichen Song bereits zu einem gewissen Grad sinisiert. Im Jahre 1260 hatte Khubilai das Großkhanat übernommen. Er verlegte 1267 den Regierungssitz von Karakorum nach Peking, das er in Khanbalik umbenannte. 1271 nahm er den chinesischen Dynastienamen Yuan an. Marco Polo, der sich seit 1275 am Hof in Khanbalik aufhielt und von dort aus auch die ehemalige Song-Hauptstadt Hangzhou besuchte, konnte noch den Nachglanz der Song-Ära erleben. Er bestaunte Hangzhou wie ein Wunder. Um ein Vielfaches übertraf die Millionenstadt alles, was er aus Venedig kannte, das damals immerhin die prächtigste und mit 50 000 Einwohnern größte Stadt Europas war.

Unmerklich und unbemerkt beginnt der Abstieg (1279–1799)

Ming-Dynastie (1368–1644)

Die mongolische Yuan-Dynastie regierte das vereinigte China nur für knapp achtzig Jahre. 1368 wurde sie durch einen Aufstand der Bauern gestürzt. Ihr Anführer war der Sohn einer Landarbeiterfamilie. Nach dem Tod der Eltern war er während einer Hungersnot buddhistischer Mönch und Mitglied einer Geheimgesellschaft geworden. Nun bestieg er den Kaiserthron und begründete die Ming-Dynastie – die »Dynastie des Glanzes«. Der Wiederaufbau Chinas begann. Der dritte Ming-Kaiser Zhu Di führte dann die von den Südlichen Song und den Yuan ererbte Seemacht auf einen Höhepunkt und gründete ein alle asiatischen Meere umspannendes Seereich. Doch nach seinem Tode (1424) gewannen die orthodoxen konfuzianischen Beamten die Oberhand und führten China in die Isolation. Der Abstieg begann, aber er blieb noch für Jahrhunderte unmerklich und unbemerkt.

Qing-Dynastie bis zum Ende der Qianlong-Ära

Seit den dreißiger Jahren des 17. Jahrhunderts neigte sich der Zyklus der Ming-Dynastie dem Ende zu. 1644 eroberte der Bauernführer Li Zicheng mit seiner berittenen Räuberarmee Peking; von allen verlassen, erhängte sich der glücklose letzte Ming-Kaiser auf dem Kohlehügel, der die Palaststadt überragt. Die Ming-Generäle riefen nun die Mandschus – Nachfahren der Dschurdschen – zu Hilfe, gegen die sie bisher die Grenze im Nordosten verteidigt hatten, und öffneten die Große Mauer. Die Mandschus warfen die Bauernrebellion auch sogleich nieder und riefen eine neue Dynastie aus: die Dynastie der Qing, der »Reinen«. Nordchina fiel ihnen kampflos zu, in Südchina aber zog sich der Ming-Widerstand lange hin und erlosch – nach einem erneuten großen Aufflammen 1671 – erst Anfang der achtziger Jahre.

Die Mandschus traten als Herrenrasse an, die sich dazu bestimmt fühlte, über ein Sklavenvolk zu herrschen. Ihr erstes Dekret zwang die Chinesen, sich anzupassen und hinfort den Mandschu-Zopf zu tragen. Die neuen Herren enteigneten Bauern, um Domänen zu schaffen. Die enteigneten Bauern und die Kriegsgefangenen, die auf den Domänen arbeiteten, wurden wie Sklaven verkauft und gekauft. Eine strenge Rassentrennung wurde eingeführt: Heiraten zwischen Chinesen und Mandschus waren verboten. Die Hauptstadt Peking wurde in eine Mandschu-Stadt im Norden und eine Chinesen-Stadt im Süden aufgeteilt.

Doch die neuen Herrscher erkannten bald, dass sie mit der rigorosen Ausbeutung nicht weit kamen und freie Menschen besser arbeiteten als Sklaven, die nichts anderes als Flucht im Sinn hatten. Und so wurde aus der Mandschu-Fremdherrschaft eine konfuzianische Dynastie, die drei der größten Kaiser der chinesischen Geschichte hervorbrachte: Kangxi (1662–1722), Yongzhen (1723–1735) und Qianlong (1736–1796).

Unter Qianlong erlebte China den Höhepunkt seiner Machtentfaltung auf dem asiatischen Kontinent. Doch bei allem äußeren Glanz war China nun technologisch und militärisch weit hinter Europa zurückgefallen. Mit dem Ende der Qianlong-Ära im Jahre 1799 sollte ein Absturz beginnen, der China im 19. Jahrhundert in eines der ärmsten Länder der Welt verwandelte.

KAPITEL 3

Eine vernunftbegründete Ethik

Aufbruch in der Achsenzeit

Die Grundlagen der chinesischen Kultur wurden Mitte des ersten vorchristlichen Jahrtausends gelegt – in jener weltgeschichtlichen Wendezeit zwischen 800 und 200 v. Chr., die Karl Jaspers als »Achsenzeit« bezeichnete.[4] In *China* entwickelten sich damals im Meinungsstreit der »Hundert Schulen« die Grundrichtungen des chinesischen Denkens; in *Indien* spekulierten die Verfasser der Upanischaden über das Weltganze und lehrte Buddha; in *Persien* entwarf Zarathustra das fordernde Weltbild des Kampfes zwischen Gut und Böse; in *Israel* traten die Propheten auf – von Elias bis zu Deutero-Jesaias; in *Griechenland* dichteten Homer, Aischylos, Sophokles, schrieb Thukydides Geschichte und philosophierten Parmenides, Heraklit, Sokrates, Plato und Aristoteles. Der Mensch trat aus der Selbstverständlichkeit und Geborgenheit des Mythos heraus und trat ein in die vorwärts drängende Welt des Logos. Folgte er vordem, um es hegelianisch zu formulieren, »reflexions- und selbstlos dem allgemeinen Willen«, so begann er nun zu fragen und zu zweifeln. Er wollte selbst erkennen, »was gut und böse ist«. Der große Aufbruch, von dem niemand weiß, wohin er die Menschheit noch führen wird, begann.

Es war keineswegs ein Aufbruch *aller* Menschen. Zwischen der »Masse« und einer kleinen geistigen Elite, die zu den Gipfeln menschlicher Möglichkeiten vorstößt, bildete sich nun eine breite Kluft. Und es war auch kein Aufbruch der ganzen Menschheit, sondern ein Aufbruch *innerhalb* der Menschheit.

Drei Regionen setzten sich in Bewegung; alle drei lagen in Eurasien. Sie schufen damals die Fundamente, auf denen sich in den folgenden zweieinhalb Jahrtausenden die drei großen Kulturkreise der heutigen Welt entwickelten: der chinesische Kulturkreis, der buddhistische und hinduistische Kulturkreis sowie der griechisch-römische und jüdisch-christliche Kulturkreis, der drei Schwesterkulturen hervorbrachte, nämlich die europäische, die byzantinisch-russische und die islamische Kultur. Die einheitliche Kultur der Bronzezeit löste sich auf. Die Hochkulturen dieser Zeit in Mesopotamien, Ägypten, im Indus-Tal und am Gelben Fluss wurden von den neuen Achsenzeitkulturen aufgesogen. Sie blieben in Erinnerung als Vorgeschichte. Nur die Chinesen fuhren fort, ihre mythische Periode als Teil der eigenen Vergangenheit zu betrachten, und kommen so zu dem Bewusstsein einer fünftausend Jahre kontinuierlich bestehenden Kultur – ein Bewusstsein, das Teil ihrer Identität und ihres Stolzes ist. Alle Völker, die an der Wende der Achsenzeit nicht teilhatten, blieben »Naturvölker«, die das Leben – geschichtslos wie die Natur – in einem ewig gleichen Kreislauf wiederholen. Erst in unserer Zeit beginnen die Kulturen, die vor 2500 Jahren entstanden, zu der einen, globalen Welt zusammenzuwachsen, die auch die wenigen noch übrig gebliebenen »Naturvölker« in sich aufsaugt.

Die Formung der chinesischen Kultur

Die Achsenzeit war in China eine Zeit des Zusammenbruchs der politischen wie der moralischen Ordnung. Seit etwa 1040 v. Chr. herrschte die Zhou-Dynastie über einen Feudalstaat. Im Jahre 771 v. Chr. jedoch wurde die im Westen liegende Zhou-Hauptstadt von Nomaden erobert und der König von einem verräterischen Vasallen ermordet. Der Feudalstaat war am Ende. Die neue Hauptstadt Luoyang wurde weit nach Osten verlegt. Den östlichen Zhou-Königen blieb nur noch ihre rituelle Funktion: Sie allein konnten das Himmelsopfer darbringen. Im Übrigen aber waren die mehr als tausend ehemaligen Lehnsfürsten nun de facto unabhängig und traten in einen darwinistischen Überlebenskampf aller gegen alle ein.

Wie die politische Ordnung, so zerfiel auch die moralische Ordnung. Sie war getragen worden von der Religion des Himmels (tian). Der Himmel wurde als eine ethische Gottheit aufgefasst, die im dies-

Vorgeschichte und Achsenzeit in China

Die ersten mythischen Kaiser	3. Jahrtausend v. Chr.
Xia-Dynastie*	2205 – 1766 v. Chr.
Shang-Dynastie*	1766 – 1122 v. Chr.
Zhou-Dynastie*	1122 – 256 v. Chr.
Westliche Zhou-Dynastie	1122 – 771 v. Chr.
Östliche Zhou-Dynastie	771 – 256 v. Chr.
Zeit der Frühlings- und Herbst-Annalen	722 – 481 v. Chr.
Zeit der »Streitenden Staaten«	481 – 221 v. Chr.
Reichsgründung durch Qin Shi Huangdi	221 v. Chr.

* Traditionelle Daten der chinesischen Geschichtsschreibung.
Die heutige Geschichtsschreibung lässt die Zhou-Zeit erst um 1040 beginnen.

seitigen Leben die Guten belohnt und die Schlechten bestraft. Der Zusammenbruch des Feudalstaats in den ersten Jahrzehnten des 8. Jahrhunderts v. Chr. erschütterte jedoch den Glauben an einen gerechten Himmelsgott. Zur selben Zeit zerbrach auch das zweite Fundament der Zhou-Moral: die Adelsetikette (li), die »Höflichkeit« im ursprünglichen Sinn, die – in hierarchischer Ordnung – das Zeremoniell des Kultes ebenso wie das Verhalten im alltäglichen Umgang bis in alle Einzelheiten regelte.

Die Welt war aus den Fugen. Es herrschte Bürgerkrieg. Die Menschen lebten in ständiger Angst vor Plünderung, vor Misshandlung und Tod. Wie ließ sich die Welt wieder in Ordnung bringen? Aus dieser Frage entstand die chinesische Philosophie. Sie begann, anders als die Spekulation der jonischen Naturphilosophen, als Moralphilosophie; ihr Gegenstand war, wie bei Sokrates, der Mensch. Aus den »hundert« Antworten auf die Frage, wie Frieden und Harmonie wiederherzustellen seien, wurden drei für die geistige Entwicklung Chinas entscheidend: die Antwort der Legalisten, die Antwort der Daoisten und vor allem die Antwort der Konfuzianer. Diese drei Antworten haben die chinesische Kultur geformt.

Der absolute Staat der Legalisten

Die Schule der Legalisten entstand im 4. Jahrhundert, ihre Lehren sind zusammengefasst in den »Schriften des Meisters Han Fei« (280–233). Die Legalisten gingen davon aus, dass eine neue Zeit begonnen habe, in der die alten Werte und Regierungsmethoden der Zhou ihre Gültigkeit verloren hatten. »Früher«, so schreibt Han Fei, »war die Zahl der Menschen klein, und es gab einen Überfluss an Gütern … Heute jedoch ist die Zahl der Menschen groß, und die Güter sind knapp. Deshalb streiten sich die Menschen.«[5] In dieser neuen Welt der Verteilungskämpfe war es nach Überzeugung der Legalisten eine Narrheit, nach den alten Ritual- und Moralregeln (li) regieren zu wollen. Frieden und Ordnung ließen sich nur durch ein grundlegend neues Herrschaftssystem wiedergewinnen – ein System, das sich nicht auf ein angeblich göttliches Moralgesetz berief, sondern die Untertanen unter ein vom Herrscher willkürlich, doch planvoll gesetztes Recht (fa = Gesetz) zwang. Die neuen »Handhaben der Macht« waren harte Strafgesetze und großzügige Belohnungen.

Die Legalisten zielten darauf, den Feudalstaat der Zhou, der nur noch nominell existierte, endgültig abzulösen durch einen zentralistischen Staat unter einem absoluten Herrscher. Der Herrscher regierte den Staat mit Hilfe einer Beamtenschaft, die er nach ihrer fachlichen Qualifikation aussuchte. An die Stelle der feudalen Aristokratie der Zhou trat eine Meritokratie. Vor dem Gesetz waren alle gleich. Es galt für die Aristokraten wie für den gemeinen Mann ohne Unterschied, und es forderte von den Untertanen keinerlei moralische Zustimmung, sondern nur blinden Gehorsam. Die Legalisten gaben also auf die Krise ihrer Zeit eine Antwort, wie sie – aus der gleichartigen Erfahrung des englischen Bürgerkriegs heraus – Thomas Hobbes zweitausend Jahre später geben sollte: Schaffung des Leviathans, des allmächtigen Staatsapparats, unter einem absoluten Herrscher, der die Menschen durch Furcht und Terror zu Ordnung und Frieden zwingt.

Das Zurück-zur-Natur der Daoisten

Die Schule der Daoisten führt sich zurück auf den »Alten Meister« (Laozi), der ein älterer Zeitgenosse des Konfuzius im 6. Jahrhundert gewesen sein soll. Die Überlieferung schreibt ihm das *dao de jing* zu, das Buch über »die Kraft des Weges«, eines der poetischsten und tiefsten Bücher der Weltliteratur. Für die Daoisten ist die Ursache aller Übel die Zivilisation, die Herauslösung des Menschen aus der Natur, in der er einst harmonisch lebte. Wie zwei Jahrtausende später Rousseau fordern sie deshalb die Rückkehr zur Natur. Der Mensch soll sich wieder, ruhig und absichtslos, der Ordnung der Natur (dao) überlassen:

Die Abwesenheit von Wünschen führt zur Ruhe,
die Welt wird, von selbst, ihr Gleichgewicht finden.

Der Daoismus ist eine individualistische Philosophie. Der Einzelne soll sein Leben bewahren und pflegen, indem er sich von der ihn verfremdenden Umwelt löst und ehrgeizlos die Reinheit seines Wesens verwirklicht. Das daoistische Ideal ist der »verborgene Meister« (yin-shi), der, statt nach Ruhm und Ansehen in der Gesellschaft zu streben, in Unbedeutendheit, aber eben auch in Ungebundenheit sein Wesen entfaltet – so »wie die Schildkröte, die lieber ihren Schwanz durch den Schlamm schleppt, als dass sie ihren Panzer im Tempel ehren lässt« (nämlich bei der Orakelbefragung in der Shang-Zeit, für die man die Panzer getöteter Schildkröten im Feuer erhitzte).

Der Daoismus wurde zu einer breiten geistigen und religiösen Strömung, die bis heute wirkungsmächtig blieb. Er regte die kontemplative Versenkung in die Natur an und inspirierte die Maler chinesischer Landschaftsbilder der Song-Zeit ebenso wie die Schöpfer chinesischer Gärten. Er wurde mit seiner Suche nach dem Elixier der Unsterblichkeit zum Schöpfer der Alchemie und zur treibenden Kraft der chinesischen Naturforschung. Aus ihm entstanden die Qi-gong-Übungen, die die Lebensenergie (qi) pflegen und stärken sollen; aus ihm entstand die chinesische Medizin.

In dem chaotischen letzten Jahrhundert der Han-Dynastie und der auf sie folgenden Periode der Spaltung des Reiches (221–589 n. Chr.)

entwickelte sich aus der daoistischen Philosophie eine Religion mit heiligen Schriften, einer Liturgie, einer Priesterschaft und Tempeln über ganz China. Begründet wurde sie von dem Magier Zhang Daolin, dem 142 n. Chr. auf einem Berg in Sichuan der vergöttlichte und zum personifizierten Dao gewordene Laozi erschien. Dieser machte ihn zum »Himmelsmeister«. Der Daoismus wurde zur Religion der Chinesen, neben ihm standen der konfuzianische Staatskult der Gelehrtenelite, der importierte Buddhismus und die lokalen Volksreligionen mit ihrem Geisterglauben und ihrer ständigen Angst vor den Angriffen böser Dämonen.

Als Philosophie und Religion, die den Blick auf das Individuum richtete, bildete der Daoismus eine Gegenkraft zur konfuzianischen Lehre, nach der der Mensch seine Menschlichkeit nur als Teil der Gesellschaft entfalten könne. Vom Daoismus konnte deshalb eine Gefahr für den Staat ausgehen, und tatsächlich waren die in der chinesischen Geschichte immer wiederkehrenden Bauernaufstände in der Regel von daoistisch-buddhistischen Geheimgesellschaften inspiriert und wurden von diesen geführt. Eine große Rolle spielte dabei die aus dem Amitabha-Buddhismus übernommene apokalyptische Hoffnung auf eine zukünftige Welt der Gleichheit und Gerechtigkeit.

Die rational begründete Moralordnung des Konfuzius

Die Schule, die sich am Ende durchsetzen, ja zur Staatsreligion aufsteigen sollte, war der Konfuzianismus.

Kong Fuzi (Meister Kong, 561–479 v. Chr.) stammte aus niedrigem Adel. Sein Lebenstraum war ein politisches Amt bei einem Fürsten. Doch er hatte – wie Plato – in der Politik keinen Erfolg. Von sich selbst sagte Konfuzius: »In meinem Eifer nach literarischer Bildung kann ich es wohl mit anderen aufnehmen, aber ich habe noch nicht erreicht, als Edler zu leben« (nämlich als Beamter eines Fürsten, der seine moralische Überzeugung in Handeln umsetzt). So wurde er zum Gelehrten und privaten Lehrer. In einer Zeit des Umbruchs, als die adlige Geburt für die Anstellung an einem Fürstenhof immer weniger zählte und es auf Wissen und Können ankam, zog Konfuzius durch die Lande, bot seine Dienste an und sammelte ihm ergebene Schülerscharen um sich.

Im Zentrum des Denkens stand bei Konfuzius dieselbe drängende Frage, die auch die Legalisten stellten: Wie können in Gesellschaft und Staat Frieden und Harmonie wiedergewonnen werden? Konfuzius wollte das Ziel jedoch gerade auf jenem Wege erreichen, den die Legalisten als Narretei verhöhnten: durch die Wiederherstellung der überlieferten Moralordnung. Ordnung und Harmonie, dies war seine Überzeugung, ließen sich nicht nach der Weise der Legalisten durch

Strafgesetze erreichen, die rein äußerlichen Gehorsam forderten. Ordnung und Harmonie konnten nur entstehen, so lehrte er, wenn die Menschen von einer verinnerlichten Moral geleitet würden.

Die gute Gesellschaft und den guten Staat, wie sie ihm vorschwebten, fand Konfuzius in den Anfängen der Zhou-Zeit. Seine Idealgestalten waren die beiden ersten Zhou-Könige Wen und Wu und vor allem der Herzog von Wu, der nach dem Tod des Königs Wu die Prinzregentschaft für den minderjährigen Königssohn übernahm. Konfuzius machte so das Studium der alten Geschichte und ihre moralische Interpretation zur Grundlage seines Unterrichts. Im Mittelpunkt stand dabei die Lektüre von fünf Büchern:

- das *yi-jing* Buch der Wandlungen
- das *shu-jing* Buch der Geschichten (oder Buch der Urkunden)
- das *shi-jing* Buch der Lieder
- das *li-ji* Buch der Riten
- das *chun-qiu* Buch der Frühlings- und Herbst-Annalen (des Staates Lu von 722–481 v. Chr.).

Der Überlieferung nach soll Konfuzius die vier zuerst genannten Bücher redigiert und die Annalen von Lu selbst geschrieben haben. Sie wurden schließlich zu den kanonischen Schriften (jing) des Konfuzianismus. Dazu kamen die von den Schülern des Konfuzius herausgegebene Sammlung der Worte des Meisters, das *lun-yu*, sowie die Werke seines Nachfolgers Mengzi (Meister Meng, latinisiert Menzius), der in der Zeit von 371 bis 289 v. Chr. lebte.

Die Moralordnung der frühen Zhou war eine Adelsetikette (li). Ihre Pflichten gründeten in den Wertvorstellungen einer feudalen Gesellschaft und waren sanktioniert durch den Glauben an einen Himmelsgott, der die Gerechten belohnt und die Ungerechten bestraft. Konfuzius wusste genauso gut wie die Legalisten, dass diese Ordnung ihre Basis im Himmelsglauben verloren hatte, und so suchte er ihr durch eine rationale Analyse der menschlichen Natur und der historischen Erfahrung eine neue Basis zu geben. In diesem Prozess deutete er das überlebte feudalistische und ritualistische Begriffssystem in ein moralisches und ästhetisches um. Aus dem *junzi* (Fürstensohn), dem Adligen der Zhou-Feudalgesellschaft, wird der rational begriffene »Edle«, der seinen Rang in der Gesellschaft nicht seiner Geburt verdankt, sondern seiner charakterlichen Integrität und seiner auch im Äußeren vornehmen Haltung. Konfuzius löst den Adel der Geburt durch den Adel des Geistes und der moralischen Haltung ab.

Leitbild der konfuzianischen Gesellschaftsordnung ist die naturgegebene hierarchische Ordnung der patriarchalischen Familie. Von den fünf sozialen Grundbeziehungen, die Konfuzius heraushebt, gehören drei in den Kreis der Familie: die Beziehungen zwischen Vater und Sohn, zwischen Ehemann und Ehefrau sowie zwischen älterem und jüngerem Bruder. Die vierte Beziehung, die zwischen Herrscher und Beamten/Volk, wird im Lichte der Familienbeziehungen interpretiert. Der Herrscher ist der Vater des Volks, der Staat ist ein »Familienstaat« und damit von Natur aus autoritär. Nur die fünfte Beziehung, die zwischen Freunden, lässt sich als gleichberechtigte Beziehung sehen, doch auch sie wird oft nach dem Vorbild der Beziehung zwischen älterem und jüngerem Bruder gestaltet. Entscheidend für die hierarchische Ethik des Konfuzianismus sind jedoch zwei mit ihr verbundene Forderungen. Zum einen sind die hierarchischen Beziehungen keine einseitigen Beziehungen der Unterordnung, sondern enthalten vielmehr reziproke Verpflichtungen. Schuldet der Geringere dem Höheren Gehorsam und Treue, so schuldet der Höhere dem Geringeren Einfühlung in seine Probleme und Sorge für sein Wohlergehen. Zum anderen soll der Übergeordnete seinen Willen nicht durch Zwang und Strafen durchsetzen, sondern durch die Strahlkraft seines moralischen Vorbilds. Bei aller strikten Hierarchie ist die konfuzianische Welt ihrem Ideal nach eine zutiefst humane Welt.

Gesellschaft und Staat befinden sich in Ordnung und Harmonie, wenn jeder Einzelne die ihm zukommenden Rollen innerhalb des Ganzen spielt und seinen Teil der wechselseitigen Verpflichtungen erfüllt, die den verschiedenen sozialen Beziehungen innewohnen. »Der Fürst sei Fürst, der Untertan sei Untertan, der Vater sei Vater, der Sohn sei Sohn«,[6] so lautet die berühmte Anweisung des Konfuzius. Die Rollen sollen dabei nicht nur äußerlich, sondern aus innerem moralischem Antrieb erfüllt werden. Der Weg zu dieser Verinnerlichung der Moral führt über die Erziehung. Nach konfuzianischer Auffassung ist – anders als bei den Legalisten – der Mensch von Natur aus gut. Erziehung heißt also Herausbildung der dem Menschen innewohnenden Anlage zum Guten. Diese Auffassung vertrat am entschiedensten Menzius. Aber auch Xunzi (300–230 v. Chr.), der dritte im Triumvirat der großen frühen konfuzianischen Philosophen, der den Menschen von seinen Instinkten her zu Selbstsucht und Anarchie getrieben sah, nahm dennoch an, dass die antisozialen Instinkte durch Erziehung überwunden werden könnten. Wie Sokrates glaubten die Konfuzianer an die Macht der Erziehung: Wer das Gute kennt, der tut es auch. Aus dieser Überzeugung heraus entwickelte sich die Schlüsselrolle, die die Erziehung in den konfuzianischen Kulturen bis heute spielt.

Der Moralkodex der frühen Zhou-Zeit war ein Moralkodex für den Adel; die »kleinen Leute« (xiao-ren), die Bauern, die auf den Gütern des Adels lebten, standen unter der Herrschaft ihrer Feudalherren. In gleicher Weise dachte Konfuzius bei seiner Erziehung zu einer vernunftbegründeten Moral vornehmlich an die neu aufsteigende Regierungselite der Fürstenberater und -beamten. Diese neue Elite sollte nicht nur praktische Kenntnisse in der Verwaltung des Staates besitzen, sondern zuallererst persönliche Integrität und einen hohen moralischen Standard. Das Erziehungsziel des Konfuzius ist der *junzi,* der Aristokrat des Geistes, der kraft seiner moralischen Vorbildlichkeit ein Führungsamt in Staat und Gesellschaft ausübt.

Wie die Legalisten schiebt Konfuzius in seiner neuen Gesellschaft den alten Geburtsadel beiseite. Die nach legalistischen Prinzipien geordnete neue Gesellschaft ist jedoch eine Gesellschaft der Gleichen, aus der nur einer herausragt und über allen steht: der absolute Herrscher. Die konfuzianische Gesellschaft dagegen ist erneut eine Zweiklassengesellschaft, gespalten nun in Gebildete und Ungebildete. Sie hat diesen Charakter bis heute sehr ausgeprägt beibehalten. Allerdings steht der Zutritt zur Oberschicht jedem offen, der die dafür erforderliche Bildung erwirbt. Konfuzius betont: »Die Menschen sind von Natur aus einander ähnlich, es sind Erziehung und Handeln, die sie unterschiedlich machen.«[7] Und an anderer Stelle bekräftigt er: »In der Erziehung gibt es keine Standesunterschiede.«[8] Menzius geht noch darüber hinaus und behauptet: »Jeder Mensch ist fähig, ein Yao oder Shun zu werden«[9] – also einer der mythischen weisen Könige und Kulturgründer der chinesischen Vorgeschichte.

Der konfuzianische Entwurf einer vernunftbegründeten und verinnerlichten Moralordnung, in der die Menschen das Gute um seiner selbst willen tun, ist eine der edelsten Visionen der Menschheit. Mit ihr wurde Konfuzius der große Lehrer Chinas und der ostasiatischen Völker – ja im hohen Grade der Schöpfer der chinesisch-ostasiatischen Kultur. So wie die moralischen Grundeinstellungen der Europäer vom Christentum geprägt sind, auch wenn das christliche Leben weithin erloschen ist, so lassen sich auch die moralischen Grundeinstellungen der Chinesen, Koreaner, Japaner, Singapurer, Vietnamesen und der chinesischen Minderheiten in Südostasien nur aus dem Erbe des Konfuzianismus heraus verstehen.

Die Entwicklung des Konfuzianismus zur Staatsreligion

Das Leben des Konfuzius fiel in die Zeit, als der bereits zwei Jahrhunderte dauernde Kampf der Zhou-Fürsten gegeneinander in den Endkampf überging: Es begann die Epoche der »Streitenden Staaten« (481–221 v. Chr.). Die ritterlichen Kriege der adligen Streitwagenkämpfer wandelten sich zu Vernichtungskriegen, welche die noch übrig gebliebenen Großstaaten mit Armeen von Hunderttausenden gepanzerter Infanteristen gegeneinander führten – Kriege, wie sie die Welt bis dahin noch nicht gesehen hatte. Das neue Ziel der chinesischen Geschichte war der zentralisierte Einheitsstaat unter einem unumschränkten Herrscher.

Eine solche Zeit war offensichtlich nicht reif für die humane Lehre des Konfuzius. »Niemand vermochte ihn zu akzeptieren«, so stellt in der Han-Zeit der Konfuzianer Liu Xiang (77–6 v. Chr.) lakonisch fest. Die Fürsten suchten andere Ratgeber. Sie fanden sie in den Philosophen der legalistischen Schule. Diese sahen die Aufgabe des Herrschers nicht in der Sorge um das Wohlergehen des Volkes, sondern in der Mehrung der Macht des Staates. Es galt, das Volk so zu disziplinieren und zu motivieren, dass der Staat zu höchster wirtschaftlicher und militärischer Machtentfaltung fähig wurde. Die Mittel dazu waren grausame Strafgesetze, aber auch Anreize durch Belohnungen, gestaffelt etwa nach den Köpfen der getöteten Feinde. Der Staat der Legalisten war ein Strafgesetz-Staat unter einem unumschränkten Herrscher, der Recht setzte. Er wurde zentral verwaltet von einer an die Gesetze gebundenen und sie präzise ausführenden Bürokratie. Alle Reste des Feudalstaates wurden beseitigt, feudale Machthaber durch Beamte, die der König ernannte, ersetzt. Der positive Gesetzesstaat würde, so der Gedanke der Legalisten, eine effiziente Regierung auch dann ermöglichen, wenn der Herrscher schwach und die Beamten mittelmäßig waren.

Der zentralistische, harte Gesetzesstaat der Legalisten wurde in der Tat der Staat der Epoche der »Streitenden Staaten«, und jener Staat, in dem die Lehre zuerst entwickelt und am konsequentesten angewandt wurde, der Staat der Qin im Westen, siegte am Ende über alle anderen. In weniger als einem Jahrzehnt, zwischen 230 und 221 v. Chr., überwältigte der Qin-König einen nach dem anderen der noch übrig gebliebenen Rivalenstaaten. Er erfand einen neuen Titel für sich: *huangdi* (Erhabener Kaiser), und trat als »Erster Kaiser der Qin« (Qin Shi Huangdi) die Herrschaft über ein Reich an, das den gesamten chinesischen Kulturraum vereinigte. Er schuf einen straff durchorganisierten bürokratischen Staat. Dieser war aufgeteilt in 36 Kommandanturen, an deren Spitze jeweils ein ziviler Gouverneur und ein militärischer Befehlshaber standen, die ihrerseits von einem kaiserlichen Inspektor überwacht wurden. In dem neuen Reich galt *ein* Gesetz und *eine* Ideologie: die legalistische. Alle anderen Philosophenschulen wurden verboten, ihre Bücher verbrannt – damals gingen viele der alten Texte verloren. 460 konfuzianische Gelehrte ließ Qin Shi Huangdi, so will die spätere Geschichtsschreibung wissen, lebendig begraben. Das Volk wurde zur Fronarbeit an gigantischen staatlichen Bauprojekten gezwungen. Der Kaiser schuf, vorhandene erdene Grenzwälle verbindend, eine erste »Große Mauer« von rund zweitausend Kilometern Länge. In seiner Hauptstadt Xianyang (in der Nähe des heutigen Xian) ließ er von 100 000 Strafgefangenen einen riesigen Palast errichten und um diesen herum Kopien der Paläste all der von ihm unterworfenen Könige. 700 000 Fronarbeiter sollen den gigantischen unterirdischen Palast gebaut haben, den er zu seinem Grab bestimmte. Bisher ausgegraben sind nur die 7500 lebensgroßen Tonkrieger, alle mit individuellen Gesichtszügen, die als Leibgarde den Zugang zum Grab des Ersten Kaisers bewachen.

Der Erste Kaiser kam – verständlicherweise – in der späteren konfuzianischen Geschichtsschreibung nicht gut weg. Er wurde zum Inbegriff des grausamen Tyrannen. China ist so das einzige Reich, das seinen Gründer nicht als Heros, sondern als Übeltäter sieht. Erst die maoistische Geschichtsschreibung sollte den Ersten Kaiser wieder aufwerten, und Mao Zedong selbst bekannte sich offen zum Legalismus und verglich sich mit Qin Shi Huangdi.

Das Qin-Kaisertum währte nicht lange. Überforderung durch Steuern und Fronarbeiten und die Grausamkeit der Strafen erzeugten im ganzen Reich eine revolutionäre Stimmung, die mit dem Tod des Ersten Kaisers im Jahre 211 ausbrach. Aus dem folgenden fünfjährigen Krieg ging Liu Bang als Sieger hervor, ein zum kleinen Beamten aufgestiegener Landarbeitersohn. Die von ihm begründete Han-Dynastie sollte über vier Jahrhunderte währen – von 206 v. Chr. bis 221 n. Chr., parallel zur Glanzzeit des Römischen Reiches.

Jetzt schlug die Stunde des Konfuzianismus. Was das Qin-Kaisertum nach so kurzer Zeit zusammenbrechen ließ, war nicht nur die tyrannische Herrschaft des Ersten Kaisers, sondern ein fundamentaler Mangel: das Fehlen eines akzeptierten Wertesystems, das Staat und Gesellschaft den Zusammenhang einer gemeinsamen Vision geben konnte. Der erste Han-Kaiser übernahm zwar den zentralisierten Gesetzes- und Beamtenstaat des Qin-Reiches, aber er legitimierte ihn durch eine moralische Ordnung und griff für diese auf die konfuzianische Lehre zurück. Es entstand der »Staatskonfuzianismus« als Mischung von legalistischer Staatsmaschinerie und konfuzianischer Ideologie.

Die ersten Han-Kaiser rekrutierten ihre Beamten vor allem aus dem Kreis der konfuzianischen Gelehrten. Die Legalisten waren durch die Brutalität der Qin-Herrschaft ein für alle Mal diskreditiert. Wohl aber beriefen die Kaiser auch Daoisten als Berater, die sich ihnen durch ihre magischen Kräfte empfahlen. Der Kaiser und seine Beamten mussten sich die Macht zunächst jedoch mit einem neu entstandenen Adel teilen. Liu Bang hatte die Kaiserwürde nur unter Anerkennung einiger Regionalfürsten erlangen können und seine wichtigsten Mitstreiter mit ähnlichen Rängen belohnen müssen.

Erst Wu-di (140–86 v. Chr.), eine der großen Herrschergestalten der Weltgeschichte, gelang es, den zentralisierten Einheitsstaat wiederherzustellen. Es begann die erste Blütezeit des Staatskonfuzianismus. Um das ständig expandierende Reich zu regieren und zusammenzuhalten, benötigte Wu-di zweierlei: die verlässliche Loyalität der oft in riesiger Entfernung von der Hauptstadt agierenden Beamten und eine fürsorgliche Verwaltung der Provinzen, die die Bevölkerung und insbesondere die Masse der Bauern auf seiner Seite hielt. Beides gewährleistete der Konfuzianismus mit seiner von hohem Ernst getragenen Pflichtenethik. Und so erklärte 136 v. Chr. Wu-di die konfuzianische Lehre zur Reichsideologie. 124 v. Chr. gründete er in seiner Hauptstadt Changan eine konfuzianische Reichsuniversität für die Ausbildung der höheren Beamten. Was dies für China bedeutete, macht man sich am besten klar, wenn man sich die Wirkung der französischen Verwaltungshochschule ENA (École Nationale d'Administration) auf die Formung einer von einheitlichem Korpsgeist erfüllten Regierungs- und Wirtschaftselite in Frankreich vor Augen hält.

Unter Wu-dis Nachfolgern kam in Gestalt von Magnaten, die über weite Ländereien herrschten, ein neuer Adel auf, der hohe Staatsposten besetzte und die konfuzianischen Beamten zurückdrängte. Im Jahr 220 n. Chr. dankte der letzte Han-Kaiser ab. Das Reich zerfiel in einem Inferno von Aufständen. Die Zeiten der »Streitenden Staaten« kehrten wieder. In ihrer Not suchten die Menschen das Heil in der Religion. Der aus Indien seit der Han-Zeit einströmende Buddhismus erlebte seine große Entfaltung. Der einheimische Daoismus wandelte sich von einer Philosophie zur Religion. Zusammen beherrschten Buddhismus und Daoismus nun das geistige Leben. Ein religiöses Zeitalter löste den konfuzianischen Humanismus ab. Dies änderte sich auch nach der Wiederherstellung des Reiches unter den Sui- und Tang-Dynastien (589–618) nicht. Der Konfuzianismus blieb zwar eine einflussreiche Kraft in der Politik und am Hofe, im Ganzen jedoch befand er sich in einem tiefen Niedergang. Für sechs Jahrhunderte trat kein einziger konfuzianischer Denker von Bedeutung hervor.

Die Wende kam mit der nationalistischen Renaissance der späten Tang-Zeit im 9. Jahrhundert. Unter den Song-Kaisern (960–1279) erreichte dann die konfuzianische Kultur ihren nie mehr übertroffenen Höhepunkt. Der Adel war nun zerschlagen und auch das Militär von der Herrschaft ausgeschlossen. Diese lag allein in den Händen des Kaisers und seiner Beamten. Es war die hohe Zeit des konfuzianischen Staatsmodells: Der Kaiser herrschte, die Beamten regierten. Es war zugleich eine ungeheuer kreative Zeit des konfuzianischen Denkens. Die großen neokonfuzianischen Philosophen fügten – um mit den Religionen konkurrieren zu können – der konfuzianischen Ethik und Staatslehre eine kosmologische Metaphysik hinzu, die sie, unter Anleihen bei Buddhismus und Daoismus, aus dem Buch der Wandlungen (Yi-jing) entwickelten.

Der Konfuzianismus siegte nun endgültig über alle anderen Weltanschauungen und wurde für die nächsten tausend Jahre zur herrschenden, aber freilich nun dogmatisch erstarrenden Ideologie des

Reiches. Dank des Buchdrucks fanden die konfuzianischen Schriften weite Verbreitung. In Qufu, dem Geburtsort des Konfuzius in der heutigen Provinz Shandong, entstand ein riesiger Tempel zu seinen Ehren, der vergleichbar ist mit den großen Kaiserpalästen, sowie eine von einer zehn Kilometer langen Mauer umgebene Grabanlage: Kultstätte des Reiches und Wallfahrtsort der regierenden Elite.

1279 wurde das Südliche Song-Reich von den Mongolen unter Kubhilai Khan erobert. Doch als sie nun das ganze Reich beherrschten, erkannten auch die Mongolen, dass China sich nicht ohne das konfuzianische System regieren ließ.

Bereits 1368 ging die mongolische Yuan-Dynastie unter. Während der drei Jahrhunderte der einheimischen Ming-Dynastie (1368–1644) breitete sich die geistige Herrschaft des Konfuzianismus weiter aus. Hatte er sich zuvor weitgehend auf die Regierung und die Bildungselite beschränkt, entstand nun eine konfuzianische Gesellschaft, da die Menschen in den Städten und Dörfern von den lokalen Beamten, der gebildeten landbesitzenden Oberklasse und den Schullehrern indoktriniert wurden. Zwar verstanden sie die konfuzianische Philosophie nicht, aber sie lernten deren Symbole und Rituale erkennen. Während diese einfachen Menschen weiter in ihre buddhistischen und daoistischen Tempel gingen und an Gespenster und Magie glaubten, setzten sich in ihren Herzen die konfuzianischen Grundlehren von der Einordnung des Einzelnen in eine hierarchische Ordnung und vom Gehorsam gegenüber Vater und Kaiser fest. Der Konfuzianismus durchdrang jetzt die chinesische Gesellschaft im Ganzen mit seiner Weltanschauung und seinen moralischen Prinzipien.

1644 wurde die Ming-Dynastie von den Mandschus gestürzt. Doch wiederum änderte die Fremdherrschaft nichts am konfuzianischen Regierungs- und Moralsystem. Die Mandschus waren schon vor der Eroberung ein sinisierter, halbsesshafter Nomadenstamm gewesen. Sie übernahmen nun den Konfuzianismus, ja gebärdeten sich, um ihrer Herrschaft Legitimität zu geben, orthodoxer als selbst die konservativsten chinesischen Konfuzianer. Der Konfuzianismus erstarrte endgültig zum Dogma. Zugleich aber bewiesen die drei großen Qing-Kaiser Kangxi, Yongzhen und Qianlong, zu welchen Leistungen das konfuzianische Regierungssystem unter herausragenden Führungspersönlichkeiten fähig war.

KAPITEL 4

Regieren durch die Ausstrahlungskraft der Tugend

Der »Auftrag des Himmels«

Als um die Mitte des 11. Jahrhunderts v. Chr. der Stamm der Zhou, der im westlichen Randgebiet des chinesischen Kulturraums lebte, die Shang-Dynastie stürzte, da legitimierte der Zhou-Fürst seinen Angriff mit einem Argument, das zu einer der wirkungsmächtigsten Ideen der chinesischen Kultur wurde: Der Himmel, so erklärte er seinen Offizieren vor dem Auszug in die Schlacht, erteile den Herrschaftsauftrag dem durch seine Tugend Würdigsten unter den Menschen, und er ziehe diesen Auftrag zurück, wenn die Dynastie die Tugend verliere. Dieser Fall sei jetzt gegeben. Der Shang-König habe durch seine tyrannische Unterdrückung des Volkes, seine Nichtachtung der Vorfahren und seine Ausschweifungen den »Auftrag des Himmels« (tianming) verspielt, und der Himmel habe den Auftrag an die Zhou weitergegeben.[10]

Die neue Lehre legitimierte den Sturz der Shang-Dynastie. Umgekehrt aber verpflichtete sie die neue Dynastie, nun ihrerseits den Auftrag des Himmels zu erfüllen, und das hieß: zum Wohle des Volkes zu herrschen. Diese Konsequenz kommt, mit aller Klarheit, in einer weiteren Rede zum Ausdruck, die das Buch der Geschichten überliefert. Redner ist der Herzog von Zhou, den wir bereits als das von Konfuzius verehrte Vorbild des tugendhaften Herrschers kennen.

Der Herzog ist der Bruder des Zhou-Königs und hat nach dessen Tod die Regentschaft für den minderjährigen Königssohn übernommen. In seiner Rede ermahnt er den künftigen König in folgender Weise: »Jetzt, wo der König den Auftrag erhalten hat, kennt die Freude keine Grenzen, aber keine Grenzen kennt auch die Sorge. Oh! Wie kann er anders sein als sorgsam! Der Himmel zog den Auftrag von den großen Shang-Herrschern zurück. Es gibt viele weise frühere Shang-Könige im Himmel. Der letzte König jedoch ließ die Guten im Elend und vergab die Ämter an die Verderbten. Die Armen flohen, ihre Frauen und Kinder wegführend, und riefen klagend zum Himmel. Oh! Der Himmel hatte Mitleid mit dem Volk und erteilte den Auftrag an die Tugendeifrigen (die Zhou-Fürsten). Möge der König jetzt sorgfältig auf seine Tugend achten! … Als König wird seine Stellung die des

Führers in der Tugend sein, die kleinen Leute werden ihm dann in aller Welt nacheifern.«[11]

Mit den Begriffen des Himmels und der Tugend führten die Zhou zwei Zentralbegriffe in das chinesische Denken ein, für die sich auf den Orakelknochen in den Archiven der Shang noch keine Zeichen finden. Den Himmel (tian) stellten die Zhou sich als eine ethische Gottheit vor, die die Tugendhaften belohnt und die Lasterhaften bestraft. Dem Himmelsbegriff steht der Begriff der Tugend (de) gegenüber. Die Tugend bezeichnet eine moralische Haltung des Menschen, die ihn in Übereinstimmung mit der Ordnung des Himmels bringt. Mit diesen Vorstellungen und der aus ihnen abgeleiteten Herrschaftslehre vom Auftrag des Himmels führt die Zhou-Zeit aus der magischen Welt der Shang mit ihrem Schamanentum und Orakelwesen, ihren wilden Tänzen, ihren Fruchtbarkeitsriten und Menschenopfern heraus und geht einen ersten Schritt in das künftige Zeitalter der Vernunft. Konfuzius, Menzius und ihre Nachfolger setzten die Entwicklung zu einer rationalen Begründung der Moral und der Herrschaftsordnung fort. Das Universum wird bei ihnen zum Kosmos, dessen Ordnungsprinzipien sich in der ethischen Ordnung der Menschenwelt widerspiegeln müssen. Den »Himmel kennen« heißt, den moralischen Zusammenhang zwischen Universum und Mensch zu verstehen.

»Führer in der Tugend zu sein, dem das Volk nacheifert« – mit dieser Aufforderung endet die Rede des Herzogs von Zhou. Diese Parole sollte für mehr als zwei Jahrtausende die große Idee des konfuzianischen Kaisertums werden. Der Kaiser herrscht durch die moralische Autorität seines vorbildlichen Verhaltens, das auf seine Beamten und das Volk ausstrahlt und sie zu ebenso moralischem Verhalten motiviert. Er ist die lebende Quelle der Ordnung und Harmonie im Staat, so wie es der Vater innerhalb der Familie ist. Konfuzius schafft mit dem Ideal der Herrschaft durch die Ausstrahlung der Tugend das Gegenbild zur legalistischen Despotie, der Herrschaft durch Furcht. So heißt es im *lun-yu*: »Führe das Volk durch Gesetze, und ordne es durch Strafen, und das Volk wird versuchen, den Strafen zu entgehen, aber wird keine Scham haben. Führe das Volk durch Tugend, und ordne es durch die Rituale des Anstands, und das Volk wird Scham haben und gut werden.«[12]

Menzius baute, in der Nachfolge des Konfuzius, die Lehre vom Auftrag des Himmels zu einer vollkommen rationalisierten Theorie aus. Ob eine Dynastie im Besitz des Auftrags ist, zeigt sich an der Zustimmung des Volkes: »Weil die Xia-Dynastie und die Shang-Dynastie das Volk verloren, verloren sie die Oberherrschaft, und weil sie die Herzen des Volkes verloren, verloren sie das Volk. Hier ist der Weg, die Oberherrschaft zu gewinnen: Gewinne das Volk, und du gewinnst die Oberherrschaft. Hier ist der Weg, die Menschen zu gewinnen: Gewinne ihre Herzen und du gewinnst das Volk. Hier ist der Weg, ihre Herzen zu gewinnen: Gib ihnen, was sie wünschen, und erlege ihnen nicht auf, was sie nicht mögen. Das Volk wendet sich zu einem wohlwollenden Herrscher hin, wie das Wasser nach unten fließt oder wie Tiere in die Wildnis streben.«[13]

Menzius geht so weit, ein Recht auf Rebellion zu konstituieren: »Das Volk ist das Wichtigste. Als Nächstes kommen die Altäre der Götter der Erde und der Ernte. Als Letztes kommt der Fürst … Gefährdet ein Fürst die Altäre der Götter der Erde und der Ernte (die Grundlagen des Staates), dann ist ein anderer an seine Stelle zu setzen.«[14]

Menzius rechtfertigt sogar den Königsmord. Der Tyrann sei, argumentiert er, kein König, sondern ein Ausgestoßener: »Wer die Gütigkeit verstümmelt, ist ein Verstümmler; wer die Rechtlichkeit verkrüppelt, ist ein Verkrüppler; und ein Mann, der Verstümmler und Verkrüppler ist, ist ein Ausgestoßener. Ich habe gehört von der Bestrafung des Ausgestoßenen Zhou (des letzten Shang-Königs), ich habe nicht von irgendeinem Königsmord gehört.«[15]

Der Tyrann verliert den Auftrag des Himmels. Als die Chinesen im 19. Jahrhundert den europäischen Begriff der »Revolution« zu übersetzen hatten, übersetzten sie ihn mit *ge-ming:* Wechsel des Auftrags.

Mit Menzius wird der sakrale Auftrag des Himmels endgültig zu einem der rationalen Beurteilung unterworfenen Herrschaftsauftrag. Aber auch für Menzius wie für alle seine Nachfolger blieb Regierung stets Regierung *für* das Volk, niemals *durch* das Volk. Die Tugendhaften und Gebildeten sorgen für das Volk. Der Gedanke, das (ungebildete) Volk könne in einem demokratischen Staat selbst für sich sorgen, wäre keinem Konfuzianer jemals in den Sinn gekommen.

Ideal und Wirklichkeit

Auch wenn im Konfuzianismus Ideal und Wirklichkeit – nicht anders als im Christentum – oft auseinander klafften, auch wenn es Kaiser von brutalem und tyrannischem Charakter gab oder Schwächlinge, die von ihren Konkubinen und Eunuchen gesteuert wurden, und auch wenn es korrupte Beamte gab, die ihr Amt zur Selbstbereicherung missbrauchten, so hat doch der konfuzianische Staat in seiner zweitausendjährigen Geschichte eine Fülle großer Kaisergestalten hervorgebracht und ebenso eine Fülle großer Gelehrtenbeamter, die einem tyrannischen Kaiser unter Risiko des Lebens widersprachen, wenn er in seinem moralischen Verhalten und seiner Politik fehlte. Wie die christliche Geschichte kennt die konfuzianische Märtyrer.

Führen wir uns einen der größten konfuzianischen Kaiser durch seine eigenen Worte vor Augen. Nach dem Tod eines Kaisers pflegte die Regierung ein Abschiedsedikt des Verstorbenen an das Volk zu veröffentlichen, das am Schluss den Nachfolger benannte. Das Edikt, von Beamten verfasst, schilderte den toten Kaiser in den stereotypen Klischees des konfuzianischen Kaiserideals. Der Qing-Kaiser Kangxi aber wollte der Nachwelt sein wirkliches Denken und Fühlen überliefern, und so rief er im Dezember 1717 die Spitzen seines Hofes und seiner Regierung zusammen und verlas ihnen – fünf Jahre vor seinem Tod – ein von ihm selbst verfasstes Abschiedsedikt. Einige Sätze daraus seien zitiert:

»Dem Alter von Siebzig entgegengehend und 57 Jahre auf dem Thron, finde ich mein Land und die Welt in Frieden. Selbst wenn wir nicht alle Sitten und Manieren verbessern und alle Menschen wohlhabend und zufrieden machen konnten, so habe ich doch alle diese Jahre mit niemals endendem Fleiß und sorgfältigster Achtsamkeit gearbeitet, niemals rastend, niemals müßig. Über Jahrzehnte habe ich so meine Kräfte aufgezehrt, Tag für Tag. Es war mehr als nur ›harte Arbeit‹ ...

Ich war von Kindheit an stark, hatte gute Muskeln. Ich konnte einen Bogen des fünfzehnten Stärkegrads spannen, einen Pfeil von 52 Zoll Länge abschießen. Ich war gut darin, Truppen zu führen und dem Feind die Stirn zu bieten, aber ich habe niemals leichtfertig auch nur einen einzigen Menschen getötet. Außer für Feldzüge oder für Hilfe in einer Hungersnot habe ich niemals Geld aus der Staatskasse genommen. Wissend, dass dieses Geld dem Volk gehörte, habe ich niemals ein einziges Silberstück vergeudet ...

Meine Energien sind geschwunden, ich muss mich zwingen auszuhalten. Wenn alles am Ende fehlschlägt, wird dann die harte Arbeit der letzten 57 Jahre umsonst gewesen sein? Wann immer ich den Antrag eines alten Beamten lese, in den Ruhestand gehen zu dürfen, kann ich die Tränen nicht aufhalten. Ihr alle habt eine Zeit, in der ihr euch zurückzieht. Doch wo finde ich Ruhe? ...

Wenn ich sterben kann, ohne dass Unruhen ausbrechen, wird mein Sehnen erfüllt sein. Ich wünsche mir, dass ihr alle euch erinnert, dass ich der Frieden bringende Sohn des Himmels gewesen bin, und dass, was immer ich zu euch sagte, aufrichtig gewesen ist. Ich habe dieses Edikt seit zehn Jahren vorbereitet. Wenn nach meinem Tode ein Abschiedsedikt herausgegeben wird, lasst es diese Worte und nur diese Worte enthalten.«[16]

Man vergleiche dieses Abschiedsedikt mit dem Ausspruch »L'Etat c'est moi« von Kangxis Zeitgenossen, dem Sonnenkönig Ludwig XIV., der das Geld seines Volkes durch maßlose Prunkentfaltung am Hofe und endlose Angriffskriege in Europa vergeudete, bis dann 1789 der Himmel seiner Dynastie den Auftrag entzog.

Der Kaiser und seine Beamten: ein stilles Ringen

Die Verschmelzung von legalistischer Herrschaftstechnik und konfuzianischer Moralphilosophie zum Staatskonfuzianismus zu Beginn der Han-Zeit trug in das chinesische Herrschaftssystem von Anbeginn an einen tief gehenden Zwiespalt hinein. Nach dem Legalismus war der Kaiser unumschränkter Herrscher, die konfuzianische Lehre jedoch zwang ihm Denkkategorien auf, aus denen er nicht ausbrechen konnte, ohne sein Prestige, die wichtigste Legitimation seiner Herrschaft, zu gefährden. Überwacht wurde die Tugend des Kaisers von seinen eigenen Beamten. Sie schuldeten ihm und seiner Dynastie einerseits absolute Treue – es gibt kein Beispiel dafür, daß sich konfuzianische Beamte gegen den Kaiser erhoben hätten; beim Sturz einer Dynastie erforderte es ihre Loyalität sogar, zurückzutreten, auch wenn dies eigentlich der Lehre vom Auftrag des Himmels widersprach –, hatten aber gleichzeitig nicht nur das Recht, sondern die moralische Pflicht, dem Kaiser Vorhaltungen zu machen, wenn er vom Pfad der Tugend abwich. Es gab sogar ein eigenes Amt, das Zensorat, das die Aufgabe hatte, nicht nur die Beamten zu überprüfen, sondern auch den Kaiser. Es war ein gefährliches Amt: Wies der Kaiser die Vorhaltungen als falsche Anschuldigung zurück, so konnte die Kritik des Zensors ebenso wie die eines remonstrierenden Beamten mit Bestrafung geahndet werden und gar zur Hinrichtung des Kritikers führen. Die Geschichte des konfuzianischen Kaisertums ist, vor allem seit der Ming-Dynastie, eine Geschichte des »stillen Ringens zwischen Herrscher und Beamten«, wie Wolfgang Bauer einprägsam formuliert hat.[17]

Die konfuzianische Herrschaftslehre konstruierte den Staat analog zur Ordnung der Sterne am Himmel. Wie am Himmel der Polarstern unbewegt in der Mitte steht und alle anderen Sterne um ihn kreisen, so soll auf Erden der Universalkaiser der ruhende Pol sein, um den sich die Menschheit bewegt. Seine Aufgabe im Herrschaftssystem ist, durch sein moralisches Vorbild Volk und Beamte zu motivieren, »so wie der Wind das Gras neigt«. Der Kaiser musste also das leisten, was die Beamten von sich aus nicht leisten konnten: Er musste die Zustimmung des Volkes gewinnen und bewahren, musste die Herrschaft legitimieren.

Diese Aufgabe fiel mit einer zweiten zusammen: Die Konfuzianer übernahmen aus der Zhou-Tradition die Idee des Kaisers als des Himmelssohns und pfropften sie ihrer rationalen Herrschaftslehre als einen mythischen Fremdkörper auf. Als Himmelssohn hatte der Kaiser die Verantwortung, durch tugendhaftes Verhalten und genaue Ausführung der Rituale und Opfer die Harmonie zwischen Himmel und menschlicher Welt aufrechtzuerhalten. Diese Vorstellung fügte dem ethischen Charisma des Kaisers eine sakrale Aura hinzu, barg aber auch die Gefahr, dass Naturkatastrophen als Zeichen der Unzufriedenheit des Himmels mit dem Kaiser gedeutet wurden. Die Beamten verfehlten nicht, Plädoyers für die Tugendhaftigkeit des Kaisers mit Hinweisen auf die Zeichen des Himmels zu untermauern.

Um die sakrale Aura des Kaisers zu schützen, die für den Gehorsam des Volkes so wichtig war, sollte der Kaiser im Verborgenen seines Palastes bleiben – wo er als der einzige Mann lebte, umgeben von Frauen und Eunuchen. In dieser Forderung stimmten Konfuzianer, Legalisten und Daoisten überein. Was der Legalist Han Fei im 3. Jahrhundert v. Chr. in großartiger Sprache darlegte, hätte auch – sehen wir von dem Hinweis auf die Herrschaft durch Furcht ab – ein konfuzianischer Philosoph schreiben können: »Der erleuchtete Herrscher thront handlungslos hochoben, während in der Tiefe seine Minister vor Furcht zittern. Er lässt die Weisen ihre Pläne vorbringen und trifft dann seine Entscheidungen; so erschöpft sich seine eigene Weisheit niemals. Er lässt die Tüchtigen ihre Talente offenbaren und nimmt sie dann in seinen Dienst; so kommt seine eigene Tüchtigkeit niemals an ein Ende. Wo es Erfolge gibt, nimmt der Herrscher sie für sich in Anspruch; wo es Misserfolge gibt, tragen die Minister die Schuld. So wird das Ansehen des Herrschers niemals beschädigt. Die Minister machen die Arbeit, der Herrscher genießt den Erfolg.«[18]

Was das konkrete Regieren anging, entfiel auf den Kaiser nach der konfuzianischen »Verfassung« idealerweise nur eine einzige Aufgabe: weise und tugendhafte Beamte auszuwählen. Hatte er dies getan, dann lehnte er sich auf seinem Thron zurück und widmete sich seinen rituellen Aufgaben als Tugendvorbild und Priesterkönig. Die Praxis ging natürlich niemals so weit. Zu allen Zeiten mussten Edikte oder Anordnungen an die Provinzgouverneure dem Kaiser vorgelegt werden und erhielten nur Gültigkeit, wenn der Kaiser auf die Vorlage in roter Farbe sein »Gebilligt« schrieb. Aber der Kaiser sollte keine eigenen Initiativen ergreifen, sondern über Vorschläge, die ihm von den Beamten vorgelegt wurden, entscheiden oder als Schiedsrichter zwischen Alternativen wählen.

In einem solchen System, wie es jeder Kaiser bei seinem Amtsantritt vorfand, hatte er nur drei Möglichkeiten:

- Er konnte sich der »Verfassung« gemäß verhalten und die Regierung dem von ihm ernannten (und jederzeit absetzbaren) Premierminister überlassen. In der Tat wurde China auf diese Weise seit der Han-Dynastie über große Strecken seiner Geschichte regiert. Es war die Regierung einer Bürokratie, die auf eine einheitliche Ideologie »vereidigt« war.
- Der Kaiser konnte selbst die Führung übernehmen und versuchen, seine Beamten mitzureißen. Dies gelang den großen Kaisern der chinesischen Geschichte.

– Der Kaiser konnte schließlich die Routine dem Beamtenapparat überlassen, aber ihm die Politik aus der Hand nehmen, indem er sich auf einen inneren, außerhalb des Systems stehenden Beraterkreis und insbesondere auf die zum Palast gehörenden Eunuchen stützte. Dies bedeutete eine Regierung gegen die Beamten.

Das stille Ringen zwischen Kaiser und Beamten zeigte sich in seiner extremsten Form während der Ming-Zeit. Die ersten Ming-Herrscher regierten gegen die Beamten. Der Gründer der Dynastie, ein Bauer, der die Gebildeten hasste, ließ widerspenstige Beamte mit Bambusstöcken öffentlich im Vorhof des Palastes verprügeln oder sogar hinrichten – ein bis dahin unerhörter Vorgang. Die späteren Ming-Kaiser resignierten. Wanli (1572–1620) ging offen in Streik, hielt keine Audienzen mehr für seine Minister, ernannte keine Beamten, um vakante Stellen zu besetzen, und gab auf remonstrierende Memoranden keine Antwort. In der nachfolgenden Qing-Dynastie gelang es den drei großen Kaisern Kangxi, Yongzhen und Qianlong, den Zwiespalt des Herrschaftssystems aufzuheben und dank einer ungeheuren Führungs- und Arbeitskraft einer geeinten Regierung vorzustehen, deren Politik von ihnen selbst bestimmt wurde.

Mandarinat und Gentry

Das riesige Reich wurde von einer winzigen Zahl von Beamten regiert. In der späten Qing-Dynastie gab es bei einer Bevölkerung von vierhundert Millionen 20 000 oder – nach anderen Schätzungen – allenfalls 40 000 Beamte. Dies deutet schon darauf hin, dass der Ausdruck »Beamter« eine unzureichende Vorstellung erweckt. Die chinesischen Beamten waren hohe und hochgebildete Herren. Ihren Ämtern nach entsprachen sie in der Zentralregierung unseren Ministern und hohen Beamten und in der Verwaltung der Provinzen unseren Ministerpräsidenten, Regierungspräsidenten und Landräten. Im gesellschaftlichen Ansehen als Gebildete waren sie vergleichbar mit deutschen Universitätsprofessoren am Ausgang des 19. Jahrhunderts. Es wäre deshalb besser, sie Administratoren oder – wie die Portugiesen es taten – Mandarine zu nennen.

Den Zutritt zu dieser erlesenen Schicht öffneten die konfuzianischen Staatsexamina. Die Idee der Ausbildung und Prüfung der künftigen Beamten entstand in der Han-Zeit, erlebte ihre erste Blüte in der Song-Zeit, als schriftliche Examina zum Hauptinstrument der Beamtenauswahl wurden. Von da an spielten die Examina eine zentrale Rolle im Staat und im Leben der Regierungselite und aller, die ihr angehören wollten. Die Ming-Zeit baute die Examina zu einem komplexen System aus. Dieses System blieb unverändert bis zu seinem Ende im Jahre 1905, dem nur wenige Jahre später, nämlich 1911, das Ende des konfuzianischen Kaisertums folgte.

Das Ming-Examensystem umfasste drei Stufen, wobei dem Hauptexamen auf jeder Stufe zwei Vorstufen vorausgingen. Die erste Examensserie fand auf der Landkreis- und Präfekturebene statt. Sie begann mit einer Prüfung im Yamen (Regierungsgebäude) des Landkreises, wurde bestätigt durch eine zweite Prüfung am Sitz der Präfektur und endete mit dem Hauptexamen, das der »Bildungsminister« der Provinzregierung in der Präfekturstadt abnahm. Examensstoff waren der Kanon der klassischen konfuzianischen Schriften. Für ein Bestehen des Examens kam es aber ebenso sehr auf die Kalligraphie und die Eleganz des Stils an wie auf den Inhalt. Die Examina bildeten Literaten heran, von denen erwartet wurde, dass sie beim Studium der konfuzianischen Schriften die darin enthaltenen Morallehren als verinnerlichte Überzeugung in sich aufnahmen. Der erfolgreiche Kandidat erwarb den Grad des *shengyuan* (»Regierungsstudent«) und qualifizierte sich damit für die zweite Examensserie auf Provinzebene, die zum Grad des *zhuren* führte, des »für ein Amt empfohlenen Mannes«. Die dritte Examensserie schließlich wurde in der Hauptstadt abgelegt und mündete in das Examen im Palast, dem der Kaiser selbst vorsaß. Wer dieses Examen bestand, stieg auf zur höchsten Geisteselite der *jinshi*. Er kehrte in seinen Heimatort zurück wie im antiken Griechenland ein Sieger der Olympischen Spiele in seine Polis zurückkehrte. Im Konfuzius-Tempel der Hauptstadt wurde sein Name für alle künftigen Generationen in Stein gemeißelt. Die beiden letzten Grade verliehen die Befähigung zu einem Beamtenposten, doch nur der *jinshi*-Grad brachte eine so gut wie sichere Ernennung zum Beamten mit sich.

Die Regierung setzte für jede Examensstufe nach Provinzen unterteilte Quoten fest, die bestimmten, wie viele Kandidaten die Prüfung bestehen durften. Wie standen die Chancen, Erfolg zu haben? In der zweiten Hälfte des 19. Jahrhunderts, also am Ende der Qing-Zeit, für die das konfuzianische Examenssystem am besten erforscht ist, bewarben sich auf der ersten Stufe des *shengyuan*-Examens bei jedem Termin rund zwei Millionen Kandidaten. 30 000 bestanden das Examen, also 1,5 Prozent. Von diesen 30 000 gelang es 1500, den *zhuren*-Grad zu erwerben, also fünf Prozent. Den *jinshi*-Grad schließlich erreichten rund dreihundert Kandidaten – immerhin zwanzig Prozent der *zhuren*. Im Durchschnitt war der *jinshi* dann 35 Jahre alt.

Die Teilnahme am Examen der ersten Stufe stand theoretisch jedermann offen. In der Praxis war es jedoch für eine arme, am Rande des Existenzminimums lebende Bauern- oder Pächterfamilie ausgeschlossen, einem Sohn ein langjähriges Studium zu finanzieren. Der normale *shengyuan*-Kandidat entstammte denn auch einer wohlhabenden Familie von Landbesitzern oder Kaufleuten und insbesondere den reichen und mächtigen »Großen Familien«. Dennoch kam es keineswegs selten vor, dass ein Dorfklan für den hochbegabten Sohn eines Klanmitglieds das Geld für das Studium aufbrachte oder sich ein Gönner fand. Unter der Ming-Dynastie kam fast die Hälfte der *jinshi* und in der Qing-Dynastie über ein Drittel aus Familien, die seit drei Generationen keinen *shengyuan* aufwiesen und für die also bestenfalls ein sehr geringer Bildungsstand anzunehmen ist. Das konfuzianische Ideal, nach dem jeder gleiche Chancen zur Erziehung haben sollte, ließ sich zwar nicht erfüllen, aber es war auch nicht nur ein leerer Wunsch. Anders als im europäischen Adelssystem oder dem indischen Kastenwesen, das unüberschreitbare Klassengrenzen schuf, gab es in der meritokratischen chinesischen Gesellschaft durchaus soziale Mobilität. Eine ranghohe Familie, die keinen begabten Sohn hervorbrachte, stieg ab, eine arme Bauernfamilie, die einen solchen Sohn hatte, stieg, wenn sie auch noch das nötige Glück hatte, auf.

Warum drängten sich zwei Millionen Menschen zu jedem Examenstermin und waren bereit, in Vorbereitung darauf jahrelang zu studieren, wenn doch die Erfolgsquote so außerordentlich gering war? Die Antwort liegt auf der Hand: Die Examina boten die Chance, in die Oberschicht der Beamten sowie – schon bei Erfolg im ersten Examen – in die hochprivilegierte Schicht der *shenshi* aufzusteigen.

Als Übersetzung für *shenshi* hat sich auch im Deutschen der englische Ausdruck »Gentry« eingebürgert. Aber wiederum gilt es, sich davor zu hüten, fremde Vorstellungen in den chinesischen Begriff hineinzutragen. Die englische Gentry ist ein Geburtsadel, der sich jeweils an den erstgeborenen Sohn vererbt. Die chinesische Gentry dagegen ist ein meritokratischer Bildungsadel, der nicht vererbt werden kann, sondern in jeder Generation durch Examensdiplome neu erworben werden muss. Und während die englische Gentry im Regelfall ihr Einkommen aus ihren Landgütern bezieht, verdanken die Angehörigen der chinesischen Gentry den Großteil ihres Einkommens einem Regierungsamt oder – falls sie kein Regierungsamt haben, wie dies für alle *shengyuan* gilt – ihrer Führungsstellung in der örtlichen Gesellschaft und Ämtern wie dem des Lehrers.[19] In England steht die Gentry als niederer Adel der eigentlichen Nobilität, der Peerage, gegenüber. Die chinesische Gentry dagegen umfasst alle Angehörigen des Bildungsadels; sie ist allerdings de facto unterteilt in eine untere Gentry, der die *shengyuan* angehören, und eine obere Gentry, die von den *zhuren* und *jingshi* und an der Spitze von den Beamten gebildet wird. Hier ergibt sich eine Parallele zu der Spaltung des englischen Adels in Gentry und Peerage. Man denkt bei der chinesischen Gentry meist an die auf dem Lande lebende untere Gentry und nicht an die obere Gentry, die in den urbanen Zentren des Reiches lebt.

Zugehörigkeit auch nur zur unteren Gentry bringt viele Privilegien mit sich. Die Gentry-Angehörigen heben sich durch ihre Kleidung vom einfachen Volke ab. Sie dürfen an ihrem Haus eine Fahne anbringen, die ihren Examensgrad zeigt. Sie sind von Körperstrafen, wie sie der Magistrat des Landkreises bei Vergehen verhängt, ausgenommen und werden auch bei schweren Straftaten anders als die übrige Bevölkerung behandelt. Sie genießen wesentliche Steuervergünstigungen, und vor allem nehmen sie in den ländlichen Gemeinden und Landkreisstädten eine gesellschaftliche Führungsstellung ein, aus der ihnen viele Vorteile zufließen.

In der ausgehenden Qing-Ära zwischen 1850 und 1900 zählte die Gentry rund 900 000 reguläre Mitglieder. Dazu kamen 500 000 Mitglieder, die einen Rang, der der unteren Gentry gleichwertig war, gekauft hatten; das Kaufen von Titeln hat in der Zeit des Niedergangs einen großen Umfang angenommen. Zusammengerechnet gab es also 1,4 Millionen Träger eines Gentry-Titels. Die Gentry-Privilegien erstreckten sich auf die engere Familie. Nimmt man pro Familie durchschnittlich fünf Mitglieder an, so umfasste die Gentry am Ende der Qing-Zeit sieben Millionen Menschen – weniger als zwei Prozent der Gesamtbevölkerung. Auf diese zwei Prozent entfielen 24 Prozent des Volkseinkommens.[20]

Die Zahl von 20 000 oder auch von 40 000 Beamten in der späten Ming-Zeit war viel zu gering, um einen Staat mit vierhundert Millionen Einwohnern verwalten zu können. Der Magistrat eines Landkreises regierte ein Gebiet mit durchschnittlich über 200 000 Einwohnern. Die Regierung in Peking stellte ihm für diese Aufgabe nicht mehr als eine Handvoll Unterbeamter und Helfer zur Verfügung, so etwa einen oder zwei Assistenten, einen Steuerinspektor, der mit der Aufbringung der Steuern beschäftigt war, und einen Gefängniswärter. Aus eigener Tasche bezahlte der Magistrat eine oft große Schar von Sekretären, die die Berichte und Verfügungen verfassten, des weiteren die »Läufer«, Angestellte von niedrigem gesellschaftlichem Ansehen, also eine Art Büttel, die in die Dörfer gingen und die Anordnungen des Magistrats ausführten. Der Landkreisbeamte finanzierte diese Ausgaben durch Gebühren, die er bei jeder sich bietenden Gelegenheit nach Gewohnheitsrecht erhob. Für die Bevölkerung erreichten die Gebühren, die sie an den Magistrat und seine Helfer abführten, dieselbe Höhe wie die (relativ geringe) offizielle Steuerlast.

Aber auch ein durch private Helfer aufgefüllter Stab reichte bei weitem nicht aus, um die mannigfaltigen Verwaltungs-, Ordnungs- und Gerichtsaufgaben zu erfüllen. In dieser Situation griff der Magistrat auf die Hilfe der Gentry zurück. Ohne diese Hilfe war seine Aufgabe, in seinem Landkreis Ordnung zu halten, schlechthin nicht zu erfüllen. Die Dorfgemeinden und kleinen Marktstädte wurden praktisch von den Angehörigen der örtlichen Gentry regiert. Diese organisierten die öffentlichen Arbeiten für den Bau von Straßen, Brücken, lokalen Bewässerungskanälen und anderes mehr und sorgten für die Finanzierung; sie schlichteten zivile Streitigkeiten und kleine Kriminalfälle; sie kümmerten sich um die Schulen; sie unterstützten Armenhäuser; sie rekrutierten, finanzierten und befehligten die örtliche Miliz, und nicht zuletzt lasen sie in Gemeindeversammlungen die kaiserlichen Edikte mit ihren Moralanweisungen vor und indoktrinierten die Bauern in konfuzianischem Gehorsam.

Man wird realistischerweise annehmen, dass die Gentry-Angehörigen nicht von reiner Philanthropie geleitet wurden, sondern sich ihre Dienste durch Kommissionen und Geschenke vergüten ließen und auch in anderer Weise aus ihrer Führungsstellung in der Gemeinde Vorteile zogen. Einbezogen in die lokale Gentry waren in einem weiteren Sinne die Kandidaten, die das *shengyuan*-Examen nicht bestanden hatten, aber als Lehrer oder als Angestellte des Landkreismagistrats zu den »Geistesarbeitern« gehörten.

Der konfuzianische Staat war ein minimalistischer Staat. Er organisierte die großen öffentlichen Bauprojekte wie die Eindeichung des Gelben Flusses, den Bau des Kaiserkanals von Peking zum Jangtse oder die Errichtung der Großen Mauer, er schützte die Grenzen nach außen, und er trieb zur Finanzierung dieser Aufgaben Steuern ein. Seine zentrale Leistung aber bestand darin, durch das moralische Vorbild des Kaisers und der Beamten und durch konfuzianische Erziehung und Rituale ein allgemeines moralisches Klima in der Gesellschaft zu schaffen und zu bewahren, in dem Ordnung und Harmonie gediehen. Ziel der konfuzianischen Erziehung war, das Volk in Gehorsam zu üben und die Angehörigen der Elite zu »innengeleiteten« Persönlichkeiten heranzubilden, die ihre Führungsaufgaben verantwortungsbewusst zum Wohle des Volkes erfüllten. Konfuzianische Herrschaft lief darauf hinaus, die moralische Kontrolle über eine sich selbst steuernde Gesellschaft auszuüben. Für diese Selbststeuerung war die entscheidende Schicht die niedere Gentry auf dem Lande, wo über achtzig Prozent der Menschen lebten. Die ländliche, konfuzianisch geprägte Gentry schob sich zwischen die 20000 Beamten des Mandarinats oben und die Hunderte von Millionen von Bauern unten. Sie war die Mittelschicht, die den konfuzianischen Staat trug. Soziologen sprechen deshalb auch von einem »Gentry-Staat«.

KAPITEL 5

Die sinozentrische Weltordnung

Über die anderthalb Jahrtausende hin, von der Shang-Dynastie bis zum Ersten Kaiser, in denen sich die chinesische Kultur im Kerngebiet des Mittel- und Unterlaufs des Gelben Flusses bildete[21] und stetig ausweitete, war es die Erfahrung der Chinesen, von Völkern niedrigerer Kulturstufe umgeben zu sein: den Jägern und Sammlern in den Wäldern des Nordostens, den Steppennomaden des Nordens und Nordwestens, den Bergstämmen des Südwestens und den Ureinwohnern des Südens. Die Erdwälle, die Qin Shi Huangdi zu einer ersten Großen Mauer zusammenfügte, bildeten die Grenze zwischen bebautem Ackerland und den Steppen und Wüsten des Nordens: die Grenze, über die sich Ackerbau und Zivilisation nicht hinaustragen ließen.

Es war diese Erfahrung, die den Chinesen das Bewusstsein der Unvergleichlichkeit und Überlegenheit über alle anderen Völker gab – ein Bewusstsein, das sie bis zum furchtbaren Erwachen am Ende des 19. Jahrhunderts getragen hat. Die Chinesen begriffen ihre Zivilisation nicht als eine Zivilisation neben anderen, nicht als *chinesische* Zivilisation, sondern als Zivilisation schlechthin. Es gab nur Zivilisation – das war China – und Barbarentum – dem gehörten alle anderen Völker an. Diesem Bewusstsein entspricht, dass die Chinesen für ihr Land keinen Stammesnamen haben. Der Name »China« ist ein von den Europäern geprägter Name, der sich vom Qin-Reich des Ersten Kaisers ableitet. Die Chinesen selbst sprechen von *zhong-guo,* dem Reich der Mitte, und nennen sich selbst *women-zhong-guo-ren* (wir Leute vom Reich der Mitte). In ihrer Vorstellung nimmt China die Mitte der Erdfläche ein, im Osten an den Ozean stoßend und an den anderen Seiten umgeben von Barbarengebieten. Diese Vorstellung erklärt zugleich die eigene Überlegenheit: Die Zivilisation blüht in der Mitte, wie denn auch der zweite Name für das eigene Land lautet: *zhong hua* – Kulturblüte der Mitte.

Der Kaiser war nicht nur der Herrscher Chinas, sondern er herrschte über »Alles unter dem Himmel«. Seine beiden Titel wiesen auf seine Doppelrolle im Universum hin: Als »Sohn des Himmels« (tianzi) vollzog er die Riten und Opfer, die erforderlich waren, um die Harmonie zwischen Himmel und Menschen zu bewahren. Als »Kaiser« (huangdi) war er der Universalherrscher der Menschheit. Diese Universalherrschaft war nicht als direkte, politische Herrschaft gedacht. Solche Herrschaft übte der Kaiser nur über den chinesischen Staat (guo) aus. Die Herrschaft über die bewohnte Welt im Ganzen war moralische Oberhoheit, Ausstrahlung der überlegenen chinesischen Zivilisation. Es war die Tugendkraft des Kaisers, die nach der konfuzianischen Ideologie die Barbaren unwiderstehlich in seinen Bann zog. Noch in den »Gesammelten Statuten« der späten Qing-Zeit heißt es: »Als unsere Dynastie (nämlich die der Qing-Kaiser) sich erhob, verbreitete sich ihre Ehrfurcht und Staunen erregende Tugend. Wohin immer ihr Name und ihr Einfluss reichten, da gab es niemanden, der nicht zu Hofe kam« (eine Gesandtschaft nach Peking schickte, die dem Kaiser als dem Oberherrn huldigte).

In der Regierungszeit des großen Han-Kaisers Wu (141–87 v. Chr.) brachten Erkundungsexpeditionen in den fernen Westen die Nachricht zurück, dass jenseits der Wüsten andere Hochkulturen existierten: Indien, das hellenistische Baktrien, Parthien. Für das chinesische Bewusstsein hätte diese Nachricht, wie Toynbee anmerkte,[22] eigentlich ein Schock sein müssen – vergleichbar dem Schock, den im 16. Jahrhundert die Entdeckung des Kopernikus, dass die Erde nicht im Mittelpunkt des Universums stehe, im Bewusstsein des christlichen Europa auslöste. Noch größer hätte der Schock sein müssen, als die Chinesen nach dem Zusammenbruch des Han-Reiches (221 n. Chr.), während der fast vierhundert Jahre der »Spaltung des Reiches«, in eine fremde Erlösungsreligion – den Buddhismus – flohen, um dort das Heil zu finden. Doch das chinesische Überlegenheitsdenken war schon zu lange eingewurzelt, so dass die Konsequenz aus den neuen Erfahrungen nur von wenigen Außenseitern gezogen wurde. Und als China dann unter den Tang-Herrschern (618–906) wirklich zu der alles überragenden Zivilisation der Welt aufstieg und Korea, Vietnam und selbst Japan zu chinesischen Tochterkulturen wurden, die die chinesische Schrift und die konfuzianische klassische Literatur übernahmen, da sah sich das chinesische Überlegenheitsgefühl auf das Glänzendste bestätigt.

Das System der Tributbeziehungen

Da die Chinesen in dem Bewusstsein lebten, die Träger der Zivilisation zu sein, konnte es für sie zu anderen Völkern per definitionem keine gleichberechtigten Beziehungen geben. Von den Barbarenherrschern wurde erwartet, dass sie die Oberhoheit des Universalkaisers anerkannten. Sie erschienen entweder selbst bei Hofe oder schickten Gesandte, um in ein Vasallenverhältnis mit dem Himmelssohn einzutreten. Vor ihm führten sie, unter den schneidenden Befehlen des

Protokollbeamten, den rituellen Kotau aus, indem sie dreimal auf die Knie fielen und sich dabei jeweils dreimal zur Erde warfen. Dann überreichten sie »Tributgeschenke« aus ihrem Land. Die so begründeten Vasallenbeziehungen enthielten im Wesentlichen folgende Elemente:

- Der neue Vasall erhielt vom Kaiser eine Belehnungsurkunde und ein offizielles Siegel für seinen künftigen Briefverkehr mit dem Kaiser; ihm wurde ein Adelsrang innerhalb der Qing-Hierarchie verliehen, und es wurde von ihm erwartet, dass er zu festgesetzten Gelegenheiten Memoranden an den Kaiser schrieb; ferner hatte er regelmäßig Gesandtschaften mit »Tributgeschenken« an den Kaiserhof zu schicken.
- Der Kaiser übergab der Gesandtschaft Gegengeschenke und schickte seinerseits Gesandtschaften an die Höfe der Vasallenfürsten, insbesondere wenn es galt, ihnen Investiturkunde und Siegel zu überbringen.

Die Europäer interpretierten diese Beziehungen als »Tributbeziehungen«. Doch dieser Ausdruck erweckt einen falschen Eindruck. Es ging nicht um wirtschaftliche Tributzahlungen an das chinesische Reich, sondern um die rituelle Anerkennung der kosmischen und moralischen Zentralstellung des Himmelssohnes und Kaisers. Die Gegengeschenke des Kaisers waren in der Regel wertvoller als die »Tributgeschenke«, die er erhielt, und die »Vasallenbeziehungen« bedeuteten in der chinesischen Interpretation nicht eine »schmachvolle Unterwerfung«, sondern den vom Kaiser gnädig gewährten Eintritt in die chinesische Zivilisation. Die »Vasallenfürsten« ihrerseits verstanden, vor allem wenn sie ihre Herrschaft in einiger Entfernung vom Reich der Mitte ausübten, die Huldigung an den Kaiser nicht so sehr als Anerkennung einer chinesischen Oberhoheit, sondern als Preis für den begehrten Zutritt zum chinesischen Markt.

Während die europäischen Staaten im Westfälischen Frieden von 1648 das Leitbild eines internationalen Systems gleichberechtigter, souveräner Staaten aufstellten, brachten am anderen Ende Eurasiens die Beamten der Qing-Dynastie das schon Jahrtausende geltende Ideal der sinozentrischen Weltordnung in seine endgültige Form. Die chinesische Ordnung für die umliegenden nichtchinesischen Völker war eine Ordnung der Ungleichheit, in der alle Völker sich unter die wohlwollende, Tugend stiftende Oberhoheit des Himmelssohns und Universalherrschers begaben. Äußere und innere Ordnung standen in einem engen Zusammenhang. Die eine konnte nicht ohne die andere überleben. War die Ausstrahlungskraft der Tugend des Kaisers nach außen nicht stark genug, um die Barbaren zur Anerkennung seiner Oberherrschaft zu bringen, so ermutigte dies auch im Innern potenzielle Rebellen, sich gegen den Kaiser zu erheben. In der Tat stürzten die meisten Dynastien unter dem Doppelstoß einer sich ausbreitenden Unordnung im Innern und einer Invasion von außen. Jeder Kaiser sah sich für den Erhalt seiner Herrschaft darauf angewiesen, ein Bild der Außenbeziehungen aufrechtzuerhalten, das die sinozentrische Weltordnung bestätigte. Aus dieser Notwendigkeit erklärt sich die innenpolitische Wichtigkeit, die die »Huldigungsgesandtschaften« aus anderen Ländern hatten, und es erklärt sich ebenso der verzweifelte Widerstand des Kaisers, als die Europäer die Aufnahme gleichberechtigter diplomatischer Beziehungen forderten.

Die Tugendkraft des Kaisers und die Überlegenheit der chinesischen Zivilisation breiteten sich in drei konzentrischen Wellen nach außen aus:

– Die erste Zone der Ausbreitung umfasste die sinisierten Länder Ostasiens: Korea, Vietnam, die Liuchiu-Inselkette zwischen Japan und Taiwan[23] und – doch dies nur für eine kurze Spanne in der Ming-Zeit – Japan.
– Die zweite Zone waren die Steppen und Wüsten im Norden und Nordwesten und die Wälder im Nordosten des chinesischen Reiches.
– Die dritte, äußere Zone schließlich bildeten das (abtrünnige) Japan, Südostasien, der indische Subkontinent und Europa.

In der sinisierten Zone ging die moralische Herrschaft des Kaisers und die Herrschaft der chinesischen Kultur zu manchen Zeiten in die direkte politische Beherrschung über. Charakteristischerweise waren die koreanischen Huldigungsgesandtschaften die einzigen, die Geschenke brachten, deren Wert denjenigen der kaiserlichen Gegengeschenke um ein Vielfaches überstieg; hier wurden die Huldigungsgeschenke also wirklich zu Tribut. Gerade die Beziehung zu Korea bestätigte andererseits die chinesische Vorstellung von der Ausstrahlung der überlegenen Zivilisation. So äußerten nach dem Sturz der Ming-Dynastie koreanische Gelehrte die Ansicht, der neuen Qing-Dynastie gebühre Achtung nicht nur, weil sie politisch und militärisch stark sei, sondern weil sie der Nachfolger der großen konfuzianischen Kultur geworden sei.[24]

In der äußeren Zone schwächte sich die Ausstrahlungskraft der chinesischen Moral und Kultur mit der Entfernung ab. Wenn die »äußeren Barbaren« mit China Handel treiben wollten, so erwarteten die Chinesen, dass sie die Oberhoheit des Universalkaisers rituell anerkannten. Dazu waren viele der südostasiatischen und südasiatischen Staaten und Stadtstaaten bereit, aber ebenso die Portugiesen und Holländer im 17. Jahrhundert. Gesandtschaften an den kaiserlichen Hof waren sehr attraktiv, eröffneten sie doch die einzige Gelegenheit, in der Hauptstadt selbst hochlukrativen Handel zu treiben.

Das große Dauerproblem für die Theorie der sinozentrischen Weltordnung warfen die Beziehungen zu Innerasien auf. Die Stämme in den innerasiatischen Steppen ließen sich nicht sinisieren, das Nomadenleben unterschied sich grundlegend von der chinesischen Ackerbaukultur. Andererseits konnte man sie nicht ignorieren. Von den Reiterhorden der Steppe, die immer aufs Neue in China einfielen und Dörfer und Städte plünderten, ging eine ständige Bedrohung aus. Alle starken Kaiser verfolgten deshalb das strategische Ziel, Innerasien zu unterwerfen. Doch erst kurz vor dem Ende des konfuzianischen Kaisertums wurde dieses Ziel von Qianlong Mitte des 18. Jahrhunderts erreicht. Bis dahin gab es immer wieder lange Perioden – eine solche Periode war die gesamte Song-Zeit (960–1279) –, in denen die Nomadenvölker militärisch überlegen waren und die Kaiser den Frieden durch Tributzahlungen erkauften. Hier gab es also innerhalb der sinozentrischen Weltordnung wirkliche Tributzahlungen – in der verkehrten Richtung. Das Tributsystem erlaubte es jedoch dem Kaiser, sein Gesicht zu wahren, indem die Tributzahlungen als generöse Gegengeschenke deklariert wurden.

Kulturalismus, nicht Nationalismus

1126 eroberte der Nomadenstamm der Dschurdschen, aus der heutigen Mandschurei kommend, Nordchina. 1279 folgte mit der Unterwerfung des Südlichen Song-Reiches die Herrschaft der Mongolen über ganz China. 1368, als der erste Ming-Kaiser wieder eine einheimische Dynastie begründete, gelang es zwar, die Mongolen aus China zu vertreiben, doch dauerte es keine dreihundert Jahre, bis diese Dynastie 1644 durch die Mandschus gestürzt wurde und China erneut unter eine Fremdherrschaft geriet.

Wir haben uns schon das Paradoxon vor Augen geführt, dass sechs Millionen Dschurdschen das Song-Reich mit seinen hundert Millionen Menschen und seiner immensen wirtschaftlichen und technologischen Überlegenheit besiegten. In diesem Paradoxon offenbart sich eine fatale Schwäche des konfuzianischen Staates: die Vernachlässigung der militärischen Verteidigung. Die konfuzianische Philosophie war aus dem Bestreben heraus entstanden, Krieg und Gewalt zu überwinden. Dies machte die konfuzianische Gesellschaft zu einer pazifistischen Zivilgesellschaft. Die Gelehrten und Literaten, die den Staat regierten, verkörperten das Gegenteil des militärischen Geistes. Sie verabscheuten alles, was mit Gewalt und Krieg zu tun hatte, und sie verachteten diejenigen, die für Gewalt und Krieg stehen: die Militärs. Diese rangierten in ihrem gesellschaftlichen Ansehen noch unter den Kaufleuten, ja, sie wurden in die konfuzianische Ständeordnung überhaupt nicht aufgenommen. Wie auch sollte man sie in diese Ordnung aufnehmen? Das hätte ihre Existenz ja legitimiert und ihnen moralischen Status verliehen. Die Folge dieses Denkens war eine lebensgefährliche Vernachlässigung der Armee. Unter den Nördlichen Song-Kaisern wurde die Armee zu einer Söldnerarmee – rekrutiert aus dem Bodensatz der Gesellschaft, untrainiert, undiszipliniert, von geringer Kampfkraft im Ernstfall.

So fiel das große China unter die Herrschaft der Dschurdschen, der Mongolen, der Mandschus. Doch nun trat ein zweites Paradox zu Tage, obwohl es wohl nur uns Europäern als Paradox erscheint: Der chinesische Glaube an den Schutz durch die moralische und kulturelle Überlegenheit bewährte sich gerade in der Niederlage. Die Dschurdschen, die Mongolen – im Endstadium ihrer Herrschaft – und die Mandschus übernahmen die chinesische Staatsordnung und Zivilisation und gründeten konfuzianische Dynastien. Unter den ersten Mandschu-Kaisern erreichte das konfuzianische Kaisertum gar den Höhepunkt seiner äußeren Machtentfaltung. Sie verbanden die zivile Regierungskunst der konfuzianischen Beamten mit dem militärischen Geist der Mandschus und verwirklichten das Ziel, von dem die großen Han- und Tang-Kaiser geträumt hatten: die Unterwerfung des ganzen weiten Innerasiens und die Errichtung eines ostasiatischen Vielvölkerreiches, das sich vom Pamirgebirge bis nach Korea erstreckte.

Der Auftrag des Himmels zur Universalherrschaft war nicht an eine Rasse oder an ein Volk gebunden, er konnte auch an einen Nicht-Chinesen ergehen, der die konfuzianische Moral- und Weltordnung übernahm. Man hat diese für das alte China charakteristische Auffassung als »Kulturalismus« bezeichnet und dem europäischen Nationalismus gegenübergestellt. Wichtig war nicht, welche ethnische Abstammung ein Mensch hatte oder wo er geboren war, entscheidend war vielmehr, in welchem Grade er die chinesische Kultur in sich aufgenommen hatte. Wenn ein Fremder sich die chinesische Zivilisation aneignete und nach ihr lebte, wurde er Chinese.

KAPITEL 6

China in der Fantasie der Europäer

Märchenhafter Reichtum

»Ihr Herren Kaiser, Könige und Fürsten, Ritter und Bürger und alle, die ihr die verschiedenen Arten der Völker und die Mannigfaltigkeit der Regionen der Welt kennen lernen wollt, nehmt dieses Buch zur Hand und lasst es euch vorlesen. Ihr findet darin die wunderbarsten Dinge und die große Verschiedenheit der Völker Armeniens, Persiens, der Tartarei, Indiens und vieler anderer Länder.«

So hebt das berühmteste Reisebuch an, das jemals geschrieben wurde: »Die Wunder der Welt« des Venezianers Marco Polo. Im Mittelpunkt der Erzählung steht das China Kubhilai Khans, in dessen Diensten Marco Polo fast zwanzig Jahre, von 1275 bis 1292, am Hof von Khanbalik (Peking) lebte. Marco Polo schildert den Großkhan als den mächtigsten und prächtigsten Herrscher aller Zeiten. »Alle Mächtigen unseres Jahrhunderts«, schreibt er, »besitzen nicht so viel wie der Khan allein.« Sein Palast sei der größte Palast, den es jemals auf der Welt gegeben habe. Seine neu erbaute Stadt Khanbalik umgebe eine Mauer von 24 Meilen; sie habe zwölf Tore, und über jedem Tor erhebe sich ein Palast. Wer sie nicht gesehen habe, könne sich die Pracht des kaiserlichen Hofes und den Glanz seiner Feste nicht vorstellen. Der Khan habe die 12 000 Barone seines Hofes mit jeweils dreizehn Sätzen kostbarster Kleidung in immer anderer Farbe ausgestattet – golddurchwirkte Kleidung, bestickt mit Edelsteinen und Perlen. Bei jedem der dreizehn Feste des Jahres tragen die Barone eine andere Farbe. Marco Polo schildert auch andere Städte des Reiches, vor allem Hangzhou, die frühere Hauptstadt der Südlichen Song. Er versichert, sie sei die schönste und nobelste Stadt der Welt. 12 000 Brücken überspannten ihre Kanäle. Mitten in der Stadt liege ein See mit einem Kreisumfang von dreißig Meilen, an dessen Ufern die Reichen ihre prächtigen Paläste errichten ließen. Es gebe dreitausend öffentliche Bäder, deren Wasser aus heißen Quellen hervorsprudle.

Der Bericht entstand im Jahre 1298 in einem Genueser Gefängnis, in dem Marco Polo und sein Gefährte Rustichello da Pisa als Kriegsgefangene festgehalten wurden. Polo erzählte Rustichello seine Erlebnisse, und dieser, der Verfasser eines höfischen Artus-Romans, schrieb, was Polo erzählte, in der höfischen altfranzösischen Sprache nieder –

wobei er wohl nicht mit eigenen Ausschmückungen sparte. Der Bericht verbreitete sich schnell und wurde in alle europäischen Sprachen und – im Auftrag des Dominikanerordens – ins Lateinische übersetzt. Was Marco Polo schilderte, wich so weit von der Wirklichkeit ab, die seinen Zeitgenossen im mittelalterlichen Europa vor Augen lag, dass viele Leser die Geschichten vom märchenhaften Reichtum Chinas und Asiens in der Tat für Märchen hielten. Dennoch, Marco Polos Bericht prägte die Vorstellung Europas von China bis in die erste Hälfte des 16. Jahrhunderts hinein. Christoph Kolumbus las den Bericht in der lateinischen Ausgabe, die 1485 in einem frühen Inkunabeldruck erschien. Er studierte ihn auf das Sorgfältigste und vermerkte am Rande, welche Schätze es an jedem Ort gebe. Die Lektüre bestärkte ihn in seinem verwegenen Plan, den westlichen Seeweg nach Asien zu suchen zu den fabelhaft reichen Ländern China und Indien (wobei Indien in der geographischen Vorstellung des Kolumbus die China im Osten vorgelagerte Insel Cipangu – Japan – und die südostasiatische Inselwelt bis Ceylon mit umfasste).

China als Gegenwelt und Vorbild

Mit dem ausgehenden 16. Jahrhundert wurde Marco Polos Wunderbericht von China-Darstellungen ganz anderer Art abgelöst. Den Jesuiten war es gelungen, eine Missionsstation in Peking aufzubauen. Sie hatten die Gunst des Kaisers durch ihre mathematisch-astronomischen Kenntnisse gewonnen. Mit ihrer Hilfe gelang es, den chinesischen Kalender, der damals dringend der Korrektur bedurfte, wieder in Übereinstimmung mit den Jahreszeiten zu bringen. Die Aufstellung des Kalenders war eine der wichtigsten kaiserlichen Aufgaben, denn von diesem hing ja der Zeitpunkt der Aussaat ab. Die Jesuiten konnten ihre Stellung am Kaiserhof über den Fall der Ming-Dynastie hinaus bewahren. Unter dem Qing-Kaiser Kangxi (1661–1722) erreichte ihr Einfluss seinen Höhepunkt. Als Leiter des Astronomischen Amts stiegen der Kölner Adam Schall von Bell und seine Nachfolger zu Mandarinen der Ersten Klasse und damit in die höchste Rangstufe der Beamten auf.

Die Jesuiten in Peking waren hochgebildete Gelehrte und beherrschten die chinesische Sprache in Wort und Schrift. Ihre Briefe und Schriften, die Europa seit den neunziger Jahren des 16. Jahrhunderts erreichten, waren in wissenschaftlichem Geist abgefasste Landeskunden. Sie entwarfen das Bild eines China, das Europa am anderen Ende Eurasiens als gleichrangige Hochkultur gegenüberstand und in seiner moralischen und politischen Ordnung ein Gegenprinzip zu Europa darstellte.

Der Jesuit Matteo Ricci (1552–1610), ausgewiesener Kenner der chinesischen Sprache und Kultur, lebte wie ein Mandarin am Hofe des Kaisers in Peking. Seine Bemühungen, den Katholizismus der chinesischen Tradition anzupassen, fanden nicht die Billigung des Papstes.

Im China-Bild der Jesuiten lag eine geistige Sprengladung verborgen, die – wenn sie zur Zündung gebracht wurde – Europas Ancien régime von Adelsmonarchie und Kirche in seinen ideellen Grundfesten erschüttern musste. Bis es so weit war, verging allerdings noch ein volles Jahrhundert. Es bedurfte, um die Sprengladung zu zünden, der »Krise des europäischen Bewusstseins«[25] in den Jahren 1680 bis 1715, in der die Europäer begannen, Kirche und Adelsvorrang in Frage zu stellen.

Der erste, in dem der Gedanke, dass Europa eine zweite Hochkultur gegenüberstehe, zur Wirkung kam, war Gottfried Wilhelm Leibniz (1646–1716). Man merkt Leibniz das fast ungläubige Erstaunen über diese Entdeckung an, wenn er 1699 schreibt: »Aber wer hätte einst geglaubt, dass es auf dem Erdkreis ein Volk gibt, das uns, die wir doch nach unserer Meinung so ganz und gar zu allen feinen Sitten erzogen sind, gleichwohl in den Regeln eines noch kultivierteren Lebens übertrifft?«[26]

Leibniz stellte eine Bilanz auf: In den praktischen Fertigkeiten des Lebens seien China und Europa einander ebenbürtig. Im wissenschaftlichen Denken, in der Logik, Mathematik, den Naturwissenschaften, sei China Europa unterlegen. Unterlegen seien die Chinesen ebenso in der Militärtechnik, doch dies »nicht so sehr aus Unkenntnis als vielmehr in bewusster Absicht, da sie nämlich alles verachten, was bei den Menschen Aggression erzeugt oder fördert, und weil sie – beinahe in Nacheiferung der höheren Lehre Christi und nicht etwa aus Ängstlichkeit, wie manche annehmen – Kriege verabscheuen.«[27] Klar überlegen dagegen seien die Chinesen den Europäern in den Lehren der Ethik und Politik.

Leibniz, in den letzten Jahren des Dreißigjährigen Krieges geboren, sieht mit Sorge, wie das christliche Europa bei der Aufgabe versagt, die Menschen für ein moralisches und friedliches Leben zu erziehen. Er hält es deshalb für nötig, aus China Missionare nach Europa zu rufen. Die Chinesen, so argumentiert er, erlernten jetzt durch den Unterricht der Jesuiten Mathematik und Naturwissenschaft und holten also in den Bereichen auf, in denen sie unterlegen seien. Europa müsse nun seinerseits schleunigst von den Chinesen eine vernunftgemäßere Lebensweise und die Praxis seiner natürlichen Theologie erlernen. Denn ginge der einseitige Wissenstransfer weiter, würden die Europäer den Chinesen bald auf jedem Gebiet unterlegen sein. Europa müsse von China lernen. Um dieses Ziel zu fördern, gab Leibniz eine Sammlung von Schriften über China heraus und leitete sie mit dem ausführlichen Vorwort »Novissima Sinica« ein, aus dem die obigen Zitate stammen.

Von China lernen! Die Leibniz nachfolgende Generation der französischen Aufklärungsphilosophen, allen voran Voltaire (1694–1778), nahm die Aufforderung auf. Das Bild Chinas, das ihnen die Lektüre der weit verbreiteten Bücher der Jesuiten vermittelte und das sie aus den konfuzianischen Schriften, die jetzt in Übersetzung vorlagen, herauslasen, schien ja genau dem zu entsprechen, was sie selbst anstrebten: eine aufgeklärte absolute Monarchie, die all die Missstände und die Irrationalität des Ancien régime hinwegfegte. China wurde für die Aufklärer zur Inspiration und zur Waffe in der geistigen Auseinandersetzung.

Was die Philosophen an China beeindruckte, waren besonders zwei Dinge: das Fehlen einer Kirche und das Fehlen eines Erbadels. China beweise, so triumphierten sie, dass ein Volk keine Kirche brauche, um moralisch und zivilisiert zu leben. Die Kleriker und Mönche waren nichts anderes als Parasiten, die auf Kosten des arbeitenden Volkes lebten, Aberglauben verbreiteten und eine unerträglich intolerante Kontrolle über das Denken der Menschen ausübten. Der Himmelsglaube der Chinesen und ihre vernunftbegründete Moral zeigten den Weg zum Deismus, wie ihn die Aufklärer propagierten. Die natürliche

Religion brauche keine Bibel, die wahre Offenbarung sei in der Natur selbst enthalten. Die Priesterschaften der verschiedenen Religionen hätten die natürliche Religion nur unter Bergen von Aberglauben begraben. In der Verwendung des China-Beispiels zum Angriff gegen die Kirche lag eine tiefe Ironie: Die Jesuiten waren nach China gezogen, um die Menschen dort zum christlichen Glauben zu bekehren, was sie erreichten, war die Unterminierung des christlichen Glaubens zu Hause.

Ebenso überflüssig wie die Kirche war in den Augen der Aufklärer der europäische Erbadel. Und auch hier bot China das rationale Gegenbild: Während in Europa eine faulenzende und unproduktive Erbaristokratie die Wirtschaft belaste, regiere in China die Leistungselite der Gelehrtenbeamten, die sich in jeder Generation erneuere, so die Ausführungen Etienne de Silhouettes 1731 in seinem Buch über die Regierung und die Moral der Chinesen.[28] Bei den Jesuiten konnten die Aufklärer zu ihrer Begeisterung lesen: Selbst wenn der Vizekönig einer Provinz sterbe, erbten in China seine Kinder keinerlei Rang; sie müssten den Rang des Vaters, wenn sie dazu die Begabung mitbrächten, aufs Neue in Examina und durch Leistung in ihrer Beamtenkarriere erwerben. Voltaire und seine Mitstreiter sahen im chinesischen Staat die platonische Utopie des Philosophenstaates verwirklicht. Voltaire schwärmte: »Der menschliche Geist kann keine bessere Regierung als die chinesische ersinnen, in der alle Fragen durch Beamtengremien entschieden werden, die mit Männern besetzt sind, die ihre Fähigkeiten in mehreren schwierigen Examina bewiesen haben.«[29]

Gegner der Aufklärer versuchten, die von diesen behauptete Vorbildlichkeit Chinas zu diskreditieren, indem sie darauf hinwiesen, wie leicht China 1644 von den Mandschus überwältigt worden sei. Für Voltaire aber bewies gerade dieses Beispiel – in ganz konfuzianischer Weise – die Vorzüglichkeit des chinesischen Regierungssystems. Dieses überdauere selbst die Invasion von Fremdvölkern. Während mit dem Römischen Reich auch seine Kultur untergegangen sei, hätten die barbarischen Mandschu-Eroberer die chinesische Moral und die Institutionen des chinesischen Staates übernommen. François Quesnay, der Begründer der Physiokratischen Schule, führt das Argument in seiner Schrift über den chinesischen Staat (1767) weiter: Die Stabilität und Dauer des chinesischen Regierungssystems erkläre sich daraus, dass es auf die natürliche Ordnung selbst gegründet sei. Die chinesischen Institutionen entsprächen den natürlichen Prinzipien einer prosperierenden Regierung und verdienten, ein Modell für alle Regierungen zu sein.

Die Bewunderung der Aufklärungsphilosophen für China war eingebettet in eine allgemeine China-Begeisterung der Gebildeten. Die

Bücher der Jesuiten über China und die zahlreichen Reiseberichte fanden weite Verbreitung. Es gab kaum einen Gebildeten, der nicht ein Buch über China gelesen hatte. Niemals war in Europa das Interesse der Intellektuellen an China so intensiv wie im 18. Jahrhundert. Chinoiserien wurden in den dreißiger Jahren des Jahrhunderts zur neuesten Mode. Chinesisches Porzellan oder Meißner Porzellan mit China-Dekor, chinesische Lackarbeiten, Wandtapeten, auf denen chinesische Gelehrte und anmutige Damen in chinesischen Landschaften lustwandelten, prächtige China-Zimmer in den Schlössern, chinesische Pagoden und Pavillons in chinesischen Landschaftsgärten, die die geometrisch geordneten Gärten der französischen Klassik ablösten, Romane, Schauspiele und Opern mit chinesischen Themen – Kunst und Lebensstil des Rokoko sind ohne die chinesische Inspiration nicht zu denken. Die spielerische Kultur des Rokoko wurde zum Ausdruck einer Adelskultur, die sich selbst nicht mehr ernst nahm und über dem Abgrund ihre Menuetts aufführte.

An Europa bewahrheitete sich die Sorge der konfuzianischen Elite Chinas, dass eine Öffnung zum Ausland den Verfall der eigenen kulturellen, moralischen und politischen Ordnung herbeiführe. Nichts hat Europas Ancien régime, hat die Selbstverständlichkeit des christlichen Glaubens und der traditionellen gesellschaftlichen Ordnung stärker unterminiert als der Begegnungsschock mit dem Denken und den Sitten anderer Länder, und hier allen voran mit China. Bevor Europa im 19. und 20. Jahrhundert Chinas Kultur zerstörte, übte im Jahrhundert zuvor das Reich der Mitte auf Europa einen Modernisierungsschock aus.

China als Beispiel des »orientalischen Despotismus«

Nicht alle teilten die Sinophilie der Aufklärer, und insbesondere konservative Denker hielten dagegen. Sie beschuldigten die Jesuiten, ein idealisiertes Bild Chinas zu zeichnen. Isoliert am chinesischen Hof lebend, würden sie die Wirklichkeit des chinesischen Lebens gar nicht kennen. Diese Wirklichkeit entnahmen die Kritiker den in immer größerer Zahl erscheinenden Reiseberichten und insbesondere den Berichten der Kaufleute, die sich in Kanton mit einer arroganten, korrupten und – wie es die Kaufleute sahen – inkompetenten Zollverwaltung herumschlugen.

Der erste, der ein Kontrastbild zum China-Bild der Aufklärer entwarf, war Montesquieu. Es übte auf den weiteren Verlauf der China-Debatte entscheidenden Einfluss aus. Der konservative Montesquieu hielt den Aufklärern zunächst allgemein entgegen, dass man ein Regierungssystem nicht nach abstrakten Vernunftprinzipien konstruieren könne, dass vielmehr jedes Regierungssystem aus den konkreten Bedingungen heraus, aus denen es erwachsen ist, verstanden werden müsse. In seinem Werk »De l'esprit des lois« von 1748, das zum Fundament der modernen Politologie und Soziologie wurde, teilte er die Regierungssysteme der Welt in drei Grundtypen ein: Republik, Monarchie und Despotie. Jedes System werde von einer charakteristischen seelischen Grundstimmung gesteuert. In der Republik sei dies die Tugend (vertu), in der Monarchie die Ehre, in der Despotie die Furcht. Despotie sei Herrschaft durch Furcht, Schreckensherrschaft. Furcht erfülle dabei die Untertanen nicht nur in ihrer Beziehung zum Herrscher, sondern auch im alltäglichen Umgang mit anderen Menschen, von denen jeder zu einem Denunzianten werden und den Denunzierten grausamsten Strafen ausliefern könne.

Bis zu Montesquieu galt die Despotie – in der Nachfolge der politischen Theorie des Aristoteles – als Entartungsform der Monarchie. Jetzt wurde sie zu einem eigenen System und – dies ist das für unseren Zusammenhang Entscheidende – zur typischen Regierungsform des Orients: zur »orientalischen Despotie«. Montesquieu leitete seine Despotiebeschreibung von den Schilderungen der Sultansherrschaft in Persien und in der Türkei ab. Aber er ordnete unter die Despotien auch China ein, wenngleich in manchen seiner Bemerkungen Zweifel an dieser Einordnung erkennbar sind. Die Kennzeichnung Chinas als »orientalische Despotie« setzte sich am Ende des 18. Jahrhunderts durch, beherrschte das 19. Jahrhundert und übt bis in unsere Zeit Einfluss aus. Einem Europa der Freiheit stand nun eine chinesische Gegenwelt der Knechtschaft gegenüber. Die Bewunderung für China in der Zeit der Aufklärung schlug in Geringschätzung, ja Verachtung um.

In der nun folgenden Epoche schuf der Wandel von der einstigen Hochachtung Asiens und insbesondere Chinas zur Missachtung die moralische Rechtfertigung für den europäischen Imperialismus. Wenn die »rückständigen Chinesen« ihr Land dem fortschrittlichen Handel mit England nicht freiwillig öffnen wollten, musste man sie eben zu ihrem Glück zwingen – in dieser Haltung erklärte England China 1839 den Krieg, da die chinesische Regierung sich weigerte, ihr Volk durch den Opiumschmuggel aus Britisch-Indien weiter verseuchen zu lassen. Der englische und dann bald gesamtwestliche Imperialismus und Kolonialismus wurden zu »Befreiungstaten«. Mit der Beseitigung des Despotismus, so legte der britische Orientalist Sir William Jones dar, würde ein neuer Aufstieg der asiatischen Nationen beginnen. Die Völker des Orients seien – hier unterschied er sich von Montesquieu – durchaus zur Freiheit fähig, jedoch nicht zur Selbstbefreiung. Die Freiheit müsse ihnen von Europa gebracht werden.[30] Europa hatte eine *mission civilisatrice*. Dieses Denken setzt sich, wenn auch unter völlig gewandelten Umständen, bis in die heutige Zeit fort, wenn Amerika und, in seinem Schlepptau, Europa es als Mission des Westens ansehen, die ganze Welt – und allen Ländern voran gerade China – zur westlichen liberalen Demokratie zu bekehren.

Das Bild Chinas als Despotie erhielt im 20. Jahrhundert neuen Auftrieb, als sich die Republik China 1949 zur kommunistischen Volksrepublik wandelte. Der Ökonom und Sinologe Karl August Wittfogel erlangte Berühmtheit mit seiner 1957 veröffentlichten großen Studie über die »Orientalische Despotie«.[31] Er lieferte darin für den asiatischen und insbesondere für den chinesischen Despotismus eine neue Begründung, indem er ihn aus der Notwendigkeit ableitete, große Volksmassen zu mobilisieren und zu disziplinieren, um gewaltige Wasserbauwerke ausführen zu können wie Flusseindeichungen, Bewässerungskanäle und Kanalsysteme für den Verkehr. Der chinesische und asiatische Despotismus sei von seinem Ursprung her ein »hydraulischer Despotismus«. Der Kommunismus Maos setze die despotische Tradition Chinas fort und führe sie auf einen neuen Höhepunkt: die totalitäre kommunistische Diktatur, die dank moderner Technik und moderner Organisationsmittel auf jeden Einzelnen direkt mit ihrem Terror zugreifen könne.

Wittfogel, der nach der Erfahrung der Stalin-Herrschaft vom Kommunisten zum entschiedenen Antikommunisten wurde, schätzte den Charakter des Mao-Systems besser ein als die Studenten von 1968 in Berkeley, Paris und West-Berlin, die Mao – seine rote Bibel wie einen Fetisch emporhaltend – als den großen Befreier feierten. Dennoch geht Wittfogels Theorie des hydraulischen Despotismus Chinas ebenso wie Montesquieus Theorie an der Wirklichkeit vorbei. Es gab in der langen chinesischen Kaisergeschichte nur eine einzige Despotie: die des Ersten Kaisers. Geleitet von der Herrschaftslehre der Legalisten, war sie, in aller Offenheit, eine »Regierung durch Furcht«. Für alle nachfolgenden Kaiser jedoch war Qin Shi Huangdi, dessen Dynastie der Himmel schon nach wenigen Jahren den Auftrag entzog, ein warnendes Schreckbild. Sie bekannten sich zu einem anderen Herrschaftsziel: zur Steigerung des Wohlergehens des Volkes statt zur Steigerung der Macht des Staates. Und sie bekannten sich zu einer anderen Herrschaftsausübung: zur Herrschaft durch moralische Erziehung.

Auch wenn das konfuzianische Regierungssystem aus dem Legalismus die Strafgesetze für die Unbelehrbaren übernimmt, so sucht es das friedliche Zusammenleben der Gesellschaft und die Einordnung in eine hierarchische Ordnung doch zuvörderst durch Erziehung von Kindheit an und durch das moralische Beispiel des Kaisers und seiner Beamtenschaft zu erreichen. Zentrale Aufgabe des Kaisers und seiner Beamten ist die moralische Ausstrahlung auf die Gesellschaft. Durchdrungen von der konfuzianischen Ethik, steuern dann die einzelnen Gemeinschaften unter Führung der lokalen Gentry sich selbst: die

Dörfer, Märkte, Kaufmannsgilden und so fort. Der konfuzianische Staat zeigt, wie sehr lebenslange moralische Indoktrination und rituelles Verhalten dazu beitragen können, ein zivilisiertes Zusammenleben in Gesellschaft und Staat zu erzeugen und aufrechtzuerhalten. Mit den europäischen Kategorien des Despotismus lässt sich dieses Herrschaftssystem nicht erfassen.

Erfassen lässt sich das System allerdings auch nicht mit der Kategorie der »aufgeklärten absoluten Monarchie«. Die Herrschaftsauffassung Kangxis, die in seinem Abschiedsedikt zum Ausdruck kommt, scheint sich zwar mit derjenigen Friedrichs des Großen zu decken, der »erste Diener des Staates« zu sein. Aber Kangxis Herrschaft ist nicht »aufgeklärt«. Während die europäischen Aufklärer den Aberglauben der Vergangenheit bekämpfen, liegt für den konfuzianischen Kaiser das Ideal und Leitbild in der fernen Vergangenheit der Zhou-Dynastie. Vollends deutlich wird der Unterschied, denkt man an Friedrichs Ausspruch, jeder möge nach seiner Fasson selig werden. Für einen konfuzianischen Kaiser wäre eine solche Parole undenkbar, sehen er und seine Beamten doch ihre Aufgabe im Gegenteil darin, das Volk einheitlich auf die konfuzianische Morallehre auszurichten.

Das Reich des Stillstands

Mit Anbruch des 19. Jahrhunderts kam zu der Despotismustheorie eine zweite Vorstellung hinzu, die die einstige Bewunderung für China endgültig in Geringschätzung und Verachtung umschlagen ließ. China befand sich seit den letzten Jahrzehnten des 18. Jahrhunderts im Abstieg; es war nicht mehr das strahlende China der Kangxi- und der frühen Qianlong-Ära, von dem die Jesuiten berichtet hatten. Aber der Abstieg war langsam, und der radikale Wechsel in Europas China-Bild war nicht auf ihn zurückzuführen, sondern entsprang dem tief greifenden Wandel, den Europa selbst durchmachte. Mit der französischen politischen Revolution von 1789 und mit der sich in England seit den achtziger Jahren des 18. Jahrhunderts entwickelnden industriellen Revolution hatte Europa eine Bahn beschritten, die zu etwas völlig Neuem, in der Menschheitsgeschichte nie Dagewesenem führen sollte. Europa warf die Vergangenheit von sich ab und ging einer Zukunft der Freiheit und des Reichtums entgegen. Europas neuer Glaube wurde der Glaube an den Fortschritt. Was den Aufklärern des 18. Jahrhunderts an China so bewundernswert erschienen war – die Stabilität und Dauer seiner Kultur –, wurde in dem neuen geistigen Klima zum Grund der Geringschätzung. Die neue Sicht verband sich eng mit der Despotismustheorie, denn die Ursache des geistigen Stillstands Chinas war eben das Fehlen der Freiheit.

Die Franzosen dachten an den Fortschritt der Zivilisation, China erschien ihnen nun als rückständige Kultur. Die Engländer dachten an den Fortschritt der Wirtschaft, sie werteten China ab als eine stagnierende Volkswirtschaft, unfähig zum Wachstum. Die Deutschen hoben die Fortschrittsidee auf die Höhe der Philosophie. Hegel begriff die Weltgeschichte als Fortschreiten des Geistes in der Selbsterkenntnis seiner Freiheit. Diese Bewegung ging von Osten nach Westen. China und Asien bildeten das Ausgangsstadium und waren im »Kindesalter der Geschichte« stehen geblieben: »Der Orient wusste und weiß nur, dass *Einer* frei ist, die griechische und römische Welt, dass *Einige* frei seien, die germanische Welt weiß, dass *Alle* frei sind. Die erste Form, die wir daher in der Weltgeschichte sehen, ist der Despotismus, die zweite ist die Demokratie und Aristokratie, und die dritte ist die Monarchie.«[32] China steht damit seit langem außerhalb der Weltgeschichte und führt, in ewiger Wiederkehr des Gleichen, ein geschichtsloses Dasein.

Die Sinologen haben sich seither bemüht aufzuzeigen, welch tiefgreifende Entwicklungen Staat und Kultur in China während der mehr als zweitausend Jahre seit Gründung des Reiches durchmachten. Dennoch vermögen ihre Einwände nichts Grundsätzliches am Charakter der »Wandellosigkeit« Chinas zu ändern. Die chinesische Kultur war, seit der Konfuzianismus sich durchgesetzt hatte, eine Kultur, die sich an der Vergangenheit orientierte, die ihr Ideal verwirklicht sah in der goldenen Zeit der frühen Zhou-Dynastie. Aus dieser Haltung heraus lehnten die Konfuzianer alles Neue ab. Neues, das Erfolg haben wollte, musste sich als Erneuerung verkleiden. In den zweitausend Jahren von der Achsenzeit der »Hundert Schulen« bis zum Ende der Song-Zeit war die chinesische Kultur aber trotz dieser Orientierung an der Vergangenheit eine der kreativsten Kulturen der Welt, schuf sie die in Bezug auf Staatsorganisation, Technologie und Wirtschaft fortgeschrittenste Zivilisation der Welt.

Doch dann blieb China in der Tat stehen. Die Jahrhunderte der Ming- und Qing-Zeit lebten von den Errungenschaften der Vergangenheit, fügten dem Ererbten selber keine Innovationen hinzu, ja, es gingen sogar viele technische Erfindungen und vorwissenschaftliche Erkenntnisse wieder verloren; die Militärtechnologie, die China hätte unangreifbar machen können, wurde nicht weiterentwickelt. Seit Abbruch der Hochseeschifffahrt Mitte des 15. Jahrhunderts riegelte sich China hermetisch gegen die Außenwelt ab. Das Reich war sich selbst genug, interessierte sich nur für sich selbst. Es hatte – um den von Francis Fukuyama berühmt und berüchtigt gemachten Ausdruck Hegels zu gebrauchen – das »Ende der Geschichte« erreicht. Das bestmögliche System für staatliche Regierung und gesellschaftliches Zusammenleben, für Wirtschaft und Kultur war gefunden. Als Aufgabe

Über viele Jahrhunderte bevorzugten chinesische Künstler als Motiv ihrer Werke den Menschen, der im Einklang mit der Natur lebt. Im 20. Jahrhundert aber sollte Mao wider alle chinesische Tradition den »Krieg gegen die Natur« ausrufen und großes Elend über das Land bringen. »Einsiedelei in einer Waldschlucht«, Tuschemalerei von Wang Meng, 1361

blieb nur, dieses System zu bewahren und gegen verderbliche Einflüsse von außen zu schützen.

Der Konfuzianismus hat China über zwei Jahrtausende von der Han-Dynastie (206 v. Chr. – 221 n. Chr.) bis zum Ende der Qing-Dynastie im Jahre 1911 eine staunenswerte Stabilität der Kultur und der Institutionen gegeben. Er hat dem chinesischen Volk lange Friedenszeiten beschert, unterbrochen nur von Bürgerkriegen am Ende des Zyklus einer Dynastie und von Nomadeninvasionen aus dem Norden. Die chinesische Zivilisation war damit ein Gegenbild zur europäisch-christlichen Zivilisation, die sich seit ihrer Gründung in einem Dauerbürgerkrieg zerfleischte. Der Konfuzianismus hat den Chinesen zugleich eine Kontinuität des Lebens geschenkt, die dem modernen Menschen, der von unablässigem und unablässig sich beschleunigendem Wandel vorangetrieben wird, wohl manches Mal beneidenswert erscheinen mag.

Doch mit Beginn des 19. Jahrhunderts sollte Chinas Welt der Dauer zu Ende gehen. Aus dem fernen Westen über die Meere kommend, sollte ein Europa in China einbrechen, das den Fortschritt zum Prinzip gemacht hatte. Und dieses Europa sollte China – wie dem Rest der Welt – nur die Wahl lassen, die Vergangenheit abzuwerfen und mit ihm in eine neue Zukunft zu schreiten oder in einem fruchtlosen und hilflosen Widerstand gegen die europäische Vernunft unterzugehen.

Die westliche, faustische Kultur hat gesiegt. Es ist nun an ihr zu zeigen, ob sie die Menschheit in ein neues Gleichgewicht auf einem höheren geistigen und materiellen Niveau der Entwicklung zu führen vermag oder ob sie die Menschheit in den Taumel des Untergangs treibt.

TEIL II

Der Zusammenbruch des alten China

(1793–1949)

KAPITEL 7

Der dynastische Zyklus neigt sich (1793–1838)

1793: eine letzte Chance

Am 8. September 1793 bot sich Jehol, der kaiserlichen Sommerresidenz 150 Kilometer nordöstlich von Peking, das prächtige Schauspiel der Ankunft einer ausländischen Gesandtschaft. Umgeben von einem Gefolge aus fast hundert Gesandtschaftsmitgliedern und eskortiert von hundert chinesischen Begleitern, zog Lord Macartney, der Außerordentliche und Bevollmächtigte Botschafter Seiner Majestät Georgs III., Königs von Großbritannien, durch die Residenzstadt zu dem ihm als Aufenthaltsort zugewiesenen Palast. Kaiser Qianlong fasste die britische Gesandtschaft als Tributmission auf und fühlte sich geschmeichelt, dass die Ausstrahlung seiner Tugend nun auch Barbaren aus dem fernsten Westen an seinen Hof zog.[1] Die Briten selber hatten sich als Gratulationsgesandtschaft angekündigt, die dem Kaiser die Glückwünsche Georgs III. zu seinem 83. Geburtstag überbringen wolle. In Wirklichkeit aber verfolgte Macartney ein – in chinesischen Augen – revolutionäres Ziel: Er wollte einen Handelsvertrag abschließen, und er wollte die Einrichtung von gegenseitigen Gesandtschaften in Peking und London vereinbaren. Dies alles stand in dem Brief des Königs, den er dem Kaiser überreichen würde.

Großbritannien war inzwischen zum weitaus wichtigsten europäischen Handelspartner Chinas aufgestiegen. Es nahm ein Siebtel des Tees ab, der in China auf den Markt kam, und es importierte Porzellan, Seide, Lackwaren, das Heilmittel Rhabarber und anderes mehr. Doch die Chinesen zeigten ihrerseits nur wenig Interesse an dem, was die britische Wirtschaft anzubieten hatte. So musste Großbritannien Jahr für Jahr ein großes Handelsdefizit mit Silberausfuhren decken. Die von London nach China fahrenden Schiffe der East India Company trugen als Ladung oft bis zu neunzig Prozent Silberbarren.

Als Ursache dieses Dauerdefizits machten die Briten das restriktive Handelssystem aus, das ihnen die Chinesen aufzwangen. Handel war nur an einem einzigen Ort gestattet: in Kanton, in der fernen Südwestecke des Reiches. Die britischen Schiffe, die dort ankamen, waren den oft illegitimen und willkürlichen Abgaben- und »Geschenk«-Forderungen einer korrupten Zollverwaltung ausgesetzt. Bei ihren Geschäften standen die britischen Händler dem Monopol der »Dreizehn Handelshäuser«, der so genannten *hongs,* gegenüber. Jedes Schiff konnte seinen Handel nur mit dem ihm jeweils zugewiesenen *hong* abwickeln. Während der Handelsmonate Oktober bis Januar wohnten die britischen Händler in ihren Faktoreien auf der kleinen Insel Shameen im Perlfluss, die den Stadtmauern von Kanton vorgelagert war. Sie lebten völlig isoliert von der chinesischen Bevölkerung und waren in ihrer Bewegungsfreiheit im Wesentlichen auf das Gebiet der Faktoreien beschränkt. Macartney sollte versuchen, diese Missstände zu beheben, von denen man annahm, der Kaiser habe von ihnen keine Kenntnis. Vor allem aber sollte er versuchen, China – möglichst in seiner ganzen Weite – für die britischen Exporte zu öffnen, und zumindest erreichen, dass der Kaiser einige weitere Hafenstädte zu Handelsplätzen erklärte.

Für die Chinesen war der Handelsaustausch mit Barbaren eine Gunst, die man ihnen gewährte, da sie ja auf die Produkte der chinesischen Zivilisation angewiesen waren. China seinerseits hatte nach Meinung der Chinesen alles selbst und brauchte daher keinen Außenhandel. Die Forderung der Briten, die den Handel als etwas anzusehen schienen, auf das sie ein Recht hatten, war eine Unverschämtheit und indiskutabel. Von völliger Ignoranz zeugte ihr Vorschlag eines Gesandtenaustausches – als ob es zwischen dem Himmelssohn und dem britischen König Beziehungen von Gleich zu Gleich geben könne. Schon bei der protokollarischen Vorbereitung des Empfangs beim Kaiser hatte es über diese Grundfrage einen langen Streit gegeben. Macartney weigerte sich nämlich, vor dem Kaiser die zeremonielle Ehrenbezeugung des Kotaus auszuführen – des dreimaligen Kniefalls, jeweils verbunden mit einem dreimaligen Sich-zur-Erde-Werfen. In seiner »Großmut« gegenüber den unwissenden Barbaren willigte der Kaiser schließlich ein, dass Macartney nur das Knie beuge, wie es im britischen Hofzeremoniell üblich war. Macartney verbuchte dies als diplomatischen Sieg, in Wirklichkeit aber hatte er das Gesicht verloren: Mit der Weigerung, vor dem Himmelssohn den Kotau auszuführen, lieferte er den Beweis für das Barbarentum der Briten; die Verweigerung beleidigte nicht nur den Kaiser, sondern störte die Harmonie der kosmischen Ordnung.

Am 14. September um 6 Uhr morgens – der Botschafter musste zuvor drei volle Stunden auf das Erscheinen des Kaisers warten – fand die Audienz statt. Macartney beugte das Knie und überreichte Qianlong in einem goldenen Etui den Brief Georgs III. Als direkt überbrachtes Geschenk übergab er ein Paar emaillierter und mit Diamanten besetzter Uhren. Qianlong seinerseits überreichte dem britischen Botschafter als Geschenk für Georg III. ein Szepter aus erlesener weißgrauer Jade als Symbol des Friedens und der Prosperität. Er fügte den Wunsch hinzu, der britische König möge ein langes Leben haben wie er selbst. Anschließend lud der Kaiser die Gesandtschaft zu einem

Bankett. Macartney war ungemein beeindruckt von der Würde, die der Kaiser ausstrahlte, und schilderte ihn in seinen Erinnerungen als »König Salomon in all seiner Glorie«.

Die Briten hatten in sechshundert großen Kisten Geschenke im Gesamtwert von 15 600 Pfund mitgebracht. Die Geschenke waren nicht nach dem Geschmack der Chinesen ausgewählt, sondern sollten die Modernität Großbritanniens in Wissenschaft und Technologie demonstrieren und für die britischen Manufakturprodukte werben. Wichtigstes Geschenk war ein Planetarium, das die Bewegungen des Sonnensystems nachbildete. Dazu kamen wissenschaftliche Instrumente, ein Fernrohr, eine Luftpumpe, Fensterglas, Eisen- und Stahlwaren aus Birmingham und Sheffield, Wedgewood-Steingut und anderes mehr. Die Chinesen schenkten Jadeskulpturen, Cloisonnévasen, perlenbestickte Seidenbörsen und andere Luxusgüter. Die beiderseits ausgewählten Geschenke symbolisierten die beiden Kulturen. Dem greisen Qianlong entging die Modernität der britischen Geschenke; seine Beamten hatten ihn darüber hinaus falsch informiert und berichtet, ähnliche Geräte befänden sich bereits in seiner Instrumentensammlung im Pekinger Palast.

Was die diplomatischen Anliegen der Briten betraf, war die chinesische Regierung nicht einmal bereit, in Gespräche einzutreten. Die Gesandtschaft, so wurde Macartney bedeutet, habe rein rituelle Bedeutung. Ihre Mission sei beendet, sobald sie an der Geburtstagsfeier des Kaisers teilgenommen habe.

Zurück in Peking, wurde Macartney am 3. Oktober, wiederum frühmorgens, in die Palaststadt zu einem Treffen mit Chefminister Heshen gerufen. Nachdem er in der Torhalle der Höchsten Harmonie die üblichen drei Stunden gewartet hatte, erschien Heshen mit seinem Gefolge, und nun spielte sich eine erstaunliche Zeremonie ab. In der Halle war ein Armstuhl aufgestellt als Thron für den Brief des Kaisers. Die Chinesen vollführten den rituellen Kotau vor der kaiserlichen Papierrolle, Macartney und seine Begleiter beugten das Knie. Nachmittags, nachdem Macartney in sein Quartier zurückgekehrt war, wurde ihm der kaiserliche Brief in einer pompösen Zeremonie überbracht. Der Brief stellte sich heraus als ein Edikt an den britischen König, mit dem Qianlong huldvoll die Bitte des Königs gewährte, in ein Vasallenverhältnis einzutreten und an der chinesischen Zivilisation teilzuhaben. »Wir, Kaiser durch die Gnade des Himmels, instruieren den König von England, unsere Anweisung zur Kenntnis zu nehmen«, so begann der Brief. Die Anliegen des britischen Königs nach Gesandtenaustausch und Öffnung des chinesischen Marktes wurden ohne irgendein Zugeständnis abgelehnt. Der Gesandtenaustausch sei unnötig. Unnötig für China sei ebenso der Handel: »Wir haben niemals technische Spielereien geschätzt und haben nicht den geringsten Bedarf an den Manufakturwaren deines Landes«, hieß es in Qianlongs Brief, der mit der Aufforderung endete: »Du, König, solltest einfach in Übereinstimmung mit unseren Wünschen handeln, deine Loyalität stärken und ewigen Gehorsam schwören, um so sicherzustellen, dass dein Land an den Segnungen des Friedens teilhat.«

Georg III. und selbst Macartney bekamen den Inhalt des Briefes niemals in dieser Form zu Gesicht. Der Gesandtschaftsübersetzer, der das Schreiben ins Lateinische übertrug, entschärfte es bereits und ließ zum Beispiel den Einleitungssatz ganz weg. Macartney selbst entfernte alles Restliche, was den britischen Stolz verletzen konnte.[2]

Zwei fremde Welten waren sich für einen Moment begegnet, jede von ihnen überzeugt, die höchste, fortgeschrittenste Zivilisation auf Erden zu repräsentieren. Sie gingen auseinander ohne irgendeine geistige Annäherung. Keine der beiden Zivilisationen räumte der anderen das Recht ein, anders zu sein.

Für die Briten endete die teure Gesandtschaft mit einem Fehlschlag. Die Berichte, die die Reiseteilnehmer nach ihrer Rückkehr zu Hause veröffentlichten, fanden in ganz Europa weite Verbreitung und trugen wesentlich dazu bei, die ehemalige Bewunderung für China in Geringschätzung umschlagen zu lassen. China andererseits hatte die letzte Gelegenheit versäumt, Anschluss an die Modernisierung und die industrielle Revolution Europas zu finden. Es blieb weiter ahnungslos gegenüber dem, was sich in Europa entwickelte. China blieb sich selbst genug. »In diesem Land«, kommentierte Macartneys Stellvertreter George Staunton, »denken sie, dass alles herausragend sei, und halten Verbesserungsvorschläge für überflüssig, wenn nicht tadelnswert.«[3]

Der Außenhandel, den der Kaiser als für China uninteressant ansah, trug in Wirklichkeit längst wesentlich zur chinesischen Wirtschaft bei. Er schuf viele Arbeitsplätze in der Exportproduktion für Tee und Porzellan, und er versorgte das chinesische Geldwesen mit Silber. Doch dies zuzugeben hätte in chinesischen Augen eine Statusminderung des Reiches der Mitte bedeutet, es hätte ja impliziert, dass auch China andere Völker brauchte. Und so lehnte der Kaiser ab, als Georg III. ihn einlud, gleichberechtigt als Gründungsmitglied in die neu aufsteigende globale Welt der Handelsnationen einzutreten. Noch hätte China die Kraft dazu gehabt. Doch der Kaiser und seine konfuzianischen Beamten wussten auch, dass ausgedehnter Handel mit Europa Chinas Gesellschaft und Kultur verändern musste, und so sagten sie nein. Es sollte weniger als ein halbes Jahrhundert dauern, bis britische Kanonenboote China zwangen, sich dem Handel mit dem Westen zu öffnen – doch nun als minderer, ausgebeuteter Partner in einem System »ungleicher Verträge«.

Als der Qianlong-Kaiser das Angebot gleichberechtigter Beziehungen, das der britische König ihm machte, hochmütig zurückwies, stand China auf dem Höhepunkt seiner Macht in Asien. Die immensen Weiten der Mongolei, Ostturkestans und Tibets waren dem Reich als Militärprotektorate eingegliedert, die von einheimischen Herrschern verwaltet wurden. Qianlongs China war größer als jedes chinesische Reich zuvor und doppelt so groß wie das Ming-Reich. Mit einer Fläche von 12,5 Millionen Quadratkilometern ging es auch weit über das Territorium der heutigen Volksrepublik China (9,6 Millionen Quadratkilometer) hinaus. Qianlong selbst hatte zu der gewaltigen Ausdehnung des Reiches einen entscheidenden Beitrag geleistet. Er hatte im fernen Nordwesten den mongolischen Stamm der Dsungaren in einem blutigen Ausrottungskrieg unterworfen und die dsungarischen Steppengebiete im Norden der Tianshan-Bergkette mit den Wüsten und moslemischen Oasen im Süden zur »Neumark« Chinas vereint: Xinjiang.

Zweitausend Jahre lang stand der chinesische Ackerbaustaat unter der ständigen Drohung der Reiterhorden aus dem Norden. Immer wieder hatten Nomadenstämme Teile des Reichs und sogar ganz China unterworfen. Nun war die Gefahr aus dem Norden endgültig gebannt. Das Ziel und die Bestimmung des Universalkaisertums, China und Innerasien zu einem Großreich zu vereinen, waren erfüllt. Von tiefer Symbolik für die unauflösliche Zusammengehörigkeit der Geschichte Innerasiens und Chinas war dabei, dass das neue Großreich von dem Nomadenstamm der Mandschus geschaffen wurde, der die chinesische Kultur übernahm und drei der konfuzianischen Modellkaiser stellte.

Die Macht des neuen Großreichs strahlte auf die umliegenden asiatischen Länder aus: Korea, ganz Indochina, Bhutan, Nepal, Afghanistan, die zentralasiatischen Khanate wie Kokand oder Buchara, das Land der Kasachen – sie alle schickten Tributgesandtschaften nach Peking. Das Reich und seine Einflussgebiete erstreckten sich von der Äußeren Mongolei im Norden bis zur malaiischen Halbinsel im Süden, von Korea im Osten bis weit nach Zentralasien im Westen. Niemals zuvor hatte China eine solche Machtstellung in Asien gehabt. Niemals zuvor war ein Kaiserhof äußerlich so glanzvoll. Der Kunststil der Qianlong-Zeit strahlte bis nach Europa aus und durchdrang in Form der Chinoiserien die Kunst des Rokoko.

Als der britische Botschafter Macartney 1793 »zu Hofe kam«, zählte China 330 Millionen Einwohner. Es war damit mit allen anderen Staaten der Welt gänzlich unvergleichbar. Seine Bevölkerung war fast zweieinhalbmal so zahlreich wie diejenige aller europäischen

Staaten zusammengenommen und vereinigte mehr als ein Drittel der Weltbevölkerung auf sich. China war ferner mit weitem Abstand die größte Volkswirtschaft der Welt und das Zentrum der Weltmanufaktur. Die kaiserlichen Porzellanfabriken in Jingdezhen beschäftigten schon in den achtziger Jahren des 17. Jahrhunderts 100000 Arbeiter. Die in Heimarbeit gewebten Nankeen-Baumwollstoffe waren noch 1930 den mit Maschinen hergestellten Importstoffen aus Lancashire in Qualität und Preis überlegen.

Das hochmütige Überlegenheitsgefühl, mit dem der Qianlong-Kaiser den Gleichberechtigungsanspruch des britischen Königs zurückwies, scheint auf den ersten Blick nicht unverständlich. Doch Qianlongs Reich, das China auf den Höhepunkt seiner Macht in Asien hob, war ein Endstadium. Seit dem Ende der Song-Zeit (1279) stand die chinesische Zivilisation im Wesentlichen still. Über die neuen Entwicklungen in Europa, die bald Chinas Zukunft bestimmen würden, herrschte völlige Unwissenheit. China ahnte nichts von der wissenschaftlichen Revolution, in die Europa im 17. Jahrhundert eingetreten war, und es ahnte nichts von der beginnenden industriellen Revolution. Bei allem äußeren Glanz war das chinesische Reich bereits 1793 weit hinter Großbritannien zurückgefallen. Qianlong eroberte die Kontrolle über die Seidenstraße, die kaum noch Bedeutung für den Handel hatte. Großbritannien eroberte die Kontrolle über die Weltmeere.

Offenkundig wurde all dies erst 1839, im ersten Krieg mit Großbritannien, dem Opiumkrieg. Was sich aber bereits in Qianlongs letzten Jahrzehnten zeigte, war ein beginnender Verfall des Reiches im Innern. Die Qing-Dynastie hatte ihren Höhepunkt überschritten und trat in die Phase des Abstiegs ein. Geschichte schritt für die konfuzianischen Historiker nicht linear voran, sondern – wie alles in der Natur und im Leben – in ewig wiederkehrenden Zyklen von Aufstieg und Abstieg, Geburt und Tod. Dies Gesetz der Zyklen galt auch für die Dynastien:

- Am Ende eines Zyklus verliert die herrschende Dynastie den Auftrag des Himmels. Ein Aufstand der Bauern oder die Invasion eines Nomadenstamms aus dem Norden stürzt die Dynastie. Ein neuer dynastischer Zyklus beginnt. Der Sieger hat durch seinen Sieg bewiesen, dass der Auftrag des Himmels an ihn überging. Der Krieg hat weite Teile des Landes verwüstet und entvölkert, mit der neuen Dynastie kehren Frieden und Ordnung zurück. Agrarproduktion und handwerklich-industrielle Produktion steigen, die Bevölkerung wächst.
- Das Reich tritt nun in die zweite Phase des dynastischen Zyklus ein: die Zeit der wirtschaftlichen Prosperität und kulturellen Blüte. Doch nun beginnt, zunächst langsam, dann sich beschleunigend,

der Abstieg. Den großen Kaisern des Anfangs folgen schwache Kaiser, die die Kraft eines moralischen Vorbilds auf ihre Beamten und ihr Volk nicht mehr auszustrahlen vermögen. Die Qualität der Verwaltung sinkt, die Korruption nimmt zu. Zugleich vermehrt sich die Bevölkerung weiter, die Agrarerträge pro Kopf sinken, Armut und Hungersnot breiten sich aus. Der Staat gerät in immer größere finanzielle Schwierigkeiten und sucht diese durch Zusatzsteuern zu beseitigen. Die Ausbeutung der Bauern verschärft sich, korrupte Beamte und ihre Helfer verschlimmern sie weiter. Die Situation wird für die Bauern unerträglich. Sie verlassen das Land, werden zu Banditen. Naturkatastrophen wie Zeiten der Dürre oder eine Überschwemmung des Gelben Flusses, zurückzuführen auf mangelnde Instandhaltung der Deiche, geben dem Volk das Bewusstsein, dass die herrschende Dynastie den Auftrag des Himmels verloren hat.

– Nun schlägt die Stunde chiliastischer Sekten, die bisher im Untergrund existierten. Ihre Botschaft, nach einem letzten, furchtbaren Kampf werde ein neues Weltzeitalter der Gerechtigkeit und der Fülle anbrechen, findet bei der verelendeten Bevölkerung weithin Glauben und fanatisiert sie zum Kampf. Die Banditengruppen vereinigen sich zu Armeen und folgen einem Führer, der behauptet, den Auftrag des Himmels erhalten zu haben. Die desolaten Söldnertruppen der Regierung, schlecht ausgebildet und unmotiviert, erleiden gegen die Bauernheere Niederlage auf Niederlage. Teile der Gentry auf dem Lande schließen sich den Siegern an. Die Dynastie wird gestürzt, der Führer der Rebellion gründet eine neue Dynastie. Kaum an der Macht, verwandelt er sich in einen konfuzianischen Herrscher. Der dynastische Zyklus beginnt von neuem.

Beim Niedergang einer Dynastie wirken nach der Zykluslehre drei Entwicklungen zusammen: der Verfall von Tugend und Tüchtigkeit der Dynastie, eine Bevölkerungsvermehrung, die die Bauern verarmen und ihre Lebensumstände unerträglich werden lässt, und eine Invasion von außen, die sich den inneren Aufruhr des Reiches zu Nutze macht. Dieses Schema passt recht genau auf den Niedergang der Qing-Dynastie.

Der Beginn des inneren Verfalls lässt sich hier auf das Jahr 1775 datieren. In diesem Jahr erblickte Qianlong, nun 65 Jahre alt und müde geworden, einen 25 Jahre jungen Mandschu-Offizier seiner Palastgarde und vernarrte sich in ihn. Wie ein Meteor stieg der junge Mandschu mit Namen Heshen – wir haben ihn schon als arroganten Verhandlungspartner Macartneys kennengelernt – innerhalb eines Jahres zum Minister des kaiserlichen Haushalts auf und übernahm im weiteren Verlauf die Kontrolle über das Finanz- und das Personalwesen. Heshen war nun der mächtigste Mann im Reich, und er nutzte seine

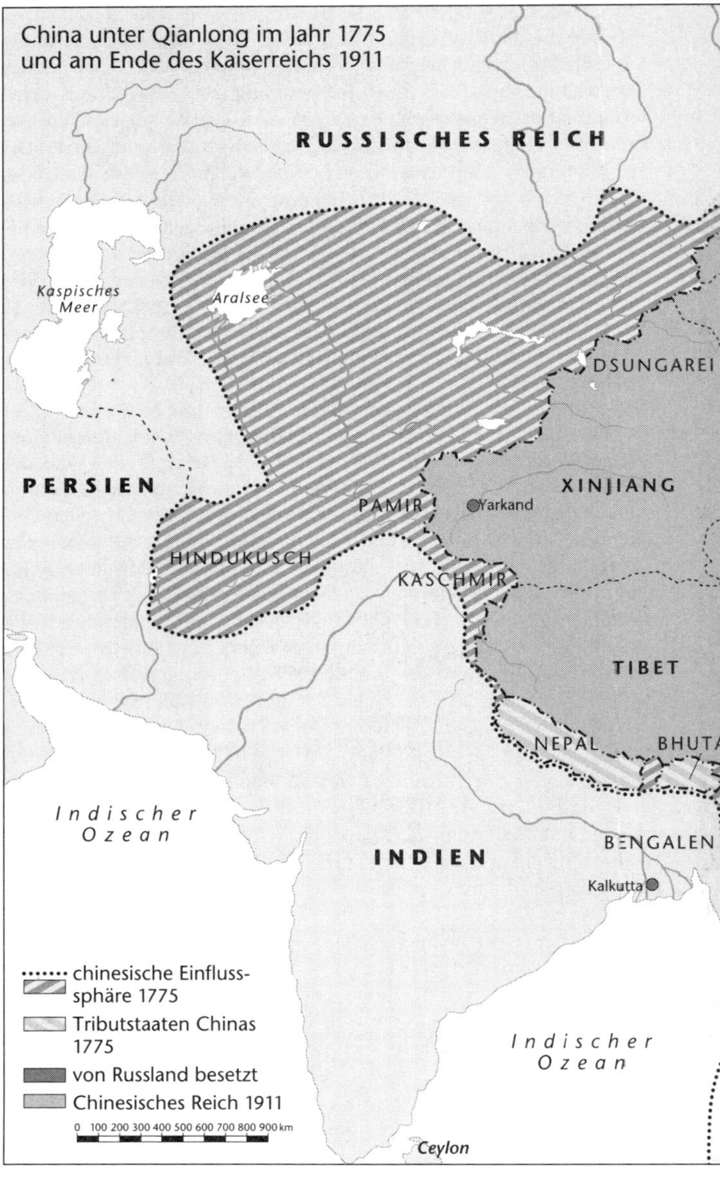
China unter Qianlong im Jahr 1775
und am Ende des Kaiserreichs 1911
RUSSISCHES REICH
Kaspisches Meer
Aralsee
DSUNGAREI
PERSIEN
XINJIANG
PAMIR
Yarkand
HINDUKUSCH
KASCHMIR
TIBET
NEPAL
BHUTA
Indischer Ozean
BENGALEN
INDIEN
Kalkutta
chinesische Einflusssphäre 1775
Tributstaaten Chinas 1775
von Russland besetzt
Chinesisches Reich 1911
0 100 200 300 400 500 600 700 800 900 km
Indischer Ozean
Ceylon

1853–1875
Sachalin
1858–1860
Baikalsee
Irkutsk
Amur
Heilongjiang
MANDSCHUREI
Jilin
Wladiwostok
ÄUSSERE
MONGOLEI
Mukden
JAPAN
Fengtian
Tokio
Zhili
(Hebei)
Kioto
Dalian
Peking
Port Arthur
INNERE
MONGOLEI
Tianjin
Zhifu
Shimonoseki
Shanxi
Shandong
Gelber Fluss
Lanzhou
Jiangsu
Gansu
Henan
Shaanxi
Nanjing
Shanghai
Anhui
Hubei
Ningbo
Hankou
Zhejiang
Jangtse
Chengdu
Sichuan
Changsha
Fuzhou
Hunan
Jiangxi
Fujian
Taibei
Guizhou
Taiwan
(Formosa)
Amoy
Guangdong
Pazifischer
Ozean
Yunnan
Guangxi
Kanton
Hongkong
Macao
TONGKING
RMA
Hainan
LAOS
PHILIPPINEN
SIAM
VIETNAM
KAMBODSCHA
COCHINCHINA

unangreifbare Stellung beim Kaiser aus, um sich in gigantischer Weise zu bereichern. Als er nach dem Tod Qianlongs im Jahre 1799 von dem neuen Jiaqing-Kaiser zum Tode verurteilt wurde, hatte er ein Vermögen von achthundert Millionen Silberunzen (1,5 Milliarden Dollar) zusammengerafft – dies entsprach der Hälfte des Staatseinkommens der letzten zwanzig Jahre. Von Heshen, der die Schlüsselposten im Reich überall mit seinen Komplizen besetzte und von den Beamten teure »Geschenke« erwartete, breitete sich die Korruption über das ganze Land aus. Die Beamten in der Metropole forderten ihrerseits von den Provinzbeamten »Geschenke«, diese wiederum hielten sich in ihren Amtsbezirken schadlos. Die Ausbeutung der Bauern, Handwerker und Kaufleute verschärfte sich dramatisch.

Diese Ausbeutung fiel zusammen mit der zunehmenden Verarmung der Bauern, die von einer Bevölkerungsexplosion verursacht wurde. Zwischen 1700 und 1800 stieg die Bevölkerung von 138 auf 342 Millionen Menschen an. Bis 1850, dem Jahr des Ausbruchs der Taiping-Revolution, nahm sie weiter auf 412 Millionen zu.[4] China hatte nun dreimal so viele Menschen wie 150 Jahre zuvor. Die landwirtschaftliche Anbaufläche aber ließ sich nur um fünfzig Prozent ausweiten, und auch dies nur dank der Einführung der Kartoffel aus Amerika, die auf marginalen Böden angebaut werden konnte. Die Hektarerträge für Getreide waren bereits außergewöhnlich hoch und ließen sich kaum weiter steigern. Die Agrarproduktion konnte also mit der Bevölkerungsvermehrung nicht Schritt halten, die Getreideerträge pro Kopf sanken – und dies genau zu einer Zeit, da die Regierung durch korrupte Beamte aus den Bauern mit grausamsten Methoden immer mehr Abgaben herauspresste. Die verzweifelten Bauern verließen das Land und schlossen sich Banditengruppen an. In einer Atmosphäre des moralischen Verfalls am Hofe und bei der Beamtenschaft und ihrer Helfer in den Provinzen gewannen immer mehr Menschen die Überzeugung, dass der Himmel der Mandschu-Dynastie den Auftrag entzogen habe. Chiliastische Sekten tauchten nun aus dem Untergrund auf und führten die Masse an.

Die erste Sekte, die eine große Rebellion zündete, war die Sekte des »Weißen Lotus«, in der sich Zauberei und Aberglauben mit buddhistisch-taoistischen und manichäischen Vorstellungen mischten. Die Sekte hatte schon beim Sturz der mongolischen Yuan-Dynastie eine führende Rolle gespielt. Zhu Yuanzhang, der siegreiche Bauernführer und erste Ming-Kaiser, gehörte ihr an – und verbot sie sofort nach seinem Amtsantritt. Jetzt trat die Sekte aufs Neue hervor und verkündete die Ankunft des Maitreya Buddha, der ein Reich der Gerechtigkeit bringe. 1796 brach der Aufstand los. Er entstand aus dem Protest gegen die Steuereintreibungen kleiner Behördenhelfer und breitete sich wie ein Feuer über ganz Zentralchina aus. Erst 1804, nach neun Jahren, konnte er unter dem neuen Jiaqing-Kaiser endgültig niedergeschlagen werden.

Jiaqing erbte von seinem Vater ein Reich, das unter einer immer noch glänzenden Oberfläche bereits im Verfall begriffen war. Die Bevölkerungsvermehrung ging weiter und mit ihr die Verarmung der Bauern. Es gelang nicht, durch den Sturz von Heshen die Korruption zurückzudrehen, zudem hatte der Kampf gegen die Rebellen des Weißen Lotus zweihundert Millionen Silberunzen verschlungen – die Steuereinnahmen von fünf Jahren. Die immer drückendere Finanznot veranlasste die Regierung, den Bauern Zusatzsteuern aufzuerlegen. Sie ging ferner dazu über, immer mehr Beamtenstellen zu verkaufen, und die neu ernannten Beamten brachten ihre Aufwendungen durch Ausbeutung ihrer lokalen Amtsbereiche wieder herein. Der Niedergang der Dynastie ging unaufhaltsam weiter – es sollte ein Absturz werden, wie ihn die Weltgeschichte noch nie gesehen hatte: Das einst größte und fortgeschrittenste Reich der Welt verwandelte sich innerhalb eines einzigen Jahrhunderts in eines der ärmsten Länder der Erde.

KAPITEL 8

nei luan – wai huan (1839–1899)

Der Opiumkrieg (1839–1842)

Die kommunistische Geschichtsschreibung identifiziert als Hauptursache des dramatischen Absturzes Chinas im 19. Jahrhundert den westlichen und den japanischen Imperialismus. Über ein halbes Jahrhundert jedoch, von 1775 bis 1839, war der Niedergang Chinas rein von inneren Ursachen getrieben: von der Bevölkerungsexplosion und der mit ihr zusammenhängenden Verarmung; vom Verfall der Verwaltung, als einer gleich bleibenden Zahl von Beamten die unablässig steigende Zahl der Menschen in ihren Verwaltungsbezirken buchstäblich über den Kopf wuchs; und schließlich, als unmittelbarster Grund für die Rebellion der Bauern, von der sich ausbreitenden Korruption. Erst 1839 kam durch den Opiumkrieg mit Großbritannien zu den inneren Gründen des Niedergangs ein mächtiger Stoß von außen. Erst jetzt verbanden sich, die uralte chinesische Erfahrung aufs Neue bestätigend, der Aufruhr im Innern (nei luan) mit der Invasion von außen (wai huan).

Die Briten hatten seit der Macartney-Gesandtschaft einen Weg gefunden, ihr Dauerdefizit im Handel mit China zu beseitigen: den Opiumschmuggel. Opium war seit 1800 in China verboten, doch das störte die Engländer nicht. Sie gewannen Opium aus dem Mohnanbau in Bengalen, verschifften es von Kalkutta nach Kanton und schleusten es nach China ein, wo es über ein Netzwerk von Händlern im ganzen Lande verbreitet wurde. Beteiligt am Opiumschmuggel waren von Anfang an die Amerikaner. Wie der phänomenale Aufstieg des britischen Handelshauses Jardine-Matheson, so wurde auch der Aufstieg der amerikanischen Astor-Dynastie durch den Opiumschmuggel nach China finanziert. Die britischen Opiumexporte nach China betrugen zwischen 1800 und 1810 rund 4500 Kisten zu je 140 Pfund pro Jahr. In den späten zwanziger und in den dreißiger Jahren stiegen sie zu gigantischen Mengen an. In der Handelssaison 1838/39 wurden allein von den Briten über 400 000 Kisten Opium nach China eingeschmuggelt – das sind 5,6 Millionen Pfund. Britische Exporte nach China wurden immer mehr identisch mit Opiumschmuggel. Ihm verdankte die East India Company, die größte Handelsorganisation der damaligen Welt, einen Großteil ihrer Gewinne, und den Zöllen auf Einfuhren aus

»Ihr müsst diese Gift kaufen!«
Zeichnung des französischen Karikaturisten Granville (1803–1847) zum Opiumkrieg, der China in mehrfacher Hinsicht ruinierte.

China verdankte der britische Schatzkanzler ein Zehntel seiner Einnahmen.

Das britische Opium verseuchte die Bevölkerung Chinas und zerrüttete das Heer. Überall in den Städten sah man die abgemagerten Gestalten der Opiumsüchtigen. Gleichzeitig stürzte der Opiumschmuggel die Wirtschaft in eine schwere Krise. Bis 1826 flossen schätzungsweise fünfhundert Millionen spanische Silberdollar, die damalige Weltwährung, in das Qing-Reich und trieben die Wirtschaft an. 1827 aber kehrte sich der chinesische Handelsüberschuss in ein ständig wachsendes Defizit um, und von nun an floss – in immer größeren Mengen – Silber aus China ab. Für die zwei Dekaden von 1827 bis 1849 wird der Nettosilberexport Chinas auf die Hälfte dessen geschätzt, was China in den 125 Jahren zuvor zugeflossen war. Der Geldumlauf schrumpfte, Mitte der dreißiger Jahre versank die chinesische Wirtschaft in Deflation und Rezession.

Der wachsende Silbermangel hatte noch eine zweite verhängnisvolle Auswirkung: China hatte eine bimetallische Währung auf der

Basis von Kupfer und Silber. Anfang des 19. Jahrhunderts betrug der Umtauschkurs tausend Kupfermünzen zu einer Silberunze. Nun stieg der Kurs des Silbers ständig an, und 1850 mussten für eine Silberunze schon 2230 Kupfermünzen bezahlt werden.[5] Dies traf die Bauern hart, denn ihre Einnahmen bestanden in Kupfermünzen, die Steuern jedoch waren in Silber festgesetzt. Seit den dreißiger Jahren unterminierte der britische Opiumschmuggel also nicht nur die Volksgesundheit, sondern trug durch die schwere Störung der Wirtschaft wesentlich zu den sozialen Unruhen in China bei.

1838 beschloss der Kaiser – »endlich«, ist man versucht zu sagen –, gegen den Opiumschmuggel einzuschreiten. Er sandte Lin Zexu, einen seiner fähigsten Beamten, als seinen Sonderbeauftragten mit weit reichenden Vollmachten nach Kanton. Lin ging zunächst mit aller Härte gegen die chinesischen Opiumhändler vor und erreichte eindrucksvolle Erfolge. Er versuchte jedoch auch, den Opiumhandel an der Quelle zu stoppen, also bei den englischen Kaufleuten. Er zwang sie, das in den Faktoreien liegende Opium – insgesamt 1400 Tonnen im Wert von neun Millionen Dollar – herauszugeben. Das beschlagnahmte Opium ließ er vernichten und forderte überdies von den Kaufleuten eine schriftliche Verpflichtung, künftig auf jeden Opiumexport zu verzichten.

London nahm dies zum Anlass, den Krieg zu erklären. Die englische Kriegsflotte hatte mit den waffentechnisch hoffnungslos unterlegenen Chinesen leichtes Spiel. Im August 1842 kapitulierte die chinesische Regierung und unterschrieb den Vertrag von Nanjing. Der Vertrag sah unter anderem Folgendes vor:

- China öffnet fünf Küstenstädte für ausländische Konsuln, Kaufleute und Missionare: Kanton, Amoy (Xiamen), Fuzhou, Ningbo und Shanghai. Die ausländischen Konzessionsgebiete sind extraterritorial und unterstehen nicht der chinesischen Jurisdiktion.
- China tritt die Insel Hongkong an Großbritannien ab.
- China zahlt als Kriegsentschädigung 21 Millionen Silberdollar.
- China hebt das Monopol der chinesischen Handelshäuser auf.
- China führt für Importe wie Exporte einen »gerechten und regelmäßigen« – lies: niedrigen und einheitlichen – Zoll ein; er wurde später für Importe auf durchschnittlich fünf Prozent des Werts der Waren festgelegt.

Der Opiumhandel wurde zwar nicht legalisiert, aber es war klar, dass die chinesische Regierung nichts mehr gegen den Opiumschmuggel unternehmen würde. Bis in die siebziger Jahre hinein blieb Opium das Hauptexportgut der meisten westlichen China-Händler. Schon 1858 hatte die Regierung daher aufgegeben und das Opiumverbot aufgehoben. Opium wurde von nun an in immer größeren Mengen auch in China selbst gewonnen. Die Importe erreichten 1879 ihren

Höhepunkt mit fünftausend Tonnen – dies war doppelt so viel wie 1839. Ende des 19. Jahrhunderts, so wird geschätzt, war jeder zehnte Chinese ein Opiumraucher und jeder zwanzigste ein Opiumsüchtiger. Opium trug wesentlich zur Verelendung Chinas im 19. Jahrhundert bei.

Der Vertrag von Nanjing war der erste der »ungleichen Verträge«. Er legte die Grundlage für ein neues, von Europa diktiertes Außenhandelssystem, das das chinesische Tributsystem ablöste: das System der »Vertragshäfen«. In dieses System waren alle europäischen Mächte sowie Amerika, Russland und – im weiteren Verlauf – Japan eingeschlossen. Es galt zu verhindern, dass ausländische Mächte einzeln in Teilen Chinas eigene Kolonien errichteten, und so erfand man die »Meistbegünstigungsklausel«, nach der China alle Rechte, die es einem anderen Staat einräumte, automatisch auf die übrigen Staaten ausdehnen musste.

Alle Vertragshäfen – es sollten bis zum Ende der Qing-Dynastie an die achtzig werden – wiesen die gleiche Struktur auf. An die ummauerte »Chinesen-Stadt« schloss sich, entlang eines Flusses, die Ausländersiedlung an, über deren Konsulaten die fremden Fahnen flatterten. Die Siedlung hatte ihre Klubs, ihre Kirchen, ihren Rennplatz. Zentrum des Geschäftslebens war der »Bund«, die breite Uferstraße. An ihr lagen die steingebauten Niederlassungen der großen Handelshäuser und Banken. Die Straße war zu allen Tageszeiten von Menschengewühl und einem ständigen Hin und Her erfüllt. Kulis schleppten Lasten, ausländische Firmenchefs (taipans) und ihre chinesischen Mittelsmänner, die *compradores* (portugiesisch für »Käufer«), eilten zu ihren Geschäftsterminen, Missionare schritten in ihren Kutten dahin, Matrosen flanierten. Regiert wurde die Siedlung von den Konsuln; vor dem Bund lag im Fluss ein Kanonenboot verankert, das die Siedlung schützte.

Mit dem Vertrag von Nanjing begann der Aufstieg Shanghais von einer kleinen chinesischen Landkreisstadt zu einer Weltmetropole. Shanghai lag an der Jangtse-Mündung, und dies gab der Stadt einen einzigartigen Vorteil. Von hier aus ließen sich die Importgüter auf dem Jangtse in das Innere Chinas verschiffen und umgekehrt die Exportgüter zur See transportieren. Shanghai wurde so zum Hafen der ganzen Jangtse-Region, der Kernregion der chinesischen Wirtschaft. Schon 1853 übertraf der Handelsumsatz Shanghais denjenigen Kantons.

Im weiteren Verlauf stieg Shanghai zu einer der größten Hafenstädte der Welt auf. Anders als in den übrigen Vertragshäfen war die Ausländersiedlung in Shanghai aufgeteilt in eine »Internationale Siedlung« und eine »Französische Konzession«. In der Internationalen Siedlung, die von den Briten dominiert wurde, hatten sich alle übrigen

Ausländer niedergelassen – abgesehen von den Franzosen, für die es natürlich nicht in Frage kam, in einer britisch beherrschten Siedlung zu leben. Die Zahl der Ausländer in Shanghai stieg stetig an, 1930 waren es fast 100 000. Shanghai war zu einer ausländischen Großstadt auf chinesischem Boden geworden.

Alle Ausländersiedlungen hatten Parks. Zu ihnen hatten die Chinesen keinen Zutritt. Am Eingang des Huangpo-Parks am Nordende der Uferpromenade von Shanghai stand ein Schild, das nicht nur Hunde und Fahrräder im Park verbot, sondern auch Chinesen den Zutritt verwehrte. In der Erinnerung der Chinesen verbanden sich die Verbote auf dem Schild zu einer gemeinsamen Aufschrift: »Zutritt für Chinesen und Hunde verboten.« Man muss dies alles wissen, will man das heutige China verstehen. Das Trauma des Sturzes in Armut und Schande und die Demütigung durch die Ausländer sind unauslöschlich in das Gedächtnis jedes einzelnen Chinesen eingebrannt.

Die Taiping-Revolution (1850–1864)

Die demütigende Niederlage gegen die westlichen Barbaren erschütterte das Ansehen des Kaisers in der Beamtenschaft, im Heer und im Volk aufs Schwerste. Der Hass auf die Fremden verband sich mit dem latent stets vorhandenen Hass auf die fremde Mandschu-Dynastie. Es bildete sich die Vorstellung, die Mandschus beschwichtigten die Barbaren, um sich selbst auf Kosten des chinesischen Volkes zu retten. Aufruhr im Innern (nei luan) und Invasion von außen (wai huan) trieben sich nun in Wechselwirkung gegenseitig voran.

Unmittelbar nach der Jahrhundertmitte brach ein Massenaufstand nach dem anderen aus: die Taiping-Revolution 1850 bis 1864 in Jiangsu, Sichuan, Anhui und Hubei; die Miao-Rebellion 1850 bis 1872 in Guizhou; die Nian-Rebellion 1853 bis 1868 in Shandong/Henan; die Moslem-Rebellionen 1855 bis 1874 in Shaanxi/Gansu und in Yunnan. Dazu kamen zahllose lokale Rebellionen der verschiedensten Sekten. Zu Beginn der sechziger Jahre waren weite Teile des Reiches unter der Kontrolle von Aufständischen. Nach dem traditionellen dynastischen Zyklus hätte nun der Sturz der Qing-Dynastie unmittelbar bevorgestanden, aber der Einbruch des Westens in China veränderte selbst den dynastischen Zyklus. Die Qing-Herrschaft überlebte noch mehr als ein halbes Jahrhundert, bis sie 1911, fast wie von selbst, in sich zusammenfiel.

Der schwerste Aufstand war die *Taiping-Revolution*, die das wirtschaftliche Kerngebiet Chinas am Unter- und Mittellauf des Jangtse erfasste. In den fünfzehn Jahre dauernden Kämpfen kamen an die zwanzig Millionen Menschen um. Dies machte die Taiping-Revolu-

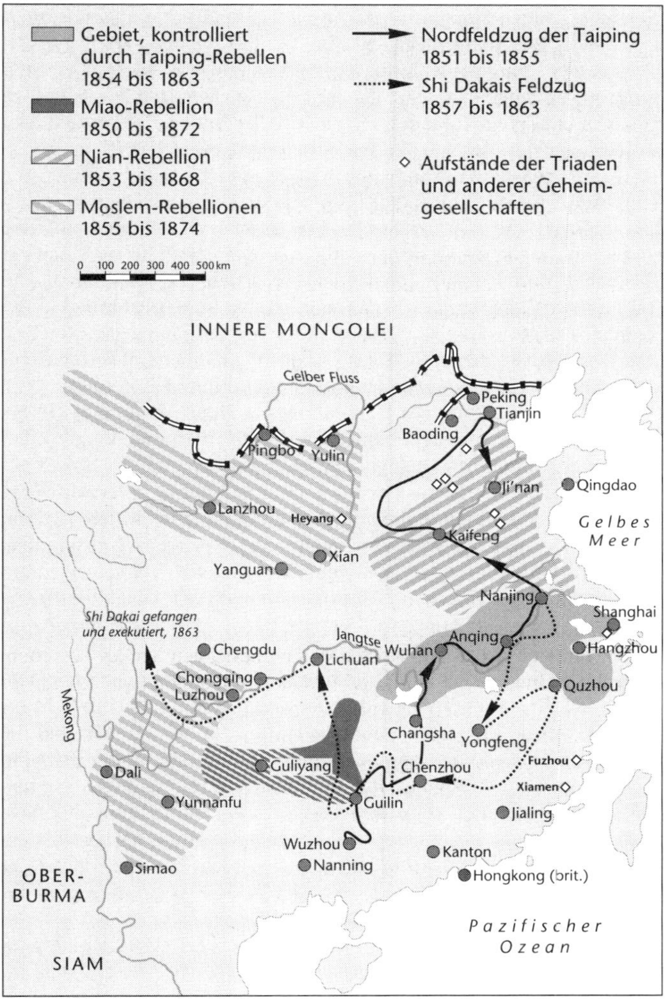

Rebellionen 1850 bis 1874

tion zum größten Krieg des 19. Jahrhunderts und zum größten Bürgerkrieg in der Geschichte der Menschheit.

Was der Taiping-Revolution aber vor allem ihre einzigartige Stellung in der langen Geschichte der chinesischen Bauernrebellionen gab, war ein Zweites: Sie war ein christlicher Aufstand, ihre Anhänger waren fanatisiert durch einen sinisierten fundamentalistischen Protestantismus. Sie wollten nicht die herrschende Dynastie stürzen, um einen neuen konfuzianischen Kaiser auf den Thron zu heben, sie wollten vielmehr die konfuzianische Staats- und Gesellschaftsordnung und ihren Träger, die Gentry, zerstören, um ein christliches Reich der Gleichheit und Brüderlichkeit aller Menschen heraufzuführen. Der Taiping-Aufstand wurde so zur ersten großen Sozialrevolution in der zweitausendjährigen Geschichte Chinas seit Gründung des Reiches. Als solche ist sie der Vorläufer der ebenso von einer sinisierten fremden Ideologie vorangetriebenen Bauernrevolution Mao Zedongs.

Der religiöse Führer der Revolution war Hong Xiuquan (1814 bis 1864), ein gescheiterter Examenskandidat. Er stammte aus einer Kleinbauernfamilie in Guangdong, die zur Minorität der Hakka gehörte. Die Eltern hatten dem hoch begabten Sohn unter schweren Opfern ein Studium ermöglicht. Als er 1837 zum dritten Mal im *shengyuan*-Examen in Kanton scheiterte, brach er seelisch zusammen. Er musste nach Hause gebracht werden, erging sich vor seinen Eltern in Selbstanklagen über seine Wertlosigkeit und verfiel dann für vierzig Tage in einen psychotischen Dämmerzustand. In seinen Halluzinationen träumte er, in den Himmel aufgestiegen zu sein. Er wurde zu einem ehrwürdigen Greis mit goldenem Bart geführt, der auf einem Thron saß. Dieser überreichte ihm ein Königsszepter und ein Schwert und beauftragte ihn, die Dämonen auf der Erde auszurotten und die Welt zur wahren Lehre zurückzuführen. Aus der Psychose erwacht, war Hongs Charakter verändert. Er fühlte sich rein und mächtig und trat mit ungeheurem Selbstbewusstsein auf; seine Eltern und Verwandten fürchteten, die Geisteskrankheit sei nicht voll überwunden. Als er 1843 zum vierten Mal das Examen nicht bestand, richtete er seine Anklagen nicht mehr gegen sich selbst, sondern gegen das Mandschu-System, das seine Talente nicht anerkannte.

Entscheidend für den weiteren Verlauf wurde, dass er eine Einführungsschrift in das Christentum wiederentdeckte, die er Jahre zuvor von einem protestantischen Missionar in Kanton erhalten und damals ungelesen beiseite gelegt hatte. Die Schrift, von einem chinesischen Konvertiten verfasst, sprach von einer apokalyptischen moralischen Krise der Welt, vom Kommen eines Messias und von einem himmlischen Reich. Hong fiel es wie Schuppen von den Augen, der Sinn seiner Träume enthüllte sich. Der Mann mit dem goldenen Bart war Jehova. Er hatte ihn, als den jüngeren Bruder von Jesus, berufen, die Mandschu-Dämonen und die Dämonen des Konfuzianismus, Buddhismus und Daoismus zu vernichten und ein Reich Gottes auf Erden zu gründen. Mit diesem Reich würde die Menschheit in das Zeitalter des »Großen Friedens« (tai-ping) eintreten.

Hong ging nun als Missionar seiner neuen Lehre in die »Distelberge« im östlichen Grenzgebiet von Guangxi und gründete dort unter den Hakka-Gemeinden die Gesellschaft der »Gottesverehrer«. Die Gesellschaft breitete sich rasch über die Hakka-Dörfer der Region aus und schwoll bis Ende der vierziger Jahre auf 10 000 Mitglieder an. Als die Sekte zunehmend von den Behörden und den Milizen der Gentry verfolgt und ihre Stellung in den Distelbergen unhaltbar wurde, beschlossen Hong und die anderen Führer, ihre belagerte Basis in Guangxi aufzugeben. Die Gottesverehrer wandelten sich nun zu einer straff organisierten Armee, verbrannten im Sommer 1850 ihre Häuser, um die Brücken hinter sich abzubrechen, und zogen mit Weib und Kind nach Nordosten, in die reichen Regionen am Jangtse. Wie einst Moses die Israeliten aus Ägypten herausführte, so führte nun Hong die Gottesverehrer aus den Distelbergen heraus, um das Gelobte Land zu erobern. 84 Jahre später wird Mao Zedong in ähnlicher Lage die Rote Armee aus der Räterepublik Jiangxi in einem mythisch gewordenen Langen Marsch nach Yan'an führen.

Nach ersten Siegen gegen die Regierungstruppen proklamieren die Gottesverehrer am 11. Januar 1851, Hongs 38. Geburtstag, das »Himmlische Reich des Großen Friedens« und rufen Hong zum »Himmelskönig« aus. Aus den Gottesverehrern ist nun eine offen revolutionäre Bewegung geworden, die die Mandschu-Fremdherrschaft stürzen und ein chinesisch-christliches Reich des Großen Friedens errichten will. In diesem Reich soll es kein privates Eigentum geben, alles soll allen gemeinsam sein. Die Frauen, im traditionellen China den Männern in allem völlig untergeordnet, werden gleichgestellt, die Verkrüpplung der Füße wird strengstens verboten. In der Beziehung zu anderen Völkern gehen die Taiping vom Sinozentrismus ab und folgen der christlichen Vorstellung von der Gleichberechtigung aller Nationen, gleichzeitig aber pochen sie auf die nationalen Rechte Chinas, die sie niemals – wie die Mandschu-Regierung – an das Ausland verkaufen werden.

Auf dem Marsch in das Jangtse-Gebiet strömten den Gottesverehrern von allen Seiten verelendete Bauern, Köhler, Treidler sowie Angehörige anderer Sekten zu. Die schlecht motivierten Regierungstruppen, die sich dem Marsch entgegenstellten, waren den fanatisierten und disziplinierten Taiping-Kriegern nicht gewachsen. 1852 fiel Wuhan, die Hauptstadt Hubeis am Jangtse. Die Bewegung war nun auf 500 000 Anhänger angeschwollen. Vor die Entscheidung gestellt, nach Peking weiterzumarschieren oder das südlich am Jangtse gelegene reiche Nanjing zu erobern, beschlossen die Führer, zunächst nach Nanjing zu ziehen. Dieser Beschluss rettete wahrscheinlich die Mandschu-Dynastie. 1853 eroberten die Taiping Nanjing und benannten die »Hauptstadt des Südens« in »Hauptstadt des Himmels« – Tianjing – um.

Die Taiping, nun zu einer Bewegung von zwei Millionen Menschen angewachsen, verwandelten sich von einer vorwärtsstürmenden Armee in sesshafte Untertanen eines Himmelskönigs. Der Himmelskönig und seine Unterkönige umgaben sich mit prächtigen Hofstaaten und verfielen – ganz entgegen den strengen Moralgeboten für die einfachen Leute – einem Leben in Luxus und der Vielweiberei. 1856 brachen blutige Machtkämpfe aus, in denen mehrere der Unterkönige und Tausende ihrer Anhänger sich gegenseitig niedermetzelten. Hong selbst verlor immer mehr den Bezug zur Realität. Dennoch blieben die Taiping-Armeen von einer erstaunlichen Kampfkraft, was von der starken Motivation der einfachen Leute zeugte. Es dauerte noch acht Jahre, bis die Regierungsarmeen nach blutigen Schlachten und Belagerungen die Taiping-Revolution endgültig niederschlagen konnten.

Zu verdanken war der Erfolg nicht den kaiserlichen Truppen, sondern Provinzarmeen, die von engagierten konfuzianischen Gouverneuren mit Hilfe der ländlichen Gentry und nach neuen Prinzipien aufgestellt und motiviert worden waren. Spiritus rector der Anti-Taiping-Bewegung in den Provinzen war der große Gelehrtenbeamte Zeng Guofan mit seiner Hunan-Armee. Ihm übertrug der Kaiser schließlich den militärischen Oberbefehl über die gesamten Feldzüge gegen die Taiping.

Es offenbart sich hier der wichtigste Grund für das Scheitern der Taiping: Einem traditionellen Bauernaufstand, hätte er so spektakuläre Erfolge wie die Taiping-Rebellion aufzuweisen gehabt, hätte sich die Gentry der Region angeschlossen und dem Rebellenführer geholfen, das Land zu verwalten und den Krieg bis zum Sturz der regierenden Dynastie, die offensichtlich den Auftrag des Himmels verloren hatte, weiterzuführen. Doch der Taiping-Aufstand war kein traditioneller Bauernaufstand, sondern eine Sozialrevolution, inspiriert von einer fremden Religion. Er zielte auf Aufhebung der konfuzianischen Ordnung und Vernichtung der Gentry. Und so stellten sich die Gentry und die aus ihr stammenden konfuzianischen Beamten geschlossen hinter die Mandschu-Dynastie, die zwar nicht chinesisch, doch konfuzianisch war. Mit der Aufstellung von Gemeindemilizen und Provinzarmeen organisierte die Gentry den Widerstand gegen die Taiping. Diese beherrschten nur die Städte, die Dörfer dagegen waren in der Hand der Gentry. Der konfuzianische Staat zeigte ein letztes Mal, welch ungeheure moralische Energien er zu seiner Verteidigung mobilisieren konnte. Gelehrtenbeamte wurden zu Militärorganisatoren, die in rastlosem Einsatz den konfuzianischen Staat retteten.

Hilfe bekam die Gentry auch von außen, von den westlichen Mächten. Zwar stellte Hongs sinisierter christlicher Glaube wahrscheinlich die einzige Chance dar, China christlich zu machen, doch seine Art des Christentums erfüllte die Missionare mit Feindschaft. Hong benahm sich nicht wie jemand, der dankbar einer fremden Religion beitritt, sondern erhob einen eigenen chinesischen Anspruch auf sie. Als jüngerer Bruder von Jesus – welche Blasphemie! – erklärte er sich zum göttlichen Sprecher der Christenheit. Er – nicht der Papst oder die Bibel – bestimmte, was Glaubensdogma sei. Aus ganz ähnlichen Gründen lehnten die westlichen Kaufleute und ihre Regierungen Hong ab. Zwar bekannte sich Hong – anders als die konfuzianischen Kaiser – zur Gleichberechtigung der Nationen, aber er wollte diese Gleichberechtigung ganz offensichtlich auch für China durchsetzen. Eine schwache Qing-Dynastie mit ihrem ebenso realitätsfremden wie wirkungslosen Anspruch auf Universalherrschaft schien den Westmächten da doch für ihre Interessen vorteilhafter zu sein. Und so beschlossen sie, diese zu stützen. Briten, Franzosen und Amerikaner versorgten die Armeen der chinesischen Provinzgouverneure mit modernen Waffen, trainierten deren Soldaten und entsandten Offiziere zu der »Immer Siegreichen Armee«, einem aus Europäern, Amerikanern und Chinesen zusammengesetzten Freikorps.

1864 eroberte Zeng Guofans Hunan-Armee Nanjing und machte in einem erbarmungslosen Massaker die Taiping bis zum letzten Mann nieder. Ausgerüstet mit modernen Waffen, gelang es den Provinzarmeen bis Anfang der siebziger Jahre auch, die Aufstände in den anderen Landesteilen niederzuschlagen. Das Wunder war geschehen. Die Mandschu-Dynastie hatte die Herrschaft über das Reich zurückgewonnen. Ihr Absturz war mitten im Fall aufgehalten worden. Die Hoffnung breitete sich aus, der dynastische Zyklus werde nun, wie es dies in ganz seltenen Fällen in der chinesischen Geschichte gegeben hatte, wieder nach oben steigen. Doch das stellte sich bald als Trugschluss heraus. Die Dynastie hatte nicht mehr als eine Atempause gewonnen, die sie nicht zu nutzen verstand.

»Aufteilen wie eine Melone« (1856–1899)

Der »Zweite Opiumkrieg« (1856–1860)

Noch während der Taiping-Krieg wütete, brachen die Engländer, nun im Bunde mit den Franzosen, den so genannten Zweiten Opiumkrieg vom Zaun. Im Dezember 1857 stürmte ein englisch-französisches Expeditionskorps Kanton, fuhr dann die Küste hinauf nach Tianjin, der großen Hafenstadt hundert Kilometer südöstlich von Peking, und eroberte die Dagu-Festungsanlagen und die Stadt. Der Vertrag von Tianjin 1858 erweiterte den Nanjing-Vertrag von 1842 und legte China zusätzliche Souveränitätsbeschränkungen auf. China musste unter anderem zehn weitere Vertragshäfen öffnen, unter ihnen auch Flusshäfen im Innern wie Nanjing und den großen Binnenhafen Hankou am Jangtse; Missionare erhielten volle Bewegungsfreiheit in ganz China.

Das zentrale Zugeständnis war die Genehmigung zur Einrichtung ausländischer Gesandtschaften in Peking. Hier wurde der innenpolitisch so wichtige Anspruch des Kaisers auf Universalherrschaft ins Herz getroffen. Der Kaiser wehrte sich deshalb verzweifelt gegen die Erfüllung dieses Teils des Vertrags. Als Folge marschierten 1860 englische und französische Truppen in Peking ein, trieben den Kaiser in die Flucht nach Jehol und plünderten und brannten in einer Strafaktion den herrlichen Yuanmingyuan-Sommerpalast nieder, den Qianlong in Pekings Umgebung hatte errichten lassen. Die Ruinen halten bis heute die Erinnerung an die Erniedrigung Chinas lebendig, überall an den zerstörten Gebäuden sind Schilder angebracht: »Niedergebrannt 1860 von Engländern und Franzosen.« Im Mai 2000 machte die 140 Jahre zurückliegende Plünderung des Yuanmingyuan erneut Schlagzeilen in der Weltpresse, als die britischen Auktionshäuser Sotheby's und Christie's in arroganter Gefühllosigkeit vier damals aus dem Palast gestohlene Kunstwerke, drei Bronzen und eine Cloisonnévase, vor den Augen der Chinesen in Hongkong versteigerten. Die chinesische Regierung protestierte gegen die Beleidigung – und kaufte am Ende die Objekte zu Millionenpreisen zurück.

Der Xianfeng-Kaiser hatte, als er 1860 vor den englisch-französischen Truppen nach Jehol floh, seinen Bruder, Prinz Gong, in Peking zurückgelassen und ihn beauftragt, die Friedensverhandlungen mit den Engländern und Franzosen zu führen. Gong erkannte zu seinem Erstaunen, dass die Sieger, obwohl sie Peking in der Hand hatten, offensichtlich China nicht unterwerfen wollten, sondern bei ihren begrenzten Forderungen nach Öffnung Chinas für den Handel und Einrichtung von Gesandtschaften in Peking blieben. Er schwenkte nun auf einen Kurs der ehrlichen Kooperation mit den Briten und Franzosen ein. Seine Absicht war, eine lange Friedenszeit zu gewinnen, während der er, mit westlicher Hilfe, China zu militärischer Stärke aufrüsten wollte. Westliche Hilfe erhoffte er sich auch für die endgültige Niederschlagung des Taiping-Aufstands, und diese Hoffnung war nicht vergebens.

Die Kaiserinwitwe Cixi übernimmt die Macht

Im August 1861 starb der Xianfeng-Kaiser in Jehol. Sein Sohn und Nachfolger war erst sechs Jahre alt. Unterstützt von Prinz Gong verstand es die Mutter, eine Konkubine des Kaisers, sich in einem Palastcoup die Regentschaft zu sichern. Als Kaiserinwitwe Cixi sollte sie von nun an, immer aufs Neue Kindkaiser auf den Thron setzend, China für fast ein halbes Jahrhundert beherrschen – und über den Fall der Qing-Dynastie präsidieren.

Die russische Expansion vom Norden her

Während nach dem Friedensvertrag von 1860 in den Beziehungen zu Großbritannien und Frankreich, von kleineren Reibereien abgesehen, Ruhe und Zusammenarbeit einkehrten, meldete sich im Norden eine dritte imperialistische Macht: Russland. Murawjew, der Gouverneur von Sibirien, hatte sich schon in den fünfziger Jahren das ganze riesige Gebiet nördlich des Amur und östlich des Ussuri angeeignet und dem russischen Ostsibirien 83 Millionen Quadratkilometer hinzugefügt. Im Vertrag von Peking 1860 blieb China nichts anderes übrig, als die Landnahme anzuerkennen. Es verlor damit die gesamte Pazifikküste der Mandschurei, an der die Russen die große Hafenstadt Wladiwostok errichteten: die »Beherrscherin des Ostens«. 1871 besetzten die Russen dann im äußersten Nordwesten Chinas das fruchtbare und strategisch wichtige Ili-Tal, das den Zugang zu Xinjiang, der Neumark Chinas, kontrollierte. In späteren Verhandlungen konnte China zwar die Rückgabe des Ili-Tals erreichen, aber es war deutlich geworden, dass zu der imperialistischen Bedrohung aus dem Westen nun eine weitere Bedrohung aus dem Norden hinzugekommen war.

Japan als vierte imperialistische Macht im Osten

Es sollte nur wenige Jahre dauern, bis auch vom Osten her eine vierte expansive Macht den chinesischen Schauplatz betrat: Japan. 1853 – elf Jahre nach dem Ende des Opiumkriegs und dem Vertrag von Nanjing – waren die Schwarzen Schiffe des amerikanischen Commodore Perry mit ihren drohenden Kanonen in die Bucht von Yedo (des heutigen Tokio) eingefahren und hatten die Öffnung Japans für den Handel mit dem Westen erzwungen. Es war ein Tag der Schande, der sich in das Gedächtnis der japanischen Nation auf ewig einbrannte und japanisches Handeln bis heute motiviert. Doch die Japaner reagierten damals auf die Herausforderung ganz anders als die Chinesen. Eine Welle der Empörung über die schändlichen Verträge spülte das

Tokugawa-Shogunat hinweg, und mit der Meiji-Restauration (1868) warf sich die gesamte Nation auf die Modernisierung und Industrialisierung, um Japan stark zu machen.

Nur elf Jahre nach der Meiji-Restauration, 1879, fühlte sich Japan bereits mächtig genug, einen Tributstaat der Qing-Dynastie offen zu annektieren. Es ging um die Liukiu-Inselkette, die Taiwan und die südlichste japanische Insel Kyushu verbindet. Mit japanischem Namen hießen die Inseln Ryukyu. Der König der Inselkette war seit Beginn der Ming-Zeit ein Vasall des chinesischen Universalherrschers und schickte regelmäßig Tributgesandtschaften nach Peking. In Wirklichkeit wurde das Inselkönigtum jedoch bereits seit Beginn des 17. Jahrhunderts von dem Daimyo (Feudalherrn) von Satsuma an der Südspitze Kyushus kontrolliert. Die Chinesen hatten von diesem doppelten Vasallenverhältnis nichts bemerkt. Nun aber fanden es die Japaner nicht mehr nötig, die Fiktion einer chinesischen Oberherrschaft zu dulden.

Das Ende der sinozentrischen Weltordnung

Über Jahrhunderte war China umringt von Tributstaaten, jetzt aber wurde China ein Tributstaat nach dem anderen entrissen: Russland expandierte nach Zentralasien und brachte die einstigen chinesischen Vasallenstaaten wie die Khanate Buchara und Kokand unter seine Herrschaft. Sehr viel einschneidender war 1879 der Verlust der Liukiu-Inseln, die China seit einem halben Jahrtausend als Tributstaat angesehen hatte. In den achtziger und neunziger Jahren werden dann die Kerntributstaaten aus der sinozentrischen Weltordnung herausgebrochen: Annam (Nordvietnam), Burma und am Ende Korea.

Über Annam tritt China 1884 gegen Frankreich in den Krieg ein. Die Franzosen schießen die chinesische Flotte und die große Schiffswerft in Fujian zusammen. China muss es im Friedensvertrag hinnehmen, dass Frankreich Vietnam zu seinem Protektorat macht. 1886 folgt England dem französischen Beispiel und erklärt Burma zum Teil von Britisch-Indien. 1895 verliert China schließlich seinen wichtigsten Tributstaat, Korea, im Krieg gegen Japan.

Die Niederlage gegen Japan 1895

Im Krieg mit Japan um Korea erleiden das chinesische Landheer ebenso wie die chinesische Flotte katastrophale Niederlagen. Der Friedensvertrag von Shimonoseki erlegt China harte Bedingungen auf: Es muss die Unabhängigkeit Koreas anerkennen und damit de facto die Umwandlung Koreas in ein japanisches Protektorat, 1910 wird Japan Korea offen zur Kolonie machen. Weiter muss China Taiwan und die Pescadoren abtreten, eine hohe Kriegsentschädigung von zweihundert Millionen Silberunzen zahlen, mehrere zusätzliche Binnenhäfen öffnen, und es muss japanischen Staatsangehörigen das Recht einräumen, in den Vertragshäfen Fabriken zu eröffnen – ein Zugeständnis, das über die Meistbegünstigungsklausel auch allen anderen Staaten zugute kommt und es einheimischen Industrieunternehmen später schwer machen wird, hochzukommen. Japan hatte im Vertrag auch die Abtretung der Liaodong-Halbinsel durchgesetzt. Aber eine Tripelintervention Russlands, Frankreichs und Deutschlands zwang Japan, auf Liaodong wieder zu verzichten.

Die Niederlage gegen Japan, einen einstigen Vasallenstaat, der große Teile seiner Kultur von China übernommen hatte, fügte der Qing-Dynastie einen nicht wieder gutzumachenden Gesichtsverlust zu. Mit ihr beginnt das Ende.

Der Wettlauf nach China (1896–1898)

Die in der schnellen Niederlage gegen Japan offenbar gewordene Schwäche des chinesischen Reiches löst einen Wettlauf der imperialistischen Mächte nach China aus. »Wie eine Melone« teilen sie nun China in Konzessionsgebiete, Einflusszonen und koloniale Stützpunkte, »Pachtgebiete« genannt, auf:

- In den Jahren 1896 bis 1898 pachtet Russland die beiden strategischen Häfen an der Südspitze der Liaodong-Halbinsel: Lushun (Port Arthur) und Dairen (Dalian). Es sichert sich ferner das Recht, die Transsibirische Eisenbahn 1500 Kilometer quer durch die nördliche Mandschurei nach Wladiwostok weiterzuführen und eine südliche Abzweigung mitten durch die Mandschurei nach Port Arthur zu bauen.
- 1897 nutzt das Deutsche Reich die Ermordung zweier Missionare als willkommenen Anlass, einen Flottenstützpunkt zu erwerben. Es besetzt an der Küste der Provinz Shandong die Bucht von Kiautschou (Jiaozhou) und die Hafenstadt Tsingtau (Qingdao) und strebt an, die ganze Shandong-Halbinsel zur deutschen Einflusszone zu machen.
- 1889 pachtet England den Flottenstützpunkt Waihaiwei, der auf der Shandong-Halbinsel dem russischen Port Arthur gegenüberliegt. Gleichzeitig vergrößert es Hongkong durch die Pacht der New Territories. Des Weiteren gewinnt es die Konzession zum Bau der Eisenbahn Beijing–Hankou.
- Frankreich pachtet im selben Jahr die Bucht von Kanton und sichert sich die Konzession, die Indochina-Bahn in die Provinzen Guangxi und Yunnan weiterzuführen; entlang der Bahn lässt es sich Bergbaurechte einräumen.

Vom äußersten Südwesten und Süden bis hinauf zu den mandschurischen Häfen war Chinas Küste nun unter den imperialistischen Mächten aufgeteilt. Die offenen Vertragshäfen mit ihren extraterritorialen Enklaven zogen sich von der Jangtse-Mündung und der Mündung des Westflusses bis tief in das Innere Chinas hinein. Ganze Provinzen wurden zu Einflussgebieten der einzelnen Mächte erklärt. Auslandskapital beherrschte die modernen Wirtschaftssektoren: Banken, Reedereien, Eisenbahnen, Bergwerke. In der Schifffahrt war nicht nur der Überseetransport in der Hand ausländischer Reedereien, sondern auch der Großteil der Küstenschifffahrt und der Binnenschifffahrt auf dem Jangtse. 1907 wurden hundert Prozent der Eisenverhüttung, 93 Prozent der Eisenbahnen und 84 Prozent der Schiffstransporte von ausländischem Kapital kontrolliert.[6] Selbst die Zollhoheit war verloren. China durfte auf Importe einen Zoll von höchstens fünf Prozent des Wertes erheben und war damit nicht in der Lage, junge, im Aufbau befindliche chinesische Unternehmen zu schützen.

KAPITEL 9

Das Ende des konfuzianischen Kaisertums (1900–1911)

Der Boxer-Aufstand

Hass gegen die Ausländer breitete sich aus. Im Frühjahr/Sommer 1900 explodierte er über Nordchina im Aufstand der Yihequan, der »in Rechtschaffenheit Vereinten Boxer«. Hatte bisher die Regierung in einigen Fällen militärischen Widerstand gegen die imperialistischen Mächte geleistet, so erhoben sich nun die Massen des Volkes in einem spontanen Aufstand gegen die Fremden.[7] Ein chinesischer Beobachter schilderte das Einströmen der Boxer in Peking im Juni 1900, wobei er wohl auch idealisiert hat: »Zehntausende von Boxern sind aus allen Richtungen in den letzten Tagen gekommen. Die meisten sind einfaches Landvolk. Sie haben weder Führer noch wirksame Waffen. Sie kommen für ihre Reisekosten selbst auf und leben von Hirse und Mais. Weder Ruhm noch Geld suchend, kämpfen sie ohne Rücksicht auf ihr eigenes Leben und sind bereit, sich auf dem Schlachtfeld zu opfern. Sie strömen hier zusammen, ohne sich verabredet zu haben, aber alle in dieser riesigen Menge sind eines Sinnes. Sie wollen nur Ausländer und Christen töten, und sie tun einfachen Leuten kein Leid an. Es scheint wirklich, dass sie für Rechtschaffenheit kämpfen.«[8]

Die Boxer haben wenig zu tun mit dem, was wir unter boxen und Boxern verstehen. Das chinesische Wort *quan* bezeichnet Kampfsportübungen, die bei uns durch die Kung-Fu-Filme bekannt geworden sind. In ihrem Ursprung bildeten die Boxer Vereine in Dorfgemeinden und kamen auf dem »Boxplatz« des Dorfes zu Kampfsporttraining und Qi-gong-Übungen im tiefen Atmen zusammen, um sich fit zu machen für die Selbstverteidigung und die Verteidigung anderer.

Die Fremden, gegen die sich der Hass richtete – das waren für die Boxer die christlichen Missionare und ihre chinesischen Gemeinden. Die »ungleichen Verträge« nach dem Ersten und dem so genannten Zweiten Opiumkrieg garantierten den Missionaren das Recht, sich überall im Lande frei zu bewegen und der Missionierung nachzugehen. Sie stellten sie und die Christengemeinden unter den Schutz der Regierung, und die Gesandten der imperialistischen Mächte in Peking wachten darüber, dass die chinesische Regierung diesen Schutz auch wirklich gewährte. Jeder chinesische Magistrat, vom Landkreismagistrat bis hinauf zum Provinzgouverneur, achtete sorgfältig darauf, den Missionaren keinen Anlass zu einer Beschwerde in Peking zu geben, die seine Karriere ruinieren konnte. Die Missionare ihrerseits ließen sich durch ihre privilegierte Stellung oft verführen, in ihren Missionsbezirken wie eine zweite Beamtenschaft aufzutreten. Manche befestigten wie die Mandarine auf ihren Hüten Knöpfe als Rangabzeichen und ließen sich in Sänften tragen.

Was aber vor allem den Hass der einfachen Leute schürte, war die Bekehrungsstrategie der Missionare. Sie gewannen Konvertiten zum Christentum, indem sie ihnen Schutz in Straffällen und Unterstützung bei lokalen Streitigkeiten und Machtkämpfen versprachen. Dieses Versprechen war in der Tat ein mächtiger Anreiz, Christ zu werden. In einem Fall baten Tausende von Anhängern der Weißen-Lotus-Sekte geschlossen um Aufnahme in die katholische Kirche, um der Strafverfolgung durch die Behörden zu entgehen. Den Missionaren wurde nicht ganz zu Unrecht vorgeworfen, sie sammelten unter ihrer christlichen Flagge so manche Banditen und so manches Gesindel.

Die Christen entwickelten sich in ihren Dorf- und Marktgemeinden zu privilegierten Gruppen. Es konnte nicht ausbleiben, dass sich in vielen Provinzen Gegengruppen zur Selbstverteidigung bildeten. Solche Gegentruppen bauten sich seit Mitte der neunziger Jahre auch im nordwestlichen Shandong auf, einer besonders armen Gegend. Vorläufer der Boxer attackierten dort zum ersten Mal 1896 chinesische Christen und Missionare. Im November 1897 wurden dann zwei deutsche Missionare ermordet. Dass das Deutsche Reich auf diese Ermordung mit der Besetzung der Kiautschou-Bucht an der Shandong-Küste reagierte, ließ den Hass nur noch mehr wachsen. Von 1898 an verwandelte sich die Boxer-Bewegung dann endgültig in eine Kampfbewegung gegen die fremden Missionare und ihre christlichen Gemeinden. Auf ihre Fahnen schrieben die Boxer-Gruppen die Parole: »Unterstütze die Qing und vernichte das Fremde!« Die Regierung in Peking schwankte, ob sie gegen die neue Sekte ernsthaft einschreiten solle oder nicht, und blieb im Ganzen untätig. Die Boxer-Bewegung wuchs nun mit ungeheurer Geschwindigkeit zu einer spontanen Massenbewegung an.

Im Winter 1899/1900 drangen die Boxer, wie ein reißender Strom, über die Grenzen von Shandong hinaus und überfluteten die nordchinesische Ebene. Bis Mai 1900 war der Volkskrieg gegen die Fremden und Christengemeinden in vollem Gang. Die Boxer brannten Kirchen nieder, griffen Eisenbahnstationen an, ermordeten chinesische Christen und Missionare. Bis Juni waren Peking und Tianjin von den fanatischen Massen besetzt, die glaubten, sich mit schamanistischen Praktiken, bei denen Geister und Volksgötter von ihnen Besitz ergriffen, gegen Kugeln unverwundbar machen zu können. Am 11. Juni erschossen in Peking chinesische Truppen, die mit den Boxern sym-

Aus dem privaten Album eines deutschen Reisenden in Fernost: die »in Rechtschaffenheit Vereinten Boxer« eines Dorfes mit ihren Führern, Aufnahme um 1900

pathisierten, einen japanischen Gesandtschaftssekretär. Am 13. Juni brannten die Boxer die Südliche Kathedrale nieder und töteten Hunderte von Christen. Am 17. Juni schoss ein chinesischer Soldat den deutschen Gesandten auf dem Weg ins Außenministerium nieder. Am 21. Juni erklärten die Kaiserinwitwe Cixi und der Hof den imperialistischen Mächten den Krieg. Qing-Truppen belagerten nun zusammen mit den Boxern das Gesandtschaftsviertel, wobei die Kommandierenden Generäle jedoch offensichtlich darauf achteten, dass dieses nicht wirklich erobert wurde. Währenddessen gingen in Nordchina die Angriffe der Boxer gegen die Christen weiter. Insgesamt kamen weit über zweihundert Ausländer und Tausende chinesischer Christen um.

Die imperialistischen Mächte stellten eine Internationale Streitmacht auf. Am 14. August 1900 eroberte die Expeditionsarmee Peking und befreite das Gesandtschaftsviertel von der Belagerung, die fast zwei Monate gedauert hatte. Die Kaiserinwitwe und der Hof flohen, als einfache Leute verkleidet, in das ferne Xian. Die »zivilisierte Welt« nahm nun Rache. Sie plünderte Peking, wobei sich auch die Missionare am Plündern beteiligten, und sie machte erbarmungslos Jagd auf Boxer. Der Kommandant des amerikanischen Truppenkontingents urteilte: »Man kann mit Sicherheit sagen, dass auf einen wirklichen Boxer, der getötet wurde, fünfzig harmlose Kulis und Landarbeiter, unter ihnen nicht wenige Frauen und Kinder, kamen, die erschlagen wurden.«[9]

Oberkommandierender der Internationalen Streitmacht war der deutsche »Weltmarschall« Graf Alfred von Waldersee. Kaiser Wilhelm II. hatte das deutsche Expeditionskorps in Bremerhaven mit der berühmt gewordenen Hunnenrede verabschiedet: »Wie vor tausend Jahren die Hunnen unter ihrem König Etzel sich einen Namen gemacht haben, der sie noch jetzt in der Überlieferung gewaltig erscheinen lässt, so möge der Name Deutschland in China in einer solchen Weise bekannt werden, dass niemals wieder ein Chinese es wagt, etwa einen Deutschen auch nur scheel anzusehen.«

Die Deutschen trafen erst nach der Befreiung der Gesandtschaften im späten September in Peking ein. Graf Waldersee führte nun die Strafexpeditionen, die von dort aus in alle Richtungen zu den einstigen Zentren der Boxer vorstießen. Eingedenk des Befehls seines Kaisers ließ er jeden, der des Boxertums verdächtig erschien, exekutieren. Und auch hier galt wohl, dass die meisten der Exekutierten arme Teufel waren, die nie im Leben etwas mit den Boxern zu tun gehabt hatten.

Die Siegermächte verzichteten darauf, China in Einzelkolonien aufzuteilen, wohl nicht zuletzt aus Sorge, dass sie darüber in einen Krieg gegeneinander geraten könnten. Sie einigten sich vielmehr auf das »Prinzip der offenen Tür«: China stellte, wie es Sun Yatsen später formulierte, eine »Kolonie niederer Stufe« dar, die nicht von einer Macht, sondern von allen Mächten gemeinsam kontrolliert wurde. Die Mandschu-Dynastie durfte bleiben – eine abhängige Regierung in Peking entsprach durchaus den Interessen der Mächte. Im Internationalen Boxer-Protokoll legten die Alliierten China jedoch drakonische Friedensbedingungen auf. Sechs hohe Qing-Beamte, die die Boxer unterstützt hatten, mussten zum Tode verurteilt werden. Die Dagu-Forts und andere Befestigungen wurden geschleift. Die Mächte stationierten erweiterte Schutztruppen im Gesandtschaftsviertel und zusätzliche Besatzungstruppen in Stützpunkten zwischen Peking und Tianjin. China musste die ungeheure Kriegsentschädigung von 450 Millionen Silberunzen zahlen. Wie bei den früheren Kriegsentschädigungen nahm es zur Finanzierung ausländische Anleihen auf. Die Zins- und Tilgungszahlungen Chinas für all diese Anleihen machten im letzten Jahrzehnt der Qing-Dynastie die Hälfte der Staatseinnahmen aus.

Die konfuzianische Herrschaft stützt sich in einem ganz außerordentlichen Maß auf das Prestige des Kaisers. Das 19. Jahrhundert aber hatte eine nicht abreißende Kette von Gesichtsverlusten für die Qing-Dynastie gebracht. Die Demütigungen erreichten ihren Höhepunkt in den letzten Jahren des Jahrhunderts: die Niederlage 1895 gegen die einst verachteten japanischen »Zwerge«, die Aufteilung Chinas in Einflusszonen der imperialistischen Mächte und nun am Ende die Katastrophe des Boxer-Aufstandes und des Internationalen Boxer-Protokolls – eine Katastrophe, an der die Kaiserinwitwe Cixi und ihr Hof entscheidende Mitschuld trugen. Die Dynastie hatte nicht mehr die Kraft, Chinas Würde und Souveränität zu schützen. Der Himmel – dies lag vor aller Augen – hatte seinen Auftrag an die Qing zurückgezogen.

Es dauerte noch ein Jahrzehnt, bis das morsche Gebäude in sich zusammenstürzte. Doch als das Ende kam, war es nicht allein das Ende der Qing-Dynastie, sondern das Ende des über zweitausend Jahre alten konfuzianischen Kaisertums, das Ende einer Kultur.

Gegen die Mandschus standen, wie seit Beginn der Dynastie, die traditionellen Geheimgesellschaften, die sich vor allem aus Bauern und den anderen armen Schichten der Bevölkerung zusammensetzten. Neu und entscheidend aber war, dass sich die Söhne der Gentry nun zunehmend von der Mandschu-Dynastie abwandten. Hatten ihre Großväter und Väter in der Taiping-Revolution noch mit äußerstem persönlichem Einsatz das konfuzianische Kaisertum verteidigt und gerettet, so stellten sich die Söhne, die die Herrschaft erben sollten, gegen die Dynastie. Zur Gegenelite gehörten neben den oppositionellen Söhnen der ländlichen Gentry die neu entstehende urbane »Kaufmanns-Gentry« der Unternehmer und Geschäftsleute, die modern ausgebildeten Offiziere der neuen Armee und die aus dem Ausland zurückkommenden Studenten, die eine Rolle übernahmen, wie sie im Westen die Intellektuellen spielten. Zwei politische Oppositionsbewegungen konkurrierten dabei gegeneinander. Die erste Gruppe trat für eine Reform ein; sie wollte die Institutionen des Staates erneuern und das absolute konfuzianische Kaisertum in ein konstitutionelles Kaisertum umwandeln. Die zweite Gruppe forderte eine Revolution; sie wollte die Qing-Dynastie stürzen und das Kaisertum durch eine Republik ersetzen.

Zunächst hatte die Reformbewegung die Mehrheit hinter sich. Die Kaiserinwitwe Cixi stimmte 1901 einer Reform zu, um die Revolution abzuwenden. Die Qing-Dynastie hatte es 1898 schon einmal mit Reformen versucht, als eine nationale Reformbewegung, angeführt von dem konfuzianischen Gelehrten Kang Youwei, den jungen Kaiser Guangxu für ihre Reformvorschläge gewann. Doch die Reform dauerte kaum mehr als hundert Tage, dann riss Cixi durch einen Palastputsch die Macht wieder an sich. Kang Youwei entkam nach Japan. Jetzt holte die Kaiserinwitwe die damaligen Reformvorschläge wieder hervor und verkündete sie als eigenes Programm. Die Reformbewegung, die Kang Youwei nun von Japan aus anführte, sah sich in ihrer Auseinandersetzung mit den Revolutionären bestätigt.

1905 kam es, im Ringen um den Einfluss in der Mandschurei, zum Krieg zwischen Japan und Russland. Japan siegte zu Lande wie zur See. Seine Siege bildeten einen Wendepunkt in der Geschichte des Imperialismus. Zum ersten Mal hatte eine asiatische Nation eine europäische Macht, ja eine Großmacht, überwunden. Ganz Asien triumphierte. Die chinesische Reformpartei sah den Sieg als Beweis für die Überlegenheit des japanischen konstitutionellen Kaisertums über die russische Despotie. Die japanische Verfassung habe Regierende und Regierte zu einer Einheit zusammengeschmolzen und die große nationale Anstrengung ermöglicht, durch die Japan zu einer modernen, militärischen Großmacht aufgestiegen war. In Peking sah sich nun die Kaiserinwitwe gezwungen, die Errichtung eines konstitutionellen Kaisertums zuzusagen. Doch bald stellte sich heraus, dass sie nicht wirklich bereit war, Macht abzugeben. Sie benutzte das Reformvorhaben vielmehr, um die Macht wieder in Peking zu konzentrieren und sie zugleich wieder in die Hände der Mandschus zu legen. Die Aufstellung von Provinzarmeen während der Taiping-Revolution hatte die Macht zu den Provinzgouverneuren hin verlagert, die zumeist Han-Chinesen waren. Nun wollte Cixi die Macht nach Peking zurückholen und besetzte zugleich die Schlüsselpositionen in Peking zum größten Teil mit Mandschus. Dies ließ die Stimmung derjenigen in der chinesischen Gentry, die bisher für Reformen eingetreten waren, umschlagen. Sie gaben die Hoffnung auf, dass unter den Qing eine echte Reform möglich sei, und gingen in das Lager der Revolutionäre über.

Kopf und treibende Kraft der revolutionären Bewegung war Dr. Sun Yatsen (1866–1925). Mit ihm trat eine Gestalt neuen Typs in die chinesische Geschichte ein: der von westlichen Ideen geprägte Berufsrevolutionär. Kang Youwei (1858–1927), der den *jinshi*-Rang erreicht hatte, und die um ihn gescharten Reformer blieben – bei allen geistigen Einflüssen aus dem Westen – in ihrem Wesen Konfuzianer. Sun jedoch war westlich erzogen und Christ. Er stammte aus einer Bauernfamilie in der Nähe Kantons, gehörte also nicht der Gentry an und musste lange um deren Anerkennung kämpfen. Mit dreizehn Jahren war er nach Honolulu/Hawai zu einem älteren Bruder gegangen, der dort ein prosperierendes Geschäft betrieb. Er besuchte die Missionsschule der anglikanischen Kirche und das lokale College. Von 1887 bis 1892 studierte er dann am Medical College in Hongkong westliche Medizin. Statt den Arztberuf auszuüben, wurde er jedoch Revolutionär.

Im Oktober 1895 unternahm er, in Verbindung mit einer traditionellen Anti-Qing-Geheimgesellschaft, den ersten Aufstandsversuch. Er wollte Kanton unter seine Kontrolle bringen und zur Basis der Revolution machen. Doch der Plan flog vorher auf. Sun floh über Hongkong nach Japan. Er machte nun Japan – wie Kang Youwei – zur Basis seiner Operationen und reiste von da aus rastlos in der Welt umher, um bei den Gemeinden der Überseechinesen in Südostasien, den USA und Europa für die Revolution zu werben und Geldspenden für die Unterstützung von Aufständen in China zu sammeln.

Japan war seit seinem Sieg über China 1895 zum Vorbild der chinesischen Reformer ebenso wie der Revolutionäre geworden, zeigte es doch, wie eine asiatische Nation zu einer modernen Großmacht aufsteigen konnte. Der Sieg über Russland 1905 steigerte sein Prestige weiter. Die japanische Regierung ihrerseits verstand es, mit der Parole »Asien den Asiaten« den Hass der Chinesen auf die westlichen Imperialisten abzulenken und die Vorstellung einer Solidarität aller ostasiatischen Nationen zu erzeugen. Junge Chinesen strömten in Scharen zum Studium nach Japan. Gab es 1902 in Japan fünfhundert chinesische Studenten, so war ihre Zahl bis 1905 auf achttausend angestiegen, und 1906 sprang sie auf 13 000. Unter diesen Studenten rekrutierten die chinesischen Reformer wie die Revolutionäre ihre Anhänger. Tokio entwickelte sich so zur Hauptstadt der chinesischen Opposition.

In der ersten Hälfte des Jahrzehnts hatte Kang Youwei mit seiner Reformbewegung die Oberhand über den »ungebildeten« – das heißt nicht konfuzianisch gebildeten – Sun Yatsen. Doch dann schlug die Stimmung zu Gunsten der Revolutionäre um. Im August 1905 gelang es Sun, die revolutionären Gruppen unter den Studenten zur »Liga der Verbündeten« zusammenzuführen; er selbst wurde zum Vorsitzenden gewählt. Das von ihm formulierte Programm der Liga forderte gleich eine dreifache Revolution:

- eine nationale Revolution, die China von der Mandschu-Fremdherrschaft befreien und seine Souveränität wiederherstellen sollte;
- eine demokratische Revolution, die das Kaisertum abschaffen und an seine Stelle eine Republik setzen sollte;
- eine soziale Revolution, die auf eine gerechte Landverteilung hinwirken und gleichzeitig den aufsteigenden Kapitalismus in den Städten durch staatliche Maßnahmen so beschränken sollte, dass dem Entstehen eines verelendeten Proletariats, wie es Sun in England gesehen hatte, vorgebeugt wurde.

Sun Yatsen baute diese Forderungen später in seinen »Drei Grundlehren für das Volk« zu einer umfassenden Theorie aus. Kern des Programms von 1905 war die nationale Revolution. Sie entsprach der neuen Stimmung des Nationalismus, die China seit der Niederlage gegen Japan und dem Boxer-Protokoll erfasste.

Zwischen 1906 und April 1911 organisierte die Liga der Verbündeten zusammen mit revolutionären Gruppen in China und den traditionellen Anti-Qing-Geheimgesellschaften nicht weniger als acht Aufstände in Südwestchina, davon sechs in Guangdong. Alle scheiterten. Im Herbst 1911 aber kam die große Gelegenheit. Die Regierung in Peking war mit der Gentry und Kaufmannschaft in den Provinzen Sichuan, Hubei, Hunan und Guangdong in Streit geraten über die Verstaatlichung der Eisenbahnlinien Kanton–Hankou und Sichuan–Hankou, der einzigen von Chinesen gebauten und von Angehörigen der Gentry finanzierten Linien. Am 10. Oktober 1911 meuterte in Wuchang (einer der drei Städte des heutigen Wuhan) die Militärgarnison, die mit Anhängern der Liga durchsetzt war, und übernahm die Macht in der Stadt. Das Qing-Kaisertum stürzte nun wie ein Kartenhaus in sich zusammen. Innerhalb von sechs Wochen fielen fünfzehn Provinzen von der Dynastie ab. Mit Ausnahme der um Peking liegenden Provinzen war damit ganz China in der Hand der Revolutionäre. Sun Yatsen hielt sich zum Zeitpunkt der Revolution in Amerika auf. Er reiste sofort zurück und traf, nachdem er bei einem Zwischenaufenthalt in London die Revolution diplomatisch abgesichert hatte, am 25. Dezember 1911 in Shanghai ein. Vier Tage später wählten ihn die Delegierten der Provinzen fast einstimmig zum Vorläufigen Präsidenten. Am 1. Januar 1912 rief Sun Yatsen in Nanjing, das die neue Hauptstadt werden sollte, die Republik China aus.

Der Hof in Peking stand den Ereignissen hilflos gegenüber. Im November 1908 war die Kaiserinwitwe Cixi gestorben und einen Tag vor ihr der siebenunddreißigjährige Kaiser Guangxu, wahrscheinlich vergiftet von der Clique um Cixi, die von einer Regierungsübernahme Guangxus das Schlimmste befürchten musste. Neuer Kaiser war der dreijährige Pu Yi geworden, für den sein Vater die Regentschaft ausübte. Dieser holte in seiner Not Yuan Shikai zu Hilfe, der unter Cixi einer der einflussreichsten Beamten und Armeeführer gewesen war. Nach Cixis Tod hatte ihn der Regent wegen seiner Beteiligung an dem Putsch von 1898 gegen Guangxu entlassen. Nun erhoffte er sich von ihm die Niederschlagung der Revolution mit Hilfe der im Raum Peking stationierten modernen Beiyang-Armee (Nordarmee).

Yuan Shikai verhandelte jedoch mit den Revolutionären. Sun Yatsen und die Heerführer der Revolutionäre, die einen Bürgerkrieg vermeiden wollten und sich wohl der Nordarmee militärisch unterlegen fühlten, zeigten sich bereit, auf Yuans Forderung nach der Präsidentschaft unter zwei Bedingungen einzugehen: Yuan sollte die Qing-Dynastie zur Abdankung zwingen und die Errichtung einer Republik unterstützen. Yuan akzeptierte die Bedingungen. Am 12. Februar 1912 erfolgte die formelle Abdankung der Dynastie. Mit ihr ging das über zweitausend Jahre alte Kaisertum Chinas zu Ende.

KAPITEL 10

Die Republik, die keine war (1912–1937)

Die Präsidentschaft von Yuan Shikai (1912–1916)

Am 14. Februar 1912 übernahm Yuan Shikai von Sun Yatsen die Vorläufige Präsidentschaft. Er brach sofort sein Versprechen, Nanjing zur Hauptstadt zu machen, und blieb in seiner Machtbasis Peking. Am 10. August fanden die Wahlen für ein Nationales Parlament statt. Das Wahlrecht war an Bildungs- und Vermögensvoraussetzungen gebunden. Es entstand ein Gentry-Parlament, das Volk war an der neuen Demokratie kaum beteiligt. Suns Liga der Verbündeten hatte sich mit einigen anderen Gruppen zur Nationalen Volkspartei – Guomindang – zusammengeschlossen und errang in beiden Häusern des Parlaments fast die absolute Mehrheit. Doch nun verriet Yuan Shikai die Republik, wie er zuvor die Dynastie verraten hatte. Einen Aufstand des Südens im Juli 1913 gegen seine Alleinherrschaft schlug er ohne Mühe nieder. Sun Yatsen floh wieder einmal nach Japan. Am 4. November 1913 löste Yuan die Guomindang unter dem Vorwand ihrer Beteiligung am Aufstand auf und schickte kurz darauf das Parlament nach Hause. Als er jedoch 1915 versuchte, seine De-facto-Kaiserherrschaft in ein De-iure-Kaisertum zu verwandeln und eine neue Dynastie zu gründen, zuckten auch viele seiner Anhänger in Militär und Gentry zurück. Yuan Shikai musste seinen Plan unter dem Druck der Provinzen aufgeben. Am 6. Juni 1916 starb er überraschend nach kurzer Krankheit.

Die Periode der Kriegsherren (1916–1928)

Mit Yuans Tod zerfiel das Reich. Es begann die über ein Jahrzehnt dauernde »Periode der Kriegsherren«. China zersplitterte in eine Vielzahl von Territorien, über die Militärbefehlshaber mit ihren persönlichen Truppen herrschten. Es gab Hunderte von Kriegsherren oder – wie sie allgemein nach dem englischen Begriff genannt werden – Warlords, große und kleine. Einige kontrollierten nicht mehr als einen oder zwei Distrikte, andere beherrschten eine ganze Provinz, die mächtigsten übten ihre Herrschaft über zwei und drei Provinzen aus. Es gab auch eine nationale Regierung in Peking, die anerkannt wurde vom Ausland, doch deren Macht reichte nicht weiter als die Kanonen des Pekinger Kriegsherrn.

Die Kriegsherren führten pausenlos Krieg gegeneinander – von Scharmützeln bis zu großen, blutigen Schlachten. Historiker der Periode zählen 140 Kriege zwischen 1916 und 1928; ein Historiker, der auch die kleinen Kämpfe berücksichtigte, kam allein für Sichuan auf vierhundert Bürgerkriege. Einige der großen Kriege gingen um die Kontrolle Chinas, die meisten Kriege um Erweiterung oder Verteidigung des eigenen Territoriums. Manche Kriegsherren sorgten für eine einigermaßen geordnete Verwaltung in ihren Territorien und führten sogar Reformen, etwa Erziehungsreformen, durch. Viele misshandelten die Bevölkerung und beuteten sie erbarmungslos aus, schließlich mussten die Armeen bezahlt, die Kriege finanziert werden, und die Kriegsherren selbst sowie ihr Gefolge wollten reich werden. Die Truppen requirierten bei den Bauern Vieh und Getreide. Geschlagene Truppen zogen als Räuberbanden durch die Lande. Es herrschten weithin Zustände, wie sie Grimmelshausens Simplizissimus für den Dreißigjährigen Krieg in Deutschland beschreibt. Der durchschnittliche Chinese erlebte die Periode der Kriegsherren als einen Alptraum von Gewalt, Steuerdruck und Plünderung.[10]

Die Republik, die SunYatsen am 1. Januar 1912 ausrief, wurde niemals Wirklichkeit. Der Sturz der Qing-Dynastie mündete vielmehr, wie der Sturz aller Dynastien, in eine Periode der Gewalt und des Chaos. Und er drohte, wie der Sturz der Han-Dynastie, in einer Spaltung des Reiches zu enden.

Zwei Partei-Armeen kämpfen um die Macht (1921–1949)

Die Gründung der Kommunistischen Partei Chinas

Nachdem 1920 in Shanghai, Peking und anderen Städten kommunistische Zellen entstanden waren, versammelten sich im Juli 1921 zwölf Delegierte in der Französischen Konzession von Shanghai, um unter Führung des Moskauer Komintern-Abgesandten die Kommunistische Partei Chinas aus der Taufe zu heben. Unter den zwölf Delegierten, die fünfzig Mitglieder vertraten, befand sich auch der damals achtundzwanzigjährige Mao Zedong. Der Beauftragte der Kommunistischen Internationale gab der neuen Partei eine leninistische Befehlsstruktur, die die Entscheidungsmacht in einem kleinen Politbüro an der Spitze und insbesondere beim Parteivorsitzenden konzentrierte. Chinesische kommunistische Zellen entstanden auch in Frankreich und Deutschland, der Zelle in Paris gehörten Zhou Enlai und der junge Deng Xiaoping an.

Im August 1922 nahm ein Abgesandter der Sowjetunion Kontakt zu Sun Yatsen auf. Er bot ihm finanzielle und organisatorische Hilfe an. Sun war von den Westmächten enttäuscht und befand sich, von dem Guandong-Kriegsherrn gerade aus Kanton vertrieben, in einer hilfsbedürftigen Lage. Er nahm das Angebot Moskaus zur Zusammenarbeit an. Im Januar 1923 wieder nach Kanton zurückgekehrt, organisierte er mit Hilfe einer sowjetischen Beratergruppe seine Nationale Volkspartei nach leninistischen Prinzipien völlig um. Wie bei der KPCh wurde die Entscheidungsgewalt in einem kleinen Spitzengremium, dem Ständigen Ausschuss des Zentralen Exekutivrats, und, in letzter Instanz, beim Parteivorsitzenden konzentriert.

Die bitteren Erfahrungen seit der Ausrufung der Republik im Januar 1912 hatten Sun gelehrt, dass die Partei einen militärischen Arm brauchte. Auch hierbei half die Sowjetunion mit Geld, Instruktoren und Waffen. Auf einer Insel im Perlfluss, zwanzig Kilometer unterhalb Kantons, weihte Sun Yatsen im Mai 1924 persönlich die Whampoa-Militärakademie ein. Zu ihrem Kommandanten bestellte er den damals siebenunddreißigjährigen Chiang Kaishek (1887–1975). Dieser war 1907 als junger Offizier nach Tokio zur Schulung auf der Kriegsakademie gekommen und Suns Liga der Verbündeten beigetreten. Die Whampoa-Kadetten sollten nicht nur fachlich zu Elite-Offizieren herangebildet, sondern gleichzeitig in der Guomindang-Ideologie indoktriniert werden. Die Akademie sollte ein diszipliniertes und politisch einheitlich ausgerichtetes Offizierskorps für die Partei schaffen. Schon Anfang 1925 zeigten die Whampoa-Kadettenregimenter ihre Kampfkraft, als sie den Angriff des Guangdong-Kriegsherrn auf Kanton zurückschlugen und die Provinz endgültig unter Guomindang-Kontrolle brachten. Die aus der Akademie hervorgehenden Offiziere sollten später Chiang Kaishek die entscheidende Hilfe bei der Eroberung der Macht leisten.

Im Januar 1924 segnete der erste nationale Parteikongress der Guomindang (GMD) in Kanton die Neuorganisation der Partei und die Allianz mit der Sowjetunion ab. Das Parteiprogramm entsprach Suns »Drei Grundlehren für das Volk« und forderte eine dreifache Revolution: eine nationale, eine demokratische und eine soziale.

Im Vordergrund stand die nationale Revolution. Sie hatte jetzt, nachdem die Mandschus gestürzt waren, zwei neue Ziele. Erstes Ziel war der Kampf gegen die Kriegsherren und die Wiedervereinigung Chinas. Zum ersten Mal offen formuliert wurde das zweite Ziel: der Kampf gegen den Imperialismus, der nun ganz in leninistischer Weise begriffen wurde. Das Parteiprogramm nannte China eine »Kolonie der fremden Mächte«. Die Aufgabe lautete, China den Imperialisten zu entreißen und die »ungleichen Verträge« und die auf ihnen basierenden ausländischen Vorrechte zu annullieren.

Für die Durchführung der demokratischen Revolution sah Sun Yatsen in seinem theoretischen Werk über »Die Grundzüge des staatlichen Aufbaus« (1921) drei Stadien vor: die Periode der Militärregierung, die Periode der Belehrenden Regierung und die Periode der Verfassungsmäßigen Regierung. In den ersten beiden Perioden galt es, das Volk mit der Guomindang-Ideologie zu indoktrinieren. Diese Idee lässt bereits erkennen, dass Sun keineswegs an eine pluralistische Demokratie westlichen Stils dachte, sondern – im alten konfuzianischen Geist – an die Herrschaft einer Partei, die für, aber nicht durch das Volk regierte. Wenn noch Zweifel blieben, so räumte das Parteiprogramm diese aus. Es stellte die Partei als Avantgarde über Staat und Gesellschaft. Und wo es für den Aufbau einer Demokratie eintrat, erklärte es im selben Atemzug, dass »denjenigen, die die Nation verraten, weder Freiheit noch Rechte eingeräumt werden«.

Suns dritte, die soziale Revolution setzte das Parteiprogramm jetzt mit dem Sozialismus gleich.

So standen sich nun also zwei leninistische Parteien gegenüber. Beide waren diktatorisch, beide wiesen totalitäre Tendenzen auf und setzten die Indoktrinierung der Gesellschaft mit einer dogmatischen Ideologie fort, wie sie das späte konfuzianische Kaisertum der Ming- und Qing-Dynastie gekennzeichnet hatte. Was die beiden Parteien jedoch grundverschieden voneinander machte, war ihre Anhängerschaft. Die Kommunistische Partei mobilisierte die Industriearbeiter und armen Bauern, die Nationale Volkspartei stützte sich auf die ländliche Gentry, die urbane Kaufmanns-Gentry und die Offiziere. Die Interessen dieser beiden Anhängerschaften waren unvereinbar. Bald würden sich die beiden Parteidiktaturen einen Kampf auf Leben und Tod liefern.

Die erste Einheitsfront (1925–1927)

Zunächst allerdings schlossen sich die beiden Parteien auf sowjetisches Drängen zu einer Einheitsfront gegen die Kriegsherren und den Imperialismus zusammen. Lenin hatte 1920 auf dem Dritten Komintern-Kongress vorgeschlagen, die kommunistischen Parteien in den kolonialen und halbkolonialen Ländern sollten sich mit den dortigen bürgerlich-nationalen Parteien im Kampf um die Unabhängigkeit zusammenschließen. Nachdem die Revolution im Westen gescheitert war, wollte er dem Kapitalismus die Basis nehmen, indem er ihm die Kolonien nahm. Gemäß Lenins neuer Strategie zwang der Komintern-Beauftragte die chinesischen Kommunisten zur Allianz mit der Guomindang. Die Kommunisten traten als individuelle Mitglieder der Guomindang bei, blieben aber gleichzeitig Mitglieder der separat weiterbestehenden KPCh. Die Komintern-Leitung hoffte, die KPCh könne die Guomindang unterwandern und am Ende die Kontrolle über sie erringen. Die Kommunisten jedoch hatten 1922 gerade erst dreihundert und auch 1925 kaum mehr als 1500 Mitglieder, die Guomindang dagegen zählte 1923 bereits 50 000 Mitglieder. Die Strategie der Einheitsfront musste angesichts dieser unterschiedlichen Größe der Parteien und insbesondere angesichts der Machtverhältnisse in China als wenig aussichtsreich erscheinen. In wenigen Jahren schon sollten die Kommunisten und die von ihnen mobilisierten Industriearbeiter die von Moskau aufgezwungene Strategie mit Zehntausenden von Toten bezahlen.

Nach der Neuorganisation der Guomindang drängte Sun darauf, den seit Jahren geplanten Feldzug nach Norden zur Wiedervereinigung Chinas zu verwirklichen. Zunächst versuchte er jedoch im November 1924 eine neue Machtkonstellation unter den Kriegsherren des Nordens auszunutzen, um vielleicht doch noch eine friedliche Einigung Chinas zu erreichen. Er reiste nach Peking, wurde aber bei der Ankunft in der Hafenstadt Tianjin von einer Krankheit, die sich als Leberkrebs herausstellte, niedergeworfen. Noch vom Krankenbett aus verhandelte er, doch der Einigungsversuch scheiterte völlig. Im Dezember brachte man den Todkranken in einem Sonderzug nach Peking, wo er am 12. März 1925 starb.

Mit seinem Tod wurde Sun Yatsen zum Mythos. Die Chiang-Kaishek-Republik erbaute ihm an den Hängen der Nanjing überragenden Purpurberge eine großartige Grabanlage und ernannte ihn zum »Vater der Nation«. In Taiwan machte Chiang Kaishek dann Sun Yatsen zum vergöttlichten Heros eines öffentlichen Kults. Aber auch die kommunistische Regierung in Peking feierte Sun als einen »Pionier der Revolution«. Jede Regierung hob dabei die Seiten Suns heraus, die die eigene Politik legitimierten. Taiwan berief sich bei der Landreform, die es unter amerikanischem Druck unternahm, auf Suns Dritte Lehre vom Lebensunterhalt des Volkes. Maos Historiker hoben in den fünfziger Jahren Suns Allianz mit der Sowjetunion, seine Zusammenarbeit mit der KPCh und seine Unterstützung der Bauern- und Arbeiterbewegungen heraus. Die Reformer unter Deng Xiaoping wiederum entdeckten den kosmopolitischen Modernisierer Chinas und verteidigten mit Berufung auf Sun ihre Öffnung zum Ausland.[11]

Mit Sun Yatsens Tod fiel die einigende Kraft weg, die den rechten und linken Flügel der Guomindang und die Einheitsfront mit den Kommunisten zusammengehalten hatte. Innerhalb der Guomindang tobte ein Machtkampf um die Führung, aus dem schließlich Chiang Kaishek als Sieger hervorging. Zunächst aber wurden die Spannungen überdeckt durch den Feldzug nach Norden. Am ersten Juli 1926 brach die Nationale Revolutionsarmee (NRA) unter ihrem Oberkommandierenden Chiang Kaishek von Kanton auf. Es war ein kühnes Unternehmen. Eine Armee von weniger als 100 000 Mann, unter ihnen sechstausend Whampoa-Kadetten, griff die Nördlichen Kriegsherren an, die zusammen über eine Million Mann verfügten. In einem Blitzkrieg mit zum Teil blutigen Schlachten eroberte die NRA jedoch binnen neun Monaten ganz Mittel- und Ostchina bis zum Jangtse. Wuhan fiel im September, Nanchang im November, Fuzhou im Dezember, Shanghai und Nanjing im März 1927.

Nach diesem spektakulären ersten Sieg brachen die Gegensätze innerhalb der Koalition endgültig auf. In Shanghai hatten, als sich die Nachricht vom Nahen der Revolutionsarmee verbreitete, die Arbeiter durch einen Aufstand die Chinesen-Stadt übernommen und Chiang Kaisheks Truppen die Tore geöffnet. Am 29. März errichtete Liu Shaoqi, der spätere Präsident der Volksrepublik China, eine revolutionäre Regierung. Auch in den anderen Städten beherrschten die kommunistischen Arbeiterbewegungen die Städte, und auf dem Land hatte die KPCh die Bauernbewegungen hinter sich. Der westliche Keil der NRA, der nach Wuhan vorgestoßen war, bestand zu einem Teil aus linksgerichteten Einheiten. In der nationalen Regierung selbst, die nach Wuhan umgezogen war, hatte der linke Guomindang-Parteiflügel vereint mit den Kommunisten die Oberhand. In dieser Lage witterte Chiang Kaishek die Gefahr einer kommunistischen Machtübernahme. Er handelte schnell und mit brutaler Härte. Im Einvernehmen mit den Westmächten, die über die Entwicklung in Shanghai alarmiert waren, ließ er am 12. April 1927 in einem Überraschungscoup die Kommunisten und die Arbeiterbewegung in Shanghai erbarmungslos niedermachen. An dem Blutbad wirkte die »Grüne Bande« der Shanghaier Unterwelt mit, mit der Chiang seit längerem zusammenarbeitete. Nach kommunistischen Angaben starben damals fünftausend Menschen. Der Shanghaier Coup gab im gesamten Gebiet, das Chiang Kaishek beherrschte, das Signal zu einer systematischen Verfolgung der Kommunisten und Gewerkschaftsmitglieder. Die Arbeiterbewegung erholte sich von diesem Schlag nie wieder. Maos Revolution führten die Bauern, nicht das städtische Proletariat zum Sieg.

Die nationale Regierung in Wuhan enthob Chiang seines Oberbefehls. Dieser kümmerte sich nicht darum und machte Nanjing zur Gegenhauptstadt. Doch bald schwenkte auch die linksgerichtete Guomindang-Gruppe in Wuhan um. Ihr war eine Weisung Stalins an den Komintern-Beauftragten Borodin in China bekannt geworden, nach der die KPCh eine eigene Armee aufstellen und die Wuhan-Regierung in eine kommunistische Regierung umformen sollte. Die Guomindang stieß nun die Kommunisten aus der Partei aus. Der

Sun Yatsen mit seiner jungen Ehefrau, der Milliardärstochter Soong Qingling, die nach seinem Tod den linken Flügel der Guomindang anführte. Ihre jüngere Schwester Soong Meiling war die Ehefrau Chiang Kaisheks.

Bruch war da, und nach einem kommunistischen Aufstand in Nanchang ordnete auch die Wuhan-Regierung an, die Kommunisten in ihrem Machtbereich auszumerzen. Der rechte Flügel der Partei hatte gesiegt. Chiang Kaishek fiel nun auch die politische Führung zu. Er nahm den Marsch nach Norden wieder auf. Am 8. Juli 1928 zog er in Peking ein. In einer ergreifenden Zeremonie berichtete Chiang Kaishek dem Geiste Sun Yatsens, sein Traum eines vereinten China sei erfüllt.

Nach siebzehn Jahren der Anarchie und der ununterbrochenen Kriege kehrten Frieden und eine gewisse Stabilität zurück. Chiang

Kaisheks Regierung in Nanjing stand jedoch vom ersten Tag ihrer Machtübernahme an vor schwersten Problemen. Am akutesten waren der Angriff der Kommunisten von innen und der Angriff der Japaner von außen. Vor diese Situation einer Doppelbedrohung gestellt, entschied sich Chiang, so unpopulär diese Strategie auch war, zuerst gegen die innere Bedrohung durch die Kommunisten vorzugehen. Seine Überlegung war dabei wohl auch, dass China ohnehin zu schwach sei, um Japan zum Krieg herauszufordern.

Jiangxi-Sowjet und Langer Marsch (1928–1936)

Die Kommunisten gingen nach dem desaströsen Ende ihrer Allianz mit der Guomindang im April 1927 in den Untergrund. Die Partei spaltete sich in zwei Operationsgruppen auf. Die Parteiführung in Shanghai organisierte aus linken Truppeneinheiten des Nordfeldzugs »Rote Armeen« und führte mit ihrer Hilfe Aufstände in mehreren großen Städten des südlichen China durch. Jeder dieser Aufstände endete in einer Niederlage. Jedesmal wurden kommunistische Führer enttarnt. Die Partei blutete aus. Zwischen 1927 und 1937 wurden schätzungsweise eine Million Mitglieder und Anhänger der KPCh getötet. Mao, der für eine Strategie plädierte, die auf die Bauern setzte, hatte der Parteiführung bereits im März 1927 einen Bericht über den großen Bauernaufstand in Hunan im Jahre 1926 vorgelegt.[12] Er argumentierte in dem Bericht, die Revolution in China könne nur zum Erfolg geführt werden, wenn sie sich in erster Linie auf die Bauern stütze, die über achtzig Prozent der Bevölkerung ausmachten; es gäbe vierhundert Millionen Bauern, aber nur drei Millionen Industriearbeiter. Die Parteiführung wies Maos Strategie als unvereinbar mit der marxistisch-leninistischen Lehre zurück. Bauern, so betonte sie, seien ihrem Wesen nach kleinbürgerlich und konservativ, interessiert nur an ihrem Stückchen Land; es fehle ihnen die proletarische Mentalität. Die Bauern könnten Verbündete, aber nicht Träger der sozialistischen Revolution sein.

Ungeachtet der von Moskau und der Shanghaier Parteiführung festgelegten Linie gingen Mao und einige andere kommunistische Führer nun ihre eigenen Wege und mobilisierten die Bauern. Im August 1927 leitete Mao im Auftrag der Partei einen Aufstand in Changsha, der Hauptstadt der Provinz Hunan. Mit den fünfhundert Überlebenden des Aufstandes floh er nach Jiangxi in die an der Grenze zu Hunan liegenden Jinggang-Berge und baute dort zusammen mit zwei bäuerlichen Geheimgesellschaften eine »Revolutionäre Basis« auf. Im weiteren Verlauf stießen zu ihm die Überlebenden des Nanchang-Aufstandes, unter ihnen die künftigen großen kommunistischen Generäle

Zhu De, Chen Yi und Lin Biao. Im Juli 1928 retteten sich schließlich auch die Überlebenden des Guangzhou-Aufstandes (11.–13. Dezember 1927) in Maos Basisgebiet; mit ihnen kam Peng Dehuai, ein weiterer künftiger Militärführer.

Die Jinggang-Berge wurden als Versorgungsbasis bald zu klein, auch gerieten die Aufständischen immer mehr unter den Druck der Regierungstruppen. Mao verlegte deshalb die Basis nach Südost-Jiangxi und machte Ruijin zur Hauptstadt der dort errichteten Räterepublik Jiangxi. Aus den einzelnen Militärverbänden entstand im August 1930 die »Rote Armee«. Sie hatte wie die Sowjet-Armee eine doppelte Leitung: Zhu De war der militärische Kommandant, Mao Zedong der Politkommissar. Bis 1932 wuchs der Jiangxi-Sowjet auf eine Fläche von 50 000 Quadratkilometern mit einer Bevölkerung von 4,5 Millionen Menschen an. Die Rote Armee zählte jetzt 25 000 Mann; sie wurde durch große Bauernmilizen unterstützt.

Chiang Kaisheks Truppen unternahmen mehrere Großangriffe gegen Jiangxi. Mao und Zhu De gelang es jedoch, jeden dieser Angriffe mit großen Verlusten für den Gegner zurückzuschlagen. Sie lockten die Regierungstruppen tief in das Innere des Berglandes, wo sie von Guerillas überfallen wurden. Maos spätere Schriften über den Guerillakrieg gehören zu den wichtigsten Militärschriften des 20. Jahrhunderts und haben viele nachfolgende Guerillakriege in der ganzen Welt beeinflusst. Entscheidend für den Erfolg der Guerillastrategie war, dass die Truppen der Roten Armee das Volk hinter sich hatten und »sich im Volk wie Fische im Wasser bewegen konnten«. Das Volk hielt zu den Guerillas und verriet sie nicht nur nicht, sondern informierte sie zugleich über die Bewegungen der feindlichen Truppen. Ein Führer der Regierungstruppen klagte: »Wir kämpfen im Dunkeln, während die Kommunisten alles im hellen Tageslicht sehen.« Das Vertrauen der Bauern in Jiangxi-Sowjet errang Mao durch ein stets korrektes und hilfsbereites Verhalten der Roten Armee und durch moderne Landreformen, die das Los der armen Pächter und Bauern verbesserten, ohne durch Radikalität die reichen Bauern und Grundbesitzer zu unversöhnlichen Feinden zu machen und die Getreideproduktion zu lähmen.

Anfang 1933, als die Lage in Shanghai unhaltbar wurde, zog die Parteiführung in Maos Basis nach Ruijin um, wobei sie zugleich den Plan verfolgte, den unorthodoxen Mao zu entmachten. Im Oktober desselben Jahres aber startete Chiang Kaishek die fünfte Großoffensive gegen den Jiangxi-Sowjet. Er setzte 700 000 Mann ein. Von deutschen Militärs beraten, gingen die Regierungstruppen dieses Mal mit präziser Systematik vor. Sie schlossen den Jiangxi-Sowjet ein und zogen den Belagerungsring, Schritt für Schritt, immer enger. Das besetzte Gebiet wurde mit Blockhausfestungen und Drahtverhauen ge-

Der Lange Marsch (Oktober 1934 bis Oktober 1935)

sichert. Die Rote Armee geriet in eine aussichtslose Lage und beschloss, aus dem Kessel auszubrechen. Am 15. Oktober 1934 machten sich 85 000 Soldaten, 15 000 Partei- und Regierungsangehörige und 35 Ehefrauen hoher Parteiführer auf den Langen Marsch. Die meisten Frauen und Kinder, unter ihnen auch zwei Kinder Maos, und die Verwundeten mussten zurückgelassen werden. Die Rote Armee durchbrach die Linien der Regierungstruppen, zog nach Westen quer durch Südchina und bog dann nach Norden ab, um das im äußersten Norden gelegene kommunistische Stützpunktgebiet in Shaanxi zu erreichen.

Der 10 000 Kilometer lange Marsch ging über hohe Berge, durch reißende Flüsse und weite Sumpfgebiete. Die Marschierenden wurden von den Truppen der Regierung und der Provinzkriegsherren ständig verfolgt. Nach einem vollen Jahr, Ende Oktober 1935, trafen achttausend Überlebende, ausgehungert und völlig erschöpft, in Nord-Shaanxi ein.

Der Lange Marsch wurde zum Mythos der chinesischen Revolution, in etwa vergleichbar mit der Rolle, die der Auszug der Israeliten aus Ägypten in der jüdischen Religion spielt. Er schweißte die »Langer-Marsch-Veteranen« zu einer Einheit zusammen und schuf die Aristokratie der Revolution, die nach dem Sieg China regierte. Während des Langen Marsches stieg Mao zum Führer der Partei auf. Es entstand zugleich die Führungsallianz Mao Zedong – Zhou Enlai – Zhu De, die auf Lebenszeit hielt. Die Landstadt Yan'an im Lößgebiet des Gelben Flusses, der Wiege der chinesischen Kultur, wurde die neue Rote Hauptstadt und das Mekka der Revolution. Der amerikanische Journalist Edgar Snow beschrieb, nach langen Interviews mit Mao und anderen Revolutionsführern, den Langen Marsch und das einfache Leben in Yan'an in hymnischen Tönen. Sein Buch »Roter Stern über China«, das 1938 erschien, wurde in der westlichen Welt zum Kultbuch der Linken.

Die zweite Einheitsfront (1937–1945)

Chiang Kaishek konnte sich 1935 als Sieger sehen. In den Städten war die kommunistische Bewegung ausgerottet. In den Landgebieten gab es noch einige, wenig bedeutende kommunistische Basen. Die große Basis in Jiangxi war vernichtet, und die Reste der dezimierten Roten Armee waren in ein abgelegenes, armes Grenzgebiet im hohen Norden abgedrängt. Die Regierungstruppen würden in Bälde auch noch die letzten kommunistischen Stützpunkte und insbesondere die Yan'an-Basis zerstören.

Doch diese Pläne wurden abrupt durch eine andere Entwicklung vereitelt. Die japanische Aggression gegen China hatte seit Errichtung der Nanjing-Regierung ständig zugenommen. 1931/32 hatte Japan die Mandschurei besetzt, 1934 rief es das Kaiserreich Manchukuo aus und setzte den letzten Kaiser der Qing-Dynastie, Pu Yi, der 1912 abgedankt hatte, als Marionette auf den Thron. Die weitere Politik der Japaner zielte darauf, ganz Nordchina abzuspalten und unter japanische Kontrolle zu bringen. Der Hass gegen die Japaner und die nationalistische Stimmung in Volk und Militär stiegen auf einen Siedepunkt. Chiang Kaishek versuchte jedoch trotz dieser Stimmung seine Politik fortzusetzen, nämlich zuerst die inneren, kommunistischen Feinde auszurotten, um erst dann mit einer ideologisch geeinten Nation Widerstand gegen Japan zu leisten. Im Dezember 1936 reiste er nach Xian, um mit den Nördlichen Kriegsherren den Angriff auf Yan'an abzusprechen. Doch diese setzten ihn gefangen und zwangen ihn, den Bürgerkrieg abzubrechen und mit der KPCh eine neue Einheitsfront zu bilden. Diese Einheitsfront führte Chiang Kaishek binnen kurzem in den Krieg gegen Japan.

Die Bilanz der Nanjing-Regierung (1928–1937)

Mit dem siegreichen Abschluss des Nordfeldzugs und der Wiedervereinigung Chinas konnte sich Chiang Kaisheks Nationale Regierung in Nanjing dem Wiederaufbau und der Modernisierung des Landes zuwenden. Diesen Aufbau musste sie unter den ungünstigsten Bedingungen vorantreiben. Im Innern sah sie sich dem Dauerangriff der Kommunisten ausgesetzt, von außen drohte die sich immer mehr verschärfende Aggression Japans. Zudem drückte die ungeheure Schuldenlast, die sich in den letzten 150 Jahren der Qing-Regierung und den ersten Jahren der Republik aufgetürmt hatte. Der Schuldendienst – nicht zuletzt für die zur Bezahlung der Kriegsentschädigungen aufgenommenen Auslandsanleihen – machte bis zu 37 Prozent der Haushaltsausgaben aus, die Kosten für das Militär verschlangen vierzig Prozent. Da blieb nichts mehr übrig für soziale und wirtschaftliche Programme. Überdies hatte die Regierung keineswegs ein geeintes Land hinter sich. Die Einigung blieb oberflächlich. Chiang Kaishek hatte nur einen Teil der Kriegsherren ausschalten können, mit vielen der anderen musste er Kompromisse schließen, was hieß, dass er sich die Anerkennung der Zentralregierung mit dem Zugeständnis einer weiterhin großen Unabhängigkeit der Kriegsherren einhandelte. Uneingeschränkte Kontrolle übte die Regierung anfangs nur über Jiangsu und Zhejian aus.

Trotz dieser Probleme vollbrachte die Nanjing-Regierung beachtliche Leistungen bei der Modernisierung des Landes. Um nur die wichtigsten Fortschritte zu nennen: Sie baute ein Straßennetz auf –

1921 gab es in ganz China nur tausend Kilometer befestigte Landstraßen, 1936 waren es 116 000 Kilometer. Das sehr viel teurere Eisenbahnnetz wurde von 8000 auf 13 000 Kilometer erweitert. Vor allem schuf die Regierung ein landesweites modernes Hochschulsystem mit dreizehn nationalen Universitäten, fünf Technischen Hochschulen und neun Provinzuniversitäten. Dazu kamen über fünfzig private Universitäten und Colleges. Die Zahl der Schüler, die eine höhere Schule besuchten, verfünffachte sich. Vernachlässigt blieb allerdings vor allem auf dem Lande der Ausbau der Volksschulen, für die die Provinzen zuständig waren. Im Wirtschaftsbereich schritt der Aufbau einer modernen einheimischen Leichtindustrie voran.

Alle diese Fortschritte betrafen jedoch im Wesentlichen nur die großen Städte. Shanghai stieg, dank der ausländischen Konzessionsgebiete, zu einer finanziellen, industriellen und kulturellen Metropole Asiens auf. Die Uferpromenade, der Bund, zeigte eine glitzernde Fassade der Modernität. Hinter dieser Fassade des Fortschritts aber, die sich den ausländischen Touristen darbot, war die demokratische und soziale Revolution, die Sun Yatsens Parteiprogramm für die Zeit nach der Wiedererlangung der Einheit versprochen hatte, liegen geblieben. Nur bei dem noch unerfüllten Teil der nationalen Revolution – der Verdrängung der imperialistischen Mächte und der Wiederherstellung der vollen Souveränität Chinas – erreichte die Regierung Fortschritte. Sie gewann die Zollhoheit zurück und konnte durch erfolgreiche Verhandlungen die Zahl der ausländischen Konzessionszonen von 33 auf dreizehn reduzieren.

Die soziale Reform auf dem Lande blieb schon nach zaghaften Anfangsversuchen stecken. Sie scheiterte am Einspruch der Gesellschaftsgruppen, die die Nanjing-Regierung trugen: der ländlichen Gentry, der städtischen Kaufleute und Militärs, die Grund und Boden auf dem Lande besaßen, der Händler und Geldverleiher. Und doch schrie die Situation der armen Bauern nach Reform. Sie litten noch immer unter den Folgen der Ausplünderung in der Zeit der Kriegsherren. Die Bevölkerungsexplosion in der Qing-Zeit und die rücksichtslose Ausweitung der Anbauflächen durch Abholzung von Berghängen und Austrocknung von Seen, die in den Flutzeiten der Flüsse als Auffangbecken dienten, hatten die Landwirtschaft zudem in eine ökologische Krise geführt. Dürre und Überschwemmungen nahmen zu.

Ohne Rücksicht und blind für das Elend der Landbewohner verschärften die Grundbesitzer ihre Ausbeutung. Waren die Angehörigen der Gentry in der Kaiserzeit noch Patrone gewesen, hatten wichtige Funktionen in den Dörfern und Marktgemeinden erfüllt und nicht nur Pachtzins kassiert, so hatte die Gentry sich nun in eine rein parasitäre Klasse verwandelt. Befreit von konfuzianischen Moralvorstellungen und nicht mehr überwacht durch konfuzianische Magistrate, beuteten sie im neuen kapitalistischen Geist Pächter und Bauern vielfach ohne jede Hemmung aus. Die Lage war besonders desperat im China südlich des Jangtse. Hier waren sechzig bis neunzig Prozent der Bauern Pächter und Landarbeiter. Ein Bericht des Völkerbunds zeigt, dass die Pächter nicht nur einen Pachtzins von vierzig bis sechzig Prozent der Ernte zu leisten hatten, sondern zusätzlich auch noch die Landsteuer des Grundbesitzers bezahlen mussten. Darin, dass die Nanjing-Regierung sich als unfähig erwies, die unhaltbaren Zustände auf dem Lande zu ändern, lag der Keim ihres Untergangs. Das Versäumnis jeder Reform machte es Mao möglich, einen landesweiten Bauernaufstand gegen sie zu entfesseln.

Die in Suns sozialem Revolutionsprogramm vorgesehene Kontrolle des Kapitalismus entwickelte sich unter Chiang Kaishek geradezu zu einer bösartigen Karikatur. Die Regierung überwachte in der Tat die Kapitalisten – jedoch nicht, um die Ausbeutung der Arbeiter zu verhindern, sondern um sich selbst zu bereichern. Ein wuchernder bürokratischer Apparat erstickte den Unternehmergeist, ja noch mehr: Das Militär und die Regierung erpressten von reichen Kaufleuten hohe Zahlungen, Zahlungsunwillige wurden von den Killern der Grünen Bande entführt und gegebenenfalls ermordet.

Nicht anders als der sozialen Revolution erging es Suns demokratischer Revolution und der Errichtung einer verfassungsmäßigen Regierung. Die Nanjing-Regierung entwickelte sich zur Ein-Mann-Militärdiktatur Chiang Kaisheks. Die in Sun Yatsens Vorstellung einer Phase der »Belehrenden Regierung« enthaltene Tendenz zur Unterdrückung oppositioneller Meinungen entfaltete sich voll. Die Zensoren schritten nicht nur gegen Veröffentlichungen kommunistischen Inhalts ein, sondern unterdrückten immer mehr auch alle liberalen Schriften, die die Regierungspolitik kritisierten. Unter diesen Umständen nimmt es nicht wunder, dass die Intelligenz sich von der Guomindang abwandte und nach links driftete. Am Ende gab es kaum noch einen bedeutenden Schriftsteller, der nicht mit den Kommunisten sympathisierte. Lu Xun, der größte chinesische Schriftsteller des 20. Jahrhunderts, schloss sich nach 1930 ostentativ dem kommunistischen Lager an.

Die Regierung sah es immer mehr als ihre Hauptaufgabe an, die »Stabilität zu erhalten«, und das hieß: durch Geheimpolizei und Einsatz der Grünen Bande die Opposition niederzuhalten. 1934 schuf Chiang Kaishek die Bewegung »Neues Leben«. Er versuchte mit ihr die konfuzianischen Tugenden wieder zu erwecken – schließlich hatte sich der Konfuzianismus in den zweitausend Jahren des Kaiserreichs als Ideologie bewährt, die bestehende soziale Struktur zu verteidigen und das Volk zu disziplinieren. Gerade deswegen hatte ihn die Bewegung des 4. Mai aufs Heftigste angegriffen und verurteilt.

Jetzt versuchte Chiang eine Ethik, die ihre Kraft verloren hatte, in seinen Dienst zu stellen. Die Bewegung »Neues Leben« enthielt andererseits Elemente, die von den faschistischen Bewegungen in Europa inspiriert waren. Sie wollte »das Leben der Nation militarisieren« und die Bürger erziehen, »Entbehrungen zu erdulden und jederzeit für die Nation Opfer zu bringen«. Noch stärker an den europäischen Faschismus ließ die Eliteorganisation der »Blauhemden« denken, die die Speerspitze der Neues-Leben-Bewegung waren und sich dem Führer Chiang weihten.

Es war offenbar: Die Revolution, die Sun Yatsen der Partei als ihre Mission gegeben hatte, war gescheitert. Chiang Kaishek gestand dies seit 1932 selbst ein. Die Verteidiger der Nanjing-Regierung argumentierten, keine Regierung der Welt hätte unter den Problemen, wie sie Chiang Kaishek vom ersten Tag an bedrängten, eine demokratische und soziale Reform durchführen können. Der Einwand ist berechtigt – aber er ist eben nur zum Teil berechtigt. Die geschilderten Missstände machen ja deutlich, wie das Guomindang-Regime nach dem Sieg innerlich verfaulte und seine revolutionäre Mission verlor. Chiang Kaishek, der mit einer Milliardärstochter verheiratet war, pflegte zwar persönlich einen puritanischen Lebensstil, aber er sah sich nicht in der Lage, auch nur in seiner engsten Umgebung die grassierende Korruption zu unterdrücken. Von dort breitete sie sich auf Militär, Partei und Staatsverwaltung insgesamt aus. Regierungsmitglieder, Politiker und Beamte betätigten sich in der Wirtschaft, und Unternehmer und Kaufleute übernahmen Regierungsämter. Sie alle vermischten öffentliche und private Angelegenheiten und nutzten staatliche Monopole, Agenturen, Entwicklungsvorhaben und Finanzierungsprogramme, um in die eigene Tasche zu wirtschaften. Es entstand ein System, das die Kommunisten als »Bürokratischen Kapitalismus« anprangerten – ein halbes Jahrhundert später sollte der kommunistische Kaderkapitalismus der Deng-Ära, der die Rebellion der Studenten und Arbeiter auf dem Tiananmen-Platz 1989 provozierte, fatale Ähnlichkeiten mit dem »Bürokratischen Kapitalismus« aufweisen.

Chiang Kaisheks Militärdiktatur repräsentierte nicht, wie oft geglaubt wird, die Interessen der Bourgeoisie. Sie entartete vielmehr zum Selbstzweck, zum System der Selbstbereicherung der herrschenden Klasse. Um die »Stabilität« aufrechtzuerhalten, bediente sich Chiang der 20 000 – und nach manchen Schätzungen 100 000 – Mitglieder der Grünen Bande als Agenten. Sie hatten Kommunisten und Gewerkschaftsführer zur Strecke zu bringen, Arbeiterstreiks zu unterdrücken, Kaufleute, die nicht zahlen wollten, zu terrorisieren und unbequeme Intellektuelle zu ermorden. Das verfaulte Nanjing-Regime war dem Untergang geweiht. Der Krieg mit Japan beschleunigte ihn, aber er verursachte ihn nicht.[13]

KAPITEL 11

Krieg gegen Japan und Bürgerkrieg (1937–1949)

Krieg gegen Japan (1937–1945)

Die Ankündigung der Einheitsfront zwischen Guomindang und Kommunisten Ende 1936 veranlasste Japan zum Losschlagen. Unter dem Boxer-Protokoll von 1901 hatte es große Truppenkontingente im Raum Peking stationiert. Diese provozierten am 7. Juli 1937 eine bewaffnete Auseinandersetzung nahe der Marco-Polo-Brücke am Westrand Pekings. Verstärkung aus der Mandschurei und aus Japan selbst strömte nach. Doch China war dieses Mal entschlossen, sich mit all seinen Kräften zu wehren. Ein unerklärter Krieg begann.

Die japanischen Generäle planten, die Zentren Chinas in einem dreimonatigen Blitzkrieg zu überwältigen und die Chinesen zu Verhandlungen zu zwingen. Zunächst schien die Rechnung aufzugehen. Noch vor Ende Juli fiel das von den Chinesen evakuierte Peking. In Shanghai aber warf Chiang den Japanern einige seiner von deutschen Militärs trainierten Elitedivisionen entgegen, die den Japanern über drei Monate hin blutige Schlachten lieferten. Als die Japaner Jahre später im Pazifischen Krieg die britische Festung Singapur beim ersten Angriff stürmten, lernte der Westen diesen heldenhaften Widerstand der Chinesen würdigen. Doch die Opfer waren vergebens: Im November 1937 brach die Shanghai-Front zusammen. Der Weg nach Nanjing stand Japan offen. Chiang verlegte die Hauptstadt nach Chongqing in das allseits von Bergen umgebene Sichuan. Im Dezember marschierten die Japaner in Nanjing ein. Ein wochenlanges grauenhaftes Massaker begann. Die japanische Soldateska zog plündernd durch die Straßen, vergewaltigte Frauen, folterte und ermordete Männer, Frauen und Kinder. Auf öffentlichen Plätzen wurden Zivilisten und Soldaten, die sich ergeben hatten, in Massenexekutionen niedergemäht. An die 300 000 Menschen sollen damals umgekommen sein.

Der Deutsche John Rabe, der als Siemens-Repräsentant in Nanjing lebte, hat damals Hunderttausenden das Leben gerettet. Das nationalsozialistische Hakenkreuz und den – unzutreffenden – Eindruck der Japaner nutzend, dass er in Berlin Einfluss habe, setzte er sich für die Chinesen ein. Er übernahm den Vorsitz einer Internationalen Sicherheitszone, in der während der Wochen des Terrors an die 250 000 Chinesen Zuflucht fanden.[14] Die Chinesen errichteten ihm in Nanjing eine

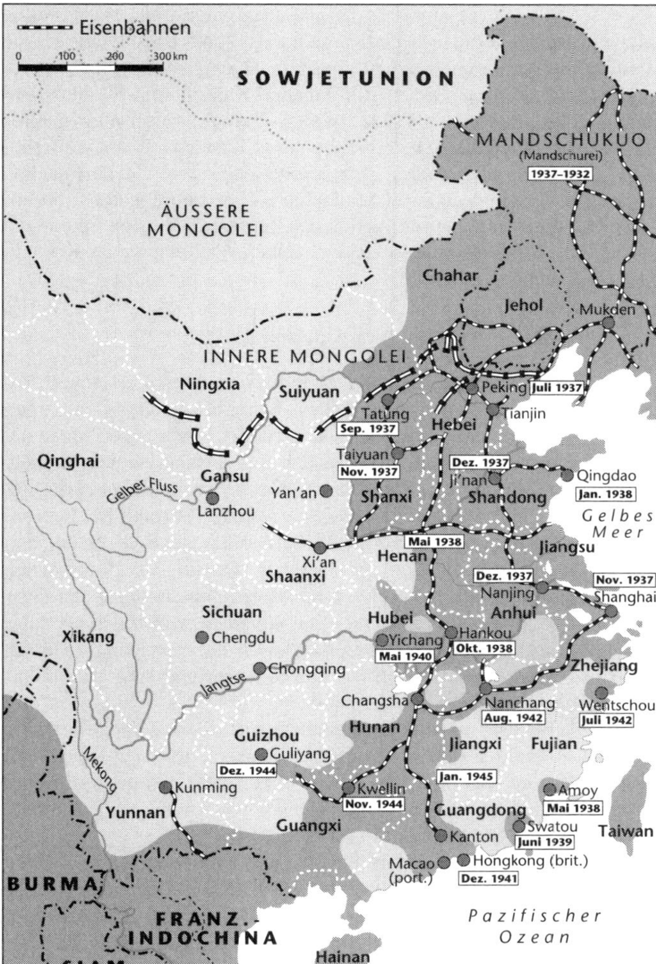

Von Japan besetzte Gebiete Chinas 1937 bis 1945

Gedenkstätte. Die japanischen Gräueltaten gingen als »Vergewaltigung Nanjings« in die Geschichte ein und stellen bis heute eine offene Wunde in den chinesisch-japanischen Beziehungen dar.

Bis Ende 1938 eroberten die Japaner Kanton und Wuhan. Die Bahnstrecken und alle wirtschaftlichen Zentren waren nun in ihrer Hand. Doch sie hatten sich verrechnet, die Chinesen lehnten weiterhin jede Verhandlung ab. Schon jetzt zeigte sich, dass die japanischen Armeen in den riesigen besetzten Gebieten überdehnt waren, und vor ihnen lagen die ungeheuren Weiten der Berge und Wüsten Inner- und Westchinas. Sie hielten an. Nach sechzehn Monaten ging der Krieg in einen Stellungskrieg über.

Der innere Krieg geht weiter

Die beiden in der Einheitsfront verbündeten Partner führten von Anfang an einen Zweifrontenkrieg: einen Krieg gegen Japan und einen zweiten gegeneinander. Für Mao bedeutete der Krieg gegen Japan die unschätzbare Gelegenheit, die von der KPCh beherrschten Gebiete auszudehnen. Er soll die Parole ausgegeben haben: »Unsere Politik muss sein: siebzig Prozent Expansion, zwanzig Prozent Manövrieren gegen die Guomindang und zehn Prozent Widerstand gegen Japan.« Die Kommunisten brachten große Territorien an der chinesischen Nordgrenze unter ihre Kontrolle. Und sie errichteten hinter den japanischen Linien »Befreite Zonen« – die japanischen Armeen waren ja nur in der Lage, die Städte zu besetzen sowie die Eisenbahnlinien mit Hilfe von Blockhausfestungen zu kontrollieren und sporadisch Vorstöße in die umgebenden Dörfer zu machen.

China teilte sich so in drei Territorien auf: das von Japan besetzte China, das Freie China unter Chiang Kaishek mit der Hauptstadt Chongqing und das von der KPCh beherrschte China mit seiner Hauptstadt Yan'an. Das kommunistische China setzte sich zusammen aus den beiden Grenzzonen im Norden Chinas: Shaanxi – Gansu – Ningxia und Shanxi – Nord-Hebei – Innere Mongolei sowie aus den vor allem über Nordchina verstreuten »Befreiten Zonen«. Bei Kriegsende 1945 kontrollierten die Kommunisten achtzehn Basisregionen mit einer Fläche von einer Million Quadratkilometern und einer Bevölkerung von rund hundert Millionen. Die Rote Armee war bis dahin von 72 000 auf 910 000 Mann angeschwollen, die Zahl der Parteimitglieder von 40 000 auf 1,2 Millionen gestiegen.

Im Januar 1941 überfielen Chiang Kaisheks Truppen das Hauptquartier der kommunistischen »Neuen Vierten Armee«, die in der von der Chongqing-Regierung kontrollierten Provinz Jiangxi operierte, und machten die dreitausend Mann nieder. Der Überfall erinnerte an den Shanghai-Überfall 1927 gegen die Kommunisten und die Arbeiterbewegung. Die Einheitsfront war damit tot, auch wenn sich beide Seiten öffentlich weiter zu ihr bekannten.

Im Dezember 1941 brach mit dem japanischen Überraschungsangriff auf Pearl Harbour der Japanisch-Amerikanische Krieg aus. Guomindang und Kommunisten überließen nun den Kampf gegen Japan vor allem den Amerikanern und konzentrierten sich auf den Kampf gegeneinander. So gut wie jeder Tag sah jetzt bewaffnete Zusammenstöße. Chiang hielt 400 000 Mann seiner besten Truppen in Reserve und ließ sie die kommunistischen Territorien an der Nordgrenze Chinas blockieren.

Der »Geist von Yan'an«

Mao löste unterdessen in Yan'an den chinesischen Kommunismus aus der ideologischen Vormundschaft Moskaus. In einer Reihe grundlegender theoretischer Schriften sinisierte er den Marxismus-Leninismus und wandelte ihn von einer Revolutionslehre für das urbane Proletariat zu einer Lehre für die Bauernrevolution. Der zentrale marxistische Begriff des »Proletariats« war ohnehin im Chinesischen mit dem Begriff *wuhan jieji* wiedergegeben, der allgemein jeden »Besitzlosen«, ob Arbeiter oder Bauer, bezeichnet.

Die Bauern in den besetzten Gebieten hassten die Japaner, die sie folterten und töteten, die ihre Frauen vergewaltigten und ihnen Getreide und Vieh wegnahmen. Dieser nationalistische Hass machte es den Kommunisten leicht, die ländlichen Massen zu mobilisieren. In den »Befreiten Gebieten« gewannen sie die Bauern durch Landreformen dann endgültig für ihre Sache. Sie ermutigten dabei die armen Bauern und Pächter, die Landumverteilung – unter Führung der Partei und geschützt von den kommunistischen Truppen – in die eigene Hand zu nehmen. Sie schufen so ein revolutionäres Bauerntum, das die Furcht und Unterwürfigkeit gegenüber den Grundbesitzern verlor, und begeisterten die Bauern nicht nur für die nationale Befreiung, sondern auch für die sozialistische Revolution.

Die Parteikader hinter den japanischen Linien operierten unabhängig und weit entfernt von Yan'an. Dies machte eine strikte Parteidisziplin notwendig, in der alle Parteikader, erfüllt von derselben Ideologie, einheitlich handelten. Mit dieser Begründung löste Mao 1942 bis 1944 die erste Kampagne zur ideologischen Gleichrichtung der Partei aus. Sie war zugleich das Instrument eines Machtkampfes. Mao schaltete mit ihrer Hilfe seine ideologischen Gegner aus und sicherte der von ihm sinisierten kommunistischen Ideologie, die als »Mao-Zedong-Gedanken« bezeichnet wurde, die Alleinherrschaft. In der Yan'an-Kampagne wurden zum ersten Mal die Techniken der »Gedankenreform« erprobt, die im Westen als »Gehirnwäsche« berüchtigt wurde: die Isolierung des Einzelnen, die Angriffe, Demütigungen und bisweilen der direkte Terror gegen ihn in den »Kampfsitzungen« und schließlich das schriftliche Geständnis und die Unterwerfung. Nach 1949 sollten die pausenlosen ideologischen Gleichrichtungs- und Ausrottungskampagnen zum Kennzeichen der Mao-Herrschaft werden.

Mit seinen Yan'an-Vorlesungen über Literatur und Kunst stellte Mao Regeln auch für den künftigen Kulturbetrieb auf. Das kommunistische China, so machte er klar, werde nur eine Literatur und Kunst dulden, die dem Staate und der Revolution diene. Westliche Beobachter hinderte all dies nicht, Yan'an als die Verheißung eines idealistischen, humanen China zu verklären.

Bürgerkrieg (1945–1949)

Am 14. August 1945 kapitulierte Japan. Zwischen der Guomindang-Regierung und der KPCh setzte nun ein Wettlauf ein, die von den Japanern besetzten Gebiete zu übernehmen und ihre Waffen zu erbeuten. In Nordchina waren die Kommunisten in ihren »Befreiten Territorien« näher an den von Japan kontrollierten Städten und Bahnlinien. Doch dank amerikanischer Hilfe gewann die Guomindang den Wettlauf auch dort, denn die amerikanische Luftwaffe und Marine transportierte sie im Eilverfahren in die nordchinesischen Städte. Gleichzeitig wurden die japanischen Truppen angewiesen, sich nur den Guomindang-Truppen zu ergeben. Allein in der Mandschurei liefen die Dinge zunächst anders. Die dort einmarschierte sowjetische Armee übergab die japanischen Waffen den Kommunisten. Aber auch hier übernahmen beim Abzug der Sowjets im Januar 1946 die Guomindang-Truppen die Großstädte. Die Kommunisten jedoch brachten nach bewährtem Rezept die ländlichen Gebiete der Mandschurei unter ihre Kontrolle und mobilisierten die Bauern durch Landreformen.

Zu Beginn des Jahres 1946 ergab sich damit folgende Ausgangslage: Zentral-, Südwest- und Westchina, das »Freie China« der Kriegszeit, sowie das bis Kriegsende von den Japanern besetzte Ostchina südlich des Jangtse waren in der Hand Chiang Kaisheks. In Nord- und Nordostchina jedoch sahen sich Chiangs Truppen in derselben Lage wie die Japaner vor ihnen: Sie kontrollierten die Städte und die Korridore der Bahnlinien, ringsum in den ländlichen Gebieten aber herrschten die Kommunisten. Die Gefahr war offensichtlich. Die Städte konnten eingekreist schließlich zur Kapitulation gezwungen werden. Die Amerikaner, die diese Lage erkannten, versuchten vergeblich zwischen den beiden Parteien zu vermitteln. Chiang Kaishek wies jeden Kompromiss zurück. Seine Armee war viermal so stark wie die Rote

Armee und dank amerikanischer Waffen modern ausgerüstet. Der Sieg würde ihm gehören.

Im Juli 1946 begann der offene Bürgerkrieg. Chiang Kaisheks Truppen eilten zunächst von Erfolg zu Erfolg. Bis Juli 1947 waren die kommunistischen »Befreiten Gebiete« um fast 200 000 Quadratkilometer reduziert; bereits im März 1947 war die kommunistische Hauptstadt Yan'an gefallen – ein symbolischer, aber militärisch wenig bedeutender Triumph. Doch dann begann sich die Kriegslage zu wenden. Im Oktober/November 1948 kam die erste große Niederlage. Lin Biao vernichtete in der Mandschurei die Guomindang-Armeen in großen Kesselschlachten; Chiang Kaishek verlor 470 000 Mann seiner besten Truppen.

Zur selben Zeit begann in Mittelchina, in der zum Meer (Hai) reichenden Ebene des Huai-Flusses, die Huai-Hai-Schlacht. Sie wurde zur Entscheidungsschlacht des Krieges. Chiang setzte seine modernsten Panzerarmeen ein. Doch statt einen Bewegungskampf zu führen, gruben sich die Armeen ein. Die Rote Armee, die politisch von Deng Xiaoping als Kommissar geführt wurde, schloss die Regierungsarmeen ein und schnitt sie vom Nachschub ab. Als die Chiang-Armeen im Januar 1949 aus dem Kessel ausbrechen wollten, entdeckten sie, dass Hunderttausende von Bauern unter Dengs Leitung überall Panzerfallen gegraben hatten. Chiangs Verbände kapitulierten. Noch während die Huai-Hai-Schlacht im Gange war, hatten sich bereits die Regierungsgarnisonen von Peking und Tianjin ergeben.

Am 21. April 1949 überquert die Rote Armee mühelos den Jangtse, drei Tage später fällt Nanjing, am 27. Mai Shanghai. Im Dezember 1949 flieht Chiang Kaishek von Kanton mit dem Rest seiner Truppen nach Taiwan. Der dreiundzwanzigjährige Kampf der beiden Parteidiktaturen war entschieden.

Die Guomindang hatte China verloren. Aber sie hatte es nicht in erster Linie durch die Unfähigkeit der militärischen Führung verloren, sondern weil sie die Herzen des Volkes verloren hatte. Die Bauern waren von ihr abgefallen, weil die Nanjing-Regierung, trotz des Versprechens der sozialen Revolution im Guomindang-Parteiprogramm, nichts getan hatte gegen die Armut und Ausbeutung auf dem Lande. Am Schluss hatte die Guomindang selbst ihre einstigen Anhänger in den Mittelschichten der Städte verloren. Eine Hyperinflation hatte die kleinen Bürgerhaushalte und nicht anders die der kleinen Beamten und Angestellten ruiniert. Dazu kam die maßlose Korruption des Militärs und der Partei. Die Kommunisten waren so zur einzigen Hoffnung für eine Erneuerung Chinas geworden. Wenn die Städter auch dem Einzug der Kommunisten mit abwartender Skepsis entgegensahen, so weinte doch kaum jemand der Guomindang eine Träne nach – jedenfalls vorerst.

KAPITEL 12

Das lange Sterben einer großen Kultur (1861–1949)

Das Jahrhundert vom Ende des Zweiten Opiumkriegs (1856–1860) bis zum Ende der Großen Proletarischen Kulturrevolution (1966–1969) sah ein in der Weltgeschichte beispielloses Schauspiel von erschütternder Tragik: Eine große, stolze Kultur verzweifelt an sich selbst, gibt sich auf. Über mehr als zweitausend Jahre hatten sich die Chinesen durch ihre Kultur definiert, hatten sich durch sie allen anderen Völkern überlegen gefühlt und China als Zentrum und Blüte der Menschheit betrachtet. Nun erklärten ihre geistigen Führer diese Kultur als einen Irrweg. Die Chinesen müssten sie auf den Müllhaufen der Geschichte werfen und eine neue, fremde Kultur übernehmen: die des siegreichen Westens in ihrer liberal-demokratischen oder – so entschied am Ende die Mehrheit – in ihrer kommunistisch-diktatorischen Form. Nur so sei die Auslöschung der chinesischen Nation zu verhindern. Wir können uns die ungeheure Tragik dieses Geschehens versuchen bewusst zu machen, indem wir uns umgekehrt vorstellen, Europa wäre damals durch ein siegreiches imperialistisches China zu einem Punkt der Verzweiflung getrieben worden, an dem es keinen andern Ausweg mehr gesehen hätte, als die eigene Kultur zu verwerfen und die chinesische Kultur zu übernehmen: chinesische Kleidung und Manieren, die konfuzianischen Familien- und Sozialbeziehungen und die chinesische »Despotie«. Die Vorstellung ist absurd. Eine solche Absurdität jedoch wurde in China mit Beginn des 20. Jahrhunderts Wirklichkeit. Der Zusammenbruch der alten chinesischen Kultur spielte sich in vier Phasen ab:

- Die erste Phase bildete die »Selbststärkungsbewegung«, die die Periode von 1861 bis 1895 umfasste. Die Eroberung Pekings und die Zerstörung des Sommerpalastes schlugen die erste Bresche in die Selbstgewissheit der chinesischen Kultur. Zum ersten Mal wagten fortschrittliche konfuzianische Beamte offen anzuerkennen, dass China von den »westlichen Barbaren« lernen müsse. Doch was sie lernen wollten, war ausschließlich westliche Technologie, vor allem die Fabrikation von Kanonen und den Bau von Kriegsschiffen.
- Die Niederlage gegen die japanischen »Zwerge« von 1895 leitete die zweite Phase ein, die bis zum Sturz der Qing-Dynastie im Jahre 1912 reicht. Verzweifelt fragten sich viele Chinesen: »Warum sind

wir so schwach?« Moderne Waffensysteme, so erkannten sie, reichten nicht aus; diese mussten mit einem modernen politischen und militärischen System verbunden sein, das sie anzuwenden verstand. Die urbane und ländliche Gentry begann sich mit Politik zu befassen. Eine nationale Reformbewegung entstand. Ihr Führer, Kang Youwei, forderte eine Erneuerung des konfuzianischen Staates und gewann den jungen Kaiser Guangxu für seine Vorschläge. Doch als dieser die Reformen 1898 zu verwirklichen suchte, wurde er von der Kaiserinwitwe Cixi gestürzt. Nach der Katastrophe des Boxer-Aufstands war es für Reformen zu spät. In der Revolution von 1911 gingen die Qing-Dynastie und das konfuzianische Kaisertum unter.

- Es folgte die dritte Phase (1915–1923), die ihren Höhepunkt in der »Bewegung des 4. Mai« erreichte. Kang Youwei hatte nicht an der geistigen Überlegenheit der konfuzianischen Kultur über die »materielle Kultur« des Westens gezweifelt. Jetzt aber griff die 4.-Mai-Bewegung die geistigen Grundlagen des Konfuzianismus selbst als Ursache der Schwäche Chinas an. Die Chinesen stünden vor der Wahl, entweder ihre veraltete und verrottete Kultur über Bord zu werfen oder als Nation und Rasse unterzugehen. China brauche eine neue Kultur. In den ersten Jahren plädierten die meisten der chinesischen Intellektuellen für eine Übernahme der westlichen Kultur. Im weiteren Verlauf setzten sich jene durch, die die neue starke Kultur im Marxismus-Leninismus entdeckten und auf eine kommunistische Revolution nach dem Vorbild der russischen Oktoberrevolution von 1917 setzten.
- Mit dem Sieg der Kommunistischen Partei Chinas trat der Todeskampf der chinesischen Kultur in seine letzte Phase ein, die die Jahre von der Gründung der Volksrepublik 1949 bis zum Tode Maos 1976 umschließt. Mao vollendete das Werk der 4.-Mai-Bewegung. Hatte diese die geistigen Grundlagen der konfuzianischen Kultur zerstört, so zerstörte Mao mit der Emanzipation der Frauen und mit seinen Massenkampagnen, die Söhne gegen Väter, Schüler gegen Lehrer hetzten, die konfuzianischen Sozialbeziehungen. Mit der Kulturrevolution zerstörte er schließlich auch viele der alten Baudenkmäler und Kunstgegenstände. Er zerstörte ebenso die noch vorhandenen Reste des westlich-liberalen Denkens, und er zerstörte am Ende den Glauben auch an den Kommunismus. Er ließ China als eine geistige Tabula rasa zurück.

Die Frage der Bewegung des 4. Mai stellte sich aufs Neue: Auf welchen Fundamenten kann eine neue chinesische Kultur aufgebaut werden, nachdem die alten Fundamente zerbrochen sind? Im Dezember 1978 übernahm Deng Xiaoping die Macht und öffnete China zum Westen. Wieder wollte China vom Westen lernen, aber dieses Lernen bezog sich – wie schon einmal – nur auf die »Vier Modernisierungen«: die Modernisierung der Landwirtschaft, der Industrie, der Wissenschaft und des Militärs. Die ideologische und politische Ordnung – die nun nicht mehr eine chinesisch-konfuzianische, sondern eine marxistisch-leninistische war – sollte dagegen unverändert erhalten bleiben. Damit tat sich das gleiche Dilemma auf, vor das sich schon die Selbststärkungsbewegung gestellt sah. Kann eine partielle Modernisierung erfolgreich sein? Und weiter: Ist eine selektive Übernahme westlicher Ideen möglich, ohne dass das westliche Denken auch in die Reservate der politischen Ordnung eindringt?

Die Selbststärkungsbewegung (1861–1895)

Bereits der Opiumkrieg von 1839 bis 1842 hatte die erdrückende Überlegenheit Englands in der militärischen Technik demonstriert. Die englischen Kanonen mit ihren großen Reichweiten schossen die chinesischen Festungsmauern aus sicherer Entfernung zusammen; die englischen Dampfschiffe kamen und gingen, unabhängig von den Winden, wann immer sie wollten – wie ein chinesischer Beobachter fassungslos feststellte. Angesichts der katastrophalen Niederlage ist es verwunderlich, wie wenig die Regierung in Peking die Überlegenheit der westlichen Waffentechnik als Herausforderung empfunden hat, wie sicher sie blieb, dass am Ende die moralische und kulturelle Überlegenheit des Reiches der Mitte siegreich sein würde.

Das Studium der zweitausendjährigen chinesischen Geschichte hatte die konfuzianische Regierungselite gelehrt, dass Barbareneinfälle sich in der Regel als etwas Vorübergehendes herausstellten. Die Barbaren verschwanden nach einiger Zeit wieder. Wenn sie wirklich blieben und China eroberten, wurden sie von der chinesischen Kultur aufgesogen und selbst Konfuzianer. So geschult erwiesen sich die konfuzianischen Beamten als völlig unfähig, die neuartige Herausforderung zu begreifen, vor die sie das Vordringen des Westens nach China stellte. Sie nahmen an, dass – wie die Nordbarbaren – auch die »Ozean-Barbaren« wieder verschwinden oder sich schließlich der überlegenen chinesischen Kultur beugen würden. In der Abtretung exterritorialer Konzessionsgebiete sahen sie weniger einen Verlust chinesischer Territorien denn eine kluge Strategie, mit der die Barbaren auf einige winzige Gebiete am Rande südchinesischer Hafenstädte beschränkt blieben.

Der Kaiser in Peking regierte weiter wie bisher, als wäre nichts geschehen – allerdings nahm von 1850 an die Taiping-Rebellion alle Aufmerksamkeit der Regierung in Anspruch. Die Regierung in Peking hatte wohl auch kaum eine wirkliche Vorstellung von der waffentechnischen Überlegenheit des Westens. Denn niemand, der diese erlebt hatte, wagte es, darüber offiziell zu berichten. Ein solcher Bericht wäre ja auf die Behauptung hinausgelaufen, die Ozean-Barbaren seien, wenn auch nur in einem begrenzten Feld, den Chinesen überlegen – eine Behauptung, die einem Hochverrat an der eigenen Kultur gleichkam.

Als 1850 der Gouverneur von Fujian ein Buch über die Nationen der Welt veröffentlichte, das die sinozentrische Weltsicht und den Glauben an die absolute Überlegenheit der chinesischen Zivilisation in Frage stellte, wurde er auf der Stelle aus dem Dienst entlassen. 1861 jedoch stürmte eine englisch-französische Expeditionstruppe Peking und legte den von Qianlong erbauten prächtigen Sommerpalast in Asche. Die westliche Herausforderung ließ sich nicht mehr ignorieren. Der Mandschu-Prinz Gong schwenkte nun auf seine Kooperationspolitik mit den westlichen Mächten ein. England, Frankreich und Amerika leisteten Hilfe bei der endgültigen Niederwerfung der Taiping-Rebellion. Sie lieferten moderne Waffen, und ein ausländisches Freikorps kämpfte auf Seiten der von den Provinzgouverneuren geführten Armeen.

Nach dem Sieg über die Taiping gingen die Gouverneure daran, das konfuzianische Verwaltungssystem, das weithin darniederlag und in den Kriegsgebieten zusammengebrochen war, wieder aufzubauen und die konfuzianische Moral zu beleben. Die Tongzhi-Restauration – so benannt nach dem Kindkaiser, für den die Kaiserinwitwe Cixi die Regentschaft führte – wurde angeführt von Zeng Guofan, dem Gründer der siegreichen Hunan-Armee und seinem wichtigsten Helfer Li Hongzhang. Die Restauration bewirkte zwar keinen dauerhaften Wiederaufschwung, aber doch eine dreißigjährige Pause im Niedergang des dynastischen Zyklus.

Hand in Hand mit der konfuzianischen Restauration ging erstmals die Bereitschaft, vom Westen zu lernen. Unter der Parole: »Lerne die überlegene Technik der Barbaren, um mit ihrer Hilfe die Barbaren zurückzuschlagen«, lief der erste Versuch der Modernisierung Chinas an. Er wurde mit dem altehrwürdigen konfuzianischen Begriff der »Selbststärkung« bezeichnet. Zeng und Li hatten im Taiping-Krieg die Wirkung westlicher Waffen mit eigenen Augen gesehen. Sie und die anderen Führer der Selbststärkungsbewegung bauten nun mit Hilfe westlicher Ingenieure und importierter Maschinen moderne Waffenfabriken und Schiffswerften in ihren Provinzen auf. Zeng gründete 1865 in Shanghai die Jiangnan Waffenfabrik und Schiffswerft, die sich zu einem der größten Rüstungsunternehmen der Welt entwickelte. Er gliederte dem Unternehmen ein Übersetzungsbüro und eine Technische Schule an. Das Übersetzungsbüro unter der Leitung des Engländers John Freyer übertrug mehr als hundert westliche Fachbücher ins Chinesische, deren Gegenstände von der Mathematik über die Naturwissenschaften bis zu den Wirtschaftswissenschaften reichten. Li Hongzhang errichtete 1885 die erste moderne Militärakademie und sandte junge Armee- und Marineoffiziere zur Ausbildung ins Ausland. Seit den siebziger Jahren bemühte sich die Selbststärkungsbewegung, auch moderne zivile Industrie- und Transportunternehmen ins Leben zu rufen. Es entstanden die China Merchants Steam Navigation Company in Shanghai, die Han-Yeping Eisen- und Stahlwerke in Wuhan, die Kaiping Kohlebergwerke nördlich von Tianjin und die erste Eisenbahnstrecke (1881), auf der die Kohle zum Hafen transportiert wurde.

Doch all diese Modernisierungen mündeten nicht in einem industriellen Take-off. Sie waren – so ganz anders als die Meiji-Restauration in Japan – niemals eine von der Zentralregierung gesteuerte Anstrengung der ganzen Nation, sondern blieben Sache einiger weniger fortschrittlicher Provinzgouverneure und hoher Beamter. Vor allem aber diente der Industrialisierungsversuch allein dem Ziel, eine moderne Rüstung zu erwerben. Es war niemals daran gedacht, den konfuzianischen Staat und die Gesellschaft zu modernisieren, im Gegenteil: Die technische Modernisierung sollte China in die Lage setzen, die alte Ordnung zu verteidigen. 1898 brachte Zhang Zhidong, einer der großen konfuzianischen Staatsmänner der Endzeit, die Reformstrategie der Selbststärker auf die griffige Formel: *zhongxue wei ti, xixue wei yong* (chinesisches Lernen für die Essenz [ti] – also für die Prinzipien des Lebens, die konfuzianische Moral, den konfuzianischen Lebensstil, die konfuzianische Sozial- und Staatsordnung –, westliches Lernen für die Funktion [yong] – also für praktische Nutzanwendungen wie den Bau von Dampfschiffen).

Trotz dieser engen Eingrenzung stießen die Reformer bei jedem ihrer Projekte auf den erbitterten Widerstand der Konservativen. In Peking hatte Prinz Gong 1861 eine neue Behörde für die Beziehungen mit den Westmächten gegründet: das Zongli Yamen, dem er auch eine Dolmetscherschule angliederte. Als er 1866 in einer Denkschrift dem Kaiser vorschlug, die Schule zu einem College auszubauen, das Mathematik, Naturwissenschaften, Wirtschaftswissenschaften und Völkerrecht lehren sollte, provozierte er ein Gegenmemorandum des Großsekretärs Woren, der als Präsident der Hanlin-Akademie die höchste konfuzianische Autorität war. Woren argumentierte, die Stärke eines Landes liege nicht in irgendwelchen Techniken, sondern in der Moral seiner Führer und seines Volkes. Wenn man jetzt die künftigen Beamten von ausländischen Professoren unterrichten lasse, infiziere man sie mit einer fremden Geisteshaltung und verhindere, dass sie sich zu integren konfuzianischen Persönlichkeiten entwickelten.

Woren schrieb: »Euer Sklave hat niemals von jemandem gehört, der Mathematik nutzen konnte, um den Staat in einer Zeit der

Schwäche zu stärken … Wir können einzig darauf vertrauen, dass unsere Gelehrten dem Volk die konfuzianischen Glaubenssätze gut erklären und so die Moral des unwissenden Volkes aufrechterhalten. Wenn jetzt die brillanten und talentierten Gelehrten, die von der Nation herangebildet wurden, um ihr in Zukunft großen Nutzen zu bringen, den regulären Kurs ihrer Studien ändern sollen, um dem Unterricht der Barbaren zu folgen, dann werden sie keine korrekte Haltung entwickeln, und der böse Geist wird stärker werden. Das Ganze wird damit enden, dass wir die Massen des chinesischen Volkes in die Hände der Barbaren treiben.«[15]

Wir mögen geneigt sein, diese Argumentation als Obskurantismus abzutun, aber Woren sah klarer als die Reformer, dass eine teilweise Verwestlichung nicht möglich war. Hatten die Studenten sich erst einmal das westliche naturwissenschaftliche Denken angeeignet, würden sie es auch auf die konfuzianische Moral anwenden und diese zersetzen.

Aber es war nicht nur so, dass sich die geplante teilweise Verwestlichung nicht an der vorgesehenen Grenze stoppen ließ, sondern es ließ sich mit nur teilweiser Verwestlichung nicht einmal das mit ihr verfolgte Ziel der militärischen Stärke erreichen. Offenbar wurde dies in der katastrophalen Niederlage gegen Japan. Die chinesische Kriegsflotte war technisch nicht weniger modern als die japanische und schien auf dem Papier sogar überlegen. Viele Beobachter hatten deshalb auf China gesetzt. Aber in der Seeschlacht fehlte den Krupp-Kanonen die Munition, und Torpedos erwiesen sich als mit Sand gefüllt. Der »Admiral« der Flotte war ein ehemaliger Kavalleriegeneral, der die Schiffe in einer horizontalen Linie aufstellte und sie zur Zielscheibe der Japaner machte. Die teilweise Modernisierung der Selbststärkungsbewegung endete in einem Fiasko.

Die Reform greift tiefer (1895–1911)

Die Reform der hundert Tage (1898)

Am Anfang stand die Niederlage gegen Japan. Sie und die von ihr provozierte Aufteilung Chinas in Einflusszonen der imperialistischen Mächte schufen den chinesischen Nationalismus. Es war eine Entwicklung, die in Europa, rund hundert Jahre zuvor, ihre genaue Parallele in der Entstehung des deutschen Nationalismus durch Napoleons Eroberungspolitik hatte. Mit dem Nationalismus trat eine völlig neue Idee in die über zweitausendjährige Geschichte Chinas ein. Ging es bislang darum, die Kultur des Reiches der Mitte zu erhalten, so ging es jetzt darum, China und die Chinesen als Nation und Rasse zu retten. Der neue nationalistische Geist erfasste die jungen Beamtenanwärter, die jungen Offiziere, die urbanen Mittelschichten, die ländliche Gentry, und er erzeugte den Schrei nach Reformen, die sehr viel tiefer griffen als diejenigen der Selbststärkungsbewegung. Den Konservativen, die weiterhin die chinesische Kultur als das höchste zu bewahrende Gut betrachteten, hielten die Reformer entgegen: »Wenn das Land der Vorfahren verloren ist, wer wird dann bleiben, um der Lebensweise der Vorfahren zu folgen?«

Als Sprecher der nationalen Reformbewegung traten zwei junge konfuzianische Gelehrte hervor: Kang Youwei (1858–1927) und sein Schüler und Mitstreiter Liang Qichao (1873–1929). Beide waren Wunderkinder gewesen. Kang verfasste schon im Alter von sieben Jahren Essays in dem schwierigen klassischen Stil, Liang erwarb mit siebzehn Jahren den *zhuren*-Grad. Bei einem Besuch Hongkongs und der ausländischen Konzessionen in Shanghai hatte Kang die Modernität dieser Städte aufs Tiefste beeindruckt; er wandte sich nun dem Studium des Westens zu. Der Entschluss reifte in ihm, zum Reformer Chinas zu werden. Um Einfluss in der Welt der konfuzianischen Gelehrten zu gewinnen, war der *jinshi*-Grad nötig. So ging Kang 1895 zusammen mit Liang nach Peking, um am kaiserlichen Examen teilzunehmen. Als sie dort eintrafen, verbreitete sich gerade die Nachricht, die Regierung wolle den demütigenden japanischen Bedingungen des Friedensvertrags von Shimonoseki zustimmen. Kang und Liang verfassten eine Petition von 10 000 Zeichen an den Kaiser und gewannen die Unterschrift von 603 Kandidaten des kaiserlichen Examens. Es war die erste »Studentendemonstration« des modernen China. Die Petition forderte den Kaiser auf, den Friedensvertrag zurückzuweisen, die Hauptstadt zu verlegen und den Krieg fortzusetzen. Sie erreichte, wie zu erwarten, den Kaiser nicht, aber sie legte die Grundlage für den Aufstieg Kangs zum Führer der Reform.

Kang ging nun daran, Denkschrift um Denkschrift einzureichen, von denen jedoch nur eine, die sich mehr mit praktischen wirtschaftlichen Fragen als mit politischen Reformen befasste, dem Kaiser vorgelegt wurde. Darüber hinaus verfassten Kang und seine Mitstreiter Aufsätze für die jetzt entstehenden politischen Zeitschriften und bauten einen öffentlichen Druck auf die Regierung auf. Kangs Vorbild war die Meiji-Restauration in Japan (1868). Durch sie hatte sich Japan in einer einzigen Generation zu einem modernen Staat entwickelt, der konfuzianische Ethik und westliche politische Institutionen, militärische Rüstung und Industrien kombinierte. Die Errichtung eines konstitutionellen Kaisertums hatte Kaiser und Volk vereint und eine starke Nation geschaffen.

Um seine Reformvorschläge »systemkonform« zu machen, entwickelte Kang in theoretischen Schriften eine neue Sicht des Konfuzianismus. Schon 1891 legte er eine »Studie über die gefälschten klassischen Schriften der Xin-Periode« (9–23 n. Chr.) vor. 1897 erschien dann seine kühne »Untersuchung über die institutionellen Reformen des Konfuzius«. Konfuzius, so suchte er zu beweisen, habe die klassischen Schriften nicht nur ediert, sondern selbst geschrieben. Er habe die Vergangenheit idealisiert und ein goldenes Zeitalter erfunden, um die Herrscher seiner eigenen Zeit für Reformen zu gewinnen. Das Buch erregte ungeheures Aufsehen bei den konfuzianischen Gebildeten und wurde von der Regierung, wie das voraufgegangene Buch, auf den Index gesetzt.

Ende 1897, in der erneuten Krisenstimmung, die die deutsche Besetzung von Kiautschou hervorgerufen hatte, gelang es Kang Youwei endlich, den Zugang zum Kaiser zu erreichen. Er richtete an ihn eine fünfte Denkschrift, in der er eine umfassende Reform der politischen Institutionen forderte, um China zu einer starken Nation zu machen. Als Vorbild stellte er dem Kaiser die Reform des russischen Zaren Peter der Große und die japanische Meiji-Restauration vor Augen. Jede weitere Verzögerung der Reform, so warnte er, würde die imperialistischen Mächte zu weiterem Vordringen ermutigen und die Dynastie auslöschen. Als die Denkschrift dem Kaiser wiederum nicht vorgelegt wurde, veröffentlichte er sie in einer Shanghaier Zeitung. Ihr Inhalt verbreitete sich über ganz China, und im Januar 1898 verfügte Kaiser Guangxu schließlich, dass ihm die Denkschriften Kang Youweis ohne die Obstruktion der Beamten zugeleitet würden. In ihm war der Ehrgeiz erwacht, mit Hilfe Kangs und seiner Reformgruppe ein zweiter Meiji-Kaiser zu werden. Am 16. Juni 1898 empfing der Kaiser Kang zu einer Audienz. Kang, Liang und andere Mitglieder der Reformgruppe erhielten Juniorposten in der Regierung, die jedoch mit der Erlaubnis verbunden wurden, Denkschriften direkt an den Kaiser zu schicken. Von nun an gab der Kaiser Reformedikt um Reformedikt heraus – 103 Tage lang.

Die Edikte reformieren die Staatsexamina, sie schaffen den »Achtbeinigen« Aufsatz ab, dessen schwierigen Kunststil die Kandidaten über viele Jahre ihres Lebens trainieren mussten, und ersetzen ihn durch einen Aufsatz über moderne Themen. Sie ordnen die Gründung einer modernen Universität in Peking an und die Einrichtung moderner Schulen in den Provinzen, in denen traditionelle und neue westliche Gegenstände gelehrt werden sollen. Sie verfügen zahlreiche Verwaltungsreformen und schaffen Sinekure-Ämter ab. Sie ernennen progressive Reformer zu Beamten. Sie etablieren zwölf Büros für die Entwicklung von Landwirtschaft, Industrie und Handel und gliedern ihnen Fachschulen an. Sie ordnen den Bau von Eisenbahnen an. Sie modernisieren die Streitkräfte und vieles mehr. All diese Reformen griffen in die Lebensinteressen des Establishments ein. Dies hatten weder der unerfahrene junge Kaiser noch seine idealistischen Berater wirklich bedacht. Und da sie es versäumt hatten, sich ausreichende politische Unterstützung zu sichern, offenbarte sich nun die ganze Machtlosigkeit eines nach der Theorie unumschränkten konfuzianischen Kaisers, wenn er aus dem Hergebrachten ausbrechen und neue Wege gehen will.

Die Kaiserinwitwe Cixi hatte 1875 nach dem frühen Tod ihres Sohnes ihren damals dreijährigen Neffen Guangxu adoptiert und ihn als Kindkaiser auf den Thron gehoben, um selbst weiter die Macht als Regentin ausüben zu können. 1888 war Guangxu volljährig geworden und hatte die Regierungsgewalt übernommen. Cixi hatte sich in den wieder aufgebauten Sommerpalast zurückgezogen. Doch sie hielt von dort aus weiterhin die Fäden der Macht in der Hand und konnte sich insbesondere auf den Befehlshaber der Pekinger Nordarmee stützen. Cixi hatte vermutlich anfangs moderaten Reformen zugestimmt, das Reformprogramm, das Guangxu dann verkündete, ging ihr jedoch entschieden zu weit. Vor allem aber erkannte sie, dass die Reform zugleich das Instrument war, ihr die Macht zu entwinden. Der Reformversuch mündete so in einen Machtkampf zwischen dem Kaiser und der Kaiserinwitwe.

Cixi wartete, bis sich so gut wie das ganze Establishment von den Reformen bedroht fühlte. Dann schlug sie los. In einem Palastputsch machte sie am 21. September 1898 dem »Spuk« ein Ende. Sie setzte den Kaiser gefangen und stellte ihn bis zu seinem Tode 1908 auf einer kleinen Insel in den westlich an die Palaststadt anschließenden Kaiserlichen Gärten unter Hausarrest. Kang und Liang entkamen nach Japan, ein dritter prominenter Reformer, Tan Sitong, weigerte sich zu fliehen und suchte den Märtyrertod. Er wurde zusammen mit fünf weiteren Reformern hingerichtet. Guangxus Reformedikte wurden aufgehoben. Eines der wenigen Edikte, das in Kraft blieb, war die Errichtung einer kaiserlichen Universität in Peking. Die Kaiserinwitwe verurteilte in einem Edikt die Schriften Kangs als »verderbt und unmoralisch« und versicherte: »Unsere Dynastie regiert in Übereinstimmung mit den Lehren des Konfuzius.«

Die Qing-Reform, die nicht mehr rettete (1901–1911)

1898 war die nationale Reformbewegung fürs Erste gestoppt worden. Doch die Entwicklung ließ sich nicht mehr aufhalten. Nur zwei Jahre später stürzte der reaktionäre Konservatismus der Kaiserinwitwe und der sie umgebenden Mandschu-Fürsten China in die Katastrophe des Boxer-Aufstands und der Eroberung Pekings durch die Internationalen Streitkräfte. In dem Versuch, sich und die Dynastie zu retten, verwandelte sich die Kaiserinwitwe nun selbst, mit innerem Widerwillen,

Im Alter von sechs Jahren begann im alten China für die Söhne der Oberschicht die Ausbildung zum Mandarin, Aufnahme um 1900

zur Reformerin. Das Reformprogramm, das die Regierung seit 1901 verkündete, nahm im Wesentlichen die Edikte des Guangxu-Kaisers wieder auf. 1905, nach dem Sieg Japans über Russland, der von der Reformpartei in China als Sieg des konstitutionellen Kaisertums über die russische Despotie interpretiert wurde, sah sich Cixi schließlich sogar zu der Zusage gezwungen, die Einführung eines konstitutionellen Kaisertums vorzubereiten. Doch die Reformen kamen zu spät. Sie konnten die Qing-Dynastie nicht mehr retten, sondern beschleunigten ihren Untergang.

Die bei weitem folgenreichste Reform war die Abschaffung des konfuzianischen Staatsexamens im August 1905. Sie stellte einen Wendepunkt in der Geschichte der chinesischen Kultur dar. Mit dem Ende der konfuzianischen Examina hörte die Herausbildung einer einheitlich indoktrinierten Beamtenschicht und Gentry auf, die seit der Song-Zeit den Staat getragen und geführt hatte. An ihre Stelle trat eine moderne Intellektuellenschicht, offen für die unterschiedlichsten Einflüsse aus dem Westen, und eine Spezialistenschicht von Ingenieuren, Managern und Naturwissenschaftlern.

Das Ende der Examina bedeutete nichts weniger als das Ende der konfuzianischen Hochkultur. Um sich diese Kultur anzueignen, war ein langjähriges, ja lebenslanges Studium der klassischen Schriften nötig. Wenn einmal die noch lebenden Gelehrtenbeamten gestorben sein würden, wer war dann in der nachfolgenden Generation noch bereit, Jahre seines Lebens auf das konfuzianische Studium zu verwenden, wenn es keine Beamtenkarrieren und keine Gentry-Titel mehr durch konfuzianische Examina zu erwerben gab? Das Studium der konfuzianischen Schriften würde zur Angelegenheit einiger Spezialisten werden, die reine Gelehrte sein würden, den Altphilologen im Westen vergleichbar. So ist es in der Tat gekommen. Heute kann ein Chinese in einem klassischen Text viele Zeichen lesen, aber er ist außer Stande, den Sinn des Satzes, geschweige denn den Sinn des ganzen Buches zu verstehen. Seine Lage ist vergleichbar mit der eines Italieners, der einen lateinischen Text zu verstehen versucht.

Der Konfuzianismus als Schriftkultur und Hochkultur ist tot. »Ein Blick auf die Schicksale des Christentums, Judentums, Islams, Hinduismus und Buddhismus in der modernen Welt zeigt unmittelbar, dass von allen großen vormodernen Glaubenssystemen der Konfuzianismus das einzige ist, das praktisch völlig verschwunden ist«, so urteilt der bekannte Historiker der chinesischen Kultur Mark Elvin.[16] Was bleibt, ist der »Konfuzianismus des kleinen Mannes«, wie ihn Oskar Weggel nennt, also die Verhaltensweisen und moralischen Einstellungen, die sich im Volk über die zweitausend Jahre konfuzianischer Geschichte gebildet haben. Aber auch diese lösen sich unter dem zersetzenden Einfluss der Modernisierung langsam auf.[17]

»Nieder mit Konfuzius und Söhnen!« (1905–1923)

Noch in den neunziger Jahren beherrschte der Konfuzianismus das Denken der Oberschicht. Nur zehn Jahre später lag er – mit der Abschaffung der konfuzianischen Staatsexamina 1905 und dem Untergang des konfuzianischen Kaisertums 1912 – im Sterben. Das nächste Jahrzehnt trug den Konfuzianismus dann, mitten im Chaos der Kriegsherrenzeit, zu Grabe – nicht mit Ehrungen, sondern unter Verwünschungen. Das erste Viertel des 20. Jahrhunderts brachte so einen ungeheuren Bruch in der chinesischen Geschichte und Geistesgeschichte.

Kang Youwei blieb, trotz aller Forderungen nach einer radikalen Reform der Institutionen, zeitlebens Konfuzianer. Für ihn stand außer Frage, dass der Kern der konfuzianischen Kultur – seine Moralphilosophie – die spirituell am höchsten entwickelte Kultur der Menschheit darstellte. Der Westen war nur in seiner materiellen Zivilisation und seinen politischen Institutionen überlegen. Kang wollte vom Westen jene Bereiche übernehmen, in denen dieser sich überlegen zeigte, und diese wollte er in die konfuzianische Kultur einbauen, um sie auch äußerlich wieder reich und stark zu machen. Er wurde jetzt jedoch von einer neuen Intellektuellengeneration überholt, die nicht mehr Reform, sondern Revolution wollte. Kang warnte: »Jene, die da glauben, man könne die Lehre des Konfuzius wegwerfen, wissen sie wirklich, dass mit ihr die ganze chinesische Kultur verbunden ist und untergeht, wenn man den Konfuzianismus aufgibt?«

Kang warnte vergebens. Die neuen Intellektuellen wollten genau das, was für Kang noch undenkbar war: die Aufgabe der alten chinesischen Kultur. Denn sie identifizierten gerade den Kern des Konfuzianismus – die Moral- und Soziallehre mit ihren drei Grundbeziehungen Vater und Sohn, Herrscher und Beamter/Volk, Ehemann und Ehefrau – als die Ursache der Schwäche Chinas und der nicht abreißenden Kette von Niederlagen und Demütigungen. Sollte die chinesische Nation und Rasse gerettet werden, so musste die konfuzianische Kultur als Ganzes über Bord geworfen werden. Über zwei Jahrtausende kreiste das chinesische Denken um die chinesische Kultur. Chinese zu sein hieß, der chinesischen Zivilisation anzugehören. Jetzt wich dieser »Kulturalismus« dem neuen, aus Europa eingeführten Nationalismus.

Der chinesische Nationalismus wurde in den Jahren 1895 bis 1898 durch die Erfahrung der Niederlage gegen Japan und der Aufteilung Chinas in ausländische Einflusszonen geboren. 1915 loderten die Flammen des Nationalismus erneut auf, als der japanische Premier dem chinesischen Präsidenten Yuan Shikai eine Liste von 21 Forderungen übergab, die darauf hinausliefen, China in ein japanisches Protektorat zu verwandeln. Wenige Jahre später brachte der 4. Mai 1919 die ersten landesweiten Massendemonstrationen des neuen Nationalismus. Als bekannt wurde, dass die Siegermächte auf der Versailler Friedenskonferenz das deutsche Pachtgebiet Kiautschou den Japanern zusprechen wollten, marschierten fünftausend Studenten der Pekinger Universität und anderer Hochschulen zum Tiananmen-Platz. Die Demonstration sprang auf andere Städte über. Ladenbesitzer, Industriearbeiter, Angestellte der Handelshäuser schlossen sich den Studenten an und marschierten Seite an Seite mit ihnen. Unter dem Druck der Straße lehnte die chinesische Delegation in Paris die Zustimmung zum Versailler Friedensvertrag ab.

Der neue chinesische Nationalismus war defensiv. Zwei Übersetzungen englischer Werke prägten ihn: Charles Darwins »The Origin of Species« und Thomas Huxleys »Evolution and Ethics«. Aus ihnen entwickelten die jungen Nationalisten ihre Vorstellung der internationalen Politik als eines Auslesekampfes der Nationen und Rassen, in dem nur die Stärksten überleben. Die Schwachen waren dazu verdammt unterzugehen – und zu diesen Schwachen gehörte offensichtlich China. Es war höchste Zeit, die Ursache der Schwäche – den Konfuzianismus – zu vernichten und eine neue Kultur zu schaffen, die China stark machte. Als Führer der »Bewegung für eine neue Kultur« traten vor allem vier Intellektuelle hervor: Chen Duxiu (1879–1942), Cai Yuanpei (1867–1940), Hu Shi (1890–1962) und Lu Xun (1881 bis 1926). Sie alle hatten eine klassische Ausbildung erhalten und dann im Ausland studiert: Chen in Frankreich, Cai in Deutschland, Hu in den USA und Lu Xun in Japan. Sie alle kehrten zwischen 1915 und 1917 nach China zurück. Lu Xun verließ Japan aus Protest gegen die 21 Forderungen.

Chen Duxiu gründete 1915 die Zeitschrift »Neue Jugend« als Kampforgan gegen die alte konfuzianische Kultur. Die »Neue Jugend« erschien monatlich und wurde bald zur einflussreichsten Zeitschrift Chinas; ihre Thesen wurden im ganzen Land begierig von den Studenten aufgegriffen. Chen eröffnete die erste Ausgabe mit einem »Aufruf an die Jugend«, in dem er den Konfuzianismus radikal angriff. Die konfuzianische Ethik, so argumentierte er in diesem und späteren Artikeln, sei ein Produkt des Feudalzeitalters und gänzlich ungeeignet für die moderne Zeit. Sie propagiere eine »Moral des unterwürfigen Sichfügens« und mache »das chinesische Volk zu schwach und passiv, um in der modernen Welt überleben zu können«. Die »veraltete und verfaulte Kultur« müsse als Ganzes zerstört werden, um die Jugend von der Knechtschaft des tyrannischen Familiensystems zu befreien und die Energien der Nation freizusetzen. Den Konservativen hielt er schneidend entgegen: »Ich würde lieber den Ruin unseres traditionellen nationalen Wesens sehen als erleben, dass unsere Rasse ausgelöscht wird, weil sie zum Überleben nicht tauglich ist. O wehe! Die Babylonier sind verschwunden; was nützt ihnen jetzt ihre Zivilisation?«[18]

Im gleichen Sinne gab Hu Shi den Kampfruf aus: »Nieder mit Konfuzius und Söhnen!« Er ging in die Geschichte ein als Führer der Bewegung, die die klassische und nur den Gebildeten verständliche Schriftsprache – vergleichbar dem Latein des Mittelalters – auch in anspruchsvollen literarischen Werken und Zeitschriften durch die geschriebene Umgangssprache ersetzte: Die »Neue Jugend« ging schon 1918 dazu über, alle Artikel in der Umgangssprache zu schreiben. Die anderen Zeitschriften folgten. So konnte nun eine breite Öffentlichkeit an der politischen und geistigen Diskussion teilnehmen.

Lu Xun, der größte Schriftsteller Chinas im 20. Jahrhundert, wurde von der Angst getrieben, die chinesische Rasse könnte ausgelöscht werden. Mit beißenden Satiren griff er die konfuzianische Ethik an. Seine erste Kurzgeschichte »Das Tagebuch eines Verrückten« erschien 1918 in der »Neuen Jugend«. Der Tagebuchschreiber notiert:

»Ich werfe einen Blick in das Geschichtsbuch. Auf jeder Seite stehen hier, verwirrend, die Zeichen: Wohlwollen, Rechtlichkeit, Moral. Da ich nicht schlafen kann, blicke ich die halbe Nacht wieder und wieder in das Buch und entdecke schließlich, dass zwischen den Zeilen ein einziges Zeichen steht: Menschenfresserei.«

Lu Xun stellte die konfuzianische Gesellschaft als eine Gesellschaft dar, in der jeder den anderen auffrisst, eine Gesellschaft, in der unter den heuchlerischen moralischen Parolen der Menschenfreundlichkeit und Rechtlichkeit in Wirklichkeit jeder Mensch für den anderen ein Wolf ist. Den Traditionalisten warf er vor, sie sprächen dauernd von Bewahrung des chinesischen Wesens, aber was sie bewahren wollten, sei in Wirklichkeit »Müll«.

Eine neue Kultur – doch welche? (1923–?)

Die neue chinesische Kultur, die die Autoren der »Neuen Jugend« und anderer Zeitschriften, die alle das Adjektiv »neu« im Titel trugen, schaffen wollten, sollte aus den besten Elementen der westlichen Kultur aufgebaut werden. Alle modernen Philosophien und Literaturwerke der westlichen Welt wurden auf der Suche nach Bausteinen begierig durchforscht. Unter ihrem Rektor Cai Yuanpei wurde die Peking-Universität zum zentralen Diskussionsforum der neuen Ideen, die aus aller Welt einströmten. Cai versammelte die fortschrittlichsten Geister an der Universität. Chen Duxiu leitete die Philosophische Fakultät, Hu Shi war Professor für Literatur.

In den ersten Jahren trat die große Mehrheit der Intellektuellen für eine Übernahme der liberalen westlichen Kultur ein. Der »Herr Demokratie« und der »Herr Wissenschaft« waren die Leitfiguren. Der Marxismus schien für das unterentwickelte China nicht relevant zu sein, setzte die sozialistische Revolution doch eine kapitalistische Gesellschaft voraus.

Die Präferenz für den angelsächsischen Liberalismus änderte sich jedoch mit der Demonstration am 4. Mai 1919. Die chinesischen Intellektuellen waren zutiefst enttäuscht vom Westen. Da hatte der amerikanische Präsident Wilson in hehren Worten das Selbstbestimmungsrecht der Nationen verkündet. Doch die westlichen Mächte dachten gar nicht daran, ihre Vorrechte in China aufzugeben, und in Versailles sprachen sie Kiautschou den Japanern zu. Es blieb also bei der alten Machtpolitik, die Stärkeren setzten weiter ihre Ansprüche – was immer das Völkerrecht sagte – gegen die Schwächeren durch. Die neue Sowjetunion dagegen kündigte an, sie werde auf die Vorrechte des früheren Russischen Reiches verzichten. Die erfolgreiche kommunistische Revolution in Russland zeigte überdies, dass eine solche Revolution auch in einem industriell unterentwickelten Land möglich war. Angeführt wurde die russische Revolution von der Intelligenz, die sich zu einer Avantgarde zusammengeschlossen hatte. Dass das Volk von einer Bildungselite geführt werden müsse, war auch den chinesischen Intellektuellen selbstverständlich. Der Marxismus und die kommunistische Revolution boten ihnen nun eine ruhmvolle Führungsaufgabe an.

Wenn sie noch kurz zuvor für die westliche Demokratie eingetreten waren, so ging es den Intellektuellen Chinas auch da eigentlich nicht um Bürgerrechte und die Beteiligung des Volkes an der Regierung, sondern um die Formung einer starken, vom Patriotismus der Einzelnen getragenen Nation. Zu diesem Zweck wollten sie das konfuzianische Familiensystem aufbrechen und die Loyalität des Einzelnen auf die Nation richten.

Was den Marxismus zudem attraktiv machte, waren zwei weitere Eigenschaften: Er verstand sich, erstens, als eine wissenschaftliche Lehre und profitierte damit von der Begeisterung der chinesischen Intellektuellen für die Wissenschaft. Er gab, zweitens, China eine weltgeschichtliche Mission. China musste nicht zum Westen aufschließen, sondern konnte zur Avantgarde der Weltrevolution gehören. So schwenkte nun Chen Duxiu, in den ersten Jahren ein entschiedener Anhänger der westlichen Demokratie, zum Marxismus um. In dieselbe Richtung ging Li Dazhao, der Bibliothekar der Peking-Universität, bei dem als Assistent der junge Mao Zedong arbeitete. Mit der geheimen Hilfe eines Moskauer Komintern-Agenten entstanden 1920 die ersten kommunistischen Zellen in Shanghai (unter Chen Duxiu), in Peking (unter Li Dazhao) und in Hunan (unter Mao Zedong).

1921 wird die Kommunistische Partei Chinas formell auf einem Kongress in Shanghai gegründet. 1923 beginnt Sun Yatsen, die Guomindang als leninistisch strukturierte Partei neu zu organisieren. Von nun an bestimmte der Kampf zwischen diesen beiden Parteidiktaturen das geistige Klima der Zeit. Die Ära der 4.-Mai-Bewegung ging zu Ende. Sie hatte den Boden für die kommende Zeit bereitet, indem sie die alte konfuzianische Kultur zerstörte. Als Erbe hatte sie China die große Frage hinterlassen, was an die Stelle der konfuzianischen Kultur treten solle. Für eine kurze Zeit schien der Kommunismus diese Frage zu beantworten. Maos ungeheurer Missbrauch des Idealismus seiner Anhänger hat jedoch den Glauben an den Kommunismus zerstört. Zu Beginn des 21. Jahrhunderts bleibt die Frage damit weiter offen, auf welchen geistigen und moralischen Grundlagen das neue China aufgebaut werden soll.

TEIL III

Tabula rasa

China unter Mao Zedong
(1949–1976)

Der Osten ist rot, die Sonne steigt auf.
China hat hervorgebracht einen Mao Zedong.
Er plant Glück und Segen für das Volk,
Huhaijo! Er ist des Volkes großer Rettungsstern!

Der Vorsitzende Mao liebt das Volk,
er ist unser Führer.
Für den Bau des Neuen Mittelreichs –
Huhaijo! – lenkt er uns auf dem Marsch voran.

Die meistgesungene Hymne in der späteren Mao-Zeit setzt Mao Zedong mit dem im Osten aufsteigenden Tag gleich (*Mao* ist der Familienname, *Ze* ist der allen Geschwistern gemeinsame Generationenname, *dong* ist der persönliche Name und bedeutet »Osten«).

Wer in einer Gesellschaft als Heilsbringer auftritt,
der zerstört das Volk.
Laotse

KAPITEL 13

Die nachgeholte bürgerliche Revolution (1949–1952)

Peking, 1. Oktober 1949. Seit dem frühen Morgen wartet die Volksmenge auf dem Platz vor dem mächtigen Eingangstor der ummauerten Palaststadt der ehemaligen Kaiser: dem Tor des Himmlischen Friedens (Tian-an-men). Hier liegt nach chinesischer Vorstellung der Mittelpunkt des Reiches und der Welt. Endlich, um 3 Uhr nachmittags, gibt es Bewegung auf der Plattform des Torturms. Umgeben von den engsten Kampfgefährten des Langen Marsches, erscheint Mao. Er trägt den blauen, eng anliegenden Sun-Yatsen-Anzug, der als Mao-Anzug weltweit berühmt werden sollte. Auf die jubelnde Menge auf dem Platz unter sich blickend, ruft er die »Volksrepublik China« aus und verkündet mit vor Erregung bebender Stimme: »Die Chinesen, ein Viertel der Menschheit, sind aufgestanden.«

Anders als Lenin 1918 in Petersburg trat Mao vor das Volk nicht als Verkünder der sozialistischen Revolution, sondern als nationaler Befreier; bereits vor dem Sieg hatte er die Rote Armee in Volksbefreiungsarmee umbenannt. Und ebenso feierten ihn die Massen auf dem Tiananmen-Platz als den nationalen Befreier, der China nach hundert Jahren der Demütigung seine Unabhängigkeit, Einheit und Würde zurückgab. Es war die nationale Befreiungstat, nicht die kommunistische Vision, die Mao und der Kommunistischen Partei Chinas die Legitimation zur Herrschaft verlieh. Das alte Mandat des Himmels war abgelöst durch das neue Mandat des Nationalismus.

Das neue China sollte denn auch nicht eine Diktatur des Proletariats sein, sondern die »Demokratische Diktatur des Volkes«. Zum Volk gehörten nicht nur die Arbeiter und Bauern, sondern auch die Kleinbürger (Handwerker, Laden- und Gaststättenbesitzer) und die einheimische, die so genannte nationale Bourgeoisie. Ausgeschlossen waren nur die »feudalistischen Grundbesitzer« auf dem Lande und die »bürokratischen Kapitalisten« in den Städten: die mit der Guomindang und dem imperialistischen Ausland verbundenen Großunternehmer.

Die führende Rolle in der Einheitsfront des Volkes kam selbstverständlich der Kommunistischen Partei zu. Diese war es auch, die bestimmte, wer zum Volk gehörte und wer nicht, und sie wusste auch, was gut für das Volk war und was nicht. Demokratie bedeutete für die kommunistische Führungselite – nicht anders als für die konfuzianische und die republikanische – Herrschaft für das Volk, nicht etwa Herrschaft durch das Volk.

Die theoretische Begründung für die Demokratische Diktatur des Volkes hatte Mao 1940 in seiner Schrift »Über die Neue Demokratie« gegeben. Sun Yatsens bürgerliche Revolution von 1911, so argumentierte er, hatte zwar die Abdankung des Kaisers erzwungen und eine Republik errichtet, aber ihre weiteren Ziele verfehlt, nämlich die Abschaffung des feudalen Grundbesitzes auf dem Lande sowie die Befreiung Chinas von ausländischer Herrschaft und die Befreiung der einheimischen Unternehmer von der übermächtigen ausländischen Konkurrenz in den Konzessionsgebieten. Gemeinsam mussten daher jetzt die Kommunistische Partei und das antiimperialistische nationale Bürgertum die Revolution von 1911 vollenden. Erst dann konnte und sollte in einem zweiten Stadium die sozialistische Revolution beginnen.

Das kommunistische Herrschaftssystem wird errichtet

Mit dem Sieg verwandelten sich Maos Guerillas in eine Regierungspartei; Bauern gingen daran, ein Reich zu regieren und Großstädte zu verwalten, die sie zum ersten Mal in ihrem Leben sahen.

Peking hatte sich im Januar 1949 kampflos ergeben. Doch Mao hatte, bevor er in seine künftige Hauptstadt einzog, über Monate hin Station in der westlichen Umgebung der Stadt, in den Duftenden Hügeln, gemacht. Dort hatte er über das Herrschaftssystem nachgedacht, mit dem er das Reich regieren wollte. Er ließ sich inspirieren vom Modell der Sowjetunion und von der altchinesischen Regierungsweisheit, die er in seiner Lieblingslektüre fand, in den »Aufzeichnungen der Historiker« (shiji) des Sima Qian (145–90 v. Chr.) und dem »Umfassenden Spiegel zur Hilfe bei der Regierung« (zishi tongjian) des Sima Guang (1019–1086). Das Herrschaftssystem, das Mao dann in den ersten Jahren der Volksrepublik errichtete, bestand aus drei landesweiten Hierarchien: Partei, Regierung, Militär. Es ist in seiner Grundstruktur bis heute unverändert.

Die beiden zivilen Hierarchien, Partei und Regierung, laufen parallel zueinander und haben die gleiche vierstufige Struktur: Parteizentrale/Zentralregierung – Parteiausschuss/Regierung in den Provinzen – Parteiausschuss/Magistrat oder Bürgermeister in den Landkreisen und Städten – Parteiausschuss/Gemeindevorsteher oder Bezirksbürgermeister in den Gemeinden (Townships) oder Bezirken der Großstädte. Es ist eine Struktur, wie sie schon das Kaiserreich aufwies; nicht wenige Landkreise blicken auf eine zweitausendjährige Geschichte zurück.

Die vier Ebenen der Partei- und Regierungshierarchie

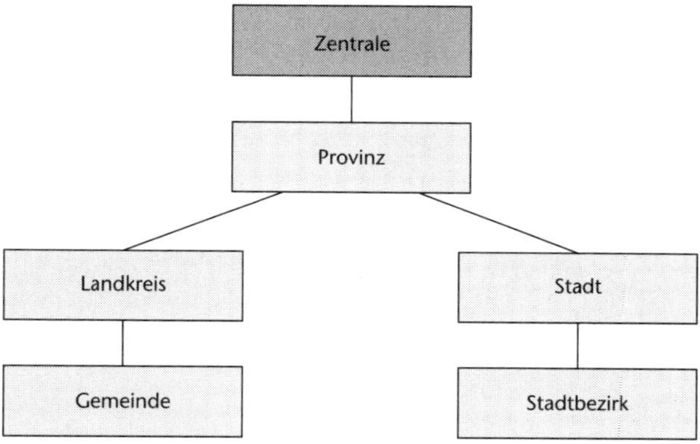

Eine Reihe von Provinzen hat zwischen die Provinzregierung und den Landkreismagistrat noch eine Zwischenstufe eingebaut: die Präfektur.

Die Städte haben, abhängig von ihrer Bevölkerungszahl und Wirtschaftskraft, verschiedene Ränge. In der Mao-Ära hatten drei Städte Provinzrang: Peking, Shanghai, Tianjin; 1998 kam Chongqing als vierte »reichsunmittelbare« Großstadt hinzu.

Wie in der Sowjetunion ist es auch in China die Aufgabe der Partei, die Politik zu bestimmen, und die der Regierung, diese auszuführen. In der Theorie ist die Regierung also ein reines Verwaltungsorgan.

Die dritte Hierarchie ist die *Volksbefreiungsarmee*. Sie ist ein »Staat im Staate« und untersteht einem besonderen Parteigremium: dem Militärausschuss. Dieser hat den gleichen Rang wie die Staatsregierung. Der Verteidigungsminister der Regierung hat keineswegs die Befehlsgewalt über die Volksbefreiungsarmee, sondern im Wesentlichen die Aufgabe, ausländische Besucher zu empfangen; in der Regel ist er jedoch ein Mitglied des Militärausschusses.

In der *Partei* ist die Entscheidungsgewalt nach leninistischem Prinzip auf jeder der vier Ebenen in einem kleinen Spitzengremium konzentriert. Auf der obersten Ebene, der Parteizentrale in Peking, ist dies der *Ständige Ausschuss des Politbüros*. Seine fünf bis sieben Mitglieder sind die Herrscher über China. Die Spitzenpositionen der anderen Herrschaftsorgane sind mit Mitgliedern des Ständigen Ausschusses des Politbüros besetzt, so die Posten des Premierministers, des Vorsitzenden des Militärausschusses, des Vorsitzenden des Nationalen Volkskongresses und des Vorsitzenden der Politischen Konsultativkonferenz. Vom Ständigen Ausschuss laufen die Kommandostränge

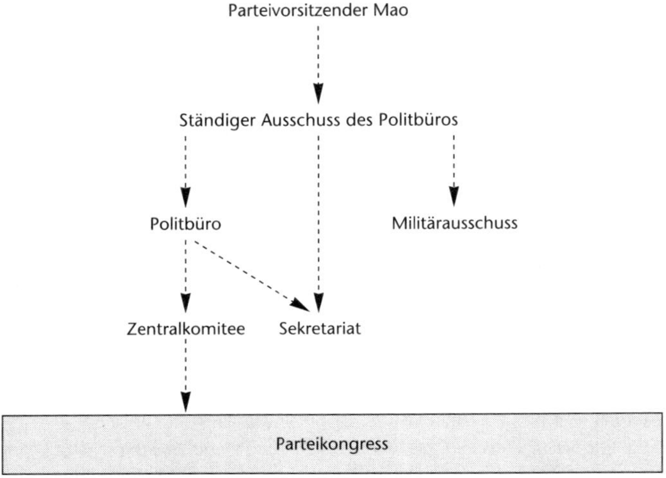

Die Pfeile geben die Richtung an, in der die Entscheidungen in Wirklichkeit verlaufen.

zu den größeren Gremien: dem *Politbüro* mit über zwanzig Mitgliedern, dem *Zentralkomitee* mit (heute) über dreihundert Mitgliedern und dem *Parteikongress* mit über 1500 Delegierten. Das ist die Herrschaftswirklichkeit. Nach dem Organisationsplan laufen die Machtlinien dagegen umgekehrt, nämlich von unten nach oben: Der Parteikongress wählt das Zentralkomitee, das Zentralkomitee wählt das Politbüro, das Politbüro wählt den Ständigen Ausschuss. In der Praxis werden jedoch alle diese Entscheidungen in letzter Instanz vom Ständigen Ausschuss des Politbüros vorgegeben. Der Parteitag, der unter Mao unregelmäßig einberufen wurde und in der späteren Mao-Zeit lange Jahre überhaupt nicht tagte, tritt seit der Deng-Ära alle fünf Jahre zusammen. Er dient dazu, die großen politischen Richtungsentscheidungen, die die Parteispitze getroffen hat, zu propagieren und öffentlich zu legitimieren. Das Zentralkomitee kommt heute normalerweise zweimal im Jahr zu einer Vollversammlung (Plenum) zusammen; es diskutiert und ratifiziert Entscheidungen der Parteiführung.

Die *Staatsregierung* wird im chinesischen System als Staatsrat bezeichnet. Sie setzt sich zusammen aus Kommissionen und Ministerien, wobei die ersteren – wie zum Beispiel die Planungskommission – dem Range und der Bedeutung nach über den Ministerien stehen. Der Staatsrat wird geleitet vom Premierminister. Dieses Amt bekleidete von 1949 bis zu seinem Tode im Januar 1976 Zhou Enlai, also bis auf die letzten Monate die ganze Mao-Ära hindurch. Dem Premierminister stehen mehrere Vizepremiers zur Seite, die die Oberaufsicht über eine Gruppe von Ministerien führen und im Regelfall Mitglieder des Politbüros und – die wichtigsten von ihnen – Mitglieder des Ständigen Ausschusses sind.

Premierminister und Vizepremiers werden vom Parlament ernannt: dem *Nationalen Volkskongress* (NVK), der heute rund dreitausend Abgeordnete hat. Er tritt jährlich zusammen und diskutiert über das Regierungsprogramm. In der politischen Wirklichkeit laufen auch hier die Machtlinien in umgekehrter Richtung, denn die Ernennungen und die Sachentscheidungen werden dem NVK, vom Ständigen Ausschuss und von der Regierung vorgegeben.

Die Partei kontrolliert Regierung wie Militär. Sie entscheidet über die Besetzung aller wichtigen Positionen auf allen Hierarchieebenen der beiden anderen Organisationen. Insgesamt wird geschätzt, dass heute die Partei über etwa acht Millionen Posten der Nomenklatura bestimmt. Regierung wie Militär werden zudem von innen überwacht. In den Pekinger Ministerien ist die so genannte Kerngruppe der Partei das Machtzentrum. Auf anderen Ebenen sind es Parteiausschüsse und -zellen in den Regierungs- und Verwaltungsorganen. In der Volksbefreiungsarmee stehen, wie in der ehemaligen sowjetischen Armee, der General als militärischer Befehlshaber und der Parteisekretär (Politkommissar) als der für die ideologischen und politischen Fragen zuständige Befehlshaber nebeneinander.

Als die Volksbefreiungsarmee nach ihrem Sieg in Peking einzog, war Mao als Führer der Partei ohne Rivalen. Er hatte in den kritischen Zeiten des Bürgerkriegs und des Kriegs gegen Japan immer wieder die richtigen Entscheidungen getroffen und die Partei zu ihrem triumphalen Sieg geführt. Es gab in der Partei keinen ihm ebenbürtigen Führer. Mao übernahm in der von ihm geschaffenen Volksrepublik China die beiden machtpolitisch entscheidenden Positionen: die Führung der Partei und den Vorsitz der Militärkommission. Im ersten Jahrzehnt bekleidete er ferner das mehr symbolische Amt des Staatspräsidenten, das er dann 1959 an Liu Shaoqi abgab.

In der Partei schuf Mao für sich den Posten des *Vorsitzenden*, den es in keiner anderen der regierenden kommunistischen Parteien gab;

Organisation der Zentralregierung

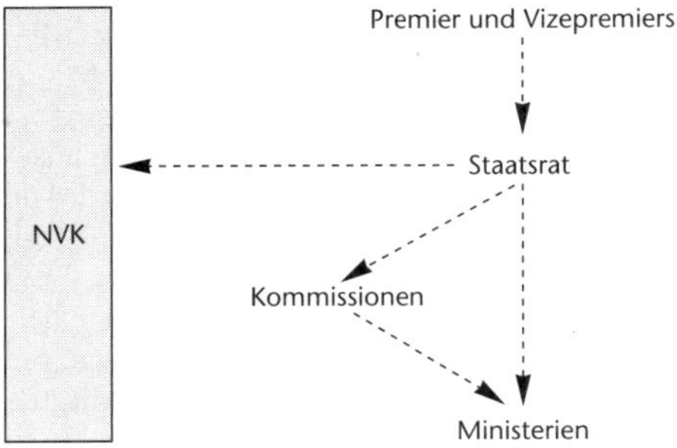

Die Pfeile geben die Richtung an, in der die Entscheidungen in Wirklichkeit verlaufen

diese kannten nur den Posten des Generalsekretärs, der das Sekretariat der Partei leitete und dem Politbüro vorstand. Der Rang des Parteivorsitzenden hob Mao über die Partei hinaus. Das Amt war in seiner Befugnis nicht definiert und gab Mao so die Möglichkeit, sich – durch keine Regeln eingeschränkt – wie ein konfuzianischer Kaiser zum absoluten Herrscher über die Partei zu erheben. Seit 1957 verwandelte sich diese Möglichkeit in Wirklichkeit. Mao, von einem vergöttlichenden Personenkult getragen, herrschte – über die Köpfe der Partei und des Politbüros hinweg – über China.

Die Durchsetzung der kommunistischen Ideologie

Die »Neue Demokratie«, die Mao bei Gründung der Volksrepublik China verkündet hatte, verstanden er und die Partei stets nur als eine Übergangsphase. In ihr sollte das Land im Zusammenwirken von Bauern, Arbeitern, Kleinbürgern und nationalen Unternehmern wiederaufgebaut und die Grundlage geschaffen werden, von der aus China in den Sozialismus voranschreiten konnte.

Die vordringlichste Aufgabe war in der Tat der Wiederaufbau der Verwaltung und der Wirtschaft. Maos Volksbefreiungsarmee übernahm ein kriegszerstörtes Land. Die Städte lagen darnieder. Die Versorgungseinrichtungen waren zusammengebrochen, eine Hyperinflation wütete, die Menschen hungerten. Die Kommunistische Partei zeigte sich dieser Herausforderung in bravouröser Weise gewachsen. In erstaunlich kurzer Zeit stellte sie eine geordnete Verwaltung und eine funktionierende Wirtschaft her. Sie überwand die Inflation, schal-

Landesweite Massenkampagnen in der Mao-Ära (1949–1976)

Jahr	Kampagne		
1950 –1952	Landreform; Unterdrückung der Konterrevolutionäre		
1951 –1952	Drei-Anti; Fünf-Anti; Gedankenreform		
1955 –1956	Kollektivierung der Landwirtschaft; Sozialistische Transformation von Industrie und Handel; Anti-Hu Feng		
1957	Hundert Blumen; Anti-Rechts		
1958 –1961	Großer Sprung nach vorne		
1963 –1965	Sozialistische Erziehungsbewegung		
1966 –1976	Kulturrevolution	1966 – 1969	Phase der Roten Garden
		1973 – 1974	Anti-Lin Biao und Anti-Konfuzius
		1976	Kritisiere Deng Xiaoping

tete die Mafiabanden aus, machte dem Drogenhandel ein Ende. Die Soldaten der Volksbefreiungsarmee reparierten Straßen, Brücken, Wasserleitungen, Eisenbahnstrecken. Die Menschen, die seit 1911 durch unsägliche Leidenszeiten gegangen waren – die Zeiten der Kriegsherren, des Krieges gegen Japan und schließlich des Bürgerkrieges –, atmeten auf. Sie erlebten mit der Volksbefreiungsarmee eine Armee ganz unbekannter Art, eine Armee, die nichts gemein hatte mit den marodierenden Banden der Kriegsherren und der plündernden und vergewaltigenden Soldateska in der Endzeit Chiang Kaisheks. Diese Armee des Volkes war Helfer des Volkes! Euphorie breitete sich aus.

Doch schon bald sollte die Kommunistische Partei ihre revolutionäre, grausame Seite zeigen. Es begannen die Massenkampagnen, die während der gesamten Mao-Ära anhielten.

Die Kampagnen der Anfangszeit, die mit der Landreform-Kampagne im Juni 1950 begannen und mit der Gedankenreform-Kampagne im Frühjahr 1952 endeten, zerstörten die alte Gesellschaft und bereiteten das Land auf die nächste Phase vor: auf die sozialistische und – von 1958 an – auf die maoistische Gesellschaft.

Landreform

Über achtzig Prozent der rund 550 Millionen Chinesen, die der neue Staat zu Beginn zählte, lebten auf dem Land, die meisten von ihnen in erbärmlicher Armut. Die Kommunisten kennzeichneten die Produktionsverhältnisse auf dem Lande als »feudal«, doch diese Kennzeichnung verfälscht die Wirklichkeit. Es gab in China seit über tausend Jahren keine feudalen Großgrundbesitzer mehr, von der gesamten Agrarfläche waren nur zwei Prozent in der Hand von Grundbesitzern oder Institutionen, die über 67 Hektar hielten. Die Landlords besaßen nicht mehr Land, als bei uns ein mittlerer Bauer besitzt, und viele besaßen weniger, und die Gentry bezog den größeren Teil ihrer Einkommen aus Beamtengehältern und Dienstleistungen. Die Bauern, die das Land bearbeiteten, waren überwiegend kleine Eigentümerbauern: 44 Prozent waren Eigentümer, 23 Prozent waren teils Eigentümer, teils Pächter, 33 Prozent reine Pächter. Dazu kamen die Ärmsten der Armen, die landlosen Arbeiter, die zehn Prozent der Landbevölkerung ausmachten.

Die durchschnittliche Größe eines Bauernhofs betrug in den frühen dreißiger Jahren des 20. Jahrhunderts 1,7 Hektar. Ein solcher Hof musste in der Regel eine Familie von 6,2 Personen ernähren. 1933 entfielen vom volkswirtschaftlichen Nettoeinkommen der Landwirtschaft 16,5 Prozent auf Pachteinkommen und 5,2 Prozent auf die Gewinne von Grundbesitzern, die das Land durch Arbeiter bestellen ließen; dazu kamen noch 4,3 Prozent als Einkommen der Geldverleiher auf dem Lande. Insgesamt ergab dies 26 Prozent des landwirtschaftlichen Einkommens, das man nach einer Landreform als Überschuss abschöpfen konnte, um es in den Aufbau der Industrie zu leiten.[1]

Eine Landreform, die das Land denen gab, die es bearbeiteten, war von Anfang an eine zentrale Forderung des kommunistischen Parteiprogramms, mit dem die KPCh die Massen der armen Bauern für sich gewonnen hatte. In den »Befreiten Gebieten« Nord- und Nordostchinas, die schon während des Bürgerkriegs unter kommunistischer Kontrolle standen, war die Landreform bereits durchgeführt. Nun galt es, sie auf die vier Fünftel der neu erworbenen Landgebiete auszudehnen.

Im Juni 1950 verkündete die Regierung ein Landreform-Gesetz. Es teilte die ländliche Bevölkerung in vier Klassen ein:

- die armen Bauern: Kleinsteigentümerbauern und Pächter sowie landlose Landarbeiter; nach kommunistischer Zählung machten diese rund siebzig Prozent der Landbevölkerung aus;
- die mittleren Eigentümerbauern, zu denen zwanzig Prozent der Bevölkerung auf dem Lande rechneten;
- die »reichen« Bauern, die ihr Land zum Teil selbst bearbeiteten und zum Teil Landarbeiter anheuerten oder Land an Pächter vergaben; sie machten sechs Prozent der Bevölkerung aus;
- schließlich die »feudalen« Landlords, die nicht selbst auf den Feldern arbeiteten, sondern als »Parasiten« von Pachteinnahmen lebten. Zu den Landlord-Haushalten zählte die Partei rund zwanzig Millionen Menschen, die vier Prozent der Bevölkerung ausmachten und dreißig Prozent des Landes kontrollierten.

Die Landreform enteignete die Landlords und ebenso den Grundbesitz von Institutionen wie den Klan-Ahnentempeln in den Dörfern.

Das so gewonnene Land wurde an die armen Bauern verteilt. Um die landwirtschaftliche Produktion nicht zu gefährden, verschonte die Partei vorerst die reichen Bauern, denn diese erwirtschafteten ja auf ihren Feldern den höchsten Ertrag.

Mit der Landreform verband Mao zugleich die Absicht, das Bewusstsein der Bauern zu verändern. Er ließ deshalb die Landverteilung nicht durch Verwaltungsanordnung durchführen, sondern in der Form einer Massenkampagne. Um diese zu organisieren, kamen Arbeitsgruppen der Partei in die Dörfer. Sie klassifizierten die Bevölkerung nach den vier Klassen des Landreform-Gesetzes, machten potenzielle Aktivisten unter den Dorfbewohnern aus und veranstalteten dann »Kampfversammlungen«, an denen das ganze Dorf teilnahm. Es waren die ersten Dorfversammlungen in China, denn bis dahin waren die Dörfer gespalten in große Verwandtschaftsgruppen, die Klans, die unter der Führung der Gentry-Klan-Angehörigen standen. In den Kampfversammlungen oder, wie sie auch genannt wurden, den »Sprich-bitter-Versammlungen« klagten die Bauern die Landlords an, demütigten sie, schlugen sie und erschlugen sie bisweilen sogar an Ort und Stelle; viele Landlords wurden am Ende der Kampfversammlung zur Exekution geführt. Nach vorsichtigen Schätzungen wurde mindestens eine Million Landlords getötet.

Die Landlords, denen die Bauern in den Kampfversammlungen gegenüberstanden, waren oft Verwandte und Mitglieder des eigenen Klans. Mit den blutigen Kampagnen der Landreform zerstörte Mao ein für alle Mal die gesellschaftliche Struktur der Dörfer. Die Gentry, die China über zweitausend Jahre lang regiert hatte, wurde als Klasse vernichtet. An ihre Stelle trat in den Dörfern die neue Führungsschicht der Parteikader, die sich aus den Aktivisten rekrutierte, die sich in den Kampfversammlungen hervorgetan hatten.

Koreakrieg und Herrschaft des Terrors

Was die Landreform blutiger machte, als ursprünglich wohl geplant, war ein Konflikt außerhalb Chinas. Am 25. Juni 1950, dem Monat, in dem das Landreform-Gesetz verkündet wurde, brach der Koreakrieg aus. Das kommunistische Nordkorea überfiel ohne Warnung Südkorea, und die Amerikaner griffen – unter der Flagge der Vereinten Nationen – ein. Als sie die nordkoreanischen Streitkräfte zurückwarfen und zum Yalu, dem Grenzfluss zu China, vorstießen, trat China im Oktober 1950 in den Krieg ein. Es schickte ein Millionenheer von »Freiwilligen« und trieb, unter ungeheuren eigenen Verlusten, die Amerikaner bis zum 38. Breitengrad zurück, der Grenze, an der der Krieg begonnen hatte. Ein blutiger Stellungskrieg begann, der erst

1953, nach zweieinhalb Jahren, mit einem Waffenstillstand endete. Der gewaltige Anfangssieg der chinesischen Truppen löste einen nationalen Begeisterungstaumel aus. Zum ersten Mal hatte eine chinesische Armee eine westliche Armee, ja die Armee der stärksten Militärmacht der Welt, besiegt. So wie 1905 der japanische Sieg über Russland in ganz Asien widerhallte, so kündigte jetzt der chinesische Sieg den Eintritt einer neuen Macht in die Weltpolitik an.

Präsident Truman hatte bei Ausbruch des Koreakrieges die 7. Flotte in die Taiwan-Straße gesandt und die Chiang-Kaishek-Regierung in Taiwan als die einzige legale Regierung Chinas anerkannt. Damit begaben sich die USA mitten in den chinesischen Bürgerkrieg hinein – eine Situation, aus der sie sich bis heute nicht völlig gelöst haben. In China erhob jetzt das Gespenst der Konterrevolution sein Haupt. Mao fürchtete, der Bürgerkrieg könne erneut aufflammen und zusammen mit einer Intervention Amerikas die kommunistische Revolution in einem Zweifrontenkrieg zurückwerfen – so wie nach 1917 die bolschewistische Revolution beinahe zerstört worden wäre.

Mao reagierte mit zwei weiteren Massenkampagnen: Die erste Kampagne rief zum »Widerstand gegen Amerika und zur Hilfe für Korea« auf und richtete sich gegen die noch im Lande verbliebenen westlichen Ausländer. Sie wurden nun aus China ausgewiesen. Die von den christlichen Kirchen gegründeten Schulen und Universitäten, Krankenhäuser und Waisenhäuser wurden ebenso wie die Kirchengebäude enteignet. Die Abschottung Chinas vom Westen war damit vollendet und sollte bis zum Nixon-Besuch 1972 dauern. Die zweite Kampagne begann im Februar 1951 und rief zur Ausrottung der »Konterrevolutionäre« auf. Als Konterrevolutionäre galten höhere Guomindang-Beamte, insbesondere in den Polizeikräften, die die neue Regierung zunächst oft in ihren Stellungen belassen hatte, ferner Chinesen, die in der Vergangenheit Kontakt zu Ausländern gehalten hatten, und schließlich Mitglieder von Geheimgesellschaften, die in den Städten immer noch Einfluss besaßen und zum Beispiel das Transportwesen kontrollierten. Bekannte Persönlichkeiten wurden in öffentlichen Massenversammlungen angeklagt und vor den Augen der Menge, die »schlagt das Biest tot« rief, zur Hinrichtung geführt. Andere Opfer wurden vom Staatssicherheitsdienst abgeholt und exekutiert. Die Zeitungen veröffentlichten Tag für Tag lange Listen mit den Namen derer, die hingerichtet worden waren. In seiner Rede über die »Behandlung von Widersprüchen« vom 27. Februar 1957 rühmte sich Mao, dass damals 800 000 Konterrevolutionäre liquidiert worden seien. Noch sehr viel größer war die Zahl derjenigen, die in Arbeitslager eingewiesen wurden.

Drei Kampagnen zur Veränderung des Bewusstseins

Kaum lief die Verfolgung der Konterrevolutionäre im Winter 1951 aus, begannen in den Städten drei neue Massenkampagnen. Anders als die Landreform und die Kampagne gegen Konterrevolutionäre richteten sich die neuen Massenbewegungen gegen Gruppen, die zum »Volk« gehörten. Zwar konnte es auch bei diesen Kampagnen unmenschlich zugehen, aber das Ziel war nicht, die Feinde der Revolution zu vernichten, sondern die Herrschaft der Partei in den Städten und nicht zuletzt ihre ideologische Kontrolle über die Menschen zu festigen.

Die »Drei-Anti«-Kampagne richtete sich gegen die eigenen Parteikader in den Verwaltungen der Städte. Sie sollte die drei Übel »Korruption, Verschwendung und Bürokratismus« ausrotten. Rund fünf Prozent der Beamten wurden aus ihren Ämtern entfernt oder degradiert.

Die »Fünf-Anti«-Kampagne zielte auf die städtischen Unternehmer und Geschäftsleute. Die Behörden ermittelten in Kampfsitzungen gegen 450000 Betriebsinhaber wegen Steuerhinterziehung, Bestechung, Betrug bei Staatsaufträgen, Diebstahl von Staatseigentum und Preisgabe von staatlichen Wirtschaftsgeheimnissen. In der Regel kamen die für schuldig Befundenen mit Geldstrafen davon, doch diese waren oft so hoch, dass sie die Unternehmer zwangen, einen Teil des Betriebes an den Staat zu verkaufen. Es entstanden staatlich-private Gemeinschaftsunternehmen, in denen die privaten Eigentümer praktisch nur noch Manager mit einem Eigentumsanteil waren.

Die dritte Kampagne lief im September 1951 an und dauerte bis zum Frühlingsende 1952. Es war die Kampagne zur »Gedankenreform«, und sie betraf die Intellektuellen: Professoren an den Universitäten, Lehrer an den Schulen, Schriftsteller. Diese mussten Maos Schriften und insbesondere seine Yan'an-Reden über Kunst und Literatur studieren. Dann begannen die Kampfsitzungen, auf denen Studenten und Schüler ihre Lehrer kritisierten, sie öffentlich demütigten und zur Selbstkritik zwangen. Einige der Intellektuellen mögen durch diese »Gehirnwäsche« tatsächlich zu maoistischem Denken bekehrt worden sein, die meisten gingen in die innere Emigration und beteten in der Öffentlichkeit die kommunistischen Phrasen nach.

Die drei bewusstseinsverändernden Kampagnen in den Städten waren im Ganzen frei von physischer Gewalt. Aber die Kampfsitzungen und Demütigungen bildeten für die Betroffenen ein traumatisches Erlebnis, das sie nie mehr vergaßen.

Bis Ende 1952 hatte Mao sein erstes Ziel erreicht. Ein zentralistischer Einheitsstaat war errichtet, über den die Kommunistische Partei eine lückenlose Herrschaft ausübte. Auf dem Lande regierten an Stelle der Gentry nun Kader der Partei. Das alte Kaiserreich war eine Ansammlung von Hunderttausenden von »Dorf-Atomen« gewesen, die sich, um Marktflecken gruppiert, selbst verwalteten. Nun reichte die Herrschaft des Zentralstaats zum ersten Mal bis in die Dörfer hinein, ja bis zum einzelnen Bauern hinunter. Die Kampfversammlungen gegen die Landlords hatten ein neues Bewusstsein der Bauern erzeugt. Sie blickten über das Dorf und den Marktflecken hinaus und fühlten sich in das Leben der Nation einbezogen.

In den Städten wurden die Menschen an ihren Arbeitsplätzen – den Ministerien, Unternehmen, Forschungsinstituten, Universitäten und anderen Einrichtungen – zu Einheiten zusammengefasst: den *danwei*. Diese sorgten für ihre Mitglieder – und überwachten sie. Sie wiesen ihnen Betriebswohnungen zu, gaben Lebensmittelmarken aus, erteilten die Heiratserlaubnis, genehmigten Reisen, organisierten Urlaube, vermittelten bei Streitigkeiten und führten Karteien, die Eintragungen über die politische Haltung enthielten. Für die nicht in einem Arbeitsverhältnis Stehenden sorgte eine zweite Organisation am Wohnort: das Nachbarschaftskomitee. Es übte die entsprechenden Funktionen zu den Arbeitseinheiten aus.

Bis Ende 1952, in kaum mehr als drei Jahren, hatte die KPCh eine totalitäre Kontrolle über ganz China errichtet – über die Dörfer ebenso wie über die Städte. Der Einzelne war der Partei auf Gedeih und Verderb ausgeliefert. Ein Wink des örtlichen Parteisekretärs, ein Eintrag in der *danwei*-Kartei konnte ein Leben zerstören.

Die Kommunistische Partei war allmächtig. Die Ziele aber, für die sie ihre Macht einsetzte, hatten in den ersten Jahren – sieht man von der ideologischen Indoktrination ab – noch nichts mit dem Aufbau einer sozialistischen Gesellschaft zu tun. Die Landreform war eine fundamentale soziale Revolution, mit der das alte China zu Ende ging, aber sie war keine sozialistische Revolution. Sie schuf vielmehr eine Millionenmasse kleiner Eigentümerbauern, die mit allen Fasern ihres Herzens an ihrem Stück Land hingen. In den Städten andererseits entstand eine »gemischte Wirtschaft«. Die Banken, die wenigen großen Industrieunternehmen und der Großhandel waren verstaatlicht; die Regierung hatte so den kleinen Kern der modernen Wirtschaft in der Hand, der rund 700 000 Menschen beschäftigte. Um diesen Kern lagen nicht nur die Millionen von Familienbetrieben der Handwerker, Wirte, Ladenbesitzer, sondern die rund 150 000 privaten Industrieunternehmen der »Nationalen Bourgeoisie«; die Zahl der dort beschäftigten

Menschen betrug mehr als zwei Millionen und hatte sich zwischen 1949 und 1952 versechsfacht. Was in den Anfangsjahren der kommunistischen Herrschaft entstand, war also eine Gesellschaft von Kleinkapitalisten auf dem Lande und kleiner und mittlerer Kapitalisten in den Städten. Diese Entwicklung stimmte durchaus mit Maos Strategie überein, nach der es zunächst die bürgerliche Revolution nachzuholen galt.

Ende 1952 waren alle Programmpunkte, die Sun Yatsen unerledigt hinterlassen hatte, verwirklicht: Die Unabhängigkeit und nationale Einheit Chinas waren wiederhergestellt; ein zentralistischer Staat war gegründet, der im Innern so mächtig war wie kein Staat in der chinesischen Geschichte jemals zuvor; die kriegszerstörte Wirtschaft war wieder aufgebaut, ja, 1952 übertraf die Wirtschaftsleistung schon die Produktion der Nanjing-Republik im Spitzenjahr 1936, dem Jahr vor der japanischen Invasion. Nichts hinderte Mao mehr, zum zweiten Stadium der Revolution weiterzuschreiten: zur sozialistischen Revolution.

KAPITEL 14

Die sozialistische Revolution (1953–1957)

Am 1. Oktober 1953, dem vierten Jahrestag der Gründung der Volksrepublik, verkündete die Regierung die »Generallinie für den Übergang zum Sozialismus«. Die Periode der »Neuen Demokratie« war zu Ende. Die sozialistische Umgestaltung allerdings, so versicherte die Partei den Unternehmern und Bauern, sollte allmählich, Schritt für Schritt, erfolgen und sich über fünfzehn Jahre erstrecken.

»Was die Sowjetunion heute ist, wird China morgen sein.«

Sozialismus, dies war ein zentraler Lehrsatz des Marxismus, ließ sich nur auf der Basis einer modernen Industrie, der Errungenschaft des Kapitalismus, aufbauen. Und so rückte nun als erstes das Ziel einer rapiden Industrialisierung in das Zentrum der Politik der Partei. Schon während des Jahres 1952 hatten Partei und Regierung, beraten von sowjetischen Experten, den Ersten Fünfjahresplan entwickelt. »Was die Sowjetunion heute ist, wird China morgen sein«, verkündete Mao 1952, und China begab sich auf den Weg einer Planwirtschaft sowjetischen Modells.

Am 1. Januar 1953 lief der Plan an. Er schloss sich eng an den Ersten Fünfjahresplan der Sowjetunion von 1927 bis 1932 an und konzentrierte die Kräfte der Nation auf den forcierten Aufbau einer Schwerindustrie: Kraftwerke und Elektrifizierung, Stahlwerke, Maschinen-, Lastwagen- und Traktorenfabriken, Produktionsanlagen für chemische Grundstoffe. Von den gesamten Investitionen des Plans gingen neunzig Prozent in die Industrie und lediglich zehn Prozent in die Landwirtschaft, von der achtzig Prozent der Bevölkerung lebten. Von den Industrieinvestitionen wiederum entfielen 88,8 Prozent auf die Schwerindustrie und lediglich 11,2 Prozent auf die Konsumgüterindustrie. Den Kern des schwerindustriellen Aufbaus bildeten rund 150 Großprojekte, für die die Sowjetunion in großem Stil technische Hilfe und in geringem Umfang finanzielle Hilfe leistete. Kennzeichnend für die Industrialisierungsstrategie war der Aufbau riesiger, vollintegrierter Fabrikkomplexe in der Umgebung der Großstädte.

Ein Musterbeispiel stellte das Stahlwerk Anshang in der Provinz Liaoning dar, dem Herzen der Mandschurei. 1957, am Ende des Ersten

Fünfjahresplans, produzierte das Werk zwei Drittel des chinesischen Stahls.

Mit der Übernahme des sowjetischen Entwicklungsmodells sowjetisierte sich nicht nur die chinesische Industrie, es sowjetisierten sich ebenso Staat und Gesellschaft. Die Pekinger Regierung begann der Regierung in Moskau zu gleichen. Sie gründete die gleichen Ministerien, wie sie Moskau hatte: eine überwölbende Planungskommission und eine Phalanx von Linienministerien, die die einzelnen Industriezweige leiteten – Maschinenbauministerium, Ministerium für Metallurgie, Chemieministerium und anderes mehr. Ebenso wurde das Erziehungswesen nach sowjetischem Muster gestaltet. Die vorrangige Aufgabe von Schulen und Hochschulen wurde es nun, Techniker, Ingenieure und Naturwissenschaftler heranzubilden, wie sie für eine moderne Industrie gebraucht wurden. Die Lehrpläne stammten aus der Sowjetunion. Die Erlernung der russischen Sprache wurde Karrierevoraussetzung. Über 12 000 russische und osteuropäische Ingenieure und Techniker kamen nach China, 30 000 chinesische Ingenieure, Wissenschaftler, Arbeiter und Studenten gingen in die Sowjetunion zur Ausbildung.

In den Ministerien, in den Provinzverwaltungen und in den Staatsunternehmen traten an die Stelle der Bauernrevolutionäre, die im Volk gelebt hatten, städtische Bürokraten, die vom Schreibtisch aus ihre Weisungen gaben. Spezialisten und Technokraten lösten die Guerillageneralisten ab. Die Partei verkündete zwar weiterhin ihre sozialistische Vision, und ohne Zweifel glaubten viele auch daran, aber das praktische Handeln war nun ganz ausgerichtet auf das Ziel einer rapiden Industrialisierung. Um dieses Zieles willen musste das Ideal der egalitären Gesellschaft der praktischen Notwendigkeit der Differenzierung weichen. Bis 1955 hatten sich selbst die Parteikader in 26 unterschiedliche Ränge aufgespalten. Wie alle Bauernrevolutionen in der chinesischen Geschichte schien auch Maos Revolution in der Wiederherstellung des Mandarinats zu enden – nur dass die modernen Mandarine nicht mehr konfuzianische Gelehrtenbeamte waren, sondern marxistische Ingenieure und Staatsmanager.

Mao wendet sich vom Sowjetmodell ab

Man fragt sich verwundert, wie Mao einem Entwicklungsmodell folgen konnte, das dem Geist von Yan'an so fundamental widersprach. Aber die Sowjetunion galt damals, zu Beginn der fünfziger Jahre, nicht nur Mao als Vorbild dafür, wie man ein zurückgebliebenes Land rapide industrialisiert. Auch im demokratischen Indien übernahm Nehru das sowjetische Entwicklungsmodell, und selbst im Westen gab es Stimmen, die warnten, die sowjetische Planwirtschaft werde sich der westlichen Marktwirtschaft als überlegen erweisen.

An den industriellen Wachstumszahlen gemessen, war denn auch der Erste Fünfjahresplan Chinas ein glänzender Erfolg. China übertraf sogar das Tempo der Industrialisierung, das die Sowjetunion in der entsprechenden Periode erreicht hatte. Die Industrieproduktion stieg nach den offiziellen, wohl nur leicht überhöhten Statistiken um durchschnittlich achtzehn Prozent pro Jahr. China baute in dieser Periode den Grundstock zu einer modernen Industrie auf.

Doch schon in den letzten Jahren des Ersten Fünfjahresplans zeigten sich die Probleme, die die sowjetische Industrialisierungsstrategie bei der Anwendung auf China mit sich brachte. Das Kapital für den Aufbau der Schwerindustrie wurde aus der Landwirtschaft herausgezogen. Die Bauern finanzierten also die Industrialisierung der Städte. Doch die meisten chinesischen Bauern lebten auf Subsistenzniveau, die Prokopfproduktion der Landwirtschaft betrug 1952 lediglich zwanzig Prozent der sowjetischen im Jahr 1927, dem Anfangsjahr des sowjetischen Plans. In der chinesischen Landwirtschaft gab es also wenig an »Überschüssen« abzuschöpfen. Kapital zu akkumulieren, indem man die Bauern übermäßig belastete, lief darauf hinaus, wie Mao es später drastisch ausdrückte, »den Teich trockenzulegen, um die Fische zu fangen«.

Während die Städte boomten, erlahmte das Wachstum der Landwirtschaft. In der Planperiode 1953 bis 1957 wuchs die Landwirtschaft nur mit Raten weit unter den Planvorgaben. Nach westlicher Schätzung nahm die Agrarproduktion lediglich um 2,7 Prozent pro Jahr zu und damit nur wenig mehr als die Bevölkerung (2,2 Prozent). Das stagnierende Wachstum der Landwirtschaft stellte die weitere Finanzierung des schwerindustriellen Aufbaus in Frage. Ein zweites Problem kam hinzu: die rapide steigende Arbeitslosigkeit in den Städten. Die kapitalintensive Schwerindustrie schuf nur wenig Arbeitsplätze, die Bevölkerung in den Städten aber nahm, auch durch den Zuzug vom Lande, schnell zu.

Schon 1955, noch während der Laufzeit des Ersten Fünfjahresplans, begann Mao sich vom sowjetischen Entwicklungsmodell abzuwenden. Der Außenwelt noch verborgen, tat sich innerhalb der Parteiführung jene Spaltung in zwei Lager auf, die ein Jahrzehnt später in das blutige Chaos der Kulturrevolution führen sollte.

Auf der einen Seite standen Mao und die Maoisten. Sie forderten, das sowjetische Entwicklungsmodell aufzugeben und Landwirtschaft, Schwerindustrie und Leichtindustrie parallel und mit gleichem Nachdruck zu fördern. Bei der Suche nach einer Lösung für das Problem der Kapitalakkumulation reifte in Mao die Idee, die fünfhundert Millionen Bauern durch eine gigantische Produktionskampagne zu mobilisieren und so das Wirtschaftswachstum hochzutreiben. Vom richtigen Bewusstsein erfüllt, so glaubte er, könnten die Massen Berge versetzen.

Gegen diese »voluntaristische« Politik Maos standen die Leninisten, die – angeführt von Liu Shaoqi – die Mehrheit im Politbüro hatten. Sie wollten das sowjetische Entwicklungsmodell fortsetzen, waren jedoch bereit, den Zweiten Fünfjahresplan besser an die chinesischen Verhältnisse anzupassen und mehr Investitionen in die Landwirtschaft zu lenken. Sie beharrten dabei auf einer »wissenschaftlichen« Wirtschaftspolitik, die sich, von Fachmännern geplant und geleitet, am Ziel der Effizienz orientierte und auf materielle Anreize für die Arbeitenden setzte statt auf Massenkampagnen, die die materiellen Anreize durch die Begeisterung für die kommunistische Vision ersetzen sollten. Die Leninisten wandten sich nicht zuletzt gegen Maos zunehmende Selbstherrlichkeit und pochten auf kollektive Entscheidungsfindung und Parteidisziplin. Während Mao die verbürokratisierte Partei zunehmend als Hindernis für die soziale wie für die wirtschaftliche Entwicklung betrachtete, sahen die Leninisten umgekehrt Maos Politik als Abenteurertum und Utopismus, die das Land ins Verderben zu stürzen drohten.

Die Kollektivierung der Landwirtschaft (1955–1956): Der Konflikt in der Parteiführung bricht auf

Der Konflikt zwischen den beiden Lagern entzündete sich an der Frage des Tempos, mit dem die Landwirtschaft kollektiviert werden sollte. Die Generallinie für den Übergang zum Sozialismus, die die Partei 1953 beschlossen hatte, sah ja eine vorsichtige, langfristige Strategie vor, die in einem fünfzehn Jahre dauernden Prozess stufenweise zur vollen Kollektivierung führen sollte. Der Übergang von der einen zur anderen Stufe sollte freiwillig erfolgen, indem die Bauern erkannten, dass sie mit Hilfe der Kollektivierung das Land effizienter bearbeiten und ihre Einkommen steigern konnten.

Das war die gültige Parteilinie. Mitte 1955 forderte Mao jedoch, die Kollektivierung drastisch zu beschleunigen. Die meisten seiner Kollegen in der Parteiführung zögerten. Sie hatten nicht zuletzt die katastrophalen Folgen vor Augen, die Stalins gewaltsame Kollektivierung Anfang der dreißiger Jahre nach sich gezogen hatte. Damals waren zehn Millionen Kulaken ermordet oder nach Sibirien deportiert worden, die landwirtschaftliche Produktion war zusammengebrochen und in der folgenden Hungersnot auch der industrielle Aufbau zum Stillstand gekommen. Mao beendete die Debatte in einer Weise, die bisher in der Partei ohne Beispiel war. Er wandte sich am 31. Juli 1955, über Politbüro und Zentralkomitee hinweg, mit einer Rede an die Parteisekretäre der Provinzen, Städte und Landkreise: »In den Dörfern ganz Chinas zeigt sich eine neue hochsteigende Welle der sozialistischen Massenbewegung. Einige Genossen unter uns benehmen sich indes wie Frauen mit gebundenen Füßen, die sich schwankend die Straße entlangschleppen und ständig über andere nörgeln: Ihr geht zu schnell! Ihr geht zu schnell! Sie glauben, ein Übermaß kleinlicher Kritik, unangebrachte Klagen, endlose Befürchtungen und zahllose Gebote und Vorbehalte seien die richtige Weise, die sozialistische Massenbewegung auf dem Lande zu führen ... In der augenblicklichen Situation eilt die Massenbewegung der Führung voraus ... Dieser Zustand muss geändert werden.«[2]

Die Rede setzte einen Kollektivierungsprozess in Gang, der selbst Maos optimistischste Erwartung weit übertraf. Er wurde angetrieben vom politischen Eifer der Provinzführer und der lokalen Kader sowie von den Visionen der armen Bauern. Mao sprach triumphierend von einer »rasenden Flutwelle«, die über das Land ging. Bis Mitte 1956, also in weniger als einem Jahr, war die Kollektivierung im Wesentlichen abgeschlossen, waren hundert Millionen Bauernhaushalte in 485 000 Großfarmen organisiert. Anders als bei Stalins Kollektivierung gab es wenig offene Gewaltanwendung, es kam zu keiner ernsten Störung der Produktion. Heute wissen wir freilich, wie verzweifelt viele Bauern um ihr Stückchen Land kämpften und wie brutal die lokalen Parteikader sie zwangen, dieses Stückchen aufzugeben.

Der außerordentliche Erfolg der Kollektivierungskampagne ermutigte Mao, auch in den Städten die Sozialisierung voranzutreiben. Die »Nationale Bourgeoisie« war bereits durch die Fünf-Anti-Kampagne demoralisiert und konnte im Rekordtempo überzeugt werden, ihre Unternehmen zum Ausverkaufspreis an den Staat zu übergeben. Manche feierten die Übergabe mit Löwen- und Drachentänzen. Die Handwerks- und Dienstleistungsbetriebe der Kleinbürger wurden in städtische Kollektivunternehmen eingebracht, und so gab es Ende 1956 in China nur noch zwei Formen von Eigentum an Produktionsmitteln: Kollektiveigentum auf dem Lande und Staatseigentum sowie – in geringem Umfang – Kollektiveigentum in den Städten. Betrachtet man die Abschaffung des Privateigentums mit Marx als das Kennzeichen des Sozialismus, dann war China Ende 1956 ein sozialistisches Land – im selben Grade wie die Sowjetunion.

Der Übergang zum Sozialismus war in weniger als sieben Jahren vollbracht. Mao hatte wieder einmal Recht gehabt und über die konservativen Bedenkenträger und Zauderer in der Parteiführung triumphiert. Er war entschlossen, diesen Triumph nun zu nutzen, um der Partei einen neuen Kurs aufzuzwingen, der – wirtschaftlich wie politisch – eine radikale Abwehr vom sowjetischen Modell bedeutete. Doch das Jahr 1956 selbst sollte zunächst einmal Rückschläge für den Großen Vorsitzenden bringen.

Der VIII. Parteikongress 1956

Am 20. Februar 1956 hielt Chruschtschow auf dem XX. Parteitag der KPdSU seine berühmt gewordene »Geheimrede« über die Verbrechen Stalins. Er stellte Stalin als einen Usurpator dar, der sich über die Partei erhoben und einen Personenkult errichtet habe. Die Rede erschütterte die kommunistischen Parteien in der ganzen Welt und löste in Polen und Ungarn Aufstände aus. In China musste sie zwangsläufig die Frage aufwerfen, ob denn nicht auch hier der Parteiführer sich über die Partei erhebe und einen Kult um seine Person schaffe. Die Frage wurde zwar offiziell heftigst verneint, aber Maos Kollegen in der Führung nutzten die Diskussion, um seine Selbstherrlichkeit einzuschränken.

Die Gelegenheit dazu bot der VIII. Parteikongress, der im September 1956 zusammentrat. Die Parteiverfassung von 1945, die auf diesem Kongress zur Revision anstand, hatte die »Mao-Zedong-Gedanken« zum Bestandteil der Parteiideologie erhoben. Diesen Hinweis auf den Maoismus strich der Kongress jetzt. Die Partei wurde wieder allein vom Marxismus-Leninismus geleitet. Der Kongress fügte darüber hinaus einen Passus gegen den Personenkult in die Parteiverfassung ein. Organisatorisch schuf er einen Ständigen Ausschuss des Politbüros und etablierte den Posten eines Generalsekretärs der Partei, den Deng Xiaoping erhielt. Alle diese Beschlüsse waren geeignet, Maos Macht in der Partei zu schwächen.

Maos Stellung wurde ferner unterminiert durch Berichte, nach denen die überhastete landwirtschaftliche Kollektivierung zu Chaos und Produktionseinbrüchen geführt habe. Die Getreideproduktion wuchs 1956 in der Tat nur um 0,3 Prozent, und die Baumwollernte ging um fast sechs Prozent zurück. Die Leninisten gaben mit Blick darauf die Parole aus, die Partei müsse sich vor »linkem Abenteurertum« nicht minder hüten als vor rechtem Konservatismus.

Ein halbes Jahr zuvor, am 25. April 1956, hatte Mao auf einer erweiterten Sitzung des Politbüros eine seiner bedeutendsten Reden gehalten: die Rede »Über die zehn großen Beziehungen«. In dieser Rede trug er zum ersten Mal die Grundgedanken für eine neue Entwicklungsstrategie vor. Mit Bitterkeit musste er jetzt zusehen, wie der Parteikongress diese Rede, von Lippenbekenntnissen abgesehen, unzeremoniös beiseite schob und den neuen Fünfjahresplan für 1958 bis 1962 so absegnete, wie ihn die Planungskommission vorgelegt hatte. Er enthielt einige Verbesserungen zu Gunsten der Landwirtschaft und der Leichtindustrie, setzte insgesamt aber die sowjetische Entwicklungsstrategie fort. Parteibürokratie und Technokratie hatten fürs Erste über den Großen Vorsitzenden gesiegt.

»Lasst hundert Blumen blühen!« (1957)

Im Februar 1957, sechs Monate nach dem Parteikongress, ging Mao zum Gegenangriff über. Das Angriffsthema bot die Debatte über das Verhältnis der Partei zu den Intellektuellen.

Eine moderne Wirtschaft ließ sich nicht aufbauen ohne die engagierte und kreative Mitarbeit der Intellektuellen, zu denen nach kommunistischem Sprachgebrauch alle Geistesarbeiter gehören: Naturwissenschaftler und Ingenieure ebenso wie Lehrer, Schriftsteller und Philosophen. Die Intellektuellen jedoch waren seit der Gedankenreform-Kampagne von 1952 demoralisiert. Sie verhielten sich passiv, vermieden jedes Risiko, Rat zu geben oder gar neue Gedanken zu äußern. Wie konnte man die Intellektuellen für eine aktive Mitarbeit zurückgewinnen? Das Zentralkomitee hatte schon im Januar 1956 diese Frage auf einer Sonderkonferenz erörtert. Zhou Enlai plädierte damals dafür, nicht nur die Arbeits- und Lebensbedingungen der Intellektuellen zu verbessern, sondern ihnen auch mehr Gedankenfreiheit zuzugestehen, solange sie nicht offen Feindschaft gegen Partei und Staat äußerten. Nicht alle Intellektuellen müssten unbedingt überzeugte Marxisten sein.

Wollte Zhou mit der vorgeschlagenen Liberalisierung die nötige Mitarbeit der Intellektuellen an der Durchführung der Fünfjahrespläne gewinnen, so wollte Mao die Intellektuellen für ein ganz anderes Ziel nutzen: Er entdeckte sie als potenzielle Verbündete in seinem Kampf für eine Reform der Partei, die aus seiner Sicht zu einem elitären, bürokratischen Apparat degeneriert war, der sich Tag für Tag weiter vom Volk entfernte. Mao war deshalb bereit, weit über Zhous Liberalisierungspolitik hinauszugehen. Er wollte den Intellektuellen offene Kritik an der Partei erlauben, ja, er wollte sie zu dieser Kritik regelrecht auffordern, denn diese Kritik sollte zum Instrument für die Parteireform werden. In dieser Absicht gab Mao am 2. Mai 1956 in einer Rede vor dem Obersten Staatsrat – wiederum an der Partei vorbei – die Parole aus: »Lasst hundert Blumen nebeneinander blühen, lasst hundert Schulen miteinander wetteifern!« Die Partei hatte zu diesem Zeitpunkt auf Maos Drängen bereits eine Kampagne zur Neuausrichtung beschlossen, aber sie wollte diese Kampagne, wie die früheren, innerhalb der Partei als einen Prozess der Selbstreinigung durchführen. Gegen die Kritik von außen und die Teilnahme von Nicht-

Parteimitgliedern an der Reformdiskusison wehrte sie sich mit aller Entschiedenheit.

Der Streit war im weiteren Verlauf des Jahres 1956 zunächst einmal vertagt worden angesichts der dramatischen Entwicklungen, die Chruschtschows Stalin-Kritik in der kommunistischen Welt ausgelöst hatte. Am 27. Februar 1957 nahm Mao die Hundert-Blumen-Kampagne jedoch mit aller Macht wieder auf. Erneut die Parteigremien übergehend, hielt er auf der erweiterten Elften Tagung der Obersten Staatskonferenz eine Rede »Zur Frage der richtigen Behandlung von Widersprüchen im Volk«.[3] Die Rede ist die wichtigste theoretische Darlegung des Maoismus. In ihr stellte Mao die These auf, dass auch in einer sozialistischen Gesellschaft Widersprüche fortbestünden, ja dass es – trotz des Fortfalls der ökonomischen Grundlagen – weiterhin einen, nun auf die Ideologie verlagerten Klassenkampf zwischen Anhängern des Sozialismus und Anhängern des Kapitalismus gebe. Die blutige Konsequenz dieser These sollte sich in der Praxis mit der Kulturrevolution von 1966 bis 1969 enthüllen, als Mao die »Roten Garden« gegen seine Kollegen in der Parteiführung hetzte, die »den kapitalistischen Weg eingeschlagen« hätten.

Unter den Widersprüchen, die Mao herausstellte, betonte er einen besonders: den zwischen Führern und Geführten, zwischen Partei und Volk. Drohend deutete er die Möglichkeit an, dass sich das Volk gegen die Partei erhebe. Der ungarische Aufstand, so erklärte er in einem Schlusswort auf der Obersten Staatskonferenz, habe seine Ursache gehabt im »Bürokratismus, Dogmatismus, der Absonderung von den Massen und dem fehlerhaften Industrialisierungskurs der Ungarischen Kommunistischen Partei unter Rákosi«. Um den Widerspruch zwischen Volk und Partei aufzulösen, sei eine offene Diskussion nötig, wie er sie mit der Hundert-Blumen-Kampagne erreichen wolle. Der Marxismus sei heute fest in China verankert, die Partei brauche keine Furcht vor der Kritik der Intellektuellen zu haben.

Bis Ende April 1957 hatte Mao den Widerstand der Partei gebrochen. Die Neuausrichtungskampagne begann. Mao selbst rief öffentlich die Intellektuellen zu Kritik an der Partei auf. Die Partei organisierte, zusammen mit den demokratischen Parteien der Einheitsfront, Diskussionsforen, auf denen führende nichtkommunistische Intellektuelle ihre Kritik äußerten. Die Kritik an der Partei ließ sich jedoch nicht innerhalb dieser Foren halten. Sie griff auf die Universitäten des Landes über, allen voran auf die Peking-Universität, den Ort der 4.-Mai-Bewegung. Hatten die Intellektuellen sich bisher lange misstrauisch zurückgehalten, so brachen nun die Dämme. Ein reißender Strom der Kritik trat über die Ufer. Auf großen Wandplakaten trugen die Studenten ihre Kritik in die Öffentlichkeit. In Peking wurde damals »die Mauer der Demokratie« weltweit berühmt.

Mao hatte sich nicht getäuscht. Die Intellektuellen prangerten – wie er – den Bürokratismus der Partei an. Die Partei habe sich über das Volk erhoben. Parteikader und Beamte verhielten sich wie die Mandarine des Kaiserreichs und die Bürokraten der Nanjing-Republik. Sie lebten in besonderen Wohnungen, hätten Diener, schickten ihre Kinder auf »aristokratische« Schulen, verbrächten Urlaub in eigens für sie angelegten Ferienorten – kurz: Sie hätten sich zu einer neuen privilegierten Klasse gemacht. Die Kritik blieb hier jedoch nicht stehen, sondern begann vielmehr die Grundlagen des Systems in Frage zu stellen und das Recht der Kommunistischen Partei auf Alleinherrschaft anzugreifen. Dies aber ging auch Mao zu weit. Dazu kamen erste Versuche der Kritiker, auch die Arbeiter zu mobilisieren. Liu Shaoqi warnte am 25. Mai: »Universitäten und Schulen sind schon in Bewegung. Wenn auch die Massen der Arbeiter, die Lehrer der Mittel- und Elementarschulen und andere Massenorganisationen sich zu mobilisieren beginnen, werden wir unsere Stellung nicht mehr halten können.«[4]

Der Umschlag in die Anti-Rechts-Kampagne

Am 8. Juni machte die Partei der Hundert-Blumen-Bewegung abrupt ein Ende. Sie hatte knapp sechs Wochen gedauert, vom 1. Mai bis zum 7. Juni. Nun schlug sie um in die Anti-Rechts-Kampagne. Die Intellektuellen, die sich mit Kritik hervorgewagt hatten, wurden als Rechtsabweichler gebrandmarkt, ihrer Ämter enthoben, in Arbeitslager und Gefängnisse geschickt oder in entlegene Dörfer zur Landarbeit verbannt. Tausende wurden hingerichtet oder endeten durch Selbstmord. Insgesamt fielen an die 500 000 Intellektuelle der Anti-Rechts-Kampagne zum Opfer.

Mao hatte eine bittere Niederlage erlitten. Zum ersten Mal hatte er einen strategischen Fehler begangen, der seinem Mythos der Unfehlbarkeit einen schweren Schlag versetzte. Im März 1957 hatte er noch die Partei beruhigt und behauptet: »Von den chinesischen Intellektuellen verstehen zehn Prozent den Marxismus, achtzig Prozent sind Patrioten und unterstützen den Sozialismus. Daraus ersieht man, dass das giftige Unkraut unter den frischen Blumen in der Minderheit ist.«[5] Doch die Konservativen in der Parteiführung hatten die Lage richtig eingeschätzt. Mao gab seine bis dahin unveröffentlichte Rede über die Behandlung von Widersprüchen in einer stark revidierten Fassung heraus, die von der ursprünglichen Absicht der Hundert-Blumen-Kampagne kaum noch etwas erkennen ließ. Es war ein demütigender Gesichtsverlust – gegenüber der Partei, aber auch gegenüber den Intellektuellen, die er jetzt verriet. Er hatte sich in den Intellektuellen

Im Juli 1957 wird der Propagandaminister Zhang Bojun im Zuge der Anti-Rechts-Kampagne von den dreitausend Mitarbeitern seines Ministeriums kritisiert.

getäuscht! Jetzt begann er sie rachsüchtig zu verfolgen. 1966 sollte die Kulturrevolution sie zu der »Stinkenden Neunten Kategorie der Klassenfeinde« erklären.

Der Triumph der Konservativen in der Partei währte allerdings nicht lange. Mao dehnte die Anti-Rechts-Kampagne bald auf die so genannten Rechtsabweichler in der Partei aus, zu denen er alle zählte, die sich einer maoistischen Transformation Chinas widersetzten. In einer massiven Säuberungskampagne wurde eine Million Mitglieder aus der Partei ausgestoßen oder erhielt Bewährungsauflagen. Viele wurden »zur Reform durch körperliche Arbeit« in die Dörfer »hinabgesandt«. Unter ihnen war damals Zhu Rongzhi, der heutige Premierminister, der in der Planungskommission gewagt hatte, Maos überhöhte Planziele anzuzweifeln.

Maos Hundert-Blumen-Kampagne erscheint uns im Nachhinein wie eine Vorübung für die Kulturrevolution, in der Mao die Roten Garden der Schüler und Studenten zum Sturm auf das Hauptquartier der Partei hetzte. Die der Hundert-Blumen-Kampagne nachfolgende Anti-Rechts-Kampagne machte das Jahr 1957 zum ersten der für die Entwicklung Chinas »verlorenen zwanzig Jahre« bis zum Tode Maos 1976. Das Land büßte einen wesentlichen Teil seiner intellektuellen Elite ein, der knappsten Ressource für den Aufbau eines modernen Staats und einer modernen Wirtschaft. In den Städten kam eine neue Schicht an die Macht: Aufsteiger aus der Arbeiter- und Bauernschaft, schlecht ausgebildet, ignorant gegenüber der Außenwelt und voll Hass gegen die Intellektuellen, von denen sie als Tölpel angesehen wurden. Ihr Kampf gegen die noch verbliebene modernisierende Elite in der Partei sollte die nächsten neunzehn Jahre bis zum Tod Maos prägen.

KAPITEL 15

Der »Große Sprung« (1958–1960): Die maoistische Revolution beginnt

Alles fing an mit Maos Einsicht, dass das sowjetische Entwicklungsmodell ein falscher Weg sei. Es führte nicht zu einer egalitären kommunistischen Gesellschaft, sondern schuf in Gestalt der Partei- und Staatsbürokratie eine neue Ausbeuterklasse. Und es erwies sich auch als Industrialisierungsstrategie für China als ungeeignet. Es brachte das Kapital für den Aufbau der Schwerindustrie auf, indem es die Bauern ausbeutete. Nach Stalins Methode mussten diese ihr Getreide zu den niedrigen staatlichen Ankaufspreisen abliefern und ihrerseits überhöhte Preise für industrielle Konsumgüter und landwirtschaftliche Geräte bezahlen. Doch Chinas Bauern lebten, anders als Stalins Bauern, am Rande des Existenzminimums. Das für die Industrialisierung nötige Kapital ließ sich nicht aus der bestehenden Landwirtschaft gewinnen, sondern nur aus einer erheblich gesteigerten landwirtschaftlichen Produktion.

Ein weiteres Problem hatte schließlich gerade der Ausgang der Hundert-Blumen-Kampagne aufgezeigt. Die Entwicklung einer modernen Industrie erforderte die Mitwirkung einer privilegierten intellektuellen und technischen Elite – einer Elite, die der Alleinherrschaft der Partei, wie sich gerade erwiesen hatte, feindlich gegenüberstand.

»Berge versetzen«

Als Ausweg entwickelte Mao eine alternative Entwicklungsstrategie, die radikal mit dem sowjetischen Industrialisierungsmodell brach. Die Grundidee lieferten die Erfahrungsberichte, die Aktivisten der Agrargenossenschaften – das waren Vorformen der dann entstehenden Kollektivfarmen – im Sommer 1955 auf einer von Mao einberufenen Großkonferenz vorgetragen hatten. Einen tiefen Eindruck hatte auf Mao damals der Erfahrungsbericht der Wang-Guofan-Genossenschaft gemacht. Diese Genossenschaft, die ganz aus armen Bauern bestand, hatte, angeleitet von ihrem Anführer Wang, die freie Winterzeit genutzt, um Buschholz aus den umliegenden Hügeln zu sammeln und als Brennholz zu verkaufen. Das zusätzliche Einkommen investierte sie in die Verbesserung der Felder und in den Kauf von Düngemitteln. Die Hektarerträge der Felder wuchsen, die Investitionen wurden größer, und schon im dritten Jahr baten die mittleren Bauern, in die Genossenschaft aufgenommen zu werden, da die Einkommen der armen Bauern nun ihre eigenen überstiegen. Mao hatte den Bericht der Wang-Guofan-Genossenschaft über Radio und Presse landesweit verbreiten lassen und ihn zum Mythos gemacht. Nun entnahm er ihm das Grundmodell für seine alternative Entwicklungsstrategie.

Zum Motor des Wachstums sollte von nun an die Entwicklung der ländlichen Gebiete werden, in denen ja nach wie vor achtzig Prozent der Bevölkerung lebten. Mao setzte auf die einzige Ressource, die China in Überfülle besaß: die Masse seiner Menschen. Diese Ressource, die auf dem Land in großem Umfang brachlag, wollte er durch eine gewaltige Kampagne mobilisieren. Die Bauern würden, insbesondere in der Winterzeit, Bewässerungskanäle, Wasserreservoirs und Straßen bauen, sie würden neues Ackerland erschließen und Deiche entlang den Flüssen zum Schutz vor Überschwemmung anlegen. Diese Infrastrukturen würden die Ernten und die Einkommen der Kollektivfarmen steigern. Die Nachfrage nach landwirtschaftlichen Geräten, Düngemitteln, Konsumgütern würde sich erhöhen. Diese Nachfrage wiederum würde die Gründung kleiner Fabriken ermöglichen, die für den örtlichen Bedarf produzierten. Eine Wachstumsspirale würde in Gang kommen. Produktion und Nachfrage auf dem Land würden immer höher steigen, Kapital akkumulieren und neue Märkte auch für die moderne Industrie in den Städten schaffen. Die Arbeit der bäuerlichen Massen würde sich in Kapital verwandeln.

Die neue Strategie sollte erreichen, dass die Bauern in den Kollektivfarmen die Entwicklung selbst vorantrieben und sich ihre Ziele selbst setzten. Dies würde zugleich die Macht der Bürokratie zurückdrängen. Sozialistische Gestaltung der Gesellschaft und Wirtschaftswachstum würden Hand in Hand gehen. Ja, es würde gerade die gesellschaftliche Transformation sein, die die latenten Produktivkräfte der Massen freisetzte. Revolution und Produktionssteigerungen waren kein Gegensatz, sondern bedingten sich gegenseitig.

Von ihrem Grundgedanken her erschien Maos neue Entwicklungsstrategie durchaus vernünftig. Sie entsprach dem, was auch die Weltbank damals den Entwicklungsländern zu empfehlen begann. Zum Irrsinn verwandelte sie sich erst durch ihre Verbindung mit einer zweiten Idee: der Idee des »Großen Sprungs«. Mao glaubte, durch die neue Strategie das Wachstum der Gesamtwirtschaft und gerade auch der Schwerindustrie dramatisch beschleunigen zu können. Die Mobilisierung brachliegender Arbeitskräfte auf dem Land und der Bau kleiner, mit primitiver Technologie arbeitender Fabriken in den Dörfern würde ja kaum Kapital in Anspruch nehmen, sondern im Gegenteil Kapital erzeugen und die Akkumulationsrate steigern. Der Aufbau der modernen Schwerindustrie konnte so nicht nur ungebremst weitergehen, sondern sogar beschleunigt werden. Landwirtschaft, Leichtindustrie und Schwerindustrie würden alle zugleich schnell wachsen. In einem »Großen Sprung nach vorne« würde China in fünfzehn Jahren Großbritannien überholen. Es war diese Idee des »Großen Sprungs«, die in die Katastrophe führte.

Im Mai 1958 segnete die Zweite Tagung des VIII. Parteikongresses den »Großen Sprung nach vorne« formell ab. China brach ideologisch wie wirtschaftspolitisch mit der Sowjetunion und machte sich zu einem zweiten, rivalisierenden Zentrum des Weltkommunismus.

Auf dem Land hatten die örtlichen Parteikader und die Bauern schon mit Beginn des Jahres 1958 zum Großen Sprung angesetzt. Zum Motor der Mobilisierungskampagnen wurden die Parteiausschüsse der ländlichen Kreisstädte. Um den neuen Aufgaben im Infrastrukturbau und der Errichtung ländlicher Industrien gewachsen zu sein, schlossen sich in der Provinz Henan bereits im April Kollektivfarmen zu einem ersten Großverbund zusammen. Mao verglich den Zusammenschluss begeistert mit der Bildung der Pariser Kommune 1871. Die Bauern von Henan tauften ihren Großverbund daraufhin stolz auf den Namen: »Sputnik-Kommune«. Bis Ende des Jahres, also in weniger als acht Monaten, waren praktisch die gesamten fünfhundert Millionen der ländlichen Bevölkerung Chinas in 24 000 »Volkskommunen« organisiert. Die durchschnittliche Kommune umfasste 20 000 Menschen, doch in dichtbevölkerten Regionen erreichten manche Kommunen bis zu 100 000 Mitglieder.

Die Volkskommunen sollten die neuen Grundeinheiten der ländlichen Gesellschaft sein, die Landwirtschaft, Industrie, Handel, Ausbildung, Verwaltung und örtliche Miliz in einer Hand vereinten. Sie sollten sich, wie die Pariser Kommune, selbst verwalten. Dies allerdings blieb eine schöne Theorie. In Wirklichkeit herrschten die lokalen Parteikader, die die Kommunen und ihre Untergliederungen leiteten, und die Parteisekretäre der Kreisstädte. Aus Bauern, die in demokratischen Gemeinschaften selbst über ihre Angelegenheiten bestimmen sollten, wurden in Kommunen organisierte Staatssklaven, die gezwungen wurden, bis zur totalen Erschöpfung an riesigen staatlichen Infrastrukturprojekten zu arbeiten.

Doch dies wurde den Bauern erst später bewusst. Zunächst waren sie mit Feuereifer bei der Sache. Mao versprach ihnen, dass China nach drei Jahren harter Arbeit ein Paradies egalitären Wohlstands sein werde. Er rührte damit jahrtausendealte Sehnsüchte der Bauern an. Mit chiliastischer Begeisterung stürzten sie sich in die Arbeit. Unter roten Fahnen und den Klängen von Marschmusik zogen sie zu den Bauarbeiten an den großen Infrastrukturprojekten. Die Felder wurden von den (unerfahrenen) Frauen bestellt. Gegessen wurde in der Gemeinschaftskantine der Kommune. Um die Kinder kümmerten sich Kindergärten. Zum Symbol der ländlichen Industrialisierung wurde die Stahlerzeugung »im Hinterhof«. Im Juli 1958 gab es bereits 30 000 ländliche Hochöfen; diese Zahl stieg bis Oktober auf eine Million. Millionen von Menschen kämpften in »der Schlacht für Stahl«, mit der man England überholen wollte.

Die Kommunen etablierten Ausbildungseinrichtungen, die Techniker für die ländliche Industrialisierung heranbilden sollten. Arbeit und Lernen wurden kombiniert. Das Ausbildungsideal lautete: »Rot und Experte«. Und so entstanden »Rot-und-Experte-Universitäten« sowie Abendschulen, die die Bauern mit dem Minimum an Lesefähigkeiten und technischen Kenntnissen ausrüsten sollten, das sie für den Betrieb der primitiven örtlichen Fabriken brauchten. Die Massen sollten »Meister der Technologie« werden. Auf diese Weise wollte Mao das Dilemma lösen, dass eine moderne Wirtschaft nicht auf eine technologische Intelligenz verzichten kann, die städtischen Intellektuellen aber nicht für die Diktatur der Partei zu gewinnen waren.

Im utopischen Überschwang gingen viele Kommunen unmittelbar zur kommunistischen Form der Güterverteilung über. Die Bauern übertrugen auch ihr persönliches Eigentum an die Kommune, und diese wiederum verteilte die Erträge nicht nach dem sozialistischen Prinzip: »Jedem nach seiner Arbeitsleistung«, sondern nach dem kommunistischen Prinzip: »Jedem nach seinen Bedürfnissen«.

Der Weg in die Katastrophe

Schon Ende des Jahres 1958 ließen sich die Probleme des Großen Sprungs nicht mehr übersehen. Die Hochöfen in den Dörfern stellten sich als gigantische Verschwendung heraus, denn der Stahl war nicht verwendbar. Die Bauern, von den Parteikadern zu unmenschlichen Anstrengungen angetrieben, waren erschöpft und von den Misserfolgen demoralisiert. In vielen Kommunen herrschte das reine Chaos. Im Dezember 1958 trat das Zentralkomitee in Wuhan zusammen und suchte wieder Stabilität herzustellen. Gegen Maos Widerstand wurden die extremsten Politiken zurückgenommen. Der voreilige Übergang zum Kommunismus wurde rückgängig gemacht, das persönliche Eigentum sollte zurückgegeben werden, und es sollte wieder das sozialistische Verteilungsprinzip gelten.

Ein halbes Jahr später, auf der Tagung des Zentralkomitees in dem Erholungsort Lushan Ende Juli 1959, kam der Streit in der Parteiführung zum offenen Ausbruch. Peng Dehuai, einer der alten Kampfgenossen Maos und Verteidigungsminister, griff die Strategie des Großen Sprungs und der Volkskommunen in ihrer Gänze an und schil-

So weit das Auge reicht: Schmelzöfen in der Provinz Henan. Tag und Nacht sind die Arbeiter damit beschäftigt, die Öfen in Betrieb zu halten.

derte in einem Brief an Mao offen das Elend, in das die Strategie auf dem Lande führte. Mao witterte einen Anschlag. Er übte Selbstkritik, stellte die Parteiführung jedoch vor die Wahl zwischen ihm und Peng. Wenn die Strategie des Großen Sprungs aufgegeben werde, dann werde er aufs Land gehen und die Bauern in einem Volkskrieg gegen Partei und Regierung führen. Vor das Risiko eines Bürgerkriegs gestellt, blieb der Parteiführung keine Wahl, als sich auf die Seite Maos zu stellen und Peng fallen zu lassen. Dieser wurde aller Ämter enthoben. Neuer Verteidigungsminister und Vizevorsitzender der Militärkommission wurde Lin Biao, der 1966 auf Seiten Maos zu einer der Schlüsselfiguren der Kulturrevolution werden sollte.

Im Herbst 1959 kam es so – gegen alle Vernunft – zu einer Wiederbelebung der Kampagne des Großen Sprungs. Aber inzwischen hatte das Gespenst einer Hungersnot sein Haupt erhoben. In der Euphorie der Rekordernte von 1958 hatten die ländlichen Kader, getrieben von den übergeordneten Stellen bis hin zur Provinzführung, die Ernteziele immer höher gesetzt. Schon die Angaben für die Ernte 1958 wurden maßlos übertrieben: Sie sollte sich gegenüber 1957 auf 375 Millionen Tonnen verdoppelt haben, in Wirklichkeit betrug sie an die zweihundert Millionen Tonnen. Für 1959 und 1960 wurden ähnlich dramatische Erntesteigerungen angenommen. Doch beide Jahre entwickelten sich im Gegenteil zu außerordentlich schlechten Erntejahren. Die Maoisten machten dafür Dürren und Überschwemmungen verantwortlich. Liu Shaoqi jedoch dürfte die Ursache richtig gesehen haben. Er schätzte, dass siebzig Prozent der Erntekatastrophe von »Menschenhand« verursacht wurden, denn nun rächte sich die Vernachlässigung der Feldarbeit zu Gunsten der Einsätze für die Infrastrukturprojekte und die Arbeit an den Hochöfen.

Was die schlechten Ernten jedoch zur größten Hungersnot des Jahrhunderts, wenn nicht der Menschheitsgeschichte überhaupt werden ließ, war ein teuflischer Mechanismus, der nun in Gang kam: 1959 stürzte die Getreideernte um fünfzehn Prozent auf 170 Millionen Tonnen ab, und 1960 fiel sie weiter auf 143,5 Millionen Tonnen. 1961 verharrte sie, mit geringfügiger Steigerung, auf dem niedrigen Niveau von 1960. Die örtlichen Kader jedoch, die hohe und ständig steigende Ernteergebnisse versprochen hatten, wagten nicht, nach oben zu melden, dass die Ziele nicht erreicht wurden, ja dass die Ernten weit unter derjenigen von 1958 lagen. Die staatlichen Getreideankaufsstellen gingen ihrerseits bei der Festsetzung der abzuliefernden Getreidemengen von den gemeldeten Rekordzahlen aus und erhöhten die Abgabemengen. Sie nahmen den Bauern mit Gewalt das Getreide weg, das diese zu ihrer eigenen Ernährung gebraucht hätten. In vielen Provinzstädten waren die Getreidespeicher voll, die Nettoexporte von Getreide stiegen steil an, in den Dörfern aber verhungerten die Menschen qualvoll.

Jasper Becker hat die Erinnerung einer Dorfbewohnerin in der Provinz Henan an den Winter 1960 wiedergegeben: »Auf dem schlammigen Weg, der aus dem Dorf herausführte, lagen Dutzende unbeerdigter Leichen; in den kahlen Feldern lagen andere; und zwischen den Toten krochen die Überlebenden langsam auf Händen und Knien und suchten nach wilden Grassamen zum Essen ... Es war bitterkalt, einige der Überlebenden sahen gesund aus, ihre Gesichter waren aufgebläht und ihre Glieder von Ödemen geschwollen, aber der Rest war zu Skeletten abgemagert. Bisweilen fielen Nachbarn und Verwandte einfach zu Boden, wenn sie durch das Dorf schlurften, und starben, ohne einen Laut von sich zu geben. Die Toten wurden liegen gelassen, wo sie starben, denn niemand hatte die Kraft, sie zu beerdigen. Über dem Dorf lag eine unnatürliche Stille. Die Ochsen waren gestorben, die Hunde waren gegessen, und die Hühner und Enten waren vor langem schon von der Kommunistischen Partei an Stelle von Getreide konfisziert worden ... Im Nachbardorf hatte eine Frau ihr eigenes Baby getötet. Sie und ihr Mann hatten es gegessen. Danach verfiel sie in Wahnsinn. Ein anderes Dorf hatte unter Führung seines Parteisekretärs versucht, den Getreidespeicher der Kommune zu stürmen, aber die Bauern waren von der Miliz niedergeschossen worden.

Von den dreihundert Einwohnern, die das Dorf von Frau Liu vor Beginn der Hungersnot zählte, überlebten nur achtzig. Am Ende kamen Soldaten in Lastwagen und warfen Säcke mit Getreide auf die

Straße. Frau Liu glaubt immer noch, daß es der Vorsitzende Mao war, der Truppen schickte und die noch Überlebenden rettete.«[6]

Erst im Laufe des Jahres 1960 war sich die Führung des Ausmaßes der Hungersnot auf dem Lande bewusst geworden, und Liu Shaoqi hatte Armeelastwagen mit Getreide in die Dörfer geschickt. Doch für dreißig bis vierzig Millionen Bauern war das zu spät.

Zu alldem kam der Bruch mit der Sowjetunion. Im Juli 1960 zog Chruschtschow abrupt die sowjetischen Experten ab. Sie nahmen ihre Blaupausen mit. Der Bau an vielen Industrieprojekten musste eingestellt werden. In den produzierenden Fabriken kam es zu Stillständen und Produktionsausfällen. Die Industrieproduktion stürzte 1956 um vierzig Prozent ab. Der Einbruch der chinesischen Gesamtwirtschaft in den drei »bitteren Jahren« von 1959 bis 1961 übertraf den Einbruch der amerikanischen Wirtschaft in der großen Depression Anfang der dreißiger Jahre. Der »Große Sprung nach vorne« war zum »Großen Sprung zurück« geworden.

KAPITEL 16

Eine kurze Ruhepause (1961–1965)

Restauration

Als im Laufe des Jahres 1960 die Katastrophe in ihrem schrecklichen Ausmaß offenbar wurde, zog Mao sich aus der Politik zurück. Die Pragmatiker Liu Shaoqi und Deng Xiaoping übernahmen die Führung und machten sich daran, die am Boden liegende Wirtschaft wieder in Gang zu bringen. Die egalitäre Politik des Großen Sprungs wurde stillschweigend abgebaut und der Weg in wachsende soziale Ungleichheit, den man mit der Übernahme des sowjetischen Entwicklungsmodells eingeschlagen hatte, wieder aufgenommen.

Auf dem Lande wurden die Volkskommunen formell beibehalten, aber weitgehend ihrer Funktionen beraubt. Sie wurden unterteilt in »Brigaden« (Dörfer) und »Produktionsgruppen«, die aus zwanzig bis dreißig Haushalten eines Dorfes bestanden. Die Entscheidung über die Feldbestellung und Ähnliches lag allein bei der Produktionsgruppe. Viele der ineffizienten Dorffabriken wurden geschlossen. Dasselbe Schicksal traf viele der ländlichen Schulen und Einrichtungen für den zeitweisen Unterricht sowie viele der ländlichen Zentren für die medizinische Versorgung. Die materiellen Anreize zur Produktionssteigerung, die Mao verachtete und daher gestoppt hatte, wurden wieder eingeführt. Die Arbeit in den Produktionsgruppen wurde nach Leistung entlohnt und die Entlohnung mit Hilfe eines ausgetüftelten Systems von »Arbeitspunkten« berechnet. Private Parzellen zur Eigenbewirtschaftung und private Kleintier- und Schweinehaltung wurden wieder erlaubt, ländliche Märkte wieder zugelassen. Die privaten Parzellen erreichten bis zu zwölf Prozent der Anbaufläche; Mitte der sechziger Jahre trug die private Produktion ein Drittel zu den bäuerlichen Einkommen bei. Von 1962 an erholte sich die landwirtschaftliche Produktion und erreichte mit 194,5 Millionen Tonnen wieder das Niveau von 1957, dem Jahr vor dem Großen Sprung.

Sehr viel schneller als die Landwirtschaft erholte sich die Industrie. Bis 1962 war die Lage stabilisiert. In den Jahren 1963 bis 1965 steigerte die Schwerindustrie ihre Produktion um siebzehn Prozent pro Jahr, und die Leichtindustrie legte sogar um 27 Prozent zu. Wie in der Landwirtschaft stellten Liu und Deng auch in der Industrie die finanziellen Leistungsanreize wieder her. Bonussystem und Akkordlöhne führten dazu, dass die Einkommen sich auseinander entwickelten. Die großen Staatsunternehmen gingen zudem immer mehr dazu über, billige Arbeitskräfte aus den ländlichen Gebieten mit Zeitverträgen einzustellen. Diese erhielten nicht nur niedrigere Löhne, sondern genossen vor allem keines der Privilegien der regulären Lebenszeitarbeiter wie Sicherheit des Arbeitsplatzes, eine praktisch kostenlose Wohnung und freie medizinische Versorgung. In den großen Staatsunternehmen entstand so ein Zweiklassensystem von Arbeitern.

Mit dem Wiederaufbau der Wirtschaft ging die Restauration der Parteibürokratie und Staatsverwaltung einher. Ordnung und leninistische Parteidisziplin kehrten zurück. In der Säuberung 1960/61 wurden viele maoistische Kader, von den örtlichen Kadern in den Dörfern bis hin zu den Parteisekretären in den Provinzen, wegen »unzureichenden Verständnisses für den Unterschied zwischen Sozialismus und Kommunismus« als Linksabweichler entlassen. Umgekehrt wurden viele der Intellektuellen, die in der Anti-Rechts-Kampagne von 1957 aufs Land verbannt worden waren, zurückgeholt und wieder in ihre Ämter eingesetzt.

Die Entwicklung von Partei und Staatsverwaltung zu riesigen bürokratischen Apparaten, die mit dem Ersten Fünfjahresplan eingesetzt hatte, ging mit steigendem Tempo weiter. Die Partei verwandelte sich endgültig in ein hierarchisches System. Es gab jetzt dreißig Rangstufen. Die Angehörigen der höchsten Stufe verdienten dreißigmal so viel wie die der niedrigsten Stufe. Wichtiger noch als die Gehaltsunterschiede waren die mit den einzelnen Rängen verbundenen Privilegien. Der Chef eines Büros (ping: Organisation unterhalb eines Ministeriums) hatte Anspruch auf eine Fünfzimmerwohnung, einen Dienstwagen mit Chauffeur, den er auch privat nutzen durfte, ein Ersteklasseabteil in der Eisenbahn, Urlaub in reservierten Luxuserholungsorten und anderes mehr. Parteifunktionäre und Staatsbeamte erhoben sich als eine elitäre Kaste über das Volk.

Die Ziele der neuen Führer waren nicht sozialistische Transformation, sondern Ordnung, Stabilität und Wirtschaftswachstum. Auf einer Parteitagung 1962, die dem Thema der für die private Bewirtschaftung freigegebenen Anbauparzellen auf dem Lande gewidmet war, äußerte Deng Xiaoping den berühmt gewordenen Ausspruch: »Es kommt nicht darauf an, ob eine Katze schwarz oder weiß ist, solange sie Mäuse fängt, ist sie eine gute Katze.« Nichts kennzeichnet den Geist der Partei in der ersten Hälfte der sechziger Jahre besser als dieser Ausspruch.

Mao saß derweilen, von der Politik zurückgezogen, in seinen Provinzpalästen und sah grollend zu, wie sich die Partei von einer revolutionären Organisation in einen professionellen, bürokratischen Apparat wandelte. Jahre später, zu Beginn der Kulturrevolution 1966, erinnerte er sich mit Bitterkeit: Generalsekretär Deng Xiaoping habe ihn in all den Jahren seit 1959 zu keiner Frage jemals um Rat gebeten.

Mit Groll und Rachsucht verfolgte Mao auch die literarische Tätigkeit in Peking. Gedeckt von dem mächtigen Parteisekretär und Oberbürgermeister, Peng Zhen, hatte in Peking in den Jahren 1960 bis 1962 eine Intellektuellengruppe die alte chinesische Tradition wieder aufgenommen, mit historischen Anspielungen und mit Parabeln die Politik der Gegenwart zu kritisieren. Der Historiker und Vizebürgermeister von Peking, Wu Han, schrieb damals das Drama »Hai Rui wird seines Amtes enthoben«, das im Januar 1961 im Druck erschien. Es spielt in der Ming-Zeit im 16. Jahrhundert und handelt von einem aufrechten konfuzianischen Beamten, der von einem tyrannischen Kaiser abgesetzt wird, weil er dagegen protestierte, dass korrupte Bürokraten den Bauern ihr Land wegnahmen. Es bedurfte keiner Interpretationskunst, um den tyrannischen Kaiser als Mao, den aufrechten Beamten als den (auf der Lushan-Konferenz entlassenen) Peng Dehuai und die Wegnahme von Bauernland mit der Politik der Volkskommunen zu identifizieren.

Ein anderer hoher Funktionär der Pekinger Parteiorganisation, Deng Tuo, veröffentlichte in einer regelmäßigen Spalte der »Pekinger Tageszeitung« über 150 »Abendgespräche am Schwalbenberg«, die verdeckte Satiren auf maoistische Politiken darstellten. Typisch für den beißenden Spott dieser Satiren war eine Geschichte, die auf Maos Philosophie des Großen Sprungs zielte: Der Bauer Li zeigt seiner Frau ein Ei und schildert ihr, wie er mit Hilfe dieses Eis reich werden wird. Er werde es zunächst von der Henne des Nachbarn bebrüten lassen und Schritt für Schritt eine Hühnerfarm aufbauen. Von der Hühnerfarm werde es dann weitergehen zur Viehzucht, und im weiteren Verlauf werde er sich eine Villa und mehrere Konkubinen leisten können. An dieser Stelle nimmt die Frau das Ei und zerschmettert es auf dem Boden.

Seit 1962 stabilisierten sich die Wirtschaftslage und die Ernährungssituation allmählich, und Mao tauchte aus der selbstgewählten Versenkung auf. Im Januar erschien er auf einer Parteitagung und griff in einer harten Rede den Verrat der Partei an den Massen an. Die Partei applaudierte, aber sie reagierte nicht. Im September 1962 startete Mao dann eine Initiative für eine »Sozialistische Erziehungskampagne« auf dem Lande. Angesichts der sich ausbreitenden Korruption

Die Führungsspitze Chinas im Januar 1962. Die schlimmsten Folgen des »Großen Sprungs« sind beseitigt, und Mao plant bereits neue Kampagnen.

unter den ländlichen Kadern sollte sie für einen neuen revolutionären Geist in den ländlichen Parteiorganisationen sorgen und zugleich die politisch apathisch gewordenen ländlichen Massen re-ideologisieren. Wie bei der Hundert-Blumen-Bewegung von 1957 sollte auch jetzt die Reform der Partei von außen angestoßen werden, indem Gruppen armer Bauern das Verhalten der örtlichen Parteikader kritisch untersuchten. Wiederum applaudierte die Partei, und im Mai 1963 beschloss das Zentralkomitee sogar ein Zehn-Punkte-Programm zur Durchführung der Erziehungsbewegung, aber es geschah noch immer nichts. Die Bewegung versandete im passiven Widerstand der Partei.

Mao hatte die Kontrolle über den von Liu und Deng beherrschten Parteiapparat verloren, doch er war nicht machtlos. Er besaß ein ungeheures Ansehen im Volk, das er und seine Anhänger nun konsequent durch den Ausbau des »Mao-Kults« weiter stärkten. Er hatte eine große Gefolgschaft unter den einfachen Parteikadern, die von dem Konflikt an der Spitze wohl gar nichts ahnten. Vor allem konnte er auf die Armee zählen, die unter dem Oberkommando seines Protegés Lin Biao stand. Lin richtete die Armee konsequent auf Mao aus, er politisierte sie und machte sie zum Propagator des Mao-Kults. Um den Großen Vorsitzenden dem einfachen Soldaten nahe zu bringen, ließ Lin eingängige Zitate von Mao in einer Sammlung zusammenstellen, die dann 1966 bis 1968, in Milliardenauflage gedruckt, zur Bibel der Kulturrevolution und als das »Rote Büchlein« weltberühmt werden sollten. Angesichts dieser Machtkonstellation mussten sich die Parteiführer in Peking mit ihrer Strategie, in den Lobpreis Maos als den Großen Führer einzustimmen, aber hinter dieser Fassade eine nichtmaoistische Politik zu betreiben, ihr eigenes Grab schaufeln.

KAPITEL 17

Die Große Proletarische Kulturrevolution (1966–1969)

Die Ideologie der Kulturrevolution

Im Sommer 1966 zog Mao, nun 72 Jahre alt, in seinen letzten großen revolutionären Kampf. Was sich in den folgenden drei Jahren, von Mai 1966 bis April 1969, in Chinas Städten, den Schauplätzen der Kulturrevolution, abspielen sollte, gehört zu den außerordentlichsten Ereignissen der Geschichte des 20. Jahrhunderts. Die Kulturrevolution hatte Auswirkungen weit über China hinaus, ihre Ideologie wurde zu einer der Triebkräfte der Studentenrevolte in den USA und in Europa.

Seit 1962 hatte Mao in immer neuen Anläufen versucht, die Kontrolle über den Parteiapparat zurückzuerobern. Doch man beklatschte die Reden des Großen Vorsitzenden – und ließ seine Initiativen still versanden. Nun gab Mao den Versuch auf, sich von innen heraus wieder in der Partei durchzusetzen. Er beschloss, auf seiner Seite die Massen ins Spiel zu bringen und die Jugend zum Sturm gegen die Hauptquartiere der Partei aufzurufen – gegen Liu Shaoqi und Deng Xiaoping in Peking und gegen die Parteisekretäre in den Provinzen.

Mao beseitigte seine Kollegen aus den alten Tagen nicht, wie Stalin das in den dreißiger Jahren getan hatte, durch innerparteiliche Säuberungen, sondern inszenierte gegen sie einen Volksaufstand. Die Koalition, die nötig war, um diesen Aufstand zu mobilisieren und abzusichern, hatte er in den vorangegangenen Jahren aufgebaut. Maos Frau Jiang Qing, eine ehemalige Schauspielerin aus Shanghai, die die Chance witterte, endlich die politische Bühne zu betreten, hatte Mao die für die Propagandaarbeit unentbehrliche Schar radikaler Shanghaier Intellektueller zugeführt. Lin Biao hatte die Armee politisch auf Mao ausgerichtet. Und auch die Unterstützung Kang Shengs war gesichert, der als Chef der Staatssicherheit die Polizei und die zivilen Sicherheitskräfte kommandierte. Der Kampf gegen die Partei konnte beginnen.

Die Kulturrevolution war kein bloßer persönlicher Machtkampf. Sie war zugleich der verzweifelte Versuch des alternden Führers, »seine« Revolution zu retten. Wie Lenin auf dem Totenbett um sein Erbe gefürchtet hatte, so lebte Mao in der Angst, die von ihm zum Sieg geführte Revolution werde am Ende nichts anderes bewirkt haben, als die alte privilegierte Klasse der ländlichen Grundbesitzer und der städtischen Bourgeoisie durch eine neue Ausbeuterklasse zu ersetzen: die Staatskapitalisten der kommunistischen Partei- und Verwaltungsbürokratie. China war dabei, den Weg der Sowjetunion zu gehen. Um dies abzuwenden, wollte Mao die Partei zu einer fundamentalen Reform zwingen, indem er sie der Kritik von außen, dem Angriff der Massen aussetzte – ein Vorhaben, das die Partei seit der Hundert-Blumen-Bewegung immer wieder zu blockieren gewusst hatte.

Von einer leninistischen Avantgarde, die vom grünen Tisch aus die Massen regierte, sollte die Partei sich zu einer asketischen Organisation wandeln, die die Massen nach dem Prinzip der »Massenlinie« führte. Sie sollte in das Volk eintauchen, um seine Bedürfnisse, Wünsche und Beschwerden kennen zu lernen; sie sollte diese dann rationalisieren, miteinander versöhnen und zu operativen politischen Programmen formulieren; dann sollte die Partei wieder zum Volk zurückgehen und diese Programme erklären. Letztlich behielt sich die Partei die alleinige Entscheidungsgewalt vor – dies war auch für Mao ein unumstößliches Prinzip, eine wirkliche Demokratie lehnte er stets strikt ab. Aber das Volk sollte das Recht haben, zu kritisieren und so auf die Partei einzuwirken. In den heroischen Yan'an-Tagen, den Tagen des Kriegs gegen Japan und des Bürgerkriegs, hatte sich die Partei diesem Ideal genähert und dadurch die Bauernmassen für sich gewonnen. Jetzt war Mao entschlossen, die zu einem bürokratischen Apparat entartete Partei in die Yan'an-Partei zurückzuverwandeln und sie von jenen, die sich nicht mehr wandeln ließen, zu säubern. Die nicht mehr Bekehrbaren schätzte Mao dabei auf weniger als fünf Prozent der Parteimitglieder, unter ihnen viele seiner Führungskollegen aus der Zeit des Langen Marsches.

Bei der Mobilisierung der Jugend schwebte Mao noch ein zweites Ziel vor: Die Jugend sollte nicht nur die Partei reformieren, sondern sich durch den revolutionären Kampf selbst erziehen und den neuen sozialistischen Menschen heraufführen. Im Kampf sollte eine revolutionäre Jugend entstehen, die Maos Erbe weitertragen würde. Die Kulturrevolution, betonte Mao immer wieder, sollte die Menschen »in der Tiefe ihrer Herzen« erfassen und ihr Bewusstsein verwandeln.

Wie das Ziel des Großen Sprungs, so war auch das Ziel der Kulturrevolution utopisch, ging an der Natur des Menschen vorbei. Bereits die Vorstellung, die Massen seien unter Maos Befehl zu einheitlichem Handeln fähig, stellte sich von Anfang an als Illusion heraus. Die Massen hatten kein einheitliches Interesse, durch sie ging vielmehr eine soziale Kluft, die sie in Feinde und Verteidiger des Systems spaltete. Die Feinde hassten dabei keineswegs nur die fünf Prozent der Partei, die sich »auf den Weg des Kapitalismus« begeben hatten, sondern das Parteiestablishment insgesamt. Der revolutionäre Aufstand der Jugend entartete so sehr bald in einen Bürgerkrieg aller gegen alle und stürzte die Städte in Chaos und Anarchie. Wie der Große Sprung scheiterte auch die Kulturrevolution auf das Furchtbarste und warf China in seiner Entwicklung um Jahre zurück.

Der Sturm der Roten Garden bricht los (Mai bis Oktober 1966)

Rachsucht im Herzen, hatte Mao gegen Ende 1965 das von seinen Gegnern beherrschte Peking verlassen und sich nach Shanghai zurückgezogen. Von dort aus wurde nun der Startschuss zur Kulturrevolution abgefeuert. Am 10. November erschien in einer Shanghaier Zeitung eine scharfe Kritik an Wu Hans Drama »Hai Rui wird seines Amtes enthoben«. Autor des im Auftrag Maos verfassten Artikels war Yao Wenyuan, einer der radikalen Intellektuellen aus Jiang Qings Kreis. Er warf dem Pekinger Vizebürgermeister »bourgeoise Opposition« gegen die Volkskommunen und die Diktatur des Proletariats vor. Doch die Mauern Pekings, die, wie Mao klagte, nicht einmal eine Nadel durchdringen konnte, hielten zunächst stand. Hinter Wu stand Pekings Parteiboss Peng Zhen, der den politischen Angriff auf das Gleis einer akademischen Debatte über die historische Korrektheit des Theaterstücks schob.

Im Mai 1966 jedoch kehrte Mao wie ein Racheengel nach Peking zurück, und nun überstürzten sich die Ereignisse. Peng Zhen und alle Mitglieder des Pekinger Parteiausschusses verloren ihre Ämter. Abgesetzt wurde auch der Propagandachef der Partei, Lu Dingyi. Die Pekinger Verwaltung und der Propagandaapparat der Partei waren damit in der Hand der Maoisten. Darüber hinaus setzte Mao eine »Kulturrevolutionsgruppe des Zentralkomitees« ein, die er mit radikalen Maoisten besetzte und von Jiang Qing anführen ließ.

Von der Kulturrevolutionsgruppe angestoßen und unterstützt, bildeten sich an der Peking-Universität und den ihr angeschlossenen höheren Schulen die ersten »Revolutionären Studenten- und Schülergruppen«. Am 25. Mai schlug eine junge radikale Assistenzprofessorin, Nie Yuanzi, in der Universität eine Wandzeitung an, in der sie den Universitätspräsidenten Lu Ping kritisierte und zum revolutionären Kampf aufrief: »Die Zeit ist gekommen für alle revolutionären Intellektuellen, in die Schlacht zu ziehen! Stehen wir zusammen und halten wir das große rote Banner der Mao-Zedong-Gedanken hoch … Vernichten wir all die Schlangengeister und Rinderdämonen und all die konterrevolutionären revisionistischen Chruschtschows, und führen wir die sozialistische Revolution zu ihrem Ziel!«

Schlangengeister und Rinderdämonen sind nach chinesischem Volksglauben böse Geister, die menschliche Gestalt annehmen, um

Unglück zu bringen. Erkannt jedoch, kehren sie in ihre ursprüngliche Gestalt zurück. Diese bösen Geister in der Partei zu enttarnen – dies war die Aufgabe, die Mao der Kulturrevolution zudachte.

Die Parteiführung der Universität ließ die Wandzeitung sofort abreißen. Doch als Mao von ihr hörte, verbreitete er den Text über Radio und Presse im ganzen Land und feierte die Wandzeitung als das »Manifest der (Pariser) Kommune von Peking«. Nun brach der Sturm los. Überall in den Städten formierten sich Studenten und Oberschüler zu revolutionären Gruppen, die sich im weiteren Verlauf Rote Garden nannten. Die Mauern der Städte füllten sich mit Wandzeitungen in großen Schriftzeichen.

Im Juni verließ Mao Peking. Liu Shaoqi versuchte nun, die Bewegung nach altbewährter Methode unter Kontrolle zu bekommen, und entsandte Arbeitsgruppen der Partei in die Universitäten und Schulen. Diese versuchten den Angriff vom Parteiestablishment abzulenken, indem sie ihn gegen Lehrer, Professoren, Schriftsteller und gegen ehemalige Angehörige der Bourgeoisie richteten. Sie konnten sich dabei die bestehende soziale Spaltung in der Studentenschaft der Oberschulen und Universitäten zu Nutze machen.

Nach ihrer Herkunft untergliederten sich die Studenten in drei Klassen:

- Studenten der »Roten Klasse«. Zu ihr gehörten alle Studenten aus Arbeiter- und armen Bauernfamilien und vor allem Studenten, die von Vätern abstammten, die alte Parteimitglieder waren, das heißt schon vor Oktober 1949 in die Partei eingetreten waren. Letztere bildeten die »Rote Elite« unter den Studenten.
- Studenten mit »Mittlerer Klassenherkunft«. Zu ihnen wurden die Kinder der einstmals reichen Bauern und der ehemaligen Kleinbürger – Ladenbesitzer und Handwerker – gezählt sowie die Kinder aus Intellektuellenfamilien, wobei zu den Intellektuellen auch die einfachen Büroangestellten gerechnet wurden.
- Studenten der »Schwarzen Klasse«. Sie bildeten eine kleine Gruppe und waren die Kinder ehemaliger »Kapitalisten« und Grundbesitzer und anderer Klassenfeinde, die kaum zu einer höheren Ausbildung zugelassen wurden.

Die Studenten der Roten Klasse waren die privilegierte Schicht an den Universitäten und Schulen. Die Kinder der hohen Parteikader benahmen sich bereits wie die Erben ihrer Väter und die künftigen Herren. Dies trug ihnen den Hass der beiden anderen Klassen ein.

Die ersten Roten Garden, die sich formierten, waren exklusive Klubs der Roten Klasse, angeführt von den Kindern hoher Funktionäre und Beamten. Dirigiert von den Arbeitsgruppen der Partei, attackierten sie nicht »die bourgeoisen Elemente in der Partei«, wie Mao es vor allem wollte, sondern ihre Lehrer und die bourgeoisen

Klassenfeinde von einst. Auf den Höfen der Oberschulen und Universitäten brach die Hölle los. Die Schüler und Studenten veranstalteten Kampfversammlungen gegen ihre Lehrer und Professoren, demütigten und quälten sie und trieben nicht wenige von ihnen in den Tod. Ein solcher Vorgang wäre noch wenige Jahrzehnte zuvor in China undenkbar gewesen, und er zeigte, wie weit sich das Land der Mitte von der alten konfuzianischen Gesellschaft entfernt hatte.

In seiner Autobiographie beschrieb der ehemalige Rotgardist Ken Ling die ersten Tage der Kulturrevolution: »Auf dem Sportplatz sah ich einige Reihen von Lehrern; ihre Köpfe und Gesichter waren mit schwarzer Farbe übergossen, so dass sie tatsächlich einer ›Schwarzen Bande‹ glichen. Um den Hals hatten sie Zettel hängen, auf denen stand: Reaktionäre akademische Autorität Sowieso ... Klassenfeind Sowieso ... Auf jedem Zettel war ein rotes Kreuz, so dass die Lehrer aussahen wie verurteilte Häftlinge. An ihrem Hals hingen mit Steinen beschwerte Eimer. Ich erblickte den Rektor. Sein Eimer war so schwer, dass der Draht tief ins Fleisch schnitt. Sie mussten um den Sportplatz laufen und rufen: ›Ich bin der schwarze Verbrecher Sowieso‹ ... Schließlich knieten sie alle nieder, zündeten Räucherstäbchen an und baten Mao Zedong um Vergebung für ihre Verbrechen.«[7]

Es sollte jedoch nicht lange dauern, bis auch die Studenten mit mittlerem Klassenhintergrund revolutionäre Gruppen gründeten, die sich zu den »Rebellenfaktionen« der Roten Garden zusammenschlossen. Diese griffen im weiteren Verlauf der Kulturrevolution Parteikader und Beamte auf allen Ebenen der Hierarchie an. Die Studenten der Schwarzen Klasse blieben dagegen stets außerhalb der Bewegung; auch die Rebellengruppen wagten aus Sorge, sich zu kompromittieren, in der Regel nicht, sie aufzunehmen. Die Schwarze Klasse der Jugend war nicht Täter, sondern nur Opfer der Kulturrevolution.

Die konservative Rote-Klasse-Faktion der Roten Garden wollte, unterstützt vom Parteiapparat, das Regime, das sie privilegierte, verteidigen und ihre Väter schützen. Die Rebellenfaktion dagegen wollte, unterstützt von der ZK-Kulturrevolutionsgruppe, die Parteiherrschaft, die sie diskriminierte, stürzen. Hinter den maoistischen Parolen beider Gruppen verbarg sich ein tödlicher Konflikt: Die Kulturrevolution sollte sich zum Bürgerkrieg der beiden Faktionen der Rotgardisten und – gegen Ende des Jahres 1966 – der entsprechenden Faktionen der Arbeiter gegeneinander entwickeln. Es war ein Krieg, der immer brutaler und blutiger ausgetragen wurde bis ihn schließlich die Armee mit Waffengewalt beendete. Hunderttausende fanden in diesem Bürgerkrieg den Tod.

Doch wir sind den Ereignissen vorausgeeilt. Kehren wir zurück in den Sommer 1966. Am 16. Juli durchschwamm Mao, bevor er nach Peking zurückkehrte, den Jangtse (oder genauer: ließ sich, im Wasser stehend und mit den Armen rudernd, über eine lange Strecke hin ans andere Ufer treiben). Im bäuerlichen China, wo kaum jemand schwimmen konnte, haftete dem Schwimmen, mit dem der Mensch sich in ein ihm fremdes Element wagte, ein Hauch des Wundersamen an und die religiöse Vorstellung des Aufbruchs in eine neue, bessere Welt.[8] Mit dem Schwimmen im Jangtse demonstrierte der zweiundsiebzigjährige Mao also nicht nur seine unverminderte physische Stärke, sondern vollbrachte eine kultische Handlung, die den Aufbruch zu neuen Ufern versinnbildlichte. Das Bild des schwimmenden Mao, vom Fernsehen über ganz China ausgestrahlt, löste einen Begeisterungstaumel im Volk aus.

Hymnisch gefeiert, zieht Mao nun in Peking ein. Er verurteilt aufs Schärfste den »Weißen Terror« der vergangenen fünfzig Tage und befiehlt, die Arbeitsgruppen der Partei sofort aus den Universitäten und Schulen abzuziehen. In einer turbulenten ZK-Sitzung (1.–12. August) setzt er dann seine Form der Kulturrevolution durch: die Revolution gegen die Partei. Auf den Straßen Pekings patrouillieren Lin Biaos Truppen, und durch die Fenster des ZK-Versammlungssaals dringt der Lärm der Roten Garden.

Am 5. August schlägt Mao mitten in der ZK-Tagung eine eigenhändig verfasste Wandzeitung an der Tür des Versammlungsraums an: »Bombardiert die Hauptquartiere«. Hier heißt es: »In den letzten fünfzig Tagen haben einige führende Genossen, vom Zentrum bis hinab zu den lokalen Ebenen, in einer der Kulturrevolution diametral entgegengesetzten Weise gehandelt. Sie haben eine bourgeoise Diktatur errichtet und die aufsteigende Bewegung der Großen Kulturrevolution niedergeschlagen.« Maos Wandzeitung ließ keinen Zweifel, dass sich der Angriff der Kulturrevolution gegen die Spitze der Partei selbst, gegen Liu Shaoqi und Deng Xiaoping, richtete. Der Krieg war offen erklärt.

Am 18. August verabschiedete das Zentralkomitee ein Sechzehn-Punkte-Programm als Leitlinie für die Kulturrevolution. Dieses Programm stellte die Magna Charta der Revolutionäre dar und formulierte für sie zwei Aufgaben:

- erstens diejenigen Machthaber in der Partei zu stürzen, die »den kapitalistischen Weg eingeschlagen« hätten, sowie die »reaktionären und bourgeoisen akademischen Autoritäten« zurückzuschlagen;
- zweitens die vier Relikte der alten Gesellschaft zu bekämpfen – »altes Denken, alte Kultur, alte Sitten und alte Gewohnheiten« –, mit deren Hilfe die früheren Ausbeuterklassen versuchen würden, die Massen zu korrumpieren und die Macht zurückzuerobern.

Zu Trägern der Revolution ernannte die Resolution Arbeiter, Bauern, Soldaten, die revolutionären Intellektuellen, die revolutionären Parteikader und – an vorderster Front – die revolutionären Jugendlichen, die zu einer »bisher unbekannten Kraft, ja zu Bahnbrechern«

geworden seien. Die Resolution beschloss weiter, für die kulturrevolutionären Gruppen ein System allgemeiner Wahlen einzuführen, das dem der Pariser Kommune von 1871 gleichen sollte.

Noch am selben Tag nahm Mao auf dem Tiananmen-Platz die Heerschau einer Million jugendlicher Rotgardisten ab. An seiner Seite stand Lin Biao. Viele der Jugendlichen gerieten beim Anblick ihres »Oberkommandierenden«, der Uniform und die Armbinde der Roten Garden trug, in hysterische Verzückung. In den folgenden Monaten fanden noch sieben weitere solche Heerschauen statt, zu denen insgesamt elf Millionen Rotgardisten von überall her nach Peking anreisten. Die Armee stellte Eisenbahnzüge und Lastwagen für den freien Transport zur Verfügung und sorgte für Unterkunft und Verpflegung.

In Chinas Städten brach die Hölle los. Millionen von Oberschülern und Studenten zogen in Kampftrupps von zwanzig und dreißig Leuten, unter dem ohrenbetäubenden Lärm von Trommeln und das Rote Büchlein der Mao-Zitate schwenkend, durch die Straßen. Die zur Faktion der Roten Klasse gehörenden Gruppen drangen in die Wohnungen der früheren Bourgeoisie ein, zerschlugen alte Möbel und altes Porzellan, verbrannten Bücher und Bilder. Sie verwüsteten Tempel und Museen. Sie setzten Professoren, Lehrern und Angehörigen der früheren Oberschichten hohe weiße Narrenkappen auf, trieben sie durch die Straßen, demütigten und quälten sie in »Kampfsitzungen«, um sie zu »Geständnissen« zu bringen. Die Opfer wurden ihnen zumeist durch die örtlichen Parteizentralen vorgegeben. »Rebellentrupps« von Roten Garden organisierten derweilen Kampfsitzungen gegen Parteikader, die ihnen anfangs von den örtlichen Kulturrevolutionsgruppen genannt wurden. Immer häufiger kam es auch zu blutigen Schlachten der Faktionen der Roten Garden gegeneinander.

Die Shanghai-Kommune (Oktober 1966 bis Februar 1967)

In den letzten Monaten des Jahres 1966 trat die Kulturrevolution in eine neue Phase ein. Mao und die Pekinger ZK-Kulturrevolutionsgruppe, konfrontiert mit dem hinhaltenden Widerstand des Parteiapparats in den Provinzen, befahlen die »Machtergreifung durch die proletarischen Revolutionäre«. Neue Akteure traten nun neben die Rotgardisten auf die Bühne: die Arbeiter. Aber auch durch die Arbeiterschaft ging – wie durch die Studentenschaft – ein sozialer Riss. Auf der einen Seite standen die regulären, auf Lebenszeit angestellten Arbeiter der Staatsunternehmen. Für sie galt das Versprechen der »eisernen Reisschüssel«: Das Unternehmen sorgte für sie von der Wiege bis zur Bahre, stellte Wohnungen, medizinische Versorgung, Kindergärten, Schulen und Altersrenten bereit. Wenn es unter den städtischen Massen Gewinner der kommunistischen Revolution gab, dann waren es die Arbeiter. Die Gegenseite bildeten die zumeist vom Lande kommenden Hilfsarbeiter, die mit kurzfristigen Verträgen zu niedrigen Löhnen eingestellt wurden und keinerlei soziale Sicherheit genossen. Sie stellten das wirkliche Proletariat dar, das am Rande des Existenzminimums lebte – ausgebeutet von den Staatsunternehmen und dem kommunistischen Staat.

Die erste Machtergreifung fand in der Elfmillionenstadt Shanghai statt. Die Stadtregierung stützte sich auf die Facharbeiter und Techniker der Staatsunternehmen, die sich zu den »Scharlachgarden« formiert hatten und – nach eigenen Angaben – 800 000 Mitglieder zählten. Gegen sie standen die radikalen Gruppen der unterprivilegierten Hilfsarbeiter und der Arbeiter in den städtischen Kollektivbetrieben. Sie hatten sich zur Allianz der »Hauptquartiere der Revolutionären Revolte der Shanghai-Arbeiter« zusammengeschlossen. Zwischen beiden Revolutionsheeren kam es zu blutigen Auseinandersetzungen, die Ende Dezember die ganze Stadt paralysierten.

Der Kampf wurde entschieden durch das Eingreifen Pekings. Schon im November war aus der Hauptstadt Zhang Chunqiao angereist, der bis Juli Shanghais Parteisekretär gewesen war und jetzt der ZK-Kulturrevolutionsgruppe angehörte. Zhang stellte sich auf die Seite der Arbeiter-Hauptquartiere und erklärte sie zur einzigen legitimen Organisation des Proletariats. Am 5. Januar 1967 wurden der Shanghaier Parteiausschuss und die Stadtverwaltung gestürzt. Ganz China feierte die »Januarrevolution«. Die Rebellen machten sich nun daran, die alte Stadtregierung durch eine Kommune nach dem Vorbild der Pariser Kommune zu ersetzen. Die Shanghai-Kommune sollte sich – so der Plan – aus geheim gewählten, jederzeit abrufbaren Vertretern der Arbeitseinheiten in den Unternehmen zusammensetzen. In den Unternehmen selbst setzten die Arbeiter das alte Management und die Parteiausschüsse ab und ersetzten sie durch gewählte und abrufbare neue Manager. Die Arbeiter würden endlich, wie es in Chinas Verfassung stand, die »Herren des Staates« werden.

Doch würden sie es wirklich werden? Am 6. Januar kehrte Zhang Chunqiao, begleitet von Yao Wenyuan, dem Verfasser der Kritik gegen Wu Han, von Peking nach Shanghai zurück. Die beiden schlossen mit dem Führer der Arbeiter-Hauptquartiere, dem Textilarbeiter Wang Hongwen, eine Allianz – wir werden den Dreien am Ende der Mao-Zeit als Mitgliedern der Viererbande wiederbegegnen. Die Dreier-Allianz bestimmte nun die Mitglieder der Kommune – für Wahlen wurden die Arbeiter auf später vertröstet. Am 5. Februar wurde die Shanghai-Kommune unter dem Jubel der Massen ausgerufen. Mit dem Modell der Pariser Kommune hatte sie allerdings wenig zu tun.

Es waren nicht die Arbeiter, die nun in Shanghai herrschten, sondern Zhang Chunqiao, der sich nicht nur auf das Bündnis mit Wang und Yao stützen konnte, sondern auch auf die Armee und den Staatssicherheitsdienst. Immerhin, nun hatten die Arbeiter zum ersten Mal eine Stimme in den Entscheidungen über ihr Schicksal.

Angestachelt durch das Vorbild Shanghais, ergriffen radikale Arbeiter und Rotgardisten überall in China die Macht in den Städten und schickten sich an, Kommunen zu errichten. Mao hatte die demokratisch gewählte Pariser Kommune stets als Leitbild hingestellt, doch vor die Verwirklichung seiner Theorien gestellt, kamen ihm Zweifel. Welcher Platz würde denn für die Partei in einem System sich selbst verwaltender Kommunen bleiben? Mao wollte die Partei reformieren und sie wieder mit revolutionärem Geist erfüllen, aber abschaffen wollte er sie nicht. Die Partei war, wie der erste Satz des Roten Büchleins kategorisch feststellte, der Kern der Revolution. Im kritischen Stadium der Kulturrevolution angekommen, schwenkte Mao nun abrupt um. Er ordnete an, die Shanghai-Kommune aufzulösen und die Stadtregierung nach einem anderen Modell zu organisieren. Das neue Modell war der »Revolutionäre Ausschuss«, in dem Vertreter der Partei, der Armee und der Massenorganisationen jeweils ein Drittel der Stimmen hatten. Das bedeutete, dass nun die Armee regierte, unterstützt von maoistischen Parteikadern.

Das Ende der Revolution (März 1967 bis April 1969)

Am 23. Januar 1967 hatte Lin Biao auf Anweisung Maos der Armee befohlen, auf Seiten der revolutionären Linken einzugreifen und Ordnung und Disziplin wiederherzustellen. In der Praxis widmete sich die Armee vor allem dem zweiten Auftrag. An vielen Orten wurden radikale Rote Garden und Arbeiterorganisationen aufgelöst, Tausende und Abertausende von Aktivisten wurden verhaftet und Tausende in bewaffneten Auseinandersetzungen getötet.

Im Mai 1967 gewann die radikale ZK-Kulturrevolution jedoch noch einmal die Oberhand. Nun brach über China ein Orkan von Gewalt herein. In Peking stürmten die Massen die Ministerien und zerstörten die Geheimarchive. Wandzeitungen in großen Schriftzeichen griffen nun selbst Ministerpräsident Zhou Enlai als Führer der »Roten Kapitalistenklasse« an, und Rote Garden belagerten ihn in seinem Büro. Im August besetzten die Rebellen das Außenministerium und brannten die britische Botschaft nieder, da die britische Verwaltung in Hongkong die Gründung Roter Garden unterband. In den Provinzen griffen Rebellengruppen Armee-Einheiten mit Waffen an, die sie aus Militärdepots erbeutet hatten. Nach den Übergriffen der Armee zu Beginn des Jahres schloss der Hass der Revolutionäre auf das Establishment nun auch die Armee ein. Zu diesen bewaffneten Auseinandersetzungen kamen die blutigen Kämpfe rivalisierender Massenorganisationen untereinander. Der Aufruhr griff schließlich auch auf die ländlichen Gebiete über, wo bewaffnete Bauern sich zusammenschlossen, in die Städte marschierten und Partei- und Regierungsgebäude angriffen.

Ein Bericht der Zeitung der Rebellenfaktion in Kanton über einen blutigen Angriff der Roten Garden sei hier zur Illustration wiedergegeben:»Das entsetzliche Blutvergießen vom 11. September (1967) ... war kein bloßer Zufall. Es war vielmehr ein blutiges Abschlachten der revolutionären Rebellen und revolutionären Massen, angezettelt von einer Handvoll böser Führer der konservativen Organisationen, die von den Machthabern in der Partei, die den kapitalistischen Weg eingeschlagen haben, manipuliert wurden. Ziel war, ... den Kampf ›Kritisiere Tao Zhu‹ (Kantons Bürgermeister) aus seiner Richtung zu werfen ... Um irgendwelche falschen Auffassungen richtig zu stellen, geben wir nachstehend einen Bericht über die Untersuchungen, die die Kommune Rote Flagge des Jian-Guo-Restaurants und die Roten Hauptquartiere der Elementarschulen an Ort und Stelle unternahmen:

Am 11. September sammelten die Gruppe ›Frühlingsdonner‹, die ›Bezirkshauptquartiere‹, ›die Doktrin-Garden‹ und andere konservative Kräfte in Kanton ihre Mitglieder ... und fuhren in Lastwagen zur Zhongshan-Straße Nr. 5 ... Die Rädelsführer setzten Maschinengewehre, Pistolen, Handgranaten und andere mörderische Waffen ein, um ihr vorsätzliches Massaker zu beginnen ... Dreizehn Personen der revolutionären Massen wurden getötet und 150 verwundet, siebzehn von ihnen schwer ... Darüber hinaus wurden zahllose Menschen durch Steine, die die Mitglieder der Bezirkshauptquartiere und die Doktrin-Garden warfen, verletzt. Sieben Personen wurden entführt und auf Lastwagen weggefahren.«[9]

China stand vor dem Abgrund. In dieser Lage gab Mao am 5. September 1967 der Armee den Befehl, die Ordnung mit Waffengewalt wiederherzustellen. Der Kaiser, der seinen Untertanen das Recht auf Rebellion gegeben hatte, zog dieses Recht nun souverän zurück. Eine Hexenjagd gegen die »Ultralinken« setzte ein. Ihre prominentesten Opfer waren einige der führenden Mitglieder der ZK-Kulturrevolutionsgruppe. Sie wurden der Verschwörung beschuldigt und verhaftet. Jiang Qing hatte sich gerade noch retten können, indem sie frühere radikale Äußerungen öffentlich widerrief.

Im Frühling und Frühsommer 1968 bäumten sich die Massen ein letztes Mal gegen den Verrat an der Revolution auf. Doch die Armee schoss die Rebellen erbarmungslos zusammen. Im Juli rief Mao die Führer der Roten Garden zu sich und warf ihnen vor: »Ihr habt mich enttäuscht, und was mehr ist, ihr habt die Arbeiter und Bauern enttäuscht.« Es war das Ende der Roten Garden. Mao schickte Millionen von Studenten und Schülern aufs Land in oft abgelegene Dörfer des Nordens und Westens, damit sie von den Bauern umerzogen würden. Als Versöhnungsopfer brachte er Liu Shaoqi den Massen dar. Er ließ zu, dass Liu öffentlich in Kampfversammlungen geschlagen und gefoltert wurde, bis er dann 1969 elendiglich in einer Gefängniszelle starb.

Am 1. April 1969 trat der IX. Parteikongress zusammen. Er erklärte sich zum »Kongress der Einheit und des Sieges«. Lin Biao erstattete den politischen Bericht und feierte den erfolgreichen Abschluss der Kulturrevolution. Im neugewählten Zentralkomitee kamen knapp die Hälfte der 279 ordentlichen und stellvertretenden Mitglieder aus der Armee. Die Armee beherrschte nun die Partei. Lin stand auf dem Höhepunkt seiner Macht. Die neue Parteisatzung krönte ihn zu »Maos engstem Waffengefährten und Nachfolger«. Gleichzeitig bezeichnete es der Kongress als die dringendste Aufgabe, »die Partei und ihre führende Rolle wieder aufzubauen«. Der nächste Konflikt kündigte sich an.

Das Resultat: eine Kulturrevolution zur Beendigung der Kultur

Die Kulturrevolution begann als Großangriff auf die Partei, die in eine revolutionäre Partei zurückverwandelt werden sollte. Sie endete mit dem Wiederaufbau der Partei in ihrer alten, leninistischen Form und Rolle. Das einzige, was sich geändert hatte: Der Parteiapparat war wieder in Maos Hand, Mao war der absolute Herrscher. Die Mao-Zedong-Gedanken wurden wieder in der Parteiverfassung verankert, der Maoismus neben dem Marxismus-Leninismus wieder zur ideologischen Grundlage der Partei erklärt.

Um dies zu erreichen, waren Millionen von Leben zerstört worden. Niemand kennt die Zahl der Toten. Waren es 500 000? Oder waren es, wie neueste Schätzungen vermuten, Millionen? Viele Millionen jedenfalls erlitten durch die physischen und psychischen Foltern ein schweres Trauma, das sie durch den Rest ihres Lebens begleitet. Die ersten Opfer waren Lehrer, Professoren, Schriftsteller, Künstler und Angehörige der ehemaligen Oberschicht. Viele wurden zu Tode gequält oder begingen Selbstmord, so Lao She, der weltberühmte Autor des »Rikscha-Kuli«. Während für die Opfer die Verfolgung im Allgemeinen mit dem Ende der Revolution aufhörte, dauerte sie für die Intellektuellen noch das ganze Jahrzehnt bis 1976 an; sie blieben bis zu Maos Tod die »Stinkende Neunte Kategorie der Klassenfeinde«.

Kaum weniger zu leiden hatten die Parteikader und Regierungsbeamten in den Städten. Bis zu siebzig Prozent von ihnen wurden aus dem Amt gejagt. Die meisten überlebten und wurden später rehabilitiert. Aber auch hier gab es viele Tote. Neben Liu Shaoqi kamen zwei weitere Politbüromitglieder um. Der von Mao nach der Lushan-Konferenz 1958 entlassene ehemalige Verteidigungsminister Peng Dehuai wurde zu Tode gefoltert, und ebenso wurde Wu Han ermordet. Deng Xiaoping konnte sich in seinen ländlichen Verbannungsort retten, aber sein ältester Sohn, Deng Pufeng, stürzte sich, von Roten Garden brutal geprügelt, aus dem vierten Stock eines Gebäudes der Pekinger Universität und ist seitdem querschnittsgelähmt. Sein jüngerer Bruder wurde erschlagen.

Bei weitem die meisten Toten aber kamen aus den Reihen der Rotgardisten und Arbeiterrebellen selbst. Sie brachten sich gegenseitig in blutigen Auseinandersetzungen um, wurden nach dem 5. September 1967 von der Volksbefreiungsarmee niedergemacht oder bei Massenexekutionen erschossen. Nach Auflösung der Roten Garden wurden 1968 und 1969 mehr als vier Millionen Oberschüler und Studenten aus den Städten aufs Land geschickt, weitere Millionen folgten in den nächsten Jahren nach. Die meisten durften nach Maos Tod wieder zurückkehren, doch ihre Lebenskarrieren waren zerstört. Sie waren die »verlorene Generation«. Wie einst am Ende der Hundert-Blumen-Kampagne von 1957 die Intellektuellen, so verriet Mao am Ende der Kulturrevolution seine jungen Sturmtruppen.

Im Wesentlichen ungeschoren kamen die sechshundert Millionen Menschen in den Dörfern davon. Sie, die Unbeteiligten, waren ironischerweise die einzigen, denen die Kulturrevolution soziale Verbesserungen brachte. Liu Shaoqi hatte 1961 die meisten der ländlichen Kollektivunternehmen, die während des Großen Sprungs gegründet worden waren, wegen Ineffizienz und Materialverschwendung wieder geschlossen. Mao nahm das ländliche Industrialisierungsprogramm wieder auf. Bis zu seinem Tode 1976 entstanden Hunderttausende von Brigade- und Kommune-Unternehmen. Wiederaufgebaut wurden auch die Ausbildungseinrichtungen und die medizinischen Zentren in den Dörfern, die Liu Shaoqi ebenfalls zum größten Teil geschlossen hatte. Für den privaten Lebensstandard der Bauern allerdings gab es keine Verbesserung. Gegen alle anders lautenden Äußerungen Maos blieb es bei der Ausbeutung der Bauern für die Finanzierung der Schwerindustrie.

In die Fabriken der Städte kehrte 1969 die alte Ordnung zurück. Es herrschte wieder strikte Disziplin, die Arbeiter waren eingebunden in ein strenges hierarchisches System. Zwar blieb es bei der Abschaffung der individuellen Leistungsanreize, aber das Lohnsystem war hochdifferenziert. Es gab acht Lohnstufen für Arbeiter, fünfzehn für Techniker und dreißig für das untere bis hohe Management und die kontrollierenden Parteikader. Unverändert blieb vor allem die Zweiteilung in reguläre Lebenszeitarbeiter und auf Zeit eingestellte, ausgebeutete Hilfsarbeiter vom Land. Alle Forderungen nach einem mehr egalitären Lohnsystem wurden wieder als »ultralinks« verurteilt und brutal unterdrückt.

Katastrophal blieb bis zum Ende der Mao-Zeit die Lage an den höheren Schulen und Universitäten. Erst 1970 nahmen die Universitäten den Unterricht wieder auf, doch auch jetzt nur in sehr reduzierter Form. Die Studentenzahl betrug nur ein Drittel der Zahl der Studierenden, die es vor der Kulturrevolution gegeben hatte. Die Aufnahmeexamina waren abgeschafft, viele der Studenten für ein Studium ungeeignet. Das akademische Leben war tot. Die Buchläden waren leer, die Museen geschlossen. China sank in ein dunkles Zeitalter. »Der Kulturrevolution ging es darum, die Kultur zu beenden« – so lautete ein bitterer Kommentar.

KAPITEL 18

Ausklang
(1970–1976)

Die letzten Jahre der Mao-Ära waren eine bleierne Zeit. Die revolutionäre Begeisterung der Menschen, die so schrecklich verraten wurde, war erloschen; nichts würde die Flamme jemals wieder entzünden können. Traumatische Erinnerungen und Furcht vor der andauernden Repression, Misstrauen gegeneinander, Gleichgültigkeit, Hoffnungslosigkeit, Zynismus wohnten in den Herzen der Menschen.

Die Politik kehrte zurück zum innerparteilichen Streit der Faktionen hinter den Kulissen. Das erste Opfer wurde Lin Biao. Am 1. Mai 1971 nahm er noch die Parade an der Seite Maos ab. Dann verschwand er aus der Öffentlichkeit. Am 13. September wurde aus der mongolischen Volksrepublik gemeldet, dass ein Flugzeug abgestürzt sei, das Lin Biao, seine Familie sowie seine engsten Vertrauten getragen habe. Doch in Peking erschien darüber erst zehn Monate später, Ende Juli 1972, der erste offizielle Bericht. Lin Biao, so hieß es, habe nach einem fehlgeschlagenen Attentat gegen Mao versucht, in die Sowjetunion zu fliehen, doch das Flugzeug sei abgestürzt. Die Ereignisse sind bis heute mysteriös. Der wahrscheinliche Hergang ist, dass Mao angesetzt hatte, Lin zu stürzen, und dieser seiner Verhaftung durch die Flucht zuvorkam. Denkbar ist, dass er ein Attentat plante, sicher ist, dass es nicht zur Ausführung kam, wie Zhou Enlai später zugab.

Lin Biao war ein gefeierter Kriegsheld und in der Kulturrevolution zum angesehensten Führer nach Mao aufgestiegen. Sein abrupter Fall und die abstrusen Begründungen, die ihn erst als »Ultralinken«, dann in scharfem Wechsel als »Ultrarechten« anprangerten, konnten nur eines bewirken, nämlich den Menschen den letzten Rest ihres Glaubens an das kommunistische System und seine Führer zu nehmen.

Der Sturz Lin Biaos hing zusammen mit einem fundamentalen Schwenk der chinesischen Außenpolitik. Lin hatte 1965 in einer Schrift »Lang lebe der Sieg des Volkskriegs« die Dritte Welt zum Kampf gegen die Industrieländer aufgefordert. Wie Maos Revolutionsarmee die Städte Chinas vom Lande aus erobert hatte, so sollte nun das »Weltdorf« Asien/Afrika/Lateinamerika die »Weltstadt« USA/Westeuropa umzingeln und überwältigen. China würde zum Hort der Weltrevolution werden und an die Stelle der moralisch bankrotten Sowjetunion treten, die den kapitalistischen Weg gegangen sei. Lins

Schrift war ein eminent maoistisches Dokument, und Mao selbst rief ja 1967, mitten in der Kulturrevolution, China zum ideologischen und politischen Zentrum der Weltrevolution aus.

In der Ernüchterung der Post-Kulturrevolutionszeit verflogen jedoch auch die wilden außenpolitischen Träume. Die Sowjetunion hatte mit der Breschnew-Doktrin 1968 das Recht in Anspruch genommen, jederzeit in sozialistischen Ländern, die vom rechten Weg abwichen, militärisch zu intervenieren. Am Ussuri, dem Grenzfluss im Nordosten, kam es im April 1969 zu blutigen Kämpfen zwischen sowjetischen und chinesischen Truppen. China begann die Sowjetunion als die eigentliche Bedrohung seiner Sicherheit zu begreifen. In dieser neuen Weltlage schwenkte die chinesische Außenpolitik unter Zhou Enlai radikal um und kehrte zu einer traditionellen Interessenpolitik zurück. Nicht mehr Weltrevolution war jetzt das Ziel, sondern »friedliche Koexistenz und die Herstellung freundschaftlicher Beziehungen zwischen Staaten verschiedener sozialer Systeme«.

Die »sozial-imperialistische« Sowjetunion wurde nun zum Hauptfeind erklärt, und am 11. Juli 1971 erfuhr die staunende Welt, dass Henry Kissinger Peking besucht habe, um für den Februar des kommenden Jahres den Besuch von Präsident Nixon vorzubereiten. China und die USA schlossen sich zu einem strategischen Bündnis gegen den gemeinsamen Feind Sowjetunion zusammen. Es war eine weltverändernde Umkehr der Allianzen. Am 25. Oktober 1971 wurde China Mitglied der Vereinten Nationen, wo es den Platz Taiwans einnahm. China war eines der fünf Ständigen Mitglieder des Sicherheitsrats. Die Aufnahme diplomatischer Beziehungen zu Japan und den westeuropäischen Staaten folgte schnell. Die lange Isolation vom Westen war zu Ende.

Die Beseitigung Lin Biaos beschleunigte die Restauration der Parteiherrschaft. Viele Militärs, die mit Lin verbunden waren, wurden aus der Partei entfernt, die Zahl der Politbüromitglieder schrumpfte auf die Hälfte. Auf der anderen Seite wurden Parteifunktionäre und Regierungsbeamte, die während der Kulturrevolution ihre Posten verloren hatten, rehabilitiert und wieder in ihre Ämter eingesetzt. Im März 1973 gelang es Zhou Enlai, der nun der zweite Mann in der Hierarchie war und die Regierung führte, Maos Einwilligung zu erhalten, Deng Xiaoping zurückzuholen. Bis Ende des Jahres waren praktisch die gesamten Spitzenpositionen in Zhou Enlais Regierung wieder von Parteiveteranen besetzt.

Gegen die Veteranen stand die durch die Kulturrevolution groß gewordene »Viererbande«, wie sie später genannt wurde: Jiang Qing, Maos Frau, sowie das aus der Shanghai-Kommune bekannte Trio Zhang Chunqiao, Wang Hongwen, Yao Wenyuan. Alle vier waren Politbüromitglieder. Beherrschten die Veteranen den Partei- und Regierungsapparat, so beherrschte die Viererbande den Propagandaapparat und die Kulturszene.

Mao hielt zwischen den beiden rivalisierenden Gruppen die Balance. Er vertraute der Zhou-Regierung die Aufgabe an, für Ordnung und Wirtschaftswachstum zu sorgen, und der Viererbande die Aufgabe, das ideologische Erbe der Kulturrevolution zu bewahren. Doch Mao litt an multipler Sklerose, von 1973 an verschlechterte sich sein Gesundheitszustand rapide. Er konnte kaum mehr verständlich sprechen und war immer weniger fähig, die Zügel der Politik in der Hand zu halten. Die Rivalität zwischen den beiden Faktionen wurde zum Kampf um die Nachfolge – und zum Kampf ums Überleben. Jede Seite suchte den alten Mann zu manipulieren, wobei die Viererbande den besseren Zugang hatte.

Im Juni 1974 wurde Zhou Enlai mit Krebs in die Klinik eingeliefert. Er versuchte zunächst, die Regierung vom Krankenbett aus zu führen, doch zu Beginn des Jahres 1975 übernahm, mit Maos Einverständnis, Deng als erster Vizepremier die Tagesgeschäfte. Er schien zum Nachfolger Zhous bestimmt. Die Viererbande war aufs Höchste alarmiert und konzentrierte ihr Propagandafeuer nun auf Deng. Und Deng machte es ihr leicht. Er legte im Oktober 1975 drei programmatische Papiere vor, in denen er grundlegende Änderungen der Wirtschafts- und Wissenschaftspolitik forderte. Bei aller Verwendung maoistischer Formeln ließ Deng keinen Zweifel, dass praktische Ergebnisse wichtiger seien als politische Korrektheit. Im ersten Papier, dem »Allgemeinen Arbeitsprogramm für die Partei und die Nation«, formulierte er in seiner drastischen Sprache: »Es ist reiner Unsinn zu sagen, eine Arbeitseinheit führe die Revolution sehr gut durch, wenn die Produktion verpatzt wird. Nur wer an Märchen glaubt, kann der Ansicht sein, die Produktion werde von selbst zunehmen, sobald man nur Revolution mache.«

Zu Dengs Unglück starb Zhou Enlai sieben Monate vor Mao, im Januar 1976. Die Viererbande hatte Deng inzwischen genügend bei Mao angeschwärzt, um Dengs Nachrücken in das Amt des Premierministers zu verhindern. Sie konnte allerdings den Posten auch nicht für sich sichern. Mao ernannte vielmehr den Minister für Staatssicherheit, Hua Guofeng, zum »amtierenden Premier«. Hua war ein ebenso unbekannter wie unbedeutender Mann, der in der Kulturrevolution aufgestiegen war, weil er jeder politischen Wendung Maos zu folgen verstanden hatte. Es dauerte noch bis zum 7. April 1976, bis es der Viererbande im Bündnis mit Hua gelang, Deng zu stürzen – wozu Mao sein Einverständnis gegeben hatte. Befreundete Generäle brachten Deng nach Südwestchina in Sicherheit. Für die Viererbande sollte dies der letzte Sieg gewesen sein.

Am 28. Juli 1976 bebte die Erde. In der furchtbarsten Naturkatastrophe des Jahrhunderts sank – zweihundert Kilometer östlich von Peking – die große Industriestadt Tangshan in Trümmer. 240 000 Menschen, ein Viertel aller Einwohner, starben. Ausläufer des Bebens reichten bis Peking und Tianjin und ließen auch dort Häuser einstürzen.

Der chinesische Volksglaube sieht in Naturkatastrophen solchen Ausmaßes Vorzeichen für den Sturz der herrschenden Dynastie. Der Himmel zieht sein Mandat zurück. Am 9. September 1976 starb Mao. Vier Wochen später – die Trauerzeit war kaum vorbei – verhaftete die Palastgarde in den frühen Morgenstunden des 6. Oktober die Mitglieder der Viererbande. In einem Schauprozess, der von November 1977 bis Januar 1978 über das Fernsehen lief, wurde die Viererbande zu lebenslangem Gefängnis verurteilt. Die Ära des Maoismus war zu Ende.

KAPITEL 19

Maos Erbe

Das Werden eines Revolutionärs

Mao Zedong wurde am 26. Dezember 1893 in Shaoshan, einem Dorf fünfzig Kilometer südöstlich von Changsha, der Hauptstadt von Hunan, geboren.[10] Sein Vater war ein mittlerer Bauer mit 1,2 Hektar Land, der sich während Maos Kindheit mit ungeheurer Energie zum »reichen« Bauern (nach den Kategorien der Landreform von 1950) hocharbeitete. Mit sechs Jahren begann Mao auf den Feldern des Vaters zu arbeiten, im Alter von acht bis dreizehn Jahren besuchte er, neben der Landarbeit frühmorgens und abends, die Elementarschule des Dorfes. Mehr als diese fünf Jahre hielt der Vater nicht für nötig. Mit dreizehn Jahren wurde Mao Bauer.

Ein Buch änderte den Lebensplan des jungen Bauern. Es war die Schrift eines Reformers aus den letzten Jahren des 19. Jahrhunderts, die in düsteren Worten vor dem Schicksal warnte, das China drohe, wenn es nicht seine Schwäche überwinde und fähig werde, den Fremden Widerstand zu leisten. Dieses Buch erweckte in Mao das Verlangen, seine Studien fortzusetzen. Da der Vater davon nichts hielt, lief er 1910, mit sechzehn Jahren, von zu Hause fort in die nahe gelegene Kreisstadt. Durch Schulunterricht und vor allem durch Selbststudium in einer Bibliothek bildete er sich weiter. Schließlich ließ der Vater sich überzeugen, dass Ausbildung die Aussicht eröffne, mehr Geld zu verdienen. Mao durchlief nun das Lehrerseminar in Changsha und graduierte 1918 im Alter von 24 Jahren. Anschließend ging er nach Peking und fand dort eine Stelle als Bibliotheksgehilfe an der Universität. Bibliotheksdirektor war Li Dazhao, ein Mitherausgeber der »Neuen Jugend« und späterer Gründer der Kommunistischen Parteizelle in Peking. In der Bibliothek sah Mao viele der brillanten Intellektuellen der 4.-Mai-Bewegung, doch die nahmen von dem Bibliotheksgehilfen kaum Notiz. Im Rückblick sagte Mao zu dem amerikanischen Journalisten Edgar Snow: »Ich versuchte mit ihnen Unterhaltungen über politische und kulturelle Themen zu beginnen, aber sie waren vielbeschäftigte Männer. Sie hatten keine Zeit, einem Bibliotheksgehilfen zuzuhören, der einen südlichen Dialekt sprach«.[11]

Anfang 1919 ging Mao nach Hunan zurück und wurde 1920 Direktor einer Volksschule in Changsha. Zu seiner Hauptbeschäftigung aber wurde der Aufbau einer kommunistischen Parteigruppe in Hunan. Eine Karriere begann, die Mao zu einem der großen Revolutionäre der Weltgeschichte und zum vergöttlichten Herrscher Chinas machen sollte.

Der zweite Staatsgründer nach Qin Shi Huangdi

Mao selbst pflegte sich mit dem Ersten Kaiser und Reichsgründer Qin Shi Huangdi zu vergleichen. Wie dieser hatte er China geeint und einen straff regierten Zentralstaat unter einer absoluten Herrschaft errichtet, und wie dieser schreckte er vor Gewalt und Grausamkeit nicht zurück, wann immer er sie für nötig hielt, um seine Ziele zu erreichen. Während der Kulturrevolution rühmte er sich, den Ersten Kaiser an Grausamkeit weit übertroffen zu haben: »Er begrub nur 460 Gelehrte lebendig; wir haben 46000 Gelehrte lebend begraben … Ihr (Intellektuelle) schmäht uns, Qin Shi Huangdi zu sein. Ihr habt Unrecht. Wir haben Qin Shi Huangdi um das Hundertfache übertroffen.«[12]

Im Westen lebt Mao heute in der Vorstellung vieler Menschen fort als einer der großen Massenmörder des 20. Jahrhunderts – an der Seite Hitlers und Stalins.[13] In der Tat, Mao hat den Tod von dreißig bis vierzig Millionen Bauern in der Zeit des Großen Sprungs zu verantworten und den Tod von Millionen von Menschen in den unaufhörlichen Massenkampagnen von der Landreform und der Kampagne gegen Konterrevolutionäre am Anfang seiner Herrschaft bis zur Kulturrevolution am Ende. Dennoch, der Vergleich mit Stalin oder gar Hitler gibt ein schiefes Bild. Mao ist, bei all seiner Grausamkeit, vor allem eine tragische Figur, an der sich das Wort Laotses bewahrheitet: »Wer in einer Gesellschaft als Heilsbringer auftritt, der zerstört das Volk.«

Seine Utopie des Großen Sprungs nach vorne verkehrte sich in die schreckliche Wirklichkeit der größten von Menschenhand verursachten Hungersnot der Geschichte; und seine Kulturrevolution, mit der er in Partei und Volk die Flamme des kommunistischen Ideals neu entzünden wollte, endete damit, dass der Glaube der Menschen an den Kommunismus zerstört und eine geistige Leere erzeugt wurde. Mao baute nach 1949 einen starken Staat auf – und er verbrachte die beiden letzten Dekaden damit, die Legitimität dieses Staates zu untergraben. Durch die utopische Politik seiner späten Jahre verdunkelte er so seine welthistorische Tat: die Gründung eines neuen China und die Formung einer Nation aus den auseinander brechenden Teilen eines verwesenden Kaiserreichs.

Die offizielle chinesische Bewertung Maos teilt denn auch die Mao-Ära in zwei Hälften: in die Zeit vom Langen Marsch 1934/35 bis zum Parteikongress von 1956 und in die Zeit von 1957 bis 1976. Die erste Periode ist die glorreiche Zeit des großen Revolutionärs und Theoretikers in Yan'an, des Kämpfers gegen die Japaner und Siegers über Chiang Kaishek und des Staatsgründers, der China einte und wiederaufbaute. Die zweite Periode sind die »verlorenen zwanzig Jahre«: beginnend mit den »Übertreibungen der Anti-Rechts-Kampagne« von 1957, die sich am Ende fälschlich gegen angebliche Rechtsabweichler in der Partei gerichtet habe, sich fortsetzend in der Katastrophe des Großen Sprungs und endend mit dem Chaos der Kulturrevolution. Als gute Jahre in dieser Periode gelten lediglich die Jahre 1962 bis 1965, als Mao sich von der Politik zurückzog und Liu Shaoqi und Deng Xiaoping die Wirtschaft nach dem Großen Sprung wieder sanierten.

Als schlimmster »Irrtum« Maos wird die Kulturrevolution gewertet. Anders als beim Großen Sprung, der in der offiziellen chinesischen Kritik nur kurz verurteilt wird, waren hier nicht Bauern die Opfer, sondern Parteikader, und das heißt die die Geschichte schreibenden Dengisten, und anders als beim Großen Sprung trugen hier die Dengisten keine Mitverantwortung. Die eigentliche Schuld an den Untaten der Kulturrevolution wird jedoch der so genannten Viererbande zugeschrieben, die Maos Irrtümer ausnutzte, um hinter seinem Rücken ihre Verbrechen zu begehen.

Maos Verdienste seien »primär« – so fasste die Partei 1981 in der ZK-Resolution »Über einige Fragen unserer Parteigeschichte« das offizielle Urteil zusammen –, seine Fehler seien »sekundär« und seien »die Fehler eines großen proletarischen Revolutionärs«. Deng Xiaoping selbst bewertete in einem Gespräch mit der italienischen Journalistin Oriana Fallaci Maos Leistungen zu »siebzig Prozent als gut und zu dreißig Prozent als schlecht«.

Bei dieser Bewertung wird es nicht bleiben. Maos Leistungen und Verfehlungen bleiben auch nach dem »abschließenden« Urteil von 1981 in der Partei heiß umstritten. Im Dezember 1999 äußerte sich Qiao Shi, bis zum Parteikongress im September 1997 die Nummer drei der Partei und Vorsitzender des Nationalen Volkskongresses, schon ganz anders zu dem Thema: »Für 29 Jahre nach der Gründung der Volksrepublik plädierten die Mao-Zedong-Gedanken konstant für Klassenkampf, Linienkampf und ideologischen Kampf. Für 29 Jahre haben wir so, geleitet von den Mao-Zedong-Gedanken, einen falschen Weg eingeschlagen und mehr als zwanzig unwiederbringbare Jahre vergeudet, schwere wirtschaftliche Verluste erlitten und einen hohen Preis mit menschlichem Leben gezahlt. Ist es wirklich richtig für uns, weiterhin die Mao-Zedong-Gedanken hochzuhalten, uns in unserer Arbeit von ihnen leiten zu lassen und unsere jüngeren Generationen mit Mao-Zedong-Gedanken zu erziehen? Die gegenwärtige Vertrauenskrise und das Problem der niedrigen Moral in der Partei

Aufmarsch zu Ehren des Großen Vorsitzenden Mao Zedong in der Provinz Guizhu. Der einstmals vergöttlichte Herrscher hat seinen endgültigen Platz in der Geschichte Chinas noch nicht gefunden.

sind nicht durch die Reform und die Öffnung nach außen verursacht, sondern durch den Einfluss – den zunehmend verderblichen Einfluss – eines geistigen ›Vakuums‹, das geschaffen wird von der Art von Sozialismus, Marxismus und Leninismus, wie sie die Mao-Zedong-Gedanken propagieren.«[14]

Abgesehen von einigen Uraltideologen stimmte offensichtlich die Mehrheit der Symposiumsteilnehmer Qiao Shis Beurteilung Maos zu. Jiang Zemin jedoch brach die Diskussion ab und ordnete an, die Mao-Frage zu vertagen. Sie müsse von der nächsten Führungsgeneration beantwortet werden. Die Partei fühlt sich noch nicht stark genug, um mit ihrer maoistischen Vergangenheit offen zu brechen. Aber dieser Bruch wird kommen, und dann wird der Maoismus offiziell zum bösen Wort werden, so wie es nach Qin Shi Huangdis Tod der Legalismus geworden ist.

Eine totalitäre Diktatur chinesischer Prägung

Der Maoismus ist ein Beispiel dafür, wie eine fremde Ideologie sich, in die chinesische Welt eingepflanzt, zu etwas völlig anderem wandelt. Mao gab zwar – jedenfalls solange er die Unterstützung der Sowjetunion anstrebte – seine Sinifizierung des Marxismus als Anwendung des Marxismus auf die chinesischen Verhältnisse aus, in Wirklichkeit aber waren die marxistischen Parolen eine Fassade, hinter der sich Inhalte verbargen, die den Marxismus in zentralen Punkten ins Gegenteil verkehrten. Unvereinbar mit dem Marxismus war bereits die Revolutionsstrategie Maos, die die Arbeiterschaft als revolutionäre Klasse durch die Bauern ersetzte; Mao führte damit die Revolution zum Sieg. Seit dem Großen Sprung von 1958 setzte er sich dann mit seiner Philosophie wie mit seinem Handeln in kontradiktorischen Widerspruch zu zwei weiteren Dogmen des Marxismus. Zum einen hatte Marx stets betont, dass Sozialismus Kapitalismus voraussetze. Erst auf einer entwickelten kapitalistischen Wirtschaft lasse sich eine sozialistische Gesellschaft aufbauen. Jeder Wunsch, durch »kühne Sprünge« die Phase des Kapitalismus zu vermeiden, könne nur ins Verderben führen. Genau diese Warnung schob Mao beiseite. Sozialismus und wirtschaftliche Entwicklung, propagierte er, ließen sich *gleichzeitig* verwirklichen, ja, sozialistisches Bewusstsein würde die wirtschaftliche Entwicklung beschleunigen. Vom sozialistischen Bewusstsein motiviert, würden die Bauernmassen Berge versetzen. Dieser Überzeugung liegt die zweite Vorstellung zu Grunde, die den Marxismus auf den Kopf stellt. Bei Marx erzeugen die Produktionsverhältnisse das gesellschaftliche Bewusstsein und den Überbau der Kultur. Bei Mao dagegen ist es das Bewusstsein, das die materielle

Wirklichkeit schafft. In seinem Kern ist der Maoismus ein extremer Voluntarismus; Marx hätte ihn als Abenteurertum abgetan.

Man erfasst Maos Wesen denn auch besser, wenn man ihn nicht primär als kommunistischen Revolutionär oder gar als marxistischen Theoretiker versteht, sondern ihn in die Nachfolge der Bauernrevolutionäre der chinesischen Geschichte stellt, die Dynastien stürzten und selbst zum Kaiser aufstiegen. Anders als die früheren Bauernrevolutionäre jedoch blieb Mao den bäuerlichen Vorstellungen treu und wollte auch als Kaiser die chiliastische Sehnsucht der Bauern nach einer egalitären Gesellschaft verwirklichen. Bäuerlich war auch Maos Hass gegen die überheblichen Gelehrten, die jetzt im kommunistischen Jargon Intellektuelle hießen. Mao setzte sich damit in Gegensatz zur Hochschätzung der Intellektuellen im Sowjetkommunismus und trat die Nachfolge des ersten Ming-Kaisers an, des Bauern Zhu Yuanzhang.

Auch sonst ist in den Grundvorstellungen Maos sehr viel mehr Chinesisches, ja Konfuzianisches zu entdecken als Kommunistisches. Mao zerstörte zwar die zweitausend Jahre alte konfuzianische Sozialordnung und verwandelte die hierarchisch gegliederte konfuzianische Gesellschaft in eine egalitäre Masse »blauer Ameisen«, in die legalistische Gesellschaft des Ersten Kaisers, aber sein Herrschaftsdenken blieb zutiefst konfuzianisch. Die leninistische Diktatur verwandelte sich unter ihm in ein absolutes chinesisches Kaisertum. Und gleich den konfuzianischen Kaisern verstand Mao Herrschaft zuallererst als ideologische Herrschaft – Neokonfuzianismus ausgetauscht gegen Maoismus. Wie das konfuzianische China verachtete das maoistische Kaufleute und Profit, legte keinen Wert auf Außenhandel und die Anwesenheit von Fremden im Land. Maos China war sich, wie Qianlongs China, selbst genug.

Im Juli/August 1971 führte der Diplomat und China-Kenner Alain Peyrefitte die erste westliche Delegation nach Peking, der seit Ausbruch der Kulturrevolution die Einreise gestattet wurde. In dem Vorwort zu seinem Buch über die Macartney-Gesandtschaft an den Hof des Kaisers Qianlong im Jahre 1793 schreibt er: »Ich war verblüfft über die seltsamen Ähnlichkeiten zwischen dem maoistischen Staat und dem Staat, dem Macartney gegenüberstand. Da war der gleiche Kult des Kaisers, Mao ersetzte Qianlong. Alles hing von seinem Willen ab. Für das alltägliche Regierungsgeschäft war die Macht in ähnlicher Weise an einen Premierminister delegiert, der die Gedanken des lebenden Gottes interpretierte und zwischen den Intrigen und Faktionen manövrierte, ohne jede Unterstützung außer der Billigung von oben. Da war dieselbe Besorgtheit um die Rituale des Protokolls, die den Respekt für Tradition und Hierarchie ausdrückten. Und da war dasselbe Festhalten an einer gemeinsamen Ideologie, die die Antwort auf alles gab, die Mao-Zedong-Gedanken standen für die Gedanken des Konfuzius, das Rote Büchlein für Kangxis Heiliges Edikt.«[15]

Maos Verbindung von Qin Shi Huangdis grausamer Energie mit dem kommunistischen Utopianismus hatte für die Menschen Chinas furchtbare Folgen. Mao wollte nicht zuerst die ökonomischen Grundlagen schaffen, auf denen sich der neue sozialistische Mensch entwickeln konnte, sondern er wollte zuerst den sozialistischen Menschen schaffen, um mit dessen Hilfe die Wirtschaft schneller zu entwickeln. Der sozialistische Mensch, wie Marx ihn voraussah, lebte in einer durch den vorangegangenen Kapitalismus wirtschaftlich hoch entwickelten, reichen Gesellschaft, in der es möglich war, die produzierten Güter an die einzelnen Menschen je nach ihrem Bedürfnis zu verteilen und jedem die Entfaltung seiner Persönlichkeit zu erlauben. Maos sozialistischer Mensch dagegen lebte in abgrundtiefer Armut und sollte in totaler, selbstloser Opferbereitschaft China zuerst einmal reich machen, damit es Güter zum Verteilen gab. Nicht um Entfaltung der Persönlichkeit ging es, sondern um Auslöschung der Persönlichkeit im Dienste von Partei und Staat. Das Modell des maoistischen Menschen war der Soldat Lei Feng, der in seinem Tagebuch, das Mao nach dem Tod des Soldaten zum Instrument einer landesweiten Propagandakampagne machte, bekannte, er wolle eine »nie rostende Schraube in der revolutionären Maschine der Partei« sein und ein »namenloser Held«, der sein Leben dem Großen Vorsitzenden weihe.

Und so errichtete Mao die totalitärste Diktatur in der Geschichte der Menschheit, die alles, was es in der Sowjetunion gab, weit hinter sich ließ. Die Gesellschaft wurde in Zellen unterteilt, die unter der ständigen Überwachung von Parteikadern standen. In der Stadt bildeten die Arbeitseinheiten und die Straßenkomitees diese Zellen. Auf dem Lande waren die Bauern in Volkskommunen rekrutiert, untergliedert in Produktionsbrigaden und Produktionsgruppen. Die Sphäre des Privaten war für alle Chinesen aufgelöst, das Leben kollektiviert.

Es bestand natürlich ständig die Gefahr, dass der selbstlose Lei Feng sich in den alten Adam zurückentwickelte, der an sich selbst denkt. Um dies zu verhindern, rief Mao die »Permanente Revolution« aus. Unaufhörliche Massenkampagnen, »Kampfsitzungen«, endlose Selbstkritiken, Umerziehung in Arbeitslagern schufen am Ende Menschen, die sich selbst in einen psychologischen Zustand der Dauerschuld hineinredeten. Sie internalisierten die gegen sie erhobenen Vorwürfe und gaben sich selbst die Schuld: »Die unfehlbare Partei kann nicht irren, deshalb muss die Schuld bei mir liegen.« Wie Kafkas Joseph K. prüften die Opfer von Maos Kampagnen ihre Vergangenheit bis ins kleinste Detail, um das verborgene Vergehen zu finden, und bekannten am Ende eingebildete Verbrechen.

Als Mao am 1. Oktober 1949 die Volksrepublik China ausrief, übernahm er eines der ärmsten Länder der Welt. China war ein übervölkertes Land und ein fast reiner Agrarstaat. Der moderne industrielle Sektor war winzig, selbst nach dem bis 1952 erfolgten Wiederaufbau beschäftigte er bei einer Gesamtbevölkerung von 550 Millionen ganze drei Millionen Menschen, und auch diese zumeist in Kleinfabriken.

Als Mao im September 1976 starb, hatte sich die industrielle Bruttoerzeugung nach der offiziellen Statistik verzwölffacht. Die Produktion von Stahl war von 1,3 auf 23 Millionen gestiegen, die von Kohle von 66 auf 444 Millionen Tonnen, die von elektrischem Strom von sieben auf 133 Milliarden Kilowattstunden, die von chemischen Düngemitteln von 0,2 auf 28 Millionen Tonnen. China produzierte Lastwagen und schwere Traktoren, Hochseeschiffe und Jet-Flugzeuge. Und China war in den Rang der Nuklearmächte aufgestiegen. 1964 hatte es die erste Atombombe und 1967 die erste Wasserstoffbombe gezündet, seit Beginn der siebziger Jahre produzierte es Interkontinentalraketen und Satelliten. Der Anteil der Industrie am materiellen Nettoprodukt Chinas war von 23 Prozent im Jahre 1952 auf fünfzig Prozent im Jahre 1976 gestiegen, der Anteil der Landwirtschaft von 58 Prozent auf 34 Prozent gesunken. Die Mao-Ära war die Ära von Chinas industrieller Revolution. Auch hier ist das im Westen gängige Bild korrekturbedürftig, das so gut wie allen wirtschaftlichen Fortschritt erst 1978 mit Deng Xiaoping beginnen lässt.

Dennoch kommt die westliche Vorstellung nicht von ungefähr. An der bitteren Armut der Bevölkerung hatte sich in den »zwanzig verlorenen Jahren« zwischen 1957 und 1976 nichts geändert. Die Menschen waren – trotz übermenschlicher Arbeitsanstrengung – so arm wie zuvor. 28 Prozent der Bevölkerung vegetierten unterhalb des Existenzminimums. In den Städten hatte sich der Wohnraum pro Einwohner zwischen 1952 und 1977 von 4,3 auf 3,6 Quadratmeter reduziert. Der forcierte Aufbau einer Schwer- und Rüstungsindustrie war mit ungeheuren Opfern erkauft. Die Bevölkerung wurde auf Subsistenzniveau gehalten. Die Akkumulationsrate stieg unaufhörlich an – von 21,4 Prozent im Jahre 1952 auf 36,5 Prozent im Wendejahr 1978. Mao hielt nichts vom »Gulaschkommunismus« Chruschtschows. Sein Sozialismus war asketisch. Anders als die konfuzianischen Kaiser interessierte Mao – wie alle 4.-Mai-Revolutionäre – weniger das Wohlergehen des Volkes als die Macht Chinas.

In dem Vierteljahrhundert der Planwirtschaft unter Mao (1952 bis 1976) wuchs das Sozialprodukt Chinas nach chinesischer Statistik um jährlich 6,1 Prozent, das Prokopfeinkommen um jährlich vier Prozent. Der Wirtschaftshistoriker Angus Maddison korrigiert diese Wachstumsraten auf 4,4 und 2,3 Prozent.[16] Welche Zahlen man auch nimmt, die Wachstumsraten blieben weit hinter denen der vier Kleinen Drachen Südkorea, Taiwan, Singapur und Hongkong zurück.

Noch weit gravierender aber war, dass das Wachstum der Mao-Zeit ausschließlich durch vermehrten Ressourceneinsatz erzeugt wurde: Immer mehr Arbeitskräfte wurden in den Produktionsprozess hineingebracht, zugleich verlängerte sich die Arbeitszeit der Bauern dramatisch. Ebenso wurde die volkswirtschaftliche Investitionsrate ständig gesteigert. Die Ressourcen wurden darüber hinaus mit abnehmender Effizienz eingesetzt. Die totale Faktorproduktivität, also die Produktionssteigerung pro Arbeitsstunde und Kapitaleinheit, ging in der Mao-Zeit durchschnittlich um jährlich 0,8 Prozent zurück.

Maos Planwirtschaft, seit 1958 eine Willkürwirtschaft, war extrem ineffizient. Das galt

- für die kollektivierte Landwirtschaft, deren Produktion nicht mit dem Bevölkerungswachstum mitkam; 1976 erzeugte China pro Kopf der Bevölkerung nicht mehr Getreide als 1957;
- für die »Brigade- und Kommune-Unternehmen« auf dem Lande, von denen die meisten unter Mao Verluste produzierten; erst unter den neuen Bedingungen, die Dengs Reform schuf, konnte sich das große Potenzial der ländlichen Unternehmen entfalten;
- vor allem für die Staatsunternehmen. Die schwerindustriellen Unternehmen wurden in gigantischen, vertikal integrierten Fabrikkomplexen organisiert, die autarke Kleinstädte darstellten und eine aufgeblähte Schar von Arbeitern und Büroangestellten von der Wiege bis zur Bahre versorgten. In den Jahren 1964 bis 1971 ließ Mao Großfabriken der Schwer- und Rüstungsindustrie in den unzugänglichen Berggebieten Innerchinas aufbauen, wo sie vor militärischen Angriffen sicher sein sollten. Das »Dritte-Front-Programm« war motiviert durch die Furcht vor einem amerikanischen, seit 1969 vor einem sowjetischen Angriff. Ein Teil der Großindustrie Chinas befindet sich daher heute an Standorten, die diese Fabriken von vornherein zur Wettbewerbsunfähigkeit verurteilen.

Ein Wirtschaftswachstum, das allein durch ständige Erhöhung des Ressourceneinsatzes erzielt wird, gar ein Wachstum, bei dem die totale Faktorproduktivität stetig schrumpft, muss auf Dauer einbrechen. Der Einsatz von Ressourcen lässt sich nicht auf ewig steigern. Bei Maos Tod 1976 schien das Ende nahe: Ein Viertel der Bevölkerung auf dem Lande war unter das Subsistenzniveau gefallen und lebte in absoluter Armut; die Ineffizienz der Staatsindustrie nahm unerbittlich zu; die Investitionen aber ließen sich nicht mehr steigern. Wenn die Parteiführung bei Maos Tod die Gefahr eines wirtschaftlichen Zusammenbruchs an die Wand malte, so war dies nicht aus der Luft gegriffen.

Als die Staatsindustrie seit Mitte der achtziger Jahre durch die Reformen Dengs ihr Monopol verlor und sich dem Wettbewerb auf dem Markt stellen musste, wurde ihre ganze Ineffizienz offenbar. Es zeigte sich, dass viele Unternehmen keine Werte schufen, sondern in Wirklichkeit Kapitalvernichtungsmaschinen waren. Die Rohstoffe und Vormaterialien, die in ihre Produkte eingingen, kosteten mehr als die Produkte beim Verkauf einbrachten – falls sie überhaupt verkäuflich waren.

Maos Nachfolger erbten also einen industriellen Kapitalstock, der ungleich weniger wert war, als sein Aufbau gekostet hatte. Dies relativiert die ohnehin nicht eindrucksvollen wirtschaftlichen Wachstumsraten der Mao-Zeit weiter. Nur allzu viele der von Mao hinterlassenen Staatsunternehmen stellten sich unter den marktwirtschaftlichen Bedingungen der Deng-Zeit als negative Werte heraus. Sie wiesen ständig wachsende Verluste auf und sind seit Mitte der neunziger Jahre zu einem Bleigewicht geworden, das Chinas Volkswirtschaft in den Abgrund zu ziehen droht.

Doch das waren noch nicht alle Belastungen aus dem Erbe Maos. Da war ferner der akute Mangel an ausgebildeten Fachkräften. 1965 betrug der Anteil der Ingenieure und Techniker unter den Arbeitnehmern in der Industrie über vier Prozent. Doch nun brachte die Kulturrevolution eine zehnjährige Ausbildungslücke. Bis 1976 sank der Anteil der technischen Fachkräfte auf 2,6 Prozent. Es dauerte mehr als zehn Jahre, bis 1987 wieder das Niveau von 1965 erreicht war.

Da war eine ungeheure Zerstörung der Umwelt, die allerdings unter Deng lange Zeit ungebremst weiterging. Hatte die alte chinesische Kultur als oberstes Ziel, in Harmonie mit der Natur zu leben, so führte Mao die Massen in den »Krieg gegen die Natur« – auch hier von einer unchinesischen, fremden Ideologie infiziert.

Vor allem aber hat Mao das Problem der Überbevölkerung Chinas dramatisch verschärft. Er wies jeden Vorschlag zur Geburtenkontrolle zurück und betrieb in den sechziger Jahren sogar eine aktive Politik der Geburtenförderung. »Der Mensch«, pflegte er zu sagen, »hat nur einen Mund zum Essen, aber zwei Hände zum Arbeiten.« In Maos Zeit verdoppelte sich Chinas Bevölkerung fast und näherte sich der Milliardengrenze. Wäre seine Bevölkerungspolitik von den Nachfolgern weitergeführt worden, zählte China heute, zu Beginn des 21. Jahrhunderts, nicht 1,25, sondern 1,8 Milliarden Menschen – und wäre wahrscheinlich längst im Chaos versunken.

Mao hinterließ ein wahrhaft schweres Erbe. Und dennoch bot dieses Erbe durch die »List der Vernunft« – wie Hegel sagen würde – die Voraussetzung für Chinas phänomenalen wirtschaftlichen Aufstieg unter Deng Xiaoping. Mao hat sowohl die alte konfuzianische Kultur wie den neuen kommunistischen Glauben zerstört und damit die Barrieren für die wirtschaftliche Entfaltung Chinas beseitigt. Er selbst hatte davon geschwärmt, dass die unwissende Bauernbevölkerung Chinas ein »weißes, unbeschriebenes Blatt« sei, auf dem die schönsten Bilder des kommunistischen Paradieses gezeichnet werden könnten. Nun hinterließ er ein wirklich weißes Blatt, auf das Deng Xiaoping vorsichtig, Strich für Strich, die Konstruktionszeichnung einer Marktwirtschaft auftragen konnte. Maos Vorahnungen erfüllten sich: China begab sich auf den Weg in den Kapitalismus.

TEIL IV

Die Geburt des modernen China

China unter Deng Xiaoping (1978–1997)

Reich werden ist glorreich.
Deng Xiaoping

KAPITEL 20

Der Überragende Führer

Interregnum (September 1976 bis Dezember 1978)

Am 9. September 1976 starb Mao. Nachdem er im Sommer nach einem Schlaganfall in einen halb-komatösen Zustand gefallen war, hatte noch zu seinen Lebzeiten der Kampf um die Nachfolge begonnen. Hua Guofeng, der 1976 nach Dengs Sturz als Kompromisskandidat Ministerpräsident geworden war, berief sich auf ein Fetzchen Papier, auf das Mao beim Gespräch mit ihm gekritzelt hatte: »Mit Dir in der Verantwortung kann ich ruhig schlafen.« Die Viererbande der radikalen Kulturrevolutionäre präsentierte ihrerseits ein letztes Testament Maos mit der kryptischen Anordnung: »Handle entsprechend den niedergelegten Prinzipien.« Diese waren nur Jiang Qing bekannt und liefen, wen wundert es, darauf hinaus, dass Mao seine Frau als Nachfolgerin und Hüterin des Maoismus einsetzte. Die Nachfolgefrage wurde jedoch weder durch Prinzipien noch durch die erbitterten Debatten in den Politbürositzungen Ende September entschieden, sondern durch nackte Gewalt – ein trauriger Beweis, wie sehr Partei und politisches Leben durch die Kulturrevolution heruntergekommen waren.

Am frühen Morgen des 6. Oktober, kurz nach Mitternacht, verhaftete die Palastgarde die Viererbande im Zhongnanhai, den ehemaligen kaiserlichen Gärten, wo die obersten Parteiführer wohnten. Der Weg für Hua war frei. Er übernahm nun auch den Vorsitz der Partei sowie den Vorsitz des Militärausschusses und war damit gleichzeitig Chef der Partei, Chef der Regierung und Chef der Streitkräfte. Formell vereinte er auf sich eine Machtfülle, wie selbst Mao sie niemals gehabt hatte. Doch die Schuhe, in die Hua schlüpfte, erwiesen sich als viel zu groß. Er besaß weder die Führungspersönlichkeit, um seinen Titeln die politische Substanz hinzuzufügen, noch die selbstverständliche Autorität, die nur die Zugehörigkeit zu den Revolutionären des Langen Marsches verlieh. In den Augen der Veteranen von Partei und Armee war Hua ein Emporkömmling der Kulturrevolution. Undenkbar, dass die Veteranen, die die Kulturrevolution überlebt hatten, sich einem Hua Guofeng auf Dauer unterordnen würden. Für sie hieß der natürliche Führer und Nachfolger Maos – Deng Xiaoping. Hua hatte man gebraucht, um hinter einer maoistischen Fassade die Vierer-

Die Überlebende des Langen Marsches galten nach Maos Tod als die einzigen anerkannten Autoritäten. Deng Xiaoping (2.v.l.) war einer von ihnen.

bande auszuschalten, aber damit hatte der Mohr seine Schuldigkeit getan.

Monatelang sträubte Hua sich energisch gegen eine Rehabilitierung Dengs, am Ende musste er dem Druck aus Partei, Bürokratie und Armee nachgeben. Im April 1977 ließ er sich auf einen Kompromiss ein: Deng versprach, die Politik Huas zu unterstützen, und verzichtete darauf, zum Premier berufen zu werden. Im Gegenzug sollte er alle Ämter, die er vor seinem Sturz im April 1976 bekleidet hatte, zurückbekommen – also die Posten des Ersten Vizepremiers, des Vizevorsitzenden der Partei und des Vizevorsitzenden des Militärausschusses.

Huas einzige Grundlage für den Machtanspruch waren die sechs Schriftzeichen Maos auf einem Stück Papier, und so klammerte er sich verzweifelt an das Vermächtnis des Großen Vorsitzenden. Im Februar 1977 gab er landesweit die Doppelweisung aus: »Was immer der Vorsitzende Mao an politischen Entscheidungen getroffen hat, werden wir entschlossen aufrechterhalten. Was immer er an Instruktionen gegeben hat, werden wir unbeirrbar befolgen.«

Mit diesen beiden Was-Immer, wie Huas Gegner die Parolen höhnisch tauften, spielte er Deng direkt in die Hände. Es war ja evident, dass die »verbrecherische Viererbande«, der Hua alle Schuld zuschob, die Kulturrevolution nicht allein zu verantworten, sondern dass Mao selbst schwere Fehler begangen hatte. Nicht alles, was Mao gesagt hatte, konnte gültig bleiben. Mao selbst hatte Irrtümer zugegeben, so bei der Hundert-Blumen-Kampagne und beim Großen Sprung. Die beiden Was-Immer schlugen überdies dem Volk geradezu ins Gesicht, denn dieses wollte eine Erlösung aus dem maoistischen Tollhaus, ein Ende, nicht eine Fortsetzung der Mao-Ära. Und es wollte eine Rehabilitierung und Wiedergutmachung für die Opfer der Kulturrevolution. Für eine solche Politik war Deng der richtige Mann, der selbst Opfer gewesen war, nicht Hua, der »Kulturrevolutionsaufsteiger«.

Deng war ebenso der richtige Mann für eine neue Wirtschaftspolitik. Mit Maos Prinzipien des Egalitarismus, der ideologischen, nicht materiellen Leistungsanreize und der Autarkie Chinas ließ sich die wirtschaftliche Krise nicht überwinden. Auch Hua hatte deshalb an die von Zhou Enlai im Januar 1975 angekündigten Modernisierungen angeknüpft und versucht, zu einer Politik zurückzukehren, wie sie in den guten Perioden der Mao-Ära betrieben worden war: in der Periode des Ersten Fünfjahresplans 1953 bis 1957 und von 1962 bis 1965, als Liu Shaoqi und Deng die Wirtschaft nach der Katastrophe des Großen Sprungs wiederaufbauten.

Im Mai 1978 ging Deng zur Schlussoffensive über. Mit zwei Gegenparolen hob er die beiden Was-Immer aus den Angeln und entschied die ideologische Schlacht für sich. Beide Gegenparolen stammten aus den Yan'an-Schriften Maos, doch Deng gab ihnen einen höchst unmaoistischen Sinn. Die erste Parole lautete: »Suche die Wahrheit in den Fakten« (und nicht in den Büchern von Marx, Lenin und Mao)! Die zweite Parole hieb in dieselbe Kerbe: »Praxis ist das alleinige Kriterium der Wahrheit.« Ob eine Politik richtig oder falsch war, konnte man also nicht, wie es die Maoisten taten, mit Sätzen und Dogmen beweisen, die man aus Werken von Marx, Lenin oder Mao zitierte, sondern allein, indem man zeigte, dass die Politik sich in der Praxis bewährte. Deng ließ dabei keinen Zweifel, um welche Wahrheitsfrage es ging: nicht um die Frage, ob eine Maßnahme den Sozialismus voranbringe, sondern um die Frage, ob sie die Produktion und die Produktivkräfte der Gesellschaft steigere.

Deng übernimmt die Macht

Im Dezember 1978 war es so weit. Die Dritte Vollversammlung des Elften Zentralkomitees krönte in Peking Deng Xiaoping zum neuen Herrscher Chinas. In das Politbüro und die Schaltstellen des Parteiapparates zogen seine Anhänger ein. Hua behielt fürs erste seine Posten, doch spielte er von nun an nur noch die Rolle einer Galionsfigur. 1980/81 schied er dann aus allen drei Ämtern aus. Das Amt des Vorsitzenden der Militärkommission übernahm Deng selbst. Der Posten des Vorsitzenden der Partei, der es Mao ermöglicht hatte, sich über die Partei zu erheben, wurde abgeschafft; an seine Stelle trat der Posten des Generalsekretärs der Partei, mit dem Deng seinen Kronprinzen Hu Yaobang betraute. Das Amt des Ministerpräsidenten fiel an einen weiteren Kronprinzen, an Zhao Ziyang.

Der Winzling Deng, kaum 1,50 Meter groß – sein Vorname Xiaoping, den er Ende der zwanziger Jahre als Deckname annahm, bedeutet »kleine Flasche« –, war am Ziel angekommen. Von Jugend an hatte er mit glühendem Herzen gewünscht, China wieder reich und mächtig zu sehen. Nun lag die Verwirklichung dieses Wunsches in seiner Macht. Es war für den nun Vierundsiebzigjährigen ein langer Weg bis dorthin gewesen. 1904 wurde er in Paifang, einem Dorf im Innern Sichuans, als erster Sohn einer Gentry-Familie geboren. Sein Vater war der reichste Grundbesitzer Paifangs, Kommandant der örtlichen Miliz und geistig-moralischer Führer des Dorfes als Vorsitzender der »Religion der fünf Söhne«, einer Sekte, die Konfuzianismus, Buddhismus und Taoismus miteinander vermischte. Die Familie blickte auf eine lange Tradition im Dienste des Staates zurück, die bis in die Ming-Zeit reichte. Der Vater war ein engagierter Patriot, der sich für die Modernisierung und den Wiederaufstieg Chinas einsetzte und wollte, dass sein Sohn ihm auch darin nachfolge. Er legte höchsten Wert auf eine gute Erziehung und schickte den kleinen Deng bereits im Alter von zwölf Jahren zur weiteren Ausbildung in die Provinzhauptstadt Chongqing.

Mit sechzehn Jahren ging Deng als Werkstudent nach Paris. Er arbeitete in französischen Fabriken, zuletzt bei Renault, lebte im Übrigen aber gänzlich in der Gemeinschaft anderer Chinesen. Die Weiterbildung kam über einige Anfangskurse im Französischen nicht hinaus. Umso aktiver aber war der junge Deng in der chinesischen Kommunistischen Partei, deren Pariser Ableger von Zhou Enlai geführt wurde. Zhou würde zeitlebens sein Förderer bleiben. Im Januar 1926 verließ Deng Paris und ging zum Studium des Marxismus-Leninismus nach Moskau an die dort für Chinesen eingerichtete Sun-Yatsen-Universität. Anfang 1927 kehrte er nach sechseinhalb Jahren nach China zurück. Er arbeitete nun als Revolutionär im Untergrund, bekleidete wichtige Posten in der von Mao in den Bergen von Jiangxi errichteten Sowjetrepublik und kam zu Beginn des Jahres 1935 als einer der achttausend Überlebenden des Langen Marsches in Yan'an an. Während des Krieges gegen Japan und des Bürgerkrieges war er als politischer Kommissar in der Roten Armee tätig und kommandierte zusammen mit General Liu Bocheng die berühmte 2. Feldarmee, die mit ihrem Sieg in der Huai-Hai-Schlacht den Krieg gegen Chiang Kaishek entschied. Die langjährige Tätigkeit als Politkommissar gab Deng zeitlebens eine enge Verbindung zur Armee.

Nach Gründung der Volksrepublik stieg Deng bald zur Spitze auf. 1952 wurde er Vizepremier. Auf dem VIII. Parteikongress 1956 übernahm er den neu geschaffenen Posten des Generalsekretärs der Partei, den er bis zu seinem ersten Sturz 1967 in der Kulturrevolution innehatte. In dieser Eigenschaft leitete er 1961 bis 1965 gemeinsam mit Liu Shaoqi den Wiederaufbau des Landes nach der Katastrophe des Großen Sprungs. Die pragmatische Politik von Liu und Deng, die auf materielle Leistungsanreize setzte, erregte Maos Unwillen. Während der Kulturrevolution wurde Deng als der Zweite in der Führung, der den kapitalistischen Weg eingeschlagen habe, verfolgt und aller Ämter enthoben. Im Gegensatz zu Liu Shaoqi überlebte er die Kulturrevolution an seinem Verbannungsort in Jiangxi, wo er als Maschinenschlosser in einer Traktorenfabrik arbeitete. 1973 holte der an Krebs erkrankte Zhou Enlai Deng mit Maos Einverständnis nach Peking zurück und baute ihn als seinen Nachfolger im Amt des Ministerpräsidenten auf. Doch kurz vor dem Ziel verlor Deng im April 1976 zum zweiten Mal seine Ämter und floh in die Verbannung.

Jetzt aber, im Dezember 1978, auf der Dritten Vollversammlung des Elften Zentralkomitees der Kommunistischen Partei Chinas, war Deng am Ziel. Von nun an sollte er für zwanzig Jahre als der Überragende Führer Chinas Geschicke lenken und unter dem bescheidenen Namen »Reform« eine Revolution in Gang setzen, die das Leben eines Fünftels der Menschheit verwandelte.

In der Weltpresse fand die ZK-Tagung im fernen Peking kaum Beachtung. Und doch stellte die Pekinger Tagung, im Rückblick gesehen, einen welthistorischen Wendepunkt dar. 1979 wurde zum ersten Jahr der Dengschen Reform. Im selben Jahr, in dem mit der verhängnisvollen Invasion Afghanistans der Abstieg und Zerfall des Sowjetreiches begann, setzte China – nach zweihundert Jahren des Niedergangs – vom Weißen-Lotus-Aufstand 1796 bis zu Dengs Krönung 1978 – zu einem phänomenalen wirtschaftlichen Aufstieg an, der es innerhalb von zwanzig Jahren zu einer der großen Wirtschaftsmächte der Welt und zum Partner und Gegenspieler Amerikas machen sollte.

Dengs Reform – eine Reform von unten

Die Schlussresolution der Dritten ZK-Vollversammlung erklärte Maos permanenten Klassenkampf für beendet und richtete die Arbeit der Partei auf ein neues, zentrales Ziel aus: den Aufbau der Wirtschaft statt des Aufbaus der sozialistischen Gesellschaft. Zur neuen Parole wurden die »Vier Modernisierungen«, nämlich die Modernisierung von Landwirtschaft, Industrie, Wissenschaft und Technologie sowie die Modernisierung der Armee. Fortan war keine Rede mehr vom Klassenkampf oder vom maoistischem Egalitarismus mit seinen Prinzipien von gleicher Einkommensverteilung und gleichmäßiger Entwicklung von Küsten- und Inlandsprovinzen. Mit einer solchen Politik, so Dengs Einsicht, war schnelles Wachstum nicht zu erreichen. »Lasst einige schneller reich werden, damit sie dann den anderen helfen«, gab Deng als Parole aus. Die Rüstungsausgaben wurden erheblich zurückgefahren, und die Modernisierung der Streitkräfte rückte zunächst an die letzte Stelle – das Militär musste warten, bis die Wirtschaft stark war. Die neue Sicherheitslage, die 1972 durch die strategische Partnerschaft mit Amerika gegen die sowjetische Bedrohung entstanden war, ließ eine solche Politik zu.

»Der Zweck des Sozialismus ist, das Land reich und stark zu machen«, so verkündete Deng,[1] und ein hoher Parteifunktionär ergänzte: »Das Ziel unserer Partei, ihrer Revolution und ihrer Machtergreifung ist letzten Endes: die Wirtschaft zu entwickeln.«[2] Dengs China wandelte sich von Maos totalitärer Diktatur, die den neuen sozialistischen Menschen erzwingen wollte, zur ostasiatischen Entwicklungsdiktatur mit kommunistischer Fassade.

Waren schnelles Wachstum von Wirtschaft und Wohlstand Ziel der Dengschen Reform, so waren Pragmatismus, Gradualismus, Dezentralisierung und Öffnung zum Ausland die Methoden und Wege zu diesem Ziel. Nach 1962 war dies Dengs zweiter Versuch, China auf den Weg einer pragmatischen Politik zurückzuführen. »Es kommt nicht darauf an«, hatte er damals als Generalsekretär der Partei erklärt, »ob eine Katze weiß oder schwarz ist, solange sie Mäuse fängt, ist sie eine gute Katze.« Wie stolz Deng zeitlebens auf seine Katzen-Theorie war, zeigt sich daran, dass er 1984 bei einem bekannten Maler ein großes Bild zweier Katzen, die eine weiß, die andere schwarz, in Auftrag gab und das Bild an prominenter Stelle in seinem Wohnzimmer aufhing. Mao zeigte sich allerdings von der neuen Theorie weniger begeistert, und in der Kulturrevolution hätte sie Deng fast das Leben gekostet. Nun ging er vorsichtiger zu Werke, indem er seine neuen Parolen aus Maos Schriften ausgrub: »Suche die Wahrheit in den Fakten« und »Praxis ist das alleinige Kriterium der Wahrheit«. Diese beiden Leitsätze wurden zum Ersten Gebot der Reform, zu Brechstangen, mit denen Deng – Stück für Stück – das maoistische System niederriss.

Pragmatismus war der erste Grundsatz des Dengschen Reformkurses, Gradualismus der zweite. Die chinesische Reform wurde zum Gegenbeispiel der russischen. Jelzin und sein damaliger Ministerpräsident Gaidar versuchten 1991 – beraten von den »Harvard Boys« – über Nacht mit einem Big Bang eine Marktwirtschaft amerikanischen Stils einzuführen. Doch Russland bot von seiner Gesellschaft, von seinen Traditionen und Institutionen sowie von seinem Rechtssystem her keinerlei Voraussetzungen für eine solche Wirtschaftsordnung. Die Schocktherapie führte in die Katastrophe: Politische Machthaber und Mafiagangster rissen sich das Staatseigentum unter den Nagel und schafften das Geld ins Ausland. Es entstand ein Anarcho-Kapitalismus, der die Wirtschaft des potenziell so reichen Landes in einen Zusammenbruch trieb, der bis heute nicht überwunden ist. Zu Beginn des neuen Jahrtausends ist – nach Wechselkursen bewertet – das Sozialprodukt der 146 Millionen Russen kleiner als das der acht Millionen Österreicher.

Deng dagegen ging tastend und experimentierend vor. »Den Fluss überqueren und mit den Füßen nach Steinen suchen, auf die man treten kann«, so beschrieb er seine Methode. Am Anfang seiner Reformen stand kein großer überwölbender Plan und schon gar nicht der Plan, eine Marktwirtschaft zu entwickeln. Es gab nichts als die schon aus früheren Reformperioden bekannte Idee, die Planwirtschaft durch marktwirtschaftliche Elemente zu ergänzen, um sie effizienter zu machen und das Wachstum zu beschleunigen. Noch Mitte der achtziger Jahre beschrieb Deng seine Reform als »Kombination von Planwirtschaft und Marktwirtschaft«.[3] Schon diese Aussage lässt Zweifel aufkommen, ob Deng sich jemals ein theoretisches Verständnis für die Grundgesetze einer Marktwirtschaft aneignete. In seinen »Ausgewählten Schriften« finden sich bemerkenswert wenige Passagen, die sich mit wirtschaftstheoretischen Fragen befassen, dagegen liefern sie psychologische Einsichten in die menschliche Natur. Zuvörderst steht die Einsicht, dass man die Menschen durch materielle Leistungsanreize motivieren muss, wenn man die Wirtschaft ankurbeln will. Deng kannte seine Chinesen, er wusste, sie würden sich in die Arbeit geradezu stürzen, wenn sie nur für sich selber arbeiten durften. Man kann dies durchaus als die marktwirtschaftliche Grundeinsicht Nummer eins ansehen. In der Tat führte die Befolgung dieser Einsicht Dengs Reform Schritt für Schritt auf den Weg in eine Marktwirtschaft.

Diese Reform war eine Reform mit klarem Ziel: die Steigerung von Produktion und Produktivität, aber ohne festen Plan. Gerade diese Eigenschaft aber erlaubte eine graduelle Entwicklung, die einen Einbruch der Wirtschaft vermied, wie ihn die Big-Bang-Reformen in Russland, aber auch in Osteuropa zur Folge hatten. Dengs Reform erreichte etwas ganz Außergewöhnliches, nämlich Reform und Beschleunigung des Wirtschaftswachstums gleichzeitig.

Das dritte Kennzeichen der Dengschen Reform waren Dezentralisierung und Delegierung von Entscheidungsbefugnissen nach unten. Die Autorität zu entscheiden muss dort angesiedelt sein, wo die Verantwortung für die Ergebnisse liegt, dies war Dengs Überzeugung. Und so räumte er den Provinzen Freiräume zum Experimentieren ein, die hinunterreichten bis zu den Landkreisen und Dörfern. Erwies sich ein Experiment als erfolgreich, wurde es zum nationalen Programm erhoben. Zu Basisinstitutionen der Dengschen Reform der achtziger

Jahre wurden die »Verantwortlichkeitssysteme«, bei denen die Bauernfamilie verantwortlich war für die Getreideerzeugung, der Manager für den Gewinn seiner Fabrik, der Forschungsdirektor für die Ergebnisse seines Instituts.

Die Dengsche Reform von unten veranlasste manche China-Forscher zu der Frage, welche konkreten Verdienste an der Reform denn eigentlich Deng selbst habe. Aber die Frage ist falsch gestellt. Die einzelnen, spezifischen Reformen kamen in der Tat nicht von Deng selbst. Sie kamen von den Bauern, von den lokalen Partei- und Verwaltungskadern, von den Provinzführern. Und sie kamen anfangs, bis er zum Gegner wurde, von dem Wirtschaftsfachmann der Partei, Chen Yun, dem Vater des Ersten Fünfjahresplans der Mao-Zeit, und dann, von 1981 bis 1988, von Dengs Ministerpräsidenten und Parteisekretär Zhao Ziyang. Aber es war Deng, der diese Reformen durchsetzte, der an kritischen Wendepunkten, wenn die Reformen am Widerstand der Konservativen zu scheitern drohten, eingriff und die Bahn frei machte. Ohne Deng wäre der Reformprozess schon bald wieder zum Erliegen gekommen.

Dengs dramatischste Intervention war seine berühmte »Südreise« im Januar/Februar 1992 nach Guangdong und in die Sonderwirtschaftszone Shenzhen. Auf dieser Reise wandte er sich über die Köpfe der Pekinger Parteiführung hinweg an das Volk und rettete die Reform, die die Konservativen nach der Tiananmen-Krise zurückzudrehen versuchten. Und er rettete sie nicht nur, sondern er beschleunigte sie. Der XIV. Parteikongress im Oktober 1992 erklärte die Entwicklung einer »sozialistischen Marktwirtschaft« zum offiziellen Ziel der Partei. Die Dengsche Reform trat damit in ein neues, zweites Stadium. Die »Reform ohne festen Plan« änderte ihren Charakter, sie wurde zu einer Reform mit klarem Ziel und damit zu einer Reform von oben: Die Zentralregierung übernahm die Aufgabe, Gesetze und Institutionen zu schaffen, die für eine funktionsfähige Marktwirtschaft notwendig sind.

KAPITEL 21

Die Bauern befreien sich (1979–1983)

Die Rückkehr zu einer privaten Landwirtschaft

Als Musterbeispiel des von unten angestoßenen Reformprozesses entwickelte sich bereits die erste Reform der Deng-Ära: die Entkollektivierung der Landwirtschaft.

Maos Volkskommunen hatten die über Jahrtausende hin selbstständigen Eigentumsbauern und Pächter Chinas zu ländlichen Proletariern, ja de facto zu Leibeigenen des Staates gemacht. Im Gegensatz zu allen erhebenden Worten Maos waren die Kommunen keineswegs sich selbst regierende Gemeinschaften in der Nachfolge der Pariser Kommune, sondern Zwangsgemeinschaften unter dem Kommando der lokalen Parteikader. Mit der örtlichen Miliz und Polizei an ihrer Seite übten die Parteikader absolute Macht über die Bauern aus, waren – wie diese sie nannten – die »lokalen Kaiser«.

Die Kader schrieben den Bauern vor, was sie anbauen und wie sie anbauen sollten. Für die meisten Produktionsgruppen lief dies darauf hinaus, dass sie auf der gesamten Fläche ihrer Felder Getreide anbauen mussten, das auf Grund der niedrigen staatlichen Ankaufspreise das am wenigsten rentable Produkt war. Die Jahresarbeitszeiten verlängerten sich drastisch. Im Winter, wenn es auf den Feldern nichts zu tun gab, mussten die Bauern im Frondienst Wasserreservoirs anlegen, Straßen bauen und Eisenbahnschienen verlegen. Die Kader kontrollierten, über die Arbeitszeiten hinaus, das gesamte tägliche Leben der Bauern. Früher hatten die Marktflecken, um die herum sich ein Kreis von Dörfern gruppierte, eine zentrale Rolle in der ländlichen Kultur gespielt. Die Bauern waren dorthin gegangen zum Ein- und Verkauf, um Nachrichten und Klatsch auszutauschen, Heiraten anzubahnen, um Schauspiele, lokale Opern, Löwentänze, Puppenspiele zu sehen und mit aufzuführen. All das starb mit der Kollektivierung ab. Die 1958 eingeführte Haushaltsregistrierung (hukou) band die Bauern an die Scholle. Sie hatten Aufenthaltsrecht nur in ihrem Dorf. Wer in die kleine Marktstadt oder in ein anderes Dorf gehen wollte, musste sich bei seiner Produktionsgruppe abmelden und die Erlaubnis des Leiters einholen. Zeitweise in die Städte abzuwandern und dort nach Arbeit zu suchen, war jetzt illegal und auch praktisch unmöglich gemacht, denn ohne die an den städtischen *hukou* gebundenen Lebensmittel-

Coupons konnten die Bauern nirgends in der Stadt Nahrungsmittel kaufen.

Das Kommunesystem ebnete – wenn man von der privilegierten Stellung der Kader absah – all die früheren sozialen Ungleichheiten in den Dörfern ein. Die Kommunen leisteten eine erfolgreiche Gesundheitsvorsorge und bauten ein Schulsystem auf, das bis zur Mittelschule reichte. Für die vor der Landreform armen Bauern und landlosen Arbeiter brachte die Kollektivierung damit beachtliche soziale Verbesserungen. Es gab nach der Katastrophe des Großen Sprungs auch keine Hungersnöte mehr, doch blieb die von Mao bei der Kollektivierung versprochene Prosperität völlig aus. Trotz der sehr viel längeren Arbeitszeiten der Bauern und trotz ihrer ungeheuren Anstrengungen in den endlosen Mobilisierungskampagnen stagnierte der individuelle Lebensstandard der Bauern über mehr als zwanzig Jahre auf dem Anfang der fünfziger Jahre erreichten Niveau, das in den meisten Regionen ein Subsistenzniveau war. Der Staat presste aus den Bauern das Kapital zum Aufbau der Schwerindustrie heraus, indem er die Getreidepreise niedrig hielt und die Preise für Industriegüter hoch ansetzte. Die Bauern, die Maos Revolution zum Sieg verholfen hatten, waren die großen Verlierer der Revolution. »Von allen Berufen«, so klagten sie, »ist der schlechteste, ein Getreidebauer zu sein.«

Lustlos zogen die Bauern, in Produktionsgruppen von zwanzig bis dreißig Haushalten zusammengefasst, morgens auf die Felder, lustlos kehrten sie zurück. Ob einer viel oder wenig, ob er gut oder schlecht arbeitete, er bekam den gleichen, kargen Lohn wie alle anderen. Und so arbeitete er wenig und schlecht. Ein weit verbreiteter Spruch auf dem Lande war: »Die Arbeit für den Staat wird langsam getan, man folgt der Menge. Jeder bekommt zehn Arbeitspunkte. Warum sollte ich härter arbeiten?« Entsprechend »hoch« fielen die Ernten aus. Trotz ertragreicherer Saatgüter, Verwendung von chemischen Düngemitteln und Pestiziden und dem Einsatz von Traktoren sank die Arbeitsproduktivität in der Landwirtschaft. Die Getreideproduktion stagnierte: 1957, im Jahr vor Einführung der Volkskommunen, lag sie bei 306 Kilogramm pro Kopf der Gesamtbevölkerung, 1975 bei 310 Kilogramm. Um die Versorgung der Städte zu sichern, musste China immer mehr Getreide einführen und wurde zum Nettoimporteur von Nahrungsmitteln.

China gehe einer Ernährungskrise entgegen, so sorgte sich die Parteiführung nach Maos Tod. Die Dritte ZK-Vollversammlung im Dezember 1978 riss dann auch das Steuer radikal herum. Die Schlussresolution sprach davon, dass die Landwirtschaft »in der jüngsten Vergangenheit schwer beschädigt wurde«, und ordnete an, die Partei müsse ihre Anstrengungen darauf konzentrieren, die Landwirtschaft voranzubringen, denn diese sei die Grundlage der gesamten Volkswirtschaft. Letzteres hatte auch Mao immer wieder erklärt, doch dieses Mal blieb es nicht bei Worten. In zwei Dokumenten über die Agrarpolitik verabschiedete die Vollversammlung eine Reihe von Fördermaßnahmen. Die staatlichen Ankaufspreise für Getreide wurden um zwanzig Prozent erhöht und für die über die Abgabequote hinausgehende Menge sogar um fünfzig Prozent. Gleichzeitig wurden die Preise für Landmaschinen, Düngemittel und Pestizide gesenkt. Die Preisschere zwischen Agrar- und Industrieprodukten schloss sich zwar nicht, aber sie stand nun weit weniger offen.

Gefördert wurde auch die Leichtindustrie, nicht zuletzt um den Bauern durch eine bessere Versorgung mit Konsumgütern Leistungsanreize zu geben. Die Investitionen in die Schwerindustrie wurden dagegen drastisch zurückgefahren. Diese Umorientierung der Entwicklungsstrategie, die vor allem das Werk von Chen Yun war, stellt eine wesentliche Grundlage für den Erfolg der Dengschen Reform dar.

Das Zentralkomitee stärkte darüber hinaus die Autonomie der Produktionsgruppen und mahnte sie zugleich, der Gleichmacherei bei der Einkommensverteilung ein Ende zu machen. Die Entlohnung müsse sich nach der Leistung des einzelnen Bauern richten. Zu diesem Zweck könne man die Gruppe in kleinere Untergruppen aufteilen und ein System einrichten, bei dem die Untergruppen die Verantwortung für die ihnen zugewiesenen Arbeiten übernähmen. Niemand in Peking dachte auch nur im Traum daran, dass die Bauern die ihnen gegebene Freiheit, die Arbeit zu organisieren, dazu nutzen könnten, die ganze Kollektivierung rückgängig zu machen. Aber genau das geschah.

Die vor der Kollektivierung besser gestellten Bauern hatten von Anfang an darüber nachgesonnen, wie sie aus dem Zwangssystem wieder ausbrechen könnten. Die Erfahrung der Hungerkatastrophe in den Jahren des Großen Sprungs ließ dann auch die Stimmung bei den armen Bauern umschlagen. Wann immer sich eine Gelegenheit zu bieten schien, hatten die Bauern versucht, ihre Freiheit wiederzuerlangen, doch jedesmal hatte Mao diese Versuche brutal unterbunden. Nun versuchten sie es erneut, und dieses Mal hatten sie Erfolg. In einigen Dörfern überredeten Bauern die Leiter der Produktionsgruppen, das Land zur Bewirtschaftung auf die einzelnen Bauernfamilien aufzuteilen. Sie verpflichteten sich, die vom Staat vorgeschriebenen Produktionsquoten zu erfüllen, und versprachen den Kadern darüber hinaus noch einen Zuschlag zu deren eigener Verwendung. Auch die Aufteilung des Gruppeneigentums an Landmaschinen, Zugvieh und Bargeld sollte so geregelt werden, dass für die Dorfkader einiges heraussprang. Mit ein wenig Bestechung erkauften sich so die ersten Bauern die Freiheit.[4]

Noch war das neue System illegal, aber es stellte sich bald heraus, dass die Eigenbewirtschaftung der Felder durch die einzelnen Bauernfamilien die Ernteerträge in die Höhe schnellen ließ. In den Provinzen

Prozentanteil der am System der Produktionsverantwortlichkeit teilnehmenden Haushalte am Jahresende

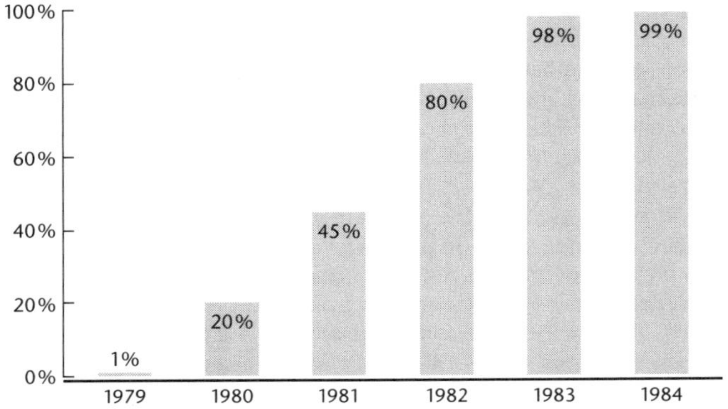

Quelle: J.Y. Lin, »Rural Reforms and Agricultural Growth in China«, American Economic Review 82 (1), 1992, S. 34–51.

Sichuan und Anhui drückten die beiden Parteisekretäre Zhao Ziyang und Wan Li beide Augen zu und förderten wohl insgeheim die Bewegung zur Eigenbewirtschaftung, so dass diese hier schnell vorankam. 1980 wurden beide Parteisekretäre nach Peking berufen: Zhao als Premierminister und Wan als Landwirtschaftsminister. Damit war offenkundig, dass die oberste Führung in Peking auf die neue Entwicklung mit Wohlwollen blickte, und diese beschleunigte sich nun. Zwar versuchte die Partei im September 1980 noch einmal, die Bewegung anzuhalten, indem sie das System der Eigenbewirtschaftung auf bergige, ertragsarme Regionen beschränkte, doch das führte nur dazu, dass die Bauern in den besseren Landwirtschaftsgebieten forderten, nicht schlechter gestellt zu werden. Die Eigenbewirtschaftung breitete sich jetzt wie ein Präriefeuer über ganz China aus. Ende 1983 waren 98 Prozent des Ackerlands an die Bauernfamilien aufgeteilt.

Das neue System wurde als »Verantwortung der Bauernhaushalte für die Produktion« bezeichnet. Die einzelne Bauernfamilie verpflichtete sich, eine vertraglich bestimmte Menge von Getreide (und/oder anderen Agrarprodukten) an den Staat zu den festgesetzten (niedrigen) Ankaufspreisen zu liefern. Alles, was sie darüber hinaus erzeugte, konnte sie frei auf dem Markt zu höheren Preisen verkaufen. Das Land gehörte weiter dem Kollektiv, die Familie hatte lediglich das Nutzungsrecht.

Im Januar 1982 erkannte das Zentralkomitee – schon fast post festum – die Produktionsverantwortung der Haushalte als eine Bewirtschaftungsform der »sozialistischen kollektiven Landwirtschaft« an. 1983 wurde das Volkskommunensystem aufgelöst, die Verwaltungsaufgaben der Kommune gingen wieder auf die alte Gemeinde (xiang) und die der Produktionsbrigade auf das alte Dorf (cun) über. Die Produktionsgruppen hatten sich bereits selbst aufgelöst. Im Januar 1984 dehnte man die Landnutzungsrechte auf fünfzehn Jahre und im weiteren Verlauf auf dreißig Jahre aus, um die Bauern zu Investitionen in das Land anzuregen. 1988 erfolgte der letzte Schritt: die Landnutzungsrechte konnten vererbt und verpachtet, verkauft und gekauft werden. De facto war so die unter Mao kollektivierte Landwirtschaft wieder in eine private Kleinbauernwirtschaft zurückverwandelt.

Der Erfolg der Reform war atemberaubend. Aus den demotivierten Proletariern der Produktionsgruppen wurden hochmotivierte Bauern, die sich für den eigenen Gewinn abrackerten. Die landwirtschaftliche Produktion explodierte. War sie unter Mao kaum mit dem Bevölkerungswachstum von 2,5 Prozent mitgekommen, so stieg sie zwischen 1981 und 1984 mit der beispiellosen Rate von 9,3 Prozent pro Jahr und übertraf die industrielle Wachstumsrate. Die Getreideproduktion erhöhte sich – trotz der Verringerung der für Getreide vorgesehenen Anbaufläche – von den 280 bis 300 Millionen Tonnen der späten siebziger Jahre auf den Rekord von 407 Millionen Tonnen im Jahr 1984. Das Prokopfeinkommen der ländlichen Bevölkerung, das in den zwanzig Jahren der Kollektivierung stagniert hatte, wuchs zwischen 1978 und 1984 jährlich um siebzehn Prozent.[5] Es war das erste Mal, dass die ländlichen Einkommen schneller und sogar wesentlich schneller wuchsen als die städtischen.

Das liberale Klima der beginnenden Dengschen Reform nutzend, hatten die Bauern in einer spontanen, unorganisierten und apolitischen Bewegung eine wahre Revolution in Gang gebracht.[6] Diese entwickelte sich nun, ihrer eigenen Logik folgend, weiter. Und Deng wachte darüber, dass niemand sie gewaltsam abbrach.

Bauernmärkte überschwemmen die Städte

Mit dem Übergang zur privaten Bewirtschaftung der Felder übernahmen die Bauern die Verpflichtung, eine vereinbarte Menge Getreide an den Staat zu liefern. Darüber hinaus konnten sie anbauen, was sie wollten. Sie begannen nun in großem Umfang Gemüse und Früchte anzubauen, Geflügel zu halten, Schweine aufzuziehen und Fische in Fischteichen zu züchten. Wie konnte all dies abgesetzt werden? In den Städten war aller Groß- und Einzelhandel Monopol des Staates, und selbst die kleinen Gemeindemärkte waren strikt reglementiert. Andererseits waren die staatlichen Ankaufs- und Verkaufsstellen gar nicht in der Lage, die Schwemme an neuen Produkten aufzunehmen und zu verteilen. So machten sich die Bauern, wie in alten Zeiten, wieder selbst auf den Weg zum Verbraucher. Vollbepackt fuhren sie in Bussen, auf Fahrrädern und Traktoren in nahe gelegene Städte und boten ihre Produkte zum Kauf an. Manche Bauern spezialisierten sich ganz auf An- und Verkauf und wurden zu »mobilen Händlern«. Andere entwickelten sich zu reinen Transportunternehmern, die den Güterverkehr zwischen Land und Stadt besorgten. 1986 besaßen die Bauern 318 000 Lastwagen, das waren 64 Prozent aller Lastwagen in China außerhalb der Armee!

Überall in den Städten etablierten sich regelmäßige Bauernmärkte. Die staatlichen Kaufhäuser konnten mit diesen Märkten nicht konkurrieren. Im Landkreis Yinde in der Provinz Guandong zum Beispiel machten 1985 von den 29 staatlichen Handelsorganisationen 26 Verluste. Bereits 1990 wurden mit Ausnahme von Getreide, Baumwolle, Pflanzenöl und Tabak so gut wie alle landwirtschaftlichen Produkte auf Bauernmärkten verkauft.[7]

Bauern errichteten Verkaufsstände auch entlang der Landstraßen und boten dort Gemüse, Wassermelonen und Fische an, Produkte, die direkt von den Feldern und aus den Teichen beiderseits der Straße kamen. Manche dieser Landstraßenmärkte entwickelten sich zu riesigen Großmärkten. In Shanxi entstand im Landkreis Jiang aus einer kleinen Gruppe von Verkaufsständen ein über acht Kilometer langer Landstraßenmarkt, auf dem 34 Organisationen und zweihundert spezialisierte Bauern Gemüse anboten. Der Landstraßenmarkt wurde zum Großmarkt für Gemüse, auf dem mehr als zehn benachbarte Landkreise und ein Dutzend mittlerer und kleinerer Städte sich versorgten. Ein zweites Beispiel dafür, wie sich ein spezialisierter Bauernmarkt zu einem landesweiten Großmarkt entwickelte, bot das Dorf Gaozhong in der Provinz Jiangsu. Das Dorf wurde zum Großmarkt für Pelzwaren aus Kaninchenfellen, auf dem sich die Händler aller umliegenden Provinzen eindeckten. Bis 1990 hatten sich insgesamt 1300 Großmärkte für landwirtschaftliche Güter in China auf diese spontane Weise gebildet.

Fast über Nacht überzogen die Bauern China mit freien Märkten. Es war eine Entwicklung gegen das Gesetz, und anfangs mussten sich die Bauern so manches Mal die Duldung mit Bestechungsgeldern erkaufen, bis schließlich die Regierung 1983 die Märkte der Bauern legalisierte. Es blieb ihr auch gar nichts anderes übrig, wollte sie die landwirtschaftliche Produktion nicht wieder abwürgen. Bald boten die Bauernmärkte auch handwerkliche Erzeugnisse und industrielle Konsumgüter an, die auf dem Lande hergestellt wurden. In der Provinz

Zhejiang verkauften Ende der achtziger Jahre ländliche Unternehmen industrielle Produkte auf Bauernmärkten im Werte von fünf Milliarden Yuan, was nach damaliger Kaufkraft mindestens fünf Milliarden DM entsprach. Damit kommen wir zur dritten Stufe der Revolution, mit der die Bauern China verwandelten: die Schaffung einer riesigen ländlichen Industrie.

Eine industrielle Revolution auf dem Lande

Die Rekordernten, die erhöhten staatlichen Ankaufspreise für Getreide, die freien Verkäufe auf dem Markt – all dies gab den Bauern plötzlich Geld in die Hand. Aber es gab nichts zu kaufen. Mao hatte eine Mangelwirtschaft hinterlassen. Die zu Wohlstand kommenden Bauern wollten Kleider, Getränke wie Bier und Cola, Ventilatoren, Kühlschränke, Fahrräder und Fernseher kaufen. Sie wollten Häuser bauen und verlangten nach Baumaterialien und nach Möbeln. Doch die staatliche Konsumgüterindustrie konnte nicht einmal die städtische Bevölkerung versorgen, geschweige denn die neue Nachfrage in den ländlichen Gebieten befriedigen.

In dieser Situation schlug die Stunde der Bauernunternehmer. Die Dörfer begannen, für die explodierende Nachfrage auf dem Lande selbst zu produzieren, und sie produzierten gleich auch für die Städte mit. Nichts versprach höhere Profite, Kapitalrenditen von dreißig Prozent und mehr winkten dem erfolgreichen Unternehmer. Arbeitskräfte waren leicht zu finden. Die Entkollektivierung hatte den Bauern nicht nur die Freiheit gegeben, die Landwirtschaft zu verlassen, sondern offenbar gemacht, dass viele Arbeitskräfte für die Feldbestellung überflüssig waren. So machten sich nun viele Bauern daran, Unternehmer zu werden oder für Unternehmer zu arbeiten. Kleine Familienbetriebe schossen wie Pilze aus dem fruchtbaren Boden der Mangelwirtschaft.

Kaderkapitalismus

Die entscheidenden Akteure aber waren die ganzen achtziger Jahre hindurch die Partei- und Verwaltungskader in den Dörfern und Gemeinden. Sie hatten einen Grundstock von Unternehmen aus der Mao-Zeit ererbt: die 700 000 Brigade- und Kommuneunternehmen mit 28 Millionen Beschäftigten. Mao hatte die ländliche Industrialisierung 1970 wieder aufgenommen, nachdem der erste Versuch im »Großen Sprung nach vorne« kläglich gescheitert war. Die neuen Brigade- und Kommuneunternehmen hatten allerdings ausschließlich den Zweck, die landwirtschaftliche Produktion zu unterstützen. Sie blieben beschränkt auf die »Fünf kleinen ländlichen Industrien«: Eisen und

Stahl, Landgeräte und -maschinen, chemische Düngemittel, Zement sowie elektrischen Strom durch Wasserkraft. Die Konsumgüterindustrie blieb strikt den Staatsunternehmen in den Städten vorbehalten. Dieses Monopol stellte ja das wesentliche Instrument in dem Ausbeutungssystem dar, mit dem der Staat durch überhöhte Industriegüterpreise und niedrige Preise für Agrarerzeugnisse aus den Bauern das Kapital für den forcierten Aufbau der Schwerindustrie herauspresste.

Trotz der maoistischen Ideologie des Vertrauens auf die eigenen Kräfte wurden die Brigade- und Kommuneunternehmen keineswegs von den Brigaden (Dörfern) und Kommunen (Gemeinden) selbst finanziert. Das Geld kam vielmehr vom Staat, der denn auch die Ziele der ländlichen Industrialisierung bestimmte und die Unternehmen dirigierte. Kein Wunder also, dass auch hier – wie in den Staatsunternehmen – in der Regel ineffizient produziert wurde und vielfach Verluste entstanden.[8] Als mit Beginn der Dengschen Reform die Subventionen der Pekinger Zentrale für diese Unternehmen ausliefen, wurden die Verluste zu einer Bürde der Dörfer und Gemeinden.

Die lokalen Parteisekretäre und die Chefs der Verwaltung sannen nun darauf, die ererbten Unternehmen profitabel zu machen. Sie stürzten sich zugleich in die Gründung neuer Kollektivunternehmen der Dörfer und Gemeinden. Was erklärt diesen Enthusiasmus? In den Partei- und Verwaltungsbüros saßen zum großen Teil dieselben Leute wie in der Mao-Zeit. Was trieb sie an, sich plötzlich mit Feuereifer in die wirtschaftliche Entwicklung ihrer Dörfer und Gemeinden zu stürzen? Die Antwort ist einfach: Deng setzte die Anreize richtig, so wie Mao sie in seiner hartnäckigen Verkennung der menschlichen Natur stets falsch gesetzt hatte.

Zwei Änderungen, die die Dengsche Reform brachte, gaben den Kadern ein Eigeninteresse am wirtschaftlichen Erfolg der ihnen unterstellten Einheiten. Zum einen hatte es Deng zur zentralen, alles überragenden Aufgabe der Partei erklärt, die Produktion zu steigern und den Wohlstand der Bevölkerung zu mehren. 1979 gab die Regierung die konkrete Weisung aus, den Anteil der Brigade- und Kommuneunternehmen am Gesamteinkommen der Gemeinden bis zum Jahr 1985 von 29,7 Prozent auf 50 Prozent zu steigern. Wer also sein Dorf oder seine Gemeinde zu einem schnellen wirtschaftlichen Wachstum führte, dem winkte eine Karriere. Unternehmerischer Erfolg wurde zum entscheidenden Kriterium für das persönliche Vorwärtskommen.

Noch wichtiger war die zweite Änderung, die Dengs Reform einführte. Unter Mao mussten die Gemeinden, Landkreise und Provinzen – genauso wie die Staatsunternehmen – ihre Einnahmen nach oben, an die Zentrale abgeben und erhielten von dieser Haushaltszuweisungen, die ihre Ausgaben deckten. Deng dezentralisierte. Die Einnahmen wurden geteilt, manche Steuern und sämtliche örtlichen Abgaben sowie die Gewinne der Kollektivunternehmen gehörten von nun an den Dörfern, Gemeinden und Landkreisen zur Gänze. Andererseits wurden die Finanzzuweisungen aus der Zentrale eingestellt. Das Einkommen der Gemeinden und Städte hing nun also von diesen selbst ab. Je mehr Unternehmen ein Dorf und eine Gemeinde besaßen und je profitabler diese Unternehmen waren, umso reicher waren das Dorf und die Gemeinde. Auch die Landkreisregierung, die von den Gemeinden Abgaben erhielt, partizipierte am Reichtum und hatte so größtes Interesse, die Unternehmensgründungen der Dörfer und Gemeinden zu unterstützen. Reiche Dörfer konnten sich Schulen, Kinos, Gemeinschaftszentren errichten. Partei- und Verwaltungskader konnten sich neue Bürogebäude und Autos leisten, konnten bessere Dienstwohnungen bauen, hatten Geld für Bewirtungsspesen. Nicht zuletzt aber partizipierten sie auch direkt am neuen Reichtum: durch höhere Gehälter, durch Bonuszahlungen und so manche andere Vorteile. Im dicht industrialisierten Delta des Perlflusses bezogen 1986 Gemeindeparteisekretäre ein durchschnittliches Einkommen, das so hoch war wie das Gehalt des Premierministers in Peking.[9]

So verwandelten sich denn die Parteikader und Verwaltungsbeamten in Unternehmer und die Dörfer und Gemeinden in Konglomerat-Konzerne. Eine Voraussetzung für diese Entwicklung war, dass Deng das restriktive Modell der ländlichen Industrialisierung, das diese auf die fünf Produktionsmittelindustrien beschränkt hatte, aufgab und duldete, dass ländliche Unternehmen auch in die Konsumgüterproduktion eindrangen. Die Kader strukturierten die aus der Mao-Zeit ererbten Unternehmen um und richteten sie, wo nötig, auf neue Produktionen aus. Aus einer verlustbringenden Düngemittelfabrik wurde eine Brauerei, aus einer nicht mehr gebrauchten Landmaschinenfabrik eine Fabrik für Fahrräder und so fort. Zugleich machten sich die Kader daran, den Bestand an Industrieunternehmen in ihren Dörfern und Gemeinden auszuweiten. Im Rekordtempo gründeten sie neue Kollektivunternehmen, hielten Ausschau nach Märkten, stellten Manager für die neuen Unternehmen ein, besorgten über ihr Kadernetzwerk Technologie, betrieben Lobby bei den Banken, um Kredite für die Unternehmen zu bekommen, und schafften nicht zuletzt durch ihre Verbindungen die nötigen Rohstoffe und Vormaterialien für die Produktion herbei.

Mit dem Vordringen in den einstigen Sperrbezirk der Konsumgüterproduktion machten die ländlichen Unternehmen den kleinen Staatsunternehmen immer mehr Konkurrenz und erodierten die Monopolrenten, die diese auf den einst geschützten Märkten erzielten. In den achtziger Jahren war das Verhältnis der ländlichen Unternehmen zu den Staatsunternehmen dennoch vor allem geprägt durch Zusammenarbeit. Viele der ländlichen Industrieunternehmen arbeiteten als Zulieferer für große Staatsunternehmen oder überließen ihnen ihre Produktion zum Verkauf. In Verbindung mit den staatlichen Außenhandelsorganisationen und vor allem in Kooperation mit Hongkong-Firmen produzierten die Dorf- und Gemeindeunternehmen in zunehmendem Maße auch für den Export. 1990 trugen sie bereits 24 Prozent zum chinesischen Gesamtexport bei.

1984 erlaubte die Pekinger Regierung offiziell die Gründung von Privatunternehmen, die sie bereits seit 1979 stillschweigend duldete. Die Erlaubnis galt zunächst aber nur für »individuelle Unternehmen« (getihu), das heißt für Einzel- und Familienunternehmen mit höchstens sieben abhängig Beschäftigten. In den Statistiken schnellte nun die Zahl der offen ausgewiesenen privaten Industrie- und Dienstleistungsunternehmen steil nach oben, nämlich von 4,2 Millionen im Jahr 1984 auf 10,4 Millionen 1985 und 13,4 Millionen 1986. Nicht alle diese Unternehmen waren Neugründungen, vielmehr existierte ein beträchtlicher Teil schon seit längerem, tauchte aber erst jetzt in den Statistiken auf. 1988 wurden dann auch größere Privatunternehmen (siyingqiye) durch Gesetz zugelassen.

Ungeachtet aller gesetzlichen Änderungen blieben Privatunternehmen jedoch weiterhin auf die Protektion der lokalen Kader angewiesen. Diese mussten den fehlenden rechtsstaatlichen Schutz von Eigentum ersetzen. Die Situation war nicht anders als in den zwei Jahrtausenden der Kaiserzeit, als ein Unternehmer oder Kaufmann ebenfalls nur erfolgreich sein konnte, wenn und solange er die Protektion eines politisch Mächtigen hatte. Vor allem viele der größeren Privatunternehmen begaben sich deshalb formal unter die Obhut ihres Dorfes oder ihrer Gemeinde und traten nach außen als Kollektivunternehmen auf. Im Volksjargon nannte man dies »eine rote Kappe aufsetzen«. Das Dorf oder die Gemeinde bekam für ihre Dienste eine »Managementgebühr« und wurde am Gewinn beteiligt. Das getarnte Privatunternehmen seinerseits kam in den Genuss all der steuerlichen Vorteile, die für Kollektivunternehmen galten, und erwarb sich einen gewissen Grad von Rechtssicherheit.

Galt in den achtziger Jahren das Interesse der Kader dem Aufbau von Kollektivunternehmen, so änderte sich diese Einstellung mit Beginn der neunziger Jahre grundlegend. Die Zeiten für Kollektivunternehmen wurden härter. Es herrschte keine Mangelwirtschaft mehr, die Lücken, die die Staatsindustrie gelassen hatte, waren gefüllt, in vielen Bereichen gab es Überproduktion und brutalen Preiswettbewerb. So manches Kollektivunternehmen geriet jetzt in die roten Zahlen und wurde für Dorf und Gemeinde zur Bürde. Dies ließ die Parteikader umdenken. Sie erkannten die Vorteile der Privatunternehmen. Machten die Unternehmen Verluste, so blieben diese privat, machten sie Gewinne, so konnte man Steuern und Abgaben einstreichen. Die Kader gingen deshalb zu einer neuen Strategie über. Sie förderten nun größere Privatunternehmen ähnlich intensiv wie ihre Kollektivunternehmen und räumten ihnen ähnliche Privilegien ein. Sie halfen bei der Gründung von Privatunternehmen oder stießen solche Gründungen selber an. Auf der anderen Seite versteigerten sie verlustbringende Kollektivunternehmen auf Auktionen an den Meistbietenden und verkauften in vielen Regionen sogar gut gehende Kollektivunternehmen an die Manager und Arbeiter oder an die Manager allein. Zugleich warfen viele Privatunternehmen die rote Tarnkappe ab. Die Entwicklung führte dahin, dass zur Jahrtausendwende in den meisten Regionen achtzig bis neunzig Prozent aller Dorf- und Gemeindeunternehmen, die in der offiziellen Statistik immer noch als Kollektivunternehmen geführt werden, in Wirklichkeit offen anerkannte Privatunternehmen waren.

Die neue Strategie der Kader ging voll auf. Schon 1995 führten die Privatunternehmen eine höhere Steuer ab als die gemeindeeigenen Unternehmen. Die Macht der Kader hat unter der neuen Entwicklung bisher kaum gelitten. Privatunternehmen sind nach wie vor auf ihre Gunst angewiesen und damit Teil ihrer Industrieimperien. Je mehr sich China allerdings zu einem Rechtsstaat und einer voll funktionierenden Marktwirtschaft entwickelt, umso unabhängiger dürfte die Stellung der Privatunternehmer werden. Der Tag wird kommen, an dem Parteieliten und Unternehmereliten zu Rivalen um die Macht werden.

Der lokale Kaderkapitalismus verlieh der ländlichen Industrialisierung eine ungeheure Dynamik. Es entstand ein Entwicklungsmodell, das eine frappierende Ähnlichkeit hat mit dem japanisch-ostasiatischen Modell. Wie in Japan die symbiotische Zusammenarbeit zwischen Elitebürokratie und Topmanagern, wie in Korea die Zusammenarbeit zwischen Regierung und den großen Konzernherren das Wachstum vorantrieb und über Jahrzehnte zum Superwachstum machte, so war es in China die Zusammenarbeit der lokalen Parteiführer und Verwaltungsbürokraten mit Bauernunternehmern, die dem Aufstieg der ländlichen Industrie die atemberaubende Dynamik gab.

Eine zweite große Industrie

Zwischen 1979 und 2000 stieg die Zahl der Beschäftigten in ländlichen Industrie- und Dienstleistungsunternehmen von 29 Millionen auf 169 Millionen – das ist fast das Sechsfache.

Die explosive Phase des Wachstums fiel in die Jahre 1984 bis 1996. In dieser Zeit schufen die ländlichen Unternehmen durchschnittlich

Beschäftigte in ländlichen Unternehmen 1978 bis 2000 (in Millionen)

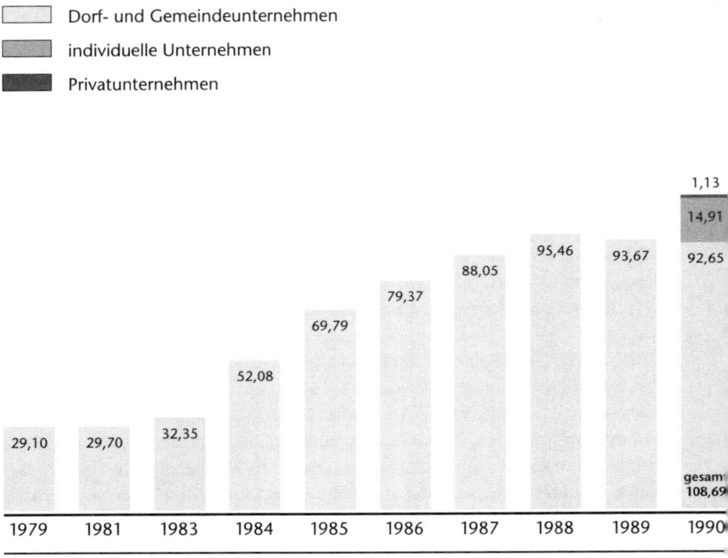

Quelle: China Statistical Yearbook 2001, S. 110f.

zehn Millionen zusätzliche Arbeitsplätze im Jahr. Sie trugen damit wesentlich dazu bei, den Druck der überschüssigen Arbeitskräfte in der Landwirtschaft zu entschärfen. Im Jahr 2000 waren 34 Prozent der Erwerbstätigen auf dem Lande in ländlichen Industrie- und Dienstleistungsunternehmen tätig. Bereits 1987 war der Industrie- und Dienstleistungssektor und nicht mehr die Landwirtschaft die Haupteinkommensquelle auf dem Lande. Der Industrialisierungsgrad der ländlichen Regionen ist in den einzelnen Provinzen allerdings sehr unterschiedlich. Die ländlichen Unternehmen sind konzentriert in den Küstenprovinzen Shandong, Guandong, Jiangsu, Zhejiang, Hebei, Fujian. In diesen Provinzen erreicht der Anteil der nichtlandwirtschaftlichen Produktion achtzig Prozent und mehr der Gesamtproduktion auf dem Lande. In den zentralen und den westlichen Inlandsprovinzen dagegen liegt er erst bei sechzehn und zwanzig Prozent.

1998 trugen die ländlichen Unternehmen im Industrie- und Dienstleistungsbereich 28 Prozent zum Bruttoinlandsprodukt Chinas bei. Blickt man nur auf die Industrie, so überstieg die Nettowertschöpfung

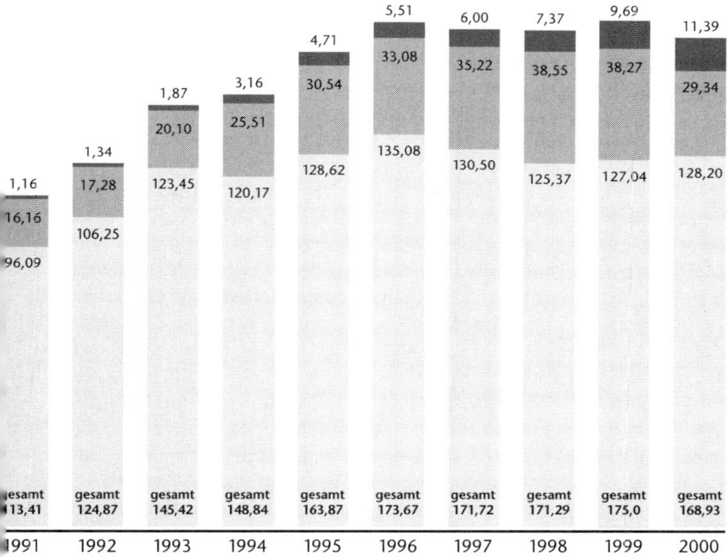

der ländlichen Industrieunternehmen mit 1,6 Billionen Yuan bei weitem diejenige der Staatsindustrie und erreichte 46 Prozent der Nettowertschöpfung der Gesamtindustrie (ländliche Industrie + Staatsindustrie + städtische Kollektivindustrie + Industrie mit Auslandsbeteiligung).[10]

Die ländlichen Unternehmen erzeugten 95 Prozent der Ziegel und Kacheln, 95 Prozent der landwirtschaftlichen Kleingeräte und 80 Prozent der Bekleidung. Sie vereinten auf sich 40 Prozent der Produktion der Nahrungsmittel- und Getränkeindustrie, 40 Prozent der Kohlebergwerke, 26 Prozent der Produktion des Maschinenbaus, 17 Prozent der Produktion der Elektronik- und Telekommunikationsindustrie. Sie trugen 34 Prozent zum chinesischen Export bei, 40 000 ländliche Unternehmen hatten Joint Ventures mit Auslandsunternehmen gegründet. Manche ländliche Industrieunternehmen drangen in den neunziger Jahren in kapital- und technologieintensive Produktionssektoren vor und eröffneten Fabriken auch in den Großstädten.

Neben und an der Staatsindustrie vorbei war also auf dem Lande eine zweite Industrie entstanden, die – sowohl der Produktion wie der Zahl der Beschäftigten nach – zum Ende des Jahrhunderts die Staatsindustrie überholte. Sie war eine Industrie gänzlich anderer Art. Die Staatsunternehmen operierten unter dem Regime der Planwirtschaft. Der Staat sagte ihnen, was und wie viel sie produzieren sollten, wies ihnen die Vormaterialien und Investitionsmittel zu und nahm ihnen ihre Produkte zu festgesetzten Preisen ab, die Gewinne erlaubten. Die ländlichen Unternehmen aber lebten unter den Bedingungen des Wettbewerbs. Ihre Welt war der Markt. Versagten sie am Markt, so gingen sie unter. Wie auch immer der Status der einzelnen ländlichen Unternehmen war – ob kollektives Dorf- oder Gemeindeunternehmen, ob getarntes oder ungetarntes Privatunternehmen –, sie alle hingen vom Markt ab und operierten wie private Unternehmen. Der Wettbewerb war hart, der Bankrott eines ländlichen Unternehmens eine alltägliche Erscheinung. Ein Beispiel mag dies anschaulich machen. Zu Beginn des Jahres 1979 gab es in den ländlichen Gemeinden der Großstadt Wuhan am Jangtse einen einzigen Hersteller von elektrischen Ventilatoren. Bis Ende 1979 war ihre Zahl auf 47 gestiegen. Wie hungrige Wölfe hatten sich Bauernunternehmer und Kader auf die gewinnverheißende Ventilatorenproduktion geworfen. In ganz China zählte man Ende 1979 rund 1500 Unternehmen für Ventilatoren, 1984 waren nur noch 300 Handelsmarken übrig; einige der überlebenden Firmen aber waren zu großen Unternehmen herangewachsen, die in ganz China verkauften und ins Ausland exportierten.[11]

Wenn Kollektivunternehmen vom Bankrott bedroht waren, hatten Dörfer und Gemeinden – anders als der Staat – ganz einfach nicht die Mittel, um ihre Unternehmen längere Zeit über Wasser zu halten. Aus diesem Unterschied erklärt sich die unterschiedliche soziale Situation der Beschäftigten. Die regulären Arbeiter und Angestellten in den Staatsunternehmen aßen gemeinsam aus der großen, unzerbrechlichen »eisernen Reisschüssel«. Die großen Staatsunternehmen waren geradezu autonome »Wohlfahrtsstädte«, ihre Manager ebenso sehr Bürgermeister wie Unternehmensleiter. Wer einmal in einem Staatsunternehmen angestellt war, dem konnte nichts mehr passieren. Ganz anders war die Situation der Arbeiter in den ländlichen Unternehmen. Sie wurden am Markt und zu Marktlöhnen angeheuert. Es gab für sie – eine Ausnahme bildeten große und gewinnbringende Kollektivunternehmen – so gut wie keine sozialen Einrichtungen. Sie lebten in einer frühkapitalistischen Welt des *hire and fire*. Verlor ein Arbeiter seinen Arbeitsplatz, ging ein selbstständiger Unternehmer Bankrott, kehrte er zurück auf den Bauernhof seiner Familie.

Noch in einer anderen Beziehung war die ländliche Industrie eine Industrie ganz anderer Art. Sie war eine Welt der kleinen und mittleren Unternehmen, eine echt chinesische Industriewelt wie jene in Taiwan. Die Staatsindustrie dagegen war nach sowjetischem Vorbild aufgebaut, in ihr dominierten rund tausend Großunternehmen, die zwei Drittel zur Gesamtproduktion beitrugen.

Das chinesische Wirtschaftswunder der achtziger und frühen neunziger Jahre war, was wenigen im Westen bewusst ist, das Werk der Bauern und der ländlichen Kader. Als der Staat ihnen die Freiheit gab zu produzieren, brachten sie eine Produktionslawine ins Rollen. Zunächst brach die Agrarproduktion einen Rekord nach dem anderen. Dann, von 1983 an, übernahmen die ländlichen Industrie- und Dienstleistungsunternehmen die Stafette und trieben mit jährlichen Wachstumsraten von dreißig Prozent und mehr das Sozialprodukt in die Höhe. Die zweistelligen Wachstumsraten Chinas, die die Aufmerksamkeit der Welt auf sich zogen, waren vor allem Wachstumsraten der ländlichen Unternehmen.

Das Land war der Motor des Wirtschaftswachstums. Es wurde ebenso der Motor des Systemwandels. Die ländlichen Unternehmen veränderten fundamental die Lebensbedingungen der Staatsunternehmen in den Städten. Diese fanden sich aus ihrem geschützten Gehege der Planwirtschaft hinausgetrieben in die freie Wildbahn der Wettbewerbswirtschaft. Die Bauern zerstörten die Planwirtschaft. Nicht zuletzt die Bauern werden es sein, die auch das politische System wandeln. Es scheint auf Dauer unwahrscheinlich, dass ein Land von Hunderten von Millionen privater Bauern und von Millionen privater ländlicher Unternehmer, zu denen nun immer mehr städtische Privatunternehmer stoßen, diktatorisch regiert werden kann.

KAPITEL 22

Reform in den Städten (1984–1988)

1984 gab der phänomenale Erfolg der landwirtschaftlichen Reform, glanzvoll bestätigt durch eine neue Rekordernte, Deng den politischen Rückhalt, die Reform nun auch in den Städten voranzutreiben, wo sie nach anfänglichem Aufschwung liegen geblieben war.

Die Städte – dies war die Welt der Planwirtschaft, die Welt der Staatsunternehmen und der Partei- und Staatsbürokratien, die sie überwachten und lenkten. Die Reformer stießen hier in ungleich schwierigeres Terrain vor. Sie trafen auf den Widerstand mächtiger Interessengruppen in Partei und Regierung, die die Position der Partei und die eigenen Positionen und Privilegien gefährdet sahen. Zum Kern der konservativen Opposition wurde Chen Yun, der Vater des Ersten Fünfjahresplans (1953–1957) und, hinter Deng, die Nummer zwei der mächtigen Revolutionsveteranen. Er hatte in den Anfangsjahren die Reform unterstützt und durch seine Neuausrichtung der Entwicklungsstrategie auf Landwirtschaft und Leichtindustrie wesentlich zu ihrem Erfolg beigetragen. Chen Yun war und blieb jedoch ein stalinistischer, wenn auch pragmatischer Planwirtschaftler. Er wollte die Planwirtschaft effizienter machen, indem er marktwirtschaftliche Elemente einbaute, aber er wollte sie nicht abschaffen und durch eine Marktwirtschaft ersetzen. Genau darauf aber musste Dengs Reform hinauslaufen, wie Chen – klarer wohl als Deng selbst – erkannte. Berühmt wurde Chens Vergleich, in dem er den Markt mit einem Vogel im Käfig und den Plan mit dem Käfig gleichsetzte: Ohne Käfig fliegt der Vogel weg, ohne Kontrollen entartet spontane Aktivität in Chaos.

Auf dem Höhepunkt des Erfolgs der landwirtschaftlichen Reform aber hatten die Reformgegner keine Chance. Deng überließ die Ausarbeitung des Reformprogramms für die Staatsunternehmen seinem Ministerpräsidenten Zhao Ziyang und dessen liberaler Beratergruppe. Mit Dengs Unterstützung setzte Zhao dann auf der ZK-Tagung im Oktober 1984 das Programm durch.

Die Reform des Managementsystems der Staatsunternehmen

Der zentrale Punkt der Reform in den Städten war die Reform des Managementsystems der Staatsunternehmen. Nach dem Vorbild der Produktionsverantwortlichkeit der Bauernhaushalte führte Zhao jetzt die Produktionsverantwortlichkeit der Manager ein. In der Vergangenheit hatten die Staatsunternehmen als passive Produktionseinheiten operiert. Die einzelnen Fachministerien, denen sie unterstanden, ordneten an, welche Produkte in welchen Quantitäten zu produzieren und zu welchen Preisen zu verkaufen waren. Die gesamten Gewinne wurden an den Staat abgeführt, der seinerseits den Unternehmen Mittel für Investitionen zuwies und Verluste abdeckte. Schlecht arbeitende Unternehmen hatten so auf Kosten effektiv arbeitender gelebt: »Alle aßen aus demselben großen Topf.« Es hatte jeder Anreiz gefehlt, effizient zu produzieren und Innovationen einzuführen.

Jetzt übertrug die Reform die Entscheidungsbefugnis über Produkte, Quantitäten, Preise, Investitionen auf den Unternehmensmanager. Statt den gesamten Gewinn abzuliefern, zahlten die Unternehmen hinfort eine Steuer. Den Gewinn nach Steuer konnte der Manager nach eigenem Gutdünken verwenden und daraus auch Bonuszahlungen an die Belegschaft und zusätzliche Sozialeinrichtungen finanzieren. Der Staat zog sich aus der Finanzierung der Unternehmen zurück, die ihren Geld- und Kapitalbedarf künftig aus einbehaltenen Gewinnen und durch Bankkredite zu decken hatten.

Das einzelne Unternehmen musste die vereinbarte Planmenge zu den vereinbarten Preisen liefern, alles, was es darüber hinaus produzierte, konnte es auf dem Markt verkaufen. Es entstand ein zweistufiges Preissystem aus Planpreisen und Marktpreisen, wobei die Marktpreise, solange Mangel herrschte, höher und zum Teil weit höher waren als die Planpreise. Sobald das Unternehmen das Plansoll erfüllt hatte, operierte es frei auf dem Markt und war vom Markt abhängig, sowohl beim Verkauf seiner überplanmäßigen Produktion als auch bei der Beschaffung der dafür nötigen Rohstoffe und Zulieferteile. Da die Planproduktion eine vorbestimmte Größe war, würden in Zukunft der Markt und seine Preise das Verhalten der Unternehmen bestimmen – so jedenfalls die Reformtheorie.

Um die Autonomie des Managers bei seinen Entscheidungen zu sichern, befreite die Reform ihn von der Vorherrschaft des Parteisekretärs im Unternehmen. Man kann sich vorstellen, welcher Widerstand hier von Zhao zu überwinden war. Parteisekretär und Parteizelle des Unternehmens sollten sich künftig auf die ideologische Arbeit beschränken. Der Unternehmensmanager wurde zum allmächtigen Boss.

Aus dem Plan herauswachsen

Im strategischen Zusammenhang mit der Managementreform wollte Zhao die Staatsindustrie überhaupt, Schritt für Schritt, aus der Planwirtschaft herausführen. Zu diesem Zweck fror er das Volumen des Plans ein. Bei wachsender Produktion der Staatsunternehmen musste so der Anteil der Planproduktion an ihrer Gesamtproduktion ständig sinken. Noch viel rapider musste der Anteil der Planproduktion an der Gesamtproduktion der Volkswirtschaft zurückgehen, da die ländlichen Unternehmen mit ihren explodierenden Wachstumsraten ja von Anfang an außerhalb des Plans standen. Die Rechnung ging auf. Der Anteil der Planproduktion an der gesamtwirtschaftlichen Produktion fiel von achtzig Prozent im Jahre 1984 auf sechzehn Prozent 1991 und sank in den letzten Jahren der Deng-Ära auf Null. Die meisten Preise für Güter und Dienstleistungen wurden nun vom Markt bestimmt.

Legitimierung der privaten Unternehmen

Als das Zentralkomitee 1984 die »individuellen Unternehmen« (getihu) als »Ergänzung« der Staats- und Kollektivwirtschaft offiziell anerkannte, reihten sich innerhalb kürzester Zeit auch in den Städten entlang den Straßen Verkaufsstände und Essbuden, öffneten Gaststätten und bald auch Karaoke-Bars, etablierten sich Reparaturbetriebe und handwerkliche Produktionsstätten. Die grauen Städte der Mao-Zeit füllten sich wieder mit buntem Leben. Die Begrenzung der individuellen Unternehmen auf sieben Beschäftigte wurde in der Regel nicht streng kontrolliert. Bezeichnend für den chinesischen Pragmatismus erscheint mir ein eigenes Erlebnis. Ich unterhielt mich mit der Vorsitzenden eines Provinzverbands der »Individuellen Unternehmer«, und dabei stellte sich heraus, dass meine Gesprächspartnerin insgesamt 24 Personen beschäftigte. »Aber«, fragte ich verblüfft, »Sie dürfen doch nur sieben Beschäftigte haben?« Die Antwort lautete: »Ja, aber ich habe vier Betriebe.« Das ist China!

1988 fiel dann die Beschränkung auf sieben Beschäftigte auch offiziell. Größere Privatunternehmen (siying qiye) konnten nun legal entstehen. Die Welt der Privatunternehmen blieb jedoch noch lange eine Welt der Einmann- und Familienbetriebe und der Kleinunternehmen. Große Privatunternehmen mit fünfhundert und mehr Beschäftigten waren bis Mitte der neunziger Jahre eine Seltenheit und bilden sich erst seitdem in größerer Zahl. Wir werden die weitere Entwicklung im Kapitel 38 verfolgen.

Das Reformprogramm in den Städten, gekoppelt mit dem rapiden Wachstum der ländlichen Industrie, führte seit 1984 einen fünfjährigen Superboom herauf. Die chinesische Wirtschaft wuchs 1984 und 1985 um 15,2 Prozent und 13,5 Prozent, 1986 flaute das Wachstum auf 8,8 Prozent ab; 1987 und 1988 stieg es wieder auf 11,6 und 11,3 Prozent. In diesem Klima des Booms trat im Oktober 1987 der XIII. Parteikongress zusammen. Er setzte Zhao Ziyang als neuen Generalsekretär der Partei ein. Im Hochgefühl des Erfolgs trieb Zhao die Reformen weiter. In seinem Rechenschaftsbericht forderte er die Partei auf, »vorwärts zu schreiten auf dem Weg zu einem Sozialismus chinesischer Prägung«, und hämmerte ihr das Dengsche Credo ein: »Die Produktivkräfte zu entwickeln, ist zu unserer zentralen Aufgabe geworden … Was immer ihrem Wachstum förderlich ist, stimmt überein mit den fundamentalen Interessen der Menschen und ist daher für den Sozialismus notwendig und darf sein. Umgekehrt steht, was immer dem Wachstum der Produktivkräfte abträglich ist, im Widerspruch zum wissenschaftlichen Sozialismus und darf daher nicht sein.«[12]

Zhao setze sich offen mit den Orthodoxen auseinander, die Dengs Reform als »Wiederherstellung des Kapitalismus« verurteilten. Er begegnete dieser Kritik mit einer neuen Theorie. Der Sozialismus in China, so legte er dar, sei noch im »Anfangsstadium«, in dem es seine Aufgabe sei, die wirtschaftliche Entwicklung und Modernisierung nachzuholen, durch die die fortgeschrittenen Länder im 19. Jahrhundert gegangen seien. Marx hatte stets betont, dem Sozialismus müsse das Stadium des Kapitalismus vorausgehen. Er hätte über die neue Theorie gestaunt, aber wohl auch seine Freude an der dialektischen Meisterschaft gehabt, mit der Zhao den Kapitalismus zum Anfangsstadium des Sozialismus umetikettierte.

Die neue Theorie implizierte das Eingeständnis, dass die sozialistische Wirtschaft nicht funktionierte, und Zhao bekannte denn auch offen, dass das Endziel der Reform eine Marktwirtschaft sein müsse: »Das neue System muss ein System sein, in dem der Staat den Markt reguliert und der Markt die Unternehmen leitet … Sozialismus bedeutet das Vorherrschen des öffentlichen Eigentums, er hat nichts mit der Frage zu tun, mit welchen wirtschaftlichen Instrumenten die Allokation der Ressourcen geregelt wird.«

Der XIII. Parteikongress wurde zum Triumph Zhaos, und er wurde vor allem zum Triumph Dengs, der nun gleichrangig neben Mao trat. In der sechzigjährigen Geschichte der Anpassung des Marxismus an die Bedingungen in China, so erläuterte Zhao in seinem Bericht, habe es zwei große historische Sprünge gegeben: »Der erste Sprung fand während der Revolution der Neuen Demokratie statt, als die chinesischen Kommunisten nach einem langen Prozess des Lernens aus Fehlschlägen den Weg fanden, eine Revolution zu machen, die von den besonderen Bedingungen Chinas ausging und diese Revolution zum Siege führten. Der zweite Sprung fand statt nach der Dritten Vollversammlung des Elften Zentralkomitees, als die chinesischen Kommunisten nach der Analyse der positiven und negativen Erfahrungen der dreißig Jahre seit Gründung der Volksrepublik … den Weg fanden, einen Sozialismus chinesischer Prägung zu errichten.«

Der Weg zur Modernisierung Chinas, zum großen Wiederaufstieg Chinas, darin stimmte der Kongress mit Zhao überein, war gefunden. Die Partei würde ihn entschlossen weitergehen.

KAPITEL 23

Die Öffnung zum Ausland

Der zweite Pfeiler der Dengschen Reform war die Öffnung nach außen. Mao hatte auf *selfreliance* gesetzt, auf die Entwicklung aus eigener Kraft. Die Abschottung vom Weltmarkt sollte das sozialistische China vor dem zersetzenden Einfluss des Kapitalismus schützen. Zum Teil war Maos Autarkiepolitik allerdings auch durch das westliche Embargo und, seit 1960, durch den Bruch mit der Sowjetunion von außen aufgezwungen.

Deng kehrte auch hier Maos Politik um und setzte als neues Ziel die Integration Chinas in die Weltwirtschaft. Er erkannte klar, dass China sich nicht ohne ausländische Technologie und ausländisches Kapital modernisieren könne. Die Politik der »immer weiteren Öffnung« für Importe, Auslandsinvestitionen, wissenschaftlichen Austausch und Tourismus war von allem Anfang an eine zentrale Konstante der Dengschen Reformpolitik, und sie ist es bis heute unverändert geblieben.

Außenhandel

Für Mao war Außenhandel – wie für die Kaiser des alten China – ein Übel. Er ließ sich nicht gänzlich vermeiden, musste aber möglichst gering gehalten werden. Auf dem Höhepunkt maoistischer Politik in den sechziger Jahren gab es in der Tat so gut wie keinen chinesischen Außenhandel, Export und Import erreichten zusammengenommen gerade drei bis vier Milliarden Dollar pro Jahr. Nach Nixons Besuch in China 1972 stieg das Außenhandelsvolumen bis zum Jahr 1975 auf fünfzehn Milliarden Dollar an.

Mit Dengs Machtübernahme explodierten Importe und Exporte förmlich. Zwischen 1978 und 1997, Dengs Todesjahr, versechzehnfachte sich das Handelsvolumen von 21 auf 325 Milliarden Dollar. Im Jahre 2000 erreichte es 474 Milliarden Dollar – das Zweiunddreißigfache des Wertes aus Maos Endzeit im Jahre 1975. Wie aus dem Nichts stieg China in einem Vierteljahrhundert zur siebtgrößten Handelsmacht der Welt auf, die durch ihr Angebot wie durch ihre Nachfrage die Preise und Wettbewerbsbedingungen auf den Weltmärkten wesentlich beeinflusste.

Chinas Außenhandel* 1952 bis 2001 (in Milliarden US-Dollar)

Jahr	Importe + Exporte	Exporte	Importe	Handelsbilanz
1952	1,9	0,8	1,1	–0,3
1957	3,1	1,6	1,5	0,1
1962	2,7	1,5	1,2	0,3
1965	4,3	2,2	2,0	0,2
1970	4,6	2,3	2,3	–0,1
1975	14,8	7,3	7,5	–0,2
1978	20,6	9,8	10,9	–1,1
1980	38,1	18,1	20,0	–1,9
1985	69,6	27,4	42,3	–14,9
1986	73,9	30,9	42,9	–12,0
1987	82,3	39,4	43,2	–3,8
1988	102,8	47,5	55,3	–7,8
1989	111,7	52,5	59,1	–6,6
1990	115,5	62,1	53,4	8,7
1991	135,6	71,8	63,8	8,1
1992	165,5	84,9	80,6	4,4
1993	195,7	91,7	104,0	–12,2
1994	236,6	121,0	115,6	5,4
1995	280,9	148,8	132,1	16,7
1996	289,9	151,1	138,8	12,2
1997	325,2	182,8	142,4	40,4
1998	323,9	183,8	140,2	43,6
1999	361,0	194,9	165,7	29,2
2000	474,3	249,2	225,1	24,1
2001	509,8	266,2	243,6	22,6

* Güterhandel ohne Dienstleistungen

Quelle: China Statistical Yearbook 2002.

Bezieht man den Außenhandel (Exporte und Importe) auf das Sozialprodukt, so errechnet sich für das Jahr 2000 ein Außenhandelsanteil von 44 Prozent. Für eine kontinentale Volkswirtschaft ist dies ein hoher Internationalisierungsgrad. Die Chinesen führen denn auch gerne diese Zahl und die Importquote von 21 Prozent an, um die Offenheit ihres Landes für den Handel zu beweisen. Man muss an dieser Zahl jedoch erhebliche Korrekturen anbringen. So werden Exporte und Importe zu Weltmarktpreisen abgewickelt, Chinas internes Preisniveau aber liegt weit unter dem Preisniveau des Weltmarkts. Rechnet man das Bruttoinlandsprodukt in Yuan nicht zu den herrschenden Wechselkursen in Dollar um, sondern nach der Kaufkraftparität Yuan–Dollar, so erhält man ein Bruttoinlandsprodukt in Dollar, das rund dreimal so hoch ist wie das zu Wechselkursen berechnete. Der Grad der Außenhandelsdurchdringung für 2000 fällt damit auf fünfzehn Prozent – dies ist die Hälfte der für die USA geltenden Kennzahl. Es kommt hinzu, dass fast die Hälfte der chinesischen Exporte auf *export processing* beruht, auf der Weiterverarbeitung importierter Vormaterialien und Teile. Bei Montagearbeiten macht die chinesische Wertschöpfung bei den Re-Exporten oft kaum mehr als zwanzig Prozent aus. Die Importe der Vormaterialien und Teile und die chinesischen Re-Exporte, in deren Wert diese Vormaterialien und Teile eingegangen sind, blähen das Handelsvolumen von beiden Seiten her auf. Insgesamt bleibt für die weitere Außenhandelsöffnung Chinas also noch viel Spielraum. Der Beitritt Chinas zur Welthandelsorganisation (WTO), der im November 2000 endlich zu Stande kam, wird die Teilnahme Chinas am Welthandel mit einem großen Schub nach oben treiben.

Auslandskredite

Bei Maos Tod war China frei von jeglicher Auslandsschuld. 1978 begann Peking, Kredite bei japanischen und anderen ausländischen Banken aufzunehmen. Es entwickelte sich – vor Indien – zum größten Darlehensnehmer der Weltbank. Über eine große Vertretung in Peking und durch kontinuierlich entsandte Projektdelegationen steht die Weltbank ständig im engen Kontakt mit der chinesischen Regierung und hat die Rolle eines Ratgebers auf dem Weg in die Marktwirtschaft übernommen.

Zu Beginn des Jahres 2000 wies der chinesische Staat eine Bruttokreditverschuldung gegenüber dem Ausland von 154 Milliarden Dollar und eine Nettokreditverschuldung von 74 Milliarden Dollar aus. Diesen Schulden standen Währungsreserven (einschließlich Gold) von 162 Milliarden Dollar gegenüber. Die Währungsreserven überdeckten also die Devisenschulden. Dies macht die chinesische Regierung zu einem der sichersten Kreditnehmer unter allen Entwicklungsländern.

Auslandsstudium

In der Mao-Ära studierten bis 1960, als es zum Bruch kam, 7500 Chinesen an sowjetischen Universitäten. Zwischen 1978 und 1999 gingen dagegen 320 000 Studenten und Wissenschaftler ins Ausland. Mehr als die Hälfte von ihnen finanzierte das Auslandsstudium selbst, die anderen erhielten öffentliche Stipendien, ein kleiner Teil bekam auch Stipendien vom Ausland. Viele der chinesischen Studenten hatten bereits einen chinesischen Hochschulabschluss – meist Bachelor-Abschluss – und gingen zum weiteren Studium an eine ausländische Universität. Über die Hälfte wählten amerikanische Universitäten, an zweiter Stelle kamen Universitäten in Japan, dann folgten Kanada, Australien, Großbritannien, Frankreich und Deutschland: In Deutschland gibt es derzeit 10 000 chinesische Studenten.

Die meisten der chinesischen Studenten, insbesondere in Amerika, belegen ingenieur- und naturwissenschaftliche Fächer sowie Betriebswirtschaft. Sie gehören regelmäßig zu den Besten ihres Jahrgangs. Die kalifornischen Eliteuniversitäten mussten bereits einen Numerus clausus einführen, damit die Klassen nicht gänzlich mit Chinesen und anderen Asiaten besetzt sind.

Von den 320 000 Studenten sind bisher nur 110 000, also ein Drittel, nach China zurückgekehrt. Die Mehrheit bleibt also nach Abschluss des Studiums im Ausland, insbesondere in Amerika. Die Gehälter, die Forschungsmöglichkeiten, die allgemeinen Lebensbedingungen sind attraktiver als zu Hause. Aber dies war in den fünfziger und sechziger Jahren bei den taiwanischen und südkoreanischen Studenten nicht anders. Doch heute sind die meisten von ihnen zurückgekehrt und haben entscheidend zum technologischen Aufstieg Taiwans und Südkoreas beigetragen. Nicht anders wird es bei den chinesischen Studenten sein. Viele halten engen Kontakt zu China und reisen regelmäßig zu Lehrveranstaltungen dorthin oder zur zeitweiligen Mitarbeit in der Forschung; chinesische Silicon-Valley-Unternehmer errichten Tochterfirmen in den Hochtechnologieparks ihres Heimatlandes.

Schon heute wächst die Zahl der chinesischen Absolventen amerikanischer Eliteuniversitäten, die nach China zurückkehren, schnell. Sie übernehmen wichtige Positionen in der Regierung, an den Universitäten, in Forschungsinstituten und in der Wirtschaft. Wenn Lehre und Forschung an den chinesischen Spitzenuniversitäten inzwischen stellenweise das Niveau amerikanischer Eliteuniversitäten erreichen, so ist dies chinesischen Wissenschaftlern, die aus dem Ausland zurückkehrten, zu verdanken. Shanghai meldete, dass Rückkehrer aus den USA und anderen Ländern bis Ende Januar 2000 insgesamt 758 Unternehmen gegründet haben; die meisten dieser Unternehmen sind florierende Hochtechnologiefirmen in der Informationstechnik, Biotechnik und der Technik der neuen Materialien.[13]

Sosehr die chinesische Regierung seit 1996 auch bemüht ist, zumindest die mit staatlichen Stipendien ins Ausland gehenden Studenten durch Bürgschaften zu fristgerechter Rückkehr zu veranlassen, so sieht sie dennoch die Abwanderung begabter Wissenschaftler nach Amerika nicht als *brain-drain*, sondern als Aufbau einer *brain-bank*, eines Reservoirs an Humankapital, auf das China künftig zurückgreifen kann.

Tourismus

Eine wichtige Rolle in der Öffnung Chinas spielt der schnell wachsende Tourismus. Ausländische Touristen gehören heute in den Zentren der chinesischen Großstädte zum gewohnten Straßenbild. Im Jahr 2000 empfing China über 10 Millionen ausländische Touristen und Geschäftsreisende – davon 2,2 Millionen aus Japan, 1,3 Millionen aus Südkorea, 1,1 Millionen aus Russland, 0,9 Millionen aus den USA und 0,3 Millionen aus Deutschland. Dazu kamen sieben Millionen Besucher aus Hongkong, in der Mehrheit Grenzgänger in die Nachbarprovinz Guangdong und insbesondere die unmittelbar angrenzende neue Großstadt Shenzhen. Drei Millionen Geschäftsreisende und Touristen kamen aus Taiwan.

Die Welttourismus-Organisation sagt voraus, China werde bis 2020 zum größten Reiseland für den Auslandstourismus aufsteigen und die heute führenden Reiseländer Frankreich, Spanien und die USA überholen; die Organisation erwartet für dieses Jahr 130 Millionen ausländische Chinareisende. Dazu wird ein ungeheurer Inlandstourismus kommen. Die Tourismusindustrie, noch zu Beginn der neunziger Jahre kaum vorhanden, hat sich zu einer der größten Wachstumsindustrien entwickelt, in der neue Arbeitsplätze in großer Zahl entstehen.

Auch die Zahl der Chinesen, die ins Ausland reisen, nimmt stetig zu. In den fünf Jahren von 1994 bis 2000 stieg sie von 6,1 Millionen auf 10,5 Millionen. 2000 waren darunter immerhin schon 5,6 Millionen private Auslandsreisen. In den Städten werben die Reisebüros mit farbigen Plakaten für Ferienaufenthalte an den Stränden Thailands oder für preiswerte Reisen nach San Francisco, New York, London. Chinas obere Mittelschicht macht zunehmend Ferien im Ausland. Die Kölner Dombaumeisterin erzählte mir, dass schon heute mehr Chinesen als Japaner den Dom besichtigen.

Auslandsinvestitionen

Der revolutionärste Schritt der Dengschen Öffnungspolitik war die Öffnung Chinas für Investitionen ausländischer Unternehmen. Diese Öffnung bedeutete nicht nur den entschiedensten Bruch mit Maos Politik der *selfreliance*, sondern rief Erinnerungen an die Ära der Demütigung wach, als Europäer, Russen, Japaner und Amerikaner China gewaltsam öffneten und sowohl in seinen Hafenstädten an der Küste als auch im Binnenland extraterritoriale Enklaven gründeten.

Deng ging auch hier tastend und experimentierend vor. Nach dem Vorbild anderer ostasiatischer Länder richtete er 1979 zunächst tief im Südwesten des Landes, in den Provinzen Guangdong und Fujian, Sonderwirtschaftszonen ein. Nach Kanton (Guangzhou), der Hauptstadt Guangdongs, hatten schon die Qing-Kaiser im 17. und 18. Jahrhundert den Handel mit den »westlichen Barbaren« gelenkt, um ihn von den Zentren des Reiches fern zu halten. Ähnlich ging nun Deng vor. Die Sonderwirtschaftszonen boten auf der einen Seite ausländischen Investoren attraktive Vergünstigungen wie die Befreiung vom Zoll und die zeitweilige Steuerbefreiung für die Exportproduktion, preiswerten Grund und Boden und nicht zuletzt westliche Lebensbedingungen. Auf der anderen Seite waren die Sonderwirtschaftszonen abgeriegelte Enklaven, die die Bevölkerung im Umland vor Ansteckung bewahrten.

Deng etablierte 1979 insgesamt vier solcher Zonen. Drei von ihnen lagen entlang der Küste Guangdongs: Shenzhen an der Nordgrenze Hongkongs; Zhuhai in der Nähe Macaos; Shantou gegenüber Süd-Taiwan. Die vierte Zone gründete er in Xiamen in der Provinz Fujian; Xiamen (Amoy) liegt an der Taiwan-Straße und gehörte wie Shantou (Swatow) vor 1949 zu den rund neunzig Hafenstädten, die die ausländischen Mächte durch die »ungleichen Verträge« geöffnet hatten. Mit seiner Auswahl zielte Deng auf Investoren vor allem aus Hongkong und Taiwan und verfolgte so gleichzeitig das politische Ziel, Hongkong und Taiwan in die chinesische Wirtschaft zu reintegrieren.

1984, im Anschluss an eine Inspektionsreise nach Shenzhen, öffnete Deng weitere vierzehn Küstenstädte. Unter ihnen befanden sich alle großen Vertragshafenstädte der Vorkriegszeit: Shanghai, Tianjin (Tientsin), Qingdao (die ehemalige deutsche Kolonie Tsingtau), Dalian (Dairen). Darüber hinaus erhielt die Insel Hainan Provinzstatus und wurde als Ganzes zur Sonderwirtschaftszone erklärt; sie sollte ein zweites Taiwan werden. In kurzem Abstand folgte die Öffnung ganzer Küstenregionen: des Jangtse-Deltas, das heute wie in der Vergangenheit das Zentrum der chinesischen Wirtschaft ist, sowie des Perlfluss-Deltas in Guangdong und des Mingfluss-Deltas in Fujian, die durch diese Öffnung zu neuen Zentren wurden. Damit waren weite Gebiete des Küstengürtels Chinas offen, von Qinhuangdao und Dalian im Nordosten bis Beihai im äußersten Südwesten. In diesem Gürtel der Küstenprovinzen entstand rund die Hälfte des chinesischen Sozialprodukts. In den neunziger Jahren ging die Öffnung weiter und erfasste die Inlandsprovinzen. Bis zum Ende der Deng-Zeit 1997 konnten Ausländer in so gut wie jeder größeren chinesischen Stadt, auch im Innern Chinas, investieren.

Parallel zu der immer weiteren Öffnung wurden die Bedingungen für Auslandsinvestitionen stetig verbessert. Waren anfangs nur Gemeinschaftsunternehmen zugelassen, so fiel diese Beschränkung seit 1986 immer häufiger weg. Heute können ausländische Unternehmen auf den meisten industriellen Feldern hundertprozentige Tochterunternehmen selbst dann gründen, wenn diese überwiegend oder gänzlich für den chinesischen Inlandsmarkt produzieren. Nach und nach erlaubte die chinesische Regierung ferner Auslandsinvestitionen in den Dienstleistungsbereichen: Banken, Versicherungen, Hotels, Kaufhäuser, Unternehmensberatungen, Rechtsanwaltskanzleien.

Die ersten Investoren der achtziger Jahre: Hongkong-, Taiwan- und Überseechinesen

Die ersten Investoren, die nach Gründung der Sonderwirtschaftszonen kamen, waren die Hongkong-Chinesen. In Hongkong waren Arbeit und Boden teuer geworden, die Industrie verlor an Wettbewerbsfähigkeit gegenüber den Niedriglohnländern der Region. Da kam die Öffnung Chinas gerade zur rechten Zeit. Die Hongkong-Unternehmer verlagerten systematisch alle arbeitsintensiven Produktionsprozesse nach China. Und »nach China« hieß zunächst einmal: nach Guangdong, die angrenzende Provinz und frühere Heimat der meisten Hongkonger. Fabriken für das Nähen von Hemden oder die Montage von Elektrogeräten zu errichten, erforderte zunächst nur geringe Kapitalinvestitionen. Ende der achtziger Jahre entdeckte jedoch auch Hongkongs Großkapital China. Die Grundstücksentwicklungs- und Infrastrukturkonzerne begannen, Milliarden zu investieren und Chinas Großstädte mit Luxushotels, Kaufhäusern, modernen Bürohochhäusern, Mautautobahnen, Brücken und anderem mehr zu überziehen.

In den achtziger Jahren kamen drei Viertel aller ausländischen Direktinvestitionen aus Hongkong, das damals noch britische Kolonie war. Hongkong-Investitionen verwandelten das Perlfluss-Delta in ein Weltzentrum der Leichtindustrie, die Dörfer und Marktstädte entlang den vielen hundert schlammigen Armen des Deltas wurden Fabrikvororte Hongkongs. Shenzhen, 1979 eine verlassene, von Landwirtschaft und Fischerei lebende Grenzstadt mit 25 000 Einwohnern, stieg auf zu einer Millionenstadt mit glitzernden Wolkenkratzern.

Ende 1987 hob die Regierung Taiwans das Reiseverbot nach China auf, und nun ergoss sich eine Flut taiwanischer Investitionen über die gegenüberliegende Provinz Fujian. Was die Hongkong-Investitionen für Guangdong bewirkt hatten, bewirkten nun die Taiwan-Investitionen für Fujian: Sie verwandelten die arme Provinz weitab im Süden in eine reiche Küstenprovinz. Dem Beispiel der Hongkong- und Taiwan-Chinesen folgend, investierten seit Ende der achtziger Jahre ebenso die milliardenschweren Industriemagnaten der Auslandschinesen Südostasiens in China: Dhanin Chearavanont aus Thailand, Robert Kuok aus Malaysia, Liem Sioe Liong aus Indonesien.

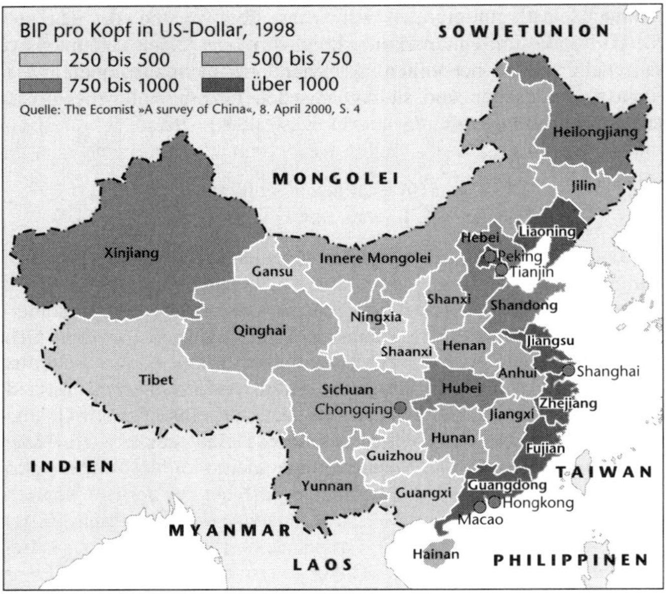

Chinas Goldküste

1992: Auslandsinvestitionen werden zur Springflut

1992 entfachte Deng mit seiner »Südreise« einen neuen Boom und machte zugleich vor aller Welt klar, dass die Politik der Wirtschaftsreform und der Öffnung Chinas nach der Tiananmen-Krise von 1989 nicht nur weitergehen, sondern beschleunigt weitergehen würde. Er löste damit eine wahre Springflut von Auslandsinvestitionen aus.

Die Investitionen der Hongkong-, Taiwan- und Überseechinesen stiegen dramatisch an. Zu ihnen kam nun eine zweite Welle: Großinvestitionen der transnationalen Konzerne des Westens, Japans und Südkoreas. Diese hatten bis dahin erst vereinzelt in China investiert, jetzt setzte ein Wettlauf ein. Hatten die Unternehmer aus Hongkong und Taiwan Hunderttausende kleiner Fabriken für arbeitsintensive Produkte in den Sonderwirtschaftszonen und den ländlichen Gebieten an der südlichen Küste aufgebaut, so gründeten die neuen Investoren große kapital- wie technologieintensive Gemeinschaftsfirmen mit chinesischen Staatsunternehmen. Der Aufbau einer modernen chinesischen Industrie begann. Seit Mitte der neunziger Jahre kamen zunehmend auch mittelgroße Firmen aus dem Westen, die den großen Joint-Venture-Unternehmen zulieferten oder technologieintensive Nischenprodukte herstellten. Als Standorte bevorzugten die westlichen, japanischen und südkoreanischen Unternehmen die großen Städte der mittleren und nördlichen Küstenzone Chinas. Peking, Tianjin, Dalian, Nanjing und – allen weit voran – Shanghai wurden die Zentren für die modernen Investitionen.

Niemals war China so offen wie heute

Über viele Jahrhunderte hin hat China sich hermetisch von der Außenwelt abgeschlossen, seit Dengs Reform integriert es sich nicht nur durch Außenhandel und Kreditbeziehungen in die Weltwirtschaft, sondern nimmt in riesigem Umfang Auslandsinvestitionen auf. Chinas Regelungen für Auslandsinvestitionen gehören zu den liberalsten Regelungen, die unter den Entwicklungsländern zu finden sind – auch wenn die noch bestehende Schwäche in der Implementierung der Gesetze das Umfeld für Investitionen schwierig macht. Es gibt heute in China über 300 000 ausländische Gemeinschaftsunternehmen und Tochterfirmen. Und es gibt sie nicht nur in den großen Städten, sondern auch in Kreisstädten tief im Innern des Landes.

In den beiden Perioden der Offenheit Chinas – der Ära der Tang-Dynastie (618–906) und der kurzen Ära der Republik bis zum Ausbruch des Kriegs mit Japan (1912–1937) – tummelten sich die Fremden in einigen wenigen kosmopolitischen Großstädten, das weite Hinterland blieb unberührt. Heute aber sind die Fremden überall im Land zu finden, und die amerikanische Massenkultur sowie die amerikanisierte Massenkultur Hongkongs und Taiwans breiten sich auch auf dem Lande aus. Niemals in seiner Geschichte war China so offen wie heute.

KAPITEL 24

Die Wiedergeburt Shanghais

Im Zuge der Öffnung zum Ausland beschloss die Pekinger Regierung zu Beginn der neunziger Jahre, in Shanghai eine riesige Sonderwirtschaftszone aufzubauen. Als Gelände dafür bestimmte sie ein 523 Quadratkilometer großes Territorium auf dem Ostufer des Huangpu-Flusses, direkt gegenüber der ehemaligen Internationalen Stadt. Zu West-Shanghai (Puxi = westlich des Flusses) kam nun eine Ost-Stadt: Pudong (= östlich des Flusses).

Vom »Paris des Ostens« zur grauen Industriestadt Maos

Shanghai war in den ersten Dekaden des 20. Jahrhunderts bis zur japanischen Eroberung 1937 die glanzvollste Metropole Asiens gewesen, das »Paris des Ostens«. Die britisch dominierte Internationale Siedlung und die Französische Konzession beherbergten fast 100 000 Ausländer: Engländer, Franzosen, Russen und andere Europäer, Amerikaner, Japaner, sephardische Juden wie die Kadooris und Hardoons. Entlang dem Bund reihten sich die klassizistischen und die Art-déco-Gebäude der ausländischen Banken und Handelshäuser.

Formell wurde die Internationale Stadt regiert von den ausländischen Konsuln. In Wirklichkeit bestimmten die Herren der Banken und Handelshäuser, die Taipans, was in der Stadt geschah. Das internationale Shanghai war eine Plutokratie. In diese Plutokratie aber mischten sich durchaus auch reiche, verwestliche Chinesen, die als Agenten (compradores) der Ausländer begonnen hatten und zu Multimillionären aufgestiegen waren. Einer von ihnen war der in Boston erzogene und dort den Methodisten beigetretene Charlie Soong, der Schwiegervater von Sun Yatsen und Chiang Kaishek.[14]

Das Shanghai der zwanziger und dreißiger Jahre brachte eine in allen Farben schillernde Kultur und Subkultur hervor, in der sich Ost und West in einer faszinierenden Symbiose mischten. Hier konnten sich Journalisten, Schriftsteller und Filmregisseure frei von der Zensur der Warlords und Chiang Kaisheks entfalten. Shanghai wurde zum Zentrum der von Hu Shi 1917 ausgelösten literarischen Revolution. Chinas moderne Schriftsteller schrieben nun in der Volkssprache und wandten sich, nach westlichem Vorbild, in ihren Romanen, Dramen und Kurzgeschichten sozialen Fragen zu. Shanghai wurde ebenso zur Stadt der Unterhaltungsindustrie, der Bars und Nachtklubs, der Spielkasinos und Opiumhöhlen. Es gab nicht weniger als 668 Bordelle. Die Rotlichtdistrikte wurden beherrscht von der Unterwelt, an deren Spitze die »Grüne Bande« stand. Boss der Grünen Bande war Du Yuesheng. Er war zugleich ein angesehenes Mitglied der Shanghaier Geschäftswelt. Sun Yatsen und noch mehr Chiang Kaishek unterhielten enge Beziehungen zu ihm. Du erpresste für sie reiche Chinesen, und wenn nötig kidnappte er sie, um sie zur Zahlung von »Beiträgen« an die Guomindang-Partei zu zwingen. Das Shanghaier »Who is Who« führte ihn als »den einflussreichsten chinesischen Bewohner der Französischen Konzession« auf. Das war er in der Tat!

Die christlichen Missionare verdammten Shanghai als modernes Sündenbabel; »wenn Gott Shanghai duldet, schuldet er Sodom und Gomorrha eine Entschuldigung«, so lautete ein geflügeltes Wort. Die Kommunisten verurteilten es als Inbegriff der Ausbeutung und der Laster des Kapitalismus. Und sie, nicht Gott, machten der kosmopolitischen Metropole ein Ende. Im Mai 1949 marschierten die Bauernsoldaten der Volksbefreiungsarmee in Shanghai ein und übernahmen die Herrschaft. Mao ließ die Stadt für ihre Vergangenheit büßen. In Shanghai verschwand nun alles, was modern und ausländisch war. Die Shanghaier Unternehmer waren zumeist schon vor der kommunistischen Machtübernahme nach Hongkong geflohen, wo sie ein neues Shanghai aufbauten.

Die »Hure des Imperialismus« verwandelte sich unter Mao in eine graue sozialistische Industriestadt, die sich während der Kulturrevolution zum Hort des maoistischen Linksradikalismus entwickelte. Shanghai war auch vor dem Krieg schon das industrielle Zentrum Chinas, aber was es an Industrie gab, war im Wesentlichen Leichtindustrie, vor allem Textilindustrie. Jetzt bauten die Kommunisten eine Schwerindustrie auf. Zu Beginn der sechziger Jahre beherbergte die Stadt nicht weniger als 480 der 536 Staatsunternehmen, die von der Zentralregierung verwaltet wurden. Die Unternehmen mussten allen Gewinn an Peking abführen. Die Stadt andererseits bekam von Peking sehr viel weniger an Finanzmitteln zugewiesen, als sie nach dort überwies. Shanghai verfiel. Die Shanghai-Historikerin Betty Peh-T'i Wei, die 1980 Shanghai zum ersten Mal seit 1945 wiedersah, schilderte ihren Eindruck: »Nichts hatte sich verändert, außer dass die Stadt seit 35 Jahren nicht mehr gereinigt worden war.«[15]

Inzwischen hat sich *alles* verändert. Von dem alten Shanghai der achtziger Jahre sind nur noch Überbleibsel zu sehen: kleine Zonen eng gedrängter Behausungen, umgeben von Hochhäusern und Baukränen. Bald werden auch diese Hütten abgerissen und die alten Leute, die ihr Leben in ihnen verbracht haben, in Hochhäuser am Rande der Stadt umgesiedelt sein. Auf der anderen Seite des Flusses, in Pudong, wo sich noch 1990 Felder und Wiesen ausbreiteten, ist unterdessen ein asiatisches Manhattan entstanden, das mit der Skyline seiner Wolkenkratzer mit New York und Hongkong rivalisiert. Auch das höchste Gebäude der Welt steht hier, der von einem japanischen Unternehmer gebaute Mori-Turm, denn die Shanghaier konnten es selbstverständlich nicht zulassen, dass sich Kuala Lumpur mit den Petronas-Türmen des höchsten Gebäudes Asiens und der Welt rühmte.

Die Wiedergeburt Shanghais – dieses Mal als das New York des Ostens – datiert auf die Jahre 1990 bis 1992. Deng drängte 1990 die Regierung in Peking, in Shanghai eine große internationale Wirtschaftszone zu errichten, und er bekannte später, sein größter Fehler in den achtziger Jahren sei es gewesen, nicht schon damals Shanghai zum Zentrum der wirtschaftlichen Entwicklung Chinas gemacht zu haben. Hatten sich die 1979/80 eröffneten Sonderwirtschaftszonen, entgegen der ursprünglichen Hoffnung, zu Zonen des *export processing* und der Leichtindustrie entwickelt und wenig ausländische Technologie ins Land gebracht, so sollte Pudong systematisch darauf ausgerichtet werden, kapital- und technologieintensive Investitionen anzulocken. Es sollte zum Zentrum moderner Industrien werden: Elektro- und Elektronikindustrie, Petrochemie, Automobilbau, Maschinenbau. Deng hoffte auf große Joint Ventures zwischen Staatsunternehmen und transnationalen Konzernen Japans und – nach Überwindung der Tiananmen-Sanktionen – auch Amerikas und Europas.

Als Ministerpräsident Li Peng im April 1990 die Entscheidung verkündete, in Pudong eine Wirtschaftszone aufzubauen, lag über China noch die repressive Atmosphäre der Nach-Tiananmen-Zeit. Die Konservativen in Peking planten, Pudong als Musterzone sozialistischer Reinheit und als Gegenbild Shenzhens zu gestalten, das zu einer Zone des reinen Kapitalismus »entartet« war. Die Zentralregierung selbst übernahm die Verwaltung der Zone und gedachte, massiv in den Aufbau moderner Staatsunternehmen zu investieren. Mit Dengs »Südreise« im Januar 1992 und der Verkündung des Ziels einer sozialistischen Marktwirtschaft auf dem XIII. Parteikongress im Oktober schlug die Stimmung um. Nun kam Pudongs Entwicklung in Schwung. Dengs Hoffnung auf westliche und japanische Investoren erfüllte sich. Shanghai wurde zum Schwerpunkt der kapital- und tech-

Pudong 1999

nologieintensiven Investitionen der transnationalen Unternehmen Amerikas, Japans, Europas; gerade auch die Deutschen investierten hier. Volkswagen machte durch sein Gemeinschaftsunternehmen mit der Shanghai Automotive Industries und durch den Ring ausländischer und insbesondere deutscher Zulieferfirmen, der sich um das Unternehmen legte, Shanghai zur modernsten Automobilstadt Chinas, die über fünfzig Prozent des chinesischen Pkw-Marktes beherrscht.

Alt-Shanghai und Pudong waren die ganze Dekade hindurch der größte Bauplatz der Welt; jeder sechste Baukran der Welt, so verkündete der Bürgermeister stolz, stand in Shanghai. Bürohochhäuser, Luxushotels, Luxuskaufhäuser, Untergrundbahnen, Hochstraßen, Brücken über den Huangpu nach Pudong entstanden in einem für Europäer völlig unfassbaren Tempo. Allein in den drei Jahren zwischen 1992 und 1994 wurden in Pudong 4,7 Millionen Quadratmeter Bürofläche gebaut – so viel wie Hongkong über dreißig Jahre hin gebaut hatte. Mit einem Areal von 523 Quadratkilometern erreicht Pudong fast die Größe Singapurs. Die Wirtschaftszone ist in sechs Unterzonen eingeteilt: die Lujiazui Finanz- und Handelszone, die Jingqiao Export Processing Zone, die Waigaoqiao Freihandelszone, den Zhangjiang Hochtechnologiepark und die Sun Qiao Landwirtschafts- und Nahrungsmittelverarbeitungszone.

Bis Ende 1998 hatten sich 5630 Unternehmen mit Auslandskapital in Pudong angesiedelt; sie machten ein Drittel der 17 600 Auslandsunternehmen Gesamt-Shanghais aus. Unter ihnen befanden sich 98 transnationale Konzerne des Westens und Japans. Spitzeninvestor war General Motors, das über eine Milliarde Dollar in ein Gemeinschaftsunternehmen für den Bau seines Buick-Regal-Modells investierte. Zu den weiteren großen Investoren gehören Siemens, Thyssen-Krupp, Alcatel, Kodak, Motorola, Intel, Hitachi, NEC und Sharp. 1997 trugen Shanghais sechs »Pfeilerindustrien« – Automobile, Telekommunikationsausrüstungen, Petrochemie, Elektrotechnik, Kraftwerksausrüstungen und Eisen und Stahl – 50,7 Prozent zur Industrieproduktion der Stadt bei. Unternehmen mit ausländischer Kapitalbeteiligung hatten daran einen Anteil von vierzig Prozent. Noch gewichtiger war ihre Rolle bei den sechshundert von der Stadt designierten Hochtechnologie-Unternehmen, deren Investitionen zur Hälfte aus dem Ausland kamen.[16] Wie vor dem Krieg beginnt das Auslandskapital die Stadt zu dominieren – doch dieses Mal unter chinesischer Kontrolle.

Seit 1992 wächst die Wirtschaft Shanghais in zweistelligen Raten; selbst in den Deflationsjahren 1998 und 1999 lag das Wachstum bei etwas über zehn Prozent. Gehörten die achtziger Jahre Guandong, so gehörten die neunziger Jahre Shanghai, und es sieht so aus, als gehöre Shanghai auch das neue Jahrhundert.

Shanghai – Weltmetropole des 21. Jahrhunderts

Shanghai hat als Hinterland das Jangtse-Delta bis Nanjing und den Jangtse-Unterlauf bis Wuhan, dem größten Binnenhafen Chinas. Seit den Zeiten der Song-Dynastie ist das untere Jangtse-Gebiet, zu dem das südliche Jiangsu und das nördliche Zhejiang zu rechnen sind, das wirtschaftliche Kerngebiet Chinas. Hier liegen die großen historischen Städte und Wirtschaftszentren: Suzhou, Yangzhou, Nanjing, Hangzhou, zu denen heute zahlreiche mittelgroße und kleinere Industriestädte kommen, wie etwa Taicang, fünfzig Kilometer nordöstlich von Shanghai, wo sich eine Gruppe baden-württembergischer Unternehmer angesiedelt hat. Die ländlichen Gebiete dieses Wirtschaftsraums sind durchindustrialisiert und weisen Hunderttausende von Dorf- und Gemeindeunternehmen auf, die inzwischen fast alle als offen deklarierte Privatunternehmen operieren; die Landwirtschaft trägt nur noch fünfzehn Prozent zu dem Einkommen der Bauernfamilien bei.

Das Sozialprodukt des Wirtschaftsraums »Unterer Jangtse« übertrifft dasjenige Indonesiens. Der »Drachenkopf« des Flusses aber ist Shanghai. Die chinesische Vision, Shanghai auf lange Sicht zur Nummer eins unter den Weltstädten zu machen, scheint nicht unrealistisch. Shanghai soll der größte moderne Industriestandort der Welt werden. Es soll ferner der größte Seehafen werden. Und es soll der größte Flughafen werden. Der erste Teil des Flughafens für den internationalen Verkehr wurde bereits 1999 in Pudong eröffnet. An die Innenstadt anbinden wird ihn der deutsche Transrapid. Der erste Transrapid der Welt wird so in Shanghai fahren. Auch dies ist ein Symbol für die Modernität Shanghais und Chinas – und ein trauriges Gegensymbol für Deutschlands in der Vergangenheit steckengebliebene Mentalität.

Shanghai weist heute schon die größte Konzentration chinesischer und ausländischer Banken auf. Es will zunächst seine Stellung als nationales Finanzzentrum konsequent ausbauen, im weiteren Verlauf im internationalen Finanz- und Börsengeschäft Hongkong überholen und am Ende an New York vorbeiziehen. Das Finanz- und Handelszentrum Lujiazui liegt direkt am Ostufer des Huangpu, dem Bund gegenüber. Die »Orientalische Perle«, der mit 468 Metern höchste Fernsehturm Asiens, überragt es als Wahrzeichen. 1999 weihte Jiang Zemin dort das modernste Börsengebäude der Welt ein, das zur »Wallstreet des Ostens« werden soll.

Nicht zuletzt will Shanghai auch seine alte Stellung als Kulturmetropole Asiens zurückgewinnen. In der Mitte des Volksplatzes in Alt-Shanghai, gegenüber dem Hochhaus der Stadtverwaltung, ist Mitte der neunziger Jahre eines der schönsten Museen der Welt entstanden. Es hat die Form einer 3500 Jahre alten Shang-Bronzeschale mit vier Henkeln und beherbergt die zweitwichtigste Sammlung alter chinesischer Kunst nach der Sammlung des Palastmuseums in Taiwan. Schräg gegenüber, neben dem Stadthaus, wurde nach den Plänen des französischen Stararchitekten Charbonnet die neue Oper gebaut: ein glitzerndes Grand Theâtre aus Glas und Chrom. Auf einer Landzunge in Pudong, gegenüber dem Bund, entsteht die größte »Konzerthalle des Ostens«. Shanghai ist entschlossen, seine einstige Glorie als kulturelles und intellektuelles Zentrum Asiens wiederzugewinnen. Ob dies gelingt, wird allerdings davon abhängen, ob sich in China neben der wirtschaftlichen Freiheit des Marktes auch die Freiheit des Denkens und politischen Handelns entwickeln kann: eine freie Gesellschaft, eine freie Presse und letztlich eine freie Demokratie.

KAPITEL 25

Die Demokratiebewegung (1978–1981)

Wei Jingshen: die »Fünfte Modernisierung«

In jenen berauschenden Tagen des Jahres 1978, als sich das Ende der maoistischen Schreckensherrschaft abzeichnete, träumten viele Menschen in den Städten nicht einfach von einer Reform der Wirtschaft, sondern von der Heraufkunft einer »sozialistischen Demokratie«. Der Jubel für Deng galt zuallererst dem politischen Befreier. Schon im Februar 1978, noch vor Dengs formellem Machtantritt, hatte der Nationale Volkskongress eine neue Verfassung verabschiedet. Artikel 45 garantierte die Freiheit der Rede und der Presse sowie das Demonstrationsrecht und das Streikrecht. Ausdrücklich aufgeführt waren vier Rechte, die das Volk die »Vier Großen Freiheiten« nannte: die Rechte der Menschen, »frei auszusprechen, was sie dachten, ihre Ansichten uneingeschränkt zu äußern, große Debatten zu führen und Wandzeitungen in großen Schriftzeichen zu schreiben«. Eine neue Zeit schien anzubrechen.

Jene 100 000 Pekinger Bürger, die im April 1976 während des Qing-Ming-Festes – der traditionellen Zeit des Gedenkens an die Toten – an der Trauerdemonstration für den im Januar 1976 verstorbenen Zhou Enlai teilgenommen hatten, setzten ihre ganze Hoffnung in Deng. Die Viererbande hatte damals die Demonstration als »konterrevolutionären Akt« verurteilt und brutal unterdrückt. Sie hatte sie zugleich als Anlass genutzt, um Deng aller seiner Ämter zu entheben und erneut in die Verbannung zu treiben. In der Erinnerung der Pekinger verklärte sich die Demonstration zum heroischen Akt des Widerstands gegen ein despotisches Regime. Die damals Beteiligten sahen sich als Erben der Bewegung des 4. Mai 1919. Aus ihren Reihen entstand jetzt eine neue Demokratiebewegung, die geführt wurde von ehemaligen Rotgardisten. Eine über hundert Meter lange Backsteinmauer in der Nähe des Kaiserpalastes wurde zur »Demokratiemauer«, an der die Bewegung ihre Wandzeitungen anheftete und Gruppen aus der Pekinger Bevölkerung die Zukunft Chinas in einer Freiheit diskutierten, wie sie bislang ohne Beispiel war.

Deng unterstützte die Bewegung in ihrer Anfangszeit, war sie doch zugleich eine Kampftruppe für ihn. Im November 1978, als auf der Vorbereitungstagung für die Dritte ZK-Vollversammlung hinter den

Mauern des Zhongnanhai der Machtkampf zwischen der »Was-Immer-Faktion« der Maoisten und der »Praxis-Faktion« der Dengisten ausgetragen und für Deng entschieden wurde, demonstrierte auf den Straßen Pekings die Demokratiebewegung für Deng. Wandzeitungen priesen Deng als »den lebenden Zhou Enlai« und forderten, die noch verbliebenen Maoisten aus ihren Ämtern zu jagen. Noch während der Vorbereitungstagung hob am 15. November das ZK die Verurteilung der Tiananmen-Demonstration vom April 1976 auf und erklärte den Protest zum »revolutionären Ereignis«; diese »Umkehr des Verdikts« stärkte zugleich die Position Dengs. Auch die historische Dritte Vollversammlung des ZK Mitte Dezember schien die Hoffnung der Demokratiebewegung auf eine neue Zeit zu rechtfertigen. Das Abschlusskommuniqué sprach von der Notwendigkeit, eine »volle Demokratie« zu entwickeln und ein sozialistisches Rechtssystem aufzubauen. Staatsanwälte und Gerichte, hieß es weiter, müssten ihre Unabhängigkeit bewahren, niemand dürfe über dem Gesetz stehen. Die Demokratiebewegung jubelte. »Vizepremier Deng bringt Himmel und Erde in Harmonie, öffnet die Tore und schafft Ordnung, Disziplin und große Demokratie« – so verherrlichte ihn eine Wandzeitung als den idealen Kaiser der chinesischen Tradition. »Seine Größe, Schönheit und sein Erfolg, den Thron zu erobern«, ging es weiter, »werden in Nord und Süd gepriesen. Unter seiner Führung wird die Nation reich und stark sein und die Wirtschaft vorangetrieben werden.«[17] Die Bewegung schwoll nun rapide an und breitete sich über Chinas Städte aus. Überall schossen kleine Gruppen von Demokratieaktivisten wie Pilze aus dem Boden und verbreiteten ihre mit Matrizen vervielfältigten Schriften und Zeitungen. Anfang 1979 gab es allein in Peking 55 Untergrundzeitungen, im ganzen Land waren es weit über hundert.

Hatten anfangs die Wandzeitungen das während der Kulturrevolution erlittene Unrecht geschildert und Wiedergutmachung verlangt sowie die Viererbande und die noch in ihren Ämtern verbliebenen Maoisten angegriffen, so begann sich nun die Kritik gegen Mao selbst zu richten und damit indirekt gegen die Grundlagen des kommunistischen Staats. Zugleich wurde die Forderung nach Demokratie und Achtung der Menschenrechte immer offener und schriller. Der radikalste unter den Pekinger Aktivisten war Wei Jingshen. Aus einer Kaderfamilie stammend, gehörte er während der Kulturrevolution einer konservativen Gruppe der Roten Garden an, war dann Offizier in der Volksbefreiungsarmee geworden und kam schließlich als Elektriker in der Pekinger Verwaltung für die Zoologischen Gärten unter.[18]

Am 5. Dezember 1978 schlug Wei an der Demokratiemauer sein Manifest an: »Demokratie – die Fünfte Modernisierung«. Hier las man unter anderem: »Was ist eine echte Demokratie? Sie ist ein System, das dem Volk erlaubt, nach eigenem Wunsch Vertreter zu wählen, die im Namen des Volkes und in Übereinstimmung mit dem Willen und den Interessen des Volkes regieren. Das Volk muss das Recht behalten, seine Vertreter jederzeit zu entlassen und zu ersetzen, um zu verhindern, dass sie ihre Macht missbrauchen und zu Unterdrückern werden. Ist ein solches System zu verwirklichen? Ja! In Europa und in den USA genießen die Menschen genau diese Art von Demokratie. Sie waren in der Lage, nach ihrem Willen Nixon, de Gaulle oder Tanaka zu entlassen...«[19]

Ohne die Fünfte Modernisierung – die Demokratie –, so argumentierte Wei, war die Modernisierung von Landwirtschaft, Industrie, Wissenschaft und Technologie sowie der Streitkräfte, also die Vier Modernisierungen, auf die Deng sich konzentrierte, nichts wert. Er rief daher zum Kampf für die Demokratie auf: »Kameraden, vereinigen wir uns alle unter der Flagge der Demokratie!«

Deng kontert: die »Vier Kardinalen Grundsätze«

Weis Aufruf provozierte Dengs entschiedenen Widerstand. Sosehr Deng eine fortschreitende Liberalisierung der Wirtschaft anstrebte, so eisern hielt er an der Alleinherrschaft der Kommunistischen Partei Chinas fest. Ihn als Verbündeten auf dem Weg zu einer Demokratie zu sehen, wie es die Demokratiebewegung anfangs getan hatte, war ein fundamentales Missverständnis. Was Deng und die Demokratiebewegung zunächst geeint hatte, war die Gegnerschaft zur Kulturrevolution und zum Maoismus. Aber die ehemaligen Rotgardisten der Demokratiebewegung verurteilten die Kulturrevolution, weil Mao sie verraten hatte, Deng dagegen verurteilte sie, weil sie gegen die Partei gerichtet war. Politische Reform hieß für ihn Wiederherstellung der Partei in ihrer leninistischen Form als kollektiv geführte, disziplinierte Avantgarde. Eine Alleinherrschaft wie die Maos mit einsamen und willkürlichen Beschlüssen sollte sich nie mehr wiederholen können.

Mit Demokratie, wie Wei Jingshen sie forderte, hatte Dengs politische Reform nichts zu tun. Demokratie war in einem sozialistischen Staat, in dem »per definitionem das Volk herrschte«, in ihrer höchsten Form verwirklicht. Die Diktatur des Volkes, vertreten durch die Partei, war dabei notwendig, um Feinde des Volkes auszuschalten. Ein Mehrparteiensystem nach westlichem Modell würde China ins Chaos stürzen. Es würde die Stabilität und Einheit des Landes unterminieren und die Modernisierung, die Widersprüche in der Gesellschaft aufreißen musste, unmöglich machen. Dies war Dengs tiefste Überzeugung, die er bis zu seinem Lebensende beibehielt. In ihr vereinten sich die urchinesische Angst vor dem Chaos (luan) mit der Erfahrung der Kulturrevolution.

Am 5. Dezember 1978 hatte Wei Jingshen auf dieser Mauer die Forderung nach Demokratie angeschlagen, am 8. Dezember war sie abgekratzt worden, und schon im März 1979 wurden Wandzeitungen verboten. Die Demokratiebewegung hatte Deng gründlich missverstanden.

Am 16. März 1979 forderte Deng in einer parteiinternen Rede, den Umtrieben der Demokratiebewegung, die er mit der Kulturrevolution verglich, ein Ende zu machen. Wenige Tage später, am 30. März, legte er dann in einer großen theoretischen Rede die ideologischen und politischen Prinzipien dar, die die Partei in der neuen Ära leiten müssten. Um die Vier Modernisierungen erfolgreich zu bewältigen, so erklärte er, müsse die Partei »vier kardinale Grundsätze« aufrechterhalten: den Sozialismus, die Diktatur des Proletariats, die führende Rolle der Partei, den Marxismus-Leninismus und die Mao-Zedong-Gedanken. In Dengs konkreter Politik vereinten sich diese vier Grundsätze zu dem *einen,* alles umfassenden Prinzip der Alleinherrschaft der Partei. Ohne sie, so erklärte Deng in der Rede und wiederholte es unermüdlich in späteren Reden, waren weder Sozialismus noch Modernisierung Chinas möglich.

Auf die Demokratiebewegung eingehend, fuhr er fort: »Lin Biao und die Viererbande stießen die Parteikomitees beiseite, um ›Revolution zu machen‹. Es ist allen klar, welche Art von Revolution sie machten. Wenn wir jetzt versuchten, Demokratie zu verwirklichen, indem wir die Parteikomitees beiseite stoßen, ist dann nicht in gleicher Weise klar, welche Art von Demokratie wir erreichen würden? 1966 war die chinesische Wirtschaft in einer Position, in der sie sich schnell hätte entwickeln können. Doch Lin Biao und die Viererbande richteten großen Schaden an. Erst heute ist unsere Wirtschaft auf den Pfad gesunden Wachstums zurückgekehrt. Erlauben wir jetzt einer Handvoll Leute, die Parteikomitees beiseite zu stoßen und Unruhe zu stiften, dann werden sich die Vier Modernisierungen in Luft auflösen.«[20]

Wei Jingshen, der von Dengs Rede erfuhr, bemühte sich, die Pekinger Demokratiegruppen dafür zu gewinnen, sich gemeinsam gegen Deng zu stellen und die geplante Unterdrückung der Bewegung im letzten Augenblick zu verhindern. Doch niemand wagte mitzumachen. So veröffentlichte der einsame Wei am 25. März in seiner Untergrundzeitschrift »tansuo« (Nachforschungen) einen Artikel mit dem Titel »Wollen wir Demokratie oder eine neue Diktatur?«. Deng, so hieß es dort, werfe jetzt die Maske des Demokraten ab, das Volk müsse wachsam sein gegenüber seiner Verwandlung zum neuen Diktator.

Vier Tage später, am 29. März 1979, wurde Wei vom Staatssicherheitsdienst abgeholt. Am selben Tag wurde die Veröffentlichung aller Wandzeitungen und Schriften verboten, die gegen die Vier Kardinalen Grundsätze verstießen. Die Unterdrückung der Demokratiebewegung hatte begonnen. In kurzer Folge wurden die anderen Anführer der Bewegung verhaftet. Wei selbst wurde im Oktober unter weltweitem Protest zu fünfzehn Jahren Gefängnis und Arbeitslager verurteilt. Im September 1980 hob der Nationale Volkskongress die Vier Großen Freiheiten auf, die die Verfassung vom Februar 1978 eingeräumt hatte, darunter die Freiheit, Wandzeitungen zu schreiben. Aufgehoben wurde auch das Streikrecht der Arbeiter. Im April 1981 folgte eine letzte, massive Verhaftungswelle. Mit ihr war die Demokratiebewegung endgültig zum Schweigen gebracht. An die Stelle der Wandzeitungen traten Reklameplakate, die für Seiko-Uhren und Sony-Fernsehgeräte warben – ein Zeichen der neuen Zeit.

Die unerbittliche Unterdrückung der Demokratiebewegung stieß in der Öffentlichkeit kaum auf Proteste, ja kaum auf Interesse. Die Bewegung, gegründet und angeführt von ehemaligen Rotgardisten, blieb isoliert. Einige jüngere Arbeiter und Büroangestellte schlossen sich an, aber es kamen kaum Universitätsstudenten. Die Intellektuellen, denen Deng bessere Lebens- und Arbeitsbedingungen und eine wichtige Rolle bei der Modernisierung Chinas versprochen hatte, hielten sich fern. Mit im Spiel war wohl auch der traditionelle Überlegenheitsdünkel der geistigen Elite gegenüber den Autodidakten der »verlorenen Generation« der Rotgardisten. Den entscheidenden Grund aber bildete die Entpolitisierung der Menschen, die ein Erbe der Kulturrevolution war. Bei einigen wenigen, vor allem bei ehemaligen Rotgardisten, hatte sie die Sehnsucht nach Demokratie hinterlassen. Die große Mehrheit aber hatte die Kulturrevolution politisch desillusioniert und zynisch und apathisch gemacht. Deng füllte die geistige

Leere mit dem Versprechen eines besseren materiellen Lebens, und er tat dies mit Erfolg. Dazu hat Xu Wenli, Herausgeber der Untergrundzeitschrift »Forum des 5. April«, kurz vor seiner Verhaftung im April 1981 bitter bemerkt: »Die meisten Chinesen waren mehr daran interessiert, ihren Lebensstandard zu verbessern, als ihre demokratischen Rechte zu vergrößern.«[21]

Der Weg in die Krise (1986 bis 4. Juni 1989)

Nach dem Ende der Demokratiebewegung schien Dengs Wunschvorstellung für einige Jahre in Erfüllung zu gehen: Das Volk konzentrierte sich auf das Produzieren und überließ die Politik der Partei. Die Wachstumsraten der Wirtschaft schossen in die Höhe. Die Reform der Landwirtschaft brachte Wohlstand in die Dörfer. Die Reform in den Städten eröffnete unternehmerisch Gesinnten ungeahnte Chancen, »reich« zu werden. Aber auch die Beschäftigten in den Staatsunternehmen gingen nicht leer aus, denn ihr Arbeitsplatz blieb sicher, und die »eiserne Reisschüssel« füllte sich dank Bonuszahlungen und anderen sozialen Vergünstigungen immer mehr.

Seit Ende 1986 bewölkte sich der Himmel jedoch. Deng hatte einen Pakt mit dem Volk geschlossen: »Ihr überlasst mir das Regieren, und ich führe euch zu Wohlstand.« Doch nun konnte Deng seinen Teil des Pakts nicht mehr erfüllen. Die Wirtschaft wuchs zwar in hohem Tempo weiter, aber das Wachstum kam nur noch einer Minderheit zugute. Mehrere Ursachen wirkten dabei zusammen. So misslang die Reform der Staatsunternehmen, von denen immer mehr in die roten Zahlen sanken. Diese schlechte Lage der Unternehmen schlug auf die Beschäftigten durch. Vor allem aber tauchten zwei neue Probleme auf, die der Übergang in die Marktwirtschaft mit sich brachte: Die Inflation, unbekannt in der Mao-Zeit, in der alle Preise reguliert waren, nagte an den Realeinkommen all derer, die von fixen Löhnen und Gehältern abhingen; gleichzeitig bereicherte sich eine kleine Minderheit durch eine immer maßlosere Korruption.

Gehen wir zuerst dem Fehlschlag der Reform der Staatsunternehmen nach. Deng und Zhao hatten 1984 nach dem Vorbild der landwirtschaftlichen Reform die Produktionsverantwortlichkeit des Unternehmenschefs eingeführt und ihm weitgehende Autonomie in der Führung des Unternehmens gegeben. Aber während die den Bauernhaushalten eingeräumte Freiheit des Wirtschaftens die landwirtschaftliche Produktivität steil ansteigen ließ, blieb ein solcher Erfolg bei den Staatsunternehmen aus. Vielmehr trug die Reform dazu bei, ihre Lage zu verschlechtern. Immer mehr Unternehmen machten Verluste und überwiesen nicht nur keine Gewinne mehr an die Staatskasse, sondern mussten auch noch mit kostspieligen Subventionen über Wasser gehalten werden.

Warum dies so war, lässt sich im Nachhinein leicht einsehen. Die Staatsunternehmen waren von ihrer Entstehung her nicht normale, auf Gewinn ausgerichtete Unternehmen, sondern zugleich soziale Einrichtungen, nicht zuletzt Einrichtungen zur Arbeitsbeschaffung. Um sie effizient zu machen und auf Profitabilität auszurichten, hätten die Manager in großem Umfang überflüssige Arbeitskräfte entlassen und viele der sozialen Vergünstigungen abbauen müssen. Die ZK-Resolution von 1984 hatte ihnen zwar grundsätzlich das Recht zu solchen Maßnahmen eingeräumt, aber dieses Recht in dem nötigen Umfang zu nutzen, stand aus politischen Gründen nicht zur Debatte. Vielmehr gerieten die Manager, die autonom über die Ausgaben entscheiden sollten, nun unter den Druck der Arbeiter, Löhne, Bonuszahlungen und soziale Vergünstigungen in einem Ausmaß zu verbessern, das über die Produktivitätssteigerung weit hinausging. Die Arbeiter hatten als Fürsprecher im Unternehmen den Parteisekretär, der zwar mit der Führung des Unternehmens nichts mehr zu tun haben sollte, aber weiterhin bei der Beförderung des Managers ein gewichtiges Wort mitsprach.

Letztlich verließen sich alle darauf, dass der Staat die Verluste des Unternehmens abdeckte. Vor die Alternative gestellt, ein Staatsunternehmen mit Tausenden oder gar Zehntausenden von Arbeitern Bankrott gehen zu lassen oder es mit Finanzspritzen über Wasser zu halten, schien der Regierung gar keine andere Wahl zu bleiben, als die Existenz des Unternehmens zu sichern. Zwar sah die ZK-Resolution von 1984 die Möglichkeit vor, nicht mehr sanierbare Staatsunternehmen in Bankrott gehen zu lassen, aber das war nicht mehr als eine schöne Theorie. In der Praxis funktionierte das allenfalls bei kleinen Staatsunternehmen, bei großen und selbst mittelgroßen Staatsunternehmen hätte ein Bankrott die Beschäftigungsstruktur und die sozialen Einrichtungen ganzer Gemeinschaften zerstört. Die Regierung finanzierte also Verlust bringende Staatsunternehmen weiter, allerdings tat sie dies nicht mehr direkt, sondern über den Weg von Krediten der Staatsbanken – und brachte damit das Bankensystem in Gefahr. Das von Mao ererbte Problem, die Ineffizienz und mangelnde Profitabilität der Staatsunternehmen, blieb ungelöst.

Doch das waren noch nicht alle schlechten Nachrichten. Neue Probleme, die die Reform selbst schuf, kamen zu den alten Problemen hinzu. Das erste dieser neuen Probleme war die Inflation. Die autonom gewordenen Manager der Staatsunternehmen setzten – wie ihre Kollegen, die Kaderunternehmer in den Dörfern und Gemeinden – auf Wachstum und nochmals Wachstum. Angetrieben von Dengs Parolen, strebten sie nach Produktionssteigerung ohne Rücksicht auf Gewinn und ohne Rücksicht auf die sich auftürmenden Unternehmensschulden. Der seit 1984 rollende Investitionsboom entartete in einen Überinvestitionsboom und trieb seit 1987 die Wirtschaft in eine Inflation, die sich immer mehr beschleunigte. Die Inflation aber destabilisierte die Gesellschaft. Die Löhne und Gehälter der Arbeiter und Angestellten in den Staatsunternehmen konnten mit der Inflation nicht Schritt halten. Das gleiche galt für die Einkommen der Lehrer, Professoren und Wissenschaftler und die Einkommen der kleineren Parteifunktionäre und Beamten. Der Lebensstandard der im Staatssektor Beschäftigten – und dies waren in den Städten drei Viertel der Beschäftigten – ging relativ oder sogar absolut zurück. Diese Entwicklung verbitterte nicht zuletzt die Intellektuellen. Deng hatte ihnen Verbesserung ihres materiellen wie sozialen Status versprochen. Nun mussten sie zusehen, wie ungebildete Straßenhändler und Taxifahrer sie im Einkommen überholten.

Während die Realeinkommen der großen Mehrheit der Bevölkerung in den Städten und ebenso auf dem Lande real stagnierten oder sogar fielen, wurde eine Minderheit immer reicher. Besonders empörte die Bevölkerung, dass viele dieser Neureichen reich wurden nicht durch Leistung, sondern durch Korruption. Zwar hat es Korruption durchaus auch in der Mao-Zeit gegeben, nachdem die Bauernrevolutionäre an die Macht gekommen und sich in den »korrumpierenden« Städten niedergelassen hatten – schon die Drei-Anti-Kampagne Anfang der fünfziger Jahre galt der Ausmerzung der Korruption in den eigenen Reihen –, aber in einer Umgebung der allgemeinen Armut gab es nur relativ geringe Möglichkeiten zur Korruption, etwa wenn sich die Leiter der Produktionsgruppen und -brigaden von den Bauern bestechen ließen, ihnen eine größere Zahl von Arbeitspunkten zuzuteilen. Korruption in der Mao-Zeit blieb im allgemeinen *petty corruption,* wie es in der englischen Sprache heißt – Bagatellkorruption. Chancen zur großen Korruption schufen erst der fortschreitende Aufbau der Marktwirtschaft und die Öffnung zum Ausland in der Deng-Ära.

Zu den ersten, die die neuen Möglichkeiten im großen Stil ergriffen, gehörten die Söhne und Töchter der Parteielite, unter ihnen auch die Kinder von Deng und Zhao Ziyang. Die Prinzen und Prinzessinnen, wie sie im Volksmund genannt wurden, nutzten den Einfluss ihrer Väter, um sich den Ausländern als Vermittler mit den chinesischen Behörden anzudienen. Sie übernahmen die Rolle, die im Kaiserreich die *hongs* oder die *compradores*, wie sie mit einem portugiesischen Wort genannt wurden, gespielt hatten. Sie halfen den ausländischen Firmen, wenn es um große Importaufträge ging, um Lizenzen für Direktinvestitionen oder um Landnutzungsrechte und Genehmigungen für Bauprojekte wie Luxushotels, Bürohochhäuser und Kaufhäuser.

Die »Kommissionen«, die sie einsteckten, ließen die ersten großen Privatvermögen in der Volksrepublik China entstehen.

Das »Geldmachen« blieb jedoch nicht auf die Prinzen und Prinzessinnen beschränkt, sondern wurde zur verbreiteten Nebenbeschäftigung und bisweilen Hauptbeschäftigung vieler Kader in Partei und Verwaltung und vieler Offiziere in der Armee. Die Militärs der Region Kanton organisierten zum Beispiel im Zusammenspiel mit den Zollbehörden einen groß angelegten Schmuggel aus Hongkong. Nicht zuletzt in der Reihe standen die Manager der Staatsunternehmen. Nur allzu viele von ihnen nutzten die neu gewonnene Autonomie, um sich auf Kosten des ihnen anvertrauten Unternehmens zu bereichern. Hier zeigte sich der entscheidende Unterschied zwischen der Befreiung der Bauern und jener der Manager: Die Bauern waren de facto Eigentümer ihres Bauernhofs und wirtschafteten in die eigene Tasche. Die Manager waren Angestellte des Unternehmens, die neue Freiheit aber veranlasste auch sie, in die eigene Tasche zu wirtschaften; sie öffnete das Tor für jederlei Korruption.

Eine Verlockung, der schwer zu widerstehen war, ging bereits von dem dualen Preissystem aus. Die Staatsunternehmen erhielten für die Planproduktion Rohstoffe und Vormaterialien zu den niedrigen Planpreisen zugeteilt. Stahl, Kohle und andere Rohstoffe und Vormaterialien waren knapp. Staatsunternehmen (für ihre überplanmäßige Produktion) und ländliche Unternehmen standen auf den freien Märkten in einem harten Konkurrenzkampf um diese Ausgangsmaterialien, auf die sie angewiesen waren, um ihre Produktionsanlagen auszulasten. Die Preise für Stahl, Kohle und andere Vormaterialien waren auf den freien Märkten oft um ein Mehrfaches höher als die Planpreise. Nicht wenige Manager erlagen der Versuchung, die zugeteilten billigen Rohstoffe zu den hohen Marktpreisen weiterzuverkaufen und den Gewinn einzustreichen.

Zum ernstesten Problem aber, ja zu einem permanenten Aderlass der Staatsunternehmen, wurde das *asset-stripping,* also die Unterschlagung von Unternehmensvermögen. Die Manager verlagerten den Gewinn aus dem Staatsunternehmen heraus in ihre private Kasse oder gliederten Firmenteile aus und verschoben sie in ihren Privatbesitz und in den ihrer Verwandten. Als ein unkompliziertes, leicht zu durchschauendes Beispiel des *asset-stripping* sei der Fall des staatlichen Li Yuan Kohlebergwerks in der Provinz Henan angeführt:[22] Der Direktor des Staatsunternehmens und sein Stellvertreter gründeten ein Verkaufsbüro in der Provinz Zhejiang und setzten einen Bauern, der Händler geworden war, als Leiter ein. Bei ihren Lieferungen von Kokskohle an das Verkaufsbüro wiesen sie in den Rechnungen geringere Mengen als die tatsächlich gelieferten aus. Den Differenzbetrag ließen sie sich in bar ausbezahlen. In kurzer Zeit häuften sie so ein

Einkommensverteilung in China zwischen 1981 und 1995

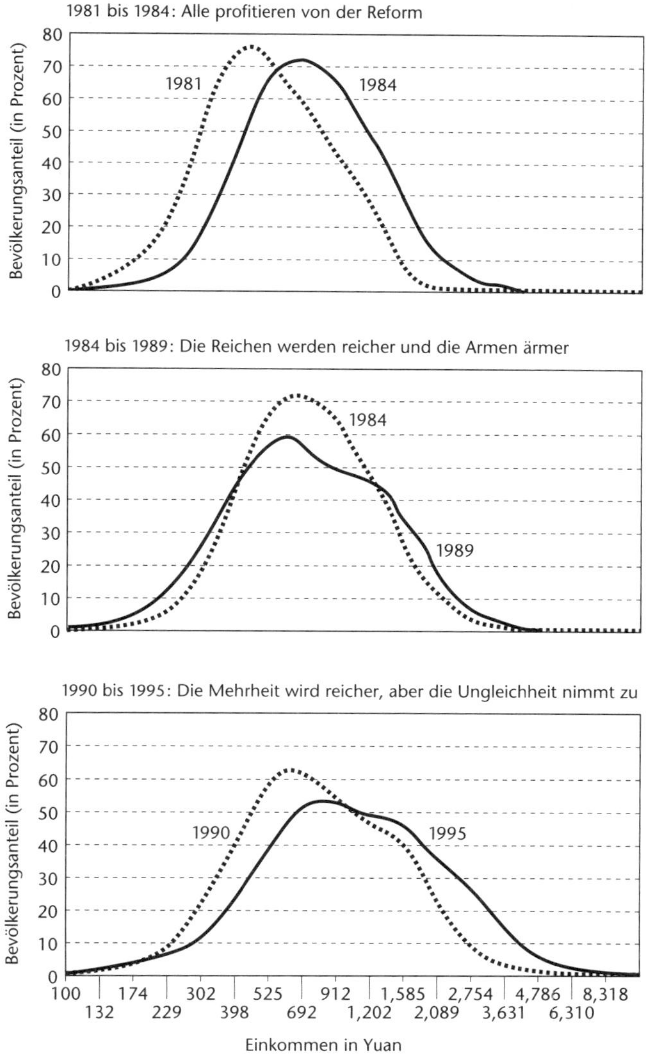

Quelle: »China 2020, Sharing Rising Incomes«, Weltbank, Washington 1997, S. 10.

Vermögen von zehn Millionen Yuan an, was an Kaufkraft gemessen zehn Millionen DM entsprach. Die Unterschlagung von Eigentum der Staatsunternehmen durch ihre Manager entwickelte sich seit Einführung des Management-Verantwortlichkeitssystems 1984 zur Hauptform der Korruption und zu einer wesentlichen Ursache der Verluste der Staatsunternehmen. Für die erste Hälfte der neunziger Jahre schätzte das Büro für Staatseigentum die Verluste durch *asset-stripping* auf jährlich fünfzig bis hundert Milliarden Yuan (sechs bis zwölf Milliarden Dollar).

Es ist eine Ironie, dass die erste private Kapitalakkumulation im kommunistischen China durch die Korruptionseinnahmen der Partei- und Regierungskader und ihrer Kinder erfolgte. Anders als in Russland brachte die neue Nomenklatura die Gewinne allerdings zum Großteil nicht außer Landes, sondern investierte sie in industrielle und kommerzielle Projekte im eigenen Land.

Was den Problemen Inflation, Korruption und Bereicherung besondere Virulenz gab, war das Einströmen der westlichen Idee von Demokratie, die schon Wei Jingshen 1978 zu seiner Forderung nach der Fünften Modernisierung angestachelt hatte. In den Städten – an den Universitäten wie in der breiten Bevölkerung – entstand eine explosive Stimmung. Es war nur eine Frage der Zeit, wann sie in Aufruhr ausbrechen würde.

Ein erstes Wetterleuchten

Bereits im Winter 1986 öffneten Studentendemonstrationen für einen kurzen Moment den Blick auf das Kommende. In Hefei, der Hauptstadt der Provinz Anhui, protestierten am 5. Dezember 1986 dreitausend Studenten der Eliteuniversität für Wissenschaft und Technik gegen das undemokratische Verfahren bei den anstehenden Wahlen für die Studentenvertretung. Sie forderten, ihre eigenen Kandidaten aufstellen und frei wählen zu können. »Keine Demokratie – keine Modernisierung«, skandierten sie. Studentendemonstrationen in Shanghai, Peking und in anderen Universitätsstädten folgten.

Die Studenten in Hefei wurden unterstützt von dem Vizepräsidenten der Universität, dem bekannten Astrophysiker Fang Lizhi. Schon im November 1986 hatte er an der Shanghaier Tongji Universität mit einer unerhörten Offenheit über das Thema: »Demokratie, Reform und Modernisierung« gesprochen.[23] Der Redetext verbreitete sich über ganz China und übte eine tiefe Wirkung aus. »Modernisierung«, sagte Fang damals, »ist unser nationales Thema gewesen, seit die Viererbande vor zehn Jahren gestürzt wurde, aber erst jetzt beginnen wir zu verstehen, was Modernisierung wirklich bedeutet.« Er fuhr fort: »Die Frage ist, wollen wir vollständige Verwestlichung oder partielle Verwestlichung. Sollen wir weiterhin das jahrhundertealte Banner hochhalten, westliche Methoden zu nutzen, aber das ›chinesische Wesen‹ oder irgendein anderes ›kardinales Prinzip‹ zu bewahren? … Ich persönlich stimme mit denen überein, die vollständige Verwestlichung wollen … Die Idee, dass wir einige wenige ausgewählte Aspekte unserer Gesellschaft ändern können, während wir alles andere unberührt lassen, ist ein Hirngespinst. Wir müssen endlich die Realität unserer Situation anerkennen: nämlich die Tatsache, dass die Rückständigkeit allgegenwärtig in China ist und kein Aspekt frei ist von der Notwendigkeit einer Reform.«

Mit beispielloser Kühnheit urteilte er, die Jahrzehnte der sozialistischen Revolution hätten an der Rückständigkeit Chinas nichts geändert: »Ganz leidenschaftslos sprechend konstatiere ich, dass die sozialistische Ära ein Fehlschlag war.«

Fang ging schließlich auf den Begriff der Demokratie ein und scheute auch hier vor klaren Worten nicht zurück: »Demokratie gründet sich auf der Anerkennung der Rechte jedes einzelnen Menschen. Wenn wir hier in China davon sprechen, dass ›Demokratie gewährt wird‹, dann haben wir die Vorstellung, dass unsere Vorgesetzten uns Demokratie gewähren. Dies ist ein Missverständnis. Dies ist nicht Demokratie… *Ich* bin der Herr, und die Regierung ist *mir* verantwortlich. Aber in China denken wir gerade andersherum.«

Anfang Januar 1987 griff Deng ein und ordnete an, den Studentendemonstrationen, wenn nötig mit Gewalt, ein Ende zu machen. Fang Lizhi wurde seines Amtes enthoben und aus der Partei ausgestoßen. »Ich habe seine Reden gelesen«, sagte Deng, »er hört sich in keiner Weise wie ein Mitglied der Kommunistischen Partei an.« Das herausragende Opfer jedoch war Hu Yaobang, der Generalsekretär der Partei, den Deng Anfang der achtziger Jahre als seinen Nachfolger ausersehen hatte. Jetzt warf Deng Hu Yaobang vor, die Studentendemonstrationen entgegen seiner Weisung nicht energisch unterdrückt zu haben. In einer erweiterten Sitzung des Politbüros, an der auch einige der mächtigen Parteiveteranen teilnahmen, denen der liberale Generalsekretär schon lange ein Dorn im Auge war, wurde Hu zum Rücktritt gezwungen. Zu seinem Nachfolger machte Deng Ministerpräsident Zhao Ziyang, neuer Ministerpräsident wurde Li Peng.

Die Studentendemonstrationen und der Fall des bei den Intellektuellen und beim Volk beliebten Hu Yaobang erschütterten das Land. Die Vision eines harmonischen Modernisierungsprozesses unter der wohlwollenden Diktatur der Partei zerstob. Die Studenten, die an der Eliteuniversität für Wissenschaft und Technologie in Hefei studierten, stammten in ihrer großen Mehrheit aus Familien hochrangiger Partei- und Regierungskader und von Intellektuellen in hohen Stellungen.

Dass die Söhne und Töchter der Elite von ihrer Klasse abfielen und gegen das Herrschaftssystem ihrer Väter, das doch auch ihnen so günstige Karriereaussichten eröffnete, opponierten, war ein unheilvolles Omen.

Nach der schnellen Unterdrückung der Studentenbewegung kehrte für zwei Jahre Ruhe ein. Doch es war die trügerische Ruhe vor dem Sturm. Im Untergrund gärte die Unzufriedenheit großer Teile der Bevölkerung weiter. Zugleich verschlechterte sich die wirtschaftliche Lage. Der seit 1984 andauernde Boom mündete im Sommer 1988 in eine Hyperinflation. Über drei Monate hin stiegen die Preise mit einem Jahresdurchschnitt von fünfzig Prozent an. Generalsekretär Zhao Ziyang musste das Steuer der Wirtschaft an Ministerpräsident Li Peng abgeben. Dieser schlug einen harten Restriktionskurs ein. Die Wirtschaft kollabierte. Die Wachstumsrate, die 1988 noch über elf Prozent betragen hatte, brach 1989 auf vier Prozent ein. Für China mit einem jährlichen Nettozuwachs von sieben Millionen neuen Arbeitskräften kam ein so niedriges Wachstum einer schweren Rezession gleich. Aus den Dörfern drängten an die fünfzig Millionen Menschen in die Städte. Mit der Auflösung der Volkskommunen und Produktionsgruppen war die bis dahin verdeckte hohe Arbeitslosigkeit auf dem Lande offenbar geworden. Jetzt, da die Lage auf dem Lande sich verschlechterte, suchten die Menschen vom Lande verzweifelt nach Arbeit in den Städten. Diese *youmin* – ländliche Bauern, die in Notzeiten durch die Lande streifen und sich zu Banditengruppen zusammentun – spielen in Chinas Geschichte eine große Rolle. Von ihnen gingen einige der Rebellionen aus, in denen Dynastien, die das Mandat des Himmels verloren hatten, untergingen.

Während die Mehrheit der Bevölkerung in den Städten durch harte Zeiten ging, lebte eine kleine Minderheit, die im Boom reich geworden war, ungestört im Luxus weiter. Das Ansehen der Kommunistischen Partei in der Bevölkerung sank auf einen Tiefpunkt. Viele Menschen sahen in den Partei- und Regierungskadern nur noch eine privilegierte Klasse, die nichts anderes im Sinn hatte, als sich selbst zu bereichern und ihre Privilegien zu verteidigen. Im Frühjahr 1989 entlud sich die aufgestaute Unzufriedenheit. Dengs Staat erlebte seine große Krise.

KAPITEL 26

Das Volk steht auf (Tiananmen 15. April bis 4. Juni 1989)

Das Jahr 1989 begann mit einer Rebellion der Intellektuellen. Am 6. Januar schrieb Fang Lizhi einen offenen Brief an Deng, in dem er – aus Anlass des vierzigsten Jahrestags der Gründung der Volksrepublik und des siebzigsten Jahrestags der Bewegung des 4. Mai – für eine allgemeine Amnestie plädierte; sie sollte insbesondere auch für politische Gefangene wie Wei Jingshen gelten. Es war das erste Mal, dass das heikle Thema der politischen Gefangenen in der Öffentlichkeit aufgebracht wurde. Im Februar schloss sich dem Physiker Fang eine Gruppe prominenter Intellektueller mit einer eigenen Petition an, und im März folgten 42 Mitglieder der Akademie der Wissenschaften, einer der angesehensten Institutionen im Land.

Von den Intellektuellen sprang der Geist des Protests auf die Universitäten über. Die Studenten sahen sich als Erben der heroischen Bewegung des 4. Mai 1919 und bereiteten für den siebzigsten Jahrestag große Demonstrationen vor. Als jedoch am 15. April Hu Yaobang, der zum Symbol der politischen Reform geworden war, an einem Herzinfarkt starb, verschob sich der Zeitplan. Die Trauer für einen großen Toten schuf die Möglichkeit zu einer legalen Massenversammlung auf dem Tiananmen-Platz. Mit einer Mischung aus kaltblütiger Überlegung und echter Trauer nutzten die Studenten diese Möglichkeit, die ihnen mit Hus Tod in den Schoß fiel. Nach alter Tradition betrauerten sie die Toten, um die Lebenden zu kritisieren. Wandzeitungen prangerten die Korruption und Inkompetenz der Partei an, gegen die sich Hu vergeblich gestellt habe. Ein Trauergedicht lautete:

Privilegierte Klasse, »Beamte des Volkes«,
ihr lebt ein Leben, das Unsterbliche neidisch macht;
Öffnung und Reform – welch gute Chancen!
Wenn nicht jetzt, dann werdet ihr niemals Geld machen.
Kinder der Beamten brechen das Gesetz und sind außer Rand und Band,
doch das Gesetz rührt sie kaum an.
Obwohl diese Söhne und Töchter Idioten sind,
können sie zwischen der Peking- und der Qinghua-Universität wählen.
Diese privilegierten Herren begleiten ausländische Gäste, essen
und trinken frei …
Charter-Züge und Charter-Flugzeuge bringen Geschenke,

Köstlichkeiten aus allen Ländern, frisch das ganze Jahr.
Die ganze Familie residiert glücklich im Zhongnanhai,
ihre Zweitpaläste und -villen verstreut
von den Bergen bis zum Meer.
Luxuriöse, schimmernde Häuser, Klubs und Hotels –
das Volk kann nur zuschauen und seufzen.[24]

Zur Grabinschrift für Hu wurde ein überall in der Stadt angeschlagener Zweizeiler:

Der eine, der nicht hätte sterben sollen, ist tot,
diejenigen, die hätten sterben sollen, sind am Leben.

Es war kein Geheimnis, dass unter denjenigen, denen man den Tod wünschte, an erster Stelle Deng Xiaoping und Li Peng standen.

Die Studenten betonten, sie wollten nicht den Sturz der Regierung, sondern den Dialog mit ihr, nicht Revolution, sondern Reform. Sie forderten unter anderem, die Partei solle Hu neu bewerten und darlegen, wie es zu seiner Absetzung als Generalsekretär gekommen sei; sie solle Maßnahmen gegen die offizielle Korruption ergreifen und die Einkommen und Vermögen der Spitzenfunktionäre veröffentlichen; die staatlichen Ausgaben für das Erziehungswesen sollten erhöht werden; die Presse sollte größere Freiheit erhalten; das Demonstrationsrecht, wie es die Verfassung vom Februar 1978 gewährt hatte, sollte wiederhergestellt werden.

Der Kampf um den Tiananmen-Platz beginnt

Am Abend des 17. April organisierten die Studenten den ersten großen Marsch zum Tiananmen-Platz – dem Platz des Himmlischen Friedens. Am Tag darauf beschlossen tausend Studenten, ein Sit-in auf dem Platz so lange durchzuhalten, bis die Regierung ihre Petition offiziell anhöre. Der Kampf um den Tiananmen-Platz hatte begonnen.

Der »Platz«, wie ihn die Pekinger nennen, war das Zentrum des Reichs, das Symbol der Herrschaft. In der Kaiserzeit verband der mächtige Torturm des Himmlischen Friedens die von der Aura des Numinosen umhüllte kaiserliche Palaststadt mit der Stadt der Bürger. Vom Torturm herab wurden die Edikte des Kaisers verlesen und dann, im Mund eines goldenen Phönix, zu dem auf dem Boden knienden Beamten hinabgelassen, damit dieser sie dem Ritenministerium zur Vervielfältigung und Verbreitung im Lande bringe. Aus dem Torturm heraus zog der Kaiser in Ehrfurcht erregendem Pomp auf seinem alljährlichen Pilgergang zum Tempel des Himmels, wo er darum bat, der Dynastie das Mandat zur Herrschaft zu erhalten.

Auch Mao hatte den Platz zum Symbol seiner Herrschaft gemacht. Vom Torturm herab rief er am 1. Oktober 1949 die Volksrepublik China aus. Er ließ den Platz zum riesigsten Platz der Welt erweitern und in seiner Mitte einen Granitobelisken als Monument für die Märtyrer der Revolution errichten. Die am Torturm und an der Palastmauer vorbeiführende Straße wurde zum Prachtboulevard des »Ewigen Friedens« verbreitert. Auf ihr zogen am Nationalfeiertag und bei anderen Anlässen die Paraden an Mao und den Führern von Partei, Regierung und Armee vorbei.

Seit der Studentendemonstration vom 4. Mai 1919, die zum Ausgangspunkt des neuen China wurde, war der Platz aber zugleich auch Symbol des politischen Protestes *gegen* die Herrschaft geworden. Am 3. April 1976, am Tag des Gedenkens für die Toten, hatten die Studenten und die Pekinger Bürger die Tradition des 4. Mai aufgegriffen, um mit den Trauerkränzen, die sie für Zhou Enlai am Monument der Märtyrer niederlegten, machtvoll gegen die herrschende Viererbande zu protestieren. Nun, dreizehn Jahre später, im April 1989, machten sie den Tiananmen-Platz erneut zum Platz des Protestes, der von hier aus landesweit auf die anderen Städte ausstrahlte.

Die Parteiführung war gelähmt. Im Ständigen Ausschuss des Politbüros trat Parteisekretär Zhao Ziyang für Verhandlungen mit den Studenten ein, Ministerpräsident Li Peng dagegen sah in den Demonstrationen eine tödliche Gefahr für die Herrschaft der Partei und forderte eine harte Haltung. Die Voten in dem fünfköpfigen Gremium standen zwei zu zwei – bei einer Enthaltung.

Li Peng gewann Deng für seine Sicht der Dinge. Deng begann zu fürchten, die Proteste könnten in ein Chaos führen wie die Kulturrevolution 1966 bis 1968, als viele Parteiführer misshandelt, ja getötet wurden. So ließ er am 26. April den verhängnisvollen Leitartikel in der Volkszeitung veröffentlichen, der die Demonstrationen als »Aufruhr« verurteilte. Diese Einschätzung war manifest falsch, die Studenten protestierten gegen die Korruption, sie wollten nicht die Regierung stürzen. Doch das Unheil nahm nun wie in der griechischen Tragödie unerbittlich seinen Lauf. Der Artikel schüchterte die Studenten nicht ein, sondern radikalisierte sie. Am Tag darauf marschierten 80 000 Studenten, die Arme untergehakt, in einer sechs Kilometer langen Säule auf dem Boulevard des Ewigen Friedens zum Tiananmen-Platz. An den Seiten marschierten Pekinger Bürger mit. Die Bevölkerung begann, sich den Studenten anzuschließen, und ihre Vertreter nannten sich stolz *shimin* (Bürger), nicht mehr »Massen«, wie sie von der Partei genannt wurden.

Zum Jahrestag der Bewegung vom 4. Mai 1919 versammelten sich an die 300 000 Menschen auf dem Platz. Partei und Regierung, in zwei Lager gespalten, waren weder fähig, den geforderten Dialog mit den

Studenten aufzunehmen, noch die Demonstration mit Gewalt zu beenden. Zhao wagte es angesichts der Haltung Dengs nicht, mit den Studenten zu sprechen. In seiner Rede zum 4. Mai bezeichnete er die Forderungen der Studenten jedoch als »vernünftig« und stellte sich so direkt gegen seinen Mentor.

Das Patt zwischen Regierung und Studenten dauerte an. Um es zu durchbrechen und die Regierung zum Dialog zu zwingen, traten fünfhundert Studenten in einen Hungerstreik vor dem Monument der Märtyrer. Sie besetzten damit genau den Ort, an dem die Willkommenszeremonie für den sowjetischen Staatspräsidenten Gorbatschow vorgesehen war, der am 15. Mai zu einem Besuch eintreffen und vor dem Monument einen Kranz niederlegen sollte. Es war der erste Besuch eines sowjetischen Staatschefs seit dem Bruch zwischen der Sowjetunion und China im Jahre 1960. Aus Anlass dieses Besuchs waren Tausende von Journalisten aus aller Welt nach Peking gekommen. Ihnen bot sich nun ein doppeltes Schauspiel: Studenten, die den Befehl des Staatssicherheitsdienstes, den Platz zu räumen, ignorierten, und ein Staatsbesuch, der sich hinter verschlossenen Türen abspielte. Es war ein ungeheurer Gesichtsverlust für Chinas Führung und für Deng persönlich. Die Journalisten blieben auch nach dem Gorbatschow-Besuch in Peking, Fernsehen und Zeitungen im Westen berichteten Tag für Tag über die Geschehnisse auf dem Platz des Himmlischen Friedens. Die sich entwickelnde Tragödie spielte sich vor den Augen der Welt ab.

Am 17. Mai marschierte eine Million Menschen zum Tiananmen-Platz, den Boulevard des Ewigen Friedens in seiner ganzen Breite füllend. Zusammen mit den Studenten marschierten Professoren und Wissenschaftler, Schriftsteller und Journalisten, Regierungs- und Parteiangestellte, Lehrer der Zentralen Parteischule, Kadetten der Volksbefreiungsarmee und sogar Angehörige des Staatssicherheitsdienstes – die meisten von ihnen hinter Schildern, die ihre Arbeitseinheit nannten. Was aber die Lage der Partei besonders bedrohlich erscheinen lassen musste, war die Tatsache, dass mit den Studenten Hunderttausende von Fabrikarbeitern marschierten, und auch sie gingen hinter stolz erhobenen Schildern, auf denen die Namen bekannter Staatsunternehmen Pekings standen: »Hauptstadt-Eisen-und-Stahlwerke«, »Peking Automobilwerke« und Ähnliches. Die Studenten hatten in ihrem elitären Hochmut lange mit den Arbeitern nichts zu tun haben wollen, aber jetzt begrüßten die meisten deren Beteiligung. Die Studentenbewegung weitete sich zur Volksbewegung aus. Die Partei fürchtete die Arbeiter, in deren Namen sie angeblich ihre Diktatur ausübte, mit Recht ungleich mehr als die Studenten. Die vier Millionen Studenten Chinas bildeten eine winzige elitäre Minderheit im Land. Sie hatten kaum andere Protestmöglichkeiten, als Vorlesungen zu boykottieren und zu demonstrieren. Die hundert Millionen Arbeiter aber konnten nicht nur mit einem Generalstreik die Produktion des Landes zusammenbrechen lassen, sondern schienen selbst zu einer gewaltsamen Revolution durchaus fähig.

Den Platz zurückerobern

Deng nahm nun die Dinge selbst in die Hand. Er mobilisierte die Parteiveteranen, die – in der Zentralen Beraterkommission zusammengefasst – eine Schattenregierung im Hintergrund bildeten, und setzte mit ihrer Hilfe im Politbüro die Entscheidung durch, das Kriegsrecht ausrufen und die »Rebellion« mit Gewalt niederzuschlagen. Nur Zhao Ziyang stimmte einsam dagegen; er wusste, dass seine Zeit abgelaufen war. Am 20. Mai verkündete Ministerpräsident Li Peng das Kriegsrecht. Doch die Pekinger Bevölkerung war nicht mehr einzuschüchtern. Sie glaubte wohl auch, dass die Volksbefreiungsarmee niemals auf das Volk schießen würde. In der Tat waren die ersten Soldaten, die zum Tiananmen-Platz vorstoßen sollten, offensichtlich nicht bereit, das Feuer auf Zivilisten zu eröffnen. Als ihre Panzer und gepanzerten Mannschaftswagen von Menschenmassen, quergestellten Bussen und anderen Barrikaden blockiert wurden, blieben sie hilflos stehen, manche der Soldaten verbrüderten sich sogar mit den Pekinger Bürgern.

Für einen Augenblick schien es Beobachtern, dass Deng aufgeben und Zhao Ziyang als Verhandler zurückrufen müsse. Doch wer dies glaubte, kannte nicht Dengs eisernen Willen. Er schickte die 38. Armee, die vor den Menschenbarrikaden »versagt« hatte, in die Kasernen zurück und ersetzte sie durch die kampfgestählten Veteranen der 27. Armee, die 1979 an der Invasion Vietnams teilgenommen hatten. Die meisten dieser Soldaten stammten – wie Deng – aus Sichuan, und es gab keinen Zweifel, dass sie jedem Befehl Dengs gehorchen würden. Es dauerte zwei Wochen, bis die Armee mit ihrer Ausrüstung nach Peking verlegt war. Am 3. Juni stand sie bereit. Deng gab ihr den Befehl, den Platz bis 4. Juni, ein Uhr morgens, zu räumen. Über Rundfunk und Fernsehen und über die Lautsprecher auf dem Dach der gigantischen Halle des Volkes an der Westecke des Tiananmen-Platzes rief die Regierung die Bevölkerung dazu auf, den Platz zu räumen und sich von den Straßen fernzuhalten. Die Pekinger antworteten jedoch auf diese Warnung, indem sie zu Hunderttausenden zu den Barrikaden in den um den Tiananmen-Platz liegenden Stadtbezirken eilten, um die Armee daran zu hindern, zu den Studenten auf dem Platz vorzudringen.

Wie wir jetzt aus den geheimen Protokollen des Politbüros, die Anfang 2001 ans Licht kamen, wissen, wurde die Armee angewiesen, nur zur Selbstverteidigung im äußersten Notfall zur Schusswaffe zu greifen. »Und wenn Tausende von Studenten«, heißt es im Protokoll, »sich weigern abzuziehen? Dann tragen die Truppen Tausende von Studenten auf dem Rücken weg.«

Doch die Weisung war illusionär. Als am Abend die Truppen mit Panzern und Mannschaftswagen aus allen Himmelsrichtungen konzentrisch auf den Platz vorrückten, blockierte die Pekinger Bevölkerung die Zufahrtsstraßen. Die Soldaten, die für einen solchen Einsatz keinerlei Ausbildung und keinerlei Ausrüstung wie etwa Wasserwerfer hatten, verloren die Nerven und schossen in die Menge. In besinnungsloser Wut griff die Menge ihrerseits die Panzer und Mannschaftswagen an. Einige steckten – wie sie es unter Mao in Vorbereitung auf einen Volkskrieg gelernt hatten – benzingetränkte Decken in den Auspuff der Fahrzeuge und zündeten sie an. Soldaten, die sich aus den brennenden Fahrzeugen zu retten versuchten, wurden von der Menge wie räudige Hunde totgeschlagen, ja zerstückelt. Die Soldaten schossen umso erbarmungsloser in die Menge und überrollten die Demonstranten mit Panzern. Selbst Menschen, die bereits auf der Flucht waren, wurden niedergeschossen. Bis Mitternacht hatten sich die ersten Einheiten der 27. Armee zum Tiananmen-Platz durchgekämpft – blutgetränkte Straßen, Tote, Verwundete, zerstörte Busse, die als Barrikaden gedient hatten, und ausgebrannte Militärfahrzeuge hinter sich lassend.

Die Truppen umzingelten den Tiananmen-Platz systematisch. Auf dem Platz selbst waren noch etwa fünftausend Studenten. Fast alle kamen von den Universitäten anderer Städte. Die Pekinger Studenten hatten schon am 30. Mai beschlossen, den Platz zu räumen. Studenten der Kunstakademie hatten zum Abschied aus Gips und Styroporschaum eine neun Meter hohe weiße Statue der »Göttin der Demokratie« geformt, die der New Yorker Freiheitsstatue nachgebildet war, und sie als Erinnerungsmonument auf dem Platz aufgestellt – direkt gegenüber dem riesigen Porträt Mao Zedongs am Tiananmen-Torturm.

Die Studenten, die in der Nacht des 3. Juni noch auf dem Platz waren, hatten ihre Zelte verlassen und standen zusammengedrängt auf der abgestuften Basis des Obelisken der Märtyrer der Revolution. Lautsprecher forderten sie auf, den Platz zu räumen. Daraufhin schmetterten sie den Soldaten über ihre Lautsprecher die Internationale entgegen – ein Schrei nach Freiheit. Viele hatten ihr Testament gemacht. Die fanatische Studentenführerin Chai Ling kündigte an, sie werde ihr Leben für das Vaterland geben, und rief ihre Kommilitonen zum Heldentod auf. Es ist vor allem dem populären taiwanischen Rocksänger Hou Dejian zu verdanken, dass die Katastrophe im letzten

Augenblick vermieden wurde. Es gelang ihm, mit dem Befehlshaber der Truppen den freien Abzug der Studenten auszuhandeln und schließlich auch die Studenten zu überzeugen, dass weitere Opfer sinnlos seien. Um 5 Uhr früh, am Sonntag des 4. Juni, zogen die Studenten durch den schmalen Spalt, den die Soldaten in ihrer Absperrkette geöffnet hatten, ab. Der Platz des Himmlischen Friedens gehörte wieder der Regierung.

Ob Menschen auf dem Platz starben und – falls das zutraf – wie viele starben, ist bis heute umstritten. Die chinesische Regierung behauptet, auf dem Platz selbst sei niemand getötet worden. Viele westliche Beobachter stimmen dieser Behauptung zu, andere wollen vereinzelte Tote gesehen haben. Falsch ist jedenfalls die bis heute im Westen verbreitete Vorstellung, die die ersten Presse- und Fernsehberichte erzeugten, dass auf dem Platz Hunderte, wenn nicht Tausende Studenten niedergeschossen und von Panzern in ihren Zelten zermalmt wurden. Das »Tiananmen-Massaker« fand außerhalb des Platzes statt – dort, wo sich die Bevölkerung Pekings der Armee entgegenwarf, um ihr Vordringen zum Platz zu verhindern. Hier starben Hunderte. Fast alle waren Arbeiter und einfache Pekinger Bürger, keine Studenten.

KAPITEL 27

Eiszeit
(5. Juni 1989 bis Ende 1991)

Auf den 4. Juni folgte eine Eiszeit der Repression und Stagnation. Das Wirtschaftswachstum sank 1990 weiter auf nur noch 3,8 Prozent. Amerika und Europa verhängten Sanktionen. Der Zustrom westlicher Investitionen und Kredite riss abrupt ab, die westlichen Touristen blieben aus. Eben noch hatte der Westen China als Land gefeiert, das sich von der kommunistischen Diktatur und Planwirtschaft zu einer Marktwirtschaft und – so glaubte man – zur Demokratie entwickle. Das amerikanische Wochenmagazin »Time« hatte Deng zweimal zum »Mann des Jahres« gekürt. Nun war China mit einem Schlag zum Paria geworden. Über die Städte rollte eine Verhaftungswelle. Sie traf vor allem die namenlosen Arbeiter, die an der »Konterrevolution« teilgenommen hatten. Die Studenten und Intellektuellen kamen im Allgemeinen glimpflich davon. Die Ausnahme bildeten die Anführer der Bewegung, deren Fotos landesweit auf den Suchlisten der Polizei aushingen; einer Reihe von ihnen gelang es, über Hongkong nach Amerika und Europa zu fliehen. Die Hingerichteten waren ausschließlich Arbeiter, jugendliche Arbeitslose und Wanderarbeiter vom Lande.

Als Sündenbock für die Katastrophe musste Zhao Ziyang herhalten. Er wurde wegen »Unterstützung des Aufruhrs und Spaltung der Partei« aller Ämter enthoben und unter Hausarrest gestellt; Deng blockierte die weitergehende Forderung der Konservativen, Zhao als Kriminellen vor Gericht zu stellen. Neuer Generalsekretär wurde Shanghais Parteisekretär Jiang Zemin. Jiang gehörte der Mitte der Partei an. Er hatte in Shanghai bei den Studentendemonstrationen 1986 ebenso wie 1989 eine feste Haltung gegen die »bourgeoise Liberalisierung« gezeigt, aber beide Male verstanden, die Proteste zu entschärfen, ohne zu Gewalt zu greifen.

Durch die Partei ging eine Säuberungswelle. Alle Parteimitglieder in Peking und anderen Städten mussten detaillierte Berichte über ihr Tun zwischen dem 15. April und dem 4. Juni abliefern und sich einer Überprüfung und Neuregistrierung stellen. Das Bemerkenswerte war, dass diese Kampagne – so ganz anders als die Kampagnen der Mao-Zeit – fehlschlug. Sie traf auf eine Verschwörung des Schweigens der Arbeitseinheiten. Schätzungsweise 800 000 Parteimitglieder und -kader (aus einer Gesamtzahl von über vierzig Millionen) hatten die Studentenbewegung offen unterstützt. Nur etwas mehr als tausend

Kader wurden jedoch wegen Teilnahme an den Demonstrationen bestraft.

Der politischen Säuberungskampagne folgte eine Kampagne gegen die Korruption. Die Korruption der Parteikader, die ungleiche Chancenverteilung zwischen »Prinzlingen« und normalen Studenten waren die Hauptursache und der Ausgangspunkt der Protestbewegung gewesen. Mit einem energischen Vorgehen gegen korrupte Parteikader und Beamte suchte die Führung das Ansehen der Partei im Volk wiederherzustellen. Bis Oktober 1992 wurden nicht weniger als 733 000 Parteikader wegen Korruption zur Verantwortung gezogen, 154 000 wurden aus der Partei ausgeschlossen. Zwei Minister und der ehemalige Gouverneur von Hainan wurden ihrer Posten enthoben. Politische Motive scheinen hier aber mehr im Spiel gewesen zu sein als der Vorwurf der Korruption, denn alle drei waren Anhänger von Zhao Ziyang.

Vielen führenden Parteikadern und nicht zuletzt vielen der Gerontokraten der Zentralen Beraterkommission, die jetzt das Heft in der Hand hielten, steckte der Schreck der Tiananmen-Krise in den Gliedern. Sie hatten das Gefühl, noch einmal davongekommen zu sein. Was den Schreck zu geradezu paranoischer Angst steigerte, waren die Nachrichten, die seit Mitte 1989 aus Osteuropa und der Sowjetunion kamen: Ein Regime nach dem anderen fiel dort. Vor Augen stand den Genossen insbesondere das Schicksal des rumänischen Diktators Ceauçescu: Dessen Armee hatte sich geweigert, auf friedliche Demonstranten zu schießen. Daraufhin brach ein Volksaufstand los, der Diktator wurde auf der Flucht erkannt und an Ort und Stelle, zusammen mit seiner Frau, exekutiert.

Das neue Schreckgespenst: »friedliche Evolution«

In die politische Debatte zog ein neues Schreckgespenst ein: das westliche Komplott der »friedlichen Evolution«. Wie in Osteuropa und in der Sowjetunion versuche der Westen auch in China mit den friedlichen Mitteln des Handels und der Investitionen, des wissenschaftlichen Austauschs und des Tourismus zu erreichen, was er mit Waffengewalt nicht erreichen konnte: den Sturz der kommunistischen Herrschaft. Diese Theorie war nicht gänzlich falsch. Viele Menschen im Westen hofften in der Tat, der Übergang Chinas zur Marktwirtschaft und seine Öffnung zum Ausland werde auf Dauer auch die Demokratie heraufführen. Sie sahen darin allerdings nicht ein Komplott, sondern eine natürliche Entwicklung.

Deng verteidigte seine Politik der Öffnung gegen die Orthodoxen, indem er darlegte, die Regierungen in Osteuropa und schließlich in der Sowjetunion seien deswegen gefallen, weil sie wirtschaftlich versagt hätten. China dagegen habe die Tiananmen-Krise überwinden können, weil die Reform und die Öffnung enorme wirtschaftliche Fortschritte gebracht hätten. Aber Dengs Argumente stießen bei den Konservativen auf taube Ohren. Sie sahen in Dengs Reformpolitik die Ursache der Tiananmen-Krise. Mit unerhörter Offenheit sprach dies der Veteran und Parteiideologe Deng Liqun aus: »Wenn wir nicht einen entschlossenen Kampf gegen Liberalisierung, kapitalistische Reform und Öffnung führen, wird unser sozialistisches System ruiniert werden … Reform und Öffnung selber sind die Banner der ›friedlichen Evolution‹ in China!«

Deng hatte im Dezember 1978 in der Dritten Vollversammlung des Elften Zentralkomitees, die seine Herrschaft begründete, die Abwendung vom maoistischen Klassenkampf durchgesetzt und den wirtschaftlichen Aufbau Chinas als die zentrale Aufgabe der Partei definiert. Nun forderten die Konservativen, und an ihrer Spitze Dengs Gegner unter den Gerontokraten der Zentralen Beraterkommission, wieder die Politik zur zentralen Aufgabe der Partei zu machen. Unter Politik verstanden sie dabei insbesondere die Abwehr der »friedlichen Evolution«, der sich alles andere unterordnen müsse.

Die Reform zurückdrehen?

Insbesondere Chen Yun sah seine Stunde gekommen. Er wollte Dengs Marktwirtschaft, der er die Schuld an der Hyperinflation und dem anschließenden Kollaps der Jahre 1988 bis 1990 gab, in den Käfig des Plans zurückzwingen. Steuerung der Wirtschaft durch den Plan und Steuerung durch den Markt müssten, so forderte er, in einem Verhältnis 8 : 2 stehen. Ministerpräsident Li Peng folgte in seinem Entwurf für den Achten Fünfjahresplan (1991–1995) den Vorstellungen Chens von einem ausgewogenen, sechs Prozent nicht überschreitenden Wachstum. »Nicht Reform und Öffnung«, hieß es in dem Entwurf, »sind die Leitprinzipien, sondern eine stetige und koordinierte Entwicklung.«

Andere Gerontokraten und ihre Verbündeten in Partei und Regierung gingen noch weiter und machten sich daran, Dengs Reform und Öffnung in ihrer Gesamtheit zurückzudrehen. Sie versuchten die Privatunternehmen zu ruinieren, indem sie ihnen Bankkredite und Rohstoffe verweigerten. Mit den gleichen Methoden drängten sie die ländlichen Kollektivunternehmen zurück. Sie griffen die Sonderwirtschaftszonen als »koloniale Enklaven« und »Brutstätten des Kapitalismus« an und forderten deren Abschaffung. Einige strebten sogar an, die Landwirtschaft zu rekollektivieren. Doch die Hardliner stießen auf den erbitterten Widerstand der Provinzen. Sie mussten sehr bald einsehen, dass die Reform viel zu weit vorangeschritten war, um noch rückgängig gemacht werden zu können. Es bestand also keine Gefahr, dass Dengs Reform von einer konservativen Flutwelle hinweggespült werden könnte, aber es bestand die Gefahr, dass sie langsam, aber stetig versandete.

Der überzeugte Reformer und Vizepremier Tian Jiyun schilderte später die Ende 1991 herrschende Situation in plastischer Weise: »Wenn du Reform und Öffnung auch nur ein bisschen propagierst, dann wird dir entgegnet: ›Das wird die gute Gesamtlage, die zu erreichen teuer erkauft wurde, untergraben.‹ … Wenn du beabsichtigst, in bescheidenem Umfang ausländisches Kapital zu nutzen, wird gesagt: ›Ein Betrieb mehr mit ausländischem Kapital bedeutet ein Stück Kapitalismus mehr, und das wird den sozialistischen Charakter unseres Landes bedrohen. Wenn du ein kleines Stück Boden an ausländische Unternehmer zur Erschließung verpachtest, wird dir entgegnet: ›Du verschacherst die Souveränität des Landes und bringst Schmach und Schande über unsere Nation.‹ Wenn du einige dorf- und gemeindeeigene Betriebe mehr entwickelst, heißt es: ›Dorf- und gemeindeeigene Betriebe sind die Quelle für ungesunde Tendenzen, und das wird unsere Partei und unsere Kader zersetzen‹… usw. Jemand hat sogar folgende Kurzformel geprägt: ›Die Unternehmen mit ausländischem Kapital sind Brutstätten der friedlichen Evolution, die dorf- und gemeindeeigenen Betriebe sind die Quelle für ungesunde Tendenzen, und das private Verantwortlichkeitssystem in der Landwirtschaft ist die Wurzel des Zerfalls der Kollektivwirtschaft.‹« Tian Jiyun zeigte dann die Konsequenz dieser Situation auf: »Muss man, sobald man etwas tut, immer fragen, ob das ›sozialistisch‹ ist, dann führt dies dazu, dass man gar nichts mehr zu tun wagt, gar nichts mehr tun kann.«[25]

Dengs Lebenswerk schien in Gefahr. In dieser Situation entschloss sich der von seinen Gegnern für todkrank erklärte Patriarch zu einer dramatischen Initiative. Sein ganzes Leben lang hatte er am leninistischen Prinzip der Kollektiventscheidung der Parteiführung, jedenfalls formal, festgehalten. Jetzt wandte er sich, über die Köpfe der Zentralen Beraterkommission und des Politbüros hinweg, im Stile Maos an das Volk. Mitte Januar 1992 brach der Siebenundachtzigjährige zu einer fünfwöchigen Inspektionstour in den Süden Chinas auf, nach Guangdong und vor allem in die Sonderwirtschaftszone Shenzhen: dorthin, wo sich seine glühenden Anhänger befanden. Dengs Situation lässt sich mit derjenigen Maos im Jahre 1965 vergleichen. Mao ging damals nach Shanghai, zu jener Zeit das Hauptquartier der Radikalen, um von dort aus die Kulturrevolution zu starten. Jetzt hatten in Peking die Hardliner die Übermacht und kontrollierten vor allem die Medien. Deng ging daher in den liberalen Süden Chinas, um von dort aus den Reformprozess erneut anzukurbeln.

KAPITEL 28

Von Dengs »Südreise« bis zu seinem Tod (Januar 1992 bis Februar 1997)

In den alten Zeiten gab es in China die Vorstellung, dass der Kaiser, wenn er die Hauptstadt verließ und in die Provinzen reiste, den Menschen, die er besuchte, den Segen des Himmels bringe. *Xunxing,* das Wort für die kaiserliche Inspektionstour, setzt sich aus den beiden Schriftzeichen *xun* (Reise) und *xing* (Glück) zusammen. Mit dem Begriff *nan-xun* (Süd-Reise) spielten die Deng-Propagandisten auf diese altehrwürdige Vorstellung an und umgaben die Reise mit der magischen Aura des Glück bringenden Kaisers.

Die Reise begann, im Salonwagen eines Privatzugs, am 17. Januar 1992 in Shanghai, wo sich Deng seit Oktober 1990 aufhielt und die Zeit genutzt hatte, die Partei der Stadt hinter sich zu bringen. Erste Station war die große Binnenhafenstadt Wuhan am Jangtse. Am 19. Januar rollte der Zug dann im Bahnhof der Sonderwirtschaftszone Shenzhen ein. Shenzhen war Dengs Gründung, seine Gegner hassten es als Symbol des Kapitalismus und des Ausverkaufs Chinas an das Ausland. Dengs Auftritt in Shenzhen und sein Lobpreis der Stadt als Modell dynamischer Entwicklung musste auf konservativ Gesinnte wie ein Schock wirken – dem Schock vergleichbar, den ein amerikanischer Präsident auslösen würde, tauchte er in Las Vegas auf und propagierte die glitzernden Streifen der Hotels und Spielkasinos als Modell eines neuen Amerika.

Deng blieb, dem frostigen Pekinger Winter entfliehend, im südlichen Guangdong bis Mitte Februar, besuchte noch die Sonderwirtschaftszone Zhuhai und kehrte dann über Shanghai am 22. Februar nach Peking zurück. An allen Orten verkündete er in programmatischen Reden und bei Gesprächen mit den lokalen Parteikadern dieselbe doppelte Botschaft: Beschleunigung der Reform und Öffnung und Beschleunigung des Wachstums. Es müsse wieder allen klar werden, dass die zentrale Aufgabe der Partei im wirtschaftlichen Aufbau Chinas bestehe. Der Erfüllung dieser Aufgabe dienten die beiden Politiken der Reform und Öffnung auf der einen Seite und des Festhaltens an den »Vier Kardinalen Grundsätzen« und der Alleinherrschaft der Partei auf der anderen Seite. Diese Politik »der einen zentralen Aufgabe und der zwei grundlegenden Rahmenbedingungen« hatte schon Zhao Ziyang auf dem XIII. Parteikongress 1987 formuliert und zur Leitlinie der Partei »beim Aufbau des Sozialismus chinesischer Prägung« erklärt.

Mit dem Insistieren auf den vier Kardinalprinzipien stellte Deng erneut unmissverständlich klar, dass er demokratische Reformen nach westlichem Vorbild strikt ablehne. Das sozialistische System müsse mit Hilfe der »Diktatur des Proletariats« gegen das vom westlichen Imperialismus betriebene Komplott der »friedlichen Evolution« verteidigt werden. So weit stimmte Deng mit seinen Gegnern überein. Ihre Haltung gegenüber Reform und Öffnung jedoch griff er frontal an. In einem Vergleich, den er pikanterweise von Mao übernahm, setzte er die Reformgegner »Weibern mit gebundenen Füßen« gleich, die sich nicht trauten, voranzuschreiten. In aller Offenheit forderte er die Absetzung der Reformgegner und nannte sogar Namen abzusetzender Kader in Peking.[26]

Dengs Testament

Schon Ende Februar brachten Dengs Anhänger parteiintern Kernsätze aus Dengs »Südreise«-Reden in Umlauf. Mit ihnen schließt der dritte und letzte Band der »Ausgewählten Werke«.[27] Sie stellen sein Testament an die Nation dar und leiten, zur »Deng-Xiaoping-Theorie« erhoben, seither die Partei:

– *Sozialismus als Entwicklung der Produktivkräfte:*

»Revolution bedeutet die Befreiung der Produktivkräfte, dies gilt ebenso für die Reform… Hätte es nicht die Fortschritte gegeben, die uns die Politik der Reform und der Öffnung gebracht haben, so hätten wir den 4. Juni nicht überstanden. Und hätten wir bei dieser Probe versagt, dann hätte es Chaos und Bürgerkrieg gegeben.«

– *Vom Ausland lernen:*

»Unternehmen mit ausländischer Kapitalbeteiligung sind nützliche Ergänzungen der sozialistischen Wirtschaft und, letzten Endes, gut für den Sozialismus. Wenn wir wollen, dass der Sozialismus Überlegenheit über den Kapitalismus erreicht, dann dürfen wir nicht zögern, uns die Errungenschaften aller Kulturen zu Nutze zu machen und von anderen Ländern, darin eingeschlossen die entwickelten kapitalistischen Länder, alle fortgeschrittenen Managementmethoden und -techniken zu lernen.«

– *Wie erkennt man, ob ein Weg kapitalistisch oder sozialistisch ist?*

»Manche Leute scheuen vor Reform und Öffnung zurück, weil sie fürchten, den kapitalistischen Weg einzuschlagen … Das Hauptkriterium der Beurteilung, ob ein Weg kapitalistisch oder sozialistisch ist, liegt in der Antwort auf die Frage: Fördert er das Wachstum der Produktivkräfte in einer sozialistischen Gesellschaft, steigert er die nationale Stärke des sozialistischen Staates, und erhöht er den Lebensstandard des Volkes?«

– *Der wesentliche Unterschied zwischen Sozialismus und Kapitalismus – ein direkter Angriff auf Chen Yun:*
»Der wesentliche Unterschied zwischen Sozialismus und Kapitalismus liegt nicht darin, welche proportionalen Anteile Plan und Markt haben. Eine Planwirtschaft ist nicht gleichzusetzen mit Sozialismus, denn auch unter dem Kapitalismus gibt es Planung; gleichermaßen ist eine Marktwirtschaft nicht kapitalistisch, denn auch unter dem Sozialismus gibt es Märkte. Planung und Markt sind beides Mittel, um die Wirtschaft zu steuern. Das Wesen des Sozialismus ist die Befreiung und Entwicklung der Produktivkräfte, die Ausmerzung von Ausbeutung und Kolonialisierung und – am Ende – der Wohlstand für alle.«
– *Das »kaiserliche Edikt der Ungleichheit«:*
»Den Weg des Sozialismus zu gehen heißt: den allgemeinen Wohlstand Schritt für Schritt zu verwirklichen. Unser Plan ist der folgende: Wo die Bedingungen es erlauben, mögen sich einige Regionen schneller als andere entwickeln; diejenigen, die sich schneller entwickeln, können helfen, den Fortschritt derjenigen zu fördern, die zurückliegen, bis schließlich alle wohlhabend sind … Natürlich darf dies nicht zu früh getan werden. Zum gegenwärtigen Zeitpunkt wollen wir die Dynamik der entwickelten Regionen nicht dämpfen oder die Gewohnheit ermutigen, dass ›jedermann aus demselben Großen Topf isst‹. Die richtige Zeit könnte Ende des Jahrhunderts kommen.«
– *Die Hauptgefahr kommt von links:*
»Der Begriff ›links‹ hat den Beiklang von Revolution. Er vermittelt den Eindruck, je linker jemand ist, umso revolutionärer sei er. In der Geschichte der Partei haben linke Tendenzen schreckliche Folgen gehabt. Vieles Schöne wurde über Nacht zerstört. Rechte Tendenzen können den Sozialismus zerstören, aber dies können nicht anders auch linke Tendenzen. China sollte wachsam gegenüber der Rechten bleiben, aber vor allem wachsam bleiben gegenüber der Linken … Wer Reform und Öffnung als Mittel betrachtet, den Kapitalismus einzuführen, und wer glaubt, die Gefahr der friedlichen Evolution zu einer kapitalistischen Gesellschaft komme hauptsächlich aus der Sphäre der Wirtschaft, der ist ein Linker.«
– *Das Vorbild der vier kleinen Drachen (Hongkong, Taiwan, Singapur, Südkorea):*
»Die Volkswirtschaften einiger unserer Nachbarländer und -regionen wachsen schneller als die unsere. Wenn unsere Volkswirtschaft stagniert oder sich nur langsam entwickelt, werden die Menschen Vergleiche anstellen und fragen, warum das so ist … Wo die örtlichen Bedingungen es erlauben, sollte die Entwicklung also so schnell vorangehen wie nur möglich. Wir müssen über nichts besorgt sein, solange wir Effizienz und Qualität betonen und eine exportorientierte Wirtschaft entwickeln. Langsames Wachstum kommt Stagnation oder so-

gar Rückschritt gleich … Guangdong sollte in zwanzig Jahren zu den vier kleinen Drachen Asiens aufschließen.«

– *Bekenntnis zu einer Strategie des ungleichgewichtigen Wachstums:*
»In gewissen Stadien unserer Entwicklung sollten wir die Gelegenheit ergreifen, die Entwicklung für einige Jahre zu beschleunigen, und uns den Problemen dann zuwenden, sobald wir sie erkennen … Für ein großes Entwicklungsland wie China ist es unmöglich, ein schnelles Wachstum zu erreichen, das zu allen Zeiten stetig und glatt abläuft.«

– *Singapur als Vorbild für eine gute öffentliche Ordnung:*
»Wir müssen an zwei Aufgaben arbeiten: an Reform und Öffnung einerseits und am Kampf gegen das Verbrechen andererseits. Beim Kampf gegen das Verbrechen und bei der Ausmerzung gesellschaftlicher Übel dürfen wir nicht zimperlich sein.

Guangdong versucht zu Asiens vier kleinen Drachen in zwanzig Jahren aufzuschließen, und dies nicht nur auf dem Feld des Wirtschaftswachstums, sondern auch auf dem Feld der öffentlichen Ordnung. Wir sollten die kleinen Drachen sowohl durch materiellen wie durch moralischen Fortschritt übertreffen. Nur dann können wir vom Aufbau eines Sozialismus chinesischer Prägung sprechen. Dank seiner strengen Verwaltung hat Singapur eine gute öffentliche Ordnung. Wir sollten von seiner Erfahrung lernen und es übertreffen.

Seit China seine Türen zur Welt öffnete, sind mit den anderen Dingen zusammen auch dekadente Erscheinungen eingedrungen. Übel wie Drogenkonsum, Prostitution und Wirtschaftskriminalität sind in einigen Regionen aufgetreten. Wir müssen energische Maßnahmen ergreifen, diese Übel auszurotten, und verhindern, dass sie sich ausbreiten … Wir müssen die Korruption bekämpfen. Die Kader und Parteimitglieder müssen im Aufbau einer sauberen Regierung eine Aufgabe von vorrangiger Wichtigkeit sehen.«

– *Der Kampf gegen die bourgeoise Liberalisierung:*
»Auf der Sechsten Vollversammlung des Elften Zentralkomitees (September 1986) sagte ich, der Kampf gegen die bourgeoise Liberalisierung müsse noch zwanzig Jahre lang geführt werden. Jetzt scheint es, er wird länger dauern.

Das sozialistische System muss durch die Diktatur des Proletariats verteidigt werden … Demokratie wird ausgeübt innerhalb der Reihen des Volkes, Diktatur wird ausgeübt über den Feind. Dies ist gemeint mit ›demokratischer Diktatur des Volkes‹.«

– *Die Sorge um die Zukunft, wenn die Generation der Revolutionsveteranen abgetreten ist:*
»Die Imperialisten drängen hin auf eine friedliche Evolution Chinas zu einer kapitalistischen Gesellschaft und setzen ihre Hoffnungen auf die Generationen, die nach uns kommen … Die feindlichen Kräfte verstehen, dass keine Änderung möglich ist, solange wir, die ältere

Generation, am Leben sind und Einfluss haben. Aber wenn wir tot sind, wer wird dann sicherstellen, dass es keine friedliche Evolution gibt? Wir müssen die Armee, die Personen, die in den Organen der Diktatur arbeiten, die Mitglieder der Kommunistischen Partei und das Volk einschließlich der Jugend erziehen. Wenn Probleme in China entstehen, dann werden sie aus dem Innern der Kommunistischen Partei heraus entstehen. Wir müssen unsere Aufmerksamkeit darauf richten, Menschen zu erziehen, auszuwählen und in Führungspositionen zu bringen, die sowohl Fähigkeiten haben als auch politische Integrität: sie sollten revolutionär, jung, gut ausgebildet und professionell kompetent sein. Dies ist lebenswichtig, wenn wir sicherstellen wollen, dass die Grundlinie der Partei für hundert Jahre befolgt wird und wir langfristig Frieden und Stabilität erhalten …

Zwei Personen, die wir ausgewählt hatten, haben versagt (Hu Yaobang und Zhao Ziyang); sie versagten nicht in der Wirtschaftspolitik; sie stürzten über die Frage der Bekämpfung der bourgeoisen Liberalisierung.«

Die »Wind-Faktion« springt auf den Zug

Fernsehen und Presse, die in der Hand des Pekinger Propagandaapparats waren, schwiegen den ganzen Januar und Februar Dengs Reden tot. Doch die Berichte in den Hongkonger Zeitungen sickerten nach China ein und verbreiteten sich wie ein Lauffeuer. Zudem manövrierten Dengs Anhänger in Peking die von den Reformgegnern kontrollierten Medien aus, indem sie Dengs Äußerungen sammelten und Ende Februar als ZK-Dokument 2/1992 in der Partei zirkulieren ließen. Anfang März brachen dann die Dämme, aber es dauerte noch bis Ende des Monats, bis das Pekinger Zentrale Fernsehen einen Dokumentarfilm über Dengs »Südreise« sendete und das ZK-Organ »Volkszeitung« Dengs Kernaussagen publik machte.

Die »Wind-Faktion« sprang nun auf den fahrenden Zug auf. Ministerpräsident Li Peng erklärte in einer Rede vor dem Nationalen Volkskongress am 20. März, die Chinesen »müssten Neuerungen wagen und an Reform und Öffnung kühner herangehen«. Generalsekretär Jiang Zemin übte im Politbüro Selbstkritik und bekannte, er habe in den letzten Jahren die Politik der Reform und Öffnung nicht mit genügendem Nachdruck vorangetrieben und die Gefahr, die von den Linksabweichlern komme, nicht richtig eingeschätzt. Mit doppeltem Eifer forderte er jetzt die Parteikader auf, »ein brandneues Sozialsystem aufzubauen und sich dabei all die Produktivkräfte und herausragenden kulturellen Fortschritte zu Nutze zu machen, die die kapitalistischen Gesellschaften geschaffen haben«. Vizepremier Tian Jiyun, zu allen Zeiten ein entschiedener Reformer, übergoss die Gegner der Sonderwirtschaftszonen mit Spott und Hohn. Er schlug ihnen vor, eine »Linke Sonderwirtschaftszone« einzurichten. In ihr sollten keine ausländischen Investitionen und keine Ausländer erlaubt sein. Die Wirtschaft in der Zone sollte eine hundertprozentige Planwirtschaft sein, in der alle lebensnotwendigen Güter rationiert sind, so dass die Bewohner für Nahrungsmittel und andere Konsumprodukte Schlange stehen müssten. Würden die Reformgegner, so fragte Tian Jiyun, wohl bereit sein, auch selbst in diese Zone sozialistischer Reinheit zu ziehen und ihr komfortables Leben in Peking aufzugeben?

Der harte Kern der Orthodoxen blieb jedoch bei seiner Opposition. Chen Yun soll Deng nach der Lektüre der gesammelten Kernaussagen auf den Kopf zugesagt haben: Er (Deng) sei kein Kommunist. Unter Chens Vorsitz warnte die Zentrale Beraterkommission der Parteiveteranen in einem geheimen Bericht: Die wahllose Nachahmung ausländischer Systeme habe zu schweren Irrtümern geführt. Sie fortzusetzen, riskiere zuzulassen, dass die Wirtschaft außer Kontrolle gerate und in ein soziales Chaos rase. Der Bericht warnte ebenso vor einer gefährlichen Abhängigkeit von den Weltmärkten. Die kapitalistischen Länder benutzten die Wirtschaft als das Hauptinstrument ihrer hegemonistischen Außenpolitik der Nötigung, Subversion, friedlichen Evolution und Einmischung.

Ein neuer Superboom

Dengs Offensive war jedoch, nachdem sich das Politbüro und die nationalen Medien wieder unter der Kontrolle der Reformer befanden, von den orthodoxen Gerontokraten nicht mehr zu stoppen. Die kaiserliche »Südreise« brachte in der Tat Prosperität und entfachte vor allem in den Küstenprovinzen einen neuen Superboom. Sah Li Pengs Achter Fünfjahresplan (1991–1995) ein jährliches Wirtschaftswachstum von sechs Prozent vor, so schnellte die Wachstumsrate 1992 auf 14,4 Prozent und hielt sich auch 1993 und 1994 bei 13,5 und 12,6 Prozent.

Ein kapitalistisches Fieber erfasste die Menschen. Die Shanghaier Börsenkurse stiegen im ersten Halbjahr 1992 um 1200 Prozent. An der Börse von Shenzhen brachen im August 1992 Tumulte aus, die die Stadt für zwei Tage paralysierten. Da bei Neuemissionen von Aktien die Nachfrage das Angebot um ein Vielfaches überstieg, hatte die Börse ein Lotteriesystem eingeführt. Kleinaktionäre in spe konnten Anrechtscheine für die Teilnahme an der Lotterie, die über die Zuteilung von Aktien entschied, erwerben. Fünf Millionen solcher Anrechtscheine, die eine Chance von 10:1 gaben, sollten am 10. August zum Preis von 100 (!) Yuan pro Stück ausgegeben werden. 800 000 Menschen reisten von nah und fern an. Schon am Sonntag, dem 9. August, bildeten sich kilometerlange Schlangen vor den Verkaufsstellen. Doch als diese am Montag öffneten, stellte sich heraus, dass die Anrechtscheine im Nu ausverkauft waren. Die Menge, die leer ausging, beschuldigte Polizei, Banken und Behörden, die Anrechtscheine unterschlagen und für sich selbst und ihre Freunde behalten zu haben. Die Hölle brach los, die enttäuschten Menschen, die viele Stunden in der Hitze gestanden hatten, zogen vor das Gebäude der Stadtregierung, um zu demonstrieren, und lieferten der Polizei bis in den nächsten Tag hinein erbitterte Straßenschlachten. Die Menge ließ sich erst beruhigen, als der Oberbürgermeister versprach, fünf Millionen zusätzlicher Anrechtscheine auszugeben. Die Bilder der »kapitalistischen« Tumulte an der Shenzhener Börse gingen um die Welt und zeigten den Menschen im Westen ein so ganz anderes Bild Chinas als drei Jahre zuvor die Bilder von der Niederschlagung der Tiananmen-Proteste.

Das neue Ziel: die »sozialistische Marktwirtschaft«

Wie dem Wirtschaftswachstum gab Dengs »Südreise« auch der Reformpolitik einen gewaltigen Schub. Der XIV. Parteitag im Oktober 1992 stand unter dem Motto: »Reform, Öffnung und Modernisierung beschleunigen und noch größere Siege für den Sozialismus chinesischer Prägung erringen!« In seinem Bericht an den Parteitag verkündete Generalsekretär Jiang Zemin das neue Ziel der »sozialistischen Marktwirtschaft«. Gegenüber der bisherigen »sozialistischen geplanten Warenwirtschaft« bedeutete diese Zielformulierung einen riesigen Sprung nach vorne. Es ging nicht mehr nur darum, die Gütermärkte von noch übrig gebliebenen planwirtschaftlichen Elementen zu befreien, sondern Märkte auch für die Produktionsfaktoren Boden und Arbeit offen zuzulassen. Auf dem Land gab es bereits einen freien Arbeitsmarkt, aber im Staatssektor der Städte, der drei Viertel der städtischen Arbeitnehmer beschäftigte, wurden die Arbeitsplätze immer noch vom Arbeitsministerium zugeteilt. In Zukunft würden Arbeiter wie Universitätsabsolventen ihre Arbeitgeber frei wählen können, freilich umgekehrt auch darauf angewiesen sein, Arbeit zu finden. Der Staat würde sich aus der Wirtschaft zurückziehen und die Märkte nur noch indirekt durch makroökonomische Maßnahmen steuern.

Chen Yun hatte seinen langen Kampf endgültig verloren. Die Zeit der Planwirtschaft ging zu Ende. Die sozialistische Marktwirtschaft unterschied sich von der kapitalistischen Marktwirtschaft, wie chinesische Kommentatoren hervorhoben, nur durch zwei Dinge: In der sozialistischen Marktwirtschaft bildeten die Staatsunternehmen die entscheidende Kraft, Privatunternehmen und Unternehmen mit ausländischer Beteiligung stellten nur eine »Ergänzung« dar. Und die Leitung des Staates durch die Kommunistische Partei garantierte, dass das Ziel der Wirtschaft der Wohlstand aller sei.

Jiang Zemin pries auf dem Parteitag Deng als den Architekten des Sozialismus chinesischer Prägung. Die »Deng-Theorie« trat in den Studienplänen für die Parteimitglieder neben den Marxismus-Leninismus und die Mao-Zedong-Gedanken. Sie repräsentierte den modernen chinesischen Marxismus.

Der Parteikongress wählte ein verjüngtes Zentralkomitee. Die meisten der Reformgegner, etwa der Uraltideologe Deng Liqun oder der Direktor der ZK-Propagandaabteilung Wang Renzhi, schieden aus. Nicht weniger als 46 Prozent der Mitglieder waren neu, 84 Prozent hatten einen Universitätsabschluss, die meisten in den Ingenieur- und Naturwissenschaften. Die Zentrale Beraterkommission der Parteiveteranen, die ein Hort des Widerstands gegen Dengs Reformpolitik gewesen war, wurde aufgelöst. Die Schattenregierung der Gerontokraten ging zu Ende.

Aus den in Pekinger Spitzenpositionen neu einrückenden Führungskadern ragte ein Aufstieg heraus: der Aufstieg Zhu Rongjis in den Ständigen Ausschuss des Politbüros. Deng hatte den Wirtschaftsfachmann in den frühen achtziger Jahren entdeckt und zu seinem Berater gemacht. Zhu Rongji wurde dann Oberbürgermeister Shanghais und 1989, Jiang Zemin nachfolgend, Parteisekretär der Stadt. Im Frühjahr 1991 hatte ihn Deng als Vizepremier nach Peking geholt und ihn unter anderem mit der Aufgabe betraut, Chinas verlustbringende Staatsunternehmen umzustrukturieren. Nun erwählte er ihn zum Architekten der sozialistischen Marktwirtschaft.

Mit dem Ziel, die sozialistische Marktwirtschaft einzuführen, trat die Dengsche Reform in ein neues, zweites Stadium ein. Die Reform, die bisher von unten angetrieben worden war und ohne genaues Ziel experimentierend voranschritt, musste nun zur Reform von oben werden. Die Gesetze und Institutionen für eine funktionsfähige Marktwirtschaft konnten nur von der Zentralregierung selbst ausgearbeitet und vom Nationalen Volkskongress beschlossen werden.

Dengs stiller Tod (19. Februar 1997)

Die zweite Reformphase führt über die Deng-Ära hinaus. Der Überragende Führer musste die neue Aufgabe seinen Nachfolgern hinterlassen. Nach seinem triumphalen Erfolg 1992 wurde Deng nur noch selten in der Öffentlichkeit gesehen. Sein letzter öffentlicher Auftritt fand im Februar 1994 bei der Feier des chinesischen Neujahrsfestes in Shanghai statt. In einer vom Fernsehen übertragenen Szene grüßte ein sehr gebrechlich wirkender Deng die Parteifunktionäre und rief ein letztes Mal zur Beschleunigung von Wirtschaftswachstum und Reform auf; er tat es nicht mehr mit eigener Stimme, sondern mit der des Fernsehansagers. Dann nahmen ihm die Parkinsonsche Krankheit und andere Leiden immer mehr die Fähigkeit, noch in die Politik einzugreifen. Den größten Teil der verbleibenden drei Lebensjahre verbrachte er in einem Pekinger Militärkrankenhaus, wo ihn die Ärzte mit großer Kunst am Leben hielten. Deng erwies seinem Land den letzten Dienst. Durch sein langes Sterben gab er seinem erkorenen Nachfolger Jiang Zemin die Zeit, unter Berufung auf den »Überragenden Führer« die Partei zu leiten und seine Macht zu konsolidieren. Am 19. Februar 1997 um 21.08 Uhr starb Deng in Peking im Alter von 92 Jahren. Die Partei gab den Tod mit sechsstündiger Verzögerung am 20. Februar um 3 Uhr morgens bekannt.

Westliche Auguren hatten sich für den Tag von Dengs Tod mit düsteren Prophezeiungen gegenseitig überboten: Studentenproteste, Massendemonstrationen, Führungskämpfe in der Partei, Kollaps des kommunistischen Systems und Auseinanderbrechen Chinas. Millionen von Flüchtlingen, die dem Chaos zu entkommen suchten, würden Hongkong überfluten. Doch als der 20. Februar anbrach, der auf die nächtliche Meldung von Dengs Tod folgte, wurde er zu einem Tag wie fast jeder andere. Der Staatsrundfunk sendete ernste Musik und rief das Volk auf, sich in dieser schweren Stunde geschlossen hinter die Partei und ihre Führung »mit Jiang Zemin als Kern« zu stellen. Aber die Menschen im Gedränge der Städte schauten kaum auf und ließen sich auf der Jagd nach dem Geld nicht unterbrechen. Selbst die Börsen nahmen kaum Notiz vom Tod des obersten Führers Chinas. Als das Gerücht des bevorstehenden Todes sich verbreitete, waren die Aktienkurse gefallen, als die offizielle Nachricht kam, stiegen sie wieder. Die Auguren des Unheils müssen sich die Augen gerieben haben. Dengs Tod, lange erwartet, war fast ein Nicht-Ereignis. Niemand auf den Straßen Pekings erwartete große Veränderungen. Anders als Maos Tod kündigte Dengs Tod keinen Epochenwechsel an. Politik und Wirtschaft würden auf den Gleisen weiterfahren, auf die Deng sie gesetzt hatte.

KAPITEL 29

Dengs politisches Erbe: eine asiatische Entwicklungsdiktatur

Deng Xiaoping übergab seinen Nachfolgern ein verwandeltes China. Schon rein äußerlich war das einstige China der blauen Ameisen Maos nicht mehr wiederzuerkennen: schimmernde Wolkenkratzer, Einkaufspaläste, Luxushotels, Restaurants, Karaokebars, riesige Discos, Leuchtreklamen in den vom Autoverkehr verstopften Boulevards der Städte, Autobahnen, moderne zweistöckige Wohnhäuser in den von der Industrialisierung erfassten ländlichen Regionen. All dies war nur die äußere Erscheinung eines umfassenden, fundamentalen Wandels in Staat, Gesellschaft und Wirtschaft. Was Deng Reform nannte, war in Wirklichkeit eine Revolution. Er hatte den maoistischen Staat niedergerissen und – mit der monumentalen Transformation eines Fünftels der Menschheit – ein neues China geschaffen, mit dem Napoleons Prophezeiung nach so vielen Fehlstarts in Erfüllung zu gehen scheint: »Wenn China erwacht, erzittert die Erde.«

Von der totalitären zur autoritären Diktatur

Auch unter Deng blieb Chinas Herrschaftssystem eine Diktatur – und weitgehend die Alleinherrschaft eines alle überragenden Führers. Doch Dengs Diktatur war – und dessen sind sich viele Menschen im Westen noch immer erst vage bewusst – von wesensmäßig anderer Art als diejenige Maos. Sie war – trotz des Tiananmen-Massakers – unvergleichlich humaner als die Schreckensherrschaft Maos mit ihren fünfzig Millionen Toten. Mao wollte nicht nur das Handeln und Reden der Menschen kontrollieren, sondern auch ihre Gedanken. Er schuf die totalitärste Diktatur in der modernen Geschichte der Menschheit. Mit ihr verglichen musste Dengs autoritäre Diktatur den Menschen wie eine Erlösung aus einem Alptraum erscheinen.

Deng beendete Maos Politik der permanenten Revolution und löste den Primat der Politik durch den Primat der Wirtschaft ab. Er gab den Menschen ihr Privatleben zurück. Solange sie nicht öffentlich gegen die Diktatur der Partei opponierten oder gar einen organisierten Widerstand aufzubauen versuchten, konnten sie in ihrer freien Zeit tun und lassen, was sie wollten. Auf dem Lande lösten sich schon zu Beginn der Deng-Ära die Produktionsgruppen in einzelne Bauernhaushalte auf, und die Brigaden wurden wieder normale Dorfgemeinschaften. In den Städten verloren die *danwei*- und Nachbarschaftskomitees, die Überwachungsorgane der Mao-Zeit, an Bedeutung. Immer mehr Menschen gehörten überhaupt keinem *danwei* mehr an: die Selbstständigen, die Beschäftigten in den Privatunternehmen und den Unternehmen mit Auslandsbeteiligung, die Millionen der vom Lande in die Städte einströmenden Wanderarbeiter.

Dengs »sozialistische Diktatur« ging in die Richtung einer ostasiatischen Entwicklungsdiktatur, die marxistisch-leninistische Doktrin wurde zur Fassade. Den Sozialismus erklärte Deng zum »System für die Entwicklung der Produktivkräfte der Gesellschaft« und wies ihm damit die Aufgabe zu, die Marx dem Kapitalismus zugewiesen hatte. In der Tat herrschen in China heute weithin frühkapitalistische Zustände. Deng betonte in seinen Reden zwar immer – und er war hier durchaus ehrlich –, das Endziel sei der Wohlstand für alle; für China mit seiner Milliarde Menschen komme nur ein sozialistisches System in Frage, nur so könne China stabil bleiben. Aber zum gegenwärtigen Zeitpunkt, so fuhr er fort, befinde sich China noch im Anfangsstadium des Sozialismus, in dem man die Wirtschaft erst einmal aufbauen müsse. Dieses Stadium könne hundert Jahre (von 1949 an gerechnet) dauern, und solange es andauere, habe man keine andere Wahl, als die Entwicklung von Ungleichheit zuzulassen. Jede andere Politik würde das Wachstum abtöten. Das sozialistische Ziel der gleichmäßigen Verteilung des Wohlstands habe also für die gegenwärtige Politik noch keine wesentliche Relevanz.

Die Diktatur des Proletariats (sprich: der Partei) begründete Deng mit dem üblichen leninistischen Argument: Sie sei notwendig, um die Feinde des Sozialismus zu bekämpfen. Doch wer genauer hinhörte, erkannte, dass für Deng eine ganz andere, unideologische Begründung im Vordergrund stand. Die Diktatur, so betonte er, sei unentbehrlich, um die politische Stabilität zu erhalten, ohne die es keine wirtschaftliche Entwicklung geben könne. Deng wusste, dass er dem chinesischen Volk auf dem langen Weg der Entwicklung frühkapitalistische Härten nicht ersparen konnte, und hielt eine erfolgreiche Entwicklung Chinas unter einem System der westlichen Massendemokratie und Gewaltenteilung für unmöglich. So erklärte er 1987: »Der größte Vorteil des ›sozialistischen Systems‹ ist dies: Wenn die zentrale Führung eine Entscheidung trifft, dann wird diese prompt ausgeführt … Als wir zum Beispiel entschieden, Wirtschaftssonderzonen zu errichten, wurden diese sofort errichtet. Wir müssen nicht durch endlose Diskussionen und Konsultationen gehen, bei denen ein Zweig der Regierung den anderen aufhält und Entscheidungen gefällt, aber nicht ausgeführt werden.«[28]

In einer früheren Rede gegen die »Bourgeoise Liberalisierung«

Der neue Maserati im August 1999 am Eingang zur Verbotenen Stadt in Peking. Das italienische Unternehmen hofft, pro Monat zwei der luxuriösen Sportwagen in China verkaufen zu können – zu einem Preis von 400000 DM (einschließlich hundert Prozent Zoll).

(1986) hatte er die Effizienz des Sozialismus mit der Ineffizienz der amerikanischen Gewaltenteilung kontrastiert: »In der Entwicklung unserer Demokratie können wir nicht einfach die bourgeoise Demokratie kopieren oder ein System der drei Gewalten einführen. Ich habe amerikanische Gesprächspartner oft kritisiert und gesagt, sie hätten in Wirklichkeit drei Regierungen, die in verschiedene Richtungen ziehen.«[29]

Das Vorbild, das Deng vorschwebte, waren die ostasiatischen Entwicklungsdiktaturen der Präsidenten Park und von Chun in Südkorea, von Lee Kuan Yew in Singapur und von Chiang Kaishek in Taiwan. Sie alle verbanden die politische Alleinherrschaft eines starken Führers mit einer merkantilistischen Marktwirtschaft. Unter dem Eindruck der Wirtschaftswunder dieser drei kleinen Drachen entwickelten Parteiintellektuelle in den Jahren 1987/88 die Doktrin des »Neuen Autoritarismus«. Der Schlüssel zum Erfolg, so lehrten sie, sei die Verbindung von politischer Diktatur und kapitalistischer Marktwirtschaft. Ohne einen starken, aufgeklärten Führer, der von einer ausgewählten Gruppe von Intellektuellen beraten werde, sei eine schnelle wirtschaftliche Entwicklung nicht möglich.

Die neue Doktrin erfreute sich des Wohlwollens von Zhao Ziyang und wohl auch Dengs. Von Sozialismus war in ihr kaum die Rede, war sie doch gedacht, Zhao Ziyang als einen postkommunistischen starken Führer zu propagieren, der die grassierende Korruption in Partei und Regierungsbürokratie ausrotte und, gegen den Widerstand der Interessengruppen, China den Weg in eine erfolgreiche Marktwirtschaft bahne. Gerade das Beispiel Taiwans demonstrierte im Übrigen, wie sich eine leninistische Parteidiktatur aufs Beste mit einer Marktwirtschaft vertrug. Auf lange Frist versprachen die »Neuen Autoritären« den Übergang zu einer Demokratie, ganz so, wie er sich Ende der achtziger Jahre in Südkorea und Taiwan abzeichnete. Aber während der schwierigen und riskanten Periode des Entwicklungsprozesses konnte es keine Demokratie geben. Demokratie folgte der wirtschaftlichen Entwicklung, war ihr Endprodukt.

Bei allen Rationalisierungen, leninistisch oder neoautoritär, trug die Herrschaft Dengs zugleich unverkennbare traditionell-chinesische Züge. Deng herrschte aus dem Hintergrund. Er war weder Parteichef noch Regierungschef. In den ersten Jahren trug er noch den Titel Vizepremier, doch im September 1980 gab er dieses Amt auf, und als er nach dem Ende der Tiananmen-Krise 1989 den Vorsitz der Militärkommission niederlegte, war er – offiziell – reiner Privatmann: der mächtigste Privatmann der Welt. Anders als die Führer der westlichen Demokratien erschien Deng nur selten in der Öffentlichkeit und im Fernsehen. Die große Ausnahme war die »Südreise« im Januar/Februar 1992, eine Aktion, mit der er seine Gegner in Peking durch den direkten Appell an seine Anhänger im Süden überwältigte. Bis dahin entsprach sein Führungsstil der traditionellen politischen Kultur Chinas, in der der Herrscher seine Macht durch die geheimnisvolle Aura der Unsichtbarkeit steigert.

Mit Deng zusammen herrschten auch die anderen Parteiveteranen aus dem Hintergrund heraus. Um sie zum Rückzug aus ihren Ämtern zu bewegen, hatte Deng 1987 eine »Zentrale Beraterkommission« eingerichtet, mit der er ein Ersatzamt schuf, das ihnen das Recht beließ, an Sitzungen des Zentralkomitees und des Politbüros teilzunehmen. Wann immer die Veteranen die Diktatur der Partei in Gefahr wähnten, kamen sie aus dem Hintergrund hervor und übernahmen das

Kommando: so beim Sturz Hu Yaobangs 1986 und so beim Sturz Zhao Ziyangs 1989 und bei der gewaltsamen Niederschlagung der Studentendemonstration auf dem Tiananmen-Platz.

Mit der »Südreise« gab Deng die Aura der Unsichtbarkeit auf, und auf dem im Oktober folgenden Parteitag wurde die Zentrale Beraterkommission aufgelöst. Die Entwicklungsdiktatur modernisierte sich und legte ihre altchinesischen Charakterzüge ab.

Von der geschlossenen Gesellschaft zur »friedlichen Evolution«

Das China der Mao-Zeit war ein isoliertes Land, von der Außenwelt nicht weniger hermetisch abgeriegelt als in den vierhundert Jahren von der Ming-Zeit nach Zerstörung der Hochseeflotte (Mitte des 15. Jahrhunderts) bis zur gewaltsamen Öffnung durch den Opiumkrieg (1839–1842). Es gab kaum Außenhandel, es gab keine Auslandsinvestitionen, keine ausländischen Touristen, keine ausländischen Publikationen, Filme oder Radio- und Fernsehprogramme. Die wenigen Fremden im Land – Diplomaten, einige Journalisten, gelegentliche Geschäftsreisende – wurden rund um die Uhr überwacht und in ihrer Bewegungsfreiheit eingeschränkt. Offizielle Gespräche fanden nie unter vier Augen statt, die chinesischen Gesprächspartner waren stets von Mitarbeitern und Aufpassern umgeben. Private Kontakte waren so gut wie ausgeschlossen, sie brachten den chinesischen Partner in Gefahr. Chinesen wichen Ausländern aus, selbst wenn diese nur nach dem Weg fragen wollten. Schon wenn ein Chinese einen Diplomaten begrüßte, den er von offiziellen Anlässen her kannte, legte sich ihm nachher von hinten eine Hand auf die Schulter, und ein Staatssicherheitsbeamter führte ihn zum Verhör.

Deng öffnete China, denn er brauchte für Chinas wirtschaftliche Modernisierung ausländische Technologie und Kapital, ausländische Maschinen und Managementmethoden. Doch zusammen mit der Technologie und den Maschinen strömten auch ausländische Ideen und Sitten ein: Ideen von Demokratie und Menschenrechten, von Pressefreiheit und Versammlungsfreiheit. Es verbreiteten sich ausländische Sitten und Lebensstile, wie sie in den Coca-Cola-Reklamen und den gelben Bögen der McDonald's Restaurants, den Discos und den Rockkonzerten allgegenwärtig vor Augen standen. Drogenkonsum, Pornografie und Prostitution kamen wieder auf – auch wenn es hierzu nicht erst des Westens bedurfte. Die Öffnung Chinas brachte das uralte *ti-yong*-Problem zurück, das China seit seinen ersten Modernisierungsversuchen begleitete. Schon die Selbststärkungsbewegung Mitte des 19. Jahrhunderts wollte Chinas Wesen (ti), seine konfuzianische soziale und politische Ordnung, bewahren und die westliche Wissenschaft und Technik lediglich zur Anwendung (yong) in der industriellen Produktion und insbesondere der Rüstungsproduktion erlernen. Die Ironie war, dass die leninistische Diktatur der Partei, die Deng vor den westlichen Ideen schützen wollte, jetzt selbst ein Import war.

Die westliche Idee der Menschenrechte, die jedem Menschen kraft seines Menschseins zustehen und ihm nicht vom Staat gewährt und so auch nicht vom Staat genommen werden können, und die Idee der liberalen Demokratie mit ihrem Mehrparteiensystem und ihrer Gewaltenteilung – diese Ideen bedrohten das Machtmonopol der Kommunistischen Partei direkt. Aber auf Dauer musste dieses Monopol ebenso von den westlichen Lebensstilen unterminiert werden, die in die Städte eindrangen und gerade auch die Jeunesse dorée, die Kinder der Partei- und Regierungseliten, faszinierten. Von der taiwanischen Schlagersängerin Teresa Deng Lijun, die von Liebe und Trauer, Sehnsucht und Einsamkeit sang – alles bourgeoise Emotionen –, wurde gesagt: Der alte Deng Xiaoping regiere den Tag, die junge Deng Lijun regiere die Nacht.

Orville Schell, einer der bekanntesten amerikanischen China-Beobachter, schilderte seine Eindrücke während eines Rock-and-Roll-Konzerts, das der Starsänger Cui Jian Anfang 1990 – kurz nach dem Tiananmen-Massaker – im überfüllten Sportstadion von Nanjing gab: »Als das Konzert endete, saßen Nanjings Würdenträger noch lebloser und eisiger als zuvor da. Ich vermute, ihre Niedergeschlagenheit war nicht nur darin begründet, dass Cui die fundamentalste Vorschrift Maos verletzte – nämlich dass alle Kunst und Literatur der Politik der Partei dienen müsse –, sondern auch in der unausweichlichen Einsicht, dass Chinas Jugend hoffnungslos gleichgültig gegenüber den sozialistischen Ambitionen der älteren Generation geworden war. Gestrandet in einer befreiten Zone der Gegenkultur, wo Zehntausende junger Leute wie hypnotisiert zu einem einunddreißig Jahre alten Sänger aufschauten, mussten die Kader mit ihren steinernen Gesichtern erkannt haben, wie irrelevant die Kommunistische Partei für diese Generation der Chinesen geworden war.«[30]

Deng war sich dieser Probleme der Öffnung von Anfang an bewusst: »Da gibt es jene, die sagen, wir sollten unsere Fenster nicht öffnen, weil offene Fenster Fliegen und andere Insekten hereinlassen. Sie wünschen, dass die Fenster geschlossen bleiben. Aber dann werden wir unser Leben aus Mangel an Luft aushauchen. Deshalb sagen wir: Öffnen wir die Fenster, atmen wir frische Luft, aber bekämpfen wir zur gleichen Zeit die Fliegen und Insekten.«

In diesem Sinne starteten die Konservativen in der Partei, mit Billigung Dengs, in periodischen Abständen immer wieder Kampagnen gegen die »bourgeoise Liberalisierung« und »die geistige Verschmutzung« aus dem Ausland. Alle zwei bis drei Jahre: 1981, 1983, 1987, 1989, gingen Säuberungs- und Verhaftungswellen über das Land und über die Partei. Aber nichts half. Das Vordringen westlichen Denkens hätte allenfalls gestoppt oder wenigstens verlangsamt werden können durch ein erneutes Abschließen Chinas und die Rückkehr zu Maos Autarkiepolitik. Abgesehen davon, ob ein solches Abschließen im Zeitalter des globalen Fernsehens und des sich ankündigenden weltweiten Internets überhaupt möglich gewesen wäre, hätte die Autarkiepolitik auf jeden Fall Dengs wirtschaftliche Reform zerstört. Die Notwendigkeit der wirtschaftlichen Modernisierung und Entwicklung stand in einem unauflösbaren Konflikt mit den Bedürfnissen der Parteidiktatur und ihrer kommunistischen Fassade.

Die Partei wagte nicht, sich von der kommunistischen Fassade zu trennen, um nicht den Ursprung und die Basis ihres Herrschaftsanspruchs zu verlieren. Maos gigantisches Porträt musste über dem Tor zum Himmlischen Frieden hängen bleiben. Aber Deng wusste, dass es nicht nur die westlichen Ideen waren, die die kommunistische Ideologie untergruben, sondern dass der Marxismus und die Mao-Zedong-Gedanken für China irrelevant geworden waren.

Der Glaube an den Kommunismus wurde zudem erschüttert durch den Zusammenbruch der kommunistischen Regime in Osteuropa und schließlich in der Sowjetunion selbst sowie durch den Übergang dieser Staaten zu kapitalistischen Demokratien. Wie konnte dies möglich sein, wenn der Sozialismus doch das überlegene System war? Deng gründete deshalb die Legitimation des Machtmonopols der Partei auf die Leistung der Partei für die wirtschaftliche Entwicklung Chinas. Er schärfte der Partei ein, sie könne dem Schicksal der kommunistischen Parteien Osteuropas und der Sowjetunion nur entgehen, wenn sie das Wirtschaftswachstum Chinas und die technologische Modernisierung aufrechterhalte.

Dengs Kalkül ging in der Tat auf. Nach der Tiananmen-Krise entpolitisierten sich die städtischen Mittelschichten, verkauften ihr Recht der politischen Teilnahme gegen das Recht, Geld zu machen. Eine Unterhaltung mit einem jungen chinesischen Professor gegen Ende der Deng-Ära blieb mir bis heute im Gedächtnis. Mein Gesprächspartner lehrte an einer westlichen Universität und war zu Besuch in Peking. Er stammte aus einer Familie hoher Literatenbeamten, sein Großvater war kaiserlicher Gouverneur gewesen. Sein Denken war immer noch bestimmt von der konfuzianischen Tradition, nach der die Gebildeten ihr Leben in den Dienst des Staates stellten. Er machte sich den Vorwurf, dass er im Ausland lebe, und überlegte, ob er nicht versuchen müsse, zurückzukehren. Ich werde niemals vergessen, mit welcher Enttäuschung er mir nun von seinen Erfahrungen in Peking erzählte: »Ich war«, so sagte er, »fast jeden Abend mit Professoren der Pekinger Universitäten zusammen. An all diesen Abenden ging es stets nur um *ein* Thema: Wie macht man Geld? Der eine Professor verkauft Laborgeräte, die ihm sein Sohn aus den USA besorgt, der andere berät einen ausländischen Konzern, ein dritter hilft beim Vertrieb japanischer Computerdrucker und so fort. Keiner sprach über die Arbeit an der Universität, keiner sprach über China.«

Kein Staat kann auf Dauer in einem geistigen Vakuum leben. Wie war es zu füllen? Wie konnte man die moralischen Werte in einer Gesellschaft erhalten und stärken? Es war nur allzu offensichtlich, dass die kommunistische Doktrin diese Aufgabe nicht mehr leisten konnte. Mit Lei-Feng-Geschichten konnte man vielleicht noch arme Bauernsoldaten beeinflussen, die städtische Jugend langweilte man damit nur oder provozierte sie zu zynischen Witzen. In dieser Lage entdeckte die Partei zu Beginn der neunziger Jahre den Patriotismus und die große alte Kultur Chinas. Eine Renaissance der glorreichen chinesischen Vergangenheit und der patriotische Stolz auf diese Vergangenheit sollten die westliche Konspiration der »friedlichen Evolution« zu einer bourgeoisen Demokratie abblocken. Im August 1991, kurz nach dem fehlgeschlagenen Putsch in Moskau, veröffentlichte die Tageszeitung »Junges China« eine Artikelserie zu dem Thema: »Realistische Antworten und strategische Alternativen für China nach dem Coup in der Sowjetunion«. Hier hieß es: »Es sind die einzigartige Anziehungskraft des chinesischen Patriotismus und die stolzen und erhabenen kulturellen Traditionen des chinesischen Volks, die in den breiten Massen eine Wiedergeburt der moralischen und geistigen Grundwerte hervorbringen können ... Es folgt, dass wir eine brandneue Kultur schaffen müssen, die auf der chinesischen Tradition gründet.«[31]

Es lag noch nicht allzu lange zurück, dass Maos Rote Garden über Qufu hergefallen waren, den Geburtsort des Konfuzius und Wallfahrtsort des Konfuzianismus in der Provinz Shandong. Sie hatten das Grab des Konfuzius zerstört, das sie als »Ruhestätte des stinkenden Leichnams des Konfuzius« bezeichneten, und sie hatten die Tempelanlagen, Paläste, Gedenksäulen und die Gräber konfuzianischer Heiliger verwüstet. Jetzt entdeckte die Kommunistische Partei, wie alle Dynastien vor ihr, die Nützlichkeit des Konfuzianismus für die Regierenden, stellte die konfuzianische Lehre doch Unterordnung und Gehorsam, harte Arbeit und Sparsamkeit, Moral und Lerneifer in den Mittelpunkt der Erziehung. Und so nahm nun auch die Kommunistische Partei Konfuzius wieder in ihren Dienst. Qufu wurde großzügig wiederaufgebaut. Ebenso stellte man andere konfuzianische Tempelanlagen wieder her und restaurierte überhaupt alle großen Denkmäler der chinesischen Vergangenheit, um sie zu Pilgerorten des chinesischen Tourismus zu machen. 1994 fand aus Anlass des 2545. Geburtstags des Konfuzius eine weltweite Konfuzius-Konferenz in Peking statt. Staatspräsident und Parteichef Jiang Zemin trat auf der Konferenz als Sprecher auf, ebenso zwei weitere Mitglieder des Ständigen Ausschusses des Politbüros: Li Ruihuan und Li Lanqing. »Der Konfuzianismus«, führte Li Lanqing aus, »gibt reiche Nahrung, um eine neue, idealistische, moralische und disziplinierte Generation aufzuziehen ... Das 21. Jahrhundert sollte eine Periode der gleichzeitigen Entwicklung einer materiellen wie einer geistigen Zivilisation sein.«

Staat und Gesellschaft Chinas am Ende der Deng-Ära boten sich dem Beobachter als eine seltsame Mischung von Verwestlichung, kommunistischer Fassade und chinesischer Tradition dar. Die kapitalistische Jagd nach Geld und der äußerlich westliche Lebensstil der Mittel- und Oberschichten, die neo-autoritäre Idee der Entwicklungsdiktatur, kommunistische Slogans, von denen immer unklarer wurde, wen sie noch erreichten, wieder erwachter Stolz auf die einstige Größe Chinas und Nationalismus, genährt von der Erinnerung an die hundertjährige Demütigung Chinas durch das Ausland: All dies stand nebeneinander. Würde aus diesen Elementen eine neue chinesische Kultur entstehen? Welche Vision würde sie den Chinesen für das 21. Jahrhundert geben? Und was würde diese Vision für die Welt bedeuten?

KAPITEL 30

Dengs wirtschaftliches Erbe: ein China auf dem Weg zur größten Volkswirtschaft

Vom Nachzügler zum großen Drachen

In dem Vierteljahrhundert der maoistischen Planwirtschaft (1952 bis 1976) blieb das Wirtschaftswachstum Chinas weit hinter dem der vier kleinen Drachen Südkorea, Taiwan, Singapur und Hongkong zurück. Noch gravierender war, dass das Wachstum der Mao-Zeit ausschließlich durch Steigerung des Ressourceneinsatzes erzeugt worden war. Die Ressourcen waren zudem immer ineffizienter eingesetzt worden, die totale Faktorproduktivität, also die Produktionssteigerung pro Arbeitsstunde und Kapitaleinheit, ging im Durchschnitt um 0,8 Prozent pro Jahr zurück. Maos Wirtschaft steuerte dem Zusammenbruch entgegen.

In der Ära Dengs (1978–1997) kehrte sich dies alles um. China setzte sich an die Spitze der asiatischen Wachstumsländer und stieg zu der am schnellsten wachsenden Volkswirtschaft der Welt auf. Es stellte gleichzeitig einen Weltrekord in der Steigerung der Produkti-

Wachstumsraten des chinesischen Bruttoinlandsprodukts 1978 bis 2001

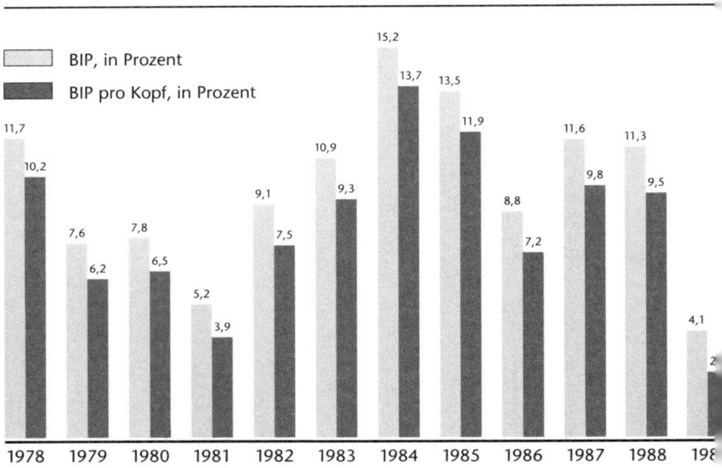

Quelle: China Statistical Yearbook 2002.

vität auf. Seine totale Faktorproduktivität erhöhte sich um durchschnittlich 2,2 Prozent pro Jahr; dies ist zu vergleichen mit Steigerungsraten von 1,5 Prozent in Südkorea, 0,66 Prozent in Japan und 0,38 Prozent in den USA.[32] Die außerordentliche Produktivitätssteigerung ist allerdings auf dem Hintergrund der nicht minder außerordentlichen Ineffizienz der vorangegangenen Wirtschaft Maos zu sehen.

Die Erklärung des Wirtschaftswunders liegt auf der Hand: Deng führte China Schritt für Schritt aus der Planwirtschaft heraus und entfesselte so die ungeheuren Energien des chinesischen Volkes. Er gab den Bauern die Motivation zur Arbeit zurück, und er eröffnete – auf dem Lande wie in den Städten – Millionen von Menschen die Chance, sich selbstständig zu machen und »reich« zu werden. Das Wirtschaftswachstum explodierte. China war wieder der große Drache.

Nach der offiziellen Statistik erreichte China in den zwanzig Jahren der Deng-Herrschaft ein durchschnittliches jährliches Wirtschaftswachstum von 9,9 Prozent. Ökonomen in China wie im Westen halten die offiziellen Wachstumszahlen für überhöht. Die Weltbank moniert, dass die Preisinflation nicht voll berücksichtigt sei, und setzt die wirkliche Wachstumsrate um 1,2 Prozent tiefer an; sie hätte damit bei 8,5 Prozent pro Jahr gelegen.

Wo immer die statistisch richtige Wachstumsrate lag, außer Frage steht, dass China sich in der Deng-Ära außerordentlich dynamisch entwickelte. Wer immer in der Deng-Zeit China besuchte, hatte diese

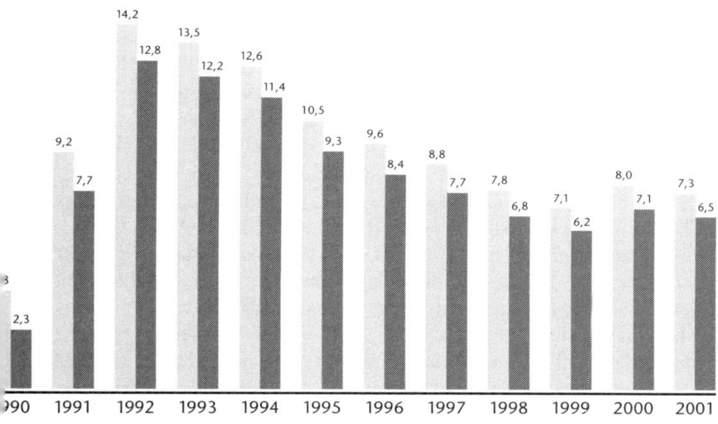

Dynamik vor Augen – und das nicht nur in den Küstenprovinzen, wie im Westen oft geglaubt wird, sondern durchaus auch im Innern Chinas. Zwar wuchsen die Küstenprovinzen schneller und von einer höheren Basis aus, aber auch viele Regionen der Inlandsprovinzen machten beeindruckende Fortschritte. Der Asienreisende und -kenner Peter Scholl-Latour hat über Xinjiang, eine der innersten Provinzen, berichtet. Im Oktober 1995 besuchte er Urumqi, die Hauptstadt der Provinz im äußersten Nordwesten Chinas, in der er zum ersten Mal 1980 gewesen war. Damals erschien ihm Urumqi als »ein grauenhafter Platz, der wie eine immense Siedlung von Höhlenbewohnern aussah«. Jetzt aber schreibt er: »Aus dem riesigen Elendsquartier, aus der asiatischen Slum-Metropole Urumqi ist binnen fünfzehn Jahren eine saubere und hochmoderne Stadt mit 1,5 Millionen Menschen geworden … Untergebracht sind wir dieses Mal in dem luxuriösen Holiday Inn Hotel von Urumqi, das über Kommunikations- und Computereinrichtungen verfügt. Auf dem Roten Hügel ist der brüchige Manara Humra restauriert und die Mandschu-Pagode zu einem prächtigen Freizeitpark erweitert worden. Eine Seilbahn bringt uns dorthin. Zu unseren Füßen erstreckt sich jetzt eine moderne Industriestadt, deren gepflegte Wohnviertel sich wohltuend von der Plattenbau-Misere in der früheren Sowjetunion unterscheiden. Vierbahnige Asphaltverbindungen erleichtern den Autoverkehr, der beachtliche Ausmaße angenommen hat. Die Warenhäuser quellen über von vielfältigem Angebot. Die Menschen sehen wohl genährt und gut gekleidet aus. Das Wort ›Wirtschaftswunder‹ ist in Urumqi durchaus angebracht. Verschwunden sind auch die kommunistischen Propagandaparolen. Sie werden durch die nicht weniger naiven Anpreisungen der Konsumreklame ersetzt. Um Weltoffenheit zu bekunden, sind die letzten amtlichen Appelle ins Englische übersetzt: ›Time is Money‹, lese ich da mit Erstaunen, ›Efficiency is Life‹.«[33]

Scholl-Latours Erfahrung ist auch meine. Bei Fahrten durch das Innere Chinas traf ich nicht nur in den Provinzhauptstädten, sondern immer wieder auch in entlegenen Orten auf rege wirtschaftliche Aktivität: Moderne Geschäfts- und Wohnhäuser wurden hochgezogen, Straßen und Autobahnen angelegt, Entwicklungszonen errichtet und Fabriken gebaut. Der fremde Besucher konnte sich des Gedankens nicht erwehren, dass die offiziellen Wachstumsraten vielleicht doch richtig seien. Sosehr die Statistiken überhöhte Angaben von Staatsmanagern und Bürgermeistern enthalten mochten, die sich ins rechte »Wachstumslicht« setzen wollten, und sosehr sie die tatsächliche Inflationsrate unterschätzen mochten, so sehr dürfte andererseits so manches, was sich im privaten und halbprivaten Bereich abspielte, vor den Augen der Statistiker und Behörden verborgen worden sein.

Rückgang der Armut zwischen 1981 und 1995

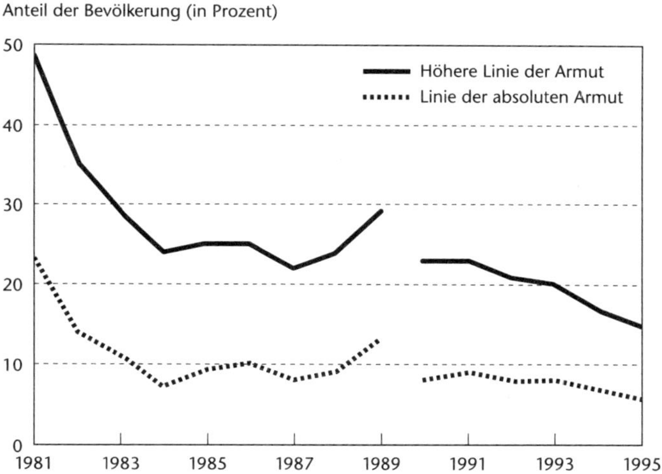

Das chinesische Statistische Amt zieht die Trennlinie zur absoluten Armut bei einem Jahreseinkommen von 318 Yuan (zu Preisen von 1990); dies stellt das Einkommen dar, das nötig ist, um den Minimumbedarf von 2100 Kalorien pro Tag und andere Grundbedürfnisse decken zu können. Die Weltbank setzt das nötige Minimumeinkommen höher bei 454 Yuan (zu Preisen von 1990) an.

Quelle: »China 2020, Sharing Rising Incomes«. Weltbank, Washington 1997, S. 11.

Ein dramatischer Rückgang der Armut

Das reale Prokopfeinkommen in China wuchs während der Deng-Ära nach offizieller Statistik um 8,5 Prozent pro Jahr und damit neunmal so schnell wie der Weltdurchschnitt. 1978, am Ende der maoistischen Ära, lebte ein Viertel der Chinesen in absoluter Armut, wie in der abstrakten ökonomischen Sprache das Dahinvegetieren in Hunger und Krankheit genannt wird. Bei Dengs Tod 1997 war der Anteil der absolut Armen an der Bevölkerung auf weniger als sechs Prozent zurückgegangen.

Dengs Reform hob über zweihundert Millionen Menschen aus der absoluten Armut heraus. Niemals zuvor hatte die Weltgeschichte eine so entscheidende Verbesserung der materiellen Lebensumstände so vieler Menschen in so kurzer Zeit gesehen. Bis Mitte der neunziger Jahre war absolute Armut in China so gut wie ganz auf die Landbevölkerung beschränkt, auf Armutsgebiete mit kaum lebensfähiger Landwirtschaft. Durch die Entlassungen aus den Staatsunternehmen und den Zuzug von Wanderarbeitern vom Lande kam es seither jedoch auch in den Städten zu absoluter Armut; Ende 2000 lag sie für ganz China nach offiziellen Angaben bei drei Prozent.

Den größten Fortschritt in der Überwindung der Armut sahen die Anfangsjahre Dengs bis 1984, als die Entkollektivierung der Landwirtschaft und der rapide Aufbau einer ländlichen Industrie die Einkommen auf dem Lande sprunghaft ansteigen ließen. Mitte der achtziger Jahre bis Anfang der neunziger Jahre kam der Rückgang der absoluten Armut zum Stillstand. Das Sozialprodukt wuchs zwar weiter, kam aber im Wesentlichen nur noch den Reicheren zugute; die Ungleichheit stieg rapide an. Seit 1992, also in den letzten Jahren Dengs, gelang es jedoch dank des von der »Südreise« entfachten Booms, die absolute Armut weiter zurückzudrängen.

Der weltweit größte Pool von Ingenieuren und Forschern entsteht

Eine weitere Leistung der Deng-Ära von zentraler Bedeutung für die Zukunft ist der Wiederaufbau der Universitätsausbildung. Diese war in der Kulturrevolution völlig zusammengebrochen. 1970, auf dem Tiefpunkt, gab es in ganz China nur noch 48 000 Hochschulstudenten. Bis 1997 war diese Zahl auf 3,2, bis 2000 auf 5,6 Millionen gestiegen.

Entschied in den siebziger Jahren, solange Mao lebte, die rote Gesinnung, nicht die Studierfähigkeit über die Zulassung zur Hoch-

Schüler und Studenten 1952 bis 2000 (in Tausend)

Jahr	Hochschulen und Fachhochschulen	techn. Sekundarschulen, Lehrerausbildung u. a.	reguläre Sekundarschulen	Grundschulen
1952	191	636	2 509	51 100
1957	441	778	6 303	64 283
1960	962	2 216	10 260	93 791
1970	48	64	26 419	105 280
1978	856	889	65 483	146 240
1996	3 021	4 228	57 397	135 150
1997	3 174	4 654	60 179	139 954
1998	3 409	4 981	63 010	139 538
1999	4 134	5 155	67 713	135 480
2000	5 561	4 895	73 689	130 113

Quelle: China Statistical Yearbook 2001 und frühere Ausgaben.

schule, so führte Deng wieder Aufnahmeprüfungen ein. Die Elitehochschulen Chinas – in Peking die Beida (Peking-Universität) und die Technische Universität Qinghua oder in Shanghai die Fudan-Universität – gehören nach der Qualität der Studenten und stellenweise auch bereits nach der Qualität der Lehre zu den herausragenden Universitäten der Welt. Gut die Hälfte der Studenten belegen Ingenieur- und Naturwissenschaften. China baut den größten Pool an Ingenieuren und Forschern in der Welt auf.

Aufstieg zur neuntgrößten Exportmacht

1978, als Deng die Herrschaft übernahm, exportierte China Güter im Wert von gerade 9,8 Milliarden Dollar, 1997, als er starb, betrugen die Exporte 183 Milliarden Dollar. China war in die Reihen der zehn größten Exportmächte aufgestiegen.

Bestanden zur Mao-Zeit Chinas geringe Exporte zum größten Teil aus Rohstoffen, so machten 1997 Industriegüter 88 Prozent der Exporte aus. Noch handelte es sich im Wesentlichen um arbeitsintensive Exportprodukte und vor allem um *export processing*.

Chinas junge Frauen nähen aus zugelieferten Stoffen die Hemden und Kleider der Welt und montieren aus zugelieferten Komponenten Elektro- und Elektronikgeräte. Aus China kommt der Weihnachtsschmuck der Welt. Liuyang in der Provinz Hunan ist die Feuerwerk-Hauptstadt der Welt, 400 000 Chinesen produzieren dort Feuerwerkskörper. Die »New York Times« schilderte am 4. Juli 2000, wie das Feuerwerk, das die Amerikaner an ihrem Nationalfeiertag in die Luft jagen, in China produziert wurde: Der prächtige rote Stern, den die Feiernden am amerikanischen Himmel explodieren ließen, sei in China zum fünfzigsten Jahrestag der Volksbefreiungsarmee, deren Emblem der rote Stern ist, entwickelt worden.

China am Ende der Deng-Zeit dominierte die Weltmärkte für arbeitsintensive Produkte. Aber es zeichnete sich bereits ab, dass China auch in technologisch anspruchsvolle Produkte vorstieß. Es würde nur noch wenige Jahre dauern, bis es zu einem Herausforderer der japanischen und westlichen Industrie aufstieg.

Nach Kaufkraft: die zweitgrößte Volkswirtschaft

1997, im Todesjahr Dengs, erwirtschaftete China ein Bruttoinlandsprodukt von 7,31 Billionen Yuan. Umgerechnet zum Devisenkurs von 8,29 Yuan für einen US-Dollar waren dies knapp 900 Milliarden Dollar. China lag damit hinter Italien an siebter Stelle in der Welt. Dem Lebensstandard der Bevölkerung nach gehörte es mit einem

Bruttoinlandsprodukt und Prokopfeinkommen Chinas nach *Kaufkraft* im Vergleich zu den USA, zu Japan und Indien 1995

	Bevölkerung (in Millionen)	BIP in Milliarden (1990 Dollar)	BIP pro Kopf (1990 Dollar)
China	1205	3196	2653
USA	263	6150	23377
Japan	126	2476	19720
Indien	917	1437	1568

Quelle: Angus Maddison, »Chinese Economic Performance in the Long Run«, Paris OECD 1998, S. 97.

durchschnittlichen Prokopfeinkommen von 730 Dollar pro Jahr zu den Entwicklungsländern.

Nun kann man jedoch in China für 8,29 Yuan ungleich mehr Waren und Dienstleistungen kaufen als in den USA für einen Dollar. Die Preise für Nahrungsmittel, für heimische Industriegüter (wenn nicht gerade Autos) und für Dienstleistungen sind in China weit niedriger, und die Mieten für die vom Staat gestellten Wohnungen betrugen am Ende der Deng-Ära dreißig bis vierzig Yuan (vier bis fünf Dollar). Die Umrechnung des Sozialprodukts in Dollar unterschätzt also die Wirtschaftsleistung Chinas erheblich. Weltwährungsfonds und Weltbank gingen deshalb 1992 daran, das chinesische Sozialprodukt nach der Kaufkraftparität des Yuan in Dollar umzurechnen. Das Ergebnis: China lag 1992 bereits vor Japan. Spätere Berechnungen bestätigen dieses Ergebnis.
Durch Dengs Reform war also China, nach Kaufkraftparitäten gerechnet, in weniger als zwanzig Jahren zur zweitgrößten Volkswirtschaft der Welt aufgestiegen. Vor ihr stand nur noch Amerika.

Ein Magnet für Auslandsinvestitionen

Die Berechnung des chinesischen Sozialprodukts nach Kaufkraftparität schlug 1992 in den Zentralen der westlichen und japanischen Konzerne wie eine Bombe ein. Die Jahre der China-Euphorie brachen an, der Wettlauf der transnationalen Konzerne nach China begann.

Ich selbst erlebte das Nachbeben der Explosion im Oktober 1993 auf der Tagung des US-Business-Council in Williamsburg. Einer der Redner auf diesem Zusammentreffen der rund hundert Vorstandsvorsitzenden der amerikanischen Großunternehmen und Großbanken war der damalige stellvertretende Finanzminister Roger Altman. Er

Jährliche ausländische Direktinvestitionen in China 1979 bis 2001

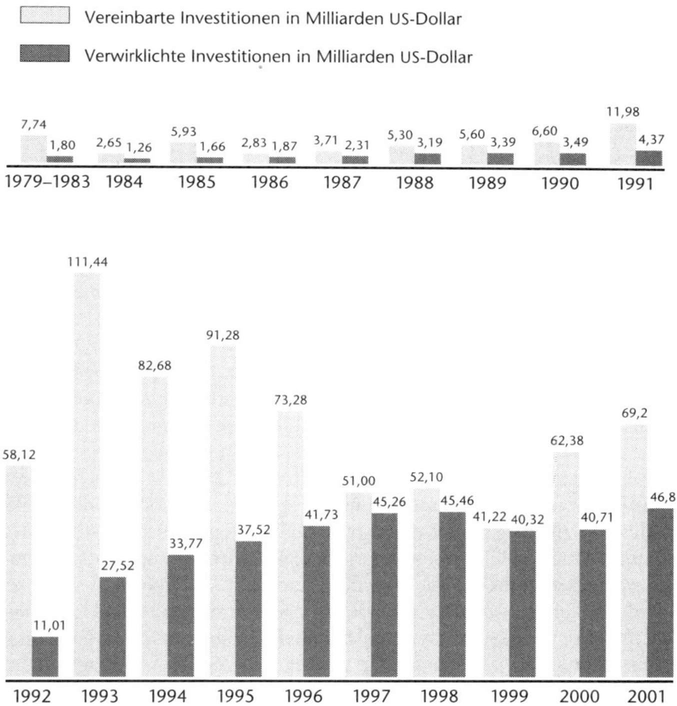

Quelle: China Statistical Yearbook 2002.

mahnte die Konzernherren, sich endlich von ihrer Fixierung auf Europa zu lösen und dorthin zu blicken, wo die Zukunft sei: nach Asien. »Aber«, so fügte Altman hinzu, »wenn ich Asien sage, meine ich nicht Japan. Ich meine China.« Der Rest der Rede ging nur noch über China, und es war zu spüren, wie sehr Altmann seinen Zuhörern aus dem Herzen sprach.

Die Erkenntnis, dass nach Kaufkraft die chinesische Wirtschaft bereits die zweitgrößte Volkswirtschaft der Welt war, fiel zusammen mit dem Boom, den Dengs »Südreise« Anfang 1992 in China entfachte. Die ausländischen Direktinvestitionen in China explodierten nun. Die erste Welle der achtziger Jahre von Investitionen aus Hongkong, Taiwan und von den Überseechinesen Südostasiens schnellte nun hoch zur Springwelle. Es folgte eine zweite mächtige Welle von Investitionen aus Japan, Amerika, Europa und Südkorea. Investierten Hongkong und Taiwan und zum Teil Japan und Südkorea in Fabriken für arbeitsintensive Produktionen und in Immobilien und Infrastruktur, so bauten die westlichen Unternehmen vor allem technologie- und kapitalintensive Fabriken. Die Investitionszusagen schnellten von zwölf Milliarden Dollar im Jahre 1991 auf 58 Milliarden Dollar 1992 und 111 Milliarden Dollar 1993 hoch. Die realisierten Investitionen folgten und stiegen bis 1997 über 45 Milliarden Dollar. China wurde, hinter den USA, zum zweitgrößten Empfängerland ausländischer Direktinvestitionen.

Die westlichen Unternehmen sehen China als das asiatische Zentrum ihrer Globalisierungsstrategien. Dies gilt in erster Linie für die transnationalen Konzerne, aber es gilt zunehmend auch für kleinere und mittelgroße Firmen mit weltweit vertriebenen Produkten. Für viele Güter ist der chinesische Markt schon heute der größte Markt der Welt, und er wird es bald für die meisten Produkte sein. Damit wird China zu einem der Schlüsselmärkte, auf denen die Entscheidung über die globale Wettbewerbsfähigkeit eines Unternehmens fällt.

Ein Beispiel kann dies veranschaulichen. China ist der bei weitem größte Markt für die Vermittlungssysteme der festen Telefonnetze. Mit über zwanzig Millionen Anschlusseinheiten pro Jahr ist der chinesische Markt größer als der europäische und nordamerikanische zusammengenommen. Was bedeutet dies für die Wettbewerbsfähigkeit der Hersteller? Einen entscheidenden Anteil an den Produktionskosten eines Vermittlungssystems haben Forschung und Entwicklung. Die Entwicklungskosten für die Software des Systems betragen achtzig Prozent und mehr der Gesamtkosten. Diese Entwicklungskosten aber bleiben dieselben, ob man ein einziges System verkauft oder eine Million. Je größer die Zahl der verkauften Systeme ist, auf die man die Entwicklungskosten umlegen kann, umso geringer sind die Kosten pro System. Das aber heißt, dass einem Hersteller von Vermittlungssystemen, der in China nicht präsent ist, nicht nur große potenzielle Verkäufe entgehen, sondern dass er mit seinen Produktionskosten pro Einheit hinter die in China ansässigen Wettbewerber zurückfällt und in Gefahr gerät, seine globale Wettbewerbsfähigkeit und am Ende seine Wettbewerbsfähigkeit selbst auf dem heimischen Markt zu verlieren. Aus dieser Überlegung heraus haben Anfang der neunziger Jahre alle internationalen Telekommunikationskonzerne in China Gemeinschaftsunternehmen für Vermittlungssysteme errichtet: Siemens, die französische Alcatel, die amerikanische Lucent, die kanadische Nortel, die schwedische Ericsson und die beiden japanischen Konzerne NEC und Fujitsu. Bis 1995 importierte China noch Vermittlungssysteme, seitdem stellt es alle Systeme im Lande her. Rein chinesische Hersteller sind im raschen Vordringen.

Während westliche Unternehmen China zu ihrem strategischen Zentrum für Asien machen, beginnen chinesische Firmen ihrerseits in der Welt zu investieren. Am Ende der Deng-Zeit wurden die chinesischen Auslandsinvestitionen auf einen Wert von zwanzig Milliarden Dollar geschätzt. Der Großteil dieser Investitionen floss nach Hongkong, der Rest ging im Wesentlichen in Investitionen zur Rohstofferschließung nach Australien, Kanada und in andere Länder. Es setzten aber auch bereits die ersten »Globalisierungsinvestitionen« chinesischer Unternehmen ein. Den japanischen und südkoreanischen Konzernen in der Welt begannen die chinesischen zu folgen. Dengs China rüstete sich zum *global player*.

TEIL V

Gratwanderung in die Zukunft

Die Ära Jiang Zemins
(1997–2002)

KAPITEL 31

Die Dritte Führungsgeneration tritt an

Mit Dengs Tod am 19. Februar 1997 übernahm die »Dritte Führungsgeneration« die Macht. De facto hatte sie diese schon seit Ende 1995 ausgeübt. Dengs Gesundheitszustand hatte sich bis zu diesem Zeitpunkt so verschlechtert, dass er nicht mehr fähig war, auch nur intern zu politischen Fragen Stellung zu nehmen. Sein Büro, die verborgene Machtzentrale des Reichs, war aufgelöst. Im 301-Krankenhaus der Volksbefreiungsarmee bemühten sich die Ärzte rund um die Uhr, das Leben des Patriarchen so lange wie möglich zu erhalten. Deng spielte mit und erwies seinem Land einen letzten großen Dienst. Der designierte Nachfolger Jiang Zemin hatte Zeit, seine Macht aufzubauen.

Ein Führungskollektiv von Technokraten

Im Oktober 1997 bestimmte der XV. Parteitag mit der Wahl des neuen Politbüros die Spitzenmannschaft, die China in das 21. Jahrhundert führen sollte. Dem Ständigen Ausschuss des Politbüros gehören sieben Mitglieder an:

- Jiang Zemin (geb. 1926)
  Generalsekretär der Partei, Vorsitzender der Militärkommission, Staatspräsident;
- Li Peng (geb. 1928)
  Vorsitzender des Nationalen Volkskongresses (seit März 1998);
- Zhu Rongji (geb. 1928)
  Ministerpräsident (seit März 1998);
- Hu Jintao (geb. 1942)
  Chef des Parteisekretariats und Vize-Staatspräsident;
- Li Ruihuan (geb. 1934)
  Vorsitzender der Politischen Konsultativkonferenz;
- Wei Jianxing (geb. 1931)
  Sekretär der Zentralen Disziplin-Kontrollkommission;
- Li Lanqing (geb. 1932)
  Vizepremier, zuständig für Bildungs- und Außenwirtschaftsfragen.

Zwei Mitglieder des Ständigen Ausschusses schieden – offiziell aus Altersgründen – aus: der Vorsitzende des Nationalen Volkskongresses, Qiao Shi, und der Stellvertretende Vorsitzende der Militärkommission,

Admiral Liu Huaqing. Qiao Shi galt als Rivale Jiangs und Anführer derer, die in der Partei auf liberalisierende politische Reformen drängten. Liu Huaqing war ebenso ein Gegenspieler Jiangs gewesen. Mit seinem Ausscheiden gehörte zum ersten Mal seit 1949 kein Militär dem Ständigen Ausschuss an; die Partei demonstrierte ihre Entschlossenheit, das Militär aus der Politik hinauszudrängen und zu professionalisieren.

Jüngster im Führungskollektiv war mit 55 Jahren der in der Provinz Anhui geborene Hu Jintao. Ihn hat Jiang Zemin zu seinem Nachfolger erwählt, der auf dem XVI. Parteikongress im Jahre 2002 den Posten des Generalsekretärs der Partei übernehmen und die Vierte Führungsgeneration anführen soll. Das Amt als Chef des Parteisekretariats gibt Hu die Nomenklatura-Listen in die Hand; er kann wesentlichen Einfluss auf die Ernennung des Führungspersonals in Partei und Regierung ausüben und so seine Machtstellung ausbauen. Der Posten des Stellvertretenden Staatspräsidenten andererseits verschafft ihm, der im Ausland noch unbekannt ist, Gelegenheit, außenpolitische Erfahrung zu sammeln.

Li Peng gab Anfang März 1998, nach der maximalen Amtszeit von zehn Jahren, den Posten des Ministerpräsidenten auf und beerbte Qiao Shi als Vorsitzender des Nationalen Volkskongresses. Formell blieb er die Nummer zwei, und auch in der neuen Position übt er wesentlichen Einfluss auf die Politik aus.

Zhu Rongji, schon vorher der »Wirtschaftszar«, übernahm im März 1998 als Ministerpräsident die Gesamtverantwortung für die zweite Phase der Wirtschaftsreform: den Aufbau einer sozialistischen Marktwirtschaft.

Li Ruihuan steht der Politischen Konsultativkonferenz des chinesischen Volkes vor. Dieses Staatsorgan geht zurück auf die Anfänge der Volksrepublik, als Mao 1949 China als »Neue Demokratie« gründete, die von einer Volksfront aller antifeudalen und antiimperialistischen Kräfte getragen wurde. Die Konsultativkonferenz verabschiedete damals die erste Verfassung und das erste Regierungsprogramm der am 1. Oktober verkündeten Volksrepublik China. Sie verlor unter Mao jedoch bald alle Bedeutung. 1978 wurde sie von Deng Xiaoping neu gegründet und in der Staatsverfassung verankert. Ihr gehörten die kleinen, formell unabhängigen demokratischen Parteien an sowie herausragende Persönlichkeiten aus allen Berufsschichten. Die Konferenz hat, wie ihr Name sagt, rein beratende Funktion, aber sie ist ein wertvolles Instrument für die Partei, um in die Stimmung des Volkes hineinzuhören.

Wei Jianxing, dem Sekretär der Zentralen Disziplin-Kontrollkommission, fällt eine der für die Zukunft der Partei zentralen Aufgaben zu: die Bekämpfung der Korruption.

Die dritte Frühführungsgeneration (v.l.n.r.):
Li Lanqing, Hu Jintao, Zhu Rongji, Jiang Zemin, Li Peng, Li Ruihuan und Wei Jianxing am 20. Dezember 1999 in Peking bei der Gala anlässlich der Rückgabe Macaos an die Volksrepublik China.

Li Lanqing übt die Oberaufsicht über die Bildungspolitik aus. Die Verankerung der Bildungspolitik im Ständigen Ausschuss lässt erkennen, welche Bedeutung die Führung der Bildung und Ausbildung im Informationszeitalter zumisst.

Das neue Führungskollektiv ist eine Gruppe von Technokraten. Bis auf Li Ruihuan sind alle Mitglieder des Ständigen Ausschusses von ihrer Ausbildung her Ingenieure oder Betriebswirtschaftler. Jiang Zemin hat von 1943 bis 1947 an der Shanghaier Jiaotong-Universität Elektromaschinenbau studiert und 1955/56 anderthalb Jahre zur Weiterbildung in der Moskauer Automobilfabrik »Stalin« verbracht. Er spricht Russisch und Englisch. Sein Aufstieg führte über eine Laufbahn in Staatsunternehmen und im Maschinenbauministerium. Li Peng, ein Adoptivsohn Zhou Enlais, ist Kraftwerksingenieur und hielt sich, wie Jiang Zemin, Mitte der fünfziger Jahre in Moskau auf, wo er sich am Institut für Kraftwerke weiterbildete. Er stieg über leitende Posten in Kraftwerken und im Ministerium für Energieerzeugung auf. Zhu Rongji graduierte sich 1951 als Elektroingenieur an der Qinghua-Universität in Peking, der Elitehochschule Chinas für die naturwissenschaftliche und technische Ausbildung. Er arbeitete vor allem als Wirtschaftsplaner und seit 1984 auch als Professor und später Dekan des Managementinstituts dieser Universität. Hu Jintao ist, wie Zhu, Absolvent der Qinghua-Universität und Wasserbauingenieur. Wei Jianxing studierte Maschinenbau am Technischen Institut von Dalian und, von 1953 bis 1955, Betriebsverwaltung in der Sowjetunion. Li Lanqing studierte von 1949 bis 1952 Betriebsverwaltung an der Fudan-Universität, der Eliteuniversität Shanghais. Aus diesen Bildungscurricula fällt allein dasjenige von Li Ruihuan heraus. Er war Schreiner und arbeitete fünfzehn Jahre für die Pekinger Baugesellschaft Nr. 3. Sein Aufstieg begann als Führer einer Stoßbrigade beim Bau der Großen Halle des Volkes. Er wurde zweimal zum Nationalen Modellarbeiter gewählt und stieg zu Beginn der achtziger Jahre zuerst zum Stellvertretenden Bürgermeister und dann zum Bürgermeister von Tianjin auf.

Ebenso wie die sieben Mitglieder des Ständigen Ausschusses sind auch die meisten übrigen Mitglieder des Politbüros Universitätsabsolventen und in der Regel Ingenieure. Nicht weniger als fünf der 22 Vollmitglieder des Politbüros wurden an der Qinghua-Universität graduiert; diese ist heute die wichtigste »Kaderschmiede« Chinas, ihre Absolventen bilden – ähnlich wie die Harvard-Absolventen in den USA oder die Todai-Absolventen in Japan – ein landesweites Netzwerk. Erwähnt sei noch, dass ein Politbüromitglied, Luo Gan, in der ehemaligen DDR an der berühmten Freiberger Bergakademie studierte.

Mit Ausnahme von Hu Jintao, der zur Zeit der Kulturrevolution erst 25 Jahre alt war, wurden alle Mitglieder des Ständigen Ausschusses damals als »Fachmänner« diffamiert und zu körperlicher Arbeit gezwungen. Am härtesten traf es Zhu Rongji. Er wurde schon bei der Intellektuellenverfolgung 1957 als »Rechter« eingestuft und dann während der Kulturrevolution erneut für fünf Jahre aufs Land geschickt, wo er Schweine aufzog und Latrinen reinigte.

Jiang Zemin als Kern des Führungskollektivs

Jiang Zemin stieß Mitte der achtziger Jahre in die oberste Führungsebene der Partei vor, als er 1985 Oberbürgermeister von Shanghai und, zwei Jahre darauf, Parteisekretär der Stadt und Mitglied des Politbüros wurde. In der Tiananmen-Krise hatte er es verstanden, die Studentendemonstrationen in Shanghai ohne Blutvergießen zu beenden. Zugleich hatte er seine ideologische Standfestigkeit unter Beweis gestellt, indem er bereits im April 1989 den in Shanghai erscheinenden »Weltwirtschaftsboten«, Chinas führende liberale Zeitung, verbot.

Dies ließ ihn für Deng im Juni 1989 – nach dem Fall Zhao Ziyangs – als geeigneten Nachfolger erscheinen. Deng machte Jiang Zemin zum neuen Generalsekretär der Partei und erwählte ihn zum nunmehr dritten Kronprinzen. Im November 1989 gab er den Posten des Vorsitzenden der Militärkommission an ihn ab, und 1993 ließ er ihn zum Staatspräsidenten wählen.

Jiang Zemin besaß damit formal eine Machtfülle, wie sie Deng selbst niemals hatte; nur Hua Guofeng hatte noch mehr formale Macht auf sich vereint, da er auch noch das Amt des Ministerpräsidenten bekleidete (das Amt des Staatspräsidenten war damals abgeschafft). Doch formale Macht besagte wenig: Deng konnte Ämter übertragen, nicht aber die reale Macht, die auf seiner Aura als Langer-Marsch-Veteran beruhte und auf seinem persönlichen Netzwerk in Partei wie Militär, das er während seiner langen Tätigkeit in beiden Organisationen aufgebaut hatte. Dieses Netzwerk erlaubte ihm selbst nach dem November 1989, als er mit dem Vorsitz der Militärkommission sein letztes Amt aufgegeben hatte, als Privatmann aus dem Hintergrund über China zu herrschen.

Jiang dagegen war Primus inter pares oder – in chinesischer Terminologie – »Kern des Führungskollektivs«. Die Zeit des unumschränkten Kaisers Mao und des schon nicht mehr ganz so allmächtigen Überragenden Führers Deng war zu Ende. Zum ersten Mal in ihrer Geschichte wurde die Kommunistische Partei Chinas von einem Führungskollektiv regiert, wie es der leninistischen Parteiverfassung entsprach. Zu Ende war auch die Herrschaft der Revolutionsveteranen, an ihrer Spitze Deng, die aus dem Hintergrund heraus die Politik bestimmten. Sie hatten die beiden Vorgänger Jiang Zemins in »erweiterten« Politbürositzungen gestürzt, in denen sie gegen alle Regeln der Parteiverfassung mitstimmten. Von diesem Alptraum war Jiang Zemin befreit. Jetzt entschied wirklich das von der Partei offiziell eingesetzte Führungskollektiv über die Politik. In diesem Kollektiv konnte Jiang in der Regel über eine Mehrheit der Stimmen verfügen, aber bei strittigen Fragen würde er eine intensive Lobbyarbeit leisten müssen, um seine Vorschläge durchzusetzen. Die Herrschaft über China normalisierte, modernisierte sich.

Chinesische wie westliche Beobachter schätzten Jiang lange Zeit als politisches Leichtgewicht ein – als einen zweiten Hua Guofeng, der nach einer Übergangszeit einem wirklichen Führer weichen würde. Sie alle haben sich gründlich getäuscht.

Jiang hat zwei Seiten. Die eine Seite sehen seine Gesprächspartner, vor allem seine ausländischen Gesprächspartner. Sie erleben einen jovialen, gutherzigen Staatspräsidenten, der auch für die ausländische Dolmetscherin ein nettes Wort übrig hat, der bei geselligem Zusammensein zur Gitarre greift und Lieder singt. Während des Gipfeltreffens des Asiatisch-Pazifischen Wirtschaftsforums (APEC) 1996 in Manila machte der fröhliche Jiang Zemin Schlagzeilen in der Weltpresse, als er, zusammen mit Präsident Fidel Ramos, Schlager wie Elvis Presleys »Love me tender« sang.

Der joviale, menschenfreundliche Jiang ist echt, er ist nicht gespielt. Aber er zeigt nur die eine Seite seines Wesens. Die andere Seite ist die des mit allen Wassern gewaschenen Machtpolitikers. Sie offenbarte sich bereits in dem Geschick, mit dem Jiang nach seiner Ernennung zum Generalsekretär ein persönliches Machtnetz über Partei, Armee und Regierung spannte. Im Politbüro, im Parteiapparat, in der Propagandaabteilung, in der Armee, in den Ministerien, in den Provinzregierungen – überall sitzen heute an strategischen Stellen Jiangs Leute. Die beiden Stellvertretenden Vorsitzenden der Militärkommission, die Generäle Zhang Wannian und Chi Haotian (zugleich Verteidigungsminister), sind Jiang-Protegés. Viele der Jiang-Klienten stammen aus Shanghai. Die Personalabteilung der Stadt Shanghai entwickelte sich zu einer landesweiten Rekrutierungsorganisation, die Talente fördert und Partei, Ministerien und Provinzverwaltungen mit Führungskräften versorgt. Jiang hat die Shanghai-Faktion zur dominierenden Faktion in Partei und Regierung aufgebaut. In dem vierundzwanzigköpfigen Politbüro (einschließlich der beiden Kandidaten) gehören – Jiang dazugezählt – acht Mitglieder, also ein volles Drittel, der Shanghai-Faktion an, unter ihnen Vizepremier Wu Bangguo und Propagandachef Ding Guangen; es gelang Jiang allerdings nicht, Wu Bangguo in den Ständigen Ausschuss zu bringen. Erfolg hatte er aber damit, den in Shanghai geborenen Tang Jiaxuan 1998 zum Außenminister und Nachfolger von Qian Qichen zu machen.

Die volle Meisterschaft des Machtpolitikers enthüllte sich 1995, als Jiang den mächtigen Parteiboss Pekings und Mitglied des Politbüros, Chen Xitong, stürzte. Der Pekinger Parteiausschuss war von allem Anfang an eine fest geschlossene Clique, in die kein Außenseiter eindringen konnte. Mao hatte sich 1965 beklagt, dass durch die fest geschlossenen Reihen Pekings nicht einmal eine Nadel dringen könne; er musste von Shanghai aus den Aufstand der Roten Garden entfachen, um den damaligen Pekinger Parteisekretär Peng Zhen zu stürzen. Ähnlich kam Deng nach der Tiananmen-Krise 1989 nicht gegen den Pekinger Propagandaapparat an und musste die Festung Peking vom Süden her stürmen. Jiang Zemin aber setzte sich auf langsame, leise Art durch.

Von dem Tag an, an dem Jiang 1989 als Generalsekretär der Partei nach Peking kam, hatte ihn sein Rivale Chen Xitong von oben herab behandelt. Chen war sich seiner Machtstellung in der Pekinger Partei und seines Rückhalts bei Deng sicher. Jiang ließ sich nichts anmerken und wartete. Erst Anfang 1995, als die Krankheit bei Deng so weit fortgeschritten war, dass er nicht mehr in die Politik eingreifen konnte, schlug Jiang zu. Willkommenen Anlass bot ein riesiger Korruptionsskandal, in den die Pekinger Verwaltung und Chen Xitong persönlich verstrickt waren. Nachdem in den Monaten zuvor schon enge Verbündete Chen Xitongs gefallen waren, nahmen die Ermittler im April 1995 den Pekinger Parteisekretär selbst in Untersuchungshaft. Auch jetzt übte Jiang weiterhin Geduld. Erst drei Jahre später wurde Chen Xitong vor Gericht gestellt und zu sechzehn Jahren Gefängnis verurteilt. In Ruhe und mit Eiseskälte hatte Jiang seinen gefährlichen Gegner ausmanövriert. Der Sturz Chen Xitongs, der sich mit seiner Rolle bei der Niederschlagung der Tiananmen-Demonstrationen und durch Korruption bei der Bevölkerung verhasst gemacht hatte, brachte Jiang zugleich einen kräftigen Popularitätsgewinn.

Jiangs Meisterschaft der sanften Machtpolitik zeigte sich ein zweites Mal auf dem XV. Parteikongress im Oktober 1997, als er seinen Rivalen im Ständigen Ausschuss des Politbüros, Qiao Shi, in eine Lage manövrierte, die diesem keine andere Wahl mehr ließ, als seinen Sitz im Zentralkomitee und damit im Politbüro aus Altersgründen »freiwillig« aufzugeben.[1]

Jiang ist, im Unterschied zu Deng, ein moderner Politiker amerikanischen Stils, der die Medien systematisch für seine Imagepflege benutzt. Es gibt keine Abendsendung im landesweit ausgestrahlten Zentralen Fernsehen, in der nicht zu Anfang Jiang Zemin zu sehen ist: ausländische Gäste empfangend, mit Soldaten plaudernd, die hoch im Norden die Grenze zu Russland bewachen, Kinder armer Bauern streichelnd und an sie Geschenke verteilend.

Wie seine Politbürokollegen ist Jiang überzeugt, dass China nur durch den Aufbau einer Marktwirtschaft sein Ziel erreichen kann, zur größten Volkswirtschaft und größten Macht der Welt zu werden. Wie Deng will er die Marktwirtschaft verbinden mit der weiteren Alleinherrschaft der Partei. Bezeichnend ist der Kommentar, den er nach der Ernennung zum Generalsekretär zum Sturz seiner Vorgänger Hu Yaobang und Zhao Ziyang abgab. Sie hätten, so sagte er, ihre Posten verloren, weil sie nicht hart genug gegen die bourgeoise Liberalisierung gekämpft haben; er werde diesen Fehler nicht machen.

Nach der in China üblichen Klassifizierung gehört Jiang zu den »Neo-Konservativen«. Diese treten für marktwirtschaftliche Reformen ein, halten aber unbedingt fest am Machtmonopol der Partei und fordern – dies im Unterschied zu dem dezentralisierenden Deng – einen starken Zentralstaat. Auf kulturellem Gebiet kämpft Jiang, ungleich aktiver als Deng, gegen »verderbliche Einflüsse« aus dem Ausland und gegen das westliche Komplott, durch eine »friedliche Evolution« China zu verwestlichen und ihm, im Widerspruch zu seinen Bedingungen und Interessen, eine Mehrparteiendemokratie aufzuzwingen. Medien und Literatur werden unter Jiang stärker kontrolliert als in der Deng-Zeit und wesentlich stärker als vor 1989.

Als Vorbild schwebt Jiang Singapur vor: westliche Methoden in der Wirtschaft, aber politisch und kulturell eine autoritäre Einparteienherrschaft. War Dengs Modellstadt Shenzhen, die vor Dynamik berstende Stadt eines Wildwest-Kapitalismus, so propagiert Jiang Zhangjiagang, eine Stadt von 800 000 Einwohnern in der Umgebung von Suzhou (Provinz Jiangsu), als nationale Musterstadt. Zhangjiagang hat angeblich ein Wirtschaftswachstum von sechzig Prozent pro Jahr und erreichte schon Mitte der neunziger Jahre ein Durchschnittseinkommen von 15 000 Yuan pro Kopf. Aber die Stadt vernachlässigt über dem Wirtschaftswachstum keineswegs die »geistige Zivilisation«. Sie unterhält ein vorbildliches Schulsystem. Kriminalität, Prostitution, Glücksspiel sind dort Fremdwörter, kurz: Zhangjiagang ist ein Modell marxistischer und konfuzianischer Tugend.

Oberste Priorität nimmt für Jiang die Wahrung der politischen Stabilität ein. »Wenn wir von der politischen Stabilität abgehen, werden Reform, Öffnung zum Ausland und wirtschaftlicher Aufbau nicht gedeihen«, so sagte er im Juli 1995 auf einer Pressekonferenz in Bonn während seines Staatsbesuchs in Deutschland. Und so hämmert er es auch seinen Zuhörern in China unentwegt ein. Anders als Deng scheut Jiang Risiken. Er operiert als Mann der Mitte, der den rechten und linken Flügel der Partei ausbalanciert. Über strittige Themen legt er – auch hier so ganz anders als Deng mit seiner deftigen Sprache – den Schleier des kommunistischen Jargons. Er zerschlägt nicht den Gordischen Knoten, wie es Deng tat, wann immer die Wirtschaftsreform ins Stocken geriet; er manövriert vielmehr geduldig hin und her, bis es gelingt, die Reform wieder in Gang zu bringen. Damit geht freilich wertvolle Zeit verloren.

Ein Gegengewicht gegen Jiangs »strategische Zweideutigkeit« bildet Zhu Rongji, dem Jiang die Verantwortung für die zweite Phase der marktwirtschaftlichen Reform übertrug. Zhu ist ein Macher, ein Manager, der schnelle Erfolge sehen will, der die Dinge klar und oft hart ausspricht, ein – wie die Amerikaner es nennen – *no-nonsense man*. Er ist in der Bürokratie gefürchtet wegen der Gnadenlosigkeit, mit der er unfähige Beamte entlässt. Auf Inspektionstouren durchs Land soll er höchste Beamte unmittelbar nach ihrem Vortrag gefeuert haben. Zhu erzielt Resultate, aber er macht sich unvermeidlich Feinde in Regierungsbürokratie und Partei. Seine Aufrichtigkeit ließ ihn andererseits zu dem am meisten geachteten und beliebtesten Politiker im Volk und gerade auch bei den Eliten außerhalb der Partei- und Regierungsbürokratie werden. Man nimmt dem asketischen Zhu ab, dass es ihm einzig und allein darum geht, China wieder groß zu machen. Kennzeichnend für Zhus Image sind Aussprüche, die im Volk umlaufen, so die angebliche Anweisung, hundert Särge anzufertigen: 99 für korrupte Beamte und Parteikader und einen Sarg für den Fall, dass er von seinen Feinden erschossen wird.

Die Rollen in der Wirtschaftsreform sind klar verteilt: Jiang bahnt der Reform in der Partei politisch den Weg, Zhu setzt sie um. Bei Erfolg fällt der Glanz auf den auf der Bühne stehenden Jiang, bei Misserfolg kann Jiang die Verantwortung auf Zhu abschieben. Ein wenig war die Rollenverteilung bereits so in Shanghai, als Jiang dort Parteisekretär war und Zhu Oberbürgermeister.

Schwindelerregende Herausforderungen

Dengs Entwicklungsmodell hatte, wenn auch in einem Auf und Ab von Boom und Krise, ein zwanzigjähriges Superwachstum erzeugt. Jetzt aber war es am Ende angelangt. Weiteres Wachstum war nur durch eine fundamentale Reform des Modells möglich, die den Kaderkapitalismus durch eine wirkliche Marktwirtschaft ablöst.

Das Ziel hatte Deng 1992 mit der sozialistischen Marktwirtschaft noch selbst gewiesen, verwirklichen müssen es nun die Nachfolger. Die Reformen, die jetzt anstehen, sind jedoch nicht mehr wie diejenigen der Deng-Zeit »Reformen ohne Verlierer«. Der Aufbau einer Marktwirtschaftsordnung erfordert nicht weniger, als dass Partei und Staat sich aus den Unternehmen zurückziehen, um diese zu autonomen Spielern im Wettbewerb auf den Märkten werden zu lassen. Er erfordert gleichzeitig, dass die Regierung endlich an die wirkliche Reform der Staatsindustrie herangeht, die Deng zwanzig Jahre lang aufgeschoben hat. Massenentlassungen von Arbeitern in den Staatsunternehmen und Massenentlassungen in den diese Unternehmen verwaltenden Bürokratien sind nicht mehr zu vermeiden. Schon hat der Volksmund den Spruch geprägt:

> *Mao xiaxiang, Deng xiahai, Jiang xiagang.*
>
> (Unter Mao gingen wir aufs Land,
> unter Deng in das Meer [der Geschäfte],
> unter Jiang in die Arbeitslosigkeit.)

Der Weg in die Marktwirtschaft wird eine Gratwanderung sein zwischen Reform und Bewahrung der politischen Stabilität.

KAPITEL 32

Das Ende des Dengschen Wachstumsmodells

Drei Modelle der Spätkommer-Industrialisierung

Spätkommer der Industrialisierung entwickeln sich nicht nach den Regeln der neoklassischen Ökonomie und dem anglo-amerikanischen Modell der staatsfreien Wirtschaft und des Freihandels. Bei sämtlichen erfolgreichen Spätkommer-Industrialisierungen im 20. Jahrhundert spielte vielmehr der Staat als Motor der Entwicklung die zentrale Rolle. Drei Modelle wurden erprobt: die stalinistische Planwirtschaft, das exportgetriebene Wachstumsmodell Japans und der Kaderkapitalismus Dengs.

Die stalinistische Planwirtschaft

Stalins Planwirtschaft erlaubte es – durch Ausbeutung der Bauern und allgemeinen Konsumverzicht –, die Ressourcen des Landes auf den forcierten Aufbau einer Schwerindustrie zu konzentrieren. Die staatliche Initiative beim Aufbau von Unternehmen ersetzte zugleich den in der Bevölkerung fehlenden Unternehmergeist. Das System ermöglichte anfänglich eine rapide Industrialisierung und staunenswerte technologische Erfolge wie den Start des Sputniks, des ersten Weltraumsatelliten. Im Westen kam Alarmstimmung auf. Der US-Ökonom Calvin Hoover warnte 1957, die Sowjetunion werde Amerika bis Anfang der siebziger Jahre wirtschaftlich überholen. Dasselbe glaubte Chruschtschow, als er 1960 während seiner Rede vor der Vollversammlung der Vereinten Nationen temperamentvoll seinen Schuh auf das Podium schlug und drohte: »Wir werden euch begraben!« Doch just in dem Moment, als viele Ökonomen im Westen, unter ihnen selbst Nobelpreisträger Wassily Leontief, von der Überlegenheit des sowjetischen Systems überzeugt waren, kam dieses an sein Ende.

Mit Planwirtschaft ließ sich zwar eine Industrie aufbauen, aber nicht effizient betreiben. Das kommunistische System erstickte Leistungswillen und Initiative der Menschen. Wachstum wurde nicht durch Produktivitätssteigerung erreicht, sondern durch ständige Steigerung des Ressourceneinsatzes: mehr Arbeiter, besser ausgebildete Arbeiter, mehr Investitionen. Doch der Ressourceneinsatz konnte nicht auf ewig erhöht werden, und so brach das Wachstum ab. Die Sowjetunion trat in die lange Stagnationsperiode der Breschnew-Zeit ein und kollabierte zu Beginn der neunziger Jahre.

Das investitions- und exportgetriebene japanische Modell

In den sechziger Jahren, als der Glanz des sowjetischen Modells erlosch, trat ein neues Wachstumsmodell ins Rampenlicht: das japanische. Es wurde von den ostasiatischen Drachenländern, allen voran Südkorea, und dann von den südostasiatischen Tigerländern übernommen und übte starken Einfluss auf das Denken der chinesischen Reformer der Deng-Zeit aus.

Wie im sowjetischen Modell ist auch im japanischen der Staat »Entwicklungsstaat«. Aber er agiert nicht durch Staats-, sondern durch Privatunternehmen. Der Staat schafft ein System, das die Bevölkerung zu striktem Sparen motiviert, und lenkt dann – in symbiotischer Zusammenarbeit zwischen den Elitebürokraten der Ministerien und den Spitzenmanagern der Großunternehmen – das Sparkapital in gemeinsam ausgewählte »strategische« Wachstums- und Exportindustrien. Als solche identifizierte Japan seit Mitte der siebziger Jahre die Elektronik- und die Autoindustrie. In den strategischen Industrien bauten die Unternehmen, unterstützt von Banken und Regierung, Produktionskapazitäten auf, die weit über jeden möglichen Inlandsbedarf hinausgingen. Ziel war die Eroberung der Weltmärkte. Rentabilitätsüberlegungen für die Gegenwart spielten bei den massiven Investitionen keine Rolle. Die Unternehmen scheuten auch vor extremer Verschuldung nicht zurück. Das Denken der Manager richtete sich einzig darauf, Produktionskapazitäten aufzubauen und Marktanteile zu erobern. Dem japanischen Modell wohnt die Tendenz zu riesigen Überinvestitionen und riesiger Verschuldung der Unternehmen inne. Hier trifft es sich mit dem Dengschen Modell.

Lange ging alles gut. Die merkantilistische Eroberung der Weltmärkte machte Japan in den drei Jahrzehnten von 1960 bis 1990 zum erfolgreichsten Industrialisierer der Welt. Ende der achtziger Jahre schien Japans Industrie die führende Hochtechnologieindustrie der Welt zu sein. Viele Beobachter in Amerika und Europa sowie in Japan selbst hielten es für eine ausgemachte Sache, dass Japan in der ersten Dekade des 21. Jahrhunderts Amerika überholen und zur Nummer eins der Weltwirtschaft aufsteigen werde. Doch just als diese Voraussage zur allgemeinen Überzeugung wurde, brach Japans Wachstum jäh ab. Das Modell funktionierte nicht mehr. Die äußeren Bedingungen für seinen Erfolg waren weggefallen. Es erwies sich, dass Wachstum durch ständig steigende Export- und Leistungsbilanzüberschüsse nur so lange möglich war, wie Japan innerhalb der Weltwirtschaft ein relativ kleines Gewicht hatte. Jetzt aber war Japan zur zweitgrößten Volkswirtschaft der Welt aufgestiegen. Die Exportüberschüsse, die es nunmehr gebraucht hätte, um das Wachstum über den Außenhandel anzutreiben, überstiegen bei weitem das, was der Weltmarkt aufnehmen konnte. Zugleich war vor allem Amerika nicht mehr bereit, das Spiel der Japaner mitzuspielen.

Spätestens 1986 hätten die Japaner eine fundamentale Strukturreform einleiten müssen; Wachstum ließ sich nur noch durch Wachstum des Binnenkonsums erreichen. Aber die japanische Politik erwies sich als zu schwach, um die mit dem alten System verbundenen Status-quo-Interessen zu überwinden. Statt Reformen einzuleiten, entfachte sie in den Jahren 1986 bis 1989 mit einer Politik des extrem billigen Geldes einen Investitionsboom. Für die Produktionskapazitäten, die jetzt aufgebaut, und die Geschäftshochhäuser, die jetzt hochgezogen wurden, gab es jedoch keine Abnehmer mehr. 1990 platzte die Spekulationsblase auf den Aktien- und Immobilienmärkten, der Boom brach zusammen. Seitdem befindet sich Japan in einer Dauerdeflation und Dauerrezession, die die Regierung durch gigantische defizitfinanzierte Staatsaufträge bisher in eine Stagnation umzuwandeln vermochte.[2]

Das Dengsche System des Kaderkapitalismus

In Dengs Industrialisierungsmodell sind – anders als im japanisch-ostasiatischen Modell – nicht die von Regierungsbeamten »angeleiteten« Privatunternehmen die Akteure, sondern die Partei- und Verwaltungskader selbst und die Manager der Staatsunternehmen.

China ist aufgeteilt in 27 Provinzen und Autonome Regionen sowie vier »Reichsstädte« mit Provinzstatus: Peking, Shanghai, Tianjin und Chongqing. Es folgen als weitere Untergliederungen rund 700 Städte, über 2000 Landkreise, 45 000 ländliche Gemeinden und 740 000 Dörfer. In all diesen Einheiten nahmen zu Beginn der achtziger Jahre die Parteisekretäre, Provinzgouverneure, Bürgermeister, Landkreismagistrate, Chefs der Gemeindeverwaltungen und Dorfvorsteher Dengs Aufruf auf, die Produktivkräfte des Landes zu entwickeln. Sie alle stürzten sich mit ungeheurer Energie in die neue Aufgabe, sie alle kannten nur ein Ziel: ihre lokale Einheit zu maximalem Wachstum zu führen.

Auf dem Lande schufen, wie wir sahen, die Kader in den Dörfern und Gemeinden eine riesige Leichtindustrie, die als zweite große Industrie neben die Staatsindustrie in den Städten trat. Der Welt bot sich das verblüffende Schauspiel, dass kommunistische Funktionäre zu kapitalistischen Unternehmensgründern wurden. Sie identifizierten Investitionsmöglichkeiten; sie suchten Talente und fanden sie unter den Ingenieuren der Staatsindustrie, unter frühpensionierten Offizieren und vor allem unter geschäftstüchtigen Bauern; sie besorgten über ihr Kadernetzwerk Technologie; sie veranlassten die lokalen Bankfilialen, Kredite zu geben; sie gewährten den neuen Unternehmen Steuervergünstigungen und vieles mehr. Die von den ländlichen Kadern gegründeten Unternehmen waren kollektive Dorf- und Gemeindeunternehmen. Die Kader nahmen aber auch private Unternehmen unter ihren Schutz und setzten ihnen eine »rote Kappe auf«, die die Unternehmen nach außen als Kollektivunternehmen auswies. Selbst für offen deklarierte Privatunternehmen und sogar für kleine Familienbetriebe (getihu) spielten die Kader die Patrone. Die lokalen Führungskader leiteten Portfolios von Firmen. Dörfer und Gemeinden verwandelten sich in Konglomeratunternehmen. 1993 wies die Huaxi-Dorfgruppe in Jiangsu eine Industrieproduktion von einer Milliarde Yuan auf, die Daqiuzhuang-Dorfgruppe in der Umgebung von Tianjing rühmte sich mit einem Anlagevermögen von 3,3 Milliarden Yuan als reichstes Dorf Chinas.

Die Manager der Staatsunternehmen in den Städten, eingeteilt wie die politischen Führungskader in verschiedene Ränge entsprechend der Größe ihres Unternehmens, standen hinter den ländlichen Kadern nicht zurück. Sie investierten und expandierten ohne Rücksicht auf die Unternehmensverschuldung und ohne Rücksicht auf die realistisch zu erwartende Nachfrage. Selbst die Ministerien in Peking und die Behörden in den Provinzen warfen sich in das Meer des Geldmachens, um das Einkommen ihrer Einheiten zu erhöhen. Das Eisenbahnministerium besaß 1993 rund 46 000 »Einnahme schaffende« Firmen. Moftec, das Ministerium für Außenhandel und wirtschaftliche Zusammenarbeit, das unter anderem über die Investitionslizenzen für Auslandsunternehmen entscheidet, unterhält Beratungsfirmen für ausländische Investoren und Firmen für Vermittlung chinesischen Führungspersonals an Auslandsunternehmen.

Wie die Ministerien handelten die Partei- und Massenorganisationen. Die Gewerkschaften besitzen nicht weniger als 130 000 Firmen. Zum größten Unternehmer im Lande stieg die Volksbefreiungsarmee auf, die nicht nur Rüstungsfabriken aufbaute und am Waffenexport verdient, sondern auch Konsumgüterfabriken, Handelsorganisationen, Hotels und Nachtklubs gründete. Unter Dengs Wachstumsimperativ hatten sich Parteikader, Verwaltungskader und Offiziere in Unternehmer verwandelt: Marktkommunismus statt Kommunismus. Lokale Führungskader, Staatsmanager und Unternehmer-Generäle jagten alle dem gleichen Ziel nach: Wachstum der Produktionskapazitäten. Dieses Ziel machte, so verschieden alles andere war, Dengs Kaderkapitalismus im Resultat dem japanischen Wachstumsmodell gleich.

Deng hatte eine ebenso einzigartige wie mächtige Wachstumsmaschine geschaffen. Aber es war eine Maschine ohne Steuerung. Dengs Marktwirtschaft war nur halb. Der Markt bestimmte die Nachfrage und die Preise, aber er bestimmte nicht die Investitionen und die Allokation von Kapital. Diese wurden weiterhin politisch gesteuert.

Das Ziel der Kader in den Gemeinden und Städten lautete: Investitionen und nochmals Investitionen. Der Weg zu Ansehen und Beförderung führte über das Wirtschaftswachstum der eigenen lokalen Einheit und die Schaffung von Arbeitsplätzen. In gleicher Weise stiegen auch die Manager der Staatsunternehmen mit dem Größenwachstum (nicht dem Gewinnwachstum!) ihres Unternehmens in höhere Kaderränge auf. Zugleich konnten die Kader in mannigfacher Weise persönlich am Wachstum teilhaben und sich bereichern. Die Frage, ob das Unternehmen Gewinn machte, spielte, so wie die Anreize gesetzt waren, im Denken der Kader eine untergeordnete Rolle. Hier zeigte sich der Unterschied zwischen privatem Kapitalismus und Kaderkapitalismus. Der private Unternehmer investiert, um Gewinn zu machen, und riskiert sein eigenes Geld. Der Kaderunternehmer riskiert kein eigenes Kapital und profitiert vom Wachstum, nicht vom Gewinn, der ihm nicht gehört. Er muss lediglich vermeiden, dass das Konglomerat von Unternehmen, über das er herrscht, Verlust macht und in Gefahr gerät, den Bankrott erklären zu müssen. Für die Manager der großen Staatsunternehmen gab es nicht einmal diese Gefahr, denn sie konnten darauf vertrauen, dass der Staat ihre Verluste deckte.

Die Investitionsmaximierung, nicht die Gewinnmaximierung war im Dengschen Industrialisierungsmodell der Antriebsmotor, der das Superwachstum erzeugte. Von einem anderen Ausgangspunkt kommend mündete es in das japanisch-ostasiatische Wachstumsmodell ein. Im Unterschied zu Japan und Südkorea wurde in China jedoch das Wachstum nicht von einem Zentrum aus angetrieben, sondern von Tausenden lokaler Zentren, die unkoordiniert nebeneinander und gegeneinander operierten. Dörfer und Gemeinden, Städte und Provinzen überboten sich in der Gründung neuer Unternehmen. An jedem etwas größeren Ort richteten die Gemeinden und Städte Entwicklungszonen ein, in denen sie neue Unternehmen ansiedelten und in die sie Investoren aus dem Ausland zu locken suchten. Niemand hat diese Entwicklungszonen wirklich gezählt, nach Schätzungen sollen es auf dem Höhepunkt, Mitte der neunziger Jahre, an die 10 000 gewesen sein; viele sind seither eingegangen.

Jede Provinz, jede Großstadt investierte in die gleichen Industrien. An erster Stelle standen, nach japanischem Vorbild, die »strategischen Wachstumsindustrien«, die in China »Pfeilerindustrien« genannt wurden: Elektronik- und Automobilindustrie. 24 Provinzen und Großstädte mit Provinzstatus erklärten die Elektronikindustrie, 22 die Automobilindustrie zur Pfeilerindustrie. Ende 1996 gab es in China 325 Automobilunternehmen, die zusammen 1,45 Millionen Fahrzeuge produzierten. Im Durchschnitt stellte also jedes Unternehmen 4461 Fahrzeuge her. Die meisten Fabriken produzierten nicht einmal tausend Automobile pro Jahr. Unter den Pkw-Herstellern kam 1996 nur ein einziger auf ein Produktionsvolumen von 200 000 Automobilen, das die Mindestproduktion für eine rentable Automobilfabrik darstellt: Volkswagen Shanghai. Alle übrigen Pkw-Hersteller operierten denn auch in den roten Zahlen.

Was für die Automobilindustrie galt, galt für die meisten anderen Industrien: Überall, über sämtliche Provinzen verstreut, produzierte eine Fülle von Unternehmen gleichartige Produkte. Die meisten hatten eine »suboptimale« Größe, waren also zu klein, um auch nur halbwegs effizient zu produzieren. 1700 Stahlwerke erzeugten 1996 im Durchschnitt je 54 000 Tonnen Stahl pro Jahr, die allermeisten von ihnen blieben weit unter diesem Durchschnitt. 56 Unternehmen für Fernsehgeräte stellten 1991 so viele Geräte her wie in Südkorea drei Firmen.

Die Provinzen und Städte schirmten ihre Märkte gegeneinander ab. Shanghai ließ nur Automobile mit einem Hubraum von mindestens 1,6 Litern als Taxis zu. Das sicherte den Markt für das von Shanghai Volkswagen hergestellte Mittelklassemodell Santana, denn die an anderen Orten produzierten Kleinwagen wurden auf diese Weise ausgeschlossen, insbesondere der Charade aus Tianjin. Umgekehrt verteuerte Wuhan den Santana durch Sondersteuern und -gebühren um bis zu hundert Prozent, um den Absatz des lokalen Citroën-Modells zu sichern, das es in einem Gemeinschaftsunternehmen mit Peugeot produziert.[3] Das Dengsche Modell des Kaderkapitalismus erzeugte ein wirtschaftliches »Kriegsherrentum«. Hatten nach dem Fall der Ching-Dynastie die Generäle China politisch aufgespalten, fragmentierten jetzt die wirtschaftlichen Kriegsherren den nationalen Markt in eine Vielzahl abgeschirmter lokaler Märkte.

So ging es offensichtlich nicht mehr weiter. Am 17. Februar 1997, zwei Tage vor Dengs Tod, stieß die »China Daily« einen Alarmruf aus: »Massive Duplizierung fordert die Wirtschaft heraus.« Die Provinzen, so führte das Blatt aus, wiesen alle die gleiche Industriestruktur auf, überall seien »Duplikate« – gleiche Fabriken für gleiche Produkte – aufgebaut worden. Knappe Ressourcen seien für die Schaffung überflüssiger und ineffizienter Produktionskapazitäten verschwendet worden. Die Wirtschaft drohe durch diese irrationalen Investitionen außer Kontrolle zu geraten.

In der Tat! Kennzeichnend für die Wirtschaft der Deng-Ära waren extreme zyklische Schwankungen zwischen *boom* und *bust:* In der

Boom-Periode katapultierten Investitionen von vierzig Prozent und mehr des Sozialprodukts die Wachstumsraten in zweistellige Höhen; die Überbeanspruchung der Ressourcen erzeugte eine rapide steigende Inflation. Die Zentralbank drehte nun den Kredithahn zu; auf das Superwachstum folgte eine Rezession, wobei in China angesichts der starken Zunahme der Arbeitskräfte bereits eine Wachstumsrate von vier Prozent eine Situation signalisiert, die einer Rezession in den hochentwickelten Ländern gleichkommt. 1989 bildete ein solcher Wachstumseinbruch, dem Monate der Hyperinflation vorausgingen, den Hintergrund der Tiananmen-Krise. Chen Yun forderte, um die wirtschaftlich wie sozial destabilisierenden *boom-bust*-Schwankungen zu überwinden, den Markt wieder in den Käfig des Plans zurückzuzwingen. Deng aber tolerierte die Schwankungen als den unvermeidbaren Preis für rapides Wachstum.

Grassierende Korruption

Noch ein zweites schwerwiegendes Problem brachte der Dengsche Kaderkapitalismus mit sich: eine endemische Korruption.

In Maos Planwirtschaft, einer Zeit allgemeiner Armut, gab es nur bescheidene Möglichkeiten zur Korruption. Aber jetzt wurde China »reich« und die Wirtschaft komplex. Wenn in einer solchen Situation diejenigen, die die politische Macht in der Hand haben, zugleich auch die Wirtschaft beherrschen, kann es nicht ausbleiben, dass sie an den sprudelnden Quellen des Reichtums zuerst einmal kräftig für sich selbst schöpfen. Deng war auch dem Übel der Korruption gegenüber tolerant und betrachtete es als unvermeidliche Nebenerscheinung einer sich schnell entwickelnden Wirtschaft. Und so breitete sich die Korruption immer mehr aus und wurde in der Spätzeit Dengs zum Teil des Systems.

Um die Dimensionen zu illustrieren, die die Korruption bis Ende der neunziger Jahre angenommen hatte, seien Beispiele zitiert:

- Eine Prüfung des Staatshaushalts, die die Regierung im August 1999 veröffentlichte, deckte auf, dass im ersten Halbjahr zwanzig Milliarden Yuan (2,4 Milliarden Dollar) von Beamten unterschlagen und auf Privatkonten übertragen worden waren. Für das erste Halbjahr 1998 bezifferte ein Bericht der »Volkszeitung«, des Organs der Partei, die Summe der Staatsgelder, die zweckentfremdet verwandt worden waren, auf 120 Milliarden Yuan – dies entsprach einem Fünftel der Steuereinnahmen der Zentralregierung.
- 1998 entdeckte ein von Zhu Rongji eingesetztes Überprüfungsteam, dass in den Jahren 1992 bis 1997 aus dem riesigen Getreideankaufsfonds vierzig Prozent der Gelder unterschlagen oder illega-

len Verwendungen zugeführt worden waren. Die Getreideankaufsbehörde machte – wen wundert es – Jahr für Jahr hohe Verluste; die Bauern bekamen mangels Geld für ihr Getreide Schuldverschreibungen, was immer wieder zu Unruhen auf dem Lande führte.

- Unterschlagungen und Zweckentfremdungen sind aber nicht nur beim Getreideankaufsfonds, sondern bei allen öffentlichen Fonds an der Tagesordnung. Die Manager der Pensionsfonds des Eisenbahn-, des Post- und des Telekommunikationsministeriums veruntreuten alleine im ersten Halbjahr 1999 eine Milliarde Yuan, die Manager des Pensionsfonds der Kohleindustrie zweckentfremdeten gar sechs Milliarden Yuan. Selbst die Fonds für die Armutsbekämpfung sind vor Unterschlagung nicht geschützt. Im Juli 2000 meldete die Zeitung »Yancheng Wanbao«, Rechnungsprüfer seien der Verwendung von 48,8 Milliarden Yuan an Mitteln für die Armutsbekämpfung nachgegangen. 4,3 Milliarden aus dieser Summe – dies sind fast zehn Prozent – hätten die Armen nie erreicht; das Geld sei mit gefälschten Quittungen abgerechnet worden.
- In der Provinz Fujian schleuste ein Schmuggelring, dem Hunderte von Beamten und Parteifunktionären angehörten, über die letzten Jahre Importgüter im Wert von fünfzehn Milliarden Dollar am Zoll vorbei nach China ein. Die Nordsee-Flotte der Marine benutzte ihre Kriegsschiffe, um 2200 Automobile aus Russland und Südkorea einzuschmuggeln. Die Zollverwaltung schätzt den jährlichen Zollausfall durch Schmuggel auf hundert Milliarden Yuan (zwölf Milliarden Dollar); unabhängige Beobachter beziffern die Kosten für den Staat sogar auf dreißig Milliarden Dollar pro Jahr – dies entspricht einem Fünftel der registrierten Importe von 1997.
- In Chongqing riss 1998 eine zusammenbrechende Brücke Dutzende von Menschen in die Tiefe. Im Zusammenspiel mit Beamten der Baubehörde hatte die Baufirma billigstes Material verwendet, aber für das vorgeschriebene hochwertige Material kassiert. Nachrichten wie diese sind häufig in der Presse zu lesen. Die Bauindustrie und die Baubehörden sind weithin korrupt. Die wirtschaftlichen Verluste aus schlampigen und mit schlechtem Material ausgeführten Bauten werden mit hundert Milliarden Yuan pro Jahr beziffert.
- Wie in der Endzeit der Qing-Dynastie ist der Verkauf von Beamtenstellen wieder gang und gäbe. Der Chef des Personalbüros der Partei in einem Landkreis verkaufte innerhalb von zwei Jahren nicht weniger als zweihundert Regierungsposten. In einem anderen Landkreis verkaufte der Parteisekretär sogar den Posten des Leiters des Antikorruptionsbüros und kassierte dafür 260 000 Yuan; der hohe Preis zeigt an, wie lukrativ dieser Posten ist. Ein hoher Politiker nannte 1993 die Polizei und den ganzen Staatssicherheitsapparat ein »Katastrophengebiet der Korruption«.

– Wir haben bereits das *asset-stripping* in den Staatsunternehmen kennen gelernt, durch das die Manager Teile der Unternehmenseinnahmen oder gar Teile der Unternehmen selber an sich bringen. Nach offizieller Schätzung haben die Staatsmanager bis Ende 1997 zwölf Prozent des Staatseigentums in Privateigentum verwandelt. Bei allen Käufen von Staats- und Kollektivunternehmen ist es fast Gewohnheitsrecht der Einkäufer geworden, eine »Provision« zu kassieren, die bis zu zehn Prozent des Auftragswerts erreichen kann.

In einem Aufsatz »Will China Become Another Indonesia?«[4] rechnete Minxin Pei vor, dass die Korruption China jedes Jahr fast fünf Prozent seines Sozialprodukts koste. Die wirklichen Kosten der Korruption dürften noch weit darüber liegen. Denn sie trägt wesentlich dazu bei, die Wirtschaft ineffizient zu machen, indem sie inkompetenten Firmen Regierungsaufträge zuschiebt, die diese dann in schlechter Qualität ausführen.

Eine Hauptquelle der Korruption ist das Abgabenwesen oder richtiger -unwesen. Der Dengsche Staat verfügte über keinen funktionierenden Apparat für die Festsetzung und den Einzug von Steuern. Die Steuereinnahmen blieben niedrig. Sechzig Prozent der lokalen öffentlichen Ausgaben wurden durch Abgaben und Gebühren finanziert, auf dem Lande waren es achtzig Prozent.

Die Behörden gründeten »Dienstleistungsfirmen«, die für jeden nur denkbaren Dienst saftige Gebühren verlangen. Wer etwa eine Auskunft über ein Gesetz oder eine Verwaltungsanordnung einholen will, wird an die entsprechende Dienstleistungsfirma der Behörde verwiesen. Vor allem aber erheben die lokalen Verwaltungen für unzählige Zwecke Abgaben. Ein Teil der Abgaben ist gerechtfertigt, ein anderer dient der Bereicherung der Kader, der Finanzierung ihrer üppigen Banketts, dem Kauf von Luxusautos, dem Bau großzügiger Wohnungen, der Verteilung von Bonuszahlungen und so weiter. Eine Untersuchung der Pekinger Zentralregierung deckte auf, dass neunzig Prozent der von lokalen Verwaltungen erhobenen Abgaben nicht autorisiert oder gänzlich illegal waren. Es wurden mehr als dreitausend verschiedene Abgaben entdeckt, die gegen das Gesetz verstießen. In den Dörfern und Landgemeinden provozieren die illegalen Abgaben immer wieder gewaltsame Proteste der Bauern. So manche Privatfirma bricht unter der Last der von den lokalen Kadern erpressten Abgaben zusammen und gibt auf. Aber auch die Staatsunternehmen entkommen dem Druck willkürlicher Abgaben nicht, können dies allerdings gelassener hinnehmen, da die Staatsbanken ihre Verluste finanzieren.

Dengs Entwicklungsdiktatur entartete am Ende seiner Herrschaft zu einer »Raubdiktatur«. Die Korruption bedrohte seine zentralen

Ziele: Sie drückte das wirtschaftliche Wachstum nach unten, und sie gefährdete die politische Stabilität und die Legitimität der Alleinherrschaft der Kommunistischen Partei. Die Tiananmen-Volkserhebung war durch die Korruption der Kader und der Prinzlinge provoziert worden. Minxin Pei wies in seinem Aufsatz warnend auf den Fall der Suharto-Regierung in Indonesien hin: Indonesien hatte über 32 Jahre – von 1966 bis 1998 – ein die Welt beeindruckendes Wirtschaftswachstum erreicht. Aber als in der Asienkrise 1997/98 das Wirtschaftswachstum kollabierte und der Wohlstand der Massen einbrach, da fiel auch das innerlich verfaulte Regime in sich zusammen. Man muss sich allerdings vor Schwarzmalerei hüten: China ist nicht Indonesien, wo der Präsident in offener Missachtung der Volksmeinung das Staatsvermögen seinen Kindern und Freunden zuschob. Suhartos sechs Kinder kontrollierten über tausend Firmen. Eine so offen schamlose Korruption an der Spitze gibt es in China nicht.

Deng mobilisierte, von den Führungskadern der Partei bis hin zu den Bauern, eine gigantische Bevölkerung zu einem gewaltigen Aufbruch in die wirtschaftliche und soziale Entwicklung. Er riss Hunderte Millionen von Menschen aus ihrem traditionellen Denken und Leben in die moderne Welt hinein und entfachte ihren Unternehmergeist. Fünfzig Prozent der Privatunternehmer auf dem Land und 22 Prozent in den Städten stammen aus Bauernhaushalten. Diese geistige Mobilisierung der Menschen verlieh der chinesischen Wirtschaft über zwanzig Jahre hin eine ungeheure Dynamik und machte sie zu der am schnellsten wachsenden Volkswirtschaft der Welt. Sie ist Dengs wertvollstes und dauerhaftes Vermächtnis an seine Nachfolger.

Kein Ökonom hatte geglaubt, dass ein so riesiges Agrarland wie China über zwanzig Jahre lang eine Durchschnittswachstumsrate von fast zehn Prozent pro Jahr erreichen könne – bis sie alle eines Besseren belehrt wurden. Beeindruckt von diesem Erfolg sahen Mitte der neunziger Jahre viele Beobachter im Westen China schon bis zum Jahr 2010 zur größten Volkswirtschaft der Welt aufsteigen – so wie sie Ende der fünfziger Jahre die Sowjetunion und Ende der achtziger Jahre Japan in dieser Rolle gesehen hatten. Doch wie im Falle der Sowjetunion und Japans stieß das über zwei Dekaden hin so erfolgreiche Wachstumsmodell Dengs genau zu dem Zeitpunkt, als die Voraussage der Größe Chinas allgemein wurde, an seine Grenze. Wie geht es weiter?

KAPITEL 33

Deflation und Asienkrise (1997–1999)

Dengs Südreise-Boom kollabiert

Im Januar 1992 entfachte Deng Xiaoping mit seiner »Südreise« den ungeheuren Boom, der auf die Rezession von 1989/90 folgte. Die reale Wachstumsrate der Wirtschaft schnellte 1992 auf 14,2 Prozent empor und hielt sich 1993 und 1994 mit 13,5 und 12,6 Prozent auf zweistelliger Höhe. Der Boom wurde angetrieben von Investitionen in Industrieanlagen und Immobilien; diese stiegen 1992 um 44 Prozent und 1993 um 62 Prozent. Die Überbeanspruchung der Ressourcen ließ schon 1993 die Preise in die Höhe schießen. 1994 stieg der Einzelhandelspreisindex um 21,7 Prozent und der die Dienstleistungen mit einschließende Verbraucherpreisindex um 24,1 Prozent an. Der Boom drohte in eine Hyperinflation zu münden. Zhu Rongji, damals noch Vizepremier, drehte nun den Kredithahn zu. Ende 1996 feierte China die »perfekte weiche Landung«. Zhu hatte die Einzelhandelspreis-Inflation auf 6,1 Prozent gedrückt, ohne jedoch – wie dies bei den früheren *boom-and-bust*-Zyklen regelmäßig der Fall war – das Wirtschaftswachstum abzuwürgen; mit einer Rate von 9,6 Prozent blieb vielmehr das Wachstum auf hohem Niveau.

Doch nun geschah etwas Neuartiges: Die Landung ging weiter. Die Inflationsrate sank immer noch. Im November 1997 durchstieß die Inflation die Nulllinie und verwandelte sich in eine Deflation; der Einzelhandelspreisindex ging 1998 um 2,6 Prozent zurück. Die Deflation dauerte drei Jahre und ist selbst heute (Ende 2001) nicht sicher überwunden. Mit der Deflation ging auch das Wirtschaftswachstum ständig zurück und erreichte 1999 real nur noch 7,1 Prozent.

Die *nominalen* Wachstumsraten lagen 1998 und 1999 bei jeweils rund 4,5 Prozent. Davon wurden rund zwei Prozent »künstlich« durch keynesianische defizitfinanzierte Ausgaben der Regierung erzeugt. Zieht man weiter die übliche Übertreibung der offiziellen Wachstumszahlen in Betracht, die in diesen Jahren besonders stark zu sein schien, so endet man bei einem nominalen Wachstum von jeweils allenfalls 1,5 Prozent.

Der Dengsche Südreise-Boom (1992–1995) hat seine genaue Parallele im japanischen Heisei-Boom (1986–1989). Wie jener war er getrieben durch eine Investitionsorgie. Und wie jener hinterließ er ge-

Wachstumsraten des chinesischen Bruttoinlandsprodukts 1990 bis 2001

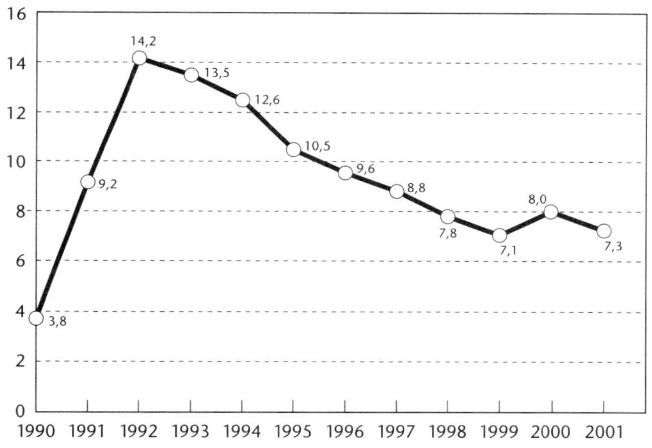

Quelle: China Statistical Yearbook 2002.

waltige Überkapazitäten auf den Immobilien- und Industriegütermärkten sowie hoch verschuldete Unternehmen und Banken mit dramatisch anschwellenden Portfolios verlorener Kredite. Die Wolkenkratzer-Landschaft in Pudong/Shanghai, in der ganzen Welt Symbol des ungeheuren Aufstiegs Chinas, wurde 1998/99 zum Symbol auch der Deflationskrise. Siebzig Prozent der neu erbauten Geschäfts- und Wohngebäude standen leer, die Mietpreise stürzten in die Tiefe.

Nicht anders stellte sich die Lage in Peking, Shenzhen oder Kanton dar. Ganze Villenparks, gebaut für die Reichen, blieben unbewohnt, prächtige Kaufhäuser, soeben eröffnet, schlossen wieder. Auf der Insel Hainan, die nach Dengs Plan zum zweiten Taiwan werden sollte, fuhr man 1998 auf der Uferstraße kilometerweit an Rohbauten vorbei; die Bauarbeiten wurden abrupt abgebrochen, als Zhu Rongjis Restriktionspolitik 1994 die Kredite versiegen ließ. Der Buchwert des Immobilienüberhangs wurde 1998 auf neunhundert Milliarden Renminbi geschätzt, das waren zwölf Prozent des Bruttoinlandsprodukts. Abgesehen von den neuen und weiter wachsenden Märkten für Elektronik und Telekommunikationsausrüstungen arbeiteten die Unternehmen in fast allen übrigen Industriebereichen mit einer Kapazitätsauslastung von fünfzig Prozent und weniger. Textilfasern und Textilien, Stahl und

Maschinen, Kühlschränke und Waschmaschinen, Fernsehgeräte, Fahrräder, Motorräder, Automobile: Auf allen diesen Märkten tobte ein ruinöser Preiskampf, der die Preise nach unten und die Firmen in die roten Zahlen trieb. Im März 1998 erreichten die Lagerbestände der Industrie 23 Prozent des Bruttoinlandsprodukts – vieles von dem, was da lagerte, war unverkäuflich.

Dengs Wachstumsmodell war, wie zehn Jahre zuvor das japanische, an sein Ende gekommen. Es funktionierte, solange die Märkte rasch wuchsen. Aber Anfang der neunziger Jahre war die von Mao ererbte Mangelwirtschaft überwunden. Knappheit wurde abgelöst durch Überangebot, der Verkäufermarkt wurde zum Käufermarkt. Die Öffnung des Landes brachte zudem durch Importe und Auslandsinvestitionen eine massive ausländische Konkurrenz in den chinesischen Markt hinein. In dieser fundamental neuen Lage erwiesen sich die im Investitionstaumel aufgebauten Industriekapazitäten und Immobilien als riesige Überkapazitäten. Viele der Geschäfts- und Wohngebäude sind überdies schlecht und in schlechten Lagen gebaut worden und werden vielleicht nie Mieter finden. Ebenso waren viele Produktions-

Asienkrise 1997/98

Veränderung des Bruttoinlandsprodukts (in Prozent)

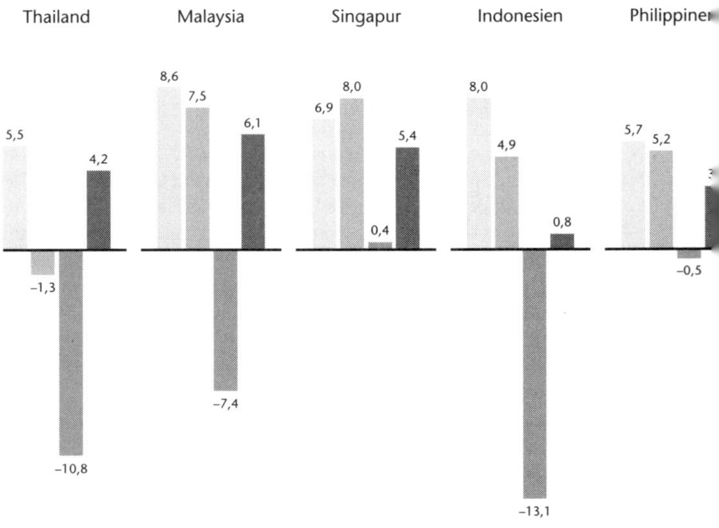

Quelle: China Statistical Yearbook 2001 und Deutsche Bank Research.

kapazitäten der Staatsunternehmen wie der ländlichen Industrie veraltet, sie zu verschrotten war das Beste, da sie unter den neuen Bedingungen nie mehr wettbewerbsfähig sein würden. Im Investitionsrausch des Dengschen Kaderkapitalismus war eine »Ballon-Industrie« entstanden, deren Produktionskapazität jetzt unter dem Ansturm des Wettbewerbs auf ihre wahre Größe zurücksank.

Asienkrise 1997/98

Am 2. Juli 1997 warf Thailands Zentralbank das Handtuch. Sechs Monate hatte sie gekämpft und den Wechselkurs des Baht gegenüber dem US-Dollar verteidigt. Nun gab sie den Kurs frei, der Baht stürzte am ersten Tag um fünfzehn Prozent und halbierte sich bis Jahresende fast. Wie Dominos fielen auch die übrigen an den Dollar gebundenen Währungen der ost- und südostasiatischen Tigerländer. Der Kurs des südkoreanischen Won, der noch Anfang 1997 bei 844 Won für einen Dollar lag, sank bis zum 12. Dezember auf ein Rekordtief von

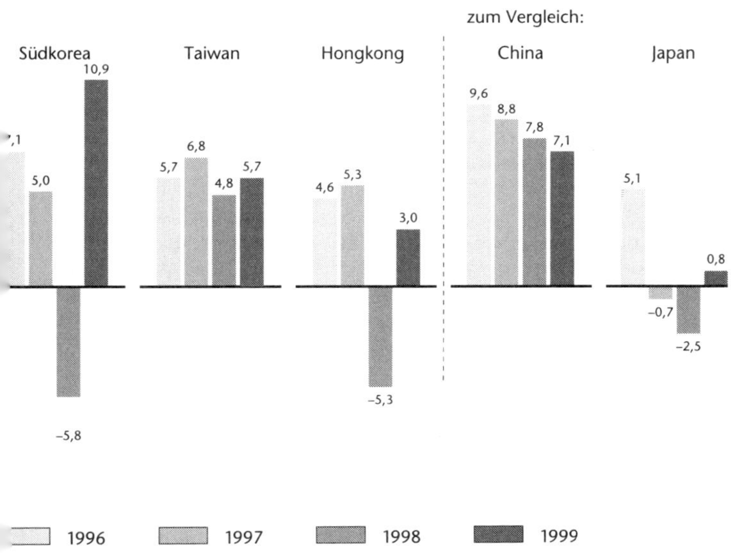

1891 Won. Die Währung Indonesiens brach regelrecht zusammen; zahlte man Anfang 1997 für einen Dollar 2383 Rupiah, so waren es am 22. Januar des folgenden Jahres 16000. Nur die Hongkong Monetary Authority wehrte den Angriff auf den Hongkong-Dollar am 23. Oktober 1997 in einer dramatischen Schlacht ab, die Über-Nacht-Zinsen stiegen auf dreihundert Prozent. Die Verteidigung des Hongkong-Dollar wurde freilich erkauft um den Preis hoher Zinsen, eines Zusammenbruchs des Immobilien- und des Aktienmarkts und einer schweren Rezession. Eine Deflation im Innern ersetzte die Abwertung; sie erfasste zuerst die Aktien- und Immobilienpreise und griff von da auf die Güter- und Dienstleistungspreise und die Löhne über.

Wie die Währungen, so brachen die Volkswirtschaften Ost- und Südostasiens zusammen. Am schlimmsten traf es Indonesien, hier stürzte die Krise auch das Regime Suharto. Am widerstandsfähigsten erwies sich Taiwan, wo Währung und Wachstum sich nur relativ leicht abschwächten.

Die Asienkrise wird in ihrem Kern erklärt als Währungs- und Finanzkrise, die heraufbeschworen wurde, als die japanischen, europäischen und amerikanischen Banken plötzlich ihr Kapital aus den ostasiatischen Ländern abzogen. Doch diese Erklärung bleibt an der Oberfläche. Die Frage lautet: Warum zogen die Banken ihr Kapital ab? Und die Antwort darauf ist: Weil sie erkannten, dass die Wachstumsstrategie der Tigerländer nicht mehr aufging. Wie Japan hatten diese ohne Rücksicht auf Rentabilität und Verschuldung riesige Industriekapazitäten aufgebaut, um die Produkte auf die Weltmärkte zu werfen. Und wie in Japan bildeten Elektronikprodukte den Hauptexport. Schon 1996, ein Jahr vor dem offenen Ausbruch der Krise, zeigte sich, dass der Weltmarkt die Flut der ostasiatischen Exporte nicht mehr aufnehmen konnte. Die Wachstumsrate der südkoreanischen Exporte ging von 31,5 Prozent im Jahre 1995 auf nur noch 4,1 Prozent zurück; das Exportvolumen erhöhte sich zwar weiter, doch die Exportpreise verfielen – die Preise für die Sechzehn-Megabit-Speicherchips, das damalige Hauptexportprodukt Südkoreas, sanken um achtzig Prozent. Das lange so erfolgreiche japanische Wachstumsmodell war nun auch in den Tigerländern an sein Ende gekommen.

Ein Unglück kommt selten allein

Die Deflationskrise Chinas wird zumeist als Teil der Asienkrise gesehen. Daran ist so viel richtig, dass beide Krisen viele Ähnlichkeiten aufweisen. Doch die Asienkrise wurde von außen ausgelöst, durch den Abzug des Auslandskapitals. Die chinesische Deflation dagegen war hausgemacht. Sie wurde durch die Asienkrise nur verschärft, als die drastische Abwertung der Währungen der ost- und südostasiatischen Nachbarländer und der schwere Einbruch ihrer Volkswirtschaften 1998 die beiden Motoren des chinesischen Wachstums der Vorjahre trafen: die Exporte und den Zufluss von Auslandskapital.

Die ost- und südostasiatische Region war einer der Hauptabsatzmärkte Chinas: Siebzehn Prozent der chinesischen Exporte gingen nach Japan, fünf Prozent nach Südkorea und vier Prozent in die ASEAN-Länder. Insgesamt fielen Chinas Exporte nach Asien 1998 um 25 Prozent. Die erhöhten Exporte nach Amerika und Europa konnten dies nicht ausgleichen. Waren die Gesamtexporte 1997 noch um 21 Prozent gestiegen, so erhöhten sie sich 1998 lediglich noch um 0,5 Prozent. Der Handelsüberschuss, der 1997 dem Wirtschaftswachstum zwei Punkte hinzugefügt hatte, leistete jetzt nur noch einen kleinen Beitrag – und diesen hauptsächlich deswegen, weil die Importe um 1,5 Prozent fielen. Die starken Abwertungen der Währungen der Tigerländer verschärften zudem für Chinas Unternehmen die Konkurrenz auf dem Weltmarkt wie auf dem heimischen Markt. Die chinesischen Exportpreise sanken, einer Erhöhung des realen Exportvolumens um 8,2 Prozent stand 1998 nur die Erhöhung des Exportwerts um 0,5 Prozent gegenüber. Auf dem Heimmarkt heizten insbesondere die Importe aus Südkorea den ohnehin ruinösen Preiskampf an und vertieften die Deflation.

Auch der verminderte Zufluss von Auslandskapital wirkte sich negativ auf die chinesische Wirtschaft aus. Über achtzig Prozent der von außerhalb kommenden Direktinvestitionen stammten aus der Region – mit Hongkong, Taiwan, Japan und Südkorea als den Hauptinvestoren. In der Asienkrise gingen diese Investitionen stark zurück. Der Rückgang wurde jedoch kompensiert durch den erhöhten Zufluss der Direktinvestitionen aus Amerika und Europa. Was jedoch nicht kompensiert wurde, war der massive Abzug von Krediten ausländischer Banken, insbesondere der japanischen Banken. Dazu kam der Einbruch der Hongkonger Börse. Noch im September 1997 waren chinesische Aktien in Hongkong zu Rekordkursen gehandelt worden. 1998 aber verloren die H-Aktien (Aktien chinesischer Staatsunternehmen) 81 Prozent gegenüber ihrem Höchststand und die Red-Chip-Aktien (Aktien von Tochterunternehmen, die chinesische Staatsunternehmen nach Hongkonger Aktienrecht gründeten) 68 Prozent. Die Pekinger Regierung hatte gehofft, eine weitere Reihe von Staatsunternehmen an die Hongkonger Börse bringen zu können und ihnen dringend benötigtes Kapital zuzuführen. Diese Pläne musste sie jetzt aufgeben.

»Von nun an ist China der Führer Ostasiens, nicht Japan«

So sehr die Asienkrise China die Lösung seiner Wirtschaftsprobleme erschwerte, so sehr erhöhte sich in dieser Krise das politische Ansehen Chinas in der Region und in der Welt. Zhu Rongji verzichtete darauf, die Deflation durch eine Abwertung des Yuan zu bekämpfen. Er erkannte richtig, dass eine Yuan-Abwertung eine zweite Abwertungsrunde in der Region auslösen und am Ende auf China zurückschlagen würde. China trug sogar mit einer Milliarde Dollar zum IWF-Stabilisierungsprogramm für Thailand bei.

Die Krise Ost- und Südostasiens legte die Machtverschiebung offen, die sich seit den neunziger Jahren in der Region vollzieht. Ein alterndes, mut- und ziellos gewordenes Japan war dabei, abzudanken. In den sechziger Jahren, eine Generation zuvor, hatte es Japan übernommen, Ost- und Südostasien in einer Fluggänseformation nach oben zu führen. Jetzt drückte es die Region nach unten. Die japanischen Banken zogen massiv Kapital ab, und die japanischen Unternehmen suchten sich durch Exportüberschüsse zu retten, statt den Krisenländern durch Steigerung der Importe zu helfen. China dagegen stand wie ein Fels im Abwertungsstrudel der Region. Während Japan 1998 durch kompetitive Abwertung des Yen die Krise der Region verschärfte, hielt China den Wert des Yuan stabil und trug damit wesentlich zur Rückgewinnung der Stabilität bei. Zum Auftakt des neuntägigen Staatsbesuchs von Präsident Clinton, der exklusiv China gewidmet war, schrieb die »Herald Tribune« am 29. Juni 1998: »Von nun an ist China der Führer Ostasiens, nicht Japan.« Sicherlich eilte diese Einschätzung der Zeit weit voraus. Noch hat China nicht die finanzielle Kraft, um Japans Entwicklungshilfe und Bankkredite an Südostasien zu ersetzen. Aber die Akklamation »der Herald Tribune« kündigte die Zukunft an.

KAPITEL 34

Die Krise der Staatsindustrie bricht aus (1995–1999)

Die Auflösung der Staatswirtschaft unter Deng

Als Deng 1978 antrat, gehörte alles Produktionsvermögen dem Staat. Die Landwirtschaft war in Volkskommunen kollektiviert, die Industrie bestand zu 78 Prozent aus Staatsunternehmen und zu 22 Prozent aus städtischen Kollektivunternehmen und ländlichen Brigade- und Kommuneunternehmen. Der Unterschied zwischen Staats- und Kollektiveigentum stand nur auf dem Papier. In der Wirklichkeit herrschte über die Kollektivfarmen und die Kollektivunternehmen nicht das Kollektiv, dem sie in der Theorie gehörten, sondern die lokalen Partei- und Verwaltungskader.

Dengs Reform löste diese reine Staatswirtschaft Zug um Zug auf. Deng ließ zu, dass die Bauern zu einer de facto privaten Landwirtschaft zurückkehrten. Er ließ weiter zu, dass sich auf dem Lande wie in den Städten viele Menschen selbstständig machten. In den Städten gingen die neuen Selbstständigen vor allem in die Dienstleistungen, wurden Straßenverkäufer und Taxifahrer, richteten Gaststätten und Einzelhandelsgeschäfte ein; seit 1987 kamen zu den Einmann- und Familienbetrieben auch Privatunternehmen im eigentlichen Sinne (mehr als sieben abhängig Beschäftigte) hinzu. Auf dem Lande aber entstand – neben Dienstleistungsbetrieben – eine riesige zweite Industrie, die – wenn auch zum Großteil im Kollektiveigentum der Dörfer und Gemeinden – von Anfang an wie eine Privatindustrie operierte und heute zumeist auch de iure Privateigentum ist. Das dritte Element bei der Auflösung der Staatswirtschaft bildete die Öffnung Chinas für Auslandsinvestitionen. In den achtziger Jahren gründeten Hongkong- und Taiwan-Chinesen Zehntausende kleiner, arbeitsintensiver Unternehmen im leichtindustriellen Bereich, seit 1992 kamen dann auch die transnationalen Konzerne des Westens und Japans und errichteten große Gemeinschaftsunternehmen und hundertprozentige Tochterunternehmen in den kapital- und technologieintensiven Bereichen. Nach zwanzig Jahren der Reform hatte sich so bis 1997 die ehemals einheitliche Staatswirtschaft in eine bunte Unternehmenslandschaft verwandelt, in der Unternehmen der verschiedensten Eigentumsformen miteinander im Wettbewerb stehen.

Die offizielle Statistik unterscheidet:

– *Staatsunternehmen*

1997 gab es 305 000 Staatsunternehmen, die allermeisten von ihnen waren Kleinunternehmen. 128 000 Unternehmen betätigten sich im industriellen Bereich, auf sie entfielen zwei Drittel der Anlageinvestitionen. Verwaltet wurden die 305 000 Staatsunternehmen auf vier Regierungsebenen: Die Großunternehmen der Material- und Schwerindustrie, die Eisenbahn und die Telekommunikation unterstanden den Branchenministerien der Zentralregierung in Peking. Größere Unternehmen wurden von Provinzregierungen und den Regierungen der vier Großstädte mit Provinzrang kontrolliert, mittelgroße und kleine Unternehmen residierten bei den Präfekturregierungen (wo es diese gab) und den Landkreisregierungen sowie bei den Stadtverwaltungen mit Präfektur- oder Landkreisrang.

– *Aktiengesellschaften*

Diese waren bis 1997 so gut wie ausschließlich aus Staatsunternehmen entstanden, die in Aktiengesellschaften umgewandelt wurden; der Staat behielt die Mehrheit oder jedenfalls einen zur Kontrolle ausreichenden Anteil. Die Aktien wurden an den beiden heimischen Börsen Shanghai und Shenzhen in zwei Formen notiert: als A-Aktien, die nur von Einheimischen, und als B-Aktien, die nur von Ausländern gekauft werden können. Die dritte wichtige Börse ist Hongkong. Auch hier gibt es zwei Formen chinesischer Aktien: die H-Aktien und die Red-Chip-Aktien. Die »Roten Chips« sind Aktien von Hongkonger Tochterfirmen chinesischer Staatsunternehmen. Das Mutterunternehmen gab dabei in die Hongkonger Tochterfirma Teile seiner Produktions- oder Dienstleistungsbetriebe, behielt an der Tochter einen kontrollierten Kapitalanteil und brachte den Rest an die Börse. So gründete etwa der Telekommunikationsgigant China Telecom eine Hongkonger Tochterfirma, die China Telecom Hongkong (heute: China Mobile), der er das Mobilfunkgeschäft mehrerer Provinzen übergab.

– *Städtische Kollektivunternehmen*

Ihr Grundstock entstand Mitte der fünfziger Jahre durch den Zusammenschluss kleiner enteigneter Privatbetriebe. Sie sind de facto Staatsunternehmen zweiter Klasse, die geringere Löhne und Gehälter als diese zahlen und weniger soziale Vergünstigungen bieten.

– *Dorf- und Kreisunternehmen*

Diese Unternehmen gehören dem Namen nach einem Dorf- oder Gemeindekollektiv, in Wirklichkeit herrschen über sie die Parteisekretäre und die Dorf- oder Gemeindeverwaltungen. Die Unternehmen operierten von Anfang an wie vom Markt abhängige Privatunternehmen. Bis zum Ende der Deng-Zeit standen viele auch de iure in Privateigentum, und seither setzt sich die Privatisierung schnell fort. Es gibt heute, im Jahre 2000, wohl nur noch wenige »Dorf- und Gemeindeunternehmen« in Kollektiveigentum.

– *Unternehmen in individuellem Eigentum (getihu)*
Unter diese Kategorie fallen Selbstständige sowie Familienbetriebe mit bis zu sieben abhängig Beschäftigten. Sie machen die große Zahl der in Privateigentum stehenden Betriebe auf dem Lande wie in den Städten aus.
– *Privatunternehmen (siying qiye)*
Als solche ordnet die chinesische Statistik Unternehmen mit mehr als sieben abhängig Beschäftigten ein. Legalisiert wurden diese Unternehmen erst 1988 durch die »Regierungsverordnung über Privatunternehmen«.
– *Unternehmen mit Kapitalbeteiligung aus Hongkong, Macao und Taiwan*
Diese drei Volkswirtschaften wurden von China nie als Ausland angesehen. Hongkong und Macao sind 1997 und 1999 de iure zu Teilen Chinas geworden, behalten aber als »Sonderverwaltungsregionen« ihre bisherigen Rechts- und Wirtschaftssysteme bei, Taiwan wird von der Pekinger Regierung als eine Provinz Chinas betrachtet.
– *Ausländische Unternehmen*
In den großen kapital- und technologieintensiven Industrien wie der Automobilindustrie oder der Industrie für Telekommunikationsausrüstungen sind dies bis heute fast ausschließlich Gemeinschaftsunternehmen mit chinesischen Staatsunternehmen. Besonders in den letzten Jahren ist daneben im Konsumgüterbereich und im Bereich der Zulieferteile und der Nischenprodukte eine große Zahl von hundertprozentigen ausländischen Tochterfirmen entstanden. Hongkonger, südkoreanische und japanische Unternehmen schlossen sich zur Verlagerung arbeitsintensiver Produktionsprozesse häufig zu Gemeinschaftsunternehmen auch mit ländlichen Firmen zusammen.

Zu Beginn der Dengschen Reform trug die Staatsindustrie 78 Prozent zur Bruttoindustrieproduktion bei, bei Dengs Tod 1997 waren es nur noch knapp 32 Prozent, ein Jahr später nur noch 28 Prozent.

Dinosaurier in einer neuen Umwelt

Mitte der neunziger Jahre gerieten die Staatsunternehmen in die Krise. Von 1985 bis 1995 war die Zahl der Unternehmen, die Verluste meldeten, von 9,6 Prozent auf 45 Prozent gestiegen. 1996 schnellte sie auf sechzig Prozent hoch.[5] Zum ersten Mal sank die Staatswirtschaft in ihrer Gesamtheit in die roten Zahlen; die profitablen Firmen, unter ihnen die lukrativen Staatsmonopole wie China Telecom, glichen die Verluste der verlustbringenden Unternehmen nicht mehr aus.

Die offiziellen Angaben beschönigten dabei die Situation noch.

Industrieunternehmen nach Eigentumsformen 1978 bis 1998
(in Prozentanteilen an der Bruttoindustrieproduktion*)

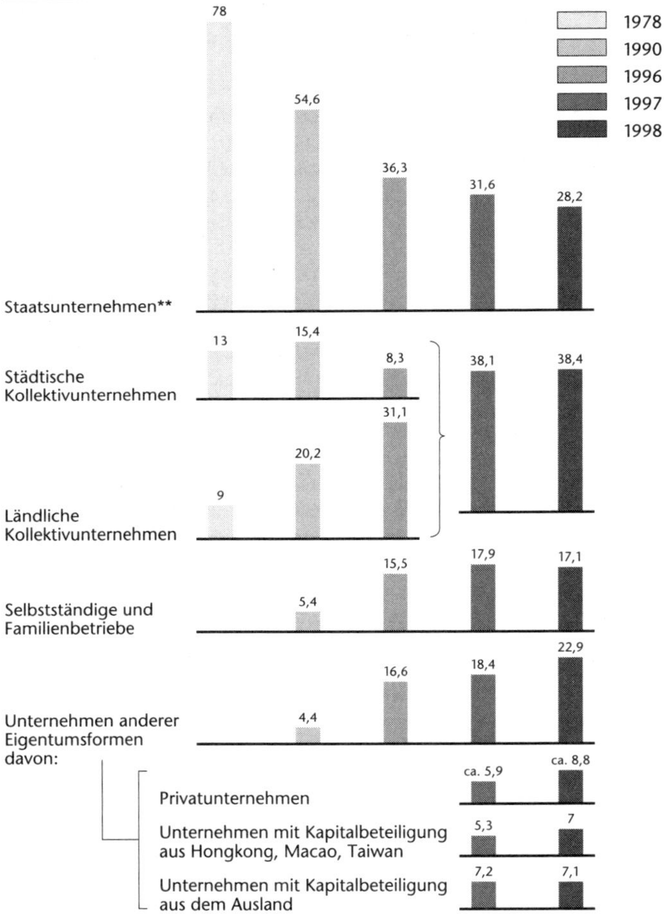

* Die Bruttoindustrieproduktion enthält Doppelzählungen von Vorleistungsgütern, deckt sich also nicht mit der Wertschöpfung. Nach Wertschöpfung liegt der Anteil der Staatsindustrie, die bei Großunternehmen vertikal integriert ist, einige Prozentpunkte höher.

** Staatsunternehmen einschließlich Aktiengesellschaften, an denen der Staat einen kontrollierenden Anteil hält.

Quelle: Errechnet nach China Statistical Yearbook 1999, S. 421, 423, 427, sowie 1997, S. 456.

So manches der Staatsunternehmen, das in den Bilanzen Gewinne zeigte, hätte bei korrekter Bilanzierung Verluste offenlegen müssen. Edward Steinfeld, Professor für Management an der Sloan-Business School des Massachusetts Institute of Technology (MIT), untersuchte eine Reihe von großen chinesischen Stahlunternehmen.[6] Sie alle wiesen für die Jahre 1992 bis 1995 Gewinne aus, waren in Wirklichkeit aber mit immer wiederkehrenden Liquiditätskrisen konfrontiert.

Ein Beispiel bietet die Anshang Iron and Steel Company in der Provinz Liaoning, ein Stahlgigant mit 220000 Beschäftigten. Für 1994 wies Angang (so die Kurzform) in seiner Bilanz einen – wenn auch überaus bescheidenen – Gewinn von 224 Millionen Yuan aus. Ein Blick auf die kurzfristigen Aktiva in Höhe von neunzehn Milliarden Yuan enthüllte jedoch, dass davon nur drei Prozent aus Barmitteln bestanden; 61,5 Prozent bestanden aus Forderungen (unbezahlten Rechnungen für Stahllieferungen) und 34,4 Prozent aus Lagerbeständen. Von den Forderungen war ein großer Teil nicht einzutreiben, von den Lagerbeständen ein großer Teil unverkäuflich. Hätte Angang dafür adäquate Rückstellungen und Wertberichtigungen angesetzt, wäre die Bilanz tief in die roten Zahlen gesunken. Der Gewinn stand nur auf dem Papier. Kein Wunder, dass Angang immer wieder in Liquiditätskrisen geriet und die Löhne nicht auszahlen konnte. Erst wenn die Staatsbanken neue Kredite gaben, ging es wieder weiter. Angang ist, wie Steinfeld betont, ein typisches großes Staatsunternehmen und keineswegs ein besonders schlecht geführtes. Wie musste es da erst bei den Firmen aussehen, die keine Möglichkeit mehr fanden, in ihren Bilanzen die Verluste zu verstecken?

Die Regierung hielt, um Massenentlassungen zu vermeiden, die verlustbringenden Unternehmen über Wasser. Zuerst tat sie dies durch Subventionen aus dem Staatshaushalt. Als die Summen aber immer höher wurden und das Geld ausging, übertrug sie die Aufgabe, die Staatsindustrie am Leben zu halten, an die Staatsbanken. Diese pumpten nun Jahr für Jahr bis zu neunzig Prozent ihrer Darlehen in die Staatsunternehmen – wissend, dass sie von diesem Geld wenig wiedersehen würden. Des ungeachtet wiesen die Banken in ihren Bilanzen – genauso wie ihre Kunden – nach außen Gewinne aus. Notleidende Kredite wurden nicht wertberichtigt. Erklärte sich eine Staatsfirma bei Fälligkeit des Kredits außer Stande, ihn zurückzuzahlen, finanzierte die Bank die Rückzahlung (plus Zinszahlung) durch einen neuen Kredit. Die Bank buchte einen Zinsgewinn, der notleidende Kredit war aus den Büchern verschwunden, und der neue Kredit musste sich erst einmal durch zweijährigen Zinsausfall wieder als notleidend herausstellen. Darüber hinaus gaben die Banken unaufhörlich neues Geld für Investitionen, die Verschuldung der Staatsunternehmen stieg immer weiter an und mit ihr der Anteil der notleidenden Kredite in den Portfolios der Staatsbanken.

In den letzten Jahren Dengs nahm diese Entwicklung beängstigende Ausmaße an. Am Ende der Deng-Zeit, 1997, gab die Zentralbank zu, dass rund 25 Prozent der von den vier großen Staatsbanken ausgegebenen Kredite notleidend seien; fünf bis sechs Prozent betrachtete sie als endgültig verloren. Unabhängige Experten schätzten – wohl zutreffender – den Anteil der notleidenden Kredite auf fünfzig Prozent und den Anteil der als endgültig verloren zu betrachtenden Kredite auf mindestens dreißig Prozent. Diese dreißig Prozent der wertlosen Kreditforderungen in den Büchern der Banken überstiegen das Eigenkapital der Institute um ein Mehrfaches. Die Staatsbanken waren also – genau wie viele ihrer Kunden – technisch zahlungsunfähig. Nur die stetigen Zuflüsse privater Spareinlagen hielten sie liquide.

Die Staatsunternehmen waren in ihrer bestehenden Form in der sich entfaltenden Marktwirtschaft nicht überlebensfähig. Sie waren in der Planwirtschaft aufgewachsen und drohten nun durch den Wandel der Umwelt, wie einst die Dinosaurier, unterzugehen. Am unmittelbarsten betroffen waren die Hunderttausende kleiner Staatsunternehmen, die von ihren neuen Konkurrenten, den ungleich schnelleren und flexibleren ländlichen Unternehmen, aus dem Markt vertrieben wurden. Vom Aussterben bedroht waren aber auch viele der großen Dinosaurier in der verarbeitenden Industrie mit ihrer zum Teil fünfzig Jahre alten Technologie; sie sahen sich seit Mitte der neunziger Jahre immer mehr der Konkurrenz von Importen und von westlichen wie japanischen Gemeinschaftsunternehmen ausgesetzt.

Nicht für den Markt geschaffen

Als Mao mit dem Ersten Fünfjahresplan (1952–1956) begann, eine Staatsindustrie aufzubauen, da tat er dies nicht, damit sie auf den Märkten konkurriere und Gewinne mache. Ihre Aufgabe war eine andere: Sie sollte China eine eigene schwerindustrielle Basis geben; die staatlichen Konsumgüterindustrien sollten die Regierung finanzieren; hohe Gewinne wurden dabei nicht durch hohe Produktivität und Wettbewerbsfähigkeit gewährleistet, sondern durch hohe Monopolpreise. In den sechziger Jahren kam ein weiteres Ziel hinzu: Die Staatsindustrie sollte auch im Kriegsfall in der Lage sein, Rüstungs- und andere schwerindustrielle Güter zu produzieren. Mao entwickelte die Strategie der »Dritten Linie« und ließ riesige Fabriken im bergigen Innern Chinas aufbauen – an Standorten, die von vornherein jede kommerzielle Wettbewerbsfähigkeit ausschlossen.

Zu diesen wirtschaftlichen und sicherheitspolitischen Zielen kam der soziale Auftrag hinzu, Arbeitsplätze zu schaffen. Wenigstens für einen kleinen Teil des chinesischen Volkes – für die Arbeiter und Angestellten in den Staatsunternehmen – sollte das sozialistische Versprechen Wirklichkeit werden. So wurde für sie die »eiserne Reisschüssel« geschaffen: Lebenszeitanstellung und soziale Versorgung von der Wiege bis zur Bahre. Die Verfassung der Volksrepublik China nannte die Arbeiter die »Herren des Staates«. Die privilegierten Beschäftigten der Staatsunternehmen und der anderen Staatsorganisationen, die am Ende der Mao-Zeit zusammen 75 Millionen zählten und knapp ein Fünftel der Erwerbsbevölkerung ausmachten, sollten die verlässliche Machtbasis der Partei bilden. Die Staatsunternehmen waren deshalb ebenso sehr Wohlfahrts- wie Produktionseinrichtungen. Und sie zahlten Renten: Bei Unternehmen, die Anfang der fünfziger Jahre gegründet worden waren, erreichte die Zahl der Pensionäre bis Ende der neunziger Jahre oft die Hälfte der Zahl der Beschäftigten. Die gesamte soziale Absicherung der in den Staatsunternehmen Beschäftigten lag also in der Verantwortung der Unternehmen, die für die große Mehrheit der Städter Arbeitgeber und Sozialversicherer zugleich waren.

Wer im Angang-Stahlwerk von den Hochöfen herab über die gigantische smogverhangene Fabrikstadt blickt, sieht Produktionsanlagen, die sich bis zum Horizont erstrecken. Mitten in diesen Anlagen liegen riesige Wohngebiete für die 220 000 Beschäftigten, sechs Krankenhäuser, neun Sekundär- und Berufsschulen und anderes mehr. Zusätzlich zu den 220 000 Beschäftigten des Kernunternehmens unterhielt Angang Mitte der neunziger Jahre über dreihundert Kollektivfirmen, die es gegründet hatte, um Arbeit für die Angehörigen und Kinder der Beschäftigten des Unternehmens zu schaffen; die Kollektivunternehmen gaben nochmals 178 000 Menschen Arbeit. Zu alldem hatte Angang an 110 000 Pensionäre Renten zu zahlen.

In der Periode der Planwirtschaft ging es für die Staatsunternehmen darum, das Plansoll zu erfüllen. Das Fehlen jeglichen Wettbewerbs hatte eine ineffiziente Produktion zur Folge. In dieselbe Richtung wirkte der Auftrag, möglichst viele Arbeiter zu beschäftigen. Dazu kam die absolute Sicherheit des Arbeitsplatzes für die auf Lebenszeit eingestellten Arbeitnehmer. Bis 1992 kannte das kommunistische China keinen Bankrott für Staatsunternehmen und keine Entlassungen für Lebenszeitarbeiter. Dieser überzogene Schutz des Arbeitsplatzes führte zu einer niedrigen Arbeitsmoral. Ein verbreiteter Spruch der Deng-Ära lautete: »Löhne hängen ab von Bankdarlehen, Arbeit hängt ab von den (auf Zeit angeheuerten) Wanderarbeitern.«

Deng hatte Mitte der achtziger Jahre das Problem der Ineffizienz in den Staatsunternehmen auf die gleiche Weise zu lösen versucht, wie er das Ineffizienzproblem in der Landwirtschaft gelöst hatte. Dort hatte die Übertragung der Produktionsverantwortung auf die Bauern Wunder gewirkt. Und so übertrug er nun auch den Chefs der Staatsunternehmen die Verantwortung für Produktion und Gewinn und räumte ihnen Autonomie ein, die Produktion zu planen, die Löhne in der Firma festzusetzen und die Verkaufspreise der Produkte zu bestimmen. Nach dem am häufigsten angewandten Modell schlossen der Generaldirektor des Unternehmens und das Branchenministerium in Peking beziehungsweise die lokale Behörde, der das Unternehmen zugeordnet war, einen langfristigen »Gewinnvertrag«, in dem der Manager sich verpflichtete, den Gewinn des Unternehmens im jährlichen Durchschnitt um einen bestimmten Prozentsatz zu steigern.

Trotz des Gewinnvertrags stand jedoch unverändert nicht der Gewinn im Zentrum des Handelns des Managers. Er hatte zunächst ganz andere Sorgen: Er musste sich mit dem Parteisekretär und der Parteizelle des Unternehmens gut stellen, denn die Partei, nicht die Behörde, mit der er den Vertrag abgeschlossen hatte, entschied über seine Beförderung oder seine Entlassung. Das Interesse des Parteisekretärs jedoch war zunächst einmal ein politisches: Seine Karriere hing davon ab, dass es keine Unzufriedenheit der Arbeiter im Unternehmen gab. Und so musste der Manager den Forderungen der Arbeiter nach höheren Löhnen, höheren Bonuszahlungen und zusätzlichen sozialen Vergünstigungen nachkommen, um Unruhen im Unternehmen vorzubeugen. In der Tat stiegen nach Einführung der Managerautonomie die Löhne in den Staatsunternehmen stärker als der Produktivitätszuwachs; es spielte dabei keine Rolle, ob das Unternehmen Gewinn oder Verlust machte.

Der Manager musste sich ferner mit den vielen Partei- und Regierungsstellen gut stellen, die auf sein Unternehmen und sein persönliches Schicksal Einfluss nehmen konnten. Selbst bei einem der Zentralregierung unterstellten Großunternehmen forderte nicht nur Peking Steuerzahlungen, sondern auch die Provinz und die Stadt, in der das Unternehmen angesiedelt war, erwarteten einen wesentlichen finanziellen Beitrag. Die Stadt wollte etwa eine Straße bauen oder ein Schwimmbad errichten und beanspruchte eine hohe Sonderabgabe mit der Begründung, dass dies alles ja auch den Beschäftigten des Staatsunternehmens zugute komme. Sich gegen diese Ausplünderung des Unternehmens zu wehren, barg Risiken für die Karriere des Managers, und so bekundete er lieber patriotische Begeisterung und machte gute Miene zum bösen Spiel. Der Konzern Angang zum Beispiel zahlte 1992 Umsatz- und Einkommenssteuern sowie Abgaben in Höhe von 2,53 Milliarden Yuan und behielt lediglich einen Gewinn von 33 Millionen Yuan ein. Der Generaldirektor rühmte sich, sein Unternehmen führe mehr Steuern an den Staat ab als die ganze Provinz Guangdong. Es war ja auch nicht *sein* Geld.

Damit kommen wir zu dem grundsätzlichen Unterschied zwischen dem Bauern, der die Produktionsautonomie nutzt, um für den eigenen Gewinn zu schuften, und dem Staatsmanager, dem der Gewinn nicht gehört. Er hat kein Eigeninteresse, den Gewinn in das Zentrum seines Verhaltens zu stellen, und es gibt keinen äußeren Zwang, der ihn dazu treibt. Selbst in den Marktwirtschaften des Westens geht man nicht davon aus, dass die Manager ganz von sich aus im Sinne der Unternehmenseigentümer gewinnorientiert agieren. Dafür, dass sie dies tun, sorgt vielmehr eine ganze Reihe von Institutionen. Es gibt strikte Buchhaltungsregeln und externe Buchprüfer, die für ihren Prüfbericht die Verantwortung tragen; es gibt Vorschriften über die regelmäßige Veröffentlichung von Daten, die die finanzielle Lage des Unternehmens darstellen; es gibt für Aktiengesellschaften Aufsichtsräte, die das Management im Sinne der Eigentümer überwachen; es gibt funktionierende, scharf kontrollierte Kapitalmärkte; es gibt Banken, die Kredite nur nach strikt kommerziellen Regeln gewähren; es gibt für börsennotierte Aktiengesellschaften unabhängige Analysten in den Investmentbanken, die die Firmen von außen begutachten; es gibt die Verwaltungen der großen Aktienfonds, die vom Management »Performance« einfordern und mit Entlassung drohen, wenn es nicht eine hohe Kapitalrendite erwirtschaftet; es gibt, nicht zuletzt, die ständige Drohung einer feindlichen Übernahme, falls das Unternehmen sein Gewinnpotenzial nicht ausschöpft. Kurz, Märkte funktionieren nicht von selbst, sie müssen durch ein wirksames Rechtssystem und eine Fülle von Institutionen zum Funktionieren gebracht werden.

All dies fehlte in China fast völlig. Es fehlte ein wirksames Rechtssystem, dessen Gesetze verlässlich vor Gerichten durchgesetzt werden können, und es fehlte an wirksamen Institutionen zur Überwachung der Manager. Den Chefs der Staatsunternehmen unter diesen Umständen freie Hand zu geben, konnte nur in ein Desaster führen. Und genau so kam es. Effizienz und Profitabilität der Unternehmen verschlechterten sich durch die Reform, statt sich zu verbessern.

Dazu trug nicht unerheblich die Strategie bei, mit der die Manager Bilanzgewinne schufen. Sie bestand darin, Produktionskapazitäten und Produktion ohne Rücksicht auf die kaufkräftige Nachfrage auszuweiten. Man verkaufte die Produkte selbst an Abnehmer, von denen man wusste, dass sie nicht bezahlen konnten, setzte die Forderungen ohne Wertberichtigung in die Bilanz ein und zeigte so Gewinne. Je mehr man an zweifelhaften Forderungen ansammelte, umso größere

Gewinne konnte man ausweisen. Wenn man schon nicht den wirklichen Gewinn maximieren konnte, maximierte man wenigstens den »Papiergewinn«. Die Gewinnstrategie verwandelte sich in eine Werte zerstörende Strategie, die die Verschuldung des Unternehmens stetig ansteigen ließ, ohne Gegenwerte zu schaffen.

Möglich war dies alles nur, weil die Staatsbanken, um Bankrotte und Massenentlassungen zu vermeiden, immer weitere Kredite gaben. Ein Werte zerstörender Kreislauf entstand.

- Manager und Arbeiter der Staatsunternehmen bedienten sich zunächst einmal selbst kräftig aus den Einnahmen der Unternehmen.
- Eine Vielzahl staatlicher Stellen plünderte die Unternehmen aus, trieb Umsatzsteuern ein ohne Rücksicht darauf, ob für die Lieferungen Zahlungen eingingen, legte Einkommensteuern ohne Rücksicht auf den wirklichen Gewinn fest, trieb Abgaben für alle nur denkbaren Zwecke ein.
- Die Manager selbst verschwendeten Investitionskapital für den Aufbau von Überkapazitäten. Je größer das Unternehmen wurde, desto höher stiegen sie selbst im Rang, und desto leichter konnten sie Scheingewinne in der Bilanz ausweisen.
- Die Banken schließlich pumpten das ihnen von den Sparern anvertraute Geld pausenlos in das schwarze Loch der Staatsunternehmen.

Das System führte auf Dauer offensichtlich in den Staatsbankrott. Eine neue Reformmaßnahme bewirkte nach 1992 jedoch nochmals einen Aufschub: die Umwandlung von Staatsunternehmen in Aktien-

Verschuldung ohne Gegenwerte

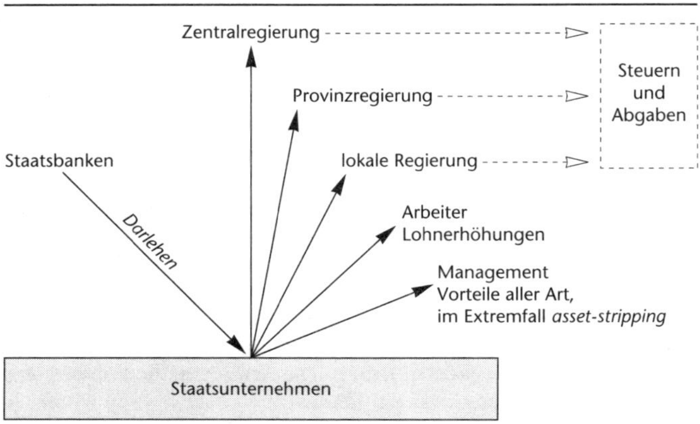

gesellschaften und den Verkauf eines Minderheitsanteils der Aktien an den Börsen. Die Reform sollte zwei Fliegen mit einer Klappe schlagen: Sie sollte den Staatsunternehmen dringend benötigtes Kapital zuführen. Und sie sollte gleichzeitig klare Eigentumsverhältnisse schaffen und die seit langem angestrebte Trennung von Staat und Unternehmen bringen und so den Managern eine gewinnorientierte Unternehmensführung ermöglichen. Doch diese Hoffnung trog. Edward Steinfeld untersuchte in seiner Studie am Falle der Ma'anshan Iron and Steel Company (Kurzform: Magang) in der Provinz Anhui, welche Auswirkung auf das Management die Umwandlung in eine Aktiengesellschaft mit sich brachte, und kam zu dem deprimierenden Ergebnis: Es änderte sich nichts!

Um die Börseneinführung von Magang vorzubereiten, wurde das Unternehmen in eine Holdingfirma und in die Magang Steel AG gespalten. Die Holding übernahm die (unprofitablen) Eisenerzgruben, die Baufirmen, sämtliche Sozialdienste wie Wohnungen, Krankenhäuser, Schulen sowie 30000 der 83000 Beschäftigten. Die Holding war auch verantwortlich für die Pensionszahlungen. Was übrig blieb, war das eigentliche Stahlunternehmen, das auf diese Weise für die Börse attraktiv gemacht wurde. Die Holding behielt 62,5 Prozent der Aktien von Magang Steel, die übrigen Aktien verkaufte sie am 26. Oktober 1993 als H-Aktien an der Hongkonger Börse und als A-Aktien an der Shanghaier Börse.

Auch nach Börseneinführung operierte die Magang Steel jedoch wie bisher. Sie maximierte Produktionskapazität und Produktion, verkaufte weiter auf (verlorenen) Kredit und produzierte weiter auf Lager. Zwischen der »modernen« Aktiengesellschaft Magang Steel und der traditionellen Staatsfirma Angang war im Management kein Unterschied festzustellen. Zur Finanzierung der Expansion hielt sich Magang Steel allerdings zum Teil an die Holding: Das Unternehmen bezahlte der Holding nur einen Bruchteil der vereinbarten Beträge für die sozialen Dienstleistungen und überwies der Holding – im Unterschied zu den anderen Aktionären – keine Dividende. Die Holding stand dem machtlos gegenüber. Sie war zwar der Mehrheitseigentümer von Magang Steel, konnte aber das Management nicht ablösen, denn Ernennung und Abberufung von Topmanagern blieben allein Sache der Partei. Auch die Provinzregierung und die lokalen Behörden überforderten das Unternehmen weiterhin mit Steuern und Abgaben, doch hielten sie sich jetzt an die Holding, nicht an die im Rampenlicht der internationalen Aufmerksamkeit stehende Börsenfirma. In dieser Lage blieb der Holding nichts anderes übrig, als sich durch weitere Bankkredite über Wasser zu halten. Die Staatsbanken machten mit, um Massenentlassungen zu vermeiden.

Die Aktieneinführung hatte 6,6 Milliarden Yuan an neuem Kapital gebracht. Die Aktie schoss anfangs auf fast neun Hongkong-Dollar hoch, doch schon im Februar 1994 fiel sie steil zurück und dümpelt seither zwischen ein und zwei Hongkong-Dollar. An eine Kapitalerhöhung ist nicht zu denken. Wenn an die Börse gebrachte Staatsunternehmen weiter machen wie zuvor, wird der Kapitalfluss auch aus dieser Quelle versiegen.

»Kapitalvernichtungsmaschinen«

Zusammen mit dem chinesischen Statistischen Amt hat die Weltbank die Bilanzdaten von 16000 großen und mittelgroßen industriellen Staatsunternehmen für die Jahre 1995 bis 1997 untersucht. Die Auswertung nach fünf Kategorien brachte folgendes Ergebnis:

- Erste Kategorie: 67 Prozent der Firmen erzielten Nettogewinne nach Bezahlung von Löhnen und Zinsen und nach den erforderlichen Abschreibungen auf die Produktionsanlagen.
- Zweite Kategorie: sieben Prozent der Firmen wiesen einen positiven Cashflow aus. Sie konnten alle Löhne und Zinsen bezahlen, aber nur einen Teil der erforderlichen Abschreibungen vornehmen.
- Dritte Kategorie: sieben Prozent der Firmen konnten zwar die Beschäftigten voll bezahlen, nicht aber die Zinsen; sie konnten keine Abschreibungen vornehmen.
- Vierte Kategorie: zwölf Prozent der Firmen konnten die fälligen Zinsen nicht bezahlen und keine Abschreibungen vornehmen; die Löhne konnten sie nur zum Teil bezahlen.
- Fünfte Kategorie: acht Prozent der Firmen konnten selbst die von anderen Unternehmen bezogenen Vorlieferungen nur zum Teil bezahlen.

Die interne Studie untersuchte die großen und mittleren Unternehmen, die im Ganzen wesentlich besser dastehen als die über 110000 kleinen Industrieunternehmen. Sie zeigt deshalb ein günstigeres Bild, als es eine Untersuchung der Staatsindustrie in ihrer Gesamtheit ergeben hätte. Aber selbst dieses Bild macht deutlich, dass ein Drittel der Firmen mit Verlust arbeitet und ohne wirkliche Reform nicht auf Dauer überlebensfähig ist. Die acht Prozent Firmen der fünften Kategorie sind reine Kapitalvernichtungsmaschinen. Sie können weder Löhne noch Zinsen zahlen, und sie produzieren nicht einmal so viel an verkaufbaren Gütern, wie sie an Materialien und Zuliefererteilen von Vorlieferanten einkaufen. Diese Firmen zu schließen und die Beschäftigten voll weiter zu bezahlen, würde Geld einsparen. Aber auch die 26 Prozent der Firmen in der zweiten bis vierten Kategorie zehren ihr Eigenkapital mehr oder weniger schnell auf. Unter den 67 Prozent profitablen Firmen befindet sich, wie die Studie selbst betont, eine Reihe von Monopolunternehmen. Die Studie erwähnt nicht, welche durchschnittliche Kapitalrendite die Firmen der Ersten Kategorie erwirtschafteten. Es liegt nahe zu vermuten, dass viele nur Renditen unter den internationalen Kapitalkosten erreichen; auch sie vergeuden Kapital.

Ende 1998 bestanden neunzig Prozent aller ausstehenden Bankkredite aus Darlehen an Staatsunternehmen:

Kapitalverschwendung

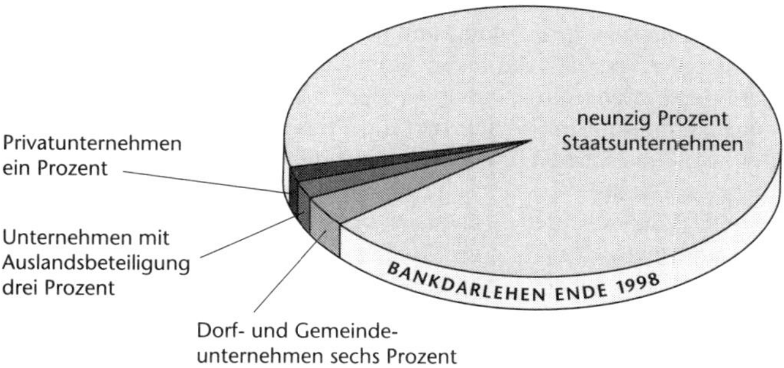

Quelle: Moody's Investors Service.

Fast aller Kredit ging also in den ineffizientesten und zum Teil direkt Werte vernichtenden Sektor der chinesischen Wirtschaft, während der Privatsektor, der allein das Potential hatte, neue Arbeitsplätze und neues Wachstum zu schaffen, durch Kreditmangel an der Entfaltung gehindert wurde. Selbst wenn man von der Gefahr eines Bankenzusammenbruchs absah, war offensichtlich: Wenn China mit dieser gigantischen Kapitalverschwendung fortfuhr, musste das wirtschaftliche Wachstum abbrechen. Eine wirkliche Reform der Staatsunternehmen, der Deng zwanzig Jahre lang ausgewichen war, ließ sich nicht mehr vermeiden. An ihr würde sich Chinas Zukunft entscheiden.

Eine wirkliche Reform der Staatsunternehmen! Machen wir uns klar, was dies bedeutet: Eine wirkliche Reform erfordert zunächst, dass die Staatsbanken künftig Kredite nur noch nach streng kommerziellen Maßstäben an überlebensfähige Firmen vergeben. Damit werden Zehntausende von Staatsfirmen dem Bankrott ausgeliefert. Darüber hinaus müssten auch die überlebensfähigen Unternehmen das überflüssige Personal abbauen. Wirkliche Reform heißt also: Massenverluste von Arbeitsplätzen unvorstellbaren Ausmaßes in der Staatsindustrie. Eine wirkliche Reform macht darüber hinaus Millionen von Menschen in der Staatsbürokratie arbeitslos. Was bleibt dem Maschinenbauministerium in Peking und seinen Ablegern in den Provinzen und Städten zu tun, wenn die Staatsunternehmen zu autonom am Markt operierenden Akteuren werden? Womit sollen sich die Planungskommission in Peking und die Planungskommissionen in den Provinzen und Städten beschäftigen, wenn der Markt über die Investitionen bestimmt?

1995 waren von den 191 Millionen Erwerbstätigen in den Städten 113 Millionen – also rund drei Fünftel – im Staatssektor beschäftigt; die Hälfte von ihnen, wenn nicht mehr, war überflüssig, stand nur herum. Dazu kamen 31 Millionen Beschäftigte in den städtischen Kollektivunternehmen, wo die Lage nicht besser war. In den Städten hingen also vom Staat und den de facto ebenfalls staatlichen Kollektivunternehmen drei Viertel aller Arbeitsplätze ab. In manchen Städten, vor allem in der ehemaligen Mandschurei, dem alten Zentrum der staatlichen Schwerindustrie, war dieser Anteil sogar noch höher. Ausgehend von den Zahlen von 1995 würde bei einer wirklichen Reform des Staatssektors jeder zweite Beschäftigte seinen Arbeitsplatz verlieren. Eine Massenarbeitslosigkeit drohte in den Städten, und es stünde kein soziales Sicherungsnetz bereit, das die Arbeitslosen auffängt.

Die Dengsche Reform kannte keine Verlierer. Sie musste zwar massive ideologische Widerstände der Partei überwinden, denn es war offensichtlich, dass sie mit Sozialismus nicht viel gemein hatte. Aber die Reform griff nirgends in die Status-quo-Interessen der Privilegierten des alten Systems ein. In den Städten blieben die Staatsunternehmen und die sie verwaltenden Bürokratien bestehen, ja dehnten sich weiter aus. Wenn der staatliche Sektor auch sehr viel langsamer wuchs als der nichtstaatliche, so stellte er zwischen 1978 und 1997 doch vierzig Millionen neue Beschäftigte ein. Die im Staatssektor Tätigen hatten unverändert einen sicheren Arbeitsplatz, ihre Löhne und sozialen Vergünstigungen erhöhten sich kontinuierlich. Auf dem Lande brachte die Entkollektivierung der Landwirtschaft den Parteikadern zunächst eine Einbuße an Macht und zusätzlichem Einkommen. Aber die Industrialisierung der ländlichen Gebiete gab ihnen neue und unvergleichlich größere Möglichkeiten, Macht und Einkommen zu steigern. Auf der anderen Seite eröffnete der neu entstehende Markt Millionen von Menschen völlig neue Lebenschancen. Die Bauern, die unter Mao zu Staatssklaven herabgesunken waren, wurden wieder zu ihren eigenen Herren und konnten durch Arbeit zu Wohlstand gelangen. Dem wagemutigen und unternehmerisch Gesinnten erlaubte Dengs Reform, »sich in das Meer der Geschäftswelt zu stürzen (xia hai) und reich zu werden«. Dengs Reform brachte nur Gewinner hervor – wenn auch einige sehr viel mehr gewannen als andere.

Diese Reform ohne Tränen war zu Ende. Die Reform, die jetzt anstand, würde Millionen und Abermillionen von Verlierern schaffen, ja die Menschen in ihrer Existenz bedrohen. Massiver Widerstand war zu erwarten. Konnte man bei Angang zum Beispiel von den 220 000 Beschäftigten auch nur einige Zehntausende der überflüssigen Arbeiter entlassen, ohne zu riskieren, dass alle 220 000 Mann auf Peking zumarschierten? Wer sollte diese Masse aufhalten? Nicht minder gefährlich war der Widerstand der Bürokraten, die ihrer Funktion und ihres Arbeitsplatzes beraubt wurden. Eine wirkliche Reform der Staatsindustrie war eine Reform mit hohem Risiko für die politische Stabilität.

KAPITEL 35

Der Durchbruch zur zweiten Phase der Reform (September 1997)

Jahre des Schwankens (1995 bis September 1997)

Bis Mitte der neunziger Jahre war der Beitrag der Staatsunternehmen zum Bruttoinlandsprodukt bereits auf zwei Fünftel gesunken. Eine Reform der Staatsunternehmen musste auf eine weitere Schrumpfung des Staatssektors hinauslaufen. Am Ende würden die übrig gebliebenen Staatsunternehmen nur noch Inseln im Meer einer privaten Wirtschaft darstellen. Wenn es aber im Marxismus ein Dogma gibt, das unantastbar ist, dann ist dies die Forderung, dass alle Produktionsmittel Eigentum des Staates sein müssen. Man kann mit der marxistischen Lehre eine liberale Demokratie vereinbaren, nicht aber das Privateigentum an den Unternehmen. Das wäre die Rückkehr zum Kapitalismus. China würde seinen sozialistischen Charakter verlieren.

Zwar hat die Dengsche Reform von Anfang an gegen das Dogma des Staatseigentums an den Produktionsmitteln verstoßen, indem sie Privatbetriebe zuließ, aber bis Anfang der neunziger Jahre beschränkte sich in den Städten der private Sektor fast gänzlich auf kleine Selbstständige und Familienbetriebe, die in Dienstleistungen wie Einzelhandel und Gaststättengewerbe tätig waren. Industriebetriebe in Privateigentum entwickelten sich – den Blicken verborgen – fast nur auf dem Lande, und auch hier tarnten sich die Privatunternehmen meist als Dorf- oder Gemeindeunternehmen. All dies ließ sich mit der marxistischen Lehre noch vereinbaren. Schuhputzer und Friseure am Straßenrand änderten den sozialistischen Charakter der Wirtschaft nicht. Der Privatsektor war – so definierte ihn das Gesetz – eine »Ergänzung« der Staatswirtschaft, er füllte Lücken.

Doch nun ließ sich diese ideologische Lebenslüge nicht länger aufrechterhalten. Seit Dengs Südreise 1992 waren die offen deklarierten Privatunternehmen in stürmischem Vordringen, die Staatsunternehmen dagegen sanken immer tiefer in die Krise. Die kleinen Staatsunternehmen in der Konsumgüter- und der Leichtindustrie gingen bereits massenweise unter. Auf dem Spiel stand nicht mehr allein die Ideologie, vielmehr kämpften diejenigen, die den Marxismus verteidigten, jetzt für ihre elementaren Lebensinteressen.

Seit 1995 fiel Deng als der Überragende Führer aus, auch wenn Jiang Zemin nach außen weiter auf Dengs Autorität gestützt regierte.

In der Partei breitete sich ein Gefühl der Krise aus. Die Stabilität, die an der Oberfläche herrschte, schien eine unheilvolle Unterströmung zu verdecken. In den Parteigremien und in der Presse wogte der Kampf zwischen Reformern und Reformgegnern hin und her.

Vorkämpfer der Reformgegner war der maoistische Ideologe und ehemalige Propagandachef Deng Liqun. Wir kennen ihn schon als Erzgegner Dengs aus der Eiszeit der Jahre 1989 bis 1991 nach der Tiananmen-Krise. Inzwischen über achtzig Jahre alt, sah Deng Liqun jetzt aufs Neue seine Zeit gekommen. Seine Werkstätte produzierte Studie auf Studie und lancierte sie als anonyme Papiere in Partei und Öffentlichkeit. Die erste Studie von 1995 umfasste rund 10000 Zeichen, weshalb die Öffentlichkeit die Studien »Zehntausend-Zeichen-Manifeste« nannte.[7] In den Studien wurde den Reformern vorgeworfen, dass sie die private Industrie überhand nehmen ließen und den sozialistischen Charakter des Staates und die Machtbasis der Partei zerstörten. Es entstehe eine neue bourgeoise Klasse. Gleichzeitig würden immer mehr Parteimitglieder den Glauben an den Sozialismus verlieren, einige würden den marxistischen Weg der Partei bereits als Irrweg betrachten und offen propagieren, den Marxismus durch Verwestlichung und Konfuzianismus zu ersetzen. Immer mehr Arbeiter und verarmte Bauern würden fühlen, dass die Partei nicht mehr ihre Interessen repräsentiere, sondern die Interessen der Reichen und der gut Ausgebildeten.

In düsteren Farben malten die Manifeste die Gefahr des Untergangs der Partei an die Wand. »Mit wirtschaftlicher Entwicklung allein«, griff Deng Liqun die fundamentale These Deng Xiaopings an, »kann man politischen Aufruhr nicht verhindern.« Er sagte voraus, dass in der ersten Dekade des 21. Jahrhunderts die Bourgeoisie im Innern und die Bourgeoisie im Ausland zur Entscheidungsschlacht gegen die Kommunistische Partei Chinas antreten würden. Wer würde dann auf der Seite der Partei stehen?

Die Reformer schlugen heftig zurück, warfen Deng Liqun vor, er verstehe – immer noch dem maoistischen Egalitarismus verhaftet – Dengs Reform nicht und wolle sie zurückdrehen.

Doch wo stand Jiang Zemin? Er schien wie ein Schilfrohr im Wind zwischen Reformern und Reformgegnern hin und her zu schwanken. Er erließ ein Verbot, private Unternehmer in die Partei aufzunehmen – dies schien auf der Linie Deng Liquns zu liegen. Große Aufregung verursachte seine Rede auf der ZK-Plenartagung Ende September 1995, in der er die Kader aufrief, »der Politik Aufmerksamkeit zuzuwenden« (jiang zhenshi). Diese Parole klang an Maos Devise an: »Betone die Politik« (tuzhu zhenshi). Wollte Jiang zu Mao zurück und Dengs Weisung ändern, die wirtschaftliche Entwicklung als die zentrale Aufgabe zu betrachten? Mao allerdings verstand unter Politik

Klassenkampf und permanente Revolution, Jiang verstand darunter Kampf gegen Korruption, bessere ideologische Schulung der Partei und anderes mehr. Nichtsdestotrotz fürchteten viele Reformer, die Parteiführung neige sich nach links, und Jiang Zemin musste eiligst diesen Eindruck wieder berichtigen.

Zweieinhalb Jahre, von Anfang 1995 bis zum September 1997, ging es so hin und her, während sich die Situation der Staatsunternehmen rapide weiter verschlechterte. Doch dann schien Jiang Zemin endlich die Zeit reif, auf die Seite der Reformer zu treten.

September 1997: Das letzte marxistische Tabu fällt

Am 12. September 1997 traten 2048 Delegierte in der Großen Halle des Volkes am Tiananmen-Platz zum XV. Parteitag zusammen. Sie vertraten 58 Millionen Parteimitglieder – mehr Menschen, als Frankreich oder England zählen. Die Delegierten sollten über das Programm bestimmen, mit dem die Partei die 1,25 Milliarden Chinesen in das 21. Jahrhundert führen würde.

Parteigeneralsekretär Jiang Zemin stellte seine Eröffnungsrede[8] unter die Parole: »Das große Banner der Deng-Xiaoping-Theorie hochhalten!« Und unter diesem Banner gab er das Signal zur Reform der Staatsunternehmen. Eine neue Epoche begann, in ihrer Bedeutung vergleichbar mit der Anfangsepoche der Dengschen Reform 1978/79. Damals ging es um die Reform der kollektivierten Landwirtschaft, jetzt ging es um die Reform der Staatsindustrie, der Bastion der sozialistischen Wirtschaft und der ökonomischen Basis der Alleinherrschaft der Partei. Damals wie jetzt bekämpften die Konservativen die Reform mit dem Argument, sie setze die Zukunft der Partei aufs Spiel. Jiang Zemin deutete die Härte des Meinungskampfes der vorangegangenen Jahre an, wenn er nicht eine Weiterführung der Dengschen Reform ankündigte, sondern von einem notwendigen »neuen Durchbruch« sprach.

Die Rede bereitete diesen Durchbruch zunächst ideologisch auf das Sorgfältigste vor. Sie erhob als erstes, wie schon ihr Titel erkennen ließ, die Deng-Xiaoping-Theorie zum neuen Glaubensbekenntnis der Partei: »Die Deng-Xiaoping-Theorie«, hieß es in der Rede, » verbindet den Marxismus mit der Praxis des heutigen China und den Grundzügen unserer Zeit. Allein diese Theorie und keine andere Theorie kann die Frage der Zukunft und des Schicksals des Sozialismus lösen. Die Deng-Xiaoping-Theorie ist der Marxismus des heutigen China und stellt eine neue Entwicklungsstufe des Marxismus dar.«

Marxismus-Leninismus und Mao-Zedong-Gedanken bleiben, neben der Deng-Xiaoping-Theorie, als Leitlinien der Partei bestehen:

»Wenn wir darauf verzichten«, heißt es in schöner Offenheit, »verlieren wir unsere Basis.« Aber es ist klar: Alles, was an Marxismus-Leninismus und Mao-Zedong-Gedanken heute noch relevant ist, ist in Dengs Theorie aufgehoben. Alle drei Theorien sind angeblich vom selben Geist durchdrungen und laufen auf dieselbe »Quintessenz« hinaus: die Suche der Wahrheit in den Fakten. Die Deng-Xiaoping-Theorie wird als die neue Leitlinie der Partei im Parteistatut verankert. Damit ist gegenüber allen Kritikern der Dengschen Reform klargestellt, dass die Partei am Dengismus uneingeschränkt festhält und unter seinem Banner in die Zukunft geht.

Jiang setzte sich in seiner Rede sodann – ohne ihn zu nennen – mit dem ideologischen Haupteinwand gegen die Reform der Staatsindustrie auseinander: dem Argument, Privateigentum an Produktionsmitteln stehe im Widerspruch zum Sozialismus. Um dieses Argument zu entkräften, griff Jiang Zemin ohne Scheu auf die Theorie vom »Anfangsstadium des Sozialismus« zurück, die zum ersten Mal Zhao Ziyang auf dem Parteitag 1987 vorgetragen hatte. Als noch unterentwickeltes Land befinde sich China, so legte Jiang dar, im Anfangsstadium des Sozialismus. Dies sei eine historische Periode, die man nicht überspringen könne. Alles Unglück der letzten zwanzig Mao-Jahre sei daraus entstanden, dass man dies nicht erkannt habe. Im Anfangsstadium des Sozialismus sei es die grundlegende Aufgabe, die Produktivkräfte zu entwickeln: »Das bedingt, dass wir den Wirtschaftsaufbau in den Mittelpunkt der Arbeit der ganzen Partei und des ganzen Landes stellen müssen und dass sich alle anderen Arbeiten dieser Aufgabe unterordnen und ihr dienen müssen.«

Nach Marx ist die Entfaltung der Produktivkräfte die Aufgabe des Kapitalismus, der – indem er sie erfüllt – die Voraussetzung für den Sozialismus schafft: Es ist der Kapitalist, nicht der Sozialist, der »als Fanatiker der Verwertung des Werts … rücksichtslos die Menschheit zur Produktion um der Produktion willen« zwingt, »daher zu einer Entwicklung der gesellschaftlichen Produktivkräfte und zur Schöpfung von materiellen Produktionsbedingungen, welche allein die reale Basis einer höheren Gesellschaftsform bilden können …«[9] Mit wahrhaft dialektischer Meisterschaft etikettiert Jiang Zemin – wie vor ihm Zhao Ziyang – den Frühkapitalismus in das »Anfangsstadium des Sozialismus« um und rechtfertigt mit ihm die frühkapitalistischen Erscheinungen, die die Industrialisierung Chinas und den Aufbau einer Marktwirtschaft begleiten. »Dieser historische Prozess wird mindestens hundert Jahre dauern«, fügt Jiang hinzu. Der Sozialismus ist auf Sankt Nimmerlein vertagt.

Im Zusammenhang mit der Reform der Staatsindustrie dient die Theorie vom Anfangsstadium des Sozialismus dazu, das Nebeneinander von Staatseigentum und Privateigentum an Produktionsmitteln zu rechtfertigen. Im Anfangsstadium des Sozialismus, so Jiang, muss China verschiedene Eigentumsformen entwickeln. Und weiter: »Alle Eigentumsformen, die die ›drei Kriterien‹ erfüllen, können und sollen in den Dienst des Sozialismus gestellt werden«. Zu fragen ist also jeweils nur nach den drei von Deng aufgestellten Kriterien, die da lauten: Trägt eine Politik zur Entwicklung der Produktivkräfte bei, trägt sie zur Steigerung der nationalen Stärke bei, und trägt sie zur Verbesserung des Lebensstandards der Bevölkerung bei? Die Reform seit der Dritten Vollversammlung des Elften Zentralkomitees 1978 habe, so rühmte Jiang, »schrittweise die Fesseln weggenommen, die die frühere ›irrationale Eigentumsstruktur‹ den Produktivkräften auferlegte, und eine Situation geschaffen, in der die verschiedenen Eigentumsformen sich Seite an Seite entwickeln können«.

Als Zugeständnis an die Reformgegner räumte Jiang ein, dass unter den verschiedenen Eigentumsformen das Gemeineigentum die Hauptform bleiben müsse. Bemerkenswert hierbei ist zunächst die Akzentverschiebung vom Staatseigentum auf das Gemeineigentum, das Staats- und Kollektiveigentum umfasst. Darüber hinaus erweitert Jiang den Begriff des Gemeineigentums ganz wesentlich. Zum Gemeineigentum zählt er auch Aktiengesellschaften, an denen der Staat oder ein Kollektiv einen kontrollierenden Anteil hält. »Man kann nicht allgemein behaupten«, damit beendete Jiang den zehnjährigen Streit in der Partei, »dass das Aktiensystem gemeineigen oder privat ist, denn es kommt darauf an, wer die Aktien kontrolliert.« Jiang definierte nicht, wie hoch der Anteil am Aktienkapital sein muss, damit er als kontrollierender Anteil gilt, aber von Li Peng war zu hören, dass bei großen Publikumsgesellschaften bereits ein Anteil von zwanzig Prozent zur Kontrolle genügen könne.

Zum Gemeineigentum rechnete Jiang ferner alle genossenschaftlichen Unternehmen auf Aktienbasis. Dies ist eine in den neunziger Jahren neu entstandene Unternehmensform, in der die Manager und die Arbeiter zusammen das Eigentum am Unternehmen übernehmen; die Aktien sind nicht frei handelbar, sondern können allein innerhalb des Kreises der Angehörigen des Unternehmens verkauft werden. Schließlich fügte Jiang noch eine letzte Erweiterung des Begriffs an: Das »Überwiegen des gemeineigenen Vermögens«, definierte er, »manifestiert sich vor allem in seiner Kontrollkraft innerhalb der Wirtschaft«.

Nachdem er so auf jede Weise den Begriff des Gemeineigentums ausgeweitet hatte, kam er zum Ziel seiner Argumentation: »Unter der Voraussetzung, dass wir die dominierende Position des Gemeineigentums beibehalten, dass der Staat die Lebensadern der Volkswirtschaft kontrolliert und dass die staatseigene Wirtschaft eine stärkere Kontrollkraft und eine höhere Konkurrenzfähigkeit hat, wird die sozialistische Natur unseres Landes nicht beeinträchtigt, *wenn die staatseigene Wirtschaft einen kleineren Anteil an der Volkswirtschaft ausmacht.*« Damit war der Durchbruch zur Reform der Staatsindustrie ideologisch freigeschossen. Der Staat konnte die kranken Staatsunternehmen abstoßen und den Staatssektor verkleinern, China blieb des ungeachtet ein sozialistisches Land.

Die Reform, deren Grundlinien Jiang nun skizzierte, lief in ihrem Kern auf Folgendes hinaus: Der Staat behält die großen Unternehmen und gibt die kleinen Unternehmen frei. Die großen Unternehmen werden in Aktiengesellschaften umgewandelt und zu transnationalen Unternehmensgruppen ausgebaut. Was die kleinen Staatsunternehmen betrifft, so wird der Staat »seine Kontrolle über sie beschleunigt lockern und sie kräftigen durch Fusion, Verpachtung, Umwandlung in Genossenschaftsunternehmen auf Aktienbasis oder durch Verkauf und Versteigerung«.

Jiang nannte keine Zahlen. Aber alle seine Zuhörer wussten, was die angekündigte Reformstrategie in der Praxis bedeutete. Der Staat würde von den 305 000 Staatsunternehmen tausend große und mittelgroße Unternehmen behalten, sie – soweit sie nicht in strategischen Bereichen tätig waren – an den Börsen notieren und ihnen dadurch Kapital zuführen. Für die übrigen 304 000 Staatsunternehmen und die dort Beschäftigten galt die Parole: »Rette sich, wer kann!« Ein Teil würde von großen Staatsunternehmen übernommen werden, ein zweiter und größerer Teil würde von den Managern oder von Privatunternehmen gekauft werden – oft zu Ausverkaufspreisen; unter den Käufern würden auch ausländische Unternehmen sein – Vertreter amerikanischer Investitionsfonds durchkämmten bereits das Land, um kaufenswerte Staatsunternehmen ausfindig zu machen. Ein letzter Teil schließlich würde in Bankrott gehen. Auf einer Pressekonferenz außerhalb der Konferenzhalle sagte es der Vorsitzende der Staatlichen Wirtschafts- und Handelskommission, Wang Zhongyu, in aller Härte: »Unterlegene Unternehmen müssen eliminiert werden, das ist das Gesetz des Marktes.«

Jiang Zemin deutete in seiner Rede dagegen nur vage an, was das alles für die Arbeiter bedeuten werde: »Die Unternehmensreform wird einen Teil der Arbeiter in zeitweilige Schwierigkeiten bringen. Aber sie fördert die wirtschaftliche Entwicklung und entspricht so den langfristigen Interessen der Arbeiterklasse.« Er versprach, dass Partei und Regierung sich um die freigesetzten Beschäftigten kümmern werden, indem sie eine materielle Grundversorgung gewährleisten, Umschulung organisieren und nach neuen Beschäftigungsmöglichkeiten suchen. Aber er fügte auch hinzu: »Alle Arbeiter müssen ihre Vorstellungen von einer idealen Stelle verändern und ihre eigene Qualifikation verbessern, um den neuen Anforderungen der Reform und Entwicklung gerecht zu werden.« Im Klartext bedeutete das: Die Partei kündigte ihre Sonderbeziehung zur Arbeiterklasse auf und nahm die Staatsgarantie für Beschäftigung und soziale Versorgung auf Lebenszeit zurück: die »eiserne Reisschüssel« war zerbrochen!

Weitere Arbeitslose wird es geben durch den Abbau überschüssigen Personals in den Regierungs- und Verwaltungsapparaten: »Die Schwerfälligkeit der mit Personal überbesetzten Organisationen, die Nicht-Trennung der Funktionen der Regierung von denen der Unternehmen und der grassierende Bürokratismus hemmen die Reform und die Wirtschaftsentwicklung und beeinträchtigen das Verhältnis zwischen der Partei und den Massen. Das Problem muss dringend gelöst werden.« Eine dritte Welle neuer Arbeitsloser schließlich kommt auf die Wirtschaft aus der Volksbefreiungsarmee zu, die über drei Jahre hin 500 000 Soldaten entlassen muss.

Jiang Zemin stellte die Reform der Staatsunternehmen und der Staatsbürokratie in den großen Zusammenhang des »zweiten Schritts im Reformprozess«: des Aufbaus einer vollständigen sozialistischen Marktwirtschaftsordnung bis zum Jahre 2010. Für diese Aufgabe wies er der privaten Wirtschaft – er selbst nannte sie »nichtgemeineigene Wirtschaft« – eine bedeutende Rolle zu. Er bezeichnete sie als »einen wichtigen Bestandteil der sozialistischen Marktwirtschaft Chinas« und sagte weiter: »Wir sollten den nichtgemeineigenen Sektor, der Selbstständige und Privatunternehmen umschließt, weiterhin ermutigen und anleiten, um seine gesunde Entwicklung zu erleichtern. Dies ist von großer Wichtigkeit, will man die verschiedenen Bedürfnisse der Menschen befriedigen, Beschäftigung schaffen und die Entwicklung der Volkswirtschaft voranbringen.« Zum ersten Mal wurde mit diesen Worten die Privatwirtschaft von der Partei nicht nur als »Ergänzung« der Staatswirtschaft und Lückenbüßer geduldet, sondern zum »wichtigen Teil« der Gesamtwirtschaft erhoben, der gefördert und in seinen »legitimen Rechten« geschützt werden müsse.

So radikal Jiang Zemin die Wirtschaftsreform in Richtung auf eine Marktwirtschaft vorantrieb, so konservativ blieb er bei seinen Vorschlägen für die »Reform der politischen Struktur und den Aufbau des demokratischen Rechtssystems« sowie den Vorschlägen für die »Entwicklung der sozialistischen Kultur chinesischer Prägung«.

Was die politische Reform betraf, erteilte Jiang Zemin der »Kopie westlicher Modelle« eine kategorische Absage. Es blieb bei der »demokratischen Diktatur des Volkes«, also der Alleinherrschaft der Partei. Einen Fortschritt brachte lediglich die Ankündigung, auf der Ebene der ländlichen Gemeinden und der städtischen Einwohnerkomitees demokratische Direktwahlen einzuführen; bisher gab es solche Wahlen nur für die Dörfer. Die durch Deflation und Asienkrise sich rasch verschlechternde Wirtschaftslage führte jedoch dazu, dass diese Pläne

Eine Gruppe von arbeitslosen Arbeitern verfolgt auf einer elektronischen Anzeigetafel an einem Umschulungszentrum in Peking die Stellenangebote. Arbeitslosigkeit ist in China keine Seltenheit mehr, und es ist zu befürchten, dass sie noch viel schlimmer werden wird.

nur in einigen Experimentierfällen verwirklicht, im Ganzen aber vorerst aufgeschoben wurden.

Für die Kulturpolitik bezeichnete Jiang Zemin es als Grundaufgabe, »gemeinsame Ideale und Aspirationen in der ganzen Gesellschaft zu fördern«. Mit kulturellem Pluralismus hatte er wenig im Sinn. Er forderte denn auch, »die Kontrolle über die Presse und das Verlagswesen enger zu ziehen«. Deng Xiaopings Doppelziel war auch dasjenige Jiang Zemins: China durch Aufbau einer modernen Marktwirtschaft mächtig und reich zu machen, aber auch in der neuen Umgebung der Marktwirtschaft das Machtmonopol der Kommunistischen Partei Chinas uneingeschränkt aufrechtzuerhalten.

»Es ist besser, vieles nicht zu sagen«

Jiang Zemins Rede auf dem XV. Parteitag ist ein Musterbeispiel für die »verhüllende Reformstrategie«, die schon Deng anwandte und die Jiang meisterhaft weiterführt. China wandelt sich zu einer Marktwirtschaft, aber was dieser Wandel ideologisch bedeutet, soll den Menschen nicht bewusst werden. Das »Parteichinesisch« scheint sich gleich zu bleiben, nur der Eingeweihte erkennt die dramatischen Veränderungen. Dies hat im Übrigen zur Folge, dass auch das Ausland viel zu wenig versteht, wie sehr sich China gewandelt hat und wie rapide es weiter fortschreitet.

Führen wir uns die Strategie der Verhüllung an einigen Beispielen aus der Rede nochmals vor Augen. Da geht es zunächst um Jiangs neue Lehre von der »dominierenden Position des Gemeineigentums«: Nach der Sprachregelung der Deng-Ära sollten die staatseigenen Unternehmen die Wirtschaft dominieren. Dies war bis Anfang der neunziger Jahre auch tatsächlich der Fall. Dann aber fiel die staatseigene Wirtschaft in Relation zur übrigen Wirtschaft immer schneller zurück. Hatte die Staatsindustrie 1978 einen Anteil von 78 Prozent an der Industrieproduktion, so war dieser bis 1997, als Jiang seine Rede hielt, auf weniger als 32 Prozent gesunken und sank rasch weiter. Die Staatsunternehmen kontrollierten zwar noch die Schlüsselbereiche der Wirtschaft: Material- und Schwerindustrie, Unternehmen der Stromerzeugung, Banken und Telekommunikationsunternehmen, aber quantitativ trugen sie nicht einmal mehr ein Drittel zum Sozialprodukt bei. Die staatseigene Wirtschaft machte also bereits 1997 »den kleineren Teil der Volkswirtschaft« aus. Nach der Definition der Deng-Zeit hatte China damit seinen sozialistischen Charakter verloren.

Jiang versuchte diesen Defekt zu heilen, indem er die Maxime der dominierenden Position des Staatseigentums umdefinierte in die Maxime der dominierenden Position des »Gemeineigentums«, das das Kollektiveigentum mit umfasst. Nach den offiziellen Statistiken hatten staatseigene und kollektive Unternehmen 1997 einen Anteil von über sechzig Prozent am Sozialprodukt – und damit war Chinas sozialistischer Charakter gerettet.

Doch die Statistiken bildeten längst nicht mehr die Wirklichkeit ab. Viele der Unternehmen, die in den Statistiken als städtische Kollektivunternehmen und ländliche Dorf- und Gemeindeunternehmen figurierten, waren bereits in privates Eigentum übergegangen, und der Privatisierungsprozess schritt rasch voran. Jiang baute denn auch vor und bemerkte, das Wichtigste sei die »Kontrollkraft« der staatseigenen Wirtschaft. Auch diese schwächt sich jedoch stetig ab und wird sich mit Chinas Beitritt zur Welthandelsorganisation auflösen. Der sozialistische Chrakter der chinesischen Marktwirtschaft ist selbst mit genialsten Interpretationskünsten nicht zu retten.

Ein zweites Beispiel – nicht so sehr für ideologische Verhüllung als für Verharmlosung des Wandels – bietet Jiangs Darstellung der Reform der Staatsunternehmen. Wer – außer den Eingeweihten – ahnt, wenn Jiang von »strategischer Anpassung« spricht, dass er damit eine drastische Schrumpfung der staatseigenen Wirtschaft ankündigt? Wer ahnt, wenn er sagt, die Regierung wolle »die Kontrolle über die kleinen Staatsunternehmen beschleunigt lockern«, dass er die kleinen

Staatsunternehmen, die den bei weitem größten Teil der Arbeiter beschäftigen, aus der Obhut des Staates verstoßen und ihrem Schicksal überlassen will? Und wer ahnt, wenn er »zeitweilige Schwierigkeiten für einen Teil der Arbeiter« andeutet, dass dies die Entlassung von dreißig bis vierzig Millionen Menschen bedeutet, von denen viele aufgrund ihres Alters und ihrer geringen Schulbildung keine Chance haben, jemals wieder einen Arbeitsplatz zu finden, geschweige denn einen Arbeitsplatz, der dem, den sie verlieren, auch nur annähernd gleichwertig ist?

Jiangs Reformstrategie der Verhüllung, Verharmlosung und Zweideutigkeit macht es den Reformgegnern in der Partei schwer, ideologisch anzugreifen. Aber ist sie wirklich die richtige Strategie, wenn man das Volk vorbereiten will auf das, was bevorsteht? Wäre eine »Schweiß-und-Tränen«-Rede nicht eher angebracht gewesen, die dem Volk und den Arbeitern erklärt hätte, dass es zu der harten Reform der Staatsunternehmen keine Alternative gibt, ja dass diese die Voraussetzung ist für künftiges Wirtschaftswachstum und Chinas Weg in eine gute Zukunft? Mit scheinsozialistischem Jargon die ideologischen Gegner in der Partei mundtot zu machen, das war in der Deng-Zeit eine notwendige Strategie, um Reformen durchzusetzen. Damals waren die ideologischen Gegner stark. Heute aber stellen überzeugte marxistische Ideologen eine aussterbende Spezies dar, und das wirkliche Hindernis für die weitere Reform sind die etablierten Interessen am Status quo. Es scheint an der Zeit, das Volk mit einer offenen und ehrlichen Sprache für die Reform zu gewinnen.

KAPITEL 36

Eine Marktwirtschaft bis zum Jahre 2010

Deng hatte China aus der Planwirtschaft herausgeführt. Seine Nachfolger standen nun vor der Aufgabe, Dengs Reform zu vollenden und eine vollständige Marktwirtschaft aufzubauen. Auf dem XV. Parteitag hatte Jiang dieser zweiten Phase der Reform ideologisch und politisch Bahn gebrochen. Dem neuen Ministerpräsidenten Zhu Rongji fiel es zu, diese zweite Reform zu verwirklichen.

Zhu trat sein Amt, das er für fünf Jahre bis zum März 2003 innehaben wird, am 19. März 1998 an. Der Neunundsechzigjährige machte sich keine Illusion über die Schwere der Herausforderung. »Aber ganz gleich«, sagte er auf der Pressekonferenz anläßlich des Regierungsantritts, »ob vor mir ein Minenfeld oder ein Abgrund liegt: Ich werde unbeugsam voranschreiten, nicht auf halbem Wege stehen bleiben und mit ganzer Kraft bis zum letzten Atemzug meine Pflicht tun.« Der Nationale Volkskongress, der vom 5. bis zum 19. März in Peking tagte, hatte Zhu zuvor ein überzeugendes Mandat für eine radikale Reform erteilt. Er bestätigte seine Ernennung mit 98 Prozent der Stimmen. Zhu Rongji schnitt damit sogar noch etwas besser ab als Jiang Zemin und hob sich sehr deutlich ab von Li Peng, für den lediglich 84 Prozent der Delegierten stimmten.

Der neue Ministerpräsident legte in seiner Regierungserklärung ein furioses Reformprogramm vor. Drei große Strukturreformen sollen gleichzeitig durchgezogen und innerhalb von nur drei Jahren abgeschlossen werden:

- Die Reform des Regierungs- und Verwaltungsapparats
- Die Reform der Staatsunternehmen
  Im Juli 1998 ergänzte Jiang Zemin diese Reform, indem er – in seiner Eigenschaft als Vorsitzender der Militärkommission – der Volksbefreiungsarmee den Befehl gab, den kommerziellen Teil ihres Wirtschaftsimperiums an den Staat abzugeben. Ein ebensolcher Befehl erging an die Bewaffnete Volkspolizei, die Staatssicherheitsorgane und die Justiz.
- Die Reform der Banken und Finanzmärkte

Zhu Rongji war darüber hinaus entschlossen, gegen den erbitterten Widerstand der Bürokratie und der Staatsunternehmen die Konzessionen durchzusetzen, die Chinas Aufnahme in die Welthandelsorganisation ermöglichten. Mit diesen Konzessionen würde China seine

Märkte für Einfuhren und Auslandsinvestitionen in noch kaum vorstellbarem Maße öffnen. Dadurch – und nicht zuletzt dies war Zhus Absicht – konnte man die Staatsunternehmen und Staatsbanken unter den nötigen Wettbewerbsdruck setzen, um sie zu radikaler Umstrukturierung und Umorientierung zu zwingen.

Eine Reform, wie die von Zhu angekündigte, die so massiv in die Status-quo-Interessen der Gewinner des alten Systems eingreift, ist nur möglich in einer Krisensituation. Eine solche war durch die voranschreitende Deflationskrise in China und die Asienkrise in seiner Nachbarschaft gegeben. Besonders schreckte das Beispiel Indonesien, wo ein korruptes diktatorisches Regime in dem Augenblick zusammenbrach, in dem es sich nicht mehr im Stande zeigte, wirtschaftliches Wachstum und Wohlstandssteigerung zu sichern. Vielen Delegierten des Nationalen Volkskongresses erschien der Finanzexperte und durchgreifende Manager Zhu Rongji da als Retter in der Not.

Eine postsozialistische Regierungsorganisation

Seit den fünfziger Jahren hatte die Regierung nicht weniger als neun Versuche unternommen, den sich immer mehr aufblähenden Regierungs- und Verwaltungsapparat einzudämmen. Alle Versuche scheiterten, der Staatsapparat wuchs weiter: Vermehrte sich die Bevölkerung zwischen 1978 und 1998 um 27 Prozent, so stieg die Zahl der Staatsdiener um 82 Prozent! Nun unternahm Zhu Rongji den zehnten Versuch. Er ordnete an, bis Ende 1998 das Personal der Zentralregierung zu halbieren. 1999 sollten die Provinzregierungen und 2000 die lokalen Behörden mit ungefähr gleichen Raten folgen. Insgesamt sollten bis Ende 2000 vier der acht Millionen Regierungs- und Verwaltungsstellen abgebaut werden.

Mit dem Personalabbau verband Zhu eine radikale Neuorganisation des Staatsrats, wie die offizielle Bezeichnung der Zentralregierung lautet. Er verringerte die Zahl der Ministerien von vierzig auf 29. Die großen Verlierer waren die aus der Zeit der Planwirtschaft stammenden Branchenministerien wie das Maschinenbauministerium oder das Ministerium für die Petrochemische Industrie. Diese einst so mächtigen Steuerzentren der Staatsunternehmen wurden zu Behörden herabgestuft und der Kommission für Wirtschaft und Handel unterstellt. Ihre Aufgabe reduzierte sich auf die Regulierung der jeweiligen Branchen, und sie verloren die Befugnis, in die Unternehmensführung der ihnen einst unterstellten Staatsfirmen einzugreifen. Das Ministerium für die Petrochemische Industrie zum Beispiel spaltete sich auf in die Regulierungsbehörde und die Petrochemischen Staatsunternehmen, die in Aktiengesellschaften umgewandelt werden. Der Staat beschränkt sich künftig auf die Rolle des Eigentümers; er fordert von den Unternehmen eine angemessene Kapitalrendite, wird aber, so die schöne Theorie, nicht mehr in die Unternehmensführung eingreifen, die allein Sache des für den Gewinn verantwortlichen Managements sein soll. Mit den Branchenministerien schob Zhu Rongji zugleich die Hauptvertreter des alten Systems und Gegner seines Reformkurses beiseite und trocknete eine Quelle der Korruption aus.

In ihrem Einfluss reduziert wurde auch die einst allmächtige Planungskommission. Sie wurde in »Kommission für Entwicklungsplanung« umbenannt und in ihren Aufgaben darauf beschränkt, makroökonomische Strategien und langfristige Entwicklungspläne auszuarbeiten. Zhu Rongji wollte der Kommission auch ihre zentrale Rolle bei der Genehmigung ausländischer Großinvestitionen nehmen, aber der Vorsitzende der Kommission, ein Protegé Jiang Zemins, konnte dies vorerst abwehren.

Die Neuorganisation machte die Kommission für Wirtschaft und Handel zum Superministerium. Zu ihrem Leiter ernannte Zhu einen der großen Staatsmanager, den Präsidenten des Petrochemiegiganten Sinopec, Sheng Huaren.

Das Ministerium für Post und Telekommunikation und das Elektronikministerium legte Zhu zum »Ministerium für die Informationsindustrie« zusammen und schuf damit ein Ministerium für den Aufbau der Infrastruktur der Informationsgesellschaft.

Zhu konnte den Personalabbau und die Neuorganisation nur durch ständiges persönliches Eingreifen gegen den zähen Widerstand der Bürokratie durchsetzen. Aber er hatte für die Reform das ausdrückliche Mandat des Nationalen Volkskongresses und die nicht wankende Unterstützung seiner Kollegen im Politbüro. Es entstand ein postsozialistisches Regierungssystem, dessen Aufbau und dessen Funktionen auf die Anforderungen einer Marktwirtschaft abgestellt sind.

Der gleichzeitige Übergang in eine Marktwirtschaft und in eine Informationsgesellschaft ist eine gewaltige Aufgabe. Dem Ziel, eine moderne Regierung und Verwaltung zu schaffen, die dieser Aufgabe gewachsen ist, dient auch das neue Auswahlverfahren für die Beamten. Die Ministerien rekrutieren von nun an das Personal auf der Eingangsstufe durch Auswahlwettbewerbe, die Ernennung der hohen Beamten allerdings liegt unverändert in der Hand der Partei.

Rezentralisierung

Mit dem Aufbau eines moderen Regierungsapparats ging eine Rezentralisierung des Steuer- und Geldwesens einher. Deng Xiaoping hatte einen Großteil der wirtschafts- und finanzpolitischen Entscheidungs-

Die Zentralregierung der VR China nach der Reorganisation im März 1998

Organe der Kommunistischen Partei
(Politbüro, ZK-Sekretariat, ZK-Hauptbüro, ZK-Abteilungen, ZK-Führungsgruppen, Parteigruppen/-komitees in den Ministerien)

Ministerpräsident

Ständige Konferenz des Staatsrates (»Inneres Kabinett«)

4 Stellvertretende Ministerpräsidenten
5 Staatsräte

Dem Ministerpräsidenten direkt unterstellte Organe und Beratergremien

Hauptbüro des Staatsrates
(Koordination d. Regierungsarbeit)

Organe des Staatsrates auf Ministerialebene (29) (»Äußeres Kabinett«)

Organe mit ressortübergreifenden, makroökonomischen Koordinationskompetenzen

- Staatliche Kommission für Wirtschaft und Handel***
- Staatliche Kommission für Entwicklungsplanung**
- Finanzministerium*
- Zentralbank (Chinesische Volksbank)*

Organe mit umfassenden wirtschaftlichen Regulierungskompetenzen-

- Staatliche Kommission für Wissenschaft, Technologie und Industrie im Verteidigungswesen***
- Ministerium für Informationsindustrie****
- Ministerium für Bodenverwaltung und natürliche Ressourcen****

Organe mit speziellen Regulierungskompetenzen

- Ministerium für Wasserressourcen*
- Ministerium für das Verkehrswesen*
- Ministerium für Landwirtschaft*
- Ministerium für das Bauwesen*
- Ministerium für das Eisenbahnwesen*

Organe für auswärtige Angelegenheiten

- Außenministerium*
- Verteidigungsministerium*
- Ministerium für Außenhandel und wirtschaftliche Zusammenarbeit*

Organe für inneradministrative Angelegenheiten

- Ministerium für Disziplinaraufsicht*
- Ministerium für Personalwesen*
- Staatliche Rechnungskontrollverwaltung*

Organe für Sicherheit und Justiz

- Ministerium für Öffentliche Sicherheit*
- Ministerium für Staatssicherheit*
- Ministerium für Justiz*

Organe für Soziales

- Ministerium für Arbeit und soziale Sicherheit***
- Ministerium für Zivile Angelegenheiten*
- Ministerium für das Gesundheitswesen*
- Staatliche Kommission für Angelegenheiten von Minderheitennationalitäten*
- Staatliche Kommission für Familienplanung*

Organe für Bildung, Wissenschaft und Kultur

- Ministerium für Bildung**
- Ministerium für Wissenschaft und Technologie**
- Ministerium für Kultur*

Staatliche Wirtschaftsbehörden*****
(der Staatlichen Kommission für Wirtschaft und Handel unterstellt)

- Petrochemische Industrie
- Kohleindustrie
- Metallurgische Industrie
- Maschinenbauindustrie
- Textilindustrie
- Leichtindustrie
- Binnenhandel

Sonstige Organe des Staatsrates unterhalb der Ministerialebene

*	Von der Reorganisation nicht betroffene Organe des Staatsrates.
**	Umbenannte, aber in ihren Kompetenzen weitgehend unveränderte Organe.
***	Schon zuvor bestehende Organe, deren Kompetenzen beträchtlich erweitert wurden.
****	Neu errichtete Organe, die Kompetenzen mehrerer aufgelöster Organe übernehmen.
*****	Ehemalige Ministerien, deren Status und Kompetenzen reduziert wurden.

Quelle: Sebastian Heilmann, Institut für Asienkunde Hamburg, China aktuell, März 1998, S. 281.

macht an die Provinzen gegeben. Diese Dezentralisierung half, die Gegnerschaft der Ideologen in der Parteizentrale zu überwinden, und schuf das dynamische Kaderunternehmertum, welches das Wirtschaftswunder der achtziger Jahre erzeugt hatte. Jetzt aber war es hohe Zeit, die Dezentralisierung wieder zurückzudrehen.

Sie hatte zu einem dramatischen Sinken der Einnahmen der Zentralregierung geführt. 1997 machten diese gerade noch 10,7 Prozent des Sozialprodukts aus, nachdem sie 1978 bei dreißig Prozent gelegen hatten. Die Pekinger Regierung drohte handlungsunfähig zu werden. Zhu Rongji hatte sich dieses Problems bereits 1993/94 angenommen und in einem aufreibenden Ringen mit den Parteisekretären und Gouverneuren der Provinzen ein neues Steuergesetz durchgesetzt, das vorsah, den Anteil der Zentralregierung am künftigen Zuwachs des Steueraufkommens stetig zu erhöhen.

Jetzt ging Zhu das zweite Problem der Dezentralisierung an: die Kreditvergabepraxis in den Provinzen. Die Kaderkapitalisten hatten während des Südreise-Booms 1992/93 eine wahre Investitionsorgie veranstaltet und, unbeeinflusst von Planvorgaben und Warnungen der Zentrale, Produktionskapazitäten aufgebaut, die weit über jeden Marktbedarf hinausgingen. Um die Fabriken, die nun dastanden, in Betrieb zu halten, schotteten sich die Provinzen und Landkreise gegeneinander ab; der nationale Markt zerfiel in eine Vielzahl von geschützten Teilmärkten. Möglich war die Investitionsorgie nur gewesen, weil die Zweigstellen der Zentralbank und der Staatsbanken von den lokalen Behörden abhängig waren und kaum eine andere Wahl hatten, als die Projekte der Provinzen, Städte und Landkreise zu finanzieren. Es galt also, die Staatsbanken aus der Abhängigkeit von den lokalen Behörden zu befreien. Gegen erbitterten Widerstand setzte Zhu Rongji eine Neuorganisation der Zentralbank-Zweigstellen durch. Er bildete neun provinzübergreifende regionale Einheiten. Diese konnten nun – unabhängig von den Provinzgouverneuren und Stadtbürgermeistern – die Staatsbanken und ihre Darlehenspolitik kontrollieren.

Eine wesentliche Rolle bei der Finanzierung der Investitionsorgie hatten ferner die provinzeigenen Investmentbanken gespielt. Diese hatten – oft ohne die erforderliche Genehmigung der Zentralbank – auch aus dem Ausland Kredite aufgenommen. Zhu Rongji griff hart durch. Als die größte dieser Banken, die Guangdong International Trust and Investment Corporation, 1998 in Schwierigkeiten geriet, ließ er sie – ungeachtet des Ansehensverlusts für China auf den internationalen Finanzmärkten – in Konkurs gehen. Guangdong hatte sich in der Vergangenheit am wenigsten von allen Provinzen um die Weisungen aus Peking gekümmert. Jetzt statuierte Zhu ein Exempel.

Die Reform der Staatsunternehmen

Zhu Rongjis Reform der Staatsunternehmen folgte der Devise des Parteitags: »Fasse die Großen und lass die Kleinen los!« Der Staat zog sich aus der großen Mehrheit der Staatsunternehmen zurück und konzentriert sich auf die Großunternehmen in den Schlüsselsektoren der Wirtschaft: Kapitalgüter, Energieerzeugung, Rohstoffe, Eisenbahnen und Luftlinien sowie Telekommunikation. Partei und Regierung wollen sich auf diese Weise – auch bei starker Verkleinerung des staatlichen Sektors – die Kontrolle über die Wirtschaft weiterhin sichern.

Im Industriebereich ging es im Wesentlichen um rund tausend große Unternehmen, auf die sechzig Prozent der Umsätze der Staatsindustrie entfallen. Diejenigen unter diesen Unternehmen, die Verluste machten – und dies waren im März 1998 die meisten –, sollten binnen drei Jahren in die Gewinnzone zurückgeführt werden. Die meisten Unternehmen sollten, sofern dies nicht bereits geschehen war, in Aktiengesellschaften umgewandelt werden; die Regierung würde dann 49 Prozent der Aktien an die Börse bringen und so den Unternehmen neues Kapital zuführen. Durch Umstrukturierung, Fusion und Unternehmenszukäufe sollten mächtige Konzerne aufgebaut werden, die für den Wettbewerb gerüstet sein würden, der mit dem Beitritt zur Welthandelsorganisation auf sie zukommt.

Eine große Rolle in den 1997 ausgearbeiteten Reformplänen spielte die Idee, riesige Unternehmensgruppen zu errichten, die in die Liste der 500 weltgrößten Unternehmen aufsteigen sollen, die das amerikanische Wirtschaftsmagazin »Fortune« alle Jahre veröffentlicht. 120 Unternehmen wurden ausgewählt. Sie sollten – durch Fusion, Übernahme anderer Unternehmen und Diversifizierung – zu mächtigen, globalen Konglomeraten ausgebaut werden, die den transnationalen Konzernen des Westens, Japans und Südkoreas Paroli bieten könnten. Zu den Auserwählten gehörten zum Beispiel Changhong (Sichuan), der größte Fernsehgeräteproduzent Chinas, Haier (Qingdao), der Marktführer für Kühlschränke und Klimageräte, Baoshan Steel (Shanghai), Chinas modernster Stahlproduzent, die Jiangnan Schiffswerft und die von der Pekinger Universität gegründete Founder Gruppe, die Nummer eins unter den Softwarefirmen.

Die chinesische Führung und gerade auch Zhu Rongji selbst waren fasziniert von den südkoreanischen Konglomeratkonzernen, den *chaebol*. Nach ihrer Meinung hatten diese Konzerne Südkorea in die Weltliga der Wirtschaftsmächte katapultiert; ohne diese Unternehmen wäre der phänomenale Aufstieg Südkoreas nicht denkbar gewesen. Als Zhu jedoch im März 1998 sein Reformprogramm verkündete, hatte die Asienkrise die fatalen Schwächen der *chaebol*-Strategie brutal aufgedeckt. Mehrere *chaebol* waren in Konkurs gegangen, und selbst die vier globalen Giganten Hyundai, Daewoo, Samsung und LG schienen von ihren Schulden überwältigt zu werden. In der Tat, Daewoo erklärte sich 1999 zahlungsunfähig, der Eigentümer ist heute auf der Flucht, die südkoreanischen Fabriken des weltweiten Autokonzerns, Kern des Konglomerats, gehen an General Motors.

Diese Erfahrung machte die chinesische Regierung nachdenklich. Sie sah die Gefahren einer *chaebol*-Strategie nun klarer. Würde eine solche Strategie nicht ineffiziente Monopole schaffen, so dass man am Ende statt verlustbringender Staatsunternehmen verlustbringende *chaebol* hatte? Und war es wirklich zukunftsträchtig, wenn Changhong sich von einem Fernsehgeräteproduzenten der Weltklasse zu einem Konglomerat diversifizierte, das Kühlschränke und Waschmaschinen, PCs, Telekommunikationsausrüstungen und elektronische Komponenten produzierte, nur um schnell eine Größe zu erreichen, mit der es in die Fortune-500-Liste kommen konnte? Riskierte Changhong mit einer solchen Zerstreuung der Kräfte nicht, in seiner Kernkompetenz, der Fernsehgerätetechnologie, zurückzufallen?

Seither ist es um die Konglomeratpläne still geworden. Die Unternehmensgruppen, die bisher gebildet wurden, schließen gleichartige Unternehmen zusammen. Das Ziel ist nicht nur, Größe zu erreichen, sondern vor allem, Überkapazitäten abzubauen und eine unkoordinierte Duplizierung von Produktionsanlagen in Zukunft zu vermeiden. So brachte die Regierung den Großteil der Petrochemischen Industrie mit ihren vielen Fabriken suboptimaler Größe in zwei Gruppen ein, die von der Ölförderung über die Raffinerien bis zu den chemischen Grundstoffen vertikal integriert sind: die China National Petroleum Corporation im Norden und die Sinopec im Süden. Vorbild sind internationale Ölkonzerne wie BP/Amoco.

Auch bei den Fusionen und Unternehmensübernahmen regen sich allerdings Bedenken. Sie sind nicht vom Markt gesteuert, sondern von der Bürokratie, die sich nicht so sehr von Marktüberlegungen als von eigenen Machtinteressen leiten lässt. Häufig werden bei Zusammenschlüssen kranke Unternehmen durch gesunde aufgefangen – das Risiko ist offensichtlich, dass auf diese Weise auch die Gesunden krank werden.

Die Reform der Banken

Parallel zur Unternehmensreform und in engem Zusammenhang mit ihr läuft die Bankenreform. In der Vergangenheit waren die Staatsbanken Verteilungsorgane für Subventionsgelder an unrentable Staatsunternehmen, die sie nach den Anweisungen der Pekinger Zentralregierung oder der Provinz- und Stadtregierungen vergaben. Nun wollte Zhu Rongji sie zu wirklichen Banken machen, die – unabhängig von Parteifunktionären und Regierungsbehörden – Kredite nach dem Kriterium der Kreditwürdigkeit eines Unternehmens und eines Projekts vergeben. Ohne ein modernes Bankensystem, das das Investitionskapital in jene Unternehmen leitet, die es effizient verwenden und adäquate Kapitalrenditen erwirtschaften, kann China nicht hoffen, das hohe Wachstum der Vergangenheit fortzusetzen.

Die Staatsbanken in wirkliche Banken zu verwandeln, erforderte als Erstes, sie von ihrer enormen Überschuldung zu befreien, die 1997 von unabhängigen Experten auf dreihundert Milliarden Dollar geschätzt wurde – ein Mehrfaches ihres Eigenkapitals. In einer ersten Notmaßnahme führte Zhu Rongji den Banken sofort nach seinem Amtsantritt 270 Milliarden Yuan (32,5 Milliarden Dollar) zu. Der weitere Entschuldungsplan sah vor, für die vier großen Staatsbanken Auffanggesellschaften zu gründen. Diese übernehmen von den Banken notleidende Kredite zum Nennwert und geben den Banken dafür eigene Anleihen, die von der Regierung gewährleistet werden. Die Auffanggesellschaften ihrerseits werden die übernommenen Kreditforderungen so gut wie möglich verwerten und hoffen, bis zum Ende der neunjährigen Abwicklungsperiode, wenn die Rückzahlung der Anleihen ansteht, ein Drittel des Nennwerts erlösen zu können. Experten halten dies für eine Illusion und schätzen, dass die Auffanggesellschaften im besten Fall durchschnittlich fünfzehn Prozent des Wertes der übernommenen Darlehen realisieren können. Damit kommt auf die Zentralregierung nach Ablauf der neun Jahre eine riesige Schuldenlast zu. Kann sie diese tragen?

Nicholas Lardy, der amerikanische Experte für die chinesischen Banken, machte zu Beginn des Jahres 2000 folgende Rechnung auf: Die Regierung hat ausstehende Schulden in Höhe von zwanzig Prozent des Bruttoinlandsprodukts. Sie hat sich verbürgt für Schuldverschreibungen der Auffanggesellschaften in Höhe von 1,2 Billionen Yuan. Hierzu kommen weitere 1,2 Billionen Yuan notleidende Kredite, die bei den Staatsbanken verblieben, aber letztlich ebenfalls bei der Regierung landen werden. Die Regierung übernimmt ferner die Zahlung der Renten der Beschäftigten der Staatsunternehmen – dies fügt eine Schuld in Höhe von fünfzig Prozent des Bruttoinlandsprodukts hinzu. Alles addiert käme man auf eine Verschuldung in einer Größenordnung von hundert Prozent des Sozialprodukts.[10]

Es gibt unter den hoch entwickelten Ländern Regierungen, die mit einer Staatsverschuldung ähnlichen und höheren Ausmaßes konfrontiert sind: Japan, Belgien, Italien. Für die Pekinger Regierung jedoch, deren jährliche Einnahmen 1997 nicht einmal elf Prozent des Sozialprodukts betrugen, wäre eine derartige Verschuldung untragbar. Die Zinsen, die schon 1997 ein Fünftel der Haushaltsausgaben ausmachten, würden am Ende die Haushaltseinnahmen zur Gänze verschlingen. 1998 und 1999 wuchsen dank der Steuerreform die Einnahmen der Zentralregierung mit einer Rate von jährlich 0,6 Prozent des Sozialprodukts. Lässt sich diese Steigerungsrate durchhalten, dann wird die Staatsverschuldung ihren Höhepunkt bei sechzig bis siebzig Prozent erreichen. Das Verschuldungsproblem wäre dann zu bewältigen. Voraussetzung ist allerdings, dass die Staatsbanken keine neuen schlechten Kredite ansammeln. Voraussetzung ist ferner, dass das Sozialprodukt in den nächsten zehn Jahren um mindestens sieben Prozent pro Jahr wächst. Lardys Überlegungen machen bewusst, in welch prekärer finanzieller Lage sich die Regierung das ganze erste Jahrzehnt des 21. Jahrhunderts hindurch befinden wird.

Ein Programm der Konjunkturankurbelung

Der Beginn der Reform fiel in eine Zeit, in der die chinesische Wirtschaft durch eine Doppelkrise ging: die hausgemachte Deflationskrise und die von außen kommende Verschärfung dieser Krise durch die Asienkrise. Wachstum, interner Konsum und interne Investitionen, Aktienkurse, Exporte, Kapitalzufluss aus dem Ausland – alles war im Sinken. Die Reform der Staatsunternehmen musste den rezessionären Trend noch verstärken. Zhu Rongjis erste Sorge war daher, einen Zusammenbruch des Wirtschaftswachstums zu verhindern, der einen Zusammenbruch auch der Reform nach sich ziehen würde.

Zhu griff entschlossen zum Mittel der keynesianischen Defizitfinanzierung und setzte massive staatliche Investitionen in Gang. Das defizitfinanzierte Programm sollte über drei Jahre gehen und 1,5 Prozent des Sozialprodukts pro Jahr entsprechen. Die Ausgaben konzentrierten sich auf den Ausbau der Infrastruktur. Ein gutes Drittel floss in die Verbesserung der ländlichen Infrastruktur: Wasserversorgung, Bewässerung, Deiche zum Schutz gegen Überschwemmung, Aufforstung, Bau von Getreidespeichern. Die weiteren Investitionen galten dem Bau von Eisenbahnstrecken und Autobahnen, von Einrichtungen der Telekommunikationsinfrastruktur und Anlagen zur Abwasserreinigung in den Städten.

Es war ein wohl durchdachtes Programm, das vermied, die Überkapazitäten in der Industrie zu verstärken, und durch die Modernisierung der Infrastruktur die künftige Effizienz und Produktivität der Gesamtwirtschaft erhöhte. Die Bauprojekte sind arbeitsintensiv und schaffen Beschäftigung für Millionen unausgebildeter Arbeitskräfte auf dem Lande. Ein großer Teil der Investitionen geht in die Provinzen Zentral- und Westchinas. Der Ausbau der dortigen Infrastruktur soll das Wachstum von den Küstenprovinzen in das Innere des Landes vorschieben.

Einen zweiten Wachstumsschub wollte Zhu Rongji der Wirtschaft durch die Privatisierung und Kommerzialisierung des Wohnungswesens in den Städten geben. Dies bedeutete eine grundlegende Änderung des aus der Mao-Zeit ererbten Systems. Unter diesem stellten Staat und Staatsunternehmen den bei ihnen Beschäftigten Wohnungen zu symbolischen Mietpreisen zur Verfügung. In Peking etwa betrug 1997 die Miete für eine vierzig Quadratmeter große Wohnung monatlich 52 Yuan – umgerechnet zehn DM; die Mietzahlung deckte nicht einmal die Instandhaltungskosten. Allerdings mussten junge Paare jahrelang warten, bis sie eine Wohnung zugeteilt bekamen.

Dies alles sollte nun anders werden. Zhu Rongji verfügte, die Zuteilung staatlicher Wohnungen zum 1. Juli 1998 einzustellen. Die Wohnungssuchenden sollten auf den Kauf einer Wohnung verwiesen werden, wobei der Staat ihnen kräftig unter die Arme greift. Die Wohnungen werden zu subventionierten Preisen angeboten; ein großer Teil der Kaufsumme kann durch Hypothekendarlehen der Banken oder – günstiger – aus den Wohnungsfonds der Staatsunternehmen und Behörden finanziert werden. Diejenigen, die bereits eine staatliche Wohnung haben, sollen bewogen werden, diese zu Vorzugsprei-

IKEA, das unkonventionelle Möbelhaus aus Schweden, ist in Peking zum wahren Publikumsmagnet geworden. Der Einstieg in den chinesischen Markt hat dem Unternehmen einen steilen Umsatzzuwachs beschert.

sen zu erwerben, die – gestaffelt nach Betriebszugehörigkeit – einen Bruchteil des Marktpreises ausmachen. Um einen Anreiz zum Kauf der Wohnungen zu geben, werden in dem Dreijahreszeitraum von 1998 bis 2000 die Mietkosten von durchschnittlich sechs Prozent der Familieneinkommen auf fünfzehn Prozent angehoben; die Anhebung wird durch Lohn- und Gehaltserhöhungen kompensiert.

Die Privatisierung der Wohnungswirtschaft in den Städten verwirklicht zwei Ziele auf eine Schlag: Sie entlastet die staatlichen Unternehmen und Behörden davon, Wohnungen zu bauen und instand zu halten, und trägt so zur Reform des Staatssektors bei. Sie stellt zugleich und vor allem eine Strategie dar, die riesigen Sparguthaben der privaten Haushalte bei den Banken – bis Ende 2000 erreichten sie 6,4 Billionen Yuan – für das Wachstum der Wirtschaft zu mobilisieren.

In der Privatisierung und Kommerzialisierung des Wohnungswesens liegt ein gewaltiges Wachstumspotenzial für die Gesamtwirtschaft. Wohnungen zu erschwinglichen Preisen sind in den Städten der dringendste ungedeckte Bedarf der Bevölkerung. Nach der Vorstellung der Regierung sollen am Ende der Entwicklung neunzig Prozent der Städter in Eigentumswohnungen wohnen. Zugleich soll der Wohnraum pro Kopf stetig steigen: von 8,7 Quadratmeter pro Kopf im Jahr 1997 auf zehn Quadratmeter bis 2000 und dreizehn Quadratmeter bis 2010. Rechnet man ein, dass die städtische Bevölkerung sich bis 2010 um 140 Millionen Menschen erhöht, so setzt die Verwirklichung der Regierungspläne voraus, dass pro Jahr mehr als 520 Millionen Quadratmeter Wohnraum gebaut werden. Eine so massive Nachfrage würde nicht nur die arbeitsintensive Bauindustrie stimulieren und dort eine große Zahl neuer Arbeitsplätze schaffen, sondern zudem riesige Multiplikatoreffekte für eine ganze Reihe weiterer Industrien mit sich bringen: für Stahl, Zement, Glas, Möbel, Haushaltsgeräte und Konsumelektronik; die Banken gewännen mit der Vergabe von Hypothekendarlehen einen großen neuen Geschäftszweig hinzu. Ein Boom im Bau privater Wohnungen könnte so für das erste Jahrzehnt durchaus zum Motor eines neuen Wirtschaftsaufschwungs werden.

Nicht weniger bedeutsam aber werden die gesellschaftlichen Folgen sein. Das private Wohnungseigentum wird die Lebens- und Denkweise der Familien verändern. Städte, in denen neunzig Prozent der Menschen in Eigentumswohnungen wohnen, sind keine *danwei*-Städte mehr, in denen Menschen in Arbeitseinheiten unter der stetigen Obhut und Überwachung der Partei und des Staates leben.

KAPITEL 37

Erfolge und Misserfolge (März 1998 bis September 2002)

Ein neuer Wirtschaftsaufschwung

Zhu Rongji begann die Strukturreform der chinesischen Wirtschaft unter schwierigsten Umständen – inmitten einer Deflation und inmitten der China umgebenden Asienkrise. Seine erste, grundlegende Aufgabe war es, einen Einbruch der Wirtschaft, wie ihn die anderen asiatischen Länder erlebten, abzuwehren. Durch massives *deficit spending*, mehrfache Zinssenkungen und eine gezielte Exportförderung, die den Verzicht auf eine Abwertung des Yuan zu einem Teil ausglich, gelang es ihm, das Wirtschaftswachstum 1998 und 1999 bei 7,8 und 7,1 Prozent zu halten. Dies sind die offiziellen Zahlen, und vieles spricht dafür, dass sie das tatsächliche Wachstum überhöhen. Doch Zhu konnte jedenfalls den Zusammenbruch des Wachstums verhindern, der ein Ende der Reform bedeutet hätte, noch bevor sie begonnen hatte.

Im letzten Quartal 1999 durchschritt die Wirtschaft mit einer Wachstumsrate von 6,8 Prozent das Konjunkturtal. Von da an ging es wieder aufwärts. Im Jahr 2000 nahm das Bruttoinlandsprodukt um 8 Prozent zu. 2001 ging das Wachstum auf 7,3 Prozent zurück. Im ersten Halbjahr 2002 lag es bei 7,8 Prozent.

Dies ist zwar nicht die zweistellige Wachstumsrate der Jahre 1991 bis 1996, aber für eine nun groß gewordene Volkswirtschaft scheint das Ergebnis auf den ersten Blick recht befriedigend. Jedoch, das Wachstum, das seit 1998 erzielt wird, ist kein selbsttragendes Wachstum, es ist vielmehr durch ein massives keynesianisches *deficit spending* und eine Steigerung der Exporte angetrieben. In den drei Jahren 1998 bis 2000 gab die Regierung insgesamt 450 Milliarden Yuan für Konjunkturprogramme aus, und davon 360 Milliarden Yuan für Infrastrukturvorhaben, die weitere Investitionen in Höhe von 1500 Milliarden Yuan nach sich zogen – finanziert durch staatliche Banken und lokale Verwaltungen. Nach Zhu Rongjis Regierungserklärung im März 1998 sollten die Konjunkturprogramme auf drei Jahre begrenzt sein. Aber die Regierung sah sich gezwungen, das jährliche *deficit spending* von 150 Milliarden Yuan auch in den Jahren 2001 und 2002 fortzusetzen. Die Eigendynamik der Wirtschaft reicht nicht aus für ein Wachstum von wenigstens sieben Prozent.

Ein von staatlichen Bauinvestitionen und Exportsteigerungen angetriebenes Wachstum lässt sich nicht auf Dauer aufrechterhalten, wie die leidvolle japanische Erfahrung zeigt. Exportüberschüsse lassen sich nicht endlos steigern. Und ebenso wenig lassen sich Defizit finanzierte staatliche Investitionen endlos steigern; der Staat stößt an die Grenzen seiner Verschuldungsfähigkeit. China kann ein hohes Wirtschaftswachstum auf Dauer nur sichern, wenn es ihm gelingt, ein selbsttragendes Wachstum zu gewinnen. Mit dem Versuch, das Wachstum weiterhin durch *deficit spending* und Exportüberschüsse in die Höhe zu treiben, liefe China in die japanische Falle.

Zhu Rongji hat das Problem sehr klar erkannt. Auf einem Treffen der Führung im November 1999 erklärte er: »Um unsere gegenwärtigen wirtschaftlichen Schwierigkeiten ebenso wie die Schwierigkeiten unserer langfristigen Entwicklung zu überwinden, müssen wir dem Prinzip der Ausweitung der Binnennachfrage folgen. Eine Steigerung des Konsums ist eine ungeheure Triebkraft für das Wirtschaftswachstum, wir müssen dieser Frage viel Aufmerksamkeit zuwenden. Um den Konsum in unseren Städten und auf dem Lande steil in die Höhe zu treiben, muss es derzeit unsere Priorität sein, den Konsum in Bereichen wie Wohnungen und Erziehung zu stimulieren.«[11]

Die Regierung folgt der von Zhu Rongji vorgegebenen Linie. Um die Sparlust zu dämpfen, senkte sie die Spareinlagenzinsen von sieben auf zwei Prozent und führte eine Steuer auf Zinserträge ein. Sie erhöhte die Studiengebühren an den Universitäten. Sie dehnte den Feiertag des 1. Mai 2000 zu einer ganzen Feiertagswoche aus, um die Bevölkerung zum Geldausgeben zu animieren. Die Plan ging auf: 46 Millionen Chinesen begaben sich auf Reisen und gaben achtzehn Milliarden Yuan aus.

Eine vielversprechende Strategie ist die Privatisierung des Wohnungsmarkts, die auf die Mobilisierung der Spareinlagen der Städter zielt. Die Erfolge zeigen sich bereits: Im Jahr 2000 stiegen die privaten Wohnungskäufe um 52 Prozent auf 284 Milliarden Yuan (35 Milliarden Dollar); die Wohnungsbauindustrie trug damit 1,5 Prozent zum achtprozentigen Wachstum der Gesamtwirtschaft bei. In Shanghai, der reichsten Stadt Chinas, leben bereits sechzig Prozent aller Familien in ihren eigenen vier Wänden.

Noch wichtiger für die Steigerung des Konsums ist, dass es gelingt, die Stagnation der ländlichen Einkommen und mit ihr des ländlichen Konsums zu überwinden. Auf dem Lande leben zwei Drittel von Chinas Bevölkerung; die Einkommen der ländlichen Bevölkerung erreichen im Durchschnitt nur 36 Prozent der Einkommen der Städter. Hier gibt es also noch riesige ungesättigte Märkte für Konsumgüter und insbesondere auch langlebige Konsumgüter. In den neunziger Jahren löste die Nachfrage in den Städten nach Farbfernsehgeräten, Kühlschränken, Waschmaschinen, Klimageräten und Mikrowellenherden einen Boom in der Haushaltsgeräte- und Konsumelektronikindustrie aus. Heute ist der Bedarf in den Städten gedeckt. Bei steigenden Einkommen auf dem Land aber würde eine zweite und noch weit größere Welle der Nachfrage entstehen, die die riesigen Kapazitäten der beiden Industrien auslasten könnte. Ein Boom des Konsums auf dem Land und ein Boom der privaten Wohnungskäufe in den Städten könnten – zusammen mit den Investitionen in die »neue Wirtschaft« der Informationsgesellschaft – die Motoren für das Wachstum der ersten Dekade des 21. Jahrhunderts werden.

Letztlich aber wird für die weitere Entwicklung entscheidend sein, ob die Partei die Kraft hat, den Weg in die Marktwirtschaft konsequent fortzusetzen. Das »kadergetriebene« Wachstum der Deng-Ära ist Vergangenheit. Es hatte an seinem Ende, wie wir sahen, zu einer ungeheuren Duplizierung von Produktionskapazitäten und zu ungeheuren Überkapazitäten geführt, als jede Provinz, ja jede Stadt und jeder Landkreis dieselben Industrien mit Fabriken aufbaute, die meist weit unter der notwendigen Größe für eine effiziente Produktion lagen. Das Wachstum der neuen Ära kann nur ein marktgetriebenes Wachstum sein.

Überblicken wir also, wie es den im März 1998 verkündeten Reformprogrammen in den fünf Jahren von 1998 bis 2002 erging. Wieweit ist es gelungen, den Staatsapparat zu verschlanken, seine Eingriffe in die Unternehmenspolitik zu beenden, die Korruption zurückzudrängen? Wieweit ist es gelungen, die Industrie zu restrukturieren, ineffiziente Produzenten untergehen zu lassen und dadurch Wachstumsraum für effiziente Unternehmen zu schaffen? Wieweit ist es gelungen, ein modernes Bankensystem aufzubauen, das das Kapital in effiziente Unternehmen lenkt? Kurz, wieweit ist es gelungen, die Grundlagen für ein marktgetriebenes Wachstum zu schaffen?

Die Fortschritte der Reform

Personalabbau im Regierungsapparat und Rezentralisierung

Die Reduzierung des Personals der Zentralregierung um die Hälfte wurde pünktlich bis Ende 1998 verwirklicht. Zum ersten Mal in der langen Geschichte der Versuche, den aufgeblähten Regierungs- und Verwaltungsapparat zu verschlanken, blieb der Plan nicht nur auf dem Papier. Anfang 2000 – mit einem Jahr Verspätung – begannen die ersten Provinzen und Großstädte mit Provinzrang mit der Verwaltungsreform und dem Personalabbau. Im Durchschnitt soll die Zahl der Verwaltungsabteilungen auf Provinzebene von gegenwärtig 53 auf vierzig sinken. Guangdong und die Stadtregierung von Peking kündigten an, sie wollten nach dem Vorbild des Staatsrats fünfzig Prozent des Personals abbauen. Bei den lokalen Kadern verflechten sich die administrativen Zuständigkeiten mit kommerziellen Aktivitäten, was für die Kader reich sprudelnde Einnahmequellen schafft. Die Neuorganisation dürfte in den Provinzen also auf noch härteren Widerstand stoßen als in den Ministerien der Zentralregierung.

Auch die Rezentralisierung des Finanzsystems zeigt bisher die erhofften Auswirkungen. Die Einnahmen des zentralen Haushalts stiegen von 10,7 Prozent des Bruttoinlandsprodukts im Jahre 1997 auf vierzehn Prozent im Jahr 2000. Und bei Kreditverhandlungen der Provinzen mit den jetzt nur noch neun provinzübergreifenden Zweigstellen der Zentralbank sitzen den Vertretern der Provinzen nicht mehr Bankangestellte gegenüber, deren Karriere abhängig ist von ihren Verhandlungspartnern.

Reform der Staatsunternehmen

Der Reformplan für die Staatsunternehmen sah vor, die kleinen Unternehmen aus der Kontrolle des Staates zu entlassen und die großen Unternehmen zu sanieren und profitabel zu machen. Der Rückzug der lokalen Verwaltungen aus den kleinen Staatsunternehmen hatte schon vor Jiang Zemins Rede auf dem XV. Parteitag im September 1997 begonnen. Die Entwicklung verlief nach der Dengschen Methode der Reform von unten ab: Einige lokale Behörden preschen voran und führen eine neue Reformmaßnahme ein. Wenn sich diese bewährt, breitet sie sich aus und wird schließlich von der Parteizentrale in Peking abgesegnet. Die offizielle Bestätigung beschleunigt die Reform und macht sie landesweit. So kam es auch diesmal. Nachdem der Parteitag die Freigabe kleiner Staatsunternehmen zur offiziellen Politik gemacht hatte, stürzten sich die Landkreise, Städte und Provinzen geradezu in den Verkauf der kleinen, aber auch vieler mittelgroßer Unternehmen. Der Bürgermeister von Shenyang, einem Zentrum der alten Staatsindustrie, reiste in Europa herum, um in einer *roadshow* Unternehmen seiner Stadt anzubieten. Welch ein Symbol des Wandels in China!

Hoffnungslose Unternehmen wurden dem Bankrott überlassen. Von den als überlebensfähig angesehenen Unternehmen wurde ein Teil von großen Staatsunternehmen übernommen. Ein anderer Teil ging an private Unternehmer und Investoren, unter ihnen auch Ausländer. Der größte Teil wurde von den Managern und Arbeitern übernommen. Auch wenn Manager und Arbeiter das Unternehmen gemeinsam kauften und eine »genossenschaftliche Aktiengesellschaft« gründeten, erwarb der Topmanager oft die Aktienmehrheit; das ehemalige Staatsunternehmen wurde zum Privatunternehmen, obwohl die Statistik es als »Unternehmen im Gemeineigentum« führt. Im Wesentlichen lief so die Entlassung der kleinen Staatsunternehmen aus der Staatskontrolle auf eine Privatisierung hinaus, mochte die Partei auch unentwegt versichern, dass »eine Privatisierung absolut nicht in Frage« komme.

Es lag auf der Hand, dass sich bei dieser Privatisierung die lokalen Partei- und Verwaltungskader sowie die Manager und ihre Freunde massiv bereicherten, indem sie die Unternehmen offiziell zu Schleuderpreisen verkauften und erwarben. Kritiker sprachen von einem »letzten Dinner der lokalen Kader«. Die Pekinger Regierung stieß denn auch im Juli 1998 einen Alarmruf aus und warnte vor einem überstürzten Ausverkauf. Die westliche Presse nahm dies als Anzeichen, dass unter dem Druck der Wirtschaftsprobleme die Reform gestoppt werde. Aber – wir haben dies bereits bei der Interpretation von Jiang Zemins Parteitagsrede gesehen – in China muss man nicht nur hören, was gesagt wird, sondern beobachten, was getan wird. Der Verkauf kleiner Unternehmen ging weiter – bis zum Juli waren ohnehin schon die meisten verkauft. Einige der fortgeschrittensten Provinzen erklärten, sie wollten alle Staatsunternehmen abgeben, mittelgroße ebenso wie kleinere, profitable ebenso wie unprofitable. Die Zahl der Staatsunternehmen schrumpfte rapide. Von 128 000 industriellen Staatsunternehmen im Jahre 1997 gab es laut amtlicher Statistik schon Ende 2001 nur noch 53 000.

Während die Provinzen und lokalen Behörden damit beschäftigt waren, ihre Staats- und Kollektivunternehmen zu verkaufen, mühte sich die Zentralregierung ab, die großen Unternehmen umzustrukturieren und profitabel zu machen. Auch hier gab es einige Erfolge zu melden:

– Die Finanzierung der Staatsunternehmen über den Aktienmarkt kam, nach langsamem Start in den Jahren 1998 und 1999, im Jahr 2000 in Fahrt. Die Zentralregierung brachte drei große Konzerne an die Börsen in Hongkong und New York: China Unicom, die zweite nationale Telefongesellschaft, und die beiden neu gebildeten Petrochemie-Giganten Petrochina und Sinopec. Sie konnte dadurch den drei Unternehmen zehn Milliarden Dollar an neuem Kapital zuführen. Aus den Börsen in Shanghai und Shenzhen flossen chinesischen Unternehmen im Jahre 2000 achtzehn Milliarden Dollar zu. Die Marktkapitalisierung der Börsen von Shanghai und Shenzen stieg zwischen Ende 1998 und Ende 2000 von 1,9 auf 4,7 Billionen Yuan. Die Entwicklung geht weiter. Mitte 2002 tauchte mit der Bank of China die erste Staatsbank an der Hongkonger Börse auf. Noch zögern allerdings die ausländischen Investoren, sich in Aktien von Staatsunternehmen zu engagieren. Dies liegt in der immer noch mangelhaften Transparenz dieser Unternehmen und in dem mangelhaften Schutz von Minderheitsaktionären begründet. Es bleibt im chinesischen Börsenwesen noch viel zu tun.

– Der Abbau der Überkapazitäten schritt voran. Die Textilindustrie zerstörte 1998/99 neun Millionen veraltete Spindeln. Shanghai allein ließ 34 seiner 185 Textilfirmen in Konkurs gehen – fast jede fünfte Firma. Die Zerstörung der Spindeln wurde im Shanghaier Fernsehen gezeigt und mit der Notwendigkeit begründet, die potenziell rentablen Unternehmen vom Preisdruck der sterbenden Firmen zu befreien. Landesweit verloren 1,2 Millionen Textilarbeiterinnen und -arbeiter ihre Stelle. Bis 2000 schloss die Regierung 34 000 kleine Kohlegruben und baute die Überkapazität um 300 000 Tonnen Kohle ab. Ebenso erging es den meisten der kleinen Stahlhersteller, die mit hohem Energieverbrauch und unter extremer Umweltverschmutzung produzieren. Gab es 1990 noch 2500 Stahlhersteller, so waren bis 2000 nur noch 294 übrig geblieben.
– Die Produktion auf Halde hat aufgehört. Im Jahr 2000 verkauften, nach amtlicher Statistik, die leichtindustriellen Unternehmen (alle Eigentumsformen zusammengenommen) 97 Prozent ihrer Produktion, die schwerindustriellen 98 Prozent. In Shanghai stieg die Vermietungsrate für Geschäftsräume der Qualitätsstufe A von 65 Prozent 1998 auf 94 Prozent im Jahr 2000.
– Die Volksbefreiungsarmee befolgte Jiang Zemins Befehl und gab die kommerziellen Firmen ihres Wirtschaftsimperiums auf. Bis Anfang 2000 übergab die Armee über 3500 Unternehmen mit 230 000 Beschäftigten an den Staat: große Handelsfirmen, das Unternehmen 999, Chinas größten und hochprofitablen Pharmahersteller, Luxushotels, Nachtklubs und vieles mehr. Rund 4000 Unternehmen wurden geschlossen. Kaum ein Beobachter hatte geglaubt, dass die Armee Jiangs Befehl so umfassend und reibungslos nachkommen werde, einige erwarteten sogar eine Krise in den Beziehungen zwischen Regierung und Militär. Doch die militärischen Führer haben heute das Ziel, die Armee zu einer hochprofessionellen Truppe zu machen; die ausgedehnten Geschäfte lenkten nicht nur von diesem Ziel ab, sondern verlockten zur Korruption und untergruben das Ansehen der Armee in der Bevölkerung.

Doch nun zur wichtigsten Frage: Wie hat sich die Effizienz und Profitabilität der unter staatlicher Kontrolle verbliebenen Unternehmen entwickelt? Die Regierung meldet stolz, dass zwischen 1998 und 2000 die Nettogewinne der Staatsindustrie von 45 auf 230 Milliarden Yuan (28 Milliarden Dollar) gestiegen seien. Für die riesigen Kapitalinvestitionen der Staatsindustrie wäre dies immer noch eine magere Rendite. Doch selbst der bescheidene Fortschritt wird bei genauerem Hinsehen zweifelhaft. Die Staatsunternehmen wurden durch Umwandlung von Bankkrediten in Aktienkapital 1999 und 2000 von 1400 Milliarden Yuan Schulden befreit und damit – selbst wenn man einen Zinssatz von lediglich sieben Prozent annimmt – um eine jährliche Zinslast von rund hundert Milliarden Yuan erleichtert. Zudem flossen weiterhin hohe Subventionen in viele Unternehmen. Und so manche von ihnen meldeten wohl auch weiterhin geschönte Bilanzen nach oben. Die meisten unabhängigen Analysten nehmen denn auch an, dass die die Mehrzahl der Staatsunternehmen weiter mit Verlust arbeitet, auch wenn einige Unternehmen wie Haier oder Baoshan Steel Weltklasseniveau erreichen.

Bankenreform

Parallel zu den Staatsunternehmen sollten nach Zhu Rongjis Reformplan die Staatsbanken in moderne, gewinnbringende Kreditinstitute verwandelt werden.

Dies bedeutete zunächst einmal, die Banken wenigstens von einem Teil ihrer notleidenden Kredite zu befreien, um sie wieder manövrierfähig zu machen. Zu diesem Zweck wurden für die vier großen Staatsbanken vier Vermögensverwaltungsgesellschaften gegründet, die bis Ende 2000 für 1,4 Billionen Yuan notleidende Kredite der Banken zum Nennwert übernahmen; dies entsprach nach dem Stand von Ende 1997 gut der Hälfte aller faulen Kredite. Sie händigten den Banken dafür eigene, staatsgarantierte Schuldverschreibungen mit einer Verzinsung von 2,25 Prozent aus.

Die Vermögensverwaltungsgesellschaften tauschten in der Regel die übernommenen Kreditforderungen in Aktien der Schuldnerunternehmen um. Als Großaktionäre versuchen sie nun, die Unternehmen umzustrukturieren und zu sanieren. Ein Beispiel mag illustrieren, wie sie vorgehen: Cinda, die von der Construction Bank gegründete Vermögensverwaltungsgesellschaft, hat von der Bank 970 Millionen Yuan notleidende Kredite der Zhengzhou Coal übernommen, einer Kohleindustriegruppe mit 42 000 Beschäftigten in der Provinz Henan. Cinda plant, die Schuldforderung gegen eine 51-Prozent-Beteiligung an einer neu zu gründenden Firma zu tauschen, die aus den besten Teilen von Zhengzhou Coal zusammengebaut wird. Die übrig bleibende Restfirma (mit einem Aktienanteil von 49 Prozent an der neuen Firma) hat das Recht, die von Cinda übernommenen Aktien innerhalb einer Frist von acht Jahren zurückzukaufen. Doch ob sie dazu jemals in der Lage sein wird, ist mehr als zweifelhaft. Die Restfirma ist ein Sammelsurium unprofitabler Unternehmen mit 30 000 Beschäftigten. Cinda wird einen Teil seiner Aktien an die Börse bringen, und Zhengzhou Coal wird wohl eher Aktien aus seinem 49-Prozent-Besitz abgeben müssen, um Löhne bezahlen zu können, als Aktien von Cinda zurückkaufen. Der wahrscheinliche Ausgang ist: Zhengzhou Coal wird sich gesundschrumpfen und zum großen Teil untergehen; die neu gegründete Kohlefirma wird in die Hände privater Investoren übergehen und aus dem Staatssektor ausscheiden; Cinda wird bei diesem Sanierungsfall vielleicht sogar Gewinn machen.[12]

Soweit die Strategie; wie sind die Ergebnisse?

Die Staatsbanken sind heute zweifellos ungleich moderner als zu Beginn der Reform. Sie sind schlanker geworden, wenn sie auch weiterhin personell überbesetzt sind. Das Management ist besser ausgebildet und auf das Ziel ausgerichtet, Gewinn zu machen. Nach wie vor aber vergeben sie – aus politischen Gründen – den Löwenanteil der Kredite an die großen Staatsunternehmen. Vor allem aber: Nach wie vor ist ihre finanzielle Lage desaströs.

1997 gab Zentralbankpräsident Dai Xianglong die notleidenden Kredite mit 25 Prozent der Gesamtkredite an, unabhängige Analysten schätzten sie damals auf 50 Prozent. Im Jahr 2001 nannte Dai einen Prozentsatz von 28, die Schätzungen der Analysten liegen weiterhin bei 50 Prozent. Die Befreiung von 1,4 Billionen Yuan notleidender Kredite durch die Vermögensverwaltungsgesellschaften hat also die finanzielle Lage der vier großen Staatsbanken nicht dauerhaft zu verbessern vermocht. Sie sind technisch so bankrott wie eh und je, auch wenn sie dank der weiter zufließenden Spareinlagen liquide bleiben; die Sparer vertrauen auf die implizite Staatsgarantie für ihre Guthaben.

Die Vermögensverwaltungsgesellschaften andererseits konnten bis heute lediglich Bruchteile der übernommenen Kreditforderungen verwerten. Ihre Versuche, Unternehmen, in denen sie Großaktionäre oder sogar Mehrheitsaktionäre geworden sind, zu sanieren, zu verkaufen oder durch Liquidation wenigstens einen Teil ihres eingesetzten Kapitals zu retten, werden allzu oft von der Regierung oder lokalen Parteikadern blockiert.

Auch nach fünf Jahren ist die Bankreform also weit entfernt von dem Ziel, gesunde Banken zu schaffen, die eine dynamische Marktwirtschaft finanzieren und das Sparkapital dorthin leiten, wo es am produktivsten verwendet wird.

Anti-Korruptionskampagne

Verbunden mit den Reformen ist zum ersten Mal ein wirklich hartes Durchgreifen bei der Bekämpfung der Korruption. Drakonische Strafen werden auch gegen hohe Partei- und Regierungskader ausgesprochen. So wurde im Juli 2000 Cheng Kejie, einer der Stellvertretenden Vorsitzenden des Nationalen Volkskongresses und ehemals Regierungschef der Autonomen Region Guangxi Zhuang, wegen Annahme von Bestechungsgeldern in Höhe von 41 Millionen Yuan zum Tode verurteilt. In dem großen Schmuggelprozess in Xiamen/Fujian wurden vierzehn Todesurteile verhängt. Vor manchen Personen müssen die Ermittler jedoch haltmachen, weil sie zu mächtig sind. Dennoch scheint es der Kampagne zu gelingen, die Korruption wenigstens einzudämmen. Beträchtlichen Erfolg hatte die Anti-Schmuggelkampagne. Luxusautos wie Mercedes oder BMW sind illegal kaum noch ins Land zu bringen. Bei vielen Produkten der inländischen Industrie, die unter dem Konkurrenzdruck der Schmuggelwaren litten, haben sich Absatz und Preise verbessert.

Beitritt zur Welthandelsorganisation

Mitte Juli 2001 wurden in Genf, nach anderthalb Jahren zähen Ringens, die Detailverhandlungen über Chinas Beitritt zur Welthandelsorganisation (WTO) abgeschlossen. Im November wird China auf der WTO-Ministerkonferenz in Qatar offiziell aufgenommen werden. Im März 2002 wird es nach der Ratifizierung des Beitrittsvertrages durch den Nationalen Volkskongress in Peking seine Mitgliedschaft beginnen. Dies ist der am weitesten reichende und kühnste Erfolg der Jiang-Zemin-Ära.

Schon 1986 hatte die chinesische Regierung beim GATT (General Agreement on Tariffs and Trade) den Antrag auf Aufnahme gestellt, doch sie war niemals bereit, die nötigen Handelszugeständnisse zu machen. Im November 1995 unternahm sie einen neuen Anlauf, dieses Mal für den Beitritt zur WTO, der neu gegründeten Welthandelsorganisation. Doch auch jetzt waren die für den Beitritt nötigen Liberalisierungsmaßnahmen bei Importen und Auslandsinvestitionen innenpolitisch gegen den Widerstand der Branchenministerien und der Staatsunternehmen nicht durchzusetzen. Die Verhandlungen zogen sich jahrelang ohne Fortschritt hin.

In dieser Situation unternahm Zhu Rongji während seines Amerika-Besuchs im April 1999 einen kühnen Durchbruchversuch. Er legte dem amerikanischen Präsidenten ein Paket großzügiger Konzessionen, von dem er dachte, dass dieser es nicht ablehnen könne. Doch Clinton, von der Lewinski-Affäre belastet, wagte nicht, das Angebot anzunehmen und eine Niederlage im Kongress zu riskieren, dessen protektionistische Stimmung sich angesichts der alle Rekorde brechenden Handelsüberschüsse Chinas verstärkt hatte. Und was noch schlimmer für Zhu war: Die US-Administration gab die Kernpunkte der Vorschläge an die Presse. Zhu hatte sie vor der Abreise vermutlich mit Jiang Zemin abgestimmt, aber nicht mit den Branchenbehörden und den Managern der großen Staatsunternehmen. Als er mit leeren Händen nach Peking zurückkam, brach eine Welle furioser Kritik über ihn herein. Bei seinem Bericht vor dem Ständigen Ausschuss des Politbüros soll die Mehrheit der Mitglieder ihn wegen seines Verhaltens in den Washingtoner Gesprächen getadelt haben, wobei Jiang Zemin sich der Stimme enthalten habe – so jedenfalls wollte es die Hongkonger Presse wissen.

Jiang Zemin nahm Zhu Rongji – jedenfalls nach außen – die WTO-Verhandlungen aus der Hand. Als dann im Mai, während des humanitären Kosovo-Krieges der NATO, amerikanische Raketen die chinesische Botschaft in Belgrad zerstörten und drei chinesische Journalisten töteten, brach Peking die Verhandlungen ab. Zhu Rongjis Stellung in Partei und Regierung war schwer angeschlagen, manche Beobachter rechneten mit seinem Rücktritt.

Im September 1999 ergriff Präsident Clinton, unter der massiven Kritik der amerikanischen Wirtschaftslobby anderen Sinnes geworden, die Initiative und rief Jiang Zemin an, um ihn zu einer Wiederaufnahme der Verhandlungen zu drängen. Anfang November, nach einem erneuten Anruf Clintons, erging schließlich die chinesische Einladung an die amerikanische WTO-Verhandlungsdelegation, nach Peking zu kommen. Doch die Verhandlungen drohten erneut zu scheitern. Die amerikanische Handelsbeauftragte, Frau Barshefsky, sandte bereits ihre Koffer zum Flugplatz. Zuvor rief sie jedoch Zhu Rongji an. Dieser kam ins Handelsministerium und schmiedete mit Frau Barshefsky in anderthalb Stunden einen Kompromiss in den strittig gebliebenen Fragen. Insgesamt war das Ergebnis für die Amerikaner etwas ungünstiger als das Washingtoner Angebot vom April. An der Unterzeichnungszeremonie und dem anschließenden Bankett, das Jiang Zemin zur Feier des erfolgreichen Abschlusses der Verhandlungen gab, nahm Zhu Rongji bezeichnenderweise nicht teil; man wollte die Gegner des Abkommens nicht zu sehr reizen.

Der im Dezember 2001 erfolgte WTO-Beitritt eröffnet China große neue Exportchancen. Derzeit unterliegen 62 Prozent der chinesischen Exporte nach Amerika und 48 Prozent der Exporte nach Europa Einfuhrquoten und anderen nichttarifären Handelshemmnissen. Diese müssen mit dem Beitritt wegfallen – wenn sich auch insbesondere Amerika die Möglichkeit von Notmaßnahmen bei plötzlicher Überflutung mit Einfuhren aus China ausbedungen hat. Die Gewinner des Beitritts werden die arbeitsintensiven Exportindustrien sein: die Hersteller von Spielwaren und Sportgeräten, Schuhen, Handtaschen, Koffern und, allen voran, die Textil- und Bekleidungsindustrie. Gegenwärtig ist Chinas Anteil an den Weltexporten von Bekleidung durch das Multifaserabkommen auf siebzehn Prozent begrenzt. Nach Wegfall dieser Grenze im Jahr 2005 könnten die chinesischen Exporte von Bekleidung um zweihundert Prozent ansteigen. Chinesische Ökonomen rechnen mit einem Gewinn von fünf Millionen Arbeitsplätzen in der Textil- und Bekleidungsindustrie.

Auf der anderen Seite fallen mit dem WTO-Beitritt die Schutzwälle, die China um die kapital- und technologieintensive Industrie und den modernen Dienstleistungssektor gezogen hat. Es sinken nicht nur die Zölle zum Teil drastisch, sondern es fallen auch Hunderte von nichttarifären Barrieren. So wird es ausländischen Unternehmen erlaubt werden, Vertriebs- und Kundendienstnetze aufzubauen. Bisher durften selbst in China produzierende Auslandsfirmen ausschließlich Produkte, die sie im Lande herstellten, direkt verkaufen. Alle Importe mussten über die staatlichen Handelsorganisationen vertrieben werden.

Eine Reihe der Schutzmaßnahmen fällt sofort mit dem Beitritt weg, die meisten und wichtigsten werden in Übergangsfristen von zwei bis fünf Jahren abgebaut. Aber spätestens von 2007 an wird die chinesische Industrie auf dem heimischen Markt vor einem Wettbewerb völlig neuer Intensität stehen.

Am stärksten wird die Autoindustrie betroffen sein, wo die Zölle von heute achtzig bis hundert Prozent auf 25 Prozent bis zum 1. Juli 2006 fallen sollen. Die meisten der 120 Fahrzeughersteller, die sich heute noch auf dem Markt drängen, werden hinweggefegt werden, da sie aufgrund ihrer winzigen Stückzahlen keine Chance haben, wettbewerbsfähig zu werden. Harte Zeiten stehen auch den Automobilzulieferern bevor, unter ihnen vielen westlichen und gerade auch deutschen Joint Ventures. Der chinesische Markt ist bei vielen Zulieferteilen noch zu klein, um ein effizientes Produktionsvolumen zu gestatten. Die Zölle der Zulieferteile jedoch werden von jetzt fünfzig Prozent auf zehn Prozent zurückgehen, und die Automobilhersteller werden unter dem Druck der Importkonkurrenz Zulieferteile da einkaufen, wo sie am billigsten sind.

Riskant erscheint Zhus WTO-Wette im Sektor der Finanzdienstleistungen. Die ausländischen Banken in China sind bisher auf das Kreditgeschäft in fremden Währungen beschränkt; einige von ihnen, die ihren Sitz am Finanzzentrum von Pudong haben, erhielten darüber hinaus eine sehr eingeschränkte Erlaubnis, Kredite in einheimischer Währung in erster Linie an ausländische Unternehmen zu vergeben. Die ausländischen Bankniederlassungen sind zudem im Wesentlichen auf Shanghai, Peking, Shenzhen und Kanton begrenzt. Mit Chinas WTO-Beitritt werden alle diese Schranken fallen. Binnen zwei Jahren werden Yuan-Geschäfte (Einlagen und Kredite) mit chinesischen Firmen erlaubt sein, binnen fünf Jahren auch mit privaten Kunden. Die ausländischen Banken werden Zweigstellen errichten können, wo immer sie wollen. Im Jahre 2007 werden damit die Auslandsbanken den chinesischen Staatsbanken voll gleichgestellt sein. Werden diese bis dahin saniert und fit für den Wettbewerb sein, oder droht eine Krise der Staatsbanken, wenn chinesische Firmen und Privatkunden mit ihren Konten und Einlagen zu den Auslandsbanken abwandern?

Die für die politische Stabilität gefährlichste Situation könnte auf dem Lande entstehen. Nicht ohne Grund war in den Genfer Detailverhandlungen die schwierigste Frage, wie hoch die Subventionen für die Landwirtschaft weiterhin sein dürften. Von 2004 an wird Weizen nur noch durch einen Zoll von 14,5 Prozent geschützt sein. Teile der Weizenproduktion in Nordchina werden Importen aus Amerika, Kanada und Australien weichen müssen. Die chinesische Regierung wird gezwungen sein, ihre bisherige Politik der weitgehenden Autarkie bei Getreide aufzugeben. Viele Bauern werden von dem landintensiven Anbau von Getreide überwechseln müssen auf die arbeitsintensive und höherwertige Produktion von Gemüse und Früchten. Bei diesen Produkten hat China einen komparativen Vorteil auf den Weltmärkten. Der Wechsel erlaubt zudem, Chinas knappe Land- und Wasserressourcen effizienter zu nutzen, und ist so im Sinne der Umweltpolitik. Doch wenn nicht gut gesteuert und abgefedert wird, kann der erzwungene Wechsel soziale Unruhen in den betroffenen ländlichen Gebieten provozieren. Eine weitere schwierige Situation wird bei Sojaöl entstehen. Der Preis des importierten Sojaöls liegt ein Viertel unter dem Preis der inländischen Produzenten. Wenn die Quotenbeschränkungen aufgehoben werden, werden viele der kleinen Ölmühlen nicht überleben können. Während der WTO-Beitritt den Städtern eine Einkommenssteigerung von 4,6 Prozent bringen wird, droht der ländlichen Bevölkerung eine Einkommenseinbuße von 2,1 Prozent.[13]

Die angeführten Beispiele geben eine Vorstellung davon, welch dramatischer Wettbewerbsdruck durch den WTO-Beitritt auf die chinesische Wirtschaft zukommen wird. Gegner des Beitritts fürchten, dass Teile der Staatsindustrie untergehen und viele Industrie- und Dienstleistungsmärkte unter die Herrschaft ausländischer Unternehmen geraten werden. Doch diese Furcht ist – genauso wie die Hoffnung mancher Ausländer – weit überzogen. Fünf Jahre bis zum Auslaufen des Schutzes 2007 sind für das chinesische Tempo der Modernisierung eine lange Zeit. Viele chinesische Unternehmen und nicht zuletzt die schnell aufkommenden Privatunternehmen werden die Übergangsfristen nutzen, um sich auf Wettbewerbsfähigkeit zu trimmen. Es gibt aus der Vergangenheit Beispiele, wie chinesische Unternehmen in kurzer Zeit zu den ausländischen Wettbewerbern aufschlossen und sie am Ende überholten. So wurde bis in die erste Hälfte der neunziger Jahre hinein der Markt für Farbfernsehgeräte in den Städten beherrscht von ausländischen Marken: Philips, Sony, Panasonic, Samsung und anderen. Die Geräte wurden sowohl importiert als auch in Gemeinschaftsunternehmen in China selbst hergestellt. Heute ist der chinesische Farbfernsehgerätemarkt zu mehr als achtzig Prozent in der Hand rein einheimischer Produzenten, von denen die großen vier – Changhong, Konka, TCL und Panda – Weltklassestandard erreicht haben. Sie drängten seit 1996 die ausländischen Produzenten in einem brutalen Preiskampf zurück und beginnen jetzt in immer größerem Maßstab selbst zu exportieren. So mancher ausländische Angreifer wird sich noch wundern, welch hartem Wettbewerb er in China ausgesetzt sein wird.

Der WTO-Beitritt wird Chinas Exporte und Importe in die Höhe treiben. Er wird ebenso den jährlichen Zufluss ausländischer Direktinvestitionen anschwellen lassen. Beobachter rechnen damit, dass diese sich nach dem Beitritt verdoppeln und bis 2007 hundert Milliarden Dollar pro Jahr erreichen werden. Vor allem aber wird der WTO-Beitritt eine effizientere chinesische Wirtschaft schaffen und sie auf eine neue Stufe globaler Wettbewerbsfähigkeit heben. Dies war Zhu Rongjis eigentliches Ziel, als er Chinas Beitritt zur Welthandelsorganisation wagte.

»China's time is now!«

Schließen wir die Schilderung der Erfolge und Misserfolge der wirtschaftlichen Reform in der Ära Jiang Zemin (1998–2002) mit dem Stimmungsbericht, den Stephan Roach, Wirtschafts- und China-Experte der weltgrößten Investmentbank Morgan Stanley Dean Witter, im Juni 2000, zur Halbzeit der Reform, verfasste. Roach nahm in Peking an einer prominent besetzten Konferenz über das 21. Jahrhundert teil. Er schreibt: »Ich bin niemals optimistischer gewesen hinsichtlich der wirtschaftlichen Aussichten Chinas. Von meinem neunten Besuch in den letzten 27 Monaten zurückkehrend, entdecke ich ein Zusammenfließen gewaltiger Kräfte, die die volkreichste Nation der Welt in eine Periode außerordentlicher Transformation hineinführen könnten. Bei jedem Land ist es ein riskantes Unterfangen, den Wendepunkt auf dem steilen Weg zur wirtschaftlichen Entwicklung anzugeben. Aber im Falle Chinas glaube ich: Die Zeit ist gekommen. Die einzelnen Teile fügen sich mit genauester Präzision zu einem Ganzen. Investoren sollten diese Gelegenheit nicht übersehen ... Chinas erfolgreichem WTO-Aufnahmeantrag folgend, scheint sich eine neue riesige Welle an Auslandsinvestitionen aufzubauen. Die Straßen Pekings wimmeln buchstäblich von Delegationen ausländischer multinationaler Konzerne, ich habe niemals so viele Delegationen gesehen. Ein Gefühl, dass es eilt, liegt in der Luft.« Nun, nichts anderes erlebt der Peking-Besucher auch heute, im Jahre 2002.

In seinen Gesprächen in Peking erlebte Stephen Roach eine politische Führung, die, wie er schreibt, »leidenschaftlich reformergeben ist«. Besonders beeindruckte ihn ein Gespräch zwischen Jiang Zemin und Singapurs großem altem Staatsmann Lee Kuan Yew, an dem er teilnahm. Das Gespräch kam auf die Weltbörsen. Lee Kuan Yew warnte vor den Gefahren spekulativer Exzesse und vor den Auswirkungen auf die Weltwirtschaft, die ein Platzen der Spekulationsblase in den USA hätte. Jiang aber gab sich optimistisch. Er zeigte sich fasziniert von der amerikanischen Technologiebörse Nasdaq (eine Beobachtung, die ich aus eigener Erfahrung bestätigen kann). Nasdaq und die Unternehmerkultur des Silicon Valley, so berichtet Roach, beinhalten für ihn, was an Amerika groß ist. Jiang habe hinzugefügt: »Auch die Chinesen lieben es, Risiken einzugehen.« Diesen chinesischen Unternehmergeist, kommentiert Roach, wolle Jiang Zemin durch die Reform zur Entfaltung bringen.[14]

KAPITEL 38

Eine postkommunistische Fortschrittspartei

Die Privatindustrie als neuer Wachstumsträger

1994, nach achtzehn Jahren Zugehörigkeit zur Firma, wurde Frau He Zhihua von der Shanghai Uhrenfabrik entlassen. Ihr Mann Lin Yuhua hatte schon vorher seinen Arbeitsplatz in der Staatsfirma verloren. Um den Lebensunterhalt zu verdienen, putzten He und Lin nachts Restaurants und Büroräume. Im April 1996 gründeten sie die Shanghai Ruixin Reinigungsfirma. Die Firma wuchs schnell und hatte 1998 bereits 35 Angestellte – alle aus Staatsunternehmen entlassene Arbeitskräfte. Das Ehepaar sagt heute: »Wären wir doch früher entlassen worden!«

Ganz ähnlich ist die Geschichte von Zhuang Hongwei und ihrem Mann Chen Junmin. Auch sie verloren 1994 ihren Arbeitsplatz in einem der untergehenden Staatsunternehmen Shanghais. Ihre ersten Versuche, Geld zu verdienen, scheiterten. Doch dann kamen sie auf die Idee, ein Geschäft aufzumachen, das zum Kochen vorbereitete Mahlzeiten an Haushalte liefert. Sie fanden unter Shanghais Zwei-Einkommen-Haushalten, in denen die Eheleute keine Zeit für das Einkaufen und die Vorbereitungen zum Kochen haben, viele Kunden. Heute beschäftigt ihre Firma hundert Angestellte – auch sie alle ehemalige Arbeiter von Staatsunternehmen.[15]

Insgesamt waren schon Mitte 1998 von den 83 000 registrierten Privatunternehmen Shanghais zehn Prozent Gründungen von entlassenen Arbeitern und Angestellten aus Staatsfirmen. Privatunternehmer wie die beiden Ehepaare werden in Fernsehen und Presse gefeiert und sind heute die großen Vorbilder in China. Welch ein Wandel seit den Zeiten, als Mao den braven Soldaten Lei Feng als Modell der Nation propagieren ließ!

Seit Mitte der neunziger Jahre entstanden neue Arbeitsplätze netto allein im Privatsektor: in den *getihu* (Selbstständige und Familienbetriebe), den *siying qiye* (Privatunternehmen, unseren OHGs entsprechend), in GmbHs und Aktiengesellschaften. In den Städten hat nach der hier wiedergegebenen Statistik der Privatsektor zwischen 1996 und 2000 neunzehn Millionen zusätzliche Arbeitsplätze geschaffen. Weitere 900 000 zusätzliche Arbeitsplätze entstanden in ausländischen Unternehmen und Unternehmen aus Hongkong und Taiwan. Der Staatssektor und die städtischen Kollektivunternehmen dagegen ver-

Entwicklung der Beschäftigung 1996 bis 2000 (in Millionen)

	1996	1997	1998	1999	2000
Beschäftigte insgesamt	689	696	700	706	712
davon: in den Städten	198	202	207	210	213
Staatssektor*	112	110	91	86	81
Kollektivunternehmen	30	29	20	17	15
Selbstständige	17	19	23	24	21
Privatunternehmen	6	8	10	11	13
GmbHs	–	–	4,8	6,0	6,9
Aktiengesellschaften	3,6	4,7	4,1	4,2	4,6
Unternehmen aus Hongkong, Macao, Taiwan	2,7	2,8	2,9	3,1	3,1
ausländische Unternehmen	2,8	3	2,9	3,1	3,3
auf dem Lande	490	494	493	496	499
Landwirtschaft	323	324	326	329	328
Dorf- und Gemeindeunternehmen	135	131	125	127	128
Privatunternehmen	6	6	7	10	11
Selbstständige	33	35	39	38	29

* Der Staatssektor umfasst neben den Staatsunternehmen auch den Regierungs- und Verwaltungsapparat und die Organisationen des Sozialdienstes und des Gesundheitsdienstes, die Medien, die Forschungsinstitute und die höheren Ausbildungsstätten. 1996 arbeiteten von den 112 Millionen Beschäftigten im Staatssektor 77 Millionen in Staatsunternehmen und davon 32 Millionen in der verarbeitenden Industrie. Zu den Staatsunternehmen sind auch gerechnet die in GmbHs oder Aktiengesellschaften umgewandelten Staatsunternehmen.

Quelle: China Statistical Yearbook 2001, S. 107 sowie (für Landwirtschaft) S. 364.

loren 46 Millionen Arbeitsplätze. Nicht alle zusätzlichen Arbeitsplätze im Privatsektor sind neu geschaffen. Ein Teil stammt aus Staats- und Kollektivunternehmen, die in private Hände übergegangen sind und – oft mit stark reduziertem Personal – weitergeführt wurden. Aber ein wesentlicher Teil entstand durch Neugründung privater Unternehmen oder Expansion bestehender privater Unternehmen.

Auf dem Lande nahm die Zahl der Beschäftigten in Privatunternehmen seit 1996 von sechs auf elf Millionen zu. Die Dorf- und Gemeinschaftsunternehmen bauten dagegen in den Krisenjahren 1997 und 1998 Arbeitskräfte ab; sie sind heute zwar, vor allem in den Küstenprovinzen, zumeist in Privateigentum, haben aber aus der Zeit des Kaderkapitalismus Überkapazitäten und überzähliges Personal geerbt, von dem sie sich jetzt befreien. Ungeklärt in der Statistik ist der starke Rückgang der Beschäftigung bei den ländlichen *getihu;* vermutlich wurden manche Familienbetriebe umklassifiziert in Privatunternehmen, doch dies würde nur einen kleinen Teil des Beschäftigungsrückgangs erklären.

Als Erste verstanden die lokalen Kader die neue Situation. Der Umschlag des Verkäufermarktes in einen Käufermarkt hatte die Wettbewerbsbedingungen radikal verändert. Dem neuen Wettbewerb waren nur wirklich privat geführte Firmen gewachsen. Viele der von den Kadern gegründeten Staats- und Kollektivunternehmen dagegen machten Verluste und trieben die öffentlichen Haushalte in die Krise. Einige Gemeinde- und Landkreisstädte preschten vor. Shunde im Perlfluss-Delta und Zhucheng in der Provinz Shandong begannen bereits nach 1992, so gut wie alle Staats- und Kollektivfirmen abzustoßen. Andere Gemeinde- und Stadtverwaltungen folgten. Als Jiang Zemin im September 1997 auf dem XV. Parteitag die Trennung des Staates von den kleinen Unternehmen bestätigte und zur neuen Politik der Partei machte, war die Entwicklung bereits im Gang.

Die offizielle Bestätigung beschleunigte die Transformation. Bis Ende 1999 waren, nach Schätzung von Beobachtern, achtzig Prozent der kleinen und mittelgroßen Staatsunternehmen im Eigentum von Kreisstädten und ein eher noch höherer Prozentsatz der Dorf- und Gemeindeunternehmen verkauft. Es gibt heute ganze Regionen, in denen kaum noch ein Staats- und Kollektivunternehmen zu finden ist. Bekanntestes und herausragendes Beispiel ist die 7,2-Millionenstadt Wenzhou, wo nur noch das Elektrizitätswerk, die Telekommunikation und die Post staatlich sind. In Wenzhou und in den von der Stadt verwalteten Landkreisen haben sich mehrere Cluster aus Hunderten privater Firmen derselben Industrie gebildet, die mit ihren Produkten die Märkte beherrschen: Der Qiaotou-Cluster versorgt ganz China mit Knöpfen, der Hongqiao-Cluster mit elektronischen Teilen, der Liushi-Cluster mit elektrischen Steckern, Schaltern und anderen Niedrigvoltzubehör und -geräten. Wenzhou hat so gut wie keine Arbeitslosen, ja es gibt 1,3 Millionen Menschen, die von außerhalb des Stadtgebiets kommen, Beschäftigung.

Ein zweites Beispiel bietet die Gemeinde Guizhen im Perlfluss-Delta. Sie beherbergt einen Cluster von tausend registrierten Lampenfabriken und an die sechshundert unregistrierten. Die erste Fabrik öffnete im Jahre 1986. Heute beherrscht Guizhen 46 Prozent des chinesischen Lampenmarkts und nennt sich stolz die »Hauptstadt der Lampen«. Jeder vierzigste Einwohner ist Fabrikeigentümer. Die Fabriken schaffen nicht nur Arbeit für die Angehörigen der eigenen Gemeinde, sondern darüber hinaus für 40 000 Wanderarbeiter.

In voller Expansion sind die privaten Unternehmen auch in Shenzhen, Shanghai, Peking und in den anderen modernen Großstädten. Hier sind sie nicht zuletzt die Träger der »New Economy«, die die neuen Technologien und Dienstleistungen vorantreiben: Soft-

Prozentanteile der Unternehmen verschiedener Eigentumsformen am chinesischen Bruttoinlandsprodukt 1998

I.		II.		III.		IV.	
Staatssektor	37	Staatssektor	37	Staatssektor	37	Staatssektor	38
Landwirtschaft	18	Landwirtschaft	18	Landwirtschaft	18	nichtstaatlicher Sektor	62
Kollektivunternehmen (offiziell)	23	Kollektivunternehmen (wirklich)	12	Kollektivunternehmen (wirklich)	12		
Aktiengesellschaften	3	Aktiengesellschaften	3	Privatsektor	33		
ausländischer Anteil	6	ausländischer Anteil	6				
einheimischer Privatsektor	13	einheimischer Privatsektor	24				
	100		100		100		100

I. Zum einheimischen Privatsektor sind hier nur diejenigen Firmen gezählt, die als individuelle Unternehmen (getihu) und Privatfirmen formell registriert sind.

II. Einheimische Privatunternehmen schließen nun auch jene Kollektivfirmen ein, die in Wirklichkeit in Privateigentum stehen.

III. Der Privatsektor besteht aus Aktiengesellschaften, ausländischen Firmen und einheimischen Privatfirmen.

IV. Der nichtstaatliche Sektor umfasst die Landwirtschaft, den Privatsektor und den kollektiven Sektor; bei der Landwirtschaft ist ein Prozentpunkt dem Staatssektor zugeschlagen, um den Staatsfarmen Rechnung zu tragen.

Quelle: International Finance Corporation, »China's Emerging Private Enterprises«, Washington 2000, S. 18.

ware, Beratungsdienste in der Informationstechnik, Biotechnik und so fort.

Ende des Jahres 2000 gab es 1,7 Millionen private Unternehmen. Die meisten von ihnen sind kleinere und mittlere Unternehmen. Aber es gibt bereits rund 3500 größere private Firmen. An der Spitze steht die Hope-Gruppe, ein Viehfutterkonglomerat in Sichuan mit über fünf Milliarden Yuan Umsatz. In Shunde sind beheimatet: Kelong, einer der großen nationalen Kühlschrankproduzenten, MD, der weltgrößte Hersteller von elektrischen Ventilatoren, und Grand, Chinas größter Hersteller von Mikrowellenherden. Privat ist ebenso Huawei in Shenzhen, das führende chinesische Unternehmen für Telekommunikationsausrüstungen.

1998 hatte der private Sektor (einschließlich Auslandsunternehmen) mit 33 Prozent bereits fast den gleichen Wertschöpfungsanteil am Sozialprodukt wie der Staatssektor. Heute, Ende 2001, dürfte er an ihm vorbeigezogen sein. Schließt man die Landwirtschaft ein, so sind heute über zwei Drittel der chinesischen Wirtschaft privat oder, wie der offizielle Ausdruck heißt, »nicht-staatlich«.

Der Kreis schließt sich. 1956 verstaatlichte Mao die letzten noch übrig gebliebenen Privatfirmen. Wachstum und Arbeitsplätze entstanden durch den Aufbau schwerindustrieller Staatsunternehmen. In der Deng-Ära schufen Familienunternehmen sowie Dorf- und Gemeindeunternehmen auf dem Land das industrielle Wachstums- und Beschäftigungswunder der achtziger und der ersten Hälfte der neunziger Jahre. Jetzt setzt die Partei ihre Hoffnung darauf, dass die Privatunternehmen als die Nächsten in der Staffel Wachstum und Beschäftigung erzeugen.

Die Zahlen der Tabelle zur Entwicklung der Beschäftigung zeigen jedoch, dass der Privatsektor derzeit noch keineswegs in der Lage ist, die notwendigen Arbeitsplätze zu schaffen, um die aus dem Staats- und Kollektivsektor Entlassenen aufzufangen und zugleich die neu ins Erwerbsalter eintretenden Jugendlichen zu beschäftigen. Arbeitsplätze in dem massiven Umfang, der dazu nötig ist, kann der private Sektor nur schaffen, wenn die Partei ihm erlaubt, sein Potenzial voll zu entfalten. Taiwans 1,2 Millionen kleine und mittelgroße Firmen, die die taiwanische Wirtschaft zu einer der dynamischsten Volkswirtschaften der Welt gemacht haben, zeigen, wozu chinesisches Unternehmertum fähig ist, wenn man ihm die Freiheit zur Entfaltung gibt.

Bis in die jüngste Vergangenheit waren Chinas Privatunternehmen durch vielfache Bande gefesselt. Erst 1988 wurden sie überhaupt für legal erklärt, aber auch danach blieben sie stets nur geduldet. Sie hatten keinen Zugang zu Bankkrediten oder gar zu einer Börsennotierung. In den Städten wurden sie weitgehend auf den Einzelhandel und das Gaststättengewerbe beschränkt, damit sie der Staatsindustrie nicht ins Gehege kamen. Um sich vor einem räuberischen Staat zu schützen, mussten sie einen großen Teil ihrer Energie und einen nicht geringen Teil ihrer Gewinne darauf verwenden, ein Netzwerk von Beziehungen zu den Kadern aufzubauen und Patrone zu gewinnen. Es ist wahrlich erstaunlich, was die Privatunternehmen unter diesen Bedingungen und mit geringsten Finanzmitteln erreicht haben.

Erst unter dem Druck der Krise der Staatsindustrie schalteten Partei und Regierung seit Mitte der neunziger Jahre allmählich von Duldung der Privatunternehmen auf Förderung um. Der XV. Parteitag erklärte sie zum »wichtigen Teil der Wirtschaft«, und im März 1999 verankerte der Nationale Volkskongress diese Definition in der Verfassung. Alle Diskriminierungen, denen die Privatunternehmen in der Vergangenheit unterlagen – so verkündete die Regierung –, sollen aufgehoben werden. In der Pressekonferenz der Regierung zu Beginn des Jahres 2000 sagte der Vorsitzende der Kommission für Entwicklungsplanung, Zeng Peiyan: »Ausgenommen die Bereiche, die die Staatssicherheit betreffen, müssen alle anderen Bereiche für nichtstaatliche Investitionen geöffnet werden. Bei Besteuerung, Landnutzung, Gründung von Unternehmen, Import und Export müssen alle restriktiven und diskriminierenden Regelungen abgeschafft werden. Nichtstaatliche Unternehmen müssen bei der Börseneinführung dieselben Chancen haben wie die Staatsunternehmen.«[16] In gleichem Sinne handelt Zentralbankpräsident Dai Xianglong. Hatten die Staatsbanken bisher so gut wie ausschließlich Kredite an Staatsunternehmen und allenfalls Kollektivunternehmen gegeben, so wies sie Dai Xianglong nun an, die Privatunternehmen mit Krediten zu versorgen. Die Staatsbanken haben inzwischen Spezialabteilungen eingerichtet, die dieses für sie neuartige Geschäft übernehmen.

Vieles hat sich in der Tat für die privaten Unternehmer inzwischen gebessert. Tausende Privatfirmen bekamen die Lizenz zu direkten Exportgeschäften. Für immer mehr Privatunternehmen öffnet sich selbst der Zugang zur Börse. Die zentrale Voraussetzung für die Entfaltung der Privatunternehmen ist jedoch ein Rechtssystem, das das unternehmerische Privateigentum wirksam schützt und die Einhaltung von Verträgen durchsetzt. Die Führung in Peking ist sich dieses Problems bewusst. Regierung und Nationaler Volkskongress haben in den letzten Jahren ein Patentgesetz und ein Gesetz zum Schutz des geistigen Eigentums erlassen. Im Dezember 1999 verabschiedete der Nationale Volkskongress das vom XV. Parteitag geforderte Gesetz zum Schutz der Rechte und Interessen der Unternehmen aller Art. Die Regierung kündigt immer wieder an, sie werde gegen illegale Abgaben und Auflagen der lokalen Kader scharf einschreiten. Sie sucht die Qualität der Richter zu verbessern; wurden in der Vergangenheit oft pensionierte Offiziere ohne Rechtsausbildung zu Richtern ernannt, so ist heute die Voraussetzung für ein Richteramt der Abschluss eines juristischen Studiums.

Wie es in der Praxis jedoch immer noch aussehen kann, veranschaulicht ein Beispiel: In einer Vorstadtgemeinde Pekings gründete ein Privatunternehmer mit einem registrierten Kapital von 450 000 Yuan eine Autoreparaturwerkstatt mit fünfzehn Angestellten. Er schloss mit der Gemeindeverwaltung einen Zehnjahresvertrag über die Nutzung des überlassenen Landes. Doch als er die Werkstatt errichtet und sein Geschäft eröffnet hatte, teilte ihm die Gemeinde – kaum dass ein halbes Jahr vergangen war – mit, er müsse das Grundstück binnen zehn Tagen räumen, da eine Straße gebaut werde. Die Gemeinde zahlte keinerlei Entschädigung, obwohl das Gesetz über die Beschlagnahme von Land eine solche vorschreibt. Ein junges Unternehmen und fünfzehn Arbeitsplätze waren vernichtet. Das alles spielte sich Ende 1998 vor den Toren Pekings ab, wo soeben der XV. Parteitag beschlossen hatte, die »legitimen Rechte und Interessen der Unternehmer aller Art zu schützen«.

Der Staat gewährt heute den Unternehmern ein Recht auf Eigentum, aber er gewährt dieses Recht innerhalb eines Systems, das weder bereits wirksame Gesetze noch Traditionen hat, die es schützen. Über Jahrtausende hin haben die politischen Machthaber nach Gutdünken auf das Eigentum der Geschäftsleute und Unternehmer zugegriffen. Die kommunistischen Kader setzten hier nur die Tradition der Mandarine fort. Heute wie im alten China ist der Privatunternehmer deshalb auf politische Patrone angewiesen, die ihn vor dem »räuberischen Staat« schützen. Patrone aber kosten Geld. Sie wollen am Gewinn der Firma beteiligt sein, und sie fordern Abgaben, um ihre eigene politische Stellung in ihrem Partei- oder Amtsbezirk zu stärken. Wenn die heutigen Kaderkapitalisten Privatunternehmen fördern statt Kollektivunternehmen zu errichten, bedeutet das keineswegs schon, dass sie sich aus den Unternehmen zurückziehen. Die Regierung in Peking ist guten Willens, die Herrschaft des Rechts in der Wirtschaft durchzusetzen, aber gegen das jahrtausendealte Gewohnheitsrecht der lokalen Machthaber, am Gewinn der privaten Unternehmen teilzuhaben, lassen sich nur langsam, in zähem Kampf Fortschritte erzielen.

Ein vergleichbares Problem ergibt sich bei dem Plan der Regierung, die Börsen zu entwickeln, um im großen Stil Kapital für die Modernisierung der Industrie und den Ausbau der Infrastruktur aufzubringen. In Pudong weihte Jiang Zemin das modernste und größte Börsengebäude der Welt ein. Der siebenundzwanzigstöckige Wolkenkratzer aus Glas und Stahl steht mitten im Finanzbezirk. Der gigantische Handelsraum hat 5700 Computerterminals und 30 000 Glasfasertelefonanschlüsse. Aber so fortschrittlich die Hardware ist, so schwach ist die institutionelle Software. Es gibt keine wirksamen Gesetze, die die börsennotierten Aktiengesellschaften zwingen, regelmäßig ihre Finanzen offen zu legen, es fehlen strenge Buchhaltungsregeln für die Aufstellung der Bilanzen und unabhängige Wirtschaftsprüfer, die die Einhaltung der Regeln überwachen; es fehlen unabhängige Aufsichtsräte, die dafür sorgen, dass das Management gewinnorientiert im Sinne der privaten Minderheitsaktionäre handelt; es fehlen Verbote gegen Insiderhandel, die wirklich durchgesetzt werden; es fehlen mächtige Kapitalanlagefonds, die das Management unter Druck setzen können. Solange alle diese Institutionen fehlen, kann auch die modernste und bestausgestattete Börse der Welt nicht die Billionen an Kapital anziehen, die China für seinen Aufbau braucht.

Von den knapp über tausend Unternehmen, die an den beiden einheimischen Börsen in Shanghai und Shenzhen Ende 2000 notiert waren, waren rund 950 Staatsunternehmen im Mehrheitsbesitz der Regierung. Wir wissen, wie es in der Regel um Staatsfirmen bestellt ist. Dennoch haussieren die Börsen. Fünfzig Millionen Chinesen haben bereits Konten für den Aktienhandel eröffnet. Die Hausse stützt sich jedoch nicht auf solide Firmenanalysen von Investmentbanken wie an der amerikanischen und den europäischen Börsen, sondern wird – bei Fehlen jeglicher verlässlicher Information – von Gerüchten getrieben. Die Chinesen sind, wie Jiang Zemin sagt, »risikofreudig«.

Auch hier hat die Regierung inzwischen viele der nötigen Gesetze und Regelungen für die Börsen erlassen und baut die nötigen Überwachungsinstitutionen auf. Doch bis das alles greift, werden noch Jahre vergehen.

Das am schwersten zu überwindende Hindernis für eine wirkliche Entfaltung des Privatsektors liegt in der Partei selbst. Ihr Ziel, eine Marktwirtschaft und die dazugehörende Herrschaft des Rechts aufzubauen, und ihr Ziel, die eigene Alleinherrschaft auch in der Wirtschaft uneingeschränkt zu erhalten, stehen miteinander in einem fundamentalen Konflikt. Die Partei ist sich nur zu sehr bewusst, dass eine offene Marktwirtschaft zu einem Pluralismus der Meinungen und einem Pluralismus der Machtzentren in der Gesellschaft führt. Sie ist aber nach wie vor nicht bereit, diese Konsequenz zu akzeptieren. Im Gegenteil: Angesichts der derzeitigen Gefahren für die politische Stabilität wird sie immer nervöser. Sie verschärft die Repression gegen politische Dissidenten. Sie führt eine Massenkampagne gegen die religiöse Sekte der Falun Gong durch, in der sie eine potentielle Nachfolgerin der chiliastischen Bewegungen sieht, die die großen Volksaufstände gegen die Dynastien des alten China anführten. Sie übt eine härtere Pressezensur aus denn je. Sie sieht alarmiert, wie sich das *danwei*-Überwachungssystem auflöst, indem immer mehr Menschen in privaten Unternehmen oder als Selbstständige beschäftigt sind und nun auch immer mehr in privaten Eigentumswohnungen wohnen. Sie versucht gegenzusteuern, indem sie die Parteizellen in den Staatsfirmen wieder zum »Kern der Unternehmen« zu machen befiehlt. Ja, Jiang Zemin hat im Juni 2000 darüber hinaus angeordnet, Parteizellen auch in den Privatunternehmen aufzubauen. Wie sollen unter solchen Umständen autonome Unternehmen, ob in staatlichem oder in privatem Eigentum, entstehen, die unabhängig und gewinnorientiert auf den Märkten agieren?

Wenn die Partei davon spricht, die »Herrschaft der Gesetze« aufzubauen und durchzusetzen, so ist dies ein großer Fortschritt gegenüber der Maxime der Herrschaft von Personen, die im konfuzianischen Staat galt und die – ohne die moralischen Ideale des Konfuzianismus – im China Chiang Kaisheks ebenso wie im kommunistischen China praktiziert wurde. Aber unter »Herrschaft der Gesetze« (rule of law) versteht die Partei – im Sinne der alten Legalisten – die Herrschaft *durch* Gesetze (rule by law). Die Gesetze sind Instrumente der Herrschaft und können von der Partei jederzeit geändert werden. Mit dieser Vorstellung ist die Partei immer noch weit entfernt vom modernen

Rechtsdenken, nach dem die Gesetze nicht beliebig geändert werden können, sondern bestimmten Prinzipien Ausdruck geben müssen: den Grundrechten, die ihrerseits die unveräußerlichen Menschenrechte widerspiegeln. Es gab in den achtziger und neunziger Jahren in der Partei eine Bewegung hin zu dieser modernen Auffassung. Qiao Shi, der Vorsitzende des Nationalen Volkskongresses, versuchte dem chinesischen Parlament wenigstens ein gewisses Maß an Eigenständigkeit gegenüber der Partei zu erkämpfen. Doch auch diese Bewegung ist derzeit gestoppt. Qiao Shis Nachfolger Li Peng stellt wieder klar die Führungsrolle der Kommunistischen Partei heraus, der sich auch der Nationale Volkskongress unterzuordnen habe.

Die politische Elite des heutigen China steht vor der gleichen Frage, an der das alte China scheiterte: Soll sie zulassen, dass neben ihr eine unabhängige wirtschaftliche Elite entsteht, mit der sie die Macht teilen muss? Sie ist derzeit noch nicht dazu bereit, sondern stemmt sich mit aller Macht gegen eine solche Entwicklung. Aber der Druck, unter dem sie steht, wirtschaftliches Wachstum zu erzeugen und die Arbeitslosigkeit unter Kontrolle zu halten, wird sie auf den Weg der Machtteilung zwingen.

Private Unternehmer als Parteimitglieder

Am 28. August 1989, zwei Monate nach der Niederschlagung der Tiananmen-Demonstration, schloss das Zentralkomitee unter Leitung von Jiang Zemin die Aufnahme von Privatunternehmern, einer damals neu entstandenen sozialen Gruppe, in die Partei kategorisch aus. »Die Beziehung zwischen Eigentümern privater Unternehmen und Arbeitern ist eine Beziehung zwischen Ausbeutern und Ausgebeuteten«, hieß es lapidar und gut marxistisch im ZK-Dokument No. 9. Zwölf Jahre später eröffnete derselbe Jiang Zemin in einer Rede zum achtzigsten Jahrestag der Partei privaten Unternehmern die Möglichkeit, Parteimitglied zu werden.[17]

Ideologisch vorbereitet hatte Jiang diese Kehrtwende bereits seit dem Frühjahr 2000, als er mit einer neuen Definition der Partei an die Öffentlichkeit trat: der Theorie der »Drei Repräsentationen«. Danach repräsentiert die Partei drei Interessen: »die Entwicklungsbedürfnisse der fortschrittlichen Produktionskräfte Chinas«, »die Vorwärtsrichtung der fortschrittlichen materiellen und geistigen Kultur Chinas« und »die fundamentalen Interessen der breiten Mehrheit des chinesischen Volkes«. Von Arbeitern und Bauern ist in dieser Definition nirgends die Rede. Die Kommunistische Partei Chinas wandelt sich von der Avantgarde des Proletariats zur Avantgarde der Forscher, Ingenieure, Unternehmer, Intellektuellen und zu einer Volkspartei, die die »vielen spezifischen Interessen, aus denen sich das allgemeine Interesse des Volkes zusammensetzt, ausgleicht«.

Privatunternehmer gab es schon vorher als Mitglieder in der Partei. Es handelte sich zumeist um ehemalige Kader aus Staats- und Kollektivunternehmen, die im Zuge der Reform privatisiert wurden. Dennoch war die Frage, ob die Partei sich offiziell für Privatunternehmer öffnen solle, heiß umstritten, und sie bleibt es auch nach Jiangs Rede. Voraussichtlich aber wird der XVI. Parteikongress im September 2002 Jiangs »Drei Repräsentationen« und die Öffnung der Pareti für Privatunternehmer bestätigen und in das Parteistatut aufnehmen. Jiang wird dann, nach Mao und Deng, als dritter Theoriegründer in die Geschichte der Kommunistischen Partei Chinas eingehen. Er wird derjenige sein, der Dengs Werk vollendete und die Partei endgültig aus der kommunistischen Ideologie herausführte. Die Partei wird »kommunistisch« nur noch dem Namen nach sein. Wann wird sie auch den Namen ablegen und firmieren als das, was sie heute sein will: eine »Volkspartei des Fortschritts und der nationalen Größe«?

Die Privatunternehmer strömen seit Jiangs Rede in Massen in die Partei mit ihren derzeit 64,4 Millionen Mitgliedern. In den ersten drei Wochen nach der Rede sollen bereits 100 000 Unternehmer einen Aufnahmeantrag gestellt haben. Löst sich so das Problem des Hineinregierens der Partei in die Unternehmen? Nicht unbedingt. Die Privatunternehmer könnten als Mitglieder noch stärker unter die Kontrolle der Partei geraten. Andererseits können sie ihre Interessen nun innerhalb der Partei vertreten.

Wie die Dinge in der Praxis aussehen könnten, zeigt vielleicht das Beispiel des dreiundvierzigjährigen Hu Gang, Software-Ingenieur und Eigentümer der Newland Group, die an der Börse von Shenzhen gehandelt wird.[18] Hu leitet als Sekretär die Parteizelle in seinem Unternehmen und gibt ihr zwei Aufgaben: Die Mitglieder der Partei sollen den anderen Beschäftigten ein Vorbild für harte, gewissenhafte Arbeit sein. Zweitens organisiert die Parteizelle Klassen für die »patriotische Erziehung«, in denen Historiker den Beschäftigten die glanzvolle Geschichte des alten China, die Demütigung durch die fremden Mächte im 19. und frühen 20. Jahrhundert und den Wiederaufstieg Chinas unter Führung der Partei vor Augen stellen. Die Parteizelle regiert nicht in die Unternehmensentscheidungen hinein, sondern motiviert die Beschäftigten zur Leistung im Dienst für das Vaterland. Die politischen Kader und die privaten Unternehmer wachsen zusammen zu einer Elite, die China zu seiner ehemaligen Größe zurückführen will.

Die Aufnahme der »Kapitalisten« in die Kommunistische Partei zeigt vielleicht auch bereits den Weg, den die Demokratisierung in China nehmen könnte: Die Parteiführung, die heute noch diktatorisch regiert, ist sich bewusst, dass China sich mit der weiteren wirtschaftlichen Entwicklung und gesellschaftlichen Differenzierung demokratisieren muss. Der Streit geht allein darum, ob man die Demokratisierung angesichts der gegenwärtigen Schwierigkeiten auf später vertagen soll oder schon jetzt mit ihr beginnen muss. Einig sind sich jedoch alle Parteiführer in der Ablehnung des westlichen Mehrparteiensystems. Woran sie denken, ist eine Demokratisierung der Partei. Modell für die künftige Parteienentwicklung könnte die japanische LDP sein, die seit 1945 praktisch ununterbrochen allein herrscht und in der die verschiedenen Interessengruppen des Volkes durch die verschiedenen Faktionen innerhalb der Partei vertreten werden.

KAPITEL 39

dazhonghua: China, Hongkong, Taiwan, Überseechinesen

1. Juli 1997: die Rückkehr Hongkongs

Am 1. Juli 1997 um 0 Uhr ging die britische Flagge in Hongkong nieder, und die rote Sternenflagge Chinas stieg auf. Von chinesischer Seite nahmen an der Übergabezeremonie teil: Staatspräsident Jiang Zemin, Ministerpräsident Li Peng, der Stellvertretende Vorsitzende der Militärkommission Zhang Wannian und Außenminister Qian Qichen; aus Großbritannien waren Prinz Charles, Premierminister Blair und Außenminister Cook gekommen. 4000 Ehrengäste waren geladen.

Für China gingen mit der Rückgabe Hongkongs die anderthalb Jahrhunderte der Demütigung zu Ende, die 1839 mit dem Opiumkrieg begonnen hatten. Schon ein Jahr vor dem Ereignis zeigte auf dem Tiananmen-Platz eine große Uhr die Stunden und Minuten an, die bis zur Rückgabe Hongkongs noch vergehen würden. In den Kinos lief monatelang ein Monumentalfilm über den Opiumkrieg. Am Tag nach der Übergabezeremonie in Hongkong feierten die Pekinger das Ende der Demütigung im riesigen Arbeiterstadion. In Gegenwart Jiang Zemins und der anderen Politbüromitglieder wurden in gigantischen Massenchoreographien, wie sie nur in China möglich sind, die einzelnen Stadien der Demütigung gezeigt, bis dann am Ende Maos Rote Armee China befreite und Deng Xiaoping es zu Reichtum führte.

Mit der Rückgabe wandelte sich Hongkong von einer Kolonie Großbritanniens zu einer »Sonderverwaltungsregion« Chinas. Sonst aber sollte nach dem Prinzip »ein Land – zwei Systeme« alles bleiben, wie es war: Hongkongs Wirtschaftssystem, Hongkongs Währung, Hongkongs freie Presse. Das Parlament wird nach einem korporatistischen Doppelsystem gewählt, bei dem 36 der sechzig Abgeordneten durch Berufsstände und nur 24 durch allgemeine Wahlen bestimmt werden. Dies bedeutet, dass der Hongkonger Regierungschef letztlich von der Pekinger Führung gewählt wird, und dies schützt zugleich die Hongkonger Tycoons vor allzu großem Einfluss der Arbeiter im Parlament.

Als britische Truppen am 26. Januar 1841 zum ersten Mal den Union Jack über Hongkong hissten, war dieses ein armseliges Fischerdorf mit 15 000 Einwohnern. Palmerston nannte die Insel verächtlich einen »kahlen Felsen«. Als Großbritannien Hongkong nach 156 Jahren an China zurückgab, war aus dem kahlen Felsen eine 6,7-Millionenstadt geworden, die mit London und New York rivalisierte.

Hongkong war Mitte der neunziger Jahre die meistbewunderte Stadt der Welt. Hier schien das Ideal des anglo-amerikanischen Kapitalismus verwirklicht: eine Laissez-faire-Wirtschaft, in der die Regierung sich darauf zurückzieht, einen marktwirtschaftlichen Ordnungsrahmen für die Geschäftstätigkeit der Unternehmen zu schaffen und durchzusetzen. Noch 1949 war Hongkong arm, aber innerhalb eines halben Jahrhunderts stieg es zu einer der reichsten Städte der Welt auf und überholte das Mutterland England im Prokopfeinkommen. Die Silhouette Hongkongs mit den am Hang hochsteigenden Wolkenkratzern aus Stahl und Glas war von überwältigender Schönheit und wurde zu einer der bekanntesten Stadtansichten der Welt. Hongkong war der leibhaftige Beweis für die grenzenlose Schaffenskraft der freien Wirtschaft. In der Rangordnung der Wettbewerbsfähigkeit, die das Davoser Weltwirtschaftsforum und das Institute for Management Development (IMD) in Lausanne alljährlich aufstellen, stand Hongkong zusammen mit den USA und Singapur auf den drei vordersten Plätzen. Vielen galt es als Modell für die sich globalisierende Welt des 21. Jahrhunderts.

Seiner Wirtschaftsstruktur nach ist Hongkong heute eine fast reine Dienstleistungsstadt; auf die verarbeitende Industrie entfällt gerade noch ein Anteil von neun Prozent am Sozialprodukt.[19]

Größter Dienstleistungssektor sind Import und Export. In der Stadt arbeiten 110000 Import-Export-Firmen, die 1995 rund 540000 Menschen beschäftigten. Hongkong besitzt einen der besten Tiefwasserhäfen der Welt und rühmt sich des größten Containerumschlags. Der neue Flughafen Chek Lap Kok ist auf 35 Millionen Passagiere und drei Millionen Tonnen Luftfracht pro Jahr ausgelegt und kann stufenweise auf eine Kapazität von 87 Millionen Flugpassagieren und neun Millionen Tonnen Luftfracht ausgebaut werden. Hongkong ist der große Entrepothafen für China und Südostasien. 87 Prozent der Güterexporte Hongkongs sind Reexporte. Der Wert der Im- und Exporte ist zweieinhalbmal so groß wie das Sozialprodukt. Ein beträchtlicher Teil dieses Werts bleibt am Ort, denn Hongkong leistet keineswegs nur Hafendienste, sondern fügt den zum Reexport bestimmten Importen einen zusätzlichen Wert hinzu durch Verpackung und weltweiten Vertrieb. Nicht selten ist Hongkong auf allen Stufen der Wertschöpfungskette eingeschaltet. Ein Hongkonger Bekleidungsunternehmen zum Beispiel hilft einem amerikanischen Modehaus beim Entwurf der Frühjahrskollektion, organisiert Einkäufe, Produktion und schließlich den Transport der neuen Kleider zu den Einzelhandelsgeschäften. Das Design wird in Hongkong gemacht, Stoffe, Knöpfe, Reißverschlüsse werden in ganz Asien eingekauft, der Zuschnitt erfolgt in Hongkong, anschließend werden alle Materialien zur Fertigung nach China geschickt. Hongkongs Beitrag in der Wertschöpfungskette ist das Wissen darüber, was der Markt verlangt, wo man einkauft, wo man produziert und wie man logistisch die Produktionskapazitäten von Dutzenden von Fabriken zusammenführt und das Produkt schließlich pünktlich zum Abnehmer bringt.

Hongkong ist ferner die Stadt des Groß- und Einzelhandels. Es ist Einkaufsstadt für die Region und – nicht zuletzt – für wohlhabende Besucher aus China. Es ist Messestadt für Ost- und Südostasien; die großen Kaufhäuser des Westens unterhalten hier ihre Einkaufsniederlassungen.

Hongkong ist, neben New York und London, das dritte internationale Bankenzentrum der Welt. So gut wie jede große Bank der Welt ist hier vertreten, insgesamt zählt die Stadt rund fünfhundert Banken. 146 Vermögensverwaltungsgesellschaften haben sich in Hongkong angesiedelt; hier werden die Asienfonds verwaltet und ihre Anlagestrategien erarbeitet. Hongkong ist Drehscheibe für Direktinvestitionen in China. Es nahm in den Jahren 1994 bis 1997, vor allem aufgrund seiner eigenen Investitionen in China, den vierten Platz unter den großen Auslandsinvestoren der Welt ein.

Hongkong ist eine Stadt der Unternehmensberater, der Wirtschaftsprüfer und der Anwälte. 1995 arbeiteten in diesem Bereich 150 000 Menschen in 20 000 Firmen.

Hongkong ist für viele transnationale Konzerne des Westens, Japans und der Überseechinesen das Hauptquartier in Ostasien, von dem aus die Geschäfte und Investitionen in China und Südostasien gelenkt und überwacht werden.

Hongkong ist vor allem auch die Stadt der großen Immobilienkonzerne, die bei seinem Aufbau entstanden; zwischen 1983 und 1992 gingen sechzig Prozent der Kapitalinvestitionen Hongkongs in den Immobiliensektor. Heute sind Hongkongs Immobilienkonzerne Bauherren für die gesamte Region, insbesondere für China.

Hongkong ist ein großer Filmproduzent und der zweitgrößte Filmexporteur nach den USA.

Hongkong ist eine Stadt der Geschäftsreisenden und der Privattouristen. Es beherbergt eine Reihe der besten Hotels und der besten Restaurants der Welt.

Und Hongkong ist nicht zuletzt auch eine Stadt der Industrie. Die Statistik, nach der die verarbeitende Industrie nur neun Prozent zum Sozialprodukt beiträgt, erweckt einen falschen Eindruck. Die Industrieunternehmen Hongkongs haben die arbeitsintensiven Produktionsprozesse nach China und in Niedriglohnländer Südostasiens verlagert. Aber gerade dank dieser Verlagerung konnten sie ihre Position als bedeutende Exporteure von Bekleidung, Elektronik, Uhren, Spielzeug und anderem mehr behaupten.

Wir haben Hongkong auf seinem Höhepunkt Mitte der neunziger Jahre geschildert. Aber 1997 brach die Asienkrise aus und traf Hongkong, die Dienstleistungsmetropole der Region, aufs Schwerste. Sie deckte brutal die Schwachstelle Hongkongs auf: die extrem hohen Bodenpreise. Schuld an diesen Preisen war nicht nur die naturgegebene Knappheit des Bodens, sondern in erster Linie die langjährige Regierungspolitik, die Bauland künstlich verknappte. Die Baulandpreise stiegen unaufhörlich, bis schließlich nur noch ein Dutzend großer Immobilienkonzerne auf den Baulandversteigerungen mithalten konnte und den Immobiliensektor monopolisierte. Hongkonger Immobilienpreise und Hongkonger Mieten übertrafen Mitte der neunziger Jahre selbst die astronomischen Preise und Mieten in Tokio. Damit die in Hongkong Arbeitenden diese Preise und Mieten bezahlen konnten, mussten auch die Löhne und Gehälter steigen. Hongkong, noch Anfang der neunziger Jahre ein Einkaufsparadies, wurde zur Hochpreisstadt. Die Touristen, die vorher aus Japan und aller Welt zum Einkaufen gekommen waren, blieben nun in der Krise aus. Hotels und Geschäfte waren leer. Ausländische Unternehmen und Banken verlagerten ihre Firmensitze in billigere Städte Asiens, nach Singapur oder Bangkok.

Anders als die übrigen asiatischen Krisenländer wertete Hongkong seine Währung nicht ab. Damit musste es seine Wettbewerbsfähigkeit durch Deflation zurückgewinnen. Zuerst stürzten die Immobilienpreise, dann sanken auch die Löhne und Gehälter. 1998 schrumpfte Hongkongs Sozialprodukt um 5,3 Prozent. 1999 kehrte das Wachstum zurück und schnellte 2000 auf über zehn Prozent hoch. Doch schon 2001 brach es wieder auf 0,2 Prozent zusammen, und im ersten Quartal 2001 sank es ins Minus zurück. Die Deflation, nun schon im fünften Jahr, dauert an. Die Arbeitslosigkeit, lange Jahre unbekannt, liegt bei über sieben Prozent.

Hongkong kommt aus der Krise nicht heraus. Es sieht sich konfrontiert mit einem schleichenden Verlust seiner Entrepôt-Funktion für China. Je mehr die chinesischen Unternehmer Erfahrung im Außenhandel sammeln und Verbindungen aufbauen und je mehr die chinesischen Küstenstädte modernste Seehäfen bauen, umso weniger ist die chinesische Ausfuhr auf die teuren Vermittlungsdienste Hongkongs angewiesen. Hongkongs Regierung sucht gegenzusteuern. Nach Taiwans Vorbild trachtet sie eine Hochtechnologieindustrie aufzubauen, und sie gründete einen riesigen Wissenschafts- und Technologiepark: den Cyberport Information Technology Park. Als ein zweiter Technologiekomplex kommt dazu der Halbleiterindustriepark Silicon Harbour. Darüber hinaus vollendete Hongkong schon im Jahr

2000 – als erste Stadt der Welt neben Singapur – den Bau einer flächendeckenden Infrastruktur für die Breitbandkommunikation; auch die Privathaushalte sind zu fast hundert Prozent mit Glasfaserleitungen an das Multimedianetz angeschlossen. Dies gibt Hongkong eine hervorragende Ausgangsposition, zu einem Zentrum des elektronischen Handels zu werden.

Was die Regierung in Peking betrifft, so hat sie sich bisher im Großen und Ganzen an ihre Zusage gehalten: »Ein Land, zwei Systeme.« Chinakritische Berichte findet man in den Medien jedoch nicht mehr, dafür sorgt die Selbstzensur der Pressezaren, die um gute Beziehungen zur Pekinger Führung bemüht sind. Was heute die Hongkonger bewegt, zeigt die Äußerung eines Bankangestellten im Juni 2000: »Vor fünf Jahren«, so bemerkte er, »hatte ich Angst, meine Freiheit zu verlieren. Heute fürchte ich um meinen Arbeitsplatz.« Manche sehen Hongkong bereits in einem unabwendbaren Niedergang begriffen und sagen für die Stadt das Schicksal Venedigs voraus: gestern Handelsmetropole, morgen Provinzstadt. Doch ein solcher Pessimismus eilt der Zeit zumindest weit voraus. Noch ist Hongkong eine der modernsten Städte der Welt, und noch für lange Jahre werden sein Know-how und sein Kapital ein unentbehrlicher Motor für die Modernisierung Chinas sein. Großbritannien hat seine Nutzung der Insel wahrhaft mit Zins und Zinseszins an China zurückgezahlt.

Wann kehrt Taiwan zurück?

Am 20. Dezember 1999 gab Portugal Macao an China zurück. Macao war 1557 das erste Stück chinesischen Landes, das von Europäern besetzt wurde. Mit der Rückgabe Macaos fand das Zeitalter des europäischen Imperialismus in Asien seinen formellen Abschluss. Zur Wiedergewinnung der Einheit Chinas fehlt nun nur noch die Rückkehr Taiwans. Sie ist heute das zentrale, alles andere überragende Ziel der chinesischen Außenpolitik.

Vor vierhundert Jahren war Taiwan eine von malaiisch-polynesischen Ureinwohnern dünn besiedelte Insel, auf der von Zeit zu Zeit chinesische Flüchtlinge eintrafen. 1590 landeten die Portugiesen, ihnen folgte 1633 die holländische Ostasien-Gesellschaft. Die moderne Geschichte Taiwans beginnt mit der Mandschu-Eroberung Chinas im Jahr 1644. An die 100 000 Chinesen flohen damals aus den Küstenprovinzen nach Taiwan. 1662 vertrieb der den Ming-Kaisern ergebene General Koxinga die Holländer und hegte den Plan, von Taiwan aus das chinesische Festland zurückzuerobern. Doch zwanzig Jahre später besiegten die Mandschus die Flotte seines Enkels und Nachfolgers, eroberten Taiwan und machten es zum Teil des chinesischen Reiches. So blieb es für über zweihundert Jahre. Dann kam 1895 die Niederlage gegen Japan; im Vertrag von Shimonoseki trat China Taiwan an Japan ab.

1945 gaben die Amerikaner Taiwan an die Chiang-Kaishek-Regierung zurück. Das Guomindang-Regime erwies sich in Taiwan zunächst als ebenso korrupt und inkompetent wie auf dem Festland. Als die Taiwaner im Februar 1947 revoltierten, schlugen die Guomindang-Truppen den Aufstand blutig nieder, an die 28 000 Taiwaner starben, unter ihnen eine ganze Generation von Fachleuten und Intellektuellen. 1949, nach der Niederlage gegen Mao Zedong, floh Chiang Kaishek mit den Resten seiner Armee und mit vielen Industriellen, Beamten und Professoren nach Taiwan, wo er die Republik China errichtete. Er regierte Taiwan unter Kriegsrecht. Die amerikanische 7. Flotte sicherte die Insel gegen einen kommunistischen Angriff.

Die Lage änderte sich, als Präsident Nixon 1972 China besuchte und eine strategische Allianz gegen die Sowjetunion schloss. Die Taiwan-Regierung musste Chinas Sitz in den Vereinten Nationen an die Festlandsregierung abgeben. Als Präsident Carter 1979 mit China diplomatische Beziehungen aufnahm, beendete er diejenigen zu Taiwan; die Kontakte wurden von nun an über inoffizielle Büros gehalten.

Wenn die Guomindang auf Taiwan und die Kommunisten auf dem Festland sich in einem Punkt einig waren, dann in dem, dass es nur *ein* China gebe. Strittig war lediglich, welche der beiden Regierungen die rechtmäßige war. Doch auch hier änderte sich die Lage, als Chiang Kaisheks Sohn und Nachfolger Ende der achtziger Jahre den Aufbau eines demokratischen Systems vorbereitete. 1992 fanden die ersten Wahlen zum Parlament statt. Der neue Präsident Lee Teng-hui war ein Mitglied der Guomindang, aber in Taiwan geboren.

Die Wandlung Taiwans zu einer Demokratie versetzte den Wiedervereinigungshoffnungen Chinas einen schweren Schlag. Mit den alten diktatorischen Führern der Guomindang konnte man vielleicht, über die Köpfe des Volkes hinweg, handelseinig werden. Jetzt aber bestimmten die Taiwaner selbst, und sie hatten – das war offenkundig – keinerlei Lust, sich mit einem kommunistischen und wirtschaftlich weit zurückliegenden China zu vereinigen. Jiang Zemin bot Taiwan eine Vereinigung nach dem Hongkong-Modell an: ein Land – zwei Systeme. Das Angebot fiel sogar noch wesentlich großzügiger aus als das an Hongkong: Taiwan sollte seine eigene Armee behalten dürfen.

Doch die Entwicklung in Taiwan lief in die entgegengesetzte Richtung: Die Taiwaner strebten die Unabhängigkeit an. Mit Hilfe der wenigen Staaten, die Taiwan noch anerkannten, stellte die Regierung Jahr für Jahr bei den Vereinten Nationen in New York den Antrag auf Aufnahme, auch wenn dieser regelmäßig bereits bei der Abstimmung über die Tagesordnung der Generalversammlung abgelehnt wurde. Im Juni 1995 unternahm Präsident Lee Teng-hui eine private Reise nach

Amerika, um an einem Jubiläum der Cornell Universität, seiner Alma mater, teilzunehmen. Peking brach die halbamtlichen Gespräche mit Taiwan ab. Es kam zugleich zu einer schweren Verstimmung zwischen China und den USA. Im Juli 1995 nahm Peking, zum ersten Mal seit der Mao-Zeit, die militärischen Drohgebärden gegen Taiwan wieder auf. Die Spannungen erreichten einen Höhepunkt im März 1996, als die erste direkte Präsidentenwahl in Taiwan anstand. Peking unternahm militärische Luft- und Seemanöver und schoss vom Festland aus Raketen auf Zielgebiete vor den beiden großen taiwanischen Hafenstädten ab. Die US-Regierung entsandte zwei Flugzeugträger-Kampfeinheiten und Atom-U-Boote in die Nähe des Schauplatzes. Lee Teng-hui wurde trotz – oder, besser, gerade wegen – der Pekinger Einschüchterungsversuche wiedergewählt. Im Oktober 1996 nahm die oppositionelle Demokratische Fortschrittspartei (DPP) die Forderung nach einer formellen Unabhängigkeitserklärung in die Parteisatzung auf.

Nach der Konfrontation im März entspannte sich die Situation wieder, doch der Aufnahme politischer Verhandlungen zwischen China und Taiwan stand Pekings Forderung entgegen, dass die taiwanische Regierung zuerst das Ein-China-Prinzip anerkennen müsse, was nach chinesischer Interpretation bedeutete: anerkennen, dass Taiwan eine Provinz der Volksrepublik China ist. Dann, so versicherte Jiang Zemin immer wieder, könne man über alles reden. Doch für Jiang Zemin, der in der Furcht lebt, der Führer Chinas zu sein, der Taiwan verliert, kam alles noch schlimmer: 1999, gegen Ende seiner Amtsperiode, sprach Lee Teng-hui in einem Interview mit dem Deutschlandfunk zum ersten Mal von »zwei Staaten« – bis dahin hatte die taiwanische Regierung immer von »zwei Seiten« oder »zwei politischen Gebilden« gesprochen. Die Volksrepublik China und die Republik Taiwan, sagte Lee, stünden sich als zwei Staaten gegenüber, wie früher die Bundesrepublik Deutschland und die DDR. Lee schloss eine Wiedervereinigung nicht aus, doch könne man diese erst in Erwägung ziehen, wenn sich die Volksrepublik China zu einer Demokratie gewandelt habe.

In den Präsidentschaftswahlen im März 2000 wurde der Kandidat der DPP, Chen Shui-bian, gewählt. Er bemühte sich in seiner Rede zum Amtsantritt am 20. Mai, die Beziehung zu Peking zu glätten. Er reichte Peking die Hand zu Verhandlungen und zeigte sich bereit, eine wichtige Pekinger Forderung zu erfüllen, die sein Vorgänger stets abgelehnt hatte, nämlich die Eröffnung direkter Handelsbeziehungen und direkter Transport- und Postverbindungen mit China. Er bezeichnete sich als zehnten Präsidenten Chinas und machte auch dadurch klar, dass er am Status quo nichts ändern wolle. Ja, er gab, um alle Ängste Pekings hinsichtlich seiner zukünftigen China-Politik auszuräumen, eine förmliche Garantieerklärung ab: »(Ich versichere), dass ich während meiner Amtszeit nicht die Unabhängigkeit erklären, den Staatsnamen nicht in Frage stellen, nicht auf eine Aufnahme der so genannten Zwei-Staaten-Theorie (nämlich Lee Teng-huis) in die Verfassung drängen und kein Referendum zur Änderung des Status quo im Hinblick auf die Frage Unabhängigkeit oder Wiedervereinigung fördern werde, solange die kommunistische Regierung des Festlands nicht mit militärischer Gewalt gegen Taiwan vorgeht.«[20]

Chen Shui-bian und Jiang Zemin sind beide Gefangene der Volksmeinung. Chen muss auf dem politischen Status quo der De-facto-Unabhängigkeit Taiwans beharren, so will es, wie eine Umfrage im Mai 2000 zeigte, die große Mehrheit der Taiwaner. Nur vier Prozent sprachen sich für eine Wiedervereinigung mit China aus, allerdings fordern auch nur fünf Prozent eine Erklärung der Unabhängigkeit. Jiang Zemin andererseits muss gegen jede Entwicklung auf der Hut sein, die Taiwan in eine endgültige Unabhängigkeit führen könnte. Bei einer Unabhängigkeitserklärung Taiwans bliebe ihm nichts anderes übrig, als den Krieg zu erklären – in vollem Bewusstsein, dass ein Krieg Chinas Wirtschaftsentwicklung ruinieren würde. Aber die Volksstimmung ist wie die der Armee nationalistisch. In meinem Gedächtnis ist eine Unterhaltung mit einer Gruppe jüngerer chinesischer Politikwissenschaftler und Unternehmer. Sie alle hatten an Amerikas Eliteuniversitäten studiert. Wer ihre Ansichten über Wirtschaft hörte, hätte glauben können, es mit Amerikanern zu tun zu haben. Aber als die Rede auf Taiwan kam, sagte einer von ihnen, falls Taiwan die Unabhängigkeit erkläre, gebe es Krieg: »Ein Präsident, der nicht sofort den Krieg ausruft, wird von der Empörung des Volkes hinweggefegt.« Alle seine Kollegen stimmten dem zu.

Doch was geschieht, wenn Taiwan zwar auf eine Unabhängigkeitserklärung verzichtet, auf lange Frist aber jede Wiedervereinigung unter dem Prinzip ein Land – zwei Systeme verweigert? Von den Interessen beider Seiten her gesehen müsste es möglich sein, den Status quo noch lange Jahre aufrechtzuerhalten. China und Taiwan wachsen, genauso wie China und Hongkong, immer mehr zu einem einheitlichen Wirtschaftsraum zusammen. Aus wirtschaftlichem Interesse ist eine politische Vereinigung für Festlandschina in keiner Weise dringend. Der gegenwärtige Zustand hat sogar den Vorteil, dass Taiwan den ungehinderten Zugang zur amerikanischen Hochtechnologie behält. Aber wenn es um nationalistische Stimmungen geht, gewinnen nüchterne Interessenkalküle nicht immer die Oberhand. Die chinesische Armee trainiert also eine Invasion Taiwans: Sie errichtet vierhundert Raketenstellungen direkt gegenüber Taiwan; sie verkündet triumphierend, eine Cruise-Missile entwickelt zu haben; sie kauft von Russland für je achthundert Millionen Dollar zwei moderne, mit Lenkraketen ausgerüstete Zerstörer der Sovremenny-Klasse. Jedoch, Chinas wirtschaftliche Hebel könnten bald wirksamer sein als Raketen. Taiwan wird immer abhängiger vom Zugang zu China: zu seinen Arbeitskräften und zu seinem Markt. Die chinesische Führung scheint sich in letzter Zeit dessen bewusst geworden zu sein und ihre Strategie auf eine wirtschaftlicheWiedereroberung Taiwans umzustellen.

Im Juni 2000 äußerte der frühere Premierminister Singapurs, Lee Kuan Yew, in einem Interview seine Besorgnis über die Eskalation der Spannungen zwischen China und Taiwan. Er fand harte Worte für Präsident Lee Teng-hui, der es fertig gebracht habe, die Taiwan-Frage zum dringendsten Problem Chinas zu machen und die Volksbefreiungsarmee in eine See-Aufrüstung zu stoßen. Chen Shui-bian habe zu seinem Unglück diese Situation geerbt. Lee Kuan Yew gab den Rat, die Regierung müsse die Taiwaner, statt sie in ihrem Streben nach einem getrennten Staat zu unterstützen, vielmehr überzeugen, dass eine Vereinigung mit China unvermeidlich sei. Die Amerikaner könnten Taiwan nicht auf Dauer schützen, und es sei grausam, die Taiwaner glauben zu lassen, dass sie dies könnten.[21] In der Tat, die Zeit arbeitet für Peking. Für Taiwan schiene es deshalb am günstigsten zu sein, bald ein Abkommen über eine Wiedervereinigung auf lange Frist mit Peking zu schließen; Jiang Zemin und sein Nachfolger wären wohl bereit, für diesen so heiß ersehnten Erfolg einen maximalen Preis zu zahlen.

Taiwan: eine »Volkswirtschaft chinesischer Prägung«

In den siebziger Jahren tauchten auf den Radarschirmen der westlichen Unternehmen vier Volkswirtschaften im fernen Ostasien auf, die mit ungeheurem Tempo in die Weltwirtschaft eindrangen: Südkorea, Taiwan, Singapur und Hongkong. Die Wirtschaftsreporter fanden schnell einen Namen für die Eindringlinge: die vier Tiger. Mit dem Aufstieg Chinas kam in den achtziger Jahren für die vier Volkswirtschaften, die alle zur konfuzianischen Kultur gehören, ein neuer Name auf: die vier Kleinen Drachen.

Von den vier Drachenwirtschaften war jedoch nur eine eine wirkliche Drachenwirtschaft: Taiwan. Südkorea kopierte das japanische Modell; es baute Konglomeratkonzerne auf, die die japanischen *zaibatsu* der Vorkriegszeit und ihre Nachfolger, die *keiretsu,* zum Vorbild hatten und ohne Rücksicht auf Verschuldung und Nachfrage ihre Produktionskapazitäten hochzogen. Singapur lud die transnationalen Konzerne des Westens und Japans zu Direktinvestitionen ein. Hongkong folgte dem amerikanisch-britischen Laissez-faire-Kapitalismus. Taiwan dagegen baute eine chinesische Volkswirtschaft auf – eine Volkswirtschaft, deren dynamischer Kern kleine, patriarchalisch geführte Familienunternehmen sind.

Ende der neunziger Jahre gab es in Taiwan 1,2 Millionen kleine und mittlere Firmen, die achtzig Prozent der Erwerbsbevölkerung beschäftigten. Die Chinesen ziehen es vor, für sich selbst in einer Familienfirma statt für andere Leute zu arbeiten. Jeder achtzehnte Taiwaner war Unternehmer. »Wenn du einen Stein auf die Straße hinunterwirfst«, so lautet ein Witz, »triffst du einen Vorstandsvorsitzenden.« Die taiwanische Wirtschaft ist, so beschrieb es einmal der »Economist«, »eine Armee von Ameisen«. Diese Armee hat in den neunziger Jahren den Weltmarkt für Computerhardware erobert.

Führen wir uns eine dieser Kriegerameisen vor Augen: die von Alex Hung gegründete Sunonwealth Company. Als zu Beginn der achtziger Jahre bei den schnellen Pentiumprozessoren der Notebookcomputer das Problem der Überhitzung auftrat, machte sich Sunonwealth – wie gleichzeitig das japanische Weltunternehmen Minebea – an die Arbeit, das Problem zu lösen. Sunonwealth entwickelte einen winzigen Kühlventilator, der nicht größer ist als der Pentiumchip selbst. Heute sitzen diese Miniventilatoren in einem Drittel aller Notebookcomputer in der Welt.

Bis Ende der neunziger Jahre war Taiwan zum drittgrößten Herstellerland von Computerhardware aufgestiegen – hinter den USA und Japan. Bei vielen Computerkomponenten hat es Weltmarktanteile von fünfzig bis achtzig Prozent errungen.

Die taiwanischen Firmen arbeiten, den Blicken der Welt entzogen, im Verborgenen. Wer in der Welt kennt First International Computer, den größten Produzenten der Welt von Schaltkreisplatinen für PCs? Wer kennt Lite-on Technology, den größten der etwa achtzig taiwanischen Hersteller von Computermonitoren? Wer kennt das Fami-

Hauptprodukte der taiwanischen Computerindustrie

Produkte	Weltmarktanteil (in Prozent) 1997	1998	2000
Monitore	55	58	58
Tischcomputer	14	17	–
Notebooks	32	40	49
PC-Hauptplatinen	56	61	64
Grafikkarten	32	31	–
handgehaltene Scanner	71	84	91
LAN-Karten	37	39	–
Maussteuergeräte	63	60	–
PC-Tastaturen	62	65	–
Modems	35	37	–

Quelle: Institute for Information Technology, Market Intelligence Center, Taipeh, Januar 2001.

lienunternehmen Kye, den drittgrößten Hersteller von Maus-Steuergeräten? Wer kennt Cal-Comp, den weltgrößten Produzenten von Taschenrechnern und Taiwans größten Hersteller von Faxgeräten?

Die Erklärung für dieses Phänomen liegt darin, dass die taiwanischen Firmen Komponenten liefern und auch dort, wo sie ganze Geräte herstellen, Original Equipment Manufacturers (OEM) sind, die die von ihnen produzierten Geräte nicht an Verbraucher, sondern an amerikanische, japanische und europäische Computerunternehmen verkaufen; diese bringen an den Produkten ihre Embleme an und vertreiben sie unter eigenem Markennamen. Taiwan stellte zum Beispiel 2000 schon fast die Hälfte aller Notebookcomputer in der Welt her, verkauft wurden diese Notebooks aber unter dem Namen weltbekannter Computerfirmen wie Compaq. Anfang 2000 ging durch die Wirtschaftszeitungen die Nachricht, dass nun auch Toshiba, der Weltmarktführer bei Notebooks, in Taiwan fertigen lässt. Die weltbekannten Konzerne IBM, Compaq, Toshiba sind von den Zulieferteilen und OEM-Produkten Tausender kleiner und mittlerer taiwanischer Firmen abhängig. Die japanische Firma Casio etwa bezieht achtzig Prozent ihrer Taschenrechner von Cal-Comp. Nur wenige taiwanische Firmen wie der PC-Hersteller Acer haben in der Welt eine eigene Marke etabliert. Würde Taiwan plötzlich im Meer versinken, dann sänke mit ihm die Weltcomputerindustrie in eine Depression.

Die Taiwaner sind der lebende Beweis für die Behauptung, dass die Chinesen die besten Unternehmer der Welt sind – vorausgesetzt, man lässt ihnen die Freiheit zum Unternehmertum. Die taiwanische Regierung, die zunächst auf große Staatsfirmen setzte, war weise genug, dies zu tun. Sie leistete zu dem Hochtechnologiewunder nur einen – allerdings wesentlichen – Beitrag: Sie schuf die Infrastruktur für das Wunder. Sie gründete ein nationales Labor, das »Forschungsinstitut für Industrietechnologie«, aus dem – wie in Amerika aus der Stanford University oder dem MIT – viele der erfolgreichsten Hochtechnologiefirmen hervorgingen. Sie baute um das Institut einen großen Hochtechnologiepark, den Hsinchu-Park. Und sie förderte das Entstehen von Wagniskapitalfirmen. Doch hier blieb sie stehen: Sie schuf eine Infrastruktur für Hochtechnologieunternehmen, aber sie steuerte deren Entwicklung nicht. So konnte nicht geschehen, was in Japan geschah, wo Regierung und Computerindustrie alle Kräfte auf die Großcomputer konzentrierten, um »IBM zu schlagen«. Als dann an der Wende zu den neunziger Jahren junge Silicon-Valley-Firmen ein völlig neues Computermodell, das Modell der vernetzten PCs, durchsetzten, war die gesamte japanische Computerindustrie auf einen Schlag veraltet.

Der Industrie der Computer und Computerkomponenten fügten die Taiwaner in den neunziger Jahren eine Halbleiterindustrie hinzu.

Und auch hier fanden sie eine »Nische«, die sich heute zu einem Riesenmarkt ausgeweitet hat: die »Chipgießerei« (foundry). Der taiwanische Halbleiterhersteller entwirft die Schaltkreise nicht selbst, sondern übernimmt von taiwanischen wie westlichen und japanischen Firmen Aufträge, Halbleiterschaltkreise entsprechend den angelieferten Designs zu produzieren. Die führende Chipgießerei der Welt ist heute TSMC, die Taiwanese Semiconductor Manufacturing Company, im Hsinchu-Park. Sie ist dabei, zu einem der größten Chiphersteller der Welt aufzusteigen. Da im Hsinchu-Park nördlich von Taipeh kein Platz mehr ist, hat die Regierung inzwischen einen zweiten Hochtechnologiepark gebaut, Tainan im Süden. Taiwan verwandelt sich in eine Insel der Informationstechnik – in ein riesiges Silicon Valley. Einen ganz wesentlichen Beitrag leisten hierzu die Rückkehrer aus Amerika: die frischgebackenen taiwanischen Absolventen der amerikanischen Eliteuniversitäten und die erfahrenen Taiwaner, die jahrelang in den Hochtechnologiefirmen Amerikas geforscht und entwickelt haben.

Das wirtschaftliche Großchina verwirklicht sich

Der phänomenale wirtschaftliche Aufstieg Chinas in den achtziger und neunziger Jahren lässt sich nicht denken ohne die Investitionen, das Exportnetz und das Management-Know-how Hongkongs und Taiwans.

Die Hongkong-Investoren

Als Deng Xiaoping 1979 mit der Errichtung der vier Sonderwirtschaftszonen in Guangdong und Fujian die Tore Chinas für Direktinvestitionen aus dem Ausland öffnete, da zielte er vor allem auf Investoren aus Hongkong und Taiwan. Die Hongkong-Unternehmen kamen, in der Tat, vom ersten Moment der Öffnung an in großen Scharen. China hatte sie genau zum richtigen Zeitpunkt eingeladen. In Hongkong waren Boden und Arbeit teuer geworden, die verarbeitende Industrie verlor ihre Wettbewerbsfähigkeit gegenüber den auf den Weltmärkten vorrückenden Tigerländern Südostasiens: Thailand, Malaysia, Indonesien, Philippinen. Da war Dengs Offerte geradezu ein Glücksfall.

Die Hongkonger Industrieunternehmen verlagerten die arbeitsintensiven Produktionsprozesse nach China, wo Arbeitskräfte und Land billig waren. Zunächst gingen die Investoren in die direkt angrenzende Sonderwirtschaftszone Shenzhen. Mit der immer weiteren Öffnung Chinas dehnten sie ihre Investitionen auf ganz Guangdong, insbesondere auf das Perlfluss-Delta, aus und schließlich auf ganz China.

Heute ist so gut wie das gesamte *manufacturing* Hongkongs nach China und – zu einem kleinen Teil – nach Südostasien ausgelagert. Allein im südlichen China besitzen und betreiben Hongkonger Firmen 400 000 Fabriken und beschäftigen fünf Millionen Arbeiter. Die Dörfer und Landstädte des Perlfluss-Deltas sind Fabrikvororte Hongkongs. In Hongkong selbst blieben nur Produktentwicklung, Design, Verpackung und weltweiter Vertrieb. Produziert wird in China. Ein Beispiel bietet Hongkongs größter Spielwarenhersteller Harbour Ring. 1992 beschäftigte die Firma in sieben Fabriken in Guangdong 10 000 chinesische Arbeiterinnen und Arbeiter, in der Hongkonger Stammfirma dagegen gab es nur noch vierhundert Beschäftigte.

Die Hongkonger Unternehmer trugen wesentlich zur Entwicklung der ländlichen Industrie in China bei. Sie errichteten mit ländlichen Unternehmen Joint Ventures oder gingen mit ihnen Kooperationsbeziehungen ein, unter denen diese für den Export produzierten. Das Exportwunder der ländlichen Industrie Chinas und das Exportwunder Chinas insgesamt ist Hongkong mit zu verdanken.

Was die Hongkonger Unternehmer nach China lockte, waren die billigen und zugleich relativ gut ausgebildeten Arbeitskräfte, die von keiner freien Gewerkschaft geschützt wurden. In den *Export-processing*-Fabriken Hongkongs in China – ebenso wie in denjenigen Taiwans und Südkoreas – herrschten Zustände, die an Dickens' Schilderungen des frühkapitalistischen England erinnern. Die Weltöffentlichkeit wurde auf diese Zustände Anfang der neunziger Jahre aufmerksam, als in einer Hongkonger Puppenfabrik über achtzig junge Arbeiterinnen verbrannten: Die Türen der Fabrik hatte man abgeschlossen, um die Arbeiterinnen daran zu hindern, Puppen zu stehlen. Mehrere solcher Skandale brachten die chinesische Regierung zum Eingreifen. Seitdem haben sich die Zustände in diesen Fabriken gebessert, aber sie sind – an westlichen Standards gemessen – immer noch schrecklich. Bei aller Empörung darf man jedoch nicht übersehen, dass die Beschäftigten in diesen Fabriken wesentlich besser daran sind, als die am Rande des Existenzminimums lebenden Menschen in den ärmsten Regionen Chinas. Vor den Fabriken stehen denn auch jede Menge Arbeitslose, die nur eins wollen: den nächsten frei werdenden Job in diesen Firmen.

Ende der achtziger Jahre entdeckte auch Hongkongs Großkapital China: die Immobilien- und Infrastrukturkonzerne wie Cheung Kong, New World Development, Hang Lung Development, Henderson Land, Hopewell und andere. Erforderte die Errichtung arbeitsintensiver Fabriken nur relativ wenig Kapital pro Projekt, so flossen nun die Milliarden. Hongkongs Immobilientycoons bauten Mautautobahnen und -brücken und überzogen Chinas Großstädte mit Bürotürmen, Luxushotels, Luxuskaufhäusern und Villenparks für die Reichen. Mit ihnen kamen Hongkongs Hotelgesellschaften, Kaufhauskonzerne und Luxusketten. Hongkong verwandelte die Schauseite der chinesischen Städte.

In den achtziger Jahren stammten drei Viertel aller ausländischen Direktinvestitionen in China aus Hongkong, damals noch eine britische Kolonie. Auch in den neunziger Jahren blieb Hongkong mit weitem Abstand der größte Auslandsinvestor, allerdings investierten nun auch andere Länder massiv in China, und Hongkongs Anteil an dem jährlichen Zustrom sank bis 2001 auf 36 Prozent. Von 1979 bis 2001 wurden von Hongkong aus in China 192 Milliarden Dollar investiert, was einem Anteil von knapp der Hälfte an den akkumulierten Auslandsinvestitionen in China entspricht. Nicht die gesamten 192 Milliarden Dollar waren Hongkong-Kapital. Ein Teil stammte aus Niederlassungen ausländischer Unternehmer in Hongkong, die aus Hongkong heraus investierten. Ein zweiter und nicht unbeträchtlicher Teil stammte aus China selbst: Chinesische Unternehmer, unter ihnen so mancher Prinzling, machten einen »Roundtrip«, schafften ihr Geld nach Hongkong und investierten es von dort in Shenzhen und an anderen Orten, um so in den Genuss der Steuererleichterungen und sonstigen Fördermaßnahmen für Auslandsinvestitionen zu kommen.

Der Großteil der Hongkonger Investitionen floss nach Guangdong, die unmittelbar angrenzende Provinz und ehemalige Heimat der meisten Hongkonger. Hier sprach man dieselbe Sprache, hier hatte man viele verwandtschaftliche Beziehungen. Vor der Öffnung Chinas war Guangdong eine arme, im Wesentlichen ländliche Provinz. Durch die Zusammenarbeit mit Hongkong setzte sie sich an die Spitze des Wachstums, stieg zur reichsten Provinzen auf und wurde zur »Pionierprovinz« der Marktwirtschaft.

Guangdong trägt vierzig Prozent zu den Gesamtexporten Chinas bei. Der Großteil dieser Exporte stellt *export processing* dar: In Hunderttausenden von kleinen Fabriken nähen Chinas junge Frauen die Hemden und Kleider der Welt, produzieren ländliche Arbeiter und Arbeiterinnen die Spielwaren und Sportgeräte, kleben die Sportschuhe, montieren die Elektro- und Elektronikgeräte, stellen Mode- und Weihnachtsschmuck und anderes her. Guangdongs Perlfluss-Delta ist heute ein Weltzentrum der Leichtindustrie, das die reichen Länder mit billigen Konsumgütern versorgt.

Shenzhen war am Ausgang der Mao-Zeit noch eine trostlose Grenzstadt mit 25 000 Einwohnern, die von Reisanbau und Fischfang lebten. Die Erhebung zur Sonderwirtschaftszone 1980 verwandelte die Kommune in eine Goldgräberstadt, in die Unternehmer und Geschäftsleute, Investoren aus Hongkong und dem Ausland, Immobilienspekulanten, Abenteurer, Schwindler und Prostituierte aus ganz China einströmten. Mitte der achtziger Jahre besuchten einige der

Das Perlfluss-Delta

orthodoxen Revolutionsveteranen Shenzhen und kommentierten erbittert: »Abgesehen von der roten Flagge mit den fünf Sternen über dem Stadthaus gibt es hier nichts, was man noch sozialistisch nennen könnte.«[22]

Shenzhens Wirtschaft wuchs in den zwanzig Jahren seit der Gründung um jährlich 31 Prozent. Heute ist Shenzhen eine Viermillionenstadt, die mit ihren glitzernden Wolkenkratzern Hongkong nacheifert. Sie ist nach wie vor von unerhörter Dynamik und die am schnellsten wachsende Großstadt Chinas. Schon 1990 war Shenzhen der zweitgrößte Exporteur unter Chinas Städten nach Shanghai und die Nummer eins im Export von Fahrrädern, Uhren, Kameras und Haushaltsgeräten. Seither hat sich Shenzhen zu einem der führenden Hochtechnologiestandorte Chinas weiterentwickelt. Ende der neunziger Jahre beherbergte es 1500 Hersteller von Computern und Computerkomponenten, mehr als 500 Softwarefirmen und 200 Forschungs- und Entwicklungszentren. Hier sind auch die beiden erfolgreichsten einheimischen Unternehmen für Telekommunikationsausrüstungen angesiedelt: Huawei und Zhongxing. Shenzhen ist ferner die Heimat von Chinas größtem Biotechnologieunternehmen Kexin. Die Greater China Group von IBM produziert in vier Fabriken. Die Qinghua-Universität, die Peking-Universität und die Hongkong-Universität für Wissenschaft und Technologie bauen in Shenzhen Forschungszentren und nutzen es als Basis zur Kommerzialisierung von Forschungsergebnissen. 1999 trugen Hochtechnologieunternehmen zur gesamten Industrieproduktion Shenzhens bereits 45 Prozent bei. Hochtechnologieprodukte machten ein Drittel der Exporte der Stadt aus.

Mit einem Prokopfeinkommen von über 4000 Dollar ist Shenzhen die reichste Stadt Chinas. Es baut einen neuen Hafen und einen neuen Flugplatz. Aus dem Zögling Hongkongs wird sein Rivale. Dies gilt insbesondere für Hongkongs Hochtechnologiepläne. Boden und Arbeit sind in Shenzhen ungleich billiger, und die Verfügbarkeit von Ingenieuren und Wissenschaftlern ist sehr viel größer. Die Hongkonger – im Geiste des amerikanisch-britischen Kapitalismus erzogen – studieren Betriebswirtschaft, Finanzwirtschaft, Recht, wollen als Investmentbanker und Anwälte reich werden. In China dagegen wählt die Hälfte der Studenten Ingenieur- und Naturwissenschaften. Eliteuniversitäten wie Qinghua senden jedes Jahr Zehntausende hervorragend ausgebildeter Ingenieure und Forscher in die Wirtschaft. Das erklärt, warum Hightechfirmen aus Hongkong bereits Niederlassungen in Shenzhen errichten. Hongkong kontert, indem es seine kosmopolitische Attraktivität ausspielt und chinesische Informationstechniker aus den USA und ebenso aus den chinesischen Eliteuniversitäten anzulocken sucht.

Zwei Wellen taiwanischer Investitionen

In den achtziger Jahren wurden – wie zuvor in Hongkong – auch in Taiwan Arbeit und Boden teuer. Wie Hongkong suchte Taiwan nach Möglichkeiten, die arbeitsintensiven Produktionsprozesse auszulagern, um gegen die neu auf dem Weltmarkt erscheinenden südostasiatischen Tigerländer wettbewerbsfähig zu bleiben. Was hätte da näher gelegen, als die Fertigungsprozesse über die Taiwan-Straße nach Fujian zu schieben, die ehemalige Heimatprovinz? Doch dem stand die taiwanische Regierung entgegen, die den Kontakt der Bevölkerung mit den Festlandschinesen unterband. Ende 1987 aber hob die Regierung das Reiseverbot nach China auf, und nun ergoss sich ein Strom taiwanischer Investitionen über die gegenüberliegende Küste.

Die Taiwaner brachten vor allem die Schuhindustrie ins Land und machten China zum weltgrößten Exporteur von Schuhen. Das kleine Taiwan selbst hätte kaum mehr als eine Schuhindustrie mit 10 000 Arbeitern unterhalten können. Der Zugang zu dem schier unerschöpflichen Reservoir billiger Arbeitskräfte in China aber eröffnete den taiwanischen Schuhproduzenten die Möglichkeit, den Weltmarkt für Sportschuhe und Massenschuhe zu dominieren. Die taiwanische Firma Paochen konnte dank der festlandschinesischen Arbeiter zum größten Schuhhersteller der Welt aufsteigen, der mit 12 000 Beschäftigten Millionen von Nike- und Reebok-Sportschuhen fertigt.

In den ersten Jahren lautete die Devise der taiwanischen Investoren: »Schicke deine obsoleten Maschinen auf das Festland und behalte die Exportaufträge und Exportquoten auf dem Weltmarkt.« Seit Mitte der neunziger Jahre wurde diese erste Welle der Low-tech-Investoren jedoch abgelöst von einer zweiten Welle von High-tech-Investoren. Die taiwanischen Computer- und Elektronikfirmen errichteten in China hochmoderne Produktionslinien: Repliken und oft größere Repliken ihrer eigenen Fabriken in Taiwan. Acer, Taiwans transnationaler Computerkonzern, hat in Suzhou eine Fabrik mit 6000 Arbeitern für die Produktion von Peripheriegeräten gebaut. Einige Kilometer entfernt stellt die Sampo-Gruppe PC-Bildschirme her, und die Yageo Corporation produziert Widerstände, die an Acer, Philips, IBM und andere gehen. Im Perlfluss-Delta hat Primax in Dongguan die größte Fabrik der Welt für Maus-Steuergeräte errichtet, die 3500 Arbeiter beschäftigt. Die taiwanischen Computerfirmen haben China inzwischen in eine bedeutende Exportplattform für Elektronik verwandelt.

Ende 2001 erreichte der Bestand der taiwanischen Investitionen nach chinesischer Statistik rund 30 Milliarden Dollar. Die Taiwaner schätzen die Investitionen auf 60 Milliarden Dollar, und selbst diese Zahl dürfte die Investitionen noch unterschätzen, da angesichts der bremsenden Haltung der taiwanischen Regierung viele Unternehmer ihre Investitionen in China verheimlichten und von Hongkong oder den Jungfern-Inseln her investierten; dies erklärt, nebenbei bemerkt, dass nach der chinesischen Statistik die Jungfern-Inseln der sechstgrößte Investor in China sind. 250 000 Taiwanesen arbeiten als Manager und Ingenieure in 40 000 Firmen in China. Die taiwanischen Unternehmer haben eine riesige Parallelindustrie aufgebaut, die zwölf Prozent der chinesischen Exporte produziert.

Wie die Hongkong-Investitionen Guangdong, so verwandelten die Taiwan-Investitionen Fujian von einer armen, von der Landwirtschaft lebenden Provinz zu einer reichen Küstenprovinz. Die Stadt Xiamen ist heute eine elegante Stadt mit einer in ganz China berühmten Lebensqualität.

Die taiwanischen Investitionen drücken aber auch anderen Regionen ihren Stempel auf. So ist Dongguan im Perlfluss-Delta geradezu

Das wirtschaftliche Großchina 2000

	China	Hongkong	Taiwan
Bevölkerung (Millionen)	1260	6,7	22,3
Landfläche (Quadratkilometer)	9600000	1097	36000
BIP (Milliarden US-Dollar)	1080	163	314
Prokopfeinkommen (US-Dollar)	850	24400	14100
reale Wachstumsrate (in Prozent)	8,0	10,5	6,0
Exporte (Milliarden US-Dollar)	249	202	148
Importe (Milliarden US-Dollar)	225	217	140
Währungsreserven (Milliarden US-Dollar)	181	90	107

Quelle: China Statistical Yearbook 2001.

zu einer Taiwan-Stadt geworden. 40000 Taiwaner arbeiten hier in 3000 Fabriken. In neuester Zeit sind das Jangtse-Delta und insbesondere die Industrieparks der in der Geschichte berühmten Stadt Suzhou zu einem bevorzugten Standort für die neuen Hochtechnologieinvestitionen Taiwans geworden.

Wie das heutige China ohne die Investitionen Hongkongs und Taiwans und ihren Transfer von Management-Know-how nicht zu denken ist, so ist umgekehrt die wirtschaftliche Zukunft Taiwans, nicht anders als die Hongkongs, von China abhängig: vom Zugang zu Chinas Reservoir an Arbeitskräften und vom Zugang zu dem riesigen chinesischen Markt. Die Wirtschaft zwingt China und Taiwan zusammen.

Dazhonghua – Großchina – ist schon heute die größte Wirtschaftsmacht Asiens. Es übertrifft Japan bei den Importen und Exporten, bei den Auslandsinvestitionen und bei den Währungsreserven. Zu Kaufkraftparität gerechnet liegt es auch beim Sozialprodukt deutlich vor Japan.

Die Überseechinesen

Um das wirtschaftliche Großchina liegen in zwei Kreisen die Unternehmen der ethnischen Chinesen Südostasiens und der ethnischen Chinesen Amerikas, Europas, Australiens und des Rests der Welt.

27 Millionen der insgesamt 33 Millionen Überseechinesen leben in Südostasien. In Singapur sind sie mit 77 Prozent die große Mehrheit. In den übrigen südostasiatischen Staaten bilden sie Minderheiten, aber die chinesischen Tycoons kontrollieren die Mehrzahl der privaten Großunternehmen und Großbanken, während die kleinen Chinesen den Einzelhandel dominieren. So machen in Indonesien die ethnischen Chinesen lediglich 3,5 Prozent der Bevölkerung aus, beherrschen aber

Ethnische Chinesen in Südostasien
Anteile an Bevölkerung und Aktienkapital

Land	Anteil an Bevölkerung (in Prozent)	Anteil an Börsen-kapitalisierung (in Prozent)
Indonesien	3,5	73
Malaysia	29	61
Philippinen	2	50–60
Singapur	77	81
Thailand	10	81

Quelle: Zusammengestellt nach »Overseas Chinese Business Networks in Asia«, Department of Foreign Affairs and Trade, Australia, 1995.

68 Prozent der dreihundert größten an der Börse notierten Konglomerate und neun der zehn größten Privatfirmen. In Thailand sind die vier bedeutendsten privaten Banken in der Hand ethnischer Chinesen, unter ihnen die Bangkok-Bank, Thailands größte Bank. Die Unternehmen der ethnischen Chinesen sind, in echt chinesischem Stil, patriarchalisch geführt und alle miteinander durch ein Netzwerk verbunden.[23]

Die wirtschaftliche Dominanz der chinesischen Minderheiten und ihre Vernetzung untereinander erzeugen bei der einheimischen Mehrheit Neid und Hass. Es kommt immer wieder zu Chinesenverfolgungen, so zuletzt während der Asienkrise 1998 in Indonesien. Viele Chinesen haben, um sich zu schützen, einheimische Namen angenommen; Thailand machte dies sogar zur Vorschrift. Die Verfolgungen binden die ethnischen Chinesen jedoch nur noch stärker aneinander und lassen sie auf das zur asiatischen Vormacht aufsteigende China blicken. Sie diversifizieren ihre Investitionen und haben in den neunziger Jahren China zum Investitionsschwerpunkt gemacht.

Zentrum des Netzwerks und Geschäftshauptstadt der südostasiatischen Überseechinesen ist Hongkong. Die großen Unternehmensgruppen haben hier Niederlassungen und Banken gegründet: die Kuok-Gruppe Malaysias, die Salim-Gruppe und die Lippo-Gruppe Indonesiens, die Charoen-Pokphand-Gruppe und die Sophonpanich-Gruppe Thailands. Von diesen Hongkonger Niederlassungen aus haben sie seit Ende der achtziger Jahre Milliarden an Investitionen in China getätigt.

Zu den südostasiatischen Überseechinesen kommen als äußerer Kreis die fünf bis sechs Millionen ethnischen Chinesen in Nordamerika, die 940 000 in Westeuropa und die 540 000 in Australien/Ozeanien. Die wichtigste Gruppe sind die ethnischen Chinesen in den USA, insbesondere in Kalifornien, wo über eine Million von ihnen lebt. Viele der Chinesen in Amerika, die seit einer oder mehreren Generationen im Lande beheimatet und amerikanische Bürger geworden sind, kümmern sich nicht mehr allzu viel um das Land ihrer Vorfahren. Aber andere, und darunter gerade viele der in Wirtschaft und Wissenschaft Tätigen, unterhalten enge Verbindungen zu China. Die chinesischen Silicon-Valley-Unternehmer gründen Zweigfirmen in China, die chinesischen Forscher und Professoren besuchen China regelmäßig zu Gastvorlesungen und Meinungsaustausch.

Die ethnisch chinesischen Unternehmer in aller Welt treffen sich alle zwei Jahre zur World Chinese Entrepreneurs Convention, an der über tausend chinesische Unternehmer teilnehmen, unter ihnen auch die Tycoons aus Hongkong und Südostasien. Das wirtschaftliche Großchina mit Hongkong als Hauptstadt der Überseechinesen ist zum Zentrum eines globalen chinesischen Netzwerks geworden. Die Globalisierung mündet nicht in ein neues amerikanisches, sondern in ein chinesisches 21. Jahrhundert!

Eine globale chinesische Kultur

Parallel zu dem globalen Netz der chinesischen Wirtschaft ist eine globale chinesische Kultur im Entstehen. Die chinesischen Intellektuellen in der Welt treten zunehmend miteinander in Verbindung und erneuern die Ende des 19. Jahrhunderts begonnene Suche nach einer modernen chinesischen Kultur. Zwei Visionen konkurrieren miteinander: Die Intellektuellen Pekings, Shanghais und Singapurs entwerfen eine modernisierte konfuzianische Kultur und ein politisches und soziales System, das technokratisch und hierarchisch ist und auf Ordnung bedacht. Dieser neo-autoritären Vorstellung steht die Vision der Intellektuellen in Hongkong, Taiwan und in den Dissidentengruppen in Cambridge, Princeton und Harvard sowie in Paris gegenüber. Die moderne chinesische Kultur, die sie anstreben, ist pluralistisch und hat die liberalen Demokratien des Westens zum Vorbild.

Neben der hochkulturellen Diskussion breitet sich in Musik, Film und Roman eine chinesische Populärkultur aus. In ihr geben Hongkong und Taiwan den Ton an. Die Massenkultur ist amerikanisiert, individualistisch und hedonistisch. Vom Hongkonger und Taiwaner Fernsehen, von Hongkongs Kinofilmen und von Hongkongs und Taiwans Schlagersängern vorangetragen, dringt sie in China bis in die Dörfer vor. Musikproduzenten in Guangzhou, Shanghai und Peking und Filmproduzenten in Peking, Shanghai und Xian versuchen mit einigem Erfolg das Hongkong- und Taiwan-Monopol zu brechen. Die Kommunistische Partei setzt gegen die Popkultur vergeblich eine »sozialistische geistige Zivilisation«, die geprägt sein soll von dem Vorrang der kollektiven Werte über die individuellen, von Patriotismus und asketischer Lebenshaltung.

In einem aber sind sich alle Visionen, ob der Hoch- oder der Populärkultur, einig: im Stolz auf Chinas große Vergangenheit. Auch die Entschließungen der Partei zur »sozialistischen geistigen Zivilisation« lesen sich mehr wie konfuzianische Moraltraktate denn wie marxistische Manifeste.

KAPITEL 40

Kann China es schaffen?

China geht durch drei Revolutionen gleichzeitig: die Industrialisierung, die Urbanisierung und die Transformation in eine Marktwirtschaft. Der Übergang von einer kommunistischen Planwirtschaft und konfuzianischen Guanxi-Wirtschaft in eine Marktwirtschaft ist 1997 in seine zweite, entscheidende Phase eingetreten. Dengs Reform, die nur Gewinner kannte, führte notwendig weiter zu Jiangs »Reform mit Tränen«, in der die sozialen Übergangskosten der Modernisierung und Liberalisierung zu bezahlen sind: Arbeitslosigkeit, Ungleichheit, Korruption, Entwurzelung, Kriminalität. Zu Beginn des 21. Jahrhunderts ist China in die riskanteste Wegstrecke seines Wiederaufstiegs eingetreten.

Vergegenwärtigen wir uns, bevor wir einen Ausblick in die Zukunft wagen, die Probleme, die China zu bewältigen hat:

– *die Überbevölkerung*

Da ist zunächst die Wurzel aller Probleme: die Überbevölkerung. China hat eine riesige Ausdehnung, doch den größten Teil seiner Fläche bedecken Gebirge und Wüsten. Die Bevölkerung drängt sich in den Ebenen des Ostens, in den südlichen Küstenregionen und im Sichuan-Becken zusammen. Im Jahr 2000 zählte China 1,27 Milliarden Menschen. Die Bevölkerung wächst, trotz der Einkindpolitik, mit einer Rate von derzeit 0,9 Prozent weiter. Erst in vierzig Jahren wird sie sich bei 1,5 Milliarden Menschen stabilisieren.

– *die Krise der Arbeitslosigkeit*

Aus der Überbevölkerung geht unmittelbar das explosivste Problem hervor: die Arbeitslosigkeit.

Zwischen 2000 und 2010 nimmt Chinas Erwerbsbevölkerung netto – also unter Herausrechnung der aus dem Arbeitsleben Ausscheidenden – um mehr als siebzig Millionen zu. Der Arbeitsmarkt müsste also pro Jahr über sieben Millionen zusätzliche Arbeitsplätze bereitstellen – in fünf Jahren summiert sich dies auf eine Zahl, die der Zahl der Arbeitsplätze ganz Deutschlands entspricht. Dazu kommt, solange der Personalabbau im Staatssektor andauert, ein weiterer Bedarf von fünf Millionen neuen Arbeitsplätzen pro Jahr. Doch selbst damit ist die Herausforderung noch nicht zu Ende. Bis 2010 werden an die 75 Millionen Menschen aus der Landwirtschaft abwandern, wo bei nur 0,55 Hektar Ackerland für den einzelnen Bauernhaushalt krasse

Unterbeschäftigung herrscht. Zwischen 1984 und 1996 schufen die neu entstehenden ländlichen Industrie- und Dienstleistungsunternehmen neue Arbeitsplätze in großer Zahl (siehe Grafik auf Seite 232/233). Aber 1996 kam diese Expansion an ihr Ende, zwischen 1997 und 2000 schrumpfte die Beschäftigung in der ländlichen Industrie. Im Jahrzehnt von 2000 bis 2010 werden die ländlichen Unternehmen allenfalls zwanzig Millionen der aus der Landwirtschaft Abwandernden aufnehmen, das lässt fünfzig Millionen auf dem Lande ohne Arbeit.

Das in der Mao-Zeit erlassene Haushaltsregistrierungsgesetz bindet die Menschen an ihren Geburtsort. Es hält die Landbevölkerung also auf dem Lande fest. Aber selbst in ihrer Glanzzeit konnte die sich entfaltende ländliche Industrie nicht allen Arbeit geben, die in der Landwirtschaft keine mehr fanden. Die Arbeitssuchenden begannen deshalb ungeachtet des Gesetzes in die Städte abzuwandern. Seit Mitte der neunziger Jahre ist die Abwanderung zu einem breiten Strom geworden. Heute halten sich 150 bis 200 Millionen Menschen, die auf dem Lande registriert sind, illegal oder allenfalls mit befristeter Aufenthaltsgenehmigung in den Städten auf. Sie verdingen sich als Bauarbeiter, Fabrikarbeiter zweiter Klasse, Küchenarbeiter, Straßenreiniger, die Frauen als Hausangestellte, kurz, sie verrichten die Arbeiten, für die sich die geborenen Städter zu fein sind – miserabel bezahlt und behandelt, ohne soziale Sicherung, ohne Schulen für ihre Kinder, ohne Rechte und in steter Sorge, vertrieben zu werden.

Zu diesem Proletariat der Wanderarbeiter in den Städten stößt nun ein zweites Proletariat: diejenigen Städter, die ihren einst sicheren Arbeitsplatz im Staatssektor verlieren. Seit 1996 sind dies pro Jahr fünf bis sechs Millionen Menschen. Allenfalls die Hälfte von ihnen findet einen neuen Arbeitsplatz, sei es in einem privaten Unternehmen, sei es als Selbstständige. Die andere Hälfte ist auf die Sozialhilfe von 150 Yuan pro Monat angewiesen, die weder zum Leben noch zum Sterben reicht. Und selbst diese Hilfe wird oft nicht ausbezahlt.

Die amtliche Statistik gibt die Arbeitslosenrate in den Städten mit 3,1 Prozent an. Doch diese Statistik berücksichtigt nur die registrierten Arbeitslosen. Sie erfasst nicht die Beschäftigten, die von ihren Unternehmen von der Arbeit »freigestellt« (xiagang) wurden, aber noch in ihren Wohnungen bleiben können und eine geringe und oft nicht ausbezahlte Unterstützung von ihrer Firma erhalten. Sie erfasst nicht die Wanderarbeiter, die ja der Statistik nach auf dem Lande leben, und sie erfasst nicht die Jugendlichen, die noch nie einen Arbeitsplatz hatten. Unabhängige Beobachter schätzen die Arbeitslosenrate in den Städten auf bis zu zwanzig Prozent. Die Lage ist günstiger in Shanghai, Peking oder Kanton, wo der Privatsektor schnell wächst. Sie ist schlechter in den Städten des Nordens und des Westens, die bis vor kurzem nur Staatsbetriebe hatten.

Wie soll China für seine Milliardenbevölkerung, die immer noch wächst, Arbeitsplätze schaffen? Das ist die Kardinalfrage. Zu allem Unglück ist die Fähigkeit der Wirtschaft, Arbeitsplätze zu schaffen, stark zurückgegangen, seit China aus der Mangelwirtschaft in die Überproduktion eingetreten ist. Brachte zwischen 1986 und 1990 jedes Prozent Wachstum des Sozialprodukts 1,51 Millionen neue Arbeitsplätze, so waren es in der Periode 1991 bis 1995 nur noch 0,85 Millionen.[24] Selbst ein Acht-Prozent-Wachstum der Wirtschaft würde also gerade den Nettozuwachs an neuen Arbeitskräften aufsaugen und das bestehende Reservoir von Arbeitslosen nicht einmal antasten. Das Beschäftigungswunder, das der Aufbau der ländlichen Industrie schuf, lässt sich nicht wiederholen; die Globalisierung zwingt die Industrie zur Steigerung der Produktivität.

– *die Umweltzerstörung*

Das zweite Grundproblem, das mit der Überbevölkerung eng zusammenhängt, ist die Umweltzerstörung.[25] Chinas Städte ersticken im Industrie- und Automobilsmog. Chinas landwirtschaftliche Böden erodieren und versteppen. Chinas Flüsse und Seen sterben durch Verseuchung und übergroße Wasserableitung; der Gelbe Fluss führt monatelang kein Wasser mehr. Der Wassermangel ist zu Chinas akutestem Problem geworden. Die Landwirtschaft braucht Wasser, die Industrie braucht Wasser, die Städte brauchen Wasser. Der Grundwasserspiegel im Norden sinkt durch die Übernutzung rapide. 1999 ging er in Peking, das für die Deckung seines Wasserbedarfs zu zwei Dritteln vom Grundwasser abhängig ist, um 3,5 Meter zurück. In den Ebenen des Ostens und Nordostens muss man oft schon bis zu sechzig Meter tief bohren, um auf Grundwasser zu stoßen; die Kosten sind so hoch, dass sich der Getreideanbau nicht mehr lohnt. Um eine wirtschaftlich effiziente Wassernutzung durchzusetzen, müsste die Regierung die niedrigen Wasserpreise stark anheben; doch das bedeutet das Gleiche wie bei uns die Erhöhung des Benzinpreises auf fünf Mark. Zwar ergreift die Regierung inzwischen mit der Schließung von Fabriken, die die Umwelt verschmutzen, oder mit dem Verbot der Abholzung in den oberen Jangtse-Regionen energische Maßnahmen, und sie wendet bereits ein Prozent des Sozialprodukts für Umweltschutz auf, bringt aber die Umweltzerstörung damit noch nicht einmal zum Stillstand. China drohen Wasser, Boden und Luft für weiteres Wirtschaftswachstum auszugehen.

– *die Ungleichheit*

Zu den beiden Grundproblemen kommen die Schwierigkeiten, die der rapide Entwicklungsprozess erzeugt. Das erste Problem ist die wachsende Ungleichheit – die Ungleichheit innerhalb der chinesischen Gesellschaft, die Ungleichheit zwischen Küstenprovinzen und Inlandsprovinzen und die Ungleichheit zwischen Stadt und Land. Entwicklung ist mit Notwendigkeit »ungleichgewichtiges Wachstum«: Einige werden schneller reich. Deng hatte diese Konsequenz von Anfang an erkannt und sanktioniert. Für die Chinesen aber ist Ungleichheit eine neue Erfahrung. Jahrtausendelang haben sie in einer egalitären Agrargesellschaft gelebt: Über dem Volk thronte die winzige Oberschicht der Regierenden – der Kaiser und seine 20 000 Mandarine sowie eine kleine lokale Mittelschicht von Gebildeten, Grundbesitzern und Kaufleuten. Während der Mao-Zeit galt ein extremer Egalitarismus. Seit Dengs marktwirtschaftlicher Reform jedoch entwickelt sich die Gesellschaft in schnellem Tempo auseinander. Es gibt heute eine – in Relation zur Gesamtbevölkerung – winzige Zahl von Millionären, in deren Garage ein Mercedes 600 S und ein roter Ferrari stehen. Es gibt eine obere Mittelschicht, der vielleicht dreihundert Millionen Menschen angehören, und eine Jeunesse dorée, die in den Diskos und Hardrockcafés der Städte tanzt. Und es gibt am unteren Ende etwa dreihundert Millionen Menschen, an denen das Wachstum bisher im Wesentlichen vorbeiging oder die – wie jene Arbeiter in der Staatsindustrie, die jetzt entlassen werden – sogar Verlierer der Reform sind. Auf der anderen Seite allerdings, dies kann man nicht genug hervorheben, ist es China seit 1978 gelungen, die absolute Armut fast völlig zu überwinden.

Der Übergang zur Marktwirtschaft ließ des weiteren Chinas Provinzen sich auseinander entwickeln. Die Küstenprovinzen, die an die Weltwirtschaft angeschlossen sind, wuchsen in den letzten zwanzig Jahren schneller als die Inlandsprovinzen, und dies von einer ohnehin bereits weit höheren Basis. Dennoch übertreiben westliche Beobachter, die ein Auseinanderbrechen Chinas prophezeien. Nicht wenige Regionen in den Inlandsprovinzen haben hohe Wachstumsraten; auch hier geht es aufwärts. Die jetzigen Anstrengungen der Regierung, durch Infrastruktur- und Ausbildungsinvestitionen das Wachstum nach Zentral- und Westchina vorzuschieben, werden das Problem unter Kontrolle halten. In den prosperierenden Küstenprovinzen denkt niemand an Abspaltung. Die Inlandsprovinzen haben für sie eine erhebliche Bedeutung als Absatzmarkt wie als Reservoir billiger Arbeitskräfte. Dazu kommt, dass das Ideal der Einheit seit Jahrtausenden in jedem chinesischen Herzen wohnt.

Viel gefährlicher ist das Problem der Auseinanderentwicklung von Stadt und Land. Lag nach der amtlichen Statistik das jährliche Nettoprokopfeinkommen der ländlichen Bevölkerung 1985 bei 54 Prozent des durchschnittlich verfügbaren Einkommens in den Städten, so sank diese Verhältniszahl bis 2000 auf 36 Prozent. Die Bauern kommen bei der Einkommensentwicklung nicht mehr mit, und dies erzeugt eine wachsende Verbitterung.

– *das moralische Vakuum*
Ein weiteres Problem entsteht durch das Tempo der Entwicklung. Es überfordert die Menschen. Es reißt sie aus ihren traditionellen Lebensformen und Wertvorstellungen heraus, ohne dass in so kurzer Zeit neue Werte an die Stelle der alten treten können. Ein geistiges Vakuum tut sich auf. Vielen ist nichts geblieben außer der Gier nach Geld.[26] Die Partei versucht das Vakuum mit Patriotismus und Stolz auf Chinas große konfuzianische Vergangenheit aufzufüllen. Die Menschen kehren zur Religion zurück. Buddhismus, Taoismus, das Christentum und Sekten wie Falun Gong erleben eine Renaissance.

Das geistige Vakuum bedeutet auch ein moralisches Vakuum. In den Städten explodiert die Kriminalität. Die Städter geben den Wanderarbeitern die Schuld. Diese sind eine neue Erscheinung. Jahrtausendelang lebten die Menschen im Umkreis ihrer Dörfer, in denen sie geboren wurden. Jetzt löst sich diese feste Ordnung auf. Die hundertfünfzig bis zweihundert Millionen Wanderarbeiter aus den Dörfern Chinas kommen in den Städten in eine völlig neue Umgebung, sehen den Reichtum ringsum. Unter solchen Verhältnissen blüht die Kriminalität.
– *die Korruption*
Das für die politische Stabilität gefährlichste Problem ist die grassierende Korruption in den Reihen der Partei- und Verwaltungskader. Sie kann das Pulverfass der anderen Probleme zur Entzündung bringen. In der langen Geschichte des chinesischen Kaiserreiches hat sie dies immer wieder getan, und sie kann dies auch unter den heutigen Verhältnissen wieder tun. Das erklärt, warum Jiang Zemin und Zhu Rongji so hart gegen die Korruption vorgehen, mit Todesstrafen selbst für hohe Funktionäre. Doch auch sie stehen vor dem Dilemma, das Chen Yun schon in den achtziger Jahren aufzeigte: »Wer die Korruption nicht bekämpft, zerstört China; wer sie bekämpft, zerstört die Partei.«

Wachsende Gefahr für die politische Stabilität

Unter dem Druck der sozialen Probleme hat die Unruhe im Land gefährlich zugenommen. In den Städten, vor allem in denen Nordost-Chinas und Sichuans, ehemaligen Hochburgen der alten Staatsindustrie, reißen die Proteste der Arbeiter nicht mehr ab. Die meisten Demonstrationen haben die Form einer beharrlichen »Präsentation von Bittgesuchen«. Die Demonstrierenden ziehen vor das Rathaus der Stadt und bringen ihre Beschwerden vor: Einbehaltung von Löhnen und Pensionen, Entlassung aus dem Arbeitsverhältnis, korrupte Machenschaften des Managements oder ungerechte Maßnahmen der Behörde selbst. Der Bürgermeister versucht die Demonstranten gütlich zu überreden, wieder nach Hause zu gehen; er verspricht, sich ihres

Falles anzunehmen, und beschwichtigt die Demonstrierenden, indem er Zahlungen der ausstehenden Löhne und Pensionen zusagt. Unter der Hand ist so ein Gewohnheitsrecht auf friedliche Demonstration entstanden, auch wenn eine formale gesetzliche Absicherung der Demonstrationsfreiheit aussteht.

Immer häufiger aber kommt es auch zu gewalttätigen Auseinandersetzungen. So lieferten im Februar 2000 in der Bergwerksstadt Yangjiahangzi (400 Kilometer nordöstlich von Peking) 20 000 Arbeiter der Polizei über drei Tage hin erbitterte Straßenschlachten. Die Arbeiter erregte nicht nur der Verlust ihres Arbeitsplatzes, sondern vor allem der Umstand, dass die Manager vor der Schließung des Unternehmens wertvolle Teile an ihre Verwandten und Freunde verschoben hatten. Ein Arbeiter, der in einem noch weiterbetriebenen Teil des Bergwerks beschäftigt ist, sagte zu einem westlichen Journalisten: »Wir Bergleute haben seit der Revolution für China und die Kommunistische Partei gearbeitet, und jetzt ist plötzlich ein Teil des Bergwerks privat.«[27]

Zu den Demonstrationen der Arbeiter in den Städten kommen die Demonstrationen der Bauern auf dem Land. Sie protestieren gegen ungerecht empfundene Abgaben, Bezahlung abgelieferten Getreides mit Schuldscheinen und andere behördliche Maßnahmen. Im Juli 2000 kam es in der Provinz Jiangsu anlässlich der von den Behörden verfügten Zusammenlegung zweier Gemeindestädte zu Massenausschreitungen. 5000 Einwohner der Gemeinde Naxin, die ihre Gemeindeverwaltung verlieren sollten und davon erhebliche wirtschaftliche Schäden erwarteten, veranstalteten eine Protestdemonstration. Als die Polizei anrückte und die Demonstration auflösen wollte, kam es zu gewalttätigen Zusammenstößen, bei denen zahlreiche Polizisten und Demonstranten verletzt und 29 Polizeifahrzeuge zerstört wurden.[28]

Die Medien dürfen über Demonstrationen nicht berichten. Das Ausmaß der Unruhen in den Städten und Dörfern lässt sich so von außen nicht abschätzen. Nach Angaben des Hongkong Information Centre For Human Rights and Democracy soll es 1998 in China 80 000 große Demonstrationen gegeben haben, 1999 sei diese Zahl auf 100 000 angestiegen. Die Hongkonger »South China Morning Post« meldete, dass sich 1998 insgesamt 3,6 Millionen Arbeiter an Demonstrationen beteiligt hätten.[29]

Im Juni 2001 machte die Partei selbst die alarmierenden sozialen Unruhen im Lande publik, als eine Forschungsgruppe der Organisationsabteilung des Zentralkomitees einen dreihundertseitigen Untersuchungsbericht zu dem Thema vorlegte: »China 2000–2001: Studien zu Widersprüchen im Volk unter neuen Bedingungen«.[30]

Die Führung muss einen schwierigen und überaus riskanten Balanceakt zwischen marktwirtschaftlicher Reform und Bewahrung der sozialen Stabilität vollbringen. Sie sitzt in der Tat auf einem Pulverfass. Doch dass dieses in einer landesweiten Explosion hochgeht, ist, jedenfalls derzeit, unwahrscheinlich. Die Demonstrationen der Arbeiter sind spontan und führerlos, und sie konzentrieren sich auf die unmittelbaren, konkreten Beschwerden der Arbeiter wie Einbehaltung von Löhnen oder Entlassungen. Die protestierenden Gruppen sind isoliert, jede protestiert für sich allein. Es gibt keine Organisation, die etwa einen Generalstreik in der ganzen Stadt oder gar in der ganzen Provinz ausrufen könnte. Nicht anders sind die Bauern auf ihre Dörfer beschränkt; von Demonstrationen außerhalb ihrer Gemeinden erfahren sie allenfalls vom Hörensagen. Aus der Tiananmen-Krise 1989 haben Partei und Regierung eine Schlussfolgerung gezogen: sofort und mit aller Entschlossenheit einzugreifen, wenn eine Demonstration sich auszuweiten droht. Mit einer Zwei-Millionen-Polizeiarmee wurde ein Instrument für ein solches Einschreiten geschaffen.

Auf der anderen Seite baut die Regierung ein modernes Sozialversicherungssystem auf. Bis dieses funktionsfähig ist, versucht sie für die Arbeitslosen in den Städten wenigstens eine minimale Grundversorgung sicherzustellen. Allerdings, diese Grundversorgung erstreckt sich nur auf die registrierten Stadtbewohner. Die Millionen der in den Städten nach Arbeit suchenden Wanderarbeiter vom Land und ebenso die Bauern und die Arbeiter in den Dorf- und Gemeindeunternehmen bleiben weiter ohne soziale Absicherung – sie aber stellen die große Mehrheit des Volkes dar.

Wer die Probleme Chinas, eines schwerer als das andere, an seinem inneren Auge vorbeiziehen lässt, kann leicht zu dem Schluss kommen, das alles könne auf Dauer nicht gut gehen, China werde von seinen Problemen überwältigt werden. Viele China-Experten sind denn in der Tat pessimistisch. Aber sie sind dies seit über zwanzig Jahren, seit Beginn der Deng-Reform. China hat ihren Pessimismus immer aufs Neue widerlegt.

Die Erklärung liegt darin, dass den gewaltigen Problemen nicht minder gewaltige Gegenkräfte gegenüberstehen: China hat seit Deng eine kompetente Führung. Sie ist sich der sozialen Probleme des Landes, wie der zitierte Bericht der Partei zeigt, auf das Genaueste bewusst, und sie versucht gegenzusteuern. Sie ist geeint hinter dem Ziel, bis zum Jahre 2010 eine voll funktionierende Marktwirtschaft aufzubauen. Das Personal, das für eine Marktwirtschaft nötig ist, wächst heran. Es kommt von Chinas Eliteuniversitäten und von den Eliteuniversitäten des Westens. Schon heute rückt in die Ministerien und großen Staatsunternehmen eine Generation von Absolventen amerikanischer Universitäten ein, die die alte Garde, die auf sowjetischen Hochschulen ausgebildet wurde, ablöst.

Der wichtigste Trumpf Chinas aber sind seine Menschen. Es sind junge Menschen, ein Drittel der 1,27 Milliarden Chinesen sind unter zwanzig Jahre alt, nur sieben Prozent sind 65 Jahre und älter (Deutschland: siebzehn Prozent). Und es sind ehrgeizige, lernbegierige Menschen, die bereit sind zu harter Arbeit und fähig, »Bitterkeit zu essen« ohne aufzugeben. Es sind diese Menschen, die Chinas Wirtschaftswunder schufen. Wer längere Zeit in China gelebt und sie erlebt hat, der weiß intuitiv: Sie werden es schaffen! Ich gebe deshalb dem Szenario, dass China scheitert, nicht mehr als zehn Prozent Wahrscheinlichkeit. Mit neunzig Prozent Wahrscheinlichkeit wird es China gelingen, eine Marktwirtschaft unter der Herrschaft des Rechts aufzubauen und sein Wachstum, wenn auch unter Turbulenzen, in den nächsten zwanzig Jahren mit einer durchschnittlichen Rate von sieben Prozent fortzusetzen.

KAPITEL 41

China 2015: die größte Volkswirtschaft der Welt?

Im Jahre 1999 überschritt das Bruttoinlandsprodukt Chinas, umgerechnet zum Devisenkurs von 8,30 Yuan für einen US-Dollar, zum ersten Mal die Schwelle von einer Billion Dollar. Bis 2001 stieg es weiter auf rund 1,2 Billionen Dollar. Bezieht man Hongkong mit ein, so erreichte China/Hongkong ein Bruttoinlandsprodukt von 1,36 Milliarden Dollar. Dieses war fast doppelt so hoch wie die Bruttoinlandsprodukte Indiens und Russlands zusammengenommen.

Mit einem Bruttoinlandsprodukt von 1,36 Billionen Dollar ist China/Hongkong allerdings immer noch nicht mehr als eine wirtschaftliche Mittelmacht, vergleichbar mit Italien, Frankreich oder Großbritannien. Und was den Lebensstandard der 1,27 Milliarden Festlandschinesen betrifft, fällt China mit einem Prokopfeinkommen von 860 Dollar in die Kategorie der Entwicklungsländer. Diese Erkenntnis nahm der Asienexperte Gerald Segal zum Ausgangspunkt für seinen Aufsatz in »Foreign Affairs«, in dem er die Frage stellt: »Does China matter?«[31] Er beantwortete sie mit der Feststellung, China sei weit weniger wich-

Bruttoinlandsprodukt Chinas 2000 im Vergleich zu den G-8-Ländern und Indien

	BIP (in Milliarden US-Dollar)	Prokopfeinkommen (in Dollar)	Reale Wachstumsraten (in Prozent)	
			2000	2001
USA	9963	36500	4,1	1,2
Japan	4750	37500	2,4	−0,6
Deutschland	1873	22800	3,0	0,7
Großbritannien	1414	23900	3,1	1,9
Frankreich	1294	22000	4,1	1,8
China/Hongkong	1262	–	–	–
China	1099	860	8,0	7,3
Italien	1074	18800	2,9	1,8
Kanada	689	22600	4,4	1,5
Indien	478	500	6,0	4,9
Russland	247	1700	9,0	5,0

Quelle: OECD und Deutsche Bank Research.

tig, als die meisten Menschen im Westen denken. Es stelle lediglich eine Mittelmacht dar, und es sei höchste Zeit, dass der Westen es als solche behandle. Welch schöne Beruhigung für den Westen!

Der Aufsatz erschien im September 1999 und fand im Klima der Asienkrise große Beachtung im Westen. Doch er führt gröblich in die Irre. Weltpolitisch ist die 1,2-Milliarden-Nation – Nuklearmacht mit Interkontinentalraketen und Vetorecht im Weltsicherheitsrat – schon heute nicht mehr »Mittelmacht hinter Italien«. Für die Weltwirtschaft andererseits lautet die Frage nicht, was China heute ist, sondern was es in zehn bis zwanzig Jahren sein wird.

Dieser Frage gehen zwei 1998 erschienene Studien nach: eine Studie der Rand Corporation,[32] des weltbekannten kalifornischen Forschungsinstituts, und eine zweite, für die OECD verfasste Studie des Wirtschaftshistorikers Angus Maddison.[33] Beide Studien kommen mit unterschiedlichen Berechnungsmethoden zu dem gleichen Ergebnis: Chinas Sozialprodukt wird, nach Kaufkraftparität bewertet, im Jahre 2015 dasjenige der USA übertreffen. Charles Wolf von der Rand Corporation schätzt, dass das chinesische Bruttoinlandsprodukt im Jahre 2015 bei zwölf Billionen konstanten Kaufkraftdollar von 1997 liegen wird, das amerikanische bei 11,5 Billionen. Bei einem durchschnittlichen Prokopfeinkommen der dann 1,4 Milliarden Chinesen von 8570 Kaufkraftdollar von 1997 – gegenüber 37 200 entsprechende Kaufkraftdollar der dann 309 Millionen Amerikaner – wird China jedoch auch 2015 erst ein Land bescheidenen Wohlstands sein.

Die »Fabrik der Welt«

China ist für viele Industriegüter schon heute der größte Markt der Welt und wird es 2015 für fast alle sein. Es ist natürlich, dass sich dort, wo der größte Markt ist, auch die größte Industrie ansiedelt. So ist China schon jetzt der größte Produzent von Stahl, Düngemitteln, Fahrrädern, Uhren, Kühlschränken, Fernsehgeräten, Vermittlungssystemen für Telefonnetze und vielem anderen. Doch es ist nicht nur der Markt, der China zum größten Produktionsstandort der Welt macht. Es ist noch mehr der schier unerschöpfliche Pool an billigen und zunehmend ausgebildeten Arbeitern und, immer mehr auch, Ingenieuren und Forschern.

Die große Verlagerung des *manufacturing* nach China ist bereits in vollem Gang. In den achtziger Jahren schob Hongkong die Fertigung seiner Industrieprodukte nach China, in den neunziger Jahren folgte Taiwan, und heute folgt die ganze Welt. Tag für Tag bringt der Wirtschaftsteil der Zeitungen Meldungen wie: Toshiba schließt seine Fernseherfabriken in Japan und verlagert die Produktion für den heimischen Markt nach China. NEC plant den Anteil seiner in China für den japanischen Markt produzierten PCs von zehn auf siebzig Prozent zu erhöhen; es hofft, dadurch der taiwanischen Konkurrenz, die aus China heraus operiert, Paroli bieten und seine Verluste im PC-Bereich stoppen zu können. Minolta lässt seine Kameraproduktion in Japan auslaufen und ersetzt sie durch Importe aus seiner Shanghai-Fabrik. IBM übergibt Produktion und Verkauf seiner Vierzig-Gigabyte-Festplatten-Laufwerke an den chinesischen Konzern Great Wall. Motorola hat seit 1992 rund vier Milliarden Dollar in China investiert, bis 2006 sollen die Investitionen zehn Milliarden Dollar erreichen; China ist Motorolas größter Produktionsstandort außerhalb Amerikas, es produziert dort unter anderem Pager, Handys und Halbleiter. Siemens baut seine Shanghai-Fabrik zu seiner größten Produktionsstätte für Handys in der Welt aus, seit 2002 exportiert es von dort aus auch nach Deutschland. Epcos erwägt, seine Fabriken in Deutschland zu schließen und in China zu produzieren.

Von dieser ungeheuren Flutwelle der Verlagerung industrieller Produktion nach China bleiben selbst Südostasien und Südasien nicht verschont. Dell transferiert einen Teil seiner PC-Fertigung von Kuala Lumpur nach China. Astec Advanced Power Systems in Penang, Malaysia, schließt zwei seiner Elektronikfabriken und ersetzt ihre Produktion durch Produktion in China; tausend Beschäftigte verlieren ihren Arbeitsplatz. Als letztes Beispiel die vielleicht verblüffendste Produktionsverlagerung: Das indische Unternehmen VIP Industries, der zweitgrößte Hersteller der Welt von Reisegepäck, baute in Indien ein Drittel der Arbeitsplätze ab und schob die Produktion nach China; selbst wenn die Firma den Zoll von 62 Prozent, der bei der Einfuhr nach Indien fällig wird, hinzurechnet, ist die Produktion in China billiger als die Produktion in Indien.[34]

Der WTO-Beitritt Chinas, der die Bedingungen für Auslandsinvestitionen grundlegend verbessert, wird diese Verlagerung der Industrieproduktion aus der ganzen Welt nach China noch beschleunigen. China wird zum *manufacturing center,* zur Fabrik der Welt.

Und vor allem wird China zur IT-Fabrik der Welt, in der ein großer Teil der Computer-Hardware produziert wird. Dies ist bisher vor allem den Investitionen aus Taiwan zu verdanken. Die informationstechnische Industrie Taiwans fertigt inzwischen die meisten ihrer Produkte zur Hälfte und mehr in Fabriken auf dem chinesischen Festland. So produzierte im Jahr 2000 Taiwan 58 Prozent aller Computermonitore in der Welt, aber 60 Prozent davon wurden in China gefertigt. Bei Scannern betrug Taiwans Anteil an der Weltproduktion 91 Prozent, aber 85 Prozent der taiwanischen Scanner kamen aus den Fabriken in China. 1999 stellte Taiwan noch mehr Computerprodukte her als China, doch schon 2000 übertraf die chinesische Produktion die taiwa-

Informationstechnik, Produktion nach Ländern

Rang	Land	Produktion (in Milliarden Dollar) 1998	1999	Veränderung (in Prozent)
1	USA	90,6	95,2	+5
2	Japan	42,6	44,1	+4
3	Taiwan	19,2	21,0	+9
4	Singapur	18,7	18,5	−1
5	China	14,2	18,5	+30
6	Großbritannien	15,4	15,6	+1
7	Irland	8,7	9,4	+8
8	Deutschland	8,8	9,2	+4
9	Südkorea	8,2	8,9	+8
10	Brasilien	8,4	8,2	−2

Quelle: Institute for Information Industry, Taipeh.

nische. Zusammen überholten China/Taiwan Japan und stiegen zum Zentrum der Computer-Hardware-Produktion der Welt auf. Vor ihnen steht in der Informationstechnik nur Amerika, dank seiner Dominanz auf den Software-Märkten.

Auch die Halbleiterfertigung der Welt hat begonnen, nach China abzuwandern. Die Halbleiterindustrie ist dabei, sich in Chip-Design-Unternehmen und in Chip-Gießereien (*foundries*) zu teilen. Die Gießereien übernehmen die Chip-Fertigung gemäß den von ihren Kunden gelieferten Designs. Entwickelt wurde die Chip-Gießerei-Industrie in Taiwan, das auch heute noch die Führung innehat. Doch die neuen Gießereifabriken entstehen in China. Eine große Chip-Fabrik braucht an die tausend Ingenieure, und die gibt es in China. Während aus Taiwans Hochschulen pro Jahr 4000 Elektroingenieure kommen, kommen aus Chinas Hochschulen 150 000. Ein Ingenieur in Shanghai kostet weniger als ein Viertel dessen, was ein Ingenieur in Taipeh kostet. Dies erklärt, warum die Halbleiterfertigung nach China abwandert. Zwei große Chip-Fabriken nahmen in den letzten Jahren bereits die Produktion auf: die mit 1,2 Milliarden Dollar zu Buche stehende Hua Hong Electronics Company in Shanghai, an der die japanische NEC zu zwanzig Prozent beteiligt ist, und die 1,9-Milliarden-Dollar-Fabrik von Motorola in Tianjin. Weitere vierzehn Chip-Fabriken sind im Bau oder geplant. Shanghai allein will in seinem Zhangjiang-Hochtechnologiepark auf Pudong zwanzig bis dreißig Halbleiterfabriken und 150 Chip-Design-Unternehmen ansiedeln. Die größte der bereits im Bau befindlichen Fabriken ist die Shanghai Grace Semiconductor Manufacturing Company, ein Zwei-Milliarden-Dollar-Projekt, hinter dem Jiang Zemins ältester Sohn und der Sohn von Taiwans größtem Unternehmer stehen.

Ein Handicap für die Entwicklung der chinesischen Halbleiterindustrie ist das amerikanische Embargo, das verbietet, Halbleiterproduktionsgeräte der neuesten Generation – *12 inch wafer* (Siliziumscheiben) und Chip-Strukturdimensionen unter 0,25 Micron – nach China zu exportieren. Die modernsten Gießereien bleiben also auf Taiwan. Nichtsdestoweniger dürfte China bis zum Ende der Dekade sowohl der größte Markt für Halbleiter wie der größte Produktionsstandort sein. Die Zukunft der Halbleiterfertigung ebenso wie der Fertigung von Computer-Komponenten liegt in China. Die amerikanische informationstechnische Industrie macht sich schon heute Sorgen über die entstehende und bereits entstandene Abhängigkeit von Zulieferungen aus China.

Eine eigenständige Hochtechnologiemacht ersten Ranges

Als »Fabrik der Welt« fertigt China Produkte, die in anderen Ländern erdacht und entwickelt werden. Die Fabriken sind oft ausländische Tochterunternehmen oder Joint Ventures. Der ausländische Anteil an der chinesischen Industrie könnte bis 2015 dreißig Prozent erreichen. Drei Viertel der »ausländischen« Industrie sind in den Händen ethnischer Chinesen aus Hongkong (das bereits zu China gehört), aus Taiwan, aus Singapur, Malaysia, Thailand und Indonesien. Nur beim letzten Viertel handelt es sich um amerikanische, japanische, südkoreanische und europäische Investitionen. Diese gingen zum größten Teil – soweit es Industrie-Investitionen sind – in die kapital- und technologie-intensiven Industrien: Halbleiter, Telekommunikationsausrüstungen, Unterhaltungselektronik, Automobile, Edelstahl, Maschinenbau, Kraftwerksbau, Erdöl, Chemie. Aber auch wenn die großen Auslandsinvestitionen fast alle 50:50-Gemeinschaftsunternehmen oder sogar Unternehmen mit chinesischer Mehrheit sind, denkt China nicht daran, die Märkte allein den ausländischen Marken zu überlassen. In den Gemeinschaftsunternehmen erlernt man die Technologie, aber dann baut man eine hochmoderne eigenständige und rein chinesische Industrie in all diesen Bereichen auf!

Das früheste Beispiel für diese Strategie bildet die Unterhaltungselektronik-Industrie. Noch in der ersten Hälfte der neunziger Jahre wurde der Markt für Farbfernsehgeräte von Philips, Sony, Matsushita (Panasonic) beherrscht, die die Geräte in Gemeinschaftsunternehmen in China herstellten und auch importierten. Doch dann drängten rein chinesische Firmen die ausländischen Marken in einem mörderischen Preiskampf zurück und eroberten schon bis zum Jahr 2000 mehr als achtzig Prozent des Marktes. Die ausländischen Gemeinschaftsfirmen sind heute primär auf den Export verwiesen. Die großen vier chinesischen Unterhaltungselektronik-Konzerne Changhong, Konka, TLC und Panda haben Weltstandard erreicht und gehen nun auch selbst in den Export.

In genau gleicher Weise lief es bei den PCs. Noch 1995 war der chinesische PC-Markt fest in den Händen der amerikanischen Computerfirmen IBM, Compaq und Hewlett Packard, die in Joint Ventures in China produzierten und nach China exportierten. Der größte der rein chinesischen Konkurrenten, das von Professoren der Pekinger Akademie der Wissenschaften gegründete PC-Unternehmen Legend, erschien ihnen gegenüber wie David gegenüber Goliath. Doch schon vier Jahre später hatte sich die Situation umgekehrt. Im letzten Quartal 1999 erreichte Legend einen Marktanteil von 27 Prozent, der mehr als doppelt so hoch war wie derjenige von IBM, HP und Compaq zusammen. Heute liegt Legends Marktanteil bei einem Drittel; weitere sieben Prozent kommen von der chinesischen Firma Founder, rund die Hälfte des PC-Marktes machen Billig-PCs aus, die von »no name«-Herstellern produziert werden oder die sich die Käufer selbst zusammenbauen.

Die Legend-Gruppe ist inzwischen zum größten PC-Produzenten Asiens außerhalb Japans herangewachsen mit einem Umsatz von drei Milliarden Dollar. Für das Geschäftsjahr 2001/März 2002 meldete Legend eine Gewinnsteigerung von 43 Prozent, während seine japanischen und westlichen Konkurrenten mit Ausnahme von Dell dicke Verluste eingestehen mussten. Legend nutzt seine Dominanz auf dem PC-Markt und baut ein Internet-Portal auf; Legend PCs erhielten eine Taste, die den Benutzer direkt mit dem Legend-Netz verbindet. Im Juli 2001 gründete Legend mit dem weltgrößten Internet- und Informationskonzern America Online/Time Warner ein 230-Millionen-Dollar-Gemeinschaftsunternehmen in China. Konsequent entwickelt sich die Gruppe zu einem integrierten Anbieter von Hardware, Dienstleistungen und Information weiter. Manche sehen Legend bereits als das chinesische IBM der Zukunft – sie sehen damit allerdings noch sehr weit in die Ferne.

Noch erstaunlicher ist der Aufstieg der chinesischen Hersteller von Telekommunikationsausrüstungen. Ich erlebte ihn in meiner Botschafterzeit 1995 bis 1999 von Anfang an aus der Nähe mit. Kurz nach meiner Ankunft in Peking hatte ich ein Gespräch mit dem dortigen Leiter der Telekommunikationsabteilung von Siemens. Wir saßen über eine Marktanteilstabelle gebeugt. Es ging um Vermittlungssysteme für die Telefonnetze. China baute in einem unfassbaren Tempo ein landesweites Netz auf und verlegte zwischen 1990 und 1999 rund 120 Millionen Telefonanschlüsse – mehr als doppelt so viele Anschlüsse, wie ganz Deutschland hat. Der technisch anspruchsvollste Teil eines Telefonnetzes sind die digitalen Vermittlungssysteme, die Schaltzentralen.

China war der weltgrößte Markt für diese hochkomplexen Systeme, größer als der amerikanische und europäische Markt zusammengenommen. Die sieben großen Telekommunikationsausrüster der Welt, Siemens, Alcatel, AT&T (heute Lucent), Northern Telecom, Ericsson, NEC und Fujitsu, exportierten nach China und hatten große Joint-Venture-Fabriken in China gegründet. 1995 kamen neunzig Prozent der Vermittlungssysteme aus Importen und vor allem aus der lokalen Produktion in den Joint Ventures. Und dann standen da auf der Marktanteilstabelle noch drei rein chinesische Firmen: Huawei, Zhongxing und Datang. Sie brachten es auf einen Marktanteil von zehn Prozent. Ich fragte meinen Gesprächspartner: »Und was ist mit diesen Firmen?« Er antwortete: »Ach, die stellen kleine Systeme für Landstädte her, wir können sie vergessen.« Ich vergaß sie also. Doch im Januar 1999, gegen Ende meiner Botschafterzeit, beugten wir beide uns erneut über eine Marktanteilsliste; jetzt hatten die drei chinesischen Firmen über dreißig Prozent Marktanteil, und Huawei näherte sich mit sechzehn Prozent dem Anteil von Siemens. Ich sagte: »Das können nun aber nicht mehr nur kleine Systeme sein.« Die Antwort: »Ja, Huawei hat Weltklasseniveau erreicht. Wir haben bereits an Huawei Aufträge in Pakistan und Ägypten verloren.«

Weltklasseniveau innerhalb von vier Jahren in einer so komplexen Technologie! Das faszinierte mich, und da ich ohnehin nach Shenzhen flog, besuchte ich Huawei, eine 1988 gegründete Privatfirma. Der Gründer und Unternehmenschef stellte mir die Firma vor und analysierte Schwächen und Stärken. »Die Siemens-Systeme«, sagte er, »sind noch etwas stabiler, und dann haben wir natürlich keinen internationalen Namen. Aber die Regierung fördert uns. Und vor allem: Unsere Entwickler sind genauso gut wie die Entwickler von Siemens, aber sie kosten nur einen Bruchteil.« Und dann fügte er seiner bescheidenen Darstellung noch einen Satz hinzu, der aufblitzen ließ, was Huawei zu seiner erstaunlichen Leistung antrieb: »Die ersten Zeichen der drei chinesischen Hersteller ergeben zusammengenommen das Wort *dazhonghua* (Großes China)!«

1999 stieg Huawei mit einem Anteil von über dreißig Prozent zum Marktführer auf – vor Shanghai Bell (Alcatel) und BISC (Siemens). Es war zu einem Großunternehmen mit 11 000 Beschäftigten herangewachsen, von denen 85 Prozent einen Bachelor-Grad oder darüber besitzen. Der Gründer Ren Jengfei, ein ehemaliger Offizier, der fünf Prozent an der Firma hält, wird auf ein Vermögen von 500 Millionen Dollar geschätzt. Huaweis neu erbauter Fabrikkomplex in Shenzhen-Bantian gehört zu den größten und modernsten Produktionsstätten für Telekommunikationsausrüstungen in Asien; ihm ist ein großes Forschungs- und Entwicklungszentrum angeschlossen.

Inzwischen hat der Kampf um die Ausrüstungen für den Mobilfunk begonnen: Basisstationen, Vermittlungssysteme, Handys. China stieg im Mobilfunk bis Ende 2001 mit 160 Millionen Nutzern zum größten Markt der Welt auf. Bis 2005 soll sich nach Vorausschätzungen des Marktforschungsinstitutes IDC die Zahl der Nutzer auf 320 Millionen verdoppeln. Wie in den ersten Jahren beim Aufbau der Vermittlungssysteme für die Telekommunikations-Festnetze dominieren jetzt bei den Mobilfunkausrüstungen wiederum die internationalen Konzerne: Ericsson, Siemens und Nokia bei den Basisstationen und Vermittlungssystemen, Nokia, Motorola und – mit deutlichem Abstand – Siemens bei den Handys. Aber wiederum dringen rein chinesische Firmen mit wachsendem Erfolg in den Markt ein: Huawei bei den Infrastrukturausrüstungen und eine Phalanx von elf Firmen bei den Handys. Wie werden die Marktanteile vier Jahre später, im Jahr 2005, aussehen?

In rapider Expansion – wie der Mobilfunk – ist das Internet. Bis Mitte 2001 stieg die Zahl der Nutzer auf 27 Millionen an. Bei den Glasfaserleitungen für die Internet-Telekommunikation führt bereits Huawei. Die Router kommen, wie in der übrigen Welt, von Cisco und anderen amerikanischen Anbietern. Man kann jedoch sicher sein: Auch hier werden die Chinesen versuchen, die Macht der amerikanischen Monopolisten zu brechen, so wie die Regierung der Monopolmacht von Microsoft entgegentrat, indem sie für die Computernetze der Administration das kostenfreie Linux-Betriebssystem statt Microsoft Windows wählte.

Nach einer verbreiteten Vorstellung im Westen ist China der Exporteur für Computer-Hardware, Indien der für Software. Doch China zeigt sich keineswegs bereit, Indien den lukrativen Software-Export allein zu überlassen. Seit 2000 expandiert, von der Regierung massiv gefördert, die chinesische Software-Industrie mit Wachstumsraten von dreißig und vierzig Prozent. Die Expansion wird getragen vor allem von privaten Firmen, denen jetzt der Zugang zu den Börsen offen steht. Die gegenwärtige Rezession im Silicon Valley kommt der Entwicklung der Industrie sehr zugute. Sie lässt erfahrene chinesische Software-Ingenieure nach China zurückkehren. Dazu kommen jährlich 50 000 frisch graduierte Software-Ingenieure von den chinesischen Hochschulen.

Zu einer führenden Macht will China ebenso in der Biotechnik werden. Auch hier verspricht der Reichtum an jungen, begabten und ehrgeizigen Wissenschaftlern gute Aussichten, dieses Ziel zu erreichen. In der Grünen Biotechnik, der gentechnischen Veränderung von Pflanzen und Tieren, ist China schon heute der größte Anwender und dürfte in der Forschung an zweiter Stelle hinter den USA stehen. Im fortschrittsoptimistischen China gibt es, im Gegensatz zu Europa, niemanden, der gentechnisch veränderte Pflanzen aus den Versuchsfeldern reißt.

China hat schließlich den Ehrgeiz, die zweite Raumfahrtmacht neben den USA zu werden. Am 20. November 1999 schoss China sein erstes Raumschiff, dem es den Namen Shenzou (Göttliches Schiff) gab, mit der Trägerrakete »Langer Marsch« ins All. Das Raumschiff war noch unbemannt. Es folgten 2001 und im März 2002 zwei weitere unbemannte Testflüge. Bis 2005 soll der erste bemannte Raumflug stattfinden und bis 2010 eine Mondlandung. Wenn, vielleicht schon Mitte des 21. Jahrhunderts, die Informationsgesellschaft sich auf den Weg zur Weltraumgesellschaft begibt und Mond und Mars erschließt und besiedelt, wird China – anders wohl als Europa – dabei sein.

Während auf der einen Seite große Teile der Wirtschaft noch unterentwickelt sind und mit primitiven Technologien und niedriger Arbeitsproduktivität produzieren, entsteht auf der anderen Seite, vor allem in Chinas großen Küstenstädten, eine hochmoderne, wissensbasierte Industrie. Anders als in Europa ist der Fortschrittsglaube in China ungebrochen. Das Zauberwort »Hochtechnologie« beherrscht das Denken und Streben der Eliten wie der Partei.

Der Keim zu diesem Denken war schon zu Beginn der Deng-Ära gelegt worden. Damals, im Jahre 1980, hatte der amerikanische Futurologe Alvin Toffler in seinem Buch »The Third Wave« die These propagiert, Entwicklungsländer wie China, die über Forscher und Ingenieure verfügten, könnten die Zwischenstufe der Industriegesellschaft überspringen und von der Agrargesellschaft direkt in die Informationsgesellschaft übergehen. Die chinesische Führung erklärte damals Tofflers Buch zur Pflichtlektüre für die Wirtschaftskader.

Seitdem bestimmt dieses neue Denken die Bildungs-, Forschungs- und Industriepolitik. Im Jahre 2000 waren an Chinas Hochschulen und Fachhochschulen 5,6 Millionen Studenten eingeschrieben. Die Hälfte von ihnen studiert Ingenieur- und Naturwissenschaften. Es herrschen eine strenge Auswahl und ein harter Leistungsdruck. An den Elite-Universitäten dürften die Qualität und Leistungsbereitschaft der Studenten höher sein als an jeder westlichen Eliteschule. 1999 verließen 400 000 Graduierte in den Natur- und Ingenieurwissenschaften die Hochschulen. China produziert bereits heute wesentlich mehr Ingenieure als Japan – und bessere, meint die britische Zeitschrift »The Economist« und begründet das damit, dass Chinas wissenschaftlicher Nachwuchs aus einer kompetitiven Elite hervorgeht.

Zu den Absolventen der chinesischen Hochschulen kommen die Rückkehrer, die an ausländischen und insbesondere an amerikanischen Universitäten studiert haben und oft jahrelang in amerikanischen Entwicklungslabors sowie im Silicon Valley als Forscher und Ingenieure oder als Unternehmer Erfahrung gesammelt haben. Seit Beginn der Deng-Zeit 1978 gingen über 300 000 chinesische Studenten ins Ausland, der größte Teil von ihnen nach Amerika. Nur ein Drittel kehrte bisher zurück. Doch in den letzten Jahren stieg die Zahl der Rückkehrer steil an. Aus dem *brain-drain* ist ein *brain-gain* geworden. In Shanghai und Peking lässt sich für gut Verdienende heute gut leben, und die Rückkehrer verdienen gut. Klagten ausländische Unternehmen noch vor kurzem über den Mangel an ausgebildeten Ingenieuren und Managern, so hat sich schon heute die Situation spürbar gebessert. Die Verfügbarkeit hoch qualifizierter Forscher zieht bereits die führenden Technologiefirmen der Welt bei ihrer Talentsuche nach China. IBM, Intel, Microsoft, Oracle – sie alle haben in China große Forschungslabors eröffnet, die an Zukunftstechnologien mit einem Zeithorizont von fünf bis zehn Jahren arbeiten. Alcatel errichtete in seinem Gemeinschaftsunternehmen Shanghai Bell ein Forschungs- und Entwicklungszentrum, in dem 3500 Personen arbeiten.

Auch so manches staatliche Forschungslabor und Universitätslabor kann heute in der Ausstattung durchaus mit den besteingerichteten Labors in den USA, Japan und Europa mithalten; ein Teil der Forscher kommt aus den Forschungslabors der USA, den deutschen Max-Planck-Instituten und anderen Elite-Forschungszentren.

Zentralregierung, Provinzregierungen und Stadtverwaltungen fördern wie Ausbildung und Forschung so die Ansiedlung von Hochtechnologie-Unternehmen mit aller Kraft. Über hundert Hochtechnologieparks wurden gegründet. Der größte von ihnen, Zhongguancun, liegt im Nordwesten Pekings; seinen Mittelpunkt bilden die beiden Elite-Universitäten Qinghua und Beida (Peking-Universität). Hier soll Chinas Silicon Valley enstehen.

China ist entschlossen, zu einer führenden Hochtechnologiemacht der Welt und am Ende zu *der* führenden Hochtechnologiemacht zu werden. 1998 bekräftigten das Politbüro und die Regierung diese Entschlossenheit, indem sie einen Hochtechnologieplan verabschiedeten, der massive Investitionen vorsieht und China bis zum Jahr 2020 zur zweiten Hochtechnologiemacht hinter den USA – und also vor Europa und Japan – machen soll.[35] Das Ziel scheint erreichbar.

KAPITEL 42

Ein »Chinaschock« auf den Industriegütermärkten der Welt?

»Unternehmen in China, von denen Du nie gehört hast, werden im nächsten Jahrzehnt als gigantische Konkurrenten auftreten, die Deine Firma in ihrer Existenz selbst bedrohen. China ist sehr viel mehr als ein Markt. Es ist im rapiden Tempo dabei, ein massiver Wettbewerbsgegner zu werden«, so warnt Jack Welch, der legendäre einstige Chef von General Electric, in seiner Autobiografie »Jack Straight from the Gut«.

In der Tat, wie aus dem Nichts ist China/Hongkong[36] in den letzten fünfzehn Jahren zur heute viertgrößten Exportmacht aufgestiegen. Anders als Japaner und Amerikaner sind wir Deutsche uns noch kaum bewusst, was uns bevorsteht, was der wirtschaftliche Aufstieg Chinas für unsere eigene Zukunft bedeutet. China scheint uns weit weg. Wir begreifen es als Entwicklungsland, das billige Güter wie den Schmuck und das Porzellan in unseren Geschenkartikelläden exportiert. Und wir begreifen es als einen bloßen Markt und vor allem einen Zukunftsmarkt für uns, obwohl wir im Handel mit der Volksrepublik bereits ein riesiges Defizit haben. So dachten wir einst auch über Japan, bis in den siebziger und achtziger Jahren im japanischen Ansturm unsere Ka-

Die zehn größten Exportnationen 2000

	Exportwert (in Milliarden US-Dollar)	Anteil am Welthandel (in Prozent)
1 USA	781	12,6
2 Deutschland	550	8,8
3 Japan	479	7,7
4 Frankreich	298	4,8
5 Großbritannien	282	4,5
6 Kanada	277	4,5
7 China	249	4,0
8 Italien	238	3,8
9 Niederlande	210	3,4
10 Hongkong	202*	3,2

* einschließlich Re-Exporte

Quelle: IMF, International Financial Statistics, Mai 2001.

mera-Industrie, Uhrenindustrie, Unterhaltungselektronikindustrie und Motoradindustrie untergingen und dann – in der Krise 1992/93 – beinahe auch unsere Wekzeugmaschinenindustrie und sogar unsere Autoindustrie.[37] Mit China haben jetzt »mehrere Japans« zum Sturm auf die Weltmärkte angesetzt. Oder ein weiterer Vergleich: In der zweiten Hälfte des 19. Jahrhunderts ließ der Eintritt Amerikas in den Getreideexport die Preise auf den Getreidemärkten in Europa um die Hälfte einbrechen. Jetzt löst das rapide Vordringen der chinesischen Industriegüterexporte einen Deflationsschock auf den Industriegütermärkten der Welt aus.

Am härtesten trifft der chinesische Wettbewerbsdruck Südostasien und Japan. Die *ASEAN-Staaten* empfinden den WTO-Beitritt Chinas als Bedrohung ihrer Zukunft. Mit dem Auslaufen des Multifaser-Abkommens im Jahre 2005 entfallen für Chinas Textil- und Bekleidungsexporte nach Amerika und Europa die Quotenbeschränkungen. Der vorausgesagte steile Anstieg der chinesischen Exporte wird vor allem auf Kosten der ASEAN-Exporte gehen. Zugleich nimmt China diesen Ländern mehr und mehr die Fertigung elektronischer Komponenten weg und mit ihnen auch die japanischen und amerikanischen Direktinvestitionen. Letztere Entwicklung bedroht selbst Singapur. Singapurs Premierminister Goh Chok Tong sieht die größte Herausforderung darin, »uns eine Nische in einer Welt zu sichern, in der China die Märkte mit seinen billigen Produkten von hoher Qualität überschwemmt.«

Bill Belchere, der Asienexperte von Merrill Lynch, rechnet bereits vor, dass das Vordringen Chinas auf den Weltmärkten die ASEAN-Länder bis zu zwei Prozent ihres jährlichen Wachstums kosten könne. Andere stellen die Frage, ob der steile Aufstieg von Ländern wie Thailand, Malaysia und Indonesien in den siebziger und achtziger Jahren überhaupt möglich gewesen wäre, wenn Mao China nicht aus dem Weltmarkt herausgehalten hätte. Dennoch, der gegenwärtige Pessimismus in Südostasien erscheint übertrieben. Falls es den ASEAN-Ländern gelingt, ihre Wirtschaftsstrukturen zu verändern und auf China einzustellen, könnte China sogar zum Motor des Wachstums der Region werden. Schon heute steigen die ASEAN-Exporte nach China stärker als diejenigen nach Amerika und Europa. Für die Tourismusindustrie Südostasiens ist der rasch wachsende Zustrom chinesischer Touristen inzwischen zur Hauptquelle des Wachstums geworden. Die Pessimisten antworten allerdings auch hierauf mit der Befürchtung, Südostasien werde auf die Rolle eines Nahrungsmittel- und Rohstofflieferanten und eben eines Reiselandes herabgedrückt werden. Die wirksamste Strategie gegen eine solche Entwicklung wäre natürlich, dass sich die ASEAN-Länder endlich zu einem einheitlichen Markt mit 500 Millionen Menschen zusammenschließen.

Auch *Japan* lebt im »Chinaschock«. Die Medien sind geradezu von Panik beherrscht. Tag für Tag trifft der Zeitungsleser und Fernsehzuschauer auf die Meldung, dass wiederum eine japanische Firma ihre Produktion nach China verlagert habe. Die einst so mächtigen Elektrokonzerne flüchten geradezu vom Standort Japan in das große Nachbarland, das nur 300 Kilometer entfernt jenseits des Ostchinesischen Meeres liegt und in dem die Arbeitsstunde fünfzehn bis vierzig Mal weniger kostet als zu Hause. Während Japans Industrieproduktion im Jahr 2001 um acht Prozent sank, stieg sie in China um über zehn und im Vorjahr sogar um fünfzehn Prozent. Japans Handel mit China weist ein rapide wachsendes Defizit auf.

Japanische Produkte werden auch auf den Weltmärkten von chinesischen verdrängt. Möglicherweise bereits 2002 werden die Exporte Chinas nach Amerika diejenigen Japans übertreffen. Die einst monopolisierten Elektronikprodukte der Japaner werden heute in China, wenn auch zum Teil noch mit Hilfe japanischer Schlüsselkomponenten, in annähernd gleicher Qualität hergestellt: Klimageräte und Haushaltsgeräte, Fernsehgeräte und DVD-Player, Halbleiter und Flachbildschirme, PCs und Peripheriegeräte, Telekommunikationsausrüstungen wie Vermittlungssysteme und Mobilfunktelefone. Alle diese Produkte sind durch Fertigung in China zu Massenartikeln mit kleinen Margen geworden. Nur im obersten Luxusbereich gibt es noch Nischen für die Japaner.

Zwar wird Japan noch auf Jahre hinaus Asiens Zentrum für die Forschung und die Entwicklung innovativer Produkte bleiben. Doch selbst hier droht Gefahr für die Beschäftigung japanischer Forscher und Ingenieure. Wie die amerikanischen Hochtechnologie-Unternehmen eröffnen auch die japanischen Unternehmen Forschungs-, Entwicklungs- und Design-Zentren in China. Toshiba zum Beispiel plant, die Zahl seiner Chip-Entwickler in Shanghai auf tausend zu verzehnfachen. Matsushita, der größte Unterhaltungselektronikkonzern der Welt, der in China bereits über 40 000 Mitarbeiter beschäftigt, betreibt in Peking ein Forschungs- und Entwickungslabor für Handys und Digitalfernseher und ein zweites Labor in Suzhou für Haushaltsgeräte. In Peking soll die Zahl der Forscher und Ingenieure bis zum Jahr 2005 auf 1500 verfünfzehnfacht werden. Womit also kann Japan in Zukunft seine Arbeitskräfte beschäftigen?

Besser, jedenfalls vorerst, kommt die *westeuropäische* und insbesondere die *deutsche Industrie* davon. Der dynamische Kern der deutschen Industrie besteht aus den Tausenden von eigentümergeführten mittelständischen Unternehmen, die als »verborgene Champions« viele der Spezialmärkte in der Welt beherrschen – das reicht von dem Markt für Getränkeabfüllmaschinen bis hin zu der winzigen Nische der Farbpigmente für Kerzen. Maßgeschneiderte Hochleistungsmaschinen, Druckmaschinen, Roboter und andere Automatisierungsausrüstungen, Optik, Lasertechnik, Medizintechnik – auf all diesen Feldern droht in dieser Dekade wohl noch kaum ernsthafte Konkurrenz aus China. Das Gleiche gilt für unsere Autoindustrie. Bei Automobilen ist der Weltmarkt auf ein halbes Dutzend Weltkonzerne aufgeteilt, und Volkswagen hat durch seine Joint-Venture-Unternehmen eine dominierende Stellung in China. Eine vergleichbare Wettbewerbsstärke hat die deutsche chemische Industrie, die ebenfalls technologisch führend in der Welt ist.

Aber allen Herstellern von Standardgütern wie Standardstahl, Standardmaschinen, Fernsehgeräten und Haushaltsgeräten stehen auch in Deutschland und in ganz Europa harte Zeiten bevor. Schon berichtet zum Beispiel der Direktor der Hamburger Hafenanlagen, er habe im Jahre 2001 Container-Handhabungsausrüstungen, die er zuvor stets von deutschen Herstellern bezogen habe, zum ersten Mal in China gekauft. Lampenproduzenten in Nordrhein-Westfalen klagen über die chinesische Konkurrenz, und selbst bayerische Maler von Heimatbildern – wenn wir sie hier zu den industriellen Produzenten rechnen dürfen – klagen, dass Maler in China die gleichen Bilder zu einem Bruchteil ihres Preises verkaufen.

Allein die amerikanische Volkswirtschaft und vielleicht noch die britische sind inzwischen so strukturiert, dass sie der chinesischen industriellen Herausforderung über weite Bereiche hin ausweichen. Wenn Amerika ein riesiges Handelsdefizit mit China hat, so entsteht dieses im Wesentlichen bei Gütern wie Textilien, Bekleidung, Schuhen, Feuerwerkskörpern, Kochtöpfen und vielen anderen Produkten, die Amerika nicht mehr herstellt und die es, wenn nicht aus China, dann aus anderen Niedriglohnländern einführen würde.

Eine deutsche Industrie in China

Mit einem Anteil von fast vierzig Prozent steht Deutschland unter den EU-Ländern an erster Stelle im Export nach China. Der deutsch-chinesische Handel erreichte 2001 ein Volumen von 32 Milliarden Euro. Die deutschen Exporte stiegen um 28 Prozent auf zwölf Milliarden Euro, die Importe aus China um sieben Prozent auf fast zwanzig Milliarden Euro; Deutschland hatte ein Handelsdefizit von knapp acht Milliarden Euro. Schon 2002 dürften die deutschen Exporte nach China die Exporte nach Japan überholen. China ist auf dem Weg zum größten Handelspartner Deutschlands in Asien.

Gut positioniert auf dem chinesischen Markt ist die deutsche Industrie auch durch ihre Direktinvestitionen. Das Volumen der Investitionen erscheint auf den ersten Blick allerdings noch bescheiden. Nach

Akkumulierte ausländische Direktinvestitionen in China 1978 bis 2001

Herkunftsland	realisierte Investitionen (in Milliarden US-Dollar)	Anteil (in Prozent)
Alle Länder	*395,5*	*100,0*
Hongkong	191,8	48,5
USA	34,9	8,8
Japan	32,6	8,2
Taiwan	29,6	7,5
Singapur	19,0	4,8
Jungferninseln	17,6	4,5
Südkorea	12,2	3,1
Großbritannien	10,1	2,6
Deutschland	7,6	1,9
Frankreich	5,1	1,3
Sonstige	35,0	8,8

Quelle: Ministry of Trade and Economic Cooperation (Moftec), Februar 2002.

der Statistik des chinesischen Handelsministeriums beliefen sich Ende 2001 die akkumulierten deutschen Direktinvestitionen nur auf 7,6 Milliarden Dollar. Diese Zahl gibt jedoch keine richtige Vorstellung von der Position der deutschen Industrie in China. Die Statistik berücksichtigt nicht die bedeutenden Re-Investitionen und erfasst nicht die Investitionen deutscher Tochterfirmen aus Hongkong, den USA oder europäischen Ländern. Würde man diese Investitionen in die Rechnung einbeziehen und die Bewertung darüber hinaus auf den heutigen Marktwert der Investitionen abstellen, so käme man auf ein Mehrfaches der Summe von 7,6 Milliarden Dollar. Entscheidend aber ist: Die deutschen Investitionen konzentrieren sich auf die verarbeitende Industrie und bestehen dort so gut wie gänzlich aus hochmodernen, kapital- und technologie-intensiven Produktionsstätten. Dort, wo die deutsche Industrie auf dem Weltmarkt führt, führt sie auch in China: im Automobilbau, im Maschinenbau, in der Chemie. Die führende Position in China wiederum untermauert ihre führende Position in der Welt.

Herausragend ist die Stellung von Volkswagen in China. Das Unternehmen hat am chinesischen Pkw-Markt einen Anteil von über fünfzig Prozent. 2001 produzierte es in seinen zwei großen Gemeinschaftsunternehmen in Shanghai und Changchun 360 000 Autos. Das Shanghaier Unternehmen allein war mit weitem Abstand das umsatzstärkste Auslandsunternehmen in China. Volkswagen hat inzwischen einige seiner technologisch fortgeschrittensten Modelle transferiert: den Passat und den Polo nach Shanghai und den Jetta (Golf) und Audi

A6 nach Changchun. Für das Jahr 2002 erwartet es einen Absatz von 435 000 Autos in einem Gesamtmarkt, der auf 850 000 Pkw wachsen soll; 5000 Wagen sollen Importe beitragen. Während das übrige Asien Toyota-Land ist, ist China Volkswagen-Land!

DaimlerChrysler und BMW sind die führenden Marken bei der Einfuhr von Luxusautos. Beide Firmen aber stehen noch am Anfang ihrer Bemühungen, eine Position in China aufzubauen. DaimlerChrysler produziert dort in einem Joint Venture Busse und ist dabei, die von Chrysler geerbte Beijing Jeep Corporation zu einer bedeutenden Produktionsstätte zu entwickeln. Ferner scheint es endlich zu gelingen, ein Joint-Venture-Unternehmen für die Produktion von Lastwagen zu gründen. Wichtig ist auch die Zusammenarbeit mit China in der Luft- und Raumfahrt. BMW schließlich erhielt erst im Jahr 2002 die ersehnte Genehmigung für ein Gemeinschaftsunternehmen, das zunächst die Dreier- und Fünferreihe produzieren wird.

Volkswagen hat über 200 Automobilzulieferer nach China nachgezogen, darunter viele deutsche. Bosch, der zweitgrößte Automobilzulieferer der Welt, produziert in mehreren Joint Ventures und Tochterunternehmen mit insgeamt 8500 Mitarbeitern. Die Firma erwartet für 2002 einen Umsatz von 700 Millionen Euro, der aber nicht nur der Automobilzulieferung zu verdanken ist. Bosch ist in China auch mit anderen Sparten seiner Produktionspalette vertreten. Erfolgreich sind insbesondere die Bosch-Elektrowerkzeuge, die man allerdings auch billig als Nachahmung – in den Katalogen ganz offen als »Bosch« mit der entsprechenden Nummer deklariert – kaufen kann.

Eine vielversprechende Ausgangsstellung hat sich die deutsche chemische Industrie geschaffen. Führender Investor ist die BASF. Für sie steuerte Jürgen Hambrecht, zuletzt als Vorstandsmitglied, von Hongkong aus die Investitionstrategie für China- und Asien. Bis Ende 1999 hatte die BASF in Joint Ventures und hundertprozentige Tochterunternehmen rund eine Milliarde DM investiert. Doch die großen Investitionen setzen jetzt erst ein. Derzeit baut BASF zusammen mit dem Petrochemiekonzern Sinopec einen integrierten Chemiekomplex in Nanjing mit einer Investitionssumme von 2,6 Millarden Euro; die Hälfte dieser Summe entfällt auf die BASF. Über 500 Millionen Euro gibt die BASF des Weiteren für zwei zusammenhängende Projekte in Shanghai aus. Fast alle der noch jungen Gemeinschaftsunternehmen und Tochterunternehmen sind profitabel, insgesamt bringen die bisherigen Investitionen Gewinn. »Wir haben, um in China Gewinne zu machen, die Hälfte der Zeit gebraucht, die wir in Amerika brauchten«, kommentiert der Vertreter der BASF in Peking die Entwicklung.

Die BASF, die Nummer eins der Chemie in der Welt, ist auch der größte Chemie-Investor in China. Dieses wird neben Europa und

Amerika, wenn alles gut geht, der dritte große und der am schnellsten wachsende Produktionsstandort des BASF-Konzerns werden. Dafür, dass weiter alles gut geht, kann Jürgen Hambrecht von Mai 2003 an als Vorstandsvorsitzender sorgen, wenn er die Nachfolge von Jürgen Strube antritt.

Den gleichen Weg wie die BASF geht Bayer. Das Unternehmen hat bis 1999 rund 400 Millionen DM in kleinere Joint Ventures und hundertprozentige Tochterunternehmen investiert und setzt nun zum großen Sprung an. Langfristig soll im Shanghaier Chemie-Industriepark in Caojing ein Chemiekomplex mit einer Gesamtinvestition von 3,1 Milliarden Euro aufgebaut werden. Kern wird eine der weltweit größten Polycarbonat-Fabriken sein. Große Chemie-Investoren sind weiter Henkel und Hoechst; die Hoechst-Firmen sind heute auf den Pharmakonzern Aventis und die verkauften ehemaligen Chemiefirmen aufgeteilt.

Ein bedeutender Spieler auf den chinesischen Märkten ist Siemens. Es produziert in über fünfzig Gemeinschaftsunternehmen und hundertprozentigen Tochterfirmen, die sämtliche Produktionsbereiche von Siemens abdecken – von Telekommunikationsvermittlungssystemen und Mobilfunktelefonen über Kraftwerke und Automatisierungsausrüstungen bis zu Medizintechnik und Haushaltsgeräten. Zwischen 1993 und 1998 wuchs der Siemens-Umsatz in China um durchschnittlich 45 Prozent pro Jahr auf 3,5 Milliarden DM an, davon stammte bereits die Hälfte aus Produktionen in China; im Geschäftsjahr 2000 erreichte er 4,8 Milliarden DM. China ist dabei, für Siemens der drittgrößte Markt nach Deutschland und den USA zu werden.

Thyssen-Krupp baut in Pudong in Gemeinschaft mit Baoshan Steel ein Edelstahlwerk auf. Die erste Ausbaustufe nahm Mitte 2001 die Produktion auf. Als Gesamtinvestition sind 1,4 Milliarden Euro geplant, von denen sechzig Prozent auf Thyssen-Krupp entfallen. Die größte Wette aber ist der Transrapid. In einem Konsortium zusammen mit Siemens baut Thyssen-Krupp gegenwärtig eine dreißig Kilometer lange Transrapid-Strecke vom Internationalen Flughafen Pudong nach Pudong hinein. Bewährt sich der Transrapid, kann das Konsortium hoffen, den riesigen Auftrag für die Hochgeschwindigkeitsstrecke Peking–Shanghai zu bekommen.

Neben den Großunternehmen sind an die 1600 deutsche mittelständische Firmen in China vertreten. Die Mehrheit beschränkt sich auf Repräsentanzen. Mehrere hundert aber haben produzierende Unternehmen errichtet – Joint Ventures und in den letzten Jahren immer mehr hundertprozentige Tochterunternehmen. Für viele der mittelständischen Unternehmen ist China bereits zu einem Schlüsselmarkt geworden, einige machen durch Exporte und lokale Produktion zwanzig Prozent – und mehr – ihres Weltumsatzes in China. Entgegen einer häufig geäußerten Meinung erzielen die meisten der in China gegründeten Joint Ventures und Tochterfirmen, obwohl noch jung, bereits Gewinne, zum Teil sogar außerordentlich gute Gewinne.

Auch wenn sich die deutschen Investitionen bisher auf die verarbeitende Industrie konzentrierten, ging immerhin ein Siebtel in Dienstleistungsbereiche: Die deutschen Banken sind mit Niederlassungen präsent. Allianz gelang es schon 1997 eine der heiß begehrten Lizenzen für die Shanghaier Gemeinschaftsunternehmen in der Lebensversicherung zu erlangen; 2001 folgte eine Sachversicherungslizenz. Bertelsmann gründete einen Joint-Venture-Buchclub, dessen Mitgliederzahl rapide wächst. OBI eröffnete im Juni 2000 einen ersten Baumarkt in Shanghai. Bis Mitte 2002 sind bereits weitere drei Baumärkte hinzugekommen und bis 2003 sind zusätzliche zwölf geplant. Ende 2001, nach nur anderthalb Jahren, war OBI zur zweitgrößten Baumarktkette in China aufgestiegen und auf dem Weg zur Nummer eins. Der Shanghaier Markt gehört zu den fünf umsatzstärksten der weltweit 450 OBI-Märkte.

Nicht zuletzt ist die Position von Lufthansa in China zu nennen. Die Strecken Frankfurt–Peking und Frankfurt–Shanghai gehören zu den profitabelsten Strecken im Lufthansa-Flugnetz; als einzige europäische Fluggesellschaft fliegt Lufthansa täglich nach Peking und Shanghai. 2002 kamen zu den Frankfurter Flügen drei wöchentliche Flüge München–Shanghai hinzu. Der Vorstandsvorsitzende der Lufthansa, Jürgen Weber, sagt voraus, dass Lufthansa bis Ende der Dekade vier Flüge täglich nach Peking und Shanghai haben wird. Darüber hinaus betreibt Lufthansa mit der chinesischen Fluglinie Air China eines der größten Wartungszentren für Großflugzeuge in Asien. Air Chinas Aufnahme in die Star-Allianz ist geplant.

Der WTO-Beitritt verpflichtet China, den Dienstleistungssektor sehr viel weiter für Auslandsinvestitionen zu öffnen, als dies in der Vergangenheit der Fall war. Dies wird den Fluss der deutschen Investitionen in Dienstleistungsunternehmen weiter beschleunigen.

Fassen wir zusammen: Die deutsche Wirtschaft hat zu Beginn des 21. Jahrhunderts eine vielversprechende Position in China aufgebaut. Das wurde durch das besondere Vertrauensverhältnis, das die Chinesen zu deutschen Investoren haben, erleichtert. Zhu Rongji sagte einmal zu mir: »In der Quantität sind die deutschen Investoren nicht an der Spitze, in der Qualität der Investoren sind sie es.«

So mancher deutsche Investor stellt sich allerdings die Frage, ob China, das traditionell verschlossene Land, auf Dauer eine so starke ausländische Präsenz in seiner Wirtschaft zulassen wird, wie sie sich derzeit abzeichnet. Die Sorge ist nicht aus der Luft gegriffen. Deng Xiaoping holte, als er China 1979 öffnete, die ausländischen Firmen ins Land, damit sie moderne Technologie nach China transferierten und die Chinesen modernes Management lehrten. Die Verträge für die Gemeinschaftsunternehmen waren zeitlich befristet.

Doch die Globalisierung hat mittlerweile eine grundlegend neue Situation geschaffen. China setzt bereits an, auch seinerseits im Ausland zu investieren und eigene globale Konzerne aufzubauen, wie dies vor ihm Japan und Südkorea getan haben. Eine solche Strategie setzt aber voraus, dass China ausländische Firmen auch bei sich zu Hause auf Dauer akzeptiert und gleichberechtigt mit Firmen in rein chinesischem Eigentum behandelt. Beim Staatsbesuch von Präsident Jiang Zemin in Deutschland im April 2002 wurde der Joint-Venture-Vertrag zwischen Volkswagen und seinem Shanghaier Partner SAIC bis 2030 verlängert. Hier deutete sich wohl das neue langfristige Denken der chinesischen Führung bereits an.

KAPITEL 43

China im 21. Jahrhundert: Partner oder Hegemon?

Am 1. April 2001 rammte ein chinesischer Abfangjäger im internationalen Luftraum über dem Südchinesischen Meer ein amerikanisches Aufklärungsflugzeug. Das amerikanische Flugzeug konnte auf Hainan notlanden, der chinesische Jäger stürzte ins Meer. Der Zwischenfall zeigte wie ein Wetterleuchten die neue weltpolitische Landschaft. War in der zweiten Hälfte des 20. Jahrhunderts die globale Politik bestimmt vom Kalten Krieg zwischen den USA und der Sowjetunion, so könnte sie im 21. Jahrhundert bestimmt sein von der Rivalität zwischen den USA und China.

China beansprucht das Südchinesische Meer, eine der wichtigsten Schifffahrtsstraßen der Welt, als *mare nostrum;* 1974 setzte es seine Ansprüche auf die Paracel-Inseln gegen Vietnam mit Gewalt durch. Und China verlangt von seinen asiatischen Nachbarn, dass sie keine »chinafeindliche« Politik betreiben. Als Vietnam im Januar 1979 das Regime der Roten Khmer in Kambodscha stürzte und eine Klientelregierung einsetzte, befahl Deng den Einmarsch in Vietnam. Die Invasion schlug unter großen chinesischen Verlusten fehl; Deng erklärte sie nachträglich zum »begrenzten Erziehungsfeldzug«.

Wie wird sich China verhalten, wenn es wieder »reich und mächtig« (*fuqiang*) sein wird? Wird es dann in die jahrtausendealte Tradition des Reichs der Mitte zurückfallen, das von den Völkern Asiens und im Prinzip von allen Völkern die Anerkennung der Oberhoheit des Universalkaisers forderte? Oder wird ein neues China bereit sein, die ostasiatischen Nachbarländer als gleichberechtigte Partner zu behandeln? Diese für Ostasiens politische Zukunft entscheidende Frage stellte Lee Kuan Yew, Singapurs großer Staatsmann, schon 1996 in Peking auf einer Konferenz über das 21. Jahrhundert.

Amerika sieht sich von dem aufsteigenden China in seiner Stellung in Ostasien bedroht. In der Tat verlangt China dort freie Hand für sich. Es kritisiert Amerikas Militärpräsenz und nennt seine Rolle als Ordnungsmacht, die die Kräfte der Region balanciert, »historisch überholt«. Im US-Kongress hat sich eine antichinesische Allianz quer über beide Parteien hin geformt: Die Strategen wollen China eindämmen, die Menschenrechtler wollen es in eine Demokratie verwandeln, die Gewerkschafter wollen amerikanische Arbeitsplätze gegen die chinesische Importflut verteidigen. Zeitungsartikel, Aufsätze und Bücher verkünden den kommenden Konflikt mit China.

In China andererseits sind die Studenten, die 1989 auf dem Platz des Himmlischen Friedens eine Nachbildung der amerikanischen Freiheitsstatue aufstellten, inzwischen antiamerikanisch geworden. Zwar ist ihr privater Traum weiterhin der American Way of Life, aber mit ihm verbindet sich bei vielen jetzt der Hass auf Amerika, das Chinas Wiederaufstieg blockieren will.

Clinton und Jiang Zemin suchten die latente Gegnerschaft schönzureden und riefen eine »strategische Partnerschaft« aus. Präsident Bush riss bei seinem Amtsantritt den Schleier weg und kündigte offen die »strategische Konkurrenz und die Rivalität in Asien« an. In der Vergangenheit bedeutete das Auftreten einer neuen Großmacht regelmäßig Krieg. Droht also ein neuer Kalter Krieg oder gar ein heißer Krieg, etwa über über Taiwan?

Eine erste Antwort auf diese Frage gab am 11. Septembner 2001 ein zweites Ereignis: der Terroranschlag fanatischer Islamisten gegen das World Trade Center in New York. China erklärte sich sofort solidarisch mit Amerika, ja, es akzeptierte den Angriff Amerikas auf das Taliban-Regime Afghanistans, eines Landes in seiner unmittelbaren Nachbarschaft. In den Ausbildungslagern der Taliban werden auch Muslims trainiert, die mit Terroranschlägen für eine Unabhängigkeit Xinjiangs, Chinas Nordwest-Provinz, kämpfen. Der Sturz des Taliban-Regimes liegt so auch im Interesse Chinas.

Hier leuchtet die neue Situation einer globalisierten Welt auf. Die gegenwärtige Hegemonialmacht Amerika und das aufsteigende China sind nicht nur Rivalen, sie sind gleichzeitig durch gemeinsame Interessen aneinander gebunden. Beide sind auf eine stabile, terrorfreie Welt angewiesen. Und beide finden sich in einem Netz wirtschaftlicher Interdependenz gefangen. China schickt mehr als ein Drittel seiner Exporte nach Amerika und wird durch die massiven Investitionen der US-Industrie wesentlich in der Modernisierung seiner Wirtschaft unterstützt. Ein Zusammenbruch der Exporte und ein Stopp der Investitionen würfen China in eine wirtschaftliche Krise. Aber sie träfen auch Amerika schwer. Die Gewerkschaften prangern zwar das riesige Defizit im Handel mit China an, das im Jahr 2000 nach amerikanischer Statistik 84 Milliarden Dollar betrug. Aber Amerika verliert durch die chinesischen Importe – anders als durch die japanischen – kaum Arbeitsplätze. Es sind Importe arbeitsintensiver Produkte; kämen sie nicht aus China, so kämen sie aus anderen Niedriglohnländern. Umgekehrt sind die amerikanischen Farmer und Boeing angewiesen auf die Exporte nach China, und die amerikanische Computerindustrie ist abhängig von den Zulieferungen aus den chinesischen Komponenten-Fabriken. Die US-Industrie hat zudem ein vitales Interesse an Investitionen in China, mit denen sie am chinesischen Wachstum teilnimmt und ihre eigene globale Wettbewerbsfähigkeit sichert.

Anders als das amerikanisch-sowjetische Verhältnis im Kalten Krieg ist das amerikanisch-chinesische ein Verhältnis der Rivalität und der Partnerschaft zugleich. Es im Gleichgewicht zu halten, wird beiden Seiten ruhige Vernunft und Bereitschaft zum Interessenausgleich abverlangen. Amerika wird bereit sein müssen, China nicht nur in das bestehende System der Weltpolitik und Weltwirtschaft zu »integrieren«, sondern ihm Platz zu machen an der Spitze. China seinerseits wird bereit sein müssen, den USA eine Rolle als pazifische Macht in Ostasien zuzugestehen und Konflikte mit anderen asiatischen Ländern nur friedlich und auf der Basis der Gleichberechtigung zu lösen.

Zwischen Amerika und China gibt es keinen Kulturkonflikt, wie ihn Samuel Huntington an die Wand malt, und keinen ideologischen Konflikt, sondern Interessenkonflikte und zugleich Interessenübereinstimmungen. Dies ist der normale Stoff der Außenpolitik. Gelingt Chinas wirtschaftliche Entwicklung, dann sollte es auch gelingen, die neue aufsteigende Großmacht China in ein multipolares Weltsystem zu integrieren. Ob die Aufgabe gelöst wird, hängt ab von der Entwicklung des amerikanisch-chinesischen Verhältnisses. Europa, das selber keine politischen Ambitionen in Asien hat, könnte bei der Lösung der Aufgabe wichtige Hilfestellung leisten. Dies allerdings setzt voraus, dass die Europäer zuerst einmal begreifen, was sich in Asien abspielt: der Aufstieg einer Weltmacht.

Anmerkungen

TEIL I

1 Francis Bacon, *Novum Organum,* Buch I, London 1620, Aphorismus 129.
2 Angus Maddison, *Chinese Economic Performance in the Long Run,* Paris 1998, S. 31.
3 Ebda, S. 24.
4 Karl Jaspers, *Vom Ursprung und Ziel der Geschichte,* München 1949.
5 Han Fei, *Die Kunst der Staatsführung. Die Schriften des Meisters Han Fei,* aus dem Altchinesischen übersetzt von Wilmar Mögling, Leipzig 1994, S. 545/46.
6 *Lunyu,* Buch 12, § 11. (Die Übertragung der *lunyu [Gespräche]* ins Deutsche erfolgte nach dem Vergleich verschiedener Übersetzungen, insbesondere nach: D.C. Lau, *Confucius, The Analects,* Honkong 1983.)
7 *Lunyu,* Buch 17, § 2.
8 Ebda, § 38.
9 *Lunyu,* Buch 6 B, § 2.
10 *Shu-jing,* V, 1. (Übertragung nach: James Legge, *The Chinese Classics,* Bd. 3, Shanghai 1935, Nachdruck Taipeh 1985.)
11 Ebda, 12.
12 *Lunyu,* Buch 2, § 3.
13 *Lunyu,* Buch 4 A, § 9.
14 *Lunyu,* Buch 7 B, § 14.
15 *Lunyu,* Buch 1 B, § 8.
16 Übersetzung des Verfassers aus dem Englischen nach: Jonathan Spence, *Emperor of China – Selfportrait of Kanxi,* New York 1974, S. 143ff.
17 Wolfgang Bauer, *China – Verwirklichungen einer Utopie,* in: Propyläen Weltgeschichte, *Summa Historia,* Berlin 1965, S. 159.
18 Han Fei, a. a. O., hier: Kapitel 5, Das Dao des Herrschers.
19 Anders als die englische Gentry verdankt die chinesische ihren Rang wie ihr Einkommen nicht dem Landbesitz, sondern dem Erfolg im Examen. In der zweiten Hälfte des 19. Jahrhunderts kamen 48 Prozent des Einkommens der Gentry aus den Dienstleistungen als Beamte, informelle Führer in den Landgemeinden und Lehrer. Nur 34 Prozent der Einkommen stammten aus der Landwirtschaft, die restlichen siebzehn Prozent kamen aus dem Handel (hier wirkte sich der Kauf von Examensgraden durch reiche Kaufleute aus). Siehe Suzanne Pepper, *Radicalism and Education Reform in 20th Century China,* Cambridge University Press 1996, S. 50.
20 Ebda.
21 Durch die archäologischen Ausgrabungen im 20. Jahrhundert wissen wir heute, dass es auch in Südchina höhere Kulturen gab und die chinesische Kultur aus einem Zusammenschluss mehrerer Kulturgebiete entstand.
22 Arnold Toynbee, *A Study of History,* New York 1948, Vol. V., S. 143, Anm. 2.
23 Die Inselkette ist heute unter japanischer Hoheit (Ryukyu-Inseln); die größte der Inseln ist Okinawa.
24 Vgl. *The Chinese World Order,* hrsg. von John Fairbank, Harvard University Press 1968, S. 111.
25 Siehe die berühmte Darstellung von Paul Hazard, *La crise de la conscience européene 1680–1715,* Paris 1961 (erstmals veröffentlicht 1935).
26 Georg Wilhelm Leibniz, *Novissima Sinica – Das Neueste von China,* hrsg. und übersetzt von Nesselrath und Reinbothe, Köln 1979, S. 11.
27 Ebda, S. 9.
28 Etienne de Silhouette, *Idée génerale du gouvernement et de la morale des Chinois,* Paris 1731.
29 Zitiert nach Gunter Lottes, *China in European Political Thought,* in: *China and Europe,* hrsg. von Thomas Lee, The Chinese University Press, Hongkong 1991, S. 72.
30 Zitiert nach Jürgen Osterhammel, *Die Entzauberung Asiens,* München 1998, S. 309.
31 Karl August Wittfogel, *Die Orientalische Despotie. Eine vergleichende Untersuchung totaler Macht,* Köln/Berlin 1962 (zuerst erschienen 1957 als *Oriental Despotism*).

32 Georg Friedrich Wilhelm Hegel, *Vorlesungen über die Philosophie der Weltgeschichte,* Hamburg 1996. (Die Vorlesungen wurden zum ersten Mal im WS 1822/23 in Berlin gehalten.)

TEIL II

1 Die Darstellung der Macartney-Gesandtschaft stützt sich vor allem auf das Buch des französischen Diplomaten und China-Kenners Alain Peyrefitte: *L'empire immobile ou Le choc des mondes,* Paris 1989. Als weitere Literatur wurden u. a. benutzt: Die Einleitung von Sabine Dabringhaus zu: Johann Christian Hüttner, *Nachricht von der britischen Gesandtschaftsreise nach China,* Sigmaringen 1996; Immanuel Hsü, *The Rise of Modern China,* Oxford University Press 1970, [6]1998, hier Kapitel 7, The Canton System of Trade; David Landes, *The Wealth and Poverty of Nations,* New York 1998 (dt. Ausgabe: *Wohlstand und Armut der Nationen,* Berlin 1999).

2 Eine Übersetzung des originalen chinesischen Textes findet sich bei Alain Peyrefitte.

3 Zitiert nach David Landes, a. a. O., S. 342.

4 Angus Maddison, a. a. O., S. 169.

5 Susan Naqin and Evelyn Rawski, *Chinese Society in the Eighteenth Century,* Yale University Press 1987, S. 234.

6 Oskar Weggel, *Geschichte Chinas im 20. Jahrhundert,* Stuttgart 1989, S. 13/14.

7 Über den Boxer-Aufstand sind in den letzten Jahren zwei große Darstellungen erschienen: Joseph Esherick, *The Origin of the Boxer Uprising,* University of California Press 1987, und: Paul Cohen, *History in Three Keys – The Boxers as Event, Experience, and Myth,* Columbia University Press 1997.

8 Zitiert nach Joseph Esherick, a. a. O., S. 291.

9 Zitiert nach ebda, S. 310.

10 Zur Kriegsherrschaft siehe David Bonavia, *China's Warlords,* Oxford University Press 1995.

11 In der neueren Forschung ist die Bedeutung Sun Yatsens für die chinesische Revolution umstritten. War er wirklich, wie er selbst und seine ersten Biografen es darstellen, der große Revolutionär, der – Mao vergleichbar – die Qing-Dynastie stürzte? Oder war er letztlich nur der geniale Agitator, der der Stimmung seiner Zeit perfekten Ausdruck gab? Siehe die ausgewogene Biografie von Marie-Claire Bergère, *Sun Yatsen,* Stanford University Press 1998 (die ursprüngliche französische Ausgabe erschien in Paris 1994).

12 Mao Zedong, *Untersuchungsbericht über die Bauernbewegungen in Hunan,* in: *Ausgewählte Werke,* Bd. I, Peking 1968, S. 21–63. Der Bericht gehört zu den besten Schriften Maos und ist auch heute noch wegen seiner konkreten Darstellung eine interessante Lektüre.

13 Zur Bilanz der Nanjing-Regierung vergleiche: Wolfgang Franke, *Das Jahrhundert der chinesischen Revolution 1851–1949,* München/Wien, S. 228 bis 241; sowie: Immanuel Hsü, a. a. O., S. 540–573.

14 *John Rabe – Der gute Deutsche von Nanking,* hrsg. von Erwin Wickert, Stuttgart 1997. Siehe auch Iris Chang, *»The Rape of Nanking«. The Forgotten Holocaust of World War II,* London 1998 (zuerst New York 1997).

15 Zitiert nach Ssu-Yü Teng und John Fairbank, *China's Response to the West – A Documentary Survey, 1839–1923,* Harvard University Press 1979, S. 76.

16 Mark Elvin, *The Collaps of Scriptural Confucianism,* in: *Another History,* The University of Sidney East Asian Series, Canberra 1996, S. 352.

17 Oskar Weggel, *Das nach-revolutionäre China. Mit konfuzianischen Spielregeln ins 21. Jahrhundert?,* in: Mitteilungen des Instituts für Asienkunde Hamburg 1996, S. 333. Weggel hat für den Konfuzianismus des kleinen Mannes den Terminus »Metakonfuzianismus« geprägt, wobei »Meta« langfristiges Nachwirken assoziiert.

18 Zitiert nach Chow Tse Tsung, *The May Fourth Movement,* Harvard University Press 1960, S. 46.

TEIL III

Literaturhinweise:
Die ausführlichste Darstellung der Mao-Zeit bietet *The Cambridge History of China,* Bde. 14 (1949–1965) und 15 (1966–1982), Cambridge University Press 1978 und 1991. Sehr lesenswerte Darstellungen enthalten ferner: Oskar Weggel, *Geschichte Chinas,* a. a. O.; Maurice Meisner, *Mao's China and After. A History of the People's Republic,* New York [3]1999; Immanuel Hsü, a. a. O., John Fairbank, *China – A New History,* Harvard University Press, erw. Auflage 1998. Instruktiv auch: Kenneth Lieberthal, *Governing China. From Revolution through Reform,* New York 1995. Das Privatleben Maos hat sein Leibarzt beschrieben: Zhisui Li, *The Private Life of Chairman Mao,* New York 1994. Das Buch ging durch die Weltpresse wegen der darin enthaltenen Beschreibung von Maos grenzenlosem Hunger nach jungen Frauen. Zwei neue Biografien Maos sind in jüngster Zeit erschienen: Jonathan Spence, *Mao Zedong,* New York 1999, ist aufschlussreich vor allem für die jungen Jahre Maos. Philip Short, *Mao – A Life,* New York 2000, ist eine umfassende Faktendarstellung auf 626 Seiten.

1 Angus Maddison, a. a. O., S. 69/70.
2 *Bericht auf einer vom Zentralkomitee der Kommunistischen Partei Chinas einberufenen Konferenz von Sekretären der Parteikomitees der Provinzen, Städte und Autonomen Gebiete zur Frage des genossenschaftlichen Zusammenschlusses in der Landwirtschaft,* in: Mao Zedong Texte, Bd. I, hrsg. von Helmut Martin, München 1979, S. 170ff.
3 Mao Zedong Texte, Bd. II, a. a. O., S. 128–196.
4 Roderick MacFarquhar, *The Origins of the Cultural Revolution,* Bd. I, Oxford University Press 1974, S. 221.
5 Mao Zedong Texte, Bd. II, a. a. O., S. 220.
6 Jasper Becker, *Hungry Ghosts,* New York 1996, S. 1ff.
7 Ken Ling, *Maos Kleiner General,* zitiert nach Ekkehard Launer und Renate Wilke-Launer, *Zum Beispiel China,* Göttingen 1989, S. 61.
8 Zur religiösen Symbolik des Schwimmens vergleiche Wolfgang Bauer, *China und die Hoffnung auf Glück – Paradiese, Utopien, Idealvorstellungen,* München 1971, S. 563 ff.
9 *Chinese Civilisation and Society. A Sourcebook,* hrsg. von Patricia Buckley Ebrey, London 1981, S. 397–399.
10 Siehe die Selbstdarstellung seiner Jugend, die Mao Snow in Yan'an gab: Edgar Snow, *Red Star over China,* Part Four: *Genesis of a Communist,* New York 1938, S. 31.
11 Edgar Snow, a. a. O., S. 151
12 Zitiert nach Kenneth Lieberthal, a. a. O., S. 71.
13 Siehe z. B. Hans-Peter Schwarz, *Das Gesicht des Jahrhunderts,* Berlin 1998. In den Porträts der großen Einzelnen ordnet Schwarz Mao zusammen mit Stalin und Hitler in die Kategorie »Monster« ein.
14 SWB (BBC-Summary of World Broadcasts), Asia-Pacific, 12. Februar 2000, FE/3762 G 1.
15 Alain Peyrefitte, a. a. O., S. XX.
16 Angus Maddison, a. a. O., S. 66.

TEIL IV

1 So Deng zu einer rumänischen Delegation im November 1980. Zitiert in: »The New York Times«, 30. Dezember 1980, S. 2.
2 Han Guang, *On the Development of Modern Industry*, in: »Beijing Review«, 24. März 1979, S. 9.
3 »Wenn wir eine Planwirtschaft mit einer Marktwirtschaft kombinieren, werden wir in einer besseren Position sein, die Produktivkräfte zu befreien und das Wirtschaftswachstum zu beschleunigen.« *Selected Works of Deng Xiaoping,* Vol. III, Peking 1994, S. 191.
4 Die »Feudalisierung« der chinesischen Landwirtschaft unter Mao und die Befreiungsbewegung, mit der die Bauern zu Beginn der Deng-Ära aus der Leibeigenschaft ausbrachen, ist anschaulich geschildert bei: Kate Xiao Zhou, *How the Farmers Changed China – Power of the People,* Boulder/Colorado 1996, S. 23ff.
5 Die Zahlenangaben sind entnommen aus der Darstellung des chinesischen Reformprozesses von Christine Wong, erschienen in: *From Centrally Planned to Market Economies,* Volume 2, hrsg.

von Rana und Hamid,Oxford University Press 1996, S. 45–47.

6 Die einzelnen Beschlüsse, mit denen die Partei den von den Bauern geschaffenen Tatsachen folgte, sind dargestellt bei Qiuxia Zhu, *Der Wandel der Agrarverfassung und seine Auswirkungen auf die landwirtschaftliche Enwicklung in der VR China,* in: Mitteilungen des Instituts für Asienkunde Hamburg 1997.

7 Siehe dazu und zur folgenden Darstellung Kate Xiao Zhou, a. a. O., Kapitel 4.

8 Christine Wong, *The Maoist Model Reconsidered: Local Self-Reliance and the Financing of Rural Industrialisation,* in: *New Perspectives on the Cultural Revolution,* hrsg. von Joseph/Wong/Zweig, Harvard Contemporary Series 8, 1991, S. 183ff.

9 Luo Xiaoping, *Rural Reform and the Rise of Localism,* in: *Changing Centra-Local Relations in China,* hrsg. von Jia Hao und Li Zhimin, Boulder/Colorado 1994.

10 Zahlenangaben – z. T. errechnet – nach: China Statistical Yearbook 1999, S. 137 und 412.

11 Barry Naughton, *Growing out of the Plan – Chinese Economic Reform, 1978–1993,* Cambridge University Press 1996, S. 162.

12 Die Rede Zhao Ziyangs ist wiedergegeben in: Orville Schell und David Shambaugh, *The China Reader – the Reform Era,* New York 1999, S. 51–77.

13 »China aktuell«, hrsg. vom Institut für Asienkunde Hamburg (im Folgenden C.a.), Februar 2000, S. 126.

14 Sterling Seagrave hat mit seinem Bestseller *The Soong Dynasty*, New York 1985, die *chronique scandaleuse* nicht nur der Soong-Familie geschrieben, sondern zugleich die Shanghais vor dem Krieg gegen Japan.

15 Zitiert nach Willem van Kemenade, *China, Hong Kong, Taiwan, Inc.,* New York 1997, S. 296.

16 »Far Eastern Economic Review«, 27. Januar 1998, S. 28.

17 Zitiert nach Schell/Shambaugh, *The China Reader,* a. a. O., S. 160.

18 Siehe die Biografie Wei Jingshengs von Jürgen Kremb, *Bis zum letzten Atemzug – Wei Jingsheng und das Schicksal einer chinesischen Familie,* München 1997.

19 Zitiert nach Schell/Shambaugh, *The China Reader,* a. a. O., S. 170.

20 *Selected Works of Deng Xiaoping,* Vol. II, a. a. O., S. 178.

21 Zitiert nach Maurice Meisner, *The Deng Xiaoping Era – an Inquiry into the fast Chinese Socialism 1978–1994,* New York 1996, S. 136.

22 Von dem Fall aus den späten achtziger Jahren, der durch die chinesischen Zeitungen ging, wurde berichtet in »The China Journal« 43, Januar 2000, in den Beiträgen: *X. L. Ding* und *The Illicit Asset Stripping of Chinese State Firms.*

23 Der Redetext ist in englischer Übersetzung wiedergegeben in: Schell/Shambaugh, *The China Reader,* a. a. O., S. 176–182.

24 Zitiert nach Orville Schell, *Mandate of Heaven – A New Generation of Entrepreneurs, Dissidents, Bohemiens, and Technocrats Lays Claim to China's Future,* New York 1994, S. 44.

25 Zitiert nach: C.a., Juli 1992, S. 436.

26 Siehe Peter Schier, *Deng Xiaopings letzte Entscheidungsschlacht um Chinas Zukunft,* in: C.a., April 1992, S. 230.

27 *Excerpts from Talks given in Wuchang, Shenzhen, Zhuhai and Shanghai (January 18–February 21, 1992),* in: *Selected Works of Deng Xiaoping,* Volume III, a. a. O., S. 358 – 370.

28 Ebda, S. 238.

29 Ebda, S. 195.

30 Orville Schell, *Shake, Rattle, and Roll,* in: Schell/Shambaugh, *The China Reader,* a. a. O., S. 283.

31 Zitiert nach Richard Baum, *Burying Mao – Chinese Politics in the Great Age of Deng Xiaoping,* Princeton University Press 1994, S. 329.

32 Angus Maddison, a. a. O., S. 66.

33 Peter Scholl-Latour, *Das Schlachtfeld der Zukunft – Zwischen Kaukasus und Pamir,* Berlin 1996, S. 479 und 482.

TEIL V

Literaturhinweise:
Für den, der sich mit dem heutigen China beschäftigt, sind die Monatsberichte und Einzelschriften des Instituts für Asienkunde in Hamburg unentbehrlich. Die Monats-

berichte kommen unter dem Namen »China aktuell« heraus. Deutschland besitzt mit dem Institut für Asienkunde ein Forschungsinstitut von Weltrang, um das uns, wie ich als Botschafter in Peking erlebte, die anderen europäischen Nationen beneiden.
Hilfreich sind auch zwei Länderberichte: *Länderbericht China,* hrsg. von Herrmann Pillath und Michael Lackner, Bundeszentrale für politische Bildung, Bonn 1998; *Länderbericht China,* hrsg. von Brunhild Staiger, Darmstadt 2000.
Im Übrigen ist man vor allem auf englischsprachige Literatur angewiesen. Ein unentbehrliches Arbeitsinstrument ist der Nachrichtendienst der BBC: Summary of World Broadcasts (SWB), Part 3: »Asia Pacific«. Er bringt englische Übersetzungen von Zeitungsartikeln aus China, Hongkong und Taiwan sowie von Äußerungen und Reden chinesischer Politiker und Wissenschaftler.
Ein wichtiges neuestes Werk ist: *China in the World Economy*, OECD, Paris 2002.
Zwei in den letzten Jahren erschienene Bücher befassen sich mit Jiang Zemin: Bruce Gilley, *Tiger on the Brink,* University of California Press 1998; Willy Wo-Lap LAM, *The Era of Jiang Zemin,* New York 1999.
Für das Verständnis der Probleme von Staatsindustrie und Staatsbanken sind wesentlich: Edward Steinfeld, *Forging Reform in China,* Cambridge University Press 1999; Nicholas Lardy, *China's Unfinished Economic Revolution,* Washington 1998.

1 Zu den verschiedenen Versionen über das Ausscheiden Qiao Shis vgl. Sebastian Heilmann, *Der XV. Parteitag,* in: C.a., September 1997, S. 861–863.
2 Das japanische Entwicklungsmodell und sein Ende ist beschrieben in meinem Buch: *Wettlauf ins 21. Jahrhundert – Die Zukunft Europas zwischen Amerika und Asien,* Berlin 1998; vollständig überarbeitete Ausgabe als Taschenbuch, Berlin 1999.
3 »China Daily«, 19. September 1996, S. 4: *Auto industry needs speed check.*
4 »Foreign Policy«, Herbst 1999, S. 94 bis 108. Vgl. ferner: Minxin Pei, *Racing Against Time: Institutional Decay and Renewal in China,* in: *China Briefing,* hrsg. von William Joseph, New York 1997, S. 11ff. *A Survey of China,* in: »The Economist«, 8. April 2000, S. 8–10.
5 Bruce Gilley, a. a. O., S. 282.
6 Edward Steinfeld, a. a. O., S. 81–123.
7 Das bekannteste der anonymen Manifeste ist in englischer Übersetzung nachlesbar in: Schell/Shambaugh, *The China Reader,* a. a. O., S. 116–135.
8 Die Rede ist auf Deutsch veröffentlicht in »Beijing Rundschau« 40/1997. Für die Zitate habe ich daneben die englische Fassung benutzt, die die chinesische Nachrichtenagentur Xinhua herausgab.
9 Karl Marx, *Das Kapitel,* Erster Band, Berlin 1983, S. 618.
10 Zitiert nach *A Survey of China,* a. a. O., S. 10.
11 SWB, 13. Dezember 1999, FE/3716 G/3.
12 »Far Eastern Economic Review«, 13. Juli 2000, *Coal Comfort,* S. 62f.
13 Zum WTO-Beitritt Chinas siehe: Roland Berger and Partners, *China's Accession to the WTO,* Shanghai-Büro, Januar 2000.
14 Stephen Roach, *China's Time is Now,* in: Morgan Stanley/Dean Witter, »Greater China Economics«, 4. Juli 2000, S. 10.
15 »Far Eastern Economic Review«, 6. August 1998, S. 60/61.
16 SWB, 7. Januar 2000, FE/3731/G/6.
17 Zur Rede Jiangs siehe C.a., Juli 2001, S. 739ff.
18 »Far Eastern Economic Review«, 8. März 2001, S. 14ff.
19 Vergleiche zum Folgenden: Michael Enright/Edith Scott/David Dodwell, *The Hongkong Advantage,* Hongkong 1997; Suzanne Berger und Richard Lester, *Made by Hongkong,* Hongkong 1997.
20 Zur Rede Chen Shui-bians siehe Hans-Wilm Schütte, *Taiwans neue Regierung,* in: C.a., Mai 2000, S. 508–516. Im selben Heft auch: Oskar Weggel, *Die Taiwanfrage,* S. 517–526.
21 »Far Eastern Economic Review«, 8. Juni 2000: *The Cruel Game.*
22 X.L. Ding, *The Decline of Communism in China,* Cambridge University Press 1994, S. 168.
23 Eine umfassende Darstellung des wirtschaftlichen Netzwerks der Überseechinesen Südostasiens gibt die vom australischen Ministerium für Außenpolitik und Handel herausgegebene Schrift: *Overseas Chinese Business Networks in Asia,* Canberra 1995.

24 Geoffrey Murray, *China – The Next Superpower,* China Library, Richmond 1998, S. 37.

25 Zu den Umweltproblemen siehe die Weltbank-Serie *China 2020,* Bd. 2: *Clear Water, Blue Skies,* Washington 1997.

26 Eine kleine Geschichte, die in Peking erzählt wird, karikiert die Mammon-Verehrung: Zwei Freundinnen unterhalten sich, die eine züchtet Nutrias und erklärt der Freundin, warum man die Tiere mit solcher Sorgfalt pflegen müsse: »Wenn eine Nutria stirbt, so ist das schlimmer als der Tod deines Vaters – hier stirbt *Geld!*«

27 »Herald Tribune«, 6. April 2000: *Miner's Riots Reveal the Pain of Change in China.*

28 SWB, 27. Juli 2000, FE 3903.

29 »South China Morning Post«, 26. März 1999.

30 C.a., Juni 2001, S. 11f.

31 Gerald Segal, *Does China Matter?,* in: »Foreign Affairs«, Sept./Okt. 1999, S. 24ff.

32 Charles Wolf, *China: An Emerging Superpower?,* in: *China in the New Millenium – Market Reforms and Social Development,* hrsg. von James Dorn, Washington 1998.

33 Angus Maddison, *Chinese Economic Performance in the Long Run,* Paris 1998, S. 97.

34 »The Economist«, 2. Juni 2001: *A Survey of India's Economy*, S. 98.

35 »South China Morning Post«, Internet Edition, 9. Februar 1998.

36 Hongkong ist der größte Entrepôt-Handelsplatz der Welt. 1999 waren 87 Prozent der Exporte Hongkongs Re-Exporte, von denen rund sechzig Prozent von China als Ursprungsland stammten. Nur dreizehn Prozent der Hongkong-Exporte kamen aus lokaler Wertschöpfung.
Von den Reexporten ging ein Drittel nach China (vor allem amerikanische und europäische Exporte nach China, die über Hongkong geleitet wurden). Zwei Drittel der Reexporte gingen in die USA, nach Europa, Japan und in andere Länder. In diesen Reexporten steckten schätzungsweise zwanzig Prozent Hongkonger Dienstleistungen (wie Entladung oder Beladung im Hafen, Verpackung usw.). Bei Herausrechnung aller Exporte nach China ergeben sich 15,5 Milliarden Dollar Exporte aus lokaler Produktion und zwanzig Milliarden Dollar an Wertschöpfung in den Re-Exporten. Diese 35,5 Milliarden Dollar entsprachen einem Anteil von zwanzig Prozent an den Hongkonger Gesamtexporten.
Nimmt man für das Jahr 2000 dieselben Relationen an, so kommt man zu gut vierzig Milliarden Dollar Hongkong-Exporten aus eigener Wertschöpfung, die man zu den Exporten des Festlands hinzuzählen kann. Die China/Hongkong-Exporte 2000 beliefen sich damit auf etwa 285 Milliarden US-Dollar.

37 Der Ansturm Japans ist beschrieben in meinem Buch: *Die japanisch-amerikanische Herausforderung – Deutschlands Hochtechnologie-Industrien kämpfen ums Überleben,* München 1990, 6. Aufl. 1994.

Übersicht der Grafiken, Karten und Tabellen

(G = Grafiken, K = Karten, T = Tabellen)

Abbildungsnachweis

Action Press, Hamburg: 253

Archiv für Kunst und Geschichte, Berlin: 17, 27, 63, 103

Archiv Schwarz, Neustadt: 203

Associated Press/Wide World Photos: 259

Bildarchiv Preußischer Kulturbesitz, Berlin: 71

Department of Library Services (mit freundlicher Genehmigung des American Museum of Natural History): 139

dpa, Frankfurt am Main: 291, 313, 359, 371

Interfoto, München: 115

Nachrichtenagentur Xinhua, Peking: 169, 175, 181

Ullstein Bilderdienst, Berlin: 87, 214

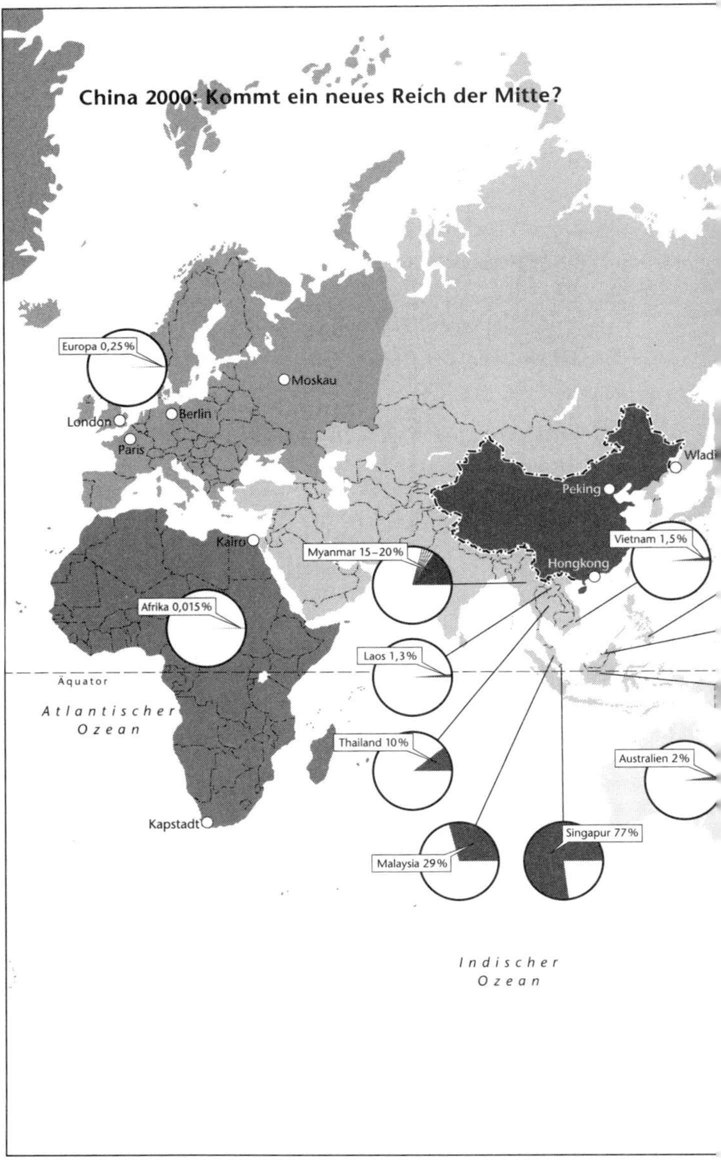
China 2000: Kommt ein neues Reich der Mitte?
Europa 0,25%
Moskau
London
Berlin
Paris
Peking
Kairo
Myanmar 15–20%
Vietnam 1,5%
Hongkong
Afrika 0,015%
Laos 1,3%
Äquator
Atlantischer Ozean
Thailand 10%
Australien 2%
Kapstadt
Singapur 77%
Malaysia 29%
Indischer Ozean

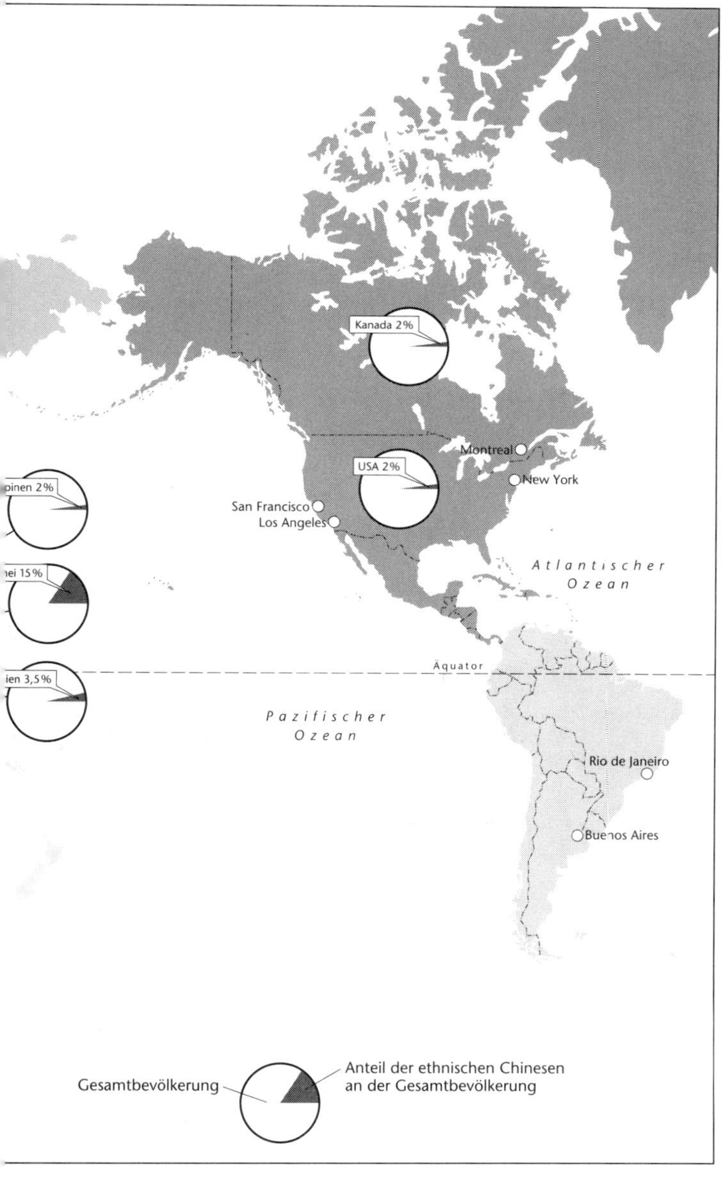
Kanada 2%
Montreal
USA 2%
New York
pinen 2%
San Francisco
Los Angeles
nei 15%
Atlantischer
Ozean
Äquator
ien 3,5%
Pazifischer
Ozean
Rio de Janeiro
Buenos Aires
Gesamtbevölkerung
Anteil der ethnischen Chinesen
an der Gesamtbevölkerung